Kurt Moriz-Eichborn

Der Skulpturencyklus in der Vorhalle des Freiburger Münsters

und seine Stellung in der Plastik des Oberrheins

Kurt Moriz-Eichborn

Der Skulpturencyklus in der Vorhalle des Freiburger Münsters
und seine Stellung in der Plastik des Oberrheins

ISBN/EAN: 9783743694910

Hergestellt in Europa, USA, Kanada, Australien, Japan

Cover: Foto ©ninafisch / pixelio.de

Weitere Bücher finden Sie auf **www.hansebooks.com**

DER SKULPTURENCYKLUS IN DER VORHALLE

DES

FREIBURGER MÜNSTERS

UND SEINE

STELLUNG IN DER PLASTIK DES OBERRHEINS

STUDIEN ZUR DEUTSCHEN KUNSTGESCHICHTE
16. HEFT.

DER SKULPTURENCYKLUS

IN DER

VORHALLE DES FREIBURGER MÜNSTERS

UND SEINE

STELLUNG IN DER PLASTIK DES OBERRHEINS

VON

KURT MORIZ-EICHBORN

DR. PHIL.

MIT 60 ABBILDUNGEN IM TEXT UND AUF BLÄTTERN

STRASSBURG
J. H. ED. HEITZ (HEITZ & MÜNDEL)
1899.

MEINEM VATER

VORWORT.

Das Thema dieses Buches, welches aus einer Heidelberger Doktordissertation des Jahres 1898 hervorgewachsen ist, verdanke ich meinem verehrten Lehrer Henry Thode. In der weiteren Ausführung desselben habe ich die Gebiete berühren wollen, nach deren völliger Durcharbeitung erst ein inneres Verständnis der Freiburger Skulpturen möglich sein wird. Wo ich mich in irrigen Vorstellungen und falschen oder ungenügenden Ausdrücken verfangen habe, hat mich die Sache mitgerissen.

Die zahlreichen Anmerkungen erklären sich aus dem Bestreben, durch Entlastung des Textes diesen möglichst lesbar zu gestalten.

Die Abbildungen sollen teils zur Belebung des letzteren, teils als Anhaltspunkte für die Nachprüfung unsrer verschiedenen Stil-Ableitungen und Definitionen dienen; dass sie überall ausreichen, wird man nicht erwarten. Dankbar haben wir dabei des freundlichen Entgegenkommens des Münsterbauvereins in Freiburg (Architekt Kempf) zu gedenken, welcher uns durch leihweise Ueberlassung von 15 Clichés sehr verpflichtet hat; dieselben sind im Abbildungsverzeichnis bekannt gegeben.

Zu tiefem Danke verpflichtet fühle ich mich ferner Herrn Bibliothekar Becker am Schlesischen Museum der bildenden Künste zu Breslau und den Herren Doktoren Marckwald und Schorbach von der Universitätsbibliothek in Strassburg. Die freundliche Aufnahme und die liebenswürdige Hilfsbereitschaft, welche ich bei ihnen, wie auch in der städtischen Bibliothek zu Freiburg, gefunden habe, werden mir stets in dankbarem Gedächtnis bleiben.

Breslau, im Oktober 1899.

KURT MORIZ-EICHBORN.

INHALT.

VERZEICHNIS DER ABBILDUNGEN.

Die Abbildungen 1, 30—39, 40—42 und 57—60 sind dem Werke Freiburg im Breisgau, die Stadt und ihre Bauten, (Freiburg i. B. 1898) entlehnt und zwar den Aufsätzen von Korth, Das alte Freiburg, und Kempf, Unser Lieben Frauen Münster. Abbildung 5 geht auf Kraus, Kunst und Altertum im Elsass (Strassburg 1876), Abbildung 52 auf Weese, Die Bamberger Domskulpturen (Strassburg 1897) zurück. Die Figuren des Königs und der Königin von Corbeil (Nr. 12 und 13) sind aus Vöge, Die Anfänge des monumentalen Stiles im Mittelalter (Strassburg 1894) übernommen.

EINLEITUNG.

Tief ins Mittelalter hinein führt der Weg zum Verständnis des Skulpturencyklus in der Freiburger Münsterhalle. Denn nicht als das tote Werk einer stille gewordenen Vergangenheit sondern als das beredte Zeugnis einer lebendigen, reich bewegten und vielseitig thätigen Zeit tritt er uns entgegen — als ein Kind jenes glänzenden XIII. Jahrhunderts, in welchem die mittelalterliche Kultur ihre höchste Blüte erreicht.

Wie er seiner geistigen Bedeutung nach fast alle die Strömungen, welche die Litteratur und Wissenschaft, das äussere und innere Leben der Menschen im XIII. Jahrhundert bewegt haben, in sich vereinigt, so ist er in seinem künstlerischen Charakter durch ein im Keime gleichfalls in der Zeit liegendes nationales und individuelles Element bedingt. Erscheint er dort nur als eine höchste Offenbarung rein mittelalterlichen Geistes, so weist er hier weit in die Zukunft voraus. Denn die deutsche Wesenhaftigkeit seiner Kunstsprache lässt uns ahnen, dass eine Zeit der Scheidung der einzelnen Nationen kommen wird, und der individuelle Hauch, welcher

die ganze Schöpfung durchzieht, weht uns gleich einem
Renaissancegruss an; und es eröffnet sich von hier aus
eine grosse Perspektive auf das Erwachen und Erstarken
des individuellen Gefühles im mittelalterlichen Menschen
überhaupt.

Denn indem die Gestalt des unbekannten Freiburger
Architekten vor unsern geistigen Augen zu greifbarer
Lebendigkeit aus seinem grossen Werk hervorwächst,
rückt er uns in nähere Gemeinschaft mit jener fernen
Zeit und den Menschen, die in ihr gelebt und gewirkt,
und schlägt durch seine geniale Schöpfung vom Mittelalter eine Brücke zur lebendigen Gegenwart herüber.
Aber sie ist noch nicht gangbar, und so reisst uns Verlangen und Hoffnung hin sie auszubauen und führt uns
bis zum Anbruch der Freiheitszeit der Renaissance.

Dann kehren wir zum Werke, das uns solche Wege
wies, zurück, kennen zu lernen die weitreichenden, bedeutungsvollen Einflüsse, die von ihm ausgegangen sind.

Wie es wurde, wie es war und wie es wirkte, —
das haben wir in den folgenden Blättern aufzuzeigen
unternommen.

I.

DER CYKLUS ALS SOLCHER.

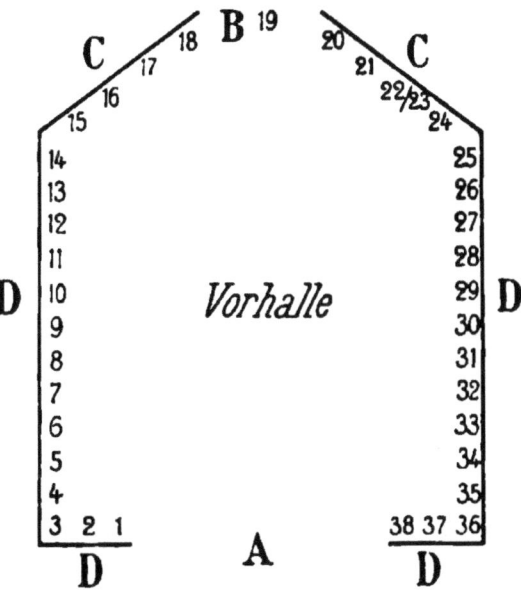

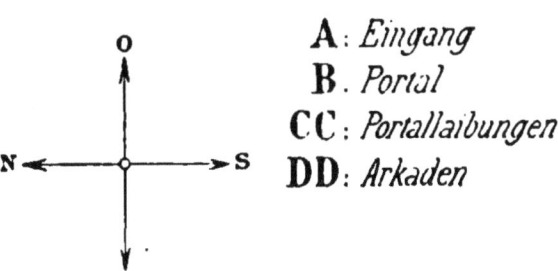

A: *Eingang*
B. *Portal*
CC: *Portallaibungen*
DD: *Arkaden*

I. KAPITEL.

Gesamtanordnung und Bedeutung der Skulpturen.

Das Freiburger Münster zählt zu den ehrwürdigsten und schönsten Denkmälern, welche die Baukunst auf Deutschlands Boden geschaffen hat. Sein herrlicher Turmbau, dessen hochaufragende, wunderbare Steinpyramide den Sieg des deutschen Genius verkündet, hat nicht seinesgleichen, und in ähnlicher Weise unerreicht steht der Skulpturencyklus da, welchen die mächtige Vorhalle, zu der sein unterstes Geschoss ausgestaltet ist, sorgsam bewahrt. Die gleichen Gestalten wie einst schauen auch heute noch von ihren Wänden herab. Sie sahen Jahrhunderte kommen und gehen und vieles sich im Laufe der Zeiten verändern, nur sie selbst blieben unberührt davon. Die Anschauungen und Auffassungen, deren lebendiger Ausdruck sie einst gewesen, wandelten sich und wurden durch neue ersetzt, da schwand allmählich auch das Bewusstsein ihrer Bedeutung, und ihr inneres Leben erstarb. Aber wie eine alte Sage umschwebt sie geheimnisvoll ein Wehen verklungener Zeiten, und der poetische Schimmer einer fernen Vergangenheit erweckt sie zu neuem Leben. So reden sie wieder in ihrer stummen Sprache zu uns und wissen vom alten Freiburg und seinem Leben mehr vielleicht zu erzählen als die spärlichen Urkunden, welche aus damaliger Zeit auf uns gekommen sind. Denn ihre Sprache ist nicht gar so unverständlich und dunkel, wie man wohl meinen mag ; getrost wollen wir versuchen, sie zum Sprechen zu bringen, und wollen den Dingen lauschen, welche uns die alte Vorhalle gleich einer ehrwürdigen Chronik von einer deutschen Stadt aus dem XIII. Jahrhundert zu berichten hat.

Weit und frei öffnet sie sich in einem mächtigen Portale nach aussen, reich und doch einfach von schlanken, doppelreihigen Säulenstellungen umrahmt, welche im Spitzbogen sich schliessend, von einem spitzgiebeligen Thürfelde überragt und eingeschlossen werden; es enthält eine Darstellung der Krönung Mariae (Tfl. 4, 4a, und 5).[1]

Wir treten in die Halle ein (Tfl. 20). Rings an den Wänden, welche nach der eigentlichen Kirchenthüre zu abgeschrägt sind, laufen drei Reihen steinerner Bänke entlang und schliesslich konvergierend auf die Oeffnung des Hauptportales zu, welch letzteres im reichsten Schmucke uns entgegenstrahlt. Von der obersten Bankreihe steigen Blendarkaden auf und ziehen sich jederseits mit vierzehn Bogenschwingungen bis zu den grossen, reich profilierten Bogen hin, welche zu viert auf jeder Seite, gleichfalls die oberste Steinbank zum Sockel nehmend, in ununterbrochenem Flusse emporstreben und in spitzem Winkel zusammenlaufend das Portal begrenzen (Tfl. 20a).

Ein mächtiges Tympanon bekrönt die Thüre, deren Deckbalken durch einen Mittelpfeiler gestützt wird (Tfl. 20b und 21). Er erhebt sich von einem starken Sockel, der, sich nach oben verjüngend, in gleicher Höhe wie die Steinbänke gehalten und wie diese profiliert ist. Der flach gebildete Pfeiler selbst zeigt bei rechteckigem Grundriss noch einen zweiten, kleineren Sockel, der gleichfalls mehrfach gegliedert ist; ebenso wie die in dreieckigem Grundriss ihm vorgesetzten drei kleinen Säulen, deren laubgeschmückte Kapitäle sich verschlingen und auf gemeinsamer Deckplatte die kleine Figur eines im Sitzen schlafenden Greises tragen. Zu beiden Seiten seines Hauptes, spriesst Blattwerk aus dem Pfeilerstamme hervor und umrahmt, sich an den Seiten des letzteren bis zum Thürsturze hinaufziehend, als reicher Fries diesen sowie das ganze Thürfeld. Ueber der Gestalt des Greises steht die Figur einer Madonna, welche das Christuskind auf dem Arme hält; ein reich gestalteter gotischer Baldachin bekrönt sie. (Tfl. 20b.)

Der gleiche zweite und kleinere Sockel wie am Thürpfeiler

zieht sich auch unter den vier grossen Spitzbogen und den ihnen entsprechenden, nischenartig erweiterten Kehlen der Portalwände hin; er ist mit zierlichen, miniaturhaft kleinen, vorkragenden Konsolen verziert. Die vertieften Laibungen der Thürwände zeigen das gleiche Bildungsmotiv wie der Mittelpfeiler der Portalöffnung: drei kleine Säulen, deren Kapitäle hier — statt einer Figur — einen gemeinsamen, hohen, mit Reliefs geschmückten Kämpfer-Aufsatz von abgestumpfter Dreieck-Form und auf diesem grosse Figuren tragen; die letzteren werden von gleichen Baldachinen wie die Madonna des Thürpfeilers bekrönt. Eine Ausnahme machen nur die beiderseitigen Sockel in der ersten, d. h. der der Thüre nächsten Kehle; sie sind als freie, offene Architekturen in Hallenform gestaltet (Tfl. 22 und 22a). Ueber den grossen Statuen der Portalwände folgt auf kleinem Sockel je eine Statuette, deren Baldachin dann für die nächstfolgende Figur den Sockel abgiebt. Je dreissig kleine Gestalten füllen in dieser Weise die vier Archivolten auf jeder Portalseite aus; je sechs in der ersten, sieben in der zweiten, acht in der dritten und neun in der äussersten Hohlkehle. Die beiden obersten Statuetten zeigen keine Baldachinbekrönung mehr. An dem Schnittpunkte der Archivolten befindet sich je eine freischwebende Gestalt.

Die reich und schön profilierten, grossen Spitzbogen, welche die Archivolten von einander trennen, schwingen sich in schlanker Bildung ununterbrochen aufstrebend vom gemeinsamen Sockel empor. Der Thüre zunächst folgt eine Kehle, sodass der Abschluss der Portalwände durch einen Bogen hergestellt wird. (Tfl. 20.)

Das Tympanon wird durch zwei Spitzbogengallerien in drei Felder zerlegt, von denen die beiden unteren die gleiche Höhe zeigen, während das oberste etwas niedriger gehalten ist; von der aus Laubwerk gebildeten Umrahmung des Thürfeldes haben wir schon gesprochen. (Tfl. 21.)

Die reich gegliederten Blendarkaden ziehen sich, unmittelbar an die letzten Portalbogen anschliessend an der ganzen Nord- und Südwand der Vorhalle hin und greifen im rechten Winkel mit zwei Bogen noch auf die West- das ist die Eingangswand über. Die schlanken Säulen, deren mit den Turmwänden fest verbundene Kapitäle die im Dreipass gestalteten Spitzbogen (Kleeblattform) tragen, die ihrerseits wieder von zierlichen Wimpergen überragt werden, steigen völlig frei vor der Wand von einem kleinen Sockel empor, der ganz analog dem der Portallaibungen gebildet ist; auch der doppelte Blätterkranz der Kapitäle ist hier wie dort der gleiche. Auf den Langseiten befinden sich je elf Säulen und demgemäss je zehn Bogen und zehn Wimperge. Zwischen den letzteren steht fortlaufend auf einfacher Basis je eine ungefähr vier Fuss hohe Statue, im ganzen also neun, da aber zwischen dem letzten Wimperge und der anstossenden Mauerecke einerseits und dem angrenzenden Portalbogen andrerseits noch je eine Figur Platz gefunden hat, so ergiebt sich als Gesamtzahl für jede Seite elf Statuen (Tfl. 23). Das schmale Wandfeld der Eingangsseite zeigt beiderseits je zwei Bogen und drei Statuen, sowie auf dem Kapitäl der letzten Säule, quer an der Seite vorgeordnet, je eine Engelstatuette mit kleinem Baldachin, welche auf diese Weise von beiden Seiten den Eintretenden genau en face anblicken (Tfl. 26 und 29). Ueber sämtlichen Statuen der Blendarkaden erheben sich prachtvolle, in eine hohe Spitze auslaufende Baldachine. Unter den äusserst einfach gehaltenen Sockeln der Figuren befindet sich noch je ein ganz in Laubwerk gehülltes Zwischenglied, welches den freibleibenden Raum der Wimperge untereinander und gegebenen Falles der der Wimperge und der Mauerecke geschickt ausfüllt und stets mit je einem kleinen, wasserspeierartigen Zierstück verschiedenster Form geschmückt ist (vielfach ergänzt). Auch das Feld der Wimperge ist in der mannigfachsten Weise durch plastischen Schmuck in der Form von menschlichen Gestalten und Köpfen, Tier- und Fabelwesen, Blattwerk oder dekorativen Ornamenten — die letzteren sind öfters nur gemalt — belebt. Aus den Kreuzblumen der Wimperge schauen einigemale menschliche Wesen mit dem Kopfe oder bis zum halben Oberkörper hervor. Das Kapitäl der letzten Säule auf der südlichen Seite der Westwand, also rechts gleich vom Eingang, zeigt eine Gruppe von kleinen Figuren.

Als Gesamtsumme aller grossen Statuen, welche dieses architektonische Gerüst trägt, ergiebt sich die Zahl 28 (je 11 auf den Lang- und je 3 auf den Schmalseiten); nimmt man dazu die Gestalten der Portalwände — hier findet sich eine Doppelgruppe — sowie die Madonna des Thürpfeilers, so sind es 38 grosse Statuen. Fügen wir dann ferner noch die 64 Statuetten des eigent-

lichen Portales und die zwei am Eingange befindlichen kleinen
Figuren hinzu, so haben wir alle Gestalten aufgezählt, welche
der Skulpturencyklus der Vorhalle ausser den an Figuren ungemein reichen Reliefs enthält.

Bevor wir auf die Frage nach seiner Gesamtbedeutung eingehen können, wird uns zunächst die Betrachtung der Figuren
und Reliefs nach ihrem Darstellungsinhalte im Einzelnen zu beschäftigen haben ; erst nach Abschluss dieser, sowie der Erledigung
einiger weiterer Vorfragen wird es statthaft sein, das Programm
des ganzen Cyklus einer eingehenden Erörterung zu unterwerfen.[1]

A. Die grossen Statuen.

Westwand, nördliche Seite.

1. Gestalt eines jugendlichen Mannes (Tfl. 26).
  Er trägt ein dickes Untergewand mit Aermeln und darüber
ein ärmelloses Obergewand. Beide lassen die Füsse frei und sind
an der rechten Körperseite in ihrer ganzen Länge offen, sodass
dieser Körperteil völlig entblösst ist. Molche, Schlangen und
Kröten bedecken ihn. Auf dem Kopfe trägt er einen mit Blüten
verzierten Stirnreif; in der linken Hand hält er ein Paar Handschuhe mit leise angezogenem Unterarm gerade vor sich hin, in
der erhobenen rechten hat er einen kleinen Blumenstrauss und
macht mit ihr eine winkende Bewegung, wozu der freundlich
grinsende Ausdruck seines Gesichtes vortrefflich passt. Die Erklärung dieser sonderbaren Gestalt verschafft uns das Gedicht des
Konrad von Würzburg „dēr wērlte lōn".

Es behandelt die bekannte Geschichte des fränkischen Ritters
Wirent von Grâvenbērc, der zu Beginn des 13. Jahrhunderts lebte.
Sein ganzes Streben war irdisch-nichtigen Zielen zugewandt und
auf die Aussendinge der Welt, insbesondere die Minne, gerichtet:

Ēr hēte wērtlichiu wērc
gewirket alliu sîniu jâr.
sîn hêrze stille und offenbâr
nâch dēr minne tobte.[2]

Da trat eines Abends eine wunderbar gekleidete Frau, schöner als jedes irdische Weib in sein Gemach, die

> . . . alsó minneclich gevar,
> daz man nie schoener wîp gesach.
> ir schoene volleclichen brach
> für alle vrouwen, die nû sint.[4]

Es war Frau Welt, die gekommen war, ihrem Ritter für seine vielfachen Verdienste und sein Bemühen um sie den wohlverdienten Lohn zu bringen:

> »Diu Wêrlt bin geheizen ich,
> dér dû nû lange hâst gegêrt.
> lónes solt dû sin gewêrt
> von mir, als ich dir zeige nû,
> hie kume ich dir, daz schouwe dû!«
> Sus kêrte si im den rücke dar,
> der was in allen enden gar
> bestecket und behangen
> mit ungefüegen slangen,
> mit kroten unde nateren;
> ir lip was voller blateren
> und ungefüeger eizen.
> vliegen und ameizen
> ein wunder drinne sâzen;
> ir vleisch die maden âzen
> unz ûf daz gebeine.
> si was sô gar unreine,
> daz von ir bloeden libe wac
> ein alsó engestlicher smac,
> den nieman kunde erliden.
> ir richez kleit von siden
> was vil jaemerlich gevar
> bleich alsam ein asche gar.[5]

Auch sonst findet sich dieser Vorgang noch mehrfach in der mittelalterlichen Litteratur, bald mehr bald weniger ausführlich, behandelt.[6] Die Herkunft der Freiburger Statue dürfte demnach festgestellt sein; wir wollen sie nach dem Vorgange Schäfers kurz als den „Fürsten der Welt" bezeichnen.[7]

2. Jugendliche weibliche Gestalt (Tfl. 26).

Sie ist bis auf ein Bockfell, das sie von hinten schräg umgenommen hat, gänzlich unbekleidet und stellt unzweifelhaft eine Allegorie der Sinnenlust dar, wir nennen sie Voluptas.

3. Engel (Tfl. 26).

Er hält in der linken Hand ein Spruchband mit der Inschrift: Ne Intretis, welche zu ergänzen ist: Orate, ne intretis in tentantionem. Dass sich dieser Warnungsspruch auf die ebenerwähnte Gestalt bezieht, kann keinem Zweifel unterliegen.[8]

Nordwand.

4. Aaron (Tfl. 26).

In der rechten Hand hält er ein Rauchfass, in der linken ein geschlossenes Buch; auf der Brust, an einem Kettchen um den Hals gehängt, trägt er das Täfelchen der zwölf Stämme.[9]

5. Sarah (Tfl. 26).

Ohne Attribute. Die linke Hand hat den Mantel etwas aufgenommen und ruht auf der Brust ; die rechte hängt herab und ergreift leise den Mantelsaum ; der Kopf ist ergänzt.[10]

6. Johannes der Täufer (Tfl. 26).

Seine linke Hand weist auf das von seiner rechten gehaltene Lammsymbol.

7. Abraham, im Begriffe Isaak zu opfern (Tfl. 25).

Er schwingt mit der rechten Hand ein breites Schwert, um den neben ihm stehenden, als Kind dargestellten Isaak zu töten, wird aber durch eine hinter seinem Haupte sichtbar werdende Hand, welche das Schwert erfasst, daran gehindert; mit der linken Hand ergreift er Isaak beim Kopfe.

Die Reihenfolge der vorgenannten Statuen muss bei irgend einer Renovation verändert worden sein, anders können wir uns ihre unchronologische Aufstellung nicht erklären. Zudem hat die Gestalt des Johannes unter dem zugehörigen Baldachine kaum Platz und trennt jetzt obendrein die nach unserer Annahme unbedingt zusammengehörigen Figuren von Abraham und Sarah. Vermutlich haben wir uns die ursprüngliche Anordnung so zu denken, dass an erster Stelle Abraham stand, auf ihn Sarah, dann Aaron und zuletzt Johannes d. T. folgte.[11]

8. Maria Magdalena (Tfl. 25).

In der vom Mantel bedeckten rechten Hand hält sie ein Salbgefäss; die linke Hand ist ein wenig vorgestreckt.

9—13. Die klugen Jungfrauen (Tfl. 24 u. 25).

Mit Ausnahme der letzten (13) halten sie sämtlich die Lampen in der rechten Hand; diese trägt sie in der linken.

14. Christus (Tfl. 24).

Mit der rechten Hand macht er eine winkende Bewegung, in der linken hält er ein geschlossenes Buch, wozu die bekannte Stelle aus dem rationale divinorum officiorum des Durandus (lib. I. cap. 3) zu vergleichen ist: Divina maiestas depingitur quandoque cum libro clauso in manibus, quia nemo inventus est dignus aperire illum nisi leo de tribu Juda.

Nördliche Portallaibung.

15. Ekklesia (Tfl. 22).

Sie hat die üblichen Attribute: in der rechten Hand einen mit zwei Bändern geschmückten Kreuzstab, in der linken (ergänzt) einen Kelch; auf dem Haupte trägt sie eine Krone.

Der Sockel, auf dem sie steht, enthält drei Darstellungen. Auf der Vorderseite bringt der hl. Andreas einem Königspaare seine beiden Kinder zurück, die ins Wasser gefallen, durch ihn aber wieder erweckt worden waren. Diese Deutung entnehmen wir mit Bock der Umschrift, welche hinter dem Kopfe des Heiligen sichtbar wird.[12] Auf der linken Seite findet anscheinend die Gründung eines neuen Ordens statt. Zwei Männer in Reisekleidung mit Sack und Hut auf dem Rücken knieen vor einem dritten Mann, der auf einem Thronsessel sitzt; er setzt dem einen von beiden eine Krone auf; sein rechter Arm, der gleichfalls ausgestreckt war, ist abgebrochen. Ueber ihnen schwebt ein Engel, der ein Spruchband hält. Die Scene auf der rechten Seite des Sockels entzieht sich einer genauen Deutung ihres Inhaltes. Dargestellt ist Christus, begleitet von zwei Jüngern; er hat die rechte Hand mit lehrender Gebärde erhoben, die linke hält ein Buch; vor ihm sitzt ein schlafender Mann, der auf seinem Schosse ein Buch hält. Den oberen Rand des Sockels schliessen kleine Baldachine ab.

16—18. Die hl. drei Könige (Tfl. 22).[13]

16. Der Mohrenkönig.

Er hält in der rechten Hand ein kleines Gefäss von der Form

einer Büchse; seine Charakterisierung als Mohr ist auf Kosten irgend einer Erneuerung zu setzen, da sie sich vor dem Ende des XIV. Jahrhunderts nirgends findet. Er ist in jugendlichem Alter dargestellt.

Der Sockel zeigt das Martyrium des Apostel Bartholomäus, der von fünf Männern geschunden wird; den Befehl hierzu erteilt ein von der rechten Seite heranschreitender Mann, auf dessen Rücken ein Teufel sitzt. Zur Linken thront ein König und neben ihm erblickt man eine Säule, die einen goldenen Stier trägt: offenbar das Götzenbild, dessen Anbetung der Heilige verweigert hat. Den oberen Abschluss des Sockels bilden wiederum kleine Baldachine, zwischen welchen Engel sichtbar werden; einer von ihnen hält ein Gewand.

17. Zweiter König.

Er wendet sich mit dem Kopfe zum Mohrenkönig zurück und weist mit der rechten Hand nach vorwärts in der Richtung der Thüröffnung des Portales; in der linken Hand hält er ein kleines rundes Gefäss (ergänzt). Er steht im besten Mannesalter.

Die rechte Seite des Sockels zeigt den Tanz der Salome unter Musikbegleitung vor Herodes und Herodias, die hinter einer Tafel sitzen. Auf der linken Seite wird Johannes enthauptet, und auf der Vorderseite sein Kopf auf einer Schüssel dem Königspaare dargebracht. Den Sockel begrenzen Baldachine.

18. Dritter König.

Ein würdiger Greis; er ist aufs rechte Knie niedergesunken und hält in den beiden, hoch empor gehobenen Händen einen Pokal; die abgenommene Krone liegt auf dem linken Knie. Er schaut zu einem über ihm schwebenden Engel auf, der in seinen Händen einen Stern hält.

Der Sockel hat die Gestalt einer freien, sechssäuligen Halle. Die Säulen sind durch Spitzbogen verbunden, und diese werden von Wimpergen überragt, zwischen denen über wasserspeierartigen Gebilden je eine, im Ganzen also sechs männliche Gestalten sitzen; diese letzteren halten teils Spruchbänder, teils Bücher und werden von ganz einfachen Baldachinen bekrönt. Im wesentlichen finden wir hier somit denselben architektonischen Aufbau, wie ihn die Blendarkaden der Vorhalle zeigen. Im Innern der Halle wird ein Engel sichtbar, der, in der Luft schwebend, ein Rauchfass schwingt.

Die Darstellung hängt mit derjenigen zusammen, die sich am Sockel der gegenüberstehenden Portalstatue befindet. [14]

Thürpfeiler.

19. Maria mit Kind (Tfl. 20 b).

Auf dem linken Arm hält sie das Christkind, in der rechten Hand einen kleinen Strauss (ergänzt). Zu ihren Füssen sitzt eine Greisengestalt. Es ist Isai, — das Ganze eine der originellsten Darstellungen der Wurzel Jesse. [15]

Südliche Portallaibung.

20. Engel der Verkündigung (Tfl. 22a).

Er bildet mit der folgenden Gestalt der Maria zusammen die Scene der Verkündigung. In der linken Hand hält er eine Schriftrolle mit dem bekannten Grusse: ave Maria gratia plena; mit der rechten Hand (ergänzt) wendet er sich an die Jungfrau.

Der Sockel zeigt die gleiche Hallenarchitektur wie unter Figur 18; hier befindet sich im Innern des Raumes ein Rauchfass schwingender Priester. Offenbar haben wir also in den beiden Darstellungen die Scene der Ankündigung der bevorstehenden Geburt Johannes des Täufers an Zacharias im Tempel zu erblicken. Dass die Personen der Gruppe durch den dazwischen stehenden Thürpfeiler ungebührlich auseinander gerückt sind, darf uns nicht stören ; die Auflösung einer Scene in ihre einzelnen Figuren ist in der Sprache der plastischen Kunst durchaus nichts Ungewöhnliches. Man erinnere sich nur der Darstellung der Verkündigung, die sehr oft, wie ja auch hier in Freiburg, getrennt wird. An der Westfassade in Reims findet dasselbe sogar mit der figurenreichen Komposition der Darstellung Christi im Tempel statt. Dass aber die Scene nicht an zwei aufeinander folgenden Sockeln dargestellt wurde, forderte schon die künstlerische Rücksicht, welche unbedingt eine Gegenüberstellung und symmetrische Anordnung gleichartiger Glieder verlangt.

21. Maria (Tfl. 22a).

Beide Hände sind ergänzt; auf der rechten sitzt jetzt eine Taube, sie ist natürlich eine freie Zuthat des Restaurators. [16]

Der Sockel zeigt eine fortlaufende Darstellung. Aus einer offenen Kirchenthüre schreiten auf der linken Seite vier Apostel heraus, die sämtlich Attribute tragen, von denen aber nur Petrus durch den Schlüssel und Lukas durch das Ochsensymbol kenntlich sind. Vor ihnen kniet Thomas, der seine Hand in die Wundenmale des neben ihm stehenden Christus legt; auf diesen folgt eine weibliche Gestalt (Maria?). Ein Baldachinkranz schliesst den Sockel ab.

22. und 23. Die Heimsuchung (Tfl. 22a).

Maria, rechts stehend, hält in der linken Hand ein Buch und hat den rechten Arm um den Rücken der links neben ihr stehenden Elisabeth gelegt; diese umschlingt ihrerseits mit ihrem linken Arm Maria und legt ihre rechte Hand auf deren Brust; teilnahmsvoll schaut sie Maria wie überrascht und ängstlich fragend an.

Auf der Vorderseite des Sockels ist das Martyrium des Evangelisten Johannes dargestellt; er sitzt mit gefalteten Händen in einem Kessel siedenden Oeles; rechts und links je ein Henkersknecht. Ueber seinem Haupte werden Engelsköpfe mit Flügeln sichtbar. Auf der linken Seite wohnt ein Königspaar, wohl Domitian und seine Gemahlin, in deren Zeit das Martyrium fällt, auf der rechten ein Geistlicher und eine fromme Schwester dem Vorgange bei. Kleine Baldachine umziehen den oberen Rand des Sockels.

24. Synagoge. (Tfl. 22a).

Auch diese hat die üblichen Attribute: in der rechten Hand die zerbrochene Fahne, in der herunterhängenden linken ein geschlossenes Buch; auf dem Haupte trägt sie eine Krone, über den Augen eine Binde.

Die Vorderseite des Sockels nimmt das Martyrium Petri ein, der in langem Gewande mit dem Kopfe nach unten von vier Henkern gekreuzigt wird. Auf den beiden Seiten sehen wir je einen König auf einem Throne sitzen; neben jedem steht eine weibliche Gestalt. Auch hier bilden wieder kleine Baldachine den Abschluss des Sockels.

Südwand.

25—29. Die thörichten Jungfrauen (Tfl. 27 u. 28).

Sie halten sämtlich mit fast gleichen Bewegungen die umge-
kehrten Lampen in der rechten Hand.

30—36. Die sieben Wissenschaften (Tfl. 28. u. 29).

Ihre Namhaftmachung im einzelnen ist in unserem Falle nicht
ganz leicht; wir geben daher unsere Benennungen nur mit Vorbehalt.

30. Grammatik (Tfl. 28).

Richtiger Paedagogie; sie hält in der rechten Hand eine
Rute, im Begriffe einen rechts neben ihr stehenden Knaben, den
sie mit der linken Hand am Ohre fasst, zu züchtigen; dieser hat
bereits sein Gewand ausgezogen, hält es in der linken Hand und
schaut bittend zu ihr auf, indem er die rechte Hand mit flehender
Gebärde emporstreckt. Links zu ihren Füssen sitzt ein anderer
Knabe, welcher mit ängstlichem Fleisse in einem Buche liest.

31. Dialektik (Tfl. 28).

Sie legt mit äusserst charakteristischer Gebärde den Zeige- und
Mittelfinger der rechten in die geöffnete linke Hand; der nur ganz
wenig geneigte Kopf schaut mit lächelnder Miene etwas zur Seite
heraus.

32. Rhetorik (Tfl. 28).

Wir haben die Statue nach dem gewöhnlichen Vorgange als
Rhetorik angesprochen, obwohl uns keiner der Gründe, welche
man bisher für diese Benennung ins Treffen geführt hat, so recht
befriedigt. Die Gestalt hält nämlich in beiden Händen einen Hau-
fen goldner Münzen, und man hat gedacht, dass dadurch die
Rhetorik „in Anlehnung an die antike Auffassung als die ein-
träglichste der Künste bezeichnet werden soll". Aber weder dies
will uns einleuchten, noch fühlen wir uns durch das Gold an den
Namen Chrysostomus erinnert, noch können wir schliesslich hierin
eine versteckte Aufforderung: lauter wie Gold sei die Rede deines
Mundes, ausgesprochen finden; ebensowenig können wir glauben,
dass dadurch auf die Arithmetik als Zahlkunst angespielt sein
möchte. Denn diese wird meistens mit den Fingern rechnend oder
mit einem Zahlenbrett dargestellt und liesse sich demnach eher
noch in der vorerwähnten, von uns Dialektik genannten Gestalt
vermuten. Eine durchaus sichere, einwandsfreie Bezeichnung wird

sich also vor der Hand für die Statue kaum finden lassen, und das ist auch der Grund, warum wir fürs erste bei ihrer alten Benennung geblieben sind.[17]

33. Geometrie (Tfl. 29).

Sie hält in der rechten Hand ein Winkelmass, in der linken einen Zirkel.

34. Musik (Tfl. 29).

In der rechten Hand hat sie eine kleine Glocke, an die sie mit einem Hammer, den sie in der linken Hand hält, schlägt.

35. Malerei (Tfl. 29).

In der linken Hand hält sie eine Palette. Der Arm ist jedoch ergänzt und offenbar unrichtig; welche Wissenschaft ursprünglich an ihrer Stelle dargestellt gewesen sein wird, lässt sich nicht entscheiden.

Westwand, südliche Seite.

36. Medizin (Tfl. 29).

Sie trägt in der linken Hand einen Krug. Ihr Auftreten im Kreise der Wissenschaften hat nichts Auffallendes an sich; erscheint sie doch schon um 800 im Gefolge der sieben freien Künste.[18] Immerhin wäre es möglich, dass wir hier eine unglückliche Ergänzung zu konstatieren hätten, und dass vielleicht ursprünglich die Astronomie mit einem Globus in der Hand dargestellt war; uns freilich scheint dies wenig glaublich.

Das Trivium finden wir demnach, sind unsre Benennungen im einzelnen richtig, vollzählig vertreten; aus dem Quadrivium dagegen fehlen Astronomie und Arithmetik; sie sind durch die Malerei und Medizin ersetzt worden. Es darf uns dies nicht wundern, da die mittelalterliche Kunst bei der Darstellung der sieben Wissenschaften durchaus nicht streng an der Einteilung des Triviums und Quadriviums festhielt und nicht nur bei der Auswahl der Disziplinen ganz nach Willkür verfuhr, sondern auch mit ihrer Zahl nach Belieben schaltete.[19]

37. Hl. Margaretha (Tfl. 29).

Sie ist leicht an dem Drachen zu erkennen, der wie gewöhnlich zu ihren Füssen liegt, in der linken unter dem Mantel verborgenen Hand hält sie ein Kreuz, in der rechten einen Blumenstrauss; beide Attribute sind ergänzt.

38. Hl. Katharina (Tfl. 29).

In der rechten Hand hat sie einen Palmenwedel, in der linken ihr übliches Attribut in der Gestalt eines kleinen Rades; beide Abzeichen sind wieder ergänzt.

Unter dem Sockel der Statue befindet sich eine eigenartige Gruppe. Fünf männliche Gestalten sind teils mit dem Oberkörper, teils nur mit dem Kopfe sichtbar dargestellt; eine von ihnen hält ein offenes Buch und deutet darauf, eine andere daneben, welche deutlich erkennbar einen Dominikanermantel umgeschlungen hat, übertrifft alle durch ihre Grösse. Ob dies nur auf ein Ungeschick des Verfertigers zurückzuführen ist, oder ob wir darin eine beabsichtigte Hervorhebung der als Dominikaner charakterisierten Figur zu erkennen haben, wird schwer zu entscheiden sein. Wahrscheinlich werden wir aber das Letztere anzunehmen haben. Unter der Gruppe ragt anstatt der sonst hier befindlichen Wasserspeierverzierung wagrecht der Oberkörper eines Mannes in Zeittracht heraus. Fast alle Köpfe sind ergänzt. Die Frage nach der Bedeutung dieser Gruppe wird uns später zu beschäftigen haben.

Wir müssen noch der beiden Engelstatuetten gedenken, welche sich, wie schon oben erwähnt, gleich rechts und links vom Eingange an den Sockeln der hl. Katharina und des „Fürsten der Welt" befinden. Der erstere ist ruhig stehend in Vorderansicht dargestellt und hält in der linken Hand ein Spruchband auf dessen Inschrift: „Vigilate et orate" er mit seiner rechten Hand hinweist. Der zweite schreitet mächtig in Seitenansicht und in gleicher Richtung wie ein die Vorhalle Betretender auf das Hauptportal zu. In der linken Hand hält er ein Spruchband, dessen Inschrift lautet: „Nolite exire". Ueber jedem Engel befindet sich ein kleiner gotischer Baldachin (Tfl. 26 und 29).

B. Das Portal.

I. Das Tympanon (Tfl. 21).

Das erste Feld

nehmen zwei Reihen von Darstellungen übereinander ein, von denen die untere vier Scenen aus dem Leben Christi und dem

Neuen Testamente enthält, und zwar von rechts nach links gehend: Die Verkündigung an die Hirten und Geburt, Geisselung und Gefangennahme, sowie den Selbstmord des Judas Ischariot. Warum diese unchronologische Reihenfolge der Ereignisse gewählt ist, vermögen wir nicht zu entscheiden. In den Ecken des Feldes stehen zwei Engel des Jüngsten Gerichtes, welche auf Posaunen blasen und den Uebergang vermitteln zu der oberen Reihe, in der links die Auferstehung der Gerechten, rechts die der Verdammten geschildert wird.

1. Verkündigung an die Hirten und Geburt Christi.

Maria ruht in eine Decke gehüllt auf einem tuchbehängten Lager und greift nach dem Christkind, welches neben ihr (auf der dem Beschauer abgekehrten Seite) in einer geflochtenen Krippe liegt und seine Hand an die Rechte der Madonna legt; rechts neben ihm werden ein Ochse und ein Esel, aus einer Krippe fressend, sichtbar. Zu Häupten Marias tritt ein gekrönter Engel mit einer Leuchte in beiden Händen an ihr Lager heran. Am Fussende sitzt Joseph auf einem Schemel; er hat seinen Kopf auf den linken Arm gestützt und hält in der rechten Hand einen Stock. Ueber ihm erscheint ein Rauchfass schwingender Engel. Es folgt rechts die Verkündigung an die Hirten. Ein Schaf und ein Widder weiden vor einem Baume, von dessen Blättern zwei Ziegen naschen. Neben seinem Wipfel erblicken wir einen heranschwebenden Engel, der ein Spruchband mit der Inschrift: „annuncio vobis" in den Händen hält. Diese Heilsbotschaft ergeht an einen Hirten, der mit erhobenem Haupte zu ihm aufblickt und voll Erstaunen die rechte Hand erhebt. Seine Linke stützt sich auf einen Stab mit gebogener Krücke; neben ihm sitzt sein Hund.

2. Geisselung Christi.

Christus ist an einen Baumstamm gebunden und wird von zwei Henkersknechten mit Geissel und Stecken gepeinigt.

3. Gefangennahme Christi.

Christus, in ruhiger Stellung, hält seine Hände wie abweisend und seine Unschuld beteuernd vor seine Brust. Ein hinter ihm stehender Mann ergreift seine linke Hand und versucht ihm ins Gesicht zu sehen, während von rechts ein Kriegsknecht heranschreitet und mit der linken Hand in die Halsöffnung seines Ge-

wandes fasst; in der rechten schwingt er eine Axt. Von der
andern Seite tritt Judas Ischariot auf Christus zu, legt beide
Hände auf seine Schultern und sieht ihn fragend an; ein Kriegsknecht hinter Judas hält eine Fackel über Christi Haupt. Vor
letzterem und Judas ist Malchus in die Knie gesunken und wendet sein Haupt zu Petrus zurück, der hinter ihm stehend, das
Schwert auf ihn zückt. Rechts neben Petrus wird noch ein
Kriegsknecht sichtbar.

4. Selbstmord des Judas Ischariot.

An einem Baume hängt Judas mit einem starken, um den
Hals geschlungenen Strick, in den seine linke Hand, wie in Todesangst, um noch den Versuch zu einer Rettung zu machen, greift.
Der herabhängenden rechten Hand entfallen wohlgezählte dreissig
Geldstücke, und aus dem geborstenen Leibe kommen die Einge-
weide heraus. In den Zweigen des Baumes tragen zwei Teufel
mit vergnügtem Grinsen seine Seele davon, die in Gestalt eines
nackten, auf zwei Stangen aufgespiessten und laut wehklagenden
Kindes dargestellt ist.

5. Die Auferstehung der Gerechten.

Aus den schräg neben einander gestellten, sarkophagartigen
Gräbern erheben sich, meist unbekleidet, die Toten; nur einige
Dominikaner und Franziskaner haben ihre volle Tracht erhalten,
und hier und da sieht man Gestalten im Begriffe Kleider anzu-
legen. Vor den Sarkophagen liegen einige Totenschädel, wohl
als Andeutung „der zurückbleibenden irdischen Hülle".[10] Genau
in der Mitte der ganzen oberen Reihe gegenüber dem die Verdammten einleitenden Teufel steht der Erzengel Michael,[11] mit der
Linken eine still abweisende Bewegung gegen den Bösen machend,
in der Rechten eine (teilweise ergänzte) Wage haltend, deren
linke Schale mit einer frommen Seele nach unten sinkt, während
die rechte nach oben schnellt, obwohl sich zwei Teufel in dem
vergeblichen Bemühen, sie herabzudrücken, an ihr festgeklammert
haben.

6. Auferstehung der Verdammten.

Im Gegensatz zu den Gerechten sind sie gänzlich unbekleidet;
ob damit eine symbolische Andeutung ausgesprochen ist, dass
ihnen die guten Thaten fehlen, welche jene aufzuweisen haben,
mag dahingestellt bleiben.[12] Mit Zeichen des Schreckens und der

Verzweiflung erheben sie sich aus den Gräbern, eingeleitet durch einen Teufel, welcher entsetzt und händeringend auf den ihm gegenüberstehenden Engel Michael blickt.[13] Am Ende der Reihe sitzt eine abgemagerte Gestalt mit einem Totenkopfe; es ist nicht unmöglich, dass wir in ihr nach dem Vorschlage Bocks eine Personifikation des 'ewigen Todes, dem die Verdammten verfallen sind, zu erkennen haben.[14]

Das zweite Feld

enthält gleichfalls zwei Reihen von Darstellungen über einander: links den Zug der Seligen, rechts den der Verdammten; auf einer Wolkenschicht über ihnen sitzen die zwölf Apostel. In der Mitte des Feldes ist die Kreuzigung, beide Figurenreihen durchschneidend, dargestellt. Der ganze Raum zerfällt also gleichsam in vier Teile.

1. Die Kreuzigung.

Das Kreuz ist — einer der selteneren Fälle — als Baum gebildet [15] und trägt auf seiner Spitze ein Nest, in dem zwei junge Pelikane sitzen; der alte steht über ihnen und öffnet mit dem Schnabel seine Brust: es ist das bekannte, auf den Opfertod Christi bezogene Symbol.[16] Der übliche Totenschädel am Fusse des Kreuzes fehlt nicht. Zur Linken stehen Maria und Johannes mit gefalteten Händen, zur Rechten zwei Kriegsknechte, von denen der eine auf Christus weist, der andere mit Schwert und Lanze gerüstet, ruhig dem Vorgange zusieht (Pilatus und Longinus?). An Maria und Joseph schliessen sich dann nach links, also rechts vom Heiland aus (!), in langem Zuge

2. die Seligen:

Voran ein Kirchenfürst und ein Bischof; es folgt ein Königspaar und ein älterer Mann, der in der linken Hand ein Spruchband mit der Kreuzaufschrift INRI hält.[17] Daran reiht sich die ungemein liebliche Gruppe eines Jünglings, der die linke Hand einer neben ihm stehenden Jungfrau ergreift und an sein Herz drückt, indem er ihr gleichzeitig ins Gesicht blickt. Den Beschluss macht eine männliche und eine weibliche Gestalt; letztere ist ganz in Seitenansicht in die Kniee gesunken und streckt mit betender Gebärde ihre Hände empor.

In entsprechender Weise ist auf der andern Seite des Kreuzes neben den beiden Kriegsknechten dargestellt, wie

3. die Verdammten

von zwei Teufeln an einer Kette, die um die Hälse sämtlicher
Personen geschlungen ist, in den weit aufgesperrten Höllenrachen
am rechten Ende des Feldes hineingezogen werden. Besonders
kenntlich sind zwei hohe Geistliche und ein König. Eine weibliche
Gestalt mit einem Beutel voll Geldstücken in den Händen erfordert zu ihrer Deutung keinen grossen Scharfsinn. Die letzte Gestalt der Reihe neben dem zweiten Kriegsknechte ist männlich;
sie trägt in der rechten Hand ein spitzes, dolchartiges Instrument
und am rechten Arm einen Geldbeutel, stellt also vielleicht einen
Geizhals oder einen Dieb dar; mit der linken Hand greift er in
die Kette, um sich von ihr zu befreien.

4. Die Apostel

werden, wie bereits erwähnt, durch eine Wolkenschicht von
den anderen Darstellungen des Feldes getrennt; sie sind sämtlich
sitzend dargestellt und durch das die Wolken durchbrechende Pe-
likannest auf der Spitze des Kreuzes in eine nördliche und eine
südliche Reihe geschieden. Den Abschluss bildet auf jeder Seite
eine staudenartige, reichbelaubte Pflanze, die nur einen raumaus-
füllenden Zweck hat.[18] Durch Attribute oder sonstwie kenntlich
gemacht sind nur Petrus: er hält den Schlüssel in seiner Linken,
und Johannes: durch seine jugendliche Erscheinung, die Gestalt
neben ihm, welche ein Schwert hält, könnte Paulus und der erste
Apostel auf der andern Seite neben dem Pelikan Andreas sein;
er hat ein griechisches Kreuz in den Händen.[19]

Das oberste und dritte Feld

zeigt Christus als Weltenrichter unter einem Baldachine thronend.
Mit der rechten Hand entfernt er das Gewand von Schulter und
Brust, sodass die Speerwunde sichtbar wird; die Linke ist er-
hoben und mit der offenen Fläche nach aussen gekehrt. Zu beiden
Seiten knieen betend und fürbittend links Maria, rechts Johannes.
Ueber und neben ihnen ist je ein Engel mit Dornenkrone, Kelch,
Kreuz und Geissel angebracht. (Diese Attribute sind grösstenteils
ergänzt). Die Ecken des Feldes nehmen zwei Posaunen blasende
Engel ein, die nur mit dem halben Oberkörper sichtbar werden.

C. Die Archivolten.

Die erste Archivolte enthält auf jeder Seite sechs Engel, von denen die der südlichen Laibung Kronen, die der nördlichen Rauchfässer tragen.[30] An der Spitze der Archivolte befindet sich eine weibliche Gestalt, welche in ein weites, einfaches Gewand gekleidet ist und eine Sonnenscheibe in beiden Händen hält. Ihre Bedeutung ist nicht ganz klar, wenn es auch nach den Darlegungen von Bock immerhin möglich ist, dass wir in ihr Maria zu erkennen haben.[31] Wenigstens sind für diese Bezeichnungen wie Himmelskönigin, Wohnung der Sonne u. s. w. in der mittelalterlichen Litteratur sehr geläufig.[32]

Die zweite Archivolte nehmen auf jeder Seite sieben Propheten ein; an der Spitze erscheint, noch halb im Walfischrachen verborgen, Jonas; die übrigen halten Spruchbänder mit Namensbezeichnungen. Da jedoch einige unter ihnen zweimal wiederkehren — gewiss das Versehen irgend einer Renovation — andre unleserlich sind, und schliesslich die Gestalten überhaupt nicht durch weitere Attribute von einander unterschieden werden, ist es unnötig weiter auf sie einzugehen.[33] Jonas nimmt unter den anderen Propheten eine so hervorragende Stellung ein, weil er auf Grund des ihm widerfahrenen Wunders als ein Typus des auferstandenen Christus galt.

> ein visch genant ist cête
> der sunder alle mâsen
> in sich verslant Jonâsen.
> bî dem ist uns bezeichenheit
> von Jêsu Cristô vür geleit,
> wan er verslicket wart alsam,
> in slant daz ertrich unde nam
> mit libe und ouch mit herzen.
> sô daz decheinen smerzen
> diu gotheit dâ von nie gewan.
> alsam der grôze visch den man
> drî tage in sinem libe dans,
> daz in versêrte nie sîn graus,
> sich vrouwe, alsô beleip din kint
> zwô naht, ân allez underbint,
> in dem ertrich unt gesunt.[34]

Die dritte Archivolte zeigt auf jeder Seite acht Könige und als Abschluss an der Spitze eine Gestalt, welche mit zwei Schwertern in den Händen aus Wolken herausfliegt. Eine Deutung derselben vermögen wir nicht zu geben; denn eine Darstellung des hl. Geistes, an die wir zunächst gedacht, kann es nicht sein. Zwar erscheint dieser auf zahlreichen Denkmälern als Mann in allen Lebensaltern, aber einerseits ist diese Personifikation grade im XIII. Jahrhundert nicht üblich gewesen, und andrerseits bemerken wir nie etwas von einem Attribute, ein Umstand, dem in unsrem Falle die beiden Schwerter direkt widersprechen würden.[35] Ausserdem ist es sehr fraglich, ob der gegenwärtige Zustand der Figur genau dem ursprünglichen entspricht. Die allerdings wenig zuverlässige Zeichnung des Portales in den Denkmälern des Oberrheins zeigt statt der heutigen rätselhaften Gestalt eine Christusfigur mit Reichsapfel und Scepter, wodurch dieser deutlich als der König der Könige charakterisiert werden würde.[36] Mag der Zeichner richtig gesehen haben, oder mag er durch den damaligen Zustand der Figur über ihre wahre Gestalt getäuscht worden sein, soviel werden jedenfalls auch wir als sicher annehmen müssen, dass die ursprünglich hier angebrachte Figur mit den anderen Statuetten der Archivolte irgendwie in Beziehung gestanden haben muss. Der erste König zu unterst auf der südlichen Seite ist durch die ihm beigegebene Harfe als David kenntlich gemacht. Sonst sind sie fast sämtlich übereinstimmend mit einem Untergewand und mit einem Mantel oder einem Kragen aus Hermelin gekleidet; alle tragen Scepter und Kronen.[37]

Die vierte Archivolte schliesslich enthält achtzehn Figuren aus der Patriarchenzeit, welche wir der beigegebenen Attribute wegen zum grössten Teile sicher namhaft machen können. Auf der südlichen Seite finden wir von unten an aufwärts gehend dargestellt:

1. Adam, unbekleidet; er verdeckt mit einem grossen Strausse seine Blösse.

2. Abel, auf seinen Händen ein Lamm tragend.

3. Seth, mit zum Gebet gefalteten Händen.

4. Noah, ein Boot tragend.

5. Melchisedek, mit einem Pokal, auf dem ein Brot liegt.

6. Abraham; er hält in der linken Hand ein Schwert und

packt mit der rechten einen sich aufbäumenden Widder bei den Hörnern.

7. Isaak, mit einem Reisigbündel auf seiner linken Schulter.

8. Jacob, er hält in der linken Hand eine Leiter.

9. Judas, „der mit Lia gezeugte Sohn des Jacob,. . . . auf welchen das Recht der Erstgeburt übertragen wurde, welches seine älteren Brüder verwirkt hatten; ihm weissagte auch der väterliche Segen die Herrschaft und zu Ende derselben die Ankunft des Messias".[38]

10. Moses, kenntlich vor allem an dem gehörnten Kopfe, dann an der Gesetzestafel in seiner linken und dem Führerstab in seiner rechten Hand.

11. Aaron, mit einer Schriftrolle in der rechten Hand.

12. Eleazar.

13. Einer der Kundschafter aus dem gelobten Lande, schwer an einer grossen Weintraube tragend; also vielleicht Kaleb.

14. Josua, mit Schwert und Schild, vielleicht auch Phineas.

15. Gideon, kenntlich durch das Lammfell auf seinem Schilde.

16. Debora oder Ruth.

17. Männliche Gestalt mit Aehrengarbe: Elias oder Boas.

18. Eva; neben ihr windet sich an einem Baumstumpfe die Schlange mit dem Apfel im Maule empor. Sie ist unbekleidet.

Die Spitze des Bogens nimmt die Gestalt Jehovas ein, — der Gott des Alten Bundes, die Rechte mit segnender Gebärde erhoben, in der Linken ein geschlossenes Buch haltend.[39]

II. KAPITEL.

Stil und Ausführung der Skulpturen.

Ein gütiges Schicksal hat über der Vorhalle gewaltet und verhindert, dass im Laufe der Zeit jemals ein ernstlicher Schaden sei es durch elementare Gewalten, sei es durch die blinde Vernichtungswutf anatischer Bilderzerstörer hervorgerufen, ihren reichen plastischen Schmuck betroffen hat. Nur die Fresken, welche

ehemals die Wände mit Darstellungen aus der Armenbibel bedeckten, sind bis auf ganz wenige, kaum noch erkennbare Spuren
verschwunden.[40] Da ausserdem das zur Verwendung gekommene
Material — der feste, rote Sandstein der Vogesen — von vorzüglicher Beschaffenheit ist, sind in dem ganzen verflossenen
Zeitraume nur zwei gründliche Restaurationen des Skulpturencyklus erforderlich gewesen, von denen die letzte sogar erst in
allerneuester Zeit, nämlich im Jahre 1889, stattfand. Ueber die
vorangegangene aus dem Jahre 1604 gaben zwei jetzt verschwundene Inschriften — eine lateinische und eine deutsche — an den
Wänden der Vorhalle selbst Aufschluss; sie besagten, dass in
jenem Jahre Jacobus Mock Friburgensis, Medicinae Doctor, aca-
demicus ordinarius publicus 40 annos Professor, et Maria Salome
Hermaenin Thannensis Alsata coniuges ; cum id prodesse intelli-
gerent ad dei et deiparae Virginis Mariae honorem, utriusque
propylaei polydaedalas imagines, opere interpolato a Gabriel
Schnewlin in Berenlap a Bolschweil, in ferina valle Praetore,
Burcardo Frauenfeldero, Antonino Scherero Consulibus, Gallo Weis
presbytero, augustissimi huius loci Fabricae praefectis et Procura-
toribus, instaurarunt.[41] Bei dieser Gelegenheit haben wohl auch
erst die Wissenschaften und einige andre Statuen die Unter-
schriften erhalten, deren hier und da in der Litteratur Erwähnung gethan wird, die aber jetzt schon wieder verlöscht sind.
Dass diese nicht eine Ergänzung ursprünglicher Bezeichnungen
gewesen sind, ergiebt sich mit Sicherheit aus dem Umstande, dass
sie zu den wirklich dargestellten Erscheinungen teilweise garnicht
stimmten. Denn beispielsweise war die heilige Margaretha als
Dialektik, die heilige Katharina, allerdings mit mehr Recht, als
Philosophia bezeichnet worden, während die Benennung des
„Fürsten der Welt" als Calumnia direkt wie ein Auskunftsmittel
für die damals vermutlich abhanden gekommene richtige Deutung der Statue erscheint; die Bezeichnung der neben ihm stehenden weiblichen Statue als Voluptas hingegen entspricht auch
unsrer Auffassung derselben. Jedenfalls erhellt aus diesem Schwan-
ken zwischen Richtigem und Unrichtigem zur Genüge, dass die
sämtlichen Bezeichnungen und Aufschriften in der Vorhalle in
keiner Weise einen sicheren, positiven Wert für die Deutung der
Skulpturen besitzen. Viollet-le-Duc's Ansicht, in den hiesigen

Statuen durch ihre (ehemaligen) Aufschriften ganz beglaubigte
Typen derselben aus der damaligen Zeit zu besitzen,« kann demnach nicht mehr zu Recht bestehen, und ebenso ist die oben gegebene, auf eine Inschrift gestützte Deutung einer Sockeldarstellung
unter der Ekklesia als Wunder des heiligen Andreas zum mindesten zweifelhaft.

Leider sind wir nicht genauer darüber unterrichtet, wie weit
sich die Restauration von 1604 erstreckt und insbesondere, wie
sie es mit der Neubemalung der Statuen gehalten hat; jedenfalls
scheint man nicht streng der in Resten gewiss noch sichtbaren
ursprünglichen Farbengebung gefolgt zu sein. Denn wie mir der
Leiter der letzten Renovation, Herr Professor Geiges aus Freiburg, gütig mitteilt, fanden sich 1889 nach Entfernung der
Schmutzschicht und eines oberen Farbenauftrages deutlich erkennbare Spuren einer früheren Bemalung vor; und diese sind es,
nach denen er die farbigen Aquarellskizzen aufnahm, welche der
modernen Polychromierung zu Grunde gelegt worden sind.« Wahrscheinlich haben wir in jenen Resten einen Abglanz der ursprünglichen Bemalung zu erkennen, da wir von einer weiteren, grösseren
Restauration weder aus den Rechnungen der Bauhütte des Münsters noch aus sonstigen Urkunden etwas erfahren.« Ausserdem
aber scheint auch die Art der Farbenwahl mit der damals üblichen
übereinzustimmen, — wenn es gestattet ist, aus den allerdings
äusserst spärlichen Spuren ehemaliger Bemalung auf zeitlich nahe-
stehenden Denkmälern, wie sie z. B. das Grabmal der Anna von
Hohenberg im Baseler Münster aufweist, einen vergleichenden
Schluss zu ziehen.

Nach dieser Seite hin also dürfte die neueste Restauration,
soweit möglich, das Richtige getroffen haben; auch der Umstand,
dass die Gewänder fast durchweg mit breiten, querlaufenden
Streifen dekoriert wurden, entspricht dem Modegeschmack des
späteren 13. Jahrhunderts für gestreifte Tuche. Dagegen hat sie
leider darin gefehlt, dass sie statt der damals gebräuchlichen, einfachen und leuchtkräftigen Lokalfarben zu matter Oelfarbenmisch-
ung griff und zum Schluss eine allzureichliche Vergoldung vor-
nahm, so dass der Gesamteindruck kein ruhiger ist; ebensowenig
wie wir hoffen können, überhaupt ein ganz getreues Abbild des
alten Zustandes und der ehemaligen Wirkung des Cyklus wieder-

gewonnen zu haben. Auch die Vervollständigung des Rippengewölbes, welches bis zum Jahre 1889 nur die kapitällosen Anfänge von Rippen zeigte,[45] und die Einfügung eines plastisch verzierten Schlussteines, sowie die Bemalung der vier Gewölbezwickel mit je zwei altertümlichen, grossen Engelgestalten durch Professor Geiges bei derselben Gelegenheit haben dazu beigetragen, das einstmalige Aussehen der Vorhalle zu verändern.

Ergänzungen von plastischen Bestandteilen des Cyklus sind glücklicherweise kaum nötig geworden; die wenigen bemerkenswerten Fälle darunter sind bereits bei der Besprechung der einzelnen Werke hervorgehoben worden.[46] Im allgemeinen gehören die Freiburger Skulpturen zu den am besten erhaltenen Werken der ganzen mittelalterlichen Plastik, sodass einer Prüfung derselben auf ihren Stilcharakter und ihren künstlerischen Wert hin keinerlei Schwierigkeiten in den Weg treten : die Kritik hat sicheren Boden unter den Füssen.

Der Freiburger Cyklus ist ein Werk vieler Hände, darüber belehren uns schon die grossen Statuen der Blendarkaden; aber grade diese letzteren erweisen sich andrerseits wieder trotz ihrer mannigfachen Verschiedenheiten schlagend als die Glieder einer grossen Familie, und der ganze Cyklus mit seinen zahlreichen Figuren' ist eigentlich nichts weiter wie eine solche. Der Eindruck, den wir von seinem künstlerischen Gesamtbilde empfangen, ist der eines grossen Ganzen, dessen vielseitigen Teile sich zu einem einheitlichen Werke gleichen Charakters und gleichmässiger Wirkung zusammenschliessen, und man erkennt deutlich, wie die vielfachen, hier zusammenwirkenden Kräfte von einem gemeinsamen Willen geleitet und beherrscht wurden. Freilich, diese Gemeinsamkeit musste sich erst entwickeln : nur als die Folge eines längeren zielbewussten Zusammenarbeitens wird sie uns verständlich, ebenso wie ein einheitlicher Stil nicht fertig dem Boden entspringt, sondern immer erst geschaffen werden muss.

Der Freiburger Cyklus lässt sich das Geheimnis seines allmählichen Werdens leicht abfragen, denn seine einzelnen Teile fügen sich, da zu verschiedenen Zeiten entstanden, schon von selbst zu einem vollständigen Bilde stilistischer und künstlerischer Entwicklung zusammen. An ihrer Hand vermögen wir daher nicht nur die Ausbildung des der Freiburger Plastik eigenen Stiles genau zu

beobachten, sondern wir verfolgen auch das künstlerische Können
der Freiburger Steinmetzen von bescheideneren Anfängen bis zur
Sonnenhöhe reifen und vollendenten Kunstschaffens.

Die Reihenfolge, in welcher die einzelnen Bestandteile der
Komposition entstanden sind, stellt sich so dar, dass das architektonische Gerüst und von diesem die Blendarkaden der Vorhalle zuerst, dann das Portal mit den Reliefs des Tympanon und der Gestalt der Madonna, schliesslich die Figuren in den Archivolten und
die grossen Freistatuen zur Ausführung gekommen sind. Die
Priorität der Arkaden folgt mit Notwendigkeit aus der Art ihrer
Konstruktion; sie sind nämlich wie die Einbindung der Basen und
Kapitäle ihrer Säulen und der die Statuen bekrönenden Baldachine
in die grossen Quader der Wände beweist, aus dem laufenden
Steine gearbeitet und somit in stetem Zusammenhange mit den
emporwachsenden Turmmauern entstanden. Das zur gleichen
Zeit in Arbeit befindliche Portal konnte aber erst bei Einwölbung
der Vorhalle seinen Abschluss finden, da seine Archivolten tief in
das Gewölbe einschneiden; auch an ihm sind Sockel und Baldachine sämtlicher Figuren aus dem laufenden Steine gearbeitet. Die
Fertigstellung der Scenen des Tympanon sowie die Ausführung
der Madonna am Thürpfeiler muss sich gleich darangeschlossen
haben; dann kamen erst die Statuetten und die grossen Statuen
in Arbeit. Für die späte Entstehungszeit der letzteren spricht
ganz deutlich der Umstand, dass, um ihre Aufstellung überhaupt
zu ermöglichen, durchweg die beiden untersten Krabben der
Wimperge weggeschlagen werden mussten. Verkehrt wäre es
jedoch, hieraus schliessen zu wollen, dass nicht von vornherein
die Errichtung von Statuen ins Auge gefasst worden sei; denn
die sie bekrönenden Baldachine sind, wie bereits hervorgehoben,
aus dem laufenden Steine gearbeitet und gehören also zu den
frühest entstandenen Teilen der Vorhalle. Ohne die Annahme
von Figuren unter ihnen, bliebe aber ihre Existenz unerklärlich.

Wir haben die zeitliche Aufeinanderfolge der einzelnen Teile
des Cyklus kennen gelernt; jetzt gilt es, uns von ihrem stilistischen
Charakter ein Bild zu verschaffen. Als geeignetstes Mittel hierfür empfiehlt sich eine vergleichende Betrachtung der verschiedenen Kopftypen, welche die jeweils zu ihnen gehörigen Figurenreihen aufweisen. Von der Ausführung der Skulpturen im allge-

meinen und von ihrem rein künstlerischen Werte wird dann weiterhin zu sprechen sein.

Bereits die wenigen plastischen Bestandteile der Arkaden
lassen deutlich die beiden Hauptstilrichtungen erkennen, welche
dem Cyklus sein charakteristisches Aussehen verleihen. In Betracht kommen die beiden Engelstatuetten, welche gleich rechts
und links vom Eingange angebracht sind, und einige halbfigurige
Gestalten, welche aus den Kreuzblumen zweier Wimperge der
südlichen Arkadenreihe herausschauen. Was sich sonst noch an
figürlichem Schmuck zur Füllung der grossen Felder der Wimperge benutzt findet, ist ziemlich oberflächlich gearbeitet und somit für eine stilistische Untersuchung wenig geeignet. Die anderen
Figuren dagegen können wir gleichsam als die Wurzeln des Freiburger Stiles bezeichnen. Gemeinsam ist ihnen die längliche
Gestalt des Kopfes, die Form der Nase, eine im Wesentlichen
gleiche Bildung des Mundes und eine deutliche Betonung des
Kinnes. Das letztere wird häufig breit angelegt und zeigt dann
meistens eine Doppelteilung. Der Mund wird von bald mehr,
bald weniger stark ausgeprägten Falten begleitet und erscheint
infolgedessen nicht selten wie von ihnen eingerahmt. Die Nase
schliesslich setzt fein und schmalrückig ohne weitere Vermittlung
mit sanfter Einbiegung an der Stirne an; in ihrem weiteren Verlaufe verbreitert sie sich allmählich etwas gegen die Spitze hin.
Die Flügel sind wenig ausgebildet, aber energisch eingekniffen.
Trotz dieser gemeinsamen Merkmale unterscheiden sich aber doch
die beiden Typen in sehr bemerkenswerter Weise. Während
nämlich den Engeln eine auffallende Abschrägung der Wangen
nach hinten zu und eine starke Hervorhebung der Augenknochen
eigentümlich ist, fehlt den andern Gestalten beides. Sie zeigen vielmehr eine recht volle Wangenbildung und stellen überhaupt den
scharfen, spitzigen Zügen des anderen Typus weichere und besser
durchmodellierte Formen gegenüber.

Beiden Richtungen begegnen wir dann fast unverändert auf
den Reliefs der Sockel unter den grossen Portalstatuen wieder,
wobei zu beachten ist, dass der Typus der Engel, den wir im
Gegensatz zu dem zweiten anderen kurz als den ersten bezeichnen wollen, wesentlich bei der Darstellung von bärtigen und
älteren Männern zur Anwendung kommt, während der andere auf

die Frauen und jugendlichen Männergestalten beschränkt bleibt. Ein sehr schönes Beispiel der letzteren Art bietet die Figur Johannes d. Ev. aus der Schilderung seines Martyriums (Sockel unter der Gruppe der Heimsuchung). Als etwas Neues für diesen Typus fällt uns die Neigung auf, gelegentlich die Wangen um ein Weniges abzuflachen und nicht mehr ganz so voll wie früher zu bilden. Auch finden sich hier und da bereits Ansätze, die lange Gesichtsform zu verkürzen und mehr zusammenzudrängen; wir werden sehen, wohin diese Umbildung führt. Zu erwähnen ist dann noch, dass die Angabe von Falten am Munde fortzufallen anfängt.

Wenden wir uns jetzt dem figurenreichen Portale zu, so haben wir gleich vorauszuschicken, dass es sichtlich unter dem alles beherrschenden Einfluss des ersten Stiles steht. Eine mustergültige Schöpfung von fast kanonartiger Gültigkeit ist die Statue der Madonna am Thürpfeiler: in ihr haben die oben genannten Merkmale des ersten Typus ihre vollendete Ausprägung erhalten. Wir können uns daher eine genaue Detailbeschreibung ersparen und brauchen nur noch auf die Bildung der Augen und des Mundes aufmerksam zu machen. Die Augenlider zeigen den Lidrand scharf ausgebildet; das obere ist breit und in der Mitte hochgezogen, das untere weich und fleischig gebildet. Der wohlgeformte Mund ist fein und zierlich und wird durch ein Paar scharfe Falten gegen die Wangen hin abgegrenzt. An die schmale, kleine, vierfach gegliederte Oberlippe schliesst sich in sanfter Rundung die etwas vollere Unterlippe.

Dieser Typus also ist es, der, wie wir ruhig sagen können, als das Normalmass für die zahlreichen Gestalten des Portales anzusehen ist, ja es erweckt fast den Anschein, als hätten die Steinmetzen, welche hier am Werke waren, alle Veränderungen, deren dieser Grundtypus möglich war, zur Darstellung bringen wollen, so verschieden und dabei doch gleichartig sind die einzelnen Figuren geraten. Aber unsre Behauptung hat nur bedingte Gültigkeit. Es ist wahr, wir können den zweiten Typus mit Ausnahme einiger wenigen Gestalten des Tympanon nirgends am Portale (abgesehen von den grossen Statuen der Laibungswände) nachweisen, ein umgestaltender Einfluss desselben auf den ersten Typus ist jedoch in gewissen Fällen unverkennbar. Wir werden

seine Einwirkung immer da zu erkennen haben, wo wir sehen,
dass man von der starken Abschrägung der Wangen zu Gunsten
einer etwas volleren Bildung derselben abgegangen ist und die
übermässige Andeutung der Augenknochen unterlassen hat.

Eine sehr bedeutsame Variation des ersten Stiles lernen wir
in den Apostelgestalten des Tympanon kennen. Bei ihnen erhält
die mächtig und bedeutend gebildete Stirn durch Runzeln einen
lebhafteren Ausdruck; die Augenbrauen bilden eine scharfe, wenig
geschweifte Linie und die Nasenwurzel ist im Gegensatze zu der
sonst üblichen, sanften oder auch — besonders auf dem Tympanon
— tiefen Einsenkung häufig mit Hülfe einer Querfalte kräftig
herausmodelliert, sodass sich die Nase in markanter Weise von
der Stirne abhebt. Diese Bildung geht auf viele der kleinen Statuetten aus den Archivolten über und findet sich auch bei
einigen der männlichen grossen Figuren der Arkaden. Der Mund
springt stark vor und ist bisweilen geöffnet.

Eine andre sehr wichtige Stufe stilistischer Weiterentwicklung
zeigen uns die Gestalten des obersten Tympanonfeldes. Die Grundzüge des ersten Typus sind auch hier festgehalten, aber im einzelnen
etwas verändert worden. Das allzu scharf pointierte sich Zuspitzen
des Gesichtes hat sich verloren, dasselbe ist voller und breiter geworden, und seine Umrisslinie nähert sich dem Viereck. Die
Wangen sind noch abgeschrägt, erscheinen jedoch nur mehr abgeplattet, und von einer Hervorhebung der Augenknochen ist
wenig mehr zu merken; die Betonung des Kinnes ist beibehalten.
Dieser Typus führt direkt zu den grossen Statuen der Blendarkaden hinüber: im Kreise der Wissenschaften begegnen wir ihm
wieder.

Auch unter den Figuren der Archivolten treffen wir auf einige
neue Abarten des ersten Typus. Das interessante an ihnen ist,
dass sie gleichsam die Grenzen angeben, welche der Abwandlungs-
fähigkeit seiner Grundzüge gesteckt sind. Denn einerseits tritt uns
in einer ganzen Reihe von Gestalten, aus der wir die Ruth hervorheben, der höchste Grad seiner Ausbildung nach der Seite
spitziger, scharfer Modellierung entgegen, und andrerseits ersehen
wir aus einer grossen Anzahl liebreizender Schöpfungen, welche
Fülle von sinniger Schönheit diesem Typus zu eigen sein konnte,
wenn man nur auf eine allzupeinliche Herausarbeitung seiner

charakteristischen Eigentümlichkeiten verzichtete. Die Steinmetzen brauchten sich bloss einer weicheren Modellierung zu befleissigen und mehr Bedacht darauf zu nehmen, die einzelnen Flächen des Gesichtes sanfter in einander übergehen zu lassen, und die scharfe Betonung der Augenknochen sowie das übermässige Abschrägen der Wangen verschwand schon von selbst. Aus der Reihe der hierher gehörigen Gestalten erwähnen wir den Adam und den ersten König der dritten nördlichen Archivolte von unten, sowie Noah und Abraham. Man könnte sie fast — besonders die letzteren — als die Träger eines neuen Typus ansprechen, wenn uns nicht zahlreiche Entwicklungsübergänge ihren direkten und engen Zusammenhang mit den Figuren des ersten Typus in eindringlichster Weise predigten.

Eine uns schon bekannte Unterart desselben finden wir dann bei einer ganzen Anzahl der Prophetengestalten. Sie nehmen die in den Apostelköpfen des Tympanon eingeschlagene Richtung auf und bilden sie weiter aus. Es bleiben somit nur noch einige vereinzelt auftretende Typen zu erwähnen übrig, die sich zwar auch im allgemeinen Rahmen der beiden von uns gekennzeichneten grossen Stilarten halten, aber doch gewisse Besonderheiten aufweisen. Besonders reich an solchen abweichenden Typen ist die Engelarchivolte; einige unter ihnen erscheinen in ihrer spitzen, scharfen Ausbildung der Figurenreihe verwandt, in welche die Ruth gehört, andre wieder zeigen eine volle, runde Gesichtsform und nähern sich darin den Engeln des obersten Tympanonfeldes; zu ihnen gehört unter anderen auch die letzte Gestalt der Apostelreihe des Tympanon auf der südlichen Seite. Ganz im allgemeinen dürfen wir vielleicht die ersteren als eine Art Ausläufer des ersten Typus, die letzteren als eine Nebenrichtung des zweiten Stiles bezeichnen. Wo sonst noch fremdartige Bildungen auftauchen, wie in der Reihe der Verdammten rechts vom Kreuze oder hier und da bei den Henkern, da werden wir wohl mit Recht annehmen können, dass in diesem Falle die abweichende Typenbildung nur dem Bedürfnisse, einen stärkeren charakteristischen Ausdruck zu finden, zu Hülfe kam.

Die Statuen der Arkaden sind aller Wahrscheinlichkeit nach zum grossen Teile gleichzeitig mit den Gestalten der Archivolten ausgeführt worden. Dieser Umstand kann als Erklärung dafür

dienen. dass sie, um dies gleich festzustellen, überwiegend das Gepräge des zweiten Typus zeigen. Denn nun wird uns klar, warum
wir diesen am plastischen Schmuck der Archivolten vermissten
und bloss indirekt nachweisen konnten : es hat offenbar eine Teilung
der Arbeitskräfte und zwar nach stilistischen Rücksichten stattgefunden; nur so ist es zu erklären, dass die beiden Hälften des
Cyklus im Grunde genommen je eine besondere Stilrichtung aufweisen. Dass trotz dieser Differenzen sein künstlerisches Gesamtbild eine durchaus einheitliche Wirkung ausübt, ist zunächst dem
gleichmässigen, feinen Geschmacke, welcher das ganze Werk auszeichnet, und dem gemeinsamen, grossen Willen, der alles leitete,
zu danken ; sodann aber müssen wir ein ganz besonderes Gewicht
auf das gegenseitige Verhalten der beiden Stilrichtungen zu einander legen. Wir haben bereits gelegentlich der Betrachtung des
Portalschmuckes darauf hingewiesen, dass der zweite Typus nicht
ohne Einfluss auf den ersten geblieben ist. Nun, genau das Gleiche
gilt jetzt in umgekehrter Weise für die Statuen der Arkaden.
Bemerkten wir dort, wie der ursprünglich scharfe erste Typus
weicher und voller in den Zügen wurde, so sehen wir hier die
andre Richtung bisweilen das Abschrägen der Wangen annehmen!
Die beiden Stile wirken also gegenseitig auf sich ein, der eine
wandelt seinen Typus nach dem Muster des andern und umgekehrt; anfänglich getrennt nähern sie sich allmählich mehr und
mehr, um den höchsten Grad dieser Bewegung eben in den grossen
Statuen der Vorhalle zu erreichen. Diese stehen am Ende der
Entwicklungsreihe ; in ihnen haben auch beide Richtungen die anfangs längliche Kopfform aufgegeben und mit einer kürzeren vertauscht. Das zuerst auf den Reliefs der Sockel und dann wieder
auf dem Tympanon einsetzende und hierauf gerichtete Bestreben
hat damit sein Ziel erreicht.

Wenn gleichwohl die grossen Statuen vorzugsweise den
Charakter der zweiten Richtung tragen, so gereicht ihnen dies
nur zum Vorteil. Denn der zweite Typus steht ohne Frage
künstlerisch bedeutend höher als der erste, da er sich von jeglichen Uebertreibungen freihält und allein auf schöne Verhältnisse
und Formen ausgeht; das beweist uns schon seine elegante Umrisslinie des Gesichtes. Dementsprechend sind auch die vorzüglichsten Figuren der Vorhalle diejenigen, welche den zweiten

Typus am reinsten widerspiegeln: die Maria aus der Verkündigungs-
gruppe und einige der klugen und thörichten Jungfrauen. Am
meisten in die andre Richtung schlagen die Wissenschaften
und die hl. hl. Katharina und Margaretha sowie die Voluptas;
der Beziehung der ersteren zu einigen Gestalten des Tympanon
haben wir schon gedacht.

Wie lange aber die anfänglichen Stilprinzipien wirksam geblieben sind, erkennen wir deutlich an einer im übrigen recht
geringfügigen Besonderheit. Die zu allererst betrachteten Figuren
zeigten als charakteristisches Merkmal hin und wieder eine Doppelteilung des Kinnes: diese Bildung sehen wir jetzt vereinzelt
auch hier noch auftauchen (Maria Magdalena, eine kluge Jungfrau).

Von kleinen Stilveränderungen sei auf das öfters sich findende
Doppelkinn und die etwas verschiedene Form der Nase aufmerksam gemacht, welche im allgemeinen ziemlich stark gebildet wird
und in der Mitte manchmal eine kleine Anschwellung zeigt.
Irgendwie neue und nicht durch eine Vermischung der beiden
Richtungen zu erklärende Typen finden sich dagegen nicht; man
kann also wohl sagen, dass infolge der sich allmählich ausglei-
chenden Entwicklung der beiden ursprünglich verschiedenen Strömungen der Freiburger Stil erst in den grossen Statuen der Vorhalle seine eigentliche und durch die, wie wir sehen werden,
gleichzeitig vollendete künstlerische Ausführung höchste Ausbildung
erfährt: er wird original und vollkommen!

Verlassen wir jetzt das Gebiet der rein stilistischen Kritik
und betrachten wir den Cyklus ausschliesslich von seiner künstlerischen Seite, so haben wir zunächst die architektonischen Details
der Vorhalle ins Auge zu fassen. Ihre Ausführung verrät überall grosse Sorgfalt und Feinheit. Die sehr reich, aber durchaus
klar profilierten Spitzbogen des Portales und die zahlreichen Einzelglieder der Arkadenreihe sind sämtlich vorzüglich gearbeitet
und zeigen eine ungemeine Frische der erfindenden Phantasie
wie der Thätigkeit des ausführenden Meissels. Die schlanken
Säulen, welche die kräftigen und doch nicht schwer wirkenden
Bogenreihen der Vorhalle tragen, sind prachtvoll geschnitten und
ruhen mit ihren tellerförmigen Basen auf reichgegliederten, hohen
Sockeln, deren zierliche konsolenartige Ansätze mit grösster Ge-
nauigkeit ausgeführt sind. Je drei solcher Säulchen von besonders

eleganter und schlanker Bildung verbinden sich dann mit Hülfe
eines gemeinsamen, reich mit Reliefs geschmückten Kapitäles in
den Kehlen des Portales zu einem Motive entzückendster Wirkung, welches selbst durch die ähnliche Gestaltung an den Blendarkaden der Sainte Chapelle in Paris nicht übertroffen wird. Die
Krabben der Wimperge zeigen ein Uebergehen von ganz einfachen,
streng geometrischen Formen zu freier, naturalistischer Laubbildung.
Diese herrscht bereits ausschliesslich an den Kapitälen, welche
Erdbeer-, Epheu-, Eichen-, Granat- und Reblaub in reichster Verwendung und frischer, saftiger Ausführung aufweisen. Die schönsten Formen aber entfalten die Laubgewinde, welche die Sockel-
träger der Statuen umhüllen, und die Kreuzblumen, aus denen hier
und da menschliche Gestalten auftauchen. Man fühlt sich versucht
an das wunderbare Reich der Blumenkinder aus der Alexandreïs
des Ritters Berthold von Herbolzheim zu denken, wo zur Früh-
jahrszeit den Blüten Knaben und Mädchen entspriessen.[47] Prächtige Ausführung zeigt auch die Rosen- und Akanthusguirlande,
welche am Thürpfeiler sich hinaufziehend das ganze Tympanon
umrahmt. Weniger gut sind die figürlichen Teile der Arkaden
ausgefallen, welche teils in menschlicher Form, teils in der phan-
tastischer Tierwesen die freien Felder der Wimperge füllen, oder
auch in Nachahmung von Architekturgliedern als wasserspeier-
artige Bildungen auftreten. Ihre künstlerische Bedeutung ist nicht
gross; es genügt, dass sie ihre rein dekorative Aufgabe zur Zu-
friedenheit lösen.[48] Der für die Stilbestimmung wichtigen menschlichen Typen, denen wir hier begegnen, haben wir bereits ausführlich gedacht und können uns somit gleich zu den plastisch
reichverzierten Kapitälen unter den grossen Portalstatuen wenden.

Nicht genug zu rühmen ist die Feinheit des Meissels, der
aus dem schwer zu bearbeitenden, harten Sandsteine diese zierlichen Werke geschaffen hat. Die Reliefs zeigen eine sehr gedrängte und der Kleinheit des Raumes wegen mit Figuren über-
füllte Komposition. Die Köpfe und auch fast durchweg die Hände
der Gestalten sind dabei im Verhältnis zu gross geraten. Man
wird dies dem Künstler wegen der grossen Schwierigkeit seiner
Aufgabe gern nachsehen, weniger leicht ihm dagegen verzeihen,
dass er, um alle seine Figuren und Darstellungen auf dem knap-
pen Platze unterbringen zu können, hin und wieder willkürlich

in der Grösse der Gestalten wechselt. Luftig und frei sind die kleinen Hallenarchitekturen auf den dem Portale nächsten Kapitälen; ihre Motive sind den Arkaden der Vorhalle entlehnt.

Auch auf dem Tympanon ist die Komposition noch sehr gedrängt, aber obwohl der Künstler ängstlich bestrebt gewesen ist, keine Lücke zu lassen — charakteristisch dafür ist die Anordnung der Sträucher an den Enden der Apostelreihe — wirkt hier doch nicht die Fülle der Figuren so störend wie auf den Reliefs der Kapitäle, und die einzelnen Scenen schliessen sich in übersichtlicher Weise zu einem klaren Gesamtbilde zusammen. Dagegen finden sich auch hier noch bisweilen ähnliche Verstösse gegen die richtige Proportionierung der Gestalten wie dort. Die Komposition der einzelnen Scenen ist im allgemeinen recht geschickt. Wenn die Geisselung in ziemlich steifer Weise dargestellt ist, so entschädigt dafür desto mehr der dramatische Zug, welcher die Gefangennahme erfüllt.

Die Gruppen der Auferstehenden zeigen eine grosse Fülle von Variationen und einen steten Wechsel in den Stellungen; kaum ein Motiv ist wiederholt. Nur der Ausdruck der Gesichter ist etwas monoton. Ebenso lässt die Anatomie des Nackten noch recht viel zu wünschen übrig, wenn sich auch bereits deutlich ein Streben nach wirklichkeitsgetreuer Darstellung kund giebt; auf eine Unterscheidung der Geschlechter ist dem üblichen Gebrauche zufolge verzichtet worden.

Wie bei den Auferstehenden wird auch sonst noch, wo Reihen gleichartiger Gestalten auftreten; z. B. bei den Verdammten und Seligen auf dem zweiten Felde des Tympanon und den Aposteln ebenda durch wechselseitige Bewegungen und Gebärden ein lebendiges Bild erzielt. Die letzteren hat der Künstler thunlichst gegenseitig in Beziehung zu einander zu setzen versucht, indem er sie stellenweise wie in lebhaftem Gespräche begriffen dargestellt hat. In der Reihe der Seligen treffen wir aber auf ein Motiv, welches durch den sinnigen Fra Angelico da Fiesole seine ewig bewunderte und ewig wirksame Ausprägung erhalten hat: das Liebespaar, welches sich im Jenseits wiedergefunden hat. Diese liebenswürdige Darstellung allein vermöchte schon unsere Gunst ihrem Schöpfer zuzuweisen.[19] Eine weitere, entzückende Gestalt, welche wir seinem Meissel oder dem eines seiner Genossen verdanken, ist der leuchtertragende Engel, welcher behutsam mit bezaubernder Bewegung an Marias Lager herantritt. Vortrefflich ist auch sein Gegenstück charakterisiert, der zu Füssen der Madonna auf einer Steinbank ausruhende Joseph, welcher sein müdes Haupt auf die linke Hand gestützt hat.

Diesen Beispielen lassen sich noch andere anreihen, welche den offenen Blick desjenigen, der diese Werke geschaffen hat, bezeugen: die zärtliche Bewegung, mit welcher die auf dem Bette ruhende Maria an das Kinn des neben ihr in der Krippe liegenden Christkindes fasst; die eifrige Sorgsamkeit, mit welcher in der Reihe der aus den Särgen auferstehenden Gerechten eine Frau(?) ihre Schuhe anzieht. Besonders gelungen im Ausdruck ist die Gestalt des die Hände entsetzt ringenden Teufels, welcher dem heiligen Michael, der die Seelen abwägt, gegenüber steht. Der Cruzifixus ist von edler Bildung und die Gestalt des Weltenrichters von würdigem Ernst.

Daneben bemerken wir, wie sich in den Männerköpfen ein Streben nach stärkerem Gefühlsausdruck und ein auf dramatische Wirkung gehender Zug bemerkbar macht; besonders an einigen der Apostelköpfe lässt sich dies erkennen. Die Mittel, durch welche der Künstler seine Absicht zu erreichen sucht, haben wir bereits bei der Besprechung der stilistischen Eigenschaften dieser Figuren kennen gelernt: sie erfüllen ihren Zweck in durchaus angemessener Weise. Weniger glücklich ist die Lösung, das Entsetzen der Verdammten zu schildern; hier finden sich in der Reihe der an einer Kette von zwei Teufeln in den Höllenrachen gezogenen Gestalten einige absonderliche Kopfbildungen mit übermässig grossem, breitgeöffnetem Munde.[50]

Gut dagegen sind die rohen Typen der Henkersknechte in der Geisselung und Gefangennahme gegeben; die entsprechenden Typen in den Marterscenen auf den Kapitälen gehen darin bisweilen zu weit und stellen mitunter wahre Abnormitäten dar. Dieser realistische Zug hat auch die recht eigentümliche und im Grunde noch sehr naive Gestalt des Judas Ischariot geschaffen: aus seinem geborstenen Leibe hängen sorgfältig aufgereiht die Gedärme heraus. Recht dem Leben abgelauscht ist hingegen der Umstand, dass er in höchster Todesangst in den seinen Hals zusammenschnürenden Strick greift, gleichsam als wollte er noch in letzter Stunde sich retten. Aehnlich ist das Motiv des Letzten der Verdammten, welcher mit schmerzhafter Gebärde in die um seinen Hals geschlungene Kette fasst.

Die Figuren des obersten Thürfeldes sind wegen der weiteren Entfernung vom Beschauer und der besseren Uebersichtlichkeit des Ganzen halber im Verhältnis etwas grösser gehalten als die Gestalten der anderen Felder ; doch ist die Wirkung dieser Grössendifferenz so gut berechnet, dass der Untenstehende diese Abweichung kaum gewahr wird.

In unmittelbarem Zusammenhange mit den Reliefs des Thürfeldes und gleichzeitig mit ihnen entstand die Gestalt der Madonna mit dem Christkinde am Thürpfeiler : ein feines, zierliches Werk, das in der strengen Gebundenheit der Stellung und mit dem ernsten, nur durch ein freundlich-mildes Lächeln belebten Antlitze, dem reich, aber noch etwas steif bewegten Gewande, welches in eckige Falten gelegt ist, uns wie eine Knospe anmutet, bereit, sich zu einer schönen, jugendfrischen Blüte zu entfalten. Ein leiser, archaischer Zug ist diesem reizenden Werke eigen, ähnlich, wie ihn die griechischen Skulpturen aus den ersten Jahrzehnten des V. Jahrhunderts [51] aufweisen, kurz ehe die grossen Meister auf den Plan treten, welche mit ihren Schöpfungen zuerst die Siegeslaufbahn der griechischen Plastik beschreiten. Noch zeigt das Gesicht der Madonna jenes übermässige Zurückweichen der Wangen, sodass der ganze Ausdruck etwas Scharfes und die Züge etwas Aeltliches bekommen: es ist nicht die keusche Jungfrau, welche den Eingang zur Kirche bewacht, sondern es ist die Himmelskönigin, die Frau und Mutter, zu der mit freundlichem Lächeln der göttliche Knabe emporschaut. Ein reiner, heiliger Schimmer liegt über ihr ausgegossen, und der Eindruck, den ihre ganze Erscheinung macht, ist feierlich und hoheitsvoll. —

Eine wahre Flut reizvoller, wechselnder Erscheinungen erfüllt die Archivolten. Auch ihnen gegenüber müssen wir wieder der Kunst der Steinmetzen das höchste Lob zollen: die Gestalten sind mit verschwindend wenigen Ausnahmen [52] äusserst sorgsam und sichtlich mit grosser Liebe gearbeitet. Wo wir etwas auszusetzen haben, wie z. B. an den Figuren von Adam und Eva das mangelhafte, anatomische Verständnis für den unbekleideten Körper, und wo wir demzufolge einige Härten in der Ausführung finden, da entschädigen uns wieder dafür die sehr schön durchgebildeten Köpfe dieser beiden Gestalten.

Sie schliessen sich nach dieser Seite hin einer ganzen Anzahl andrer jugendlicher Gestalten an, welche wir zu den liebenswürdigsten Werken mittelalterlicher Bildnerei zu zählen haben. Die Reihe der Königsgestalten allein liefert uns schon genügende Beispiele derselben. In entsprechender Weise dazu treffen wir dann, besonders unter den Stammvätern in der äussersten Archivolte, edle Greise von würdigem, wahrhaft patriarchalischem Aussehen an; einige besonders prächtige Erscheinungen unter ihnen aber, welche noch in der Blüte der Mannesjahre stehen, zeigen eine so vollendete Durchbildung, dass wir, um eine ähnliche Kunst zu finden, bis zu den gefeierten, wundervollen Apostelstatuen der Sainte Chapelle in Paris gehen müssen. Daneben liefern weiterhin die Prophetengestalten den Beweis, dass es den Freiburger Steinmetzen auch nicht an der Fähigkeit, lebhaftere Accente wiederzugeben, gebrach. Die gut zum Ausdrucke gebrachte, dramatisch gesteigerte Auffassung der Propheten passt vortrefflich zu dem Charakter gottbegeisterter Dichter und Seher.

Von interessanten Einzelbildungen seien die bereits erwähnten Figuren von Adam und Eva hervorgehoben, welche sich bei ihrer gänzlichen Nacktheit als die — freilich nur kleinen — Vorläufer der entsprechenden, berühmten Gestalten des Bamberger Domes erweisen; denn die letzteren sind nach ihrer neuen Datierung durch Weese ungefähr ein Decennium später als jene anzusetzen.[55]

Sehr ansprechend wirken die nach der naiven Auffassung der damaligen Zeit als Ritter in Wehr und Waffen dargestellten Figuren von Josua und Gideon. Ueberhaupt ist die Gewandung im grossen und ganzen der damaligen Zeittracht entlehnt, und die Künstler haben ihr, die ja schon an und für sich von grossem malerischen Reize ist, eine fast unerschöpfliche Fülle feiner Motive zu entlehnen gewusst. Es ist ein völlig freies, selbstständiges Schaffen in aller Jugendlichkeit und Frische, das uns hier entgegentritt. Auffallend ist nur die Art der Mantelbildung bei den Propheten und einigen Patriarchengestalten. Man gewinnt bisweilen den Eindruck, als habe der Steinmetz unverstandene Vorbilder aus der Antike kopieren wollen: wieder ein Beispiel für das „Nachleben"

derselben im Mittelalter! Besonders charakteristisch ist in dieser
Hinsicht der dritte Prophet von unten auf der nördlichen Seite
der Archivolten. Der Mantel ist in einer gänzlich unverständ-
lichen Weise so um den Oberkörper herumgeschlungen, dass er
beide Arme bis zur Bewegungslosigkeit fest an den Leib drückt.
Interessant ist auch bei derselben Figur die turbanartige Kopfbedeckung. Sonst zeigt diese sehr wechselnde Formen: bald ist es
eine Spitzkappe, bald ein einfacher Kronreif, bald wieder wird
nur ein Tuch über den Kopf gezogen.

Das Haar ist fast durchgängig äusserst sorgfältig behandelt.
In der Regel zeigt es ein wollartiges Aussehen und wird mit
Vorliebe in kleine, krause Löckchen aufgelöst; häufig wird es
nach der damaligen Mode zu beiden Seiten des Gesichtes in Vo-
luten aufgerollt. Daneben findet sich auch sehr schönes, frei und
weich herabfliessendes Haupt- und Barthaar; das letztere ist stets
sehr sorgsam gekämmt und meist durch einen Scheitel zwiefach
geteilt. Sehr beliebt ist die Anordnung einer einzelnen Locke
mitten auf der Stirn; trägt die Gestalt eine Kopfbedeckung, so
kommt sie unter dieser hervor.

Die Bewegungen sind ruhig und gemessen, sowie mit einigen
Ausnahmen bei den Propheten wohl motiviert. Ebenso zeichnen
sich die Stellungen durch grosse Einfachheit aus; soweit es die
weite, faltenreiche Gewandung erkennen lässt, scheint der Gegensatz von Stand- und Spielbein konsequent durchgeführt zu sein. —

Man sollte erwarten, dass die grossen Statuen der Vorhalle
oder zum mindesten die der Blendarkaden einen anderen Eindruck auf den Beschauer ausüben müssten als die bisher betrachteten Teile des Cyklus, unterscheiden sie sich doch in ihrem
Charakter ganz wesentlich von diesen. Denn sie sind keineswegs
wie die besprochenen Arbeiten bloss der schmückende Zusatz eines architektonischen Gerüstes, sondern sie sind frei und
unabhängig erschaffene Werke der statuarischen Plastik und tragen
als solche ihren Zweck schon in sich selbst; ihre Verbindung mit
der Architektur dagegen ist nur oberflächlich. Trotzdem stimmen
sie aber in ihrer künstlerischen Ausdrucksweise und in ihrer
ganzen äusseren Erscheinung durchaus mit den anderen Werken
der Vorhalle überein. Der Grund davon ist ein zweifacher. Einmal hat sich auch in dem ersten Teile des Cyklus die Plastik in

seltener Weise ihre Unabhängigkeit von der Architektur gewahrt — wir werden dies an einem anderen Orte ausführlich zu beleuchten haben — und zweitens zeigt sich gerade hierin wieder, dass wie schon oft hervorgehoben worden ist, ein einheitlicher künstlerischer Zug das ganze Werk beherrscht, sodass es gleichsam wie die Aeusserung eines gemeinsamen grossen Willens erscheint. Dagegen ist nicht zu leugnen, dass die Ausführung der grossen Statuen recht verschiedene künstlerische Qualitäten aufweist. Aber lässt sich denn etwas andres erwarten? Dass uns solche Differenzen noch nicht weiter aufgefallen sind, liegt an dem kleinen Massstabe der bisher betrachteten Figuren, welcher eine eingehende Detailbehandlung nicht gestattete. Bei einem Uebersetzen der Formensprache ins Grosse, änderte sich das natürlich sofort und die verschiedenen Befähigungsgrade der Steinmetzen traten alsbald in aller Deutlichkeit zu Tage. Das Gesamtbild der Statuenreihe aber blieb dabei gleichwohl ein harmonisches, indem die verschiedenartige Begabung sich zwar je nachdem in mehr oder weniger vollkommener, stets jedoch in verwandter Weise äusserte.

Wir können darnach die Figuren in mehrere Gruppen scheiden; eine Sonderstellung beansprucht nur die Gestalt der Voluptas. Sie berührt sich, besonders im Kopftypus, eng mit der Eva und verrät wie diese auf Seiten ihres Verfertigers eine bedeutende Unkenntnis des nackten menschlichen Körpers. Die unglückliche Bildung der Brust, das gänzliche Fehlen einer Modellierung der Bauchpartieen und die ebenso beim Adam und der Eva auftretende, scharfe Betonung des Schienbeines beweisen dies zur Genüge.[54] Gut ist dagegen der ausgesprochen sinnliche Mund charakterisiert. Das reiche und schöne Haar fliesst in starken Flechten auf die Schultern herab.

Die beiden neben ihr stehenden Statuen, der „Fürst der Welt" und der Engel mit dem Spruchbande „Ne Intretis", gehören mit dem Engel der Verkündigung an Maria zusammen. Alle drei Gestalten zeichnen sich durch ein ziemlich starkes Lachen aus und zeigen im Verhältnis zu den anderen Figuren eine derbere, weniger feine Ausführung. Es erscheint daher nicht ausgeschlossen, dass wir in ihnen die allerletzten, wenn nicht vielleicht erst etwas spätere Arbeiten zu erblicken haben.

Die Männergestalten der Vorhalle sind im allgemeinen ruhige und charaktervolle Schöpfungen; nur Aaron und Johannes der Täufer weisen einen erregten Zug auf und nähern sich darin den Propheten aus den Archivolten. Eine gänzliche Ausnahme bildet die ausdruckslose Figur Christi. Sie ist eine nüchterne und trockene Arbeit und zählt mit der im Typus wie in der Gewandung geistlos nach der Statue der Ekklesia kopierten Synagoge zu den schlechtesten und künstlerisch unbefriedigendsten Werken des ganzen Cyklus.

Eine festgeschlossene Gruppe bilden die Gestalten der hl. hl. Katharina und Margaretha sowie die Medizin, Malerei, Musik und bis zu einem gewissen Grade auch die Geometrie. Es sind durchweg tüchtige Arbeiten ohne weitere Besonderheiten; eine individualisierende Charakteristik darf man natürlich nicht bei ihnen erwarten. Ihr Gesichtsausdruck ist sogar bis auf ein Lächeln hier und da ziemlich teilnahmslos.

Die noch nicht erwähnten Gestalten hingegen zeigen mehr oder minder die vollendete Ausbildung des Freiburger Stiles und gleichzeitig die entfaltete Blüte dieser Bildhauerschule. Die herrlichsten Schöpfungen unter ihnen sind die klugen und thörichten Jungfrauen, die Maria aus der Gruppe der Verkündigung und die Maria und Elisabeth der Heimsuchung. Daran reihen sich dann die Ekklesia, Sarah und die drei noch fehlenden Wissenschaften: die Grammatik, Dialektik und Rhetorik.

Eine Unterabteilung für sich stellen die beiden Statuen Marias und die Gestalt der Elisabeth dar. Während die Gruppe der Heimsuchung eine etwas scharfe und trockene Ausführung zeigt, begrüssen wir in der Maria, welche die himmlische Botschaft empfängt, mit Freude das holdselige Werk eines fein und echt deutsch empfindenden Künstlers. Das ist wenigstens der Eindruck, den wir von dieser liebenswürdigen Schöpfung hinwegnehmen, welche ein zarter, leichter Realismus wie mit einem Hauche frisch erwachenden Lebens erfüllt hat.

Ein Gleiches gilt von der prächtigen hoheitsvollen Gestalt der Kirche und den Statuen der klugen Jungfrauen. Den Preis unter diesen müssen wir der dritten vom Portale aus zuerkennen, der wir in ihrer entzückend koketten Bewegung der in die weite Aermelöffnung gelegten linken Hand und der schalkhaften, leisen

Seitenwendung des Kopfes überhaupt kein plastisches Werk der ganzen Gotik von ähnlichem Reize der Wirkung und Erscheinung an die Seite zu setzen wüssten.

Ebenso unerreicht für ihre Zeit stehen die thörichten Jungfrauen da, in denen uns ein mächtiges dramatisches Können und eine aussergewöhnlich starke Charakterisierungskraft entgegentreten. Die unbezwingliche Schlafsucht, die stille, gramvolle Verzweiflung, dann die laute schmerzerfüllte Klage der Reuigen haben eine vollendete Ausprägung erhalten: ihr Anblick prägt sich tief mit nachhaltiger Wirkung dem Blicke des Beschauers ein.

Die Wissenschaften und Sarah sind ausdrucksvolle, gehaltreiche Schöpfungen, welche von hohem künstlerischem Ernste zeugen, besonders die Grammatik ist eine schöne, sinnige Erscheinung. Die Nebengruppe der beiden Schüler, deren einer angstvoll seiner Bestrafung entgegensieht, während der andere mit streberhaftem und auch nur durch die Furcht diktiertem Fleisse seiner Lektüre obliegt, ist mit Geschick der Wirklichkeit entlehnt und mit Humor — eine seltene Erscheinung im Cyklus — zu lebendiger Darstellung gebracht.

Die Gewand- und Trachtbehandlung sowie die Stellungs- und Bewegungsmotive der einzelnen Statuen wiederholen sich in sehr gleichmässiger Weise, sodass wir uns in dieser Hinsicht auf einige allgemeine Bemerkungen beschränken können.

Auch hier herrscht wieder das Kostüm der ausgehenden Hohenstaufenzeit mit seiner weiten, faltigen, durch einen Gürtel zusammengeschnürten Tunika und dem durch ein Kettchen oder eine Spange, den Fürspann oder die Tasseln, auf der Brust zusammengehaltenen Mantel; oder bei den Frauen den verschiedenen Formen der ärmellosen, ungegürteten Suckenie, des aus Wollstoff gefertigten Obergewandes, welches mit Pelzwerk oder farbigem Futter ausgeschlagen war; dem Schapel, einem einfachen, verschiedenartig verzierten Ringe, sowie dem weiblichen Kopftuche, Rise genannt, und dem Gebende, welches in Barettform wie ein breites Sturmband das Gesicht umschliesst (vergleiche die Gestalt der Grammatik). Die Frauen und ebenso die Männer zeigen den nach dem Fuss gearbeiteten, spitz zulaufenden Knöchelschuh. Nur die beiden grossen Engel, Johannes der Täufer und Christus sind barfuss dargestellt; letzterer trägt einen schlichten, weiten, hemdartigen Rock, Johannes d. T. ein Untergewand aus Fell und ein Manteltuch mit Zottelbesatz.

Die stilistische Behandlung dieser Tracht in Freiburg lehrte bereits das Gewand der Madonna des Thürpfeilers kennen; ihre Grundzüge sind dieselben geblieben, nur hat sich die dort noch vorhandene Eckigkeit und Spröde hier in einem schönen, weichen Fluss der Linien verloren. So kommt auch jetzt erst der ganze malerische Reiz, welcher der Tracht vom Ende des XIII. Jahrhunderts innewohnt, im reichsten Spiele wechselnder Motive zur vollen Geltung — natürlich nicht an allen Statuen in gleich vollkommener Weise. Vielmehr lassen sich verschiedene Stufen der Qualität in der Ausführung unterscheiden, und zwar genau entsprechend der Klassifizierung, die wir oben von dem künstlerischen Gehalte der einzelnen Figuren gegeben haben. Die höchste Schönheit zeigen auch hier die Gewänder der klugen und thörichten Jungfrauen und der ihnen verwandten Statuen.

In freiem, mächtigen Schwunge fallen die schweren Stoffe in grosszügigen Falten herab und verstärken den eleganten Eindruck, den die zierliche Silhouette der schon leise nach gotischer Art ausgeschwungenen Gestalten hervorruft. Noch ist aber diese Biegung des Körpers nicht zum stilbestimmenden Prinzipe geworden, es ist nur der Ausdruck eines leisen Strebens nach malerischer Wirkung und eine Folge mit des schüchtern auftretenden Realismus, dessen Spuren wir schon mehrfach im Cyklus begegnet sind. Auch dass sich hier und da bereits ein Lächeln, der erste Vorbote der späteren gotischen „Unart", auf das Gesicht geschlichen hat, ist auf ihn zurückzuführen. Erst die vollendetsten Gestalten des Cyklus zeigen diesen Keim frischen Gestaltungslebens, der allerdings bald zur Manier ausarten sollte.

Sonst finden wir auch bei den grossen Statuen dieselben ruhigen und gemessenen Bewegungen wieder, welche den bisher betrachteten Figuren zu eigen waren; sogar die in dramatischem Empfinden stark gesteigerten thörichten Jungfrauen machen keine Ausnahme davon. Es ist das wohl hauptsächlich einer gewissen Schüchternheit der Meisselführung zuzuschreiben, die sich noch nicht getraut, weit und frei hervorragende Particen aus dem gegebenen Blocke herauszuarbeiten. Denn an manchen Stellen, wo es die etwas freiere Bildung vortretender Gliedmassen anscheinend

wünschenswert machte, wie z. B. hin und wieder bei den Händen,
haben die Steinmetzen stützende Stege stehen gelassen.

Die Behandlung des Haares knüpft ebenso wie die des Gewandes an die Madonna mit dem Christkinde und die kleinen
Statuen in den Archivolten an. Nur noch selten findet sich das
Haar als wollartige, krauslockige Masse behandelt, so z. B. bei
den beiden Engelgestalten, die wir aber ohnehin schon als verhältnismässig schlechtere Arbeiten kennen gelernt haben. Sonst
fliesst es bei den Frauen, falls nicht ein Tuch den Kopf umgiebt,
in üppiger Fülle und in weichen, langen Wellen auf die Schultern
herab. Die Haar- und Barttracht der Männer ist die gleiche wie
bei den Patriarchen, Königen und Propheten des Portales und bietet
somit keine Gelegenheit zu neuen Bemerkungen. —

Man hat von den Freiburger Skulpturen behauptet, dass sie
„an Schönheitsgefühl, Schwung und zarter Grazie alle anderen
Bildwerke der deutschen Gotik überträfen";[55] man hat sie aber
auch als nicht nur sehr schlechte, sondern sogar hässliche Werke
bezeichnet.[56] Wir hoffen, dass unsre Betrachtung derselben gezeigt hat, was wir wirklich von ihnen zu halten haben. Ihre kunstgeschichtliche Stellung wird uns erst in einem späteren Kapitel zu
beschäftigen haben, aber soviel können wir bald feststellen, dass
das zweite der mitgeteilten Urteile ein durchaus ungerechtes, das
erstere ein zu günstiges ist; denn nur für einzelne Teile des Cyklus
können wir dasselbe mit vollem Rechte in Anspruch nehmen.
Als Gesamtwerk betrachtet, mit ihrem sämtlichen architektonischen
wie plastischen Schmuck, zählt die Freiburger Vorhalle allerdings
zu dem Vollendetsten, was die Frühgotik in Deutschland geschaffen hat.

III. KAPITEL.

Entstehungszeit der Skulpturen.

Die Frage nach der Entstehungszeit des plastischen Schmuckes
der Vorhalle kann nur im Zusammenhang mit der Frage nach
der Aufführungszeit der unteren Turmhälfte gelöst werden. Denn
einerseits sind, wie wir gesehen haben, die Blendarkaden und

sonstigen architektonischen Glieder der Komposition, weil aus dem laufenden Stein gearbeitet, gleichzeitig mit dem Ausbau der ganzen Vorhalle entstanden, und andrerseits hängen wieder die Reliefs des Tympanon und die kleinen und grossen Statuen, wie uns ihr Stil bewies, auf das engste zeitlich mit jenen Teilen des Cyklus zusammen.

Treten wir nun aber der Frage näher, wann die untere Turmhälfte erbaut worden ist, so erhalten wir zwar verschiedene Antworten, aber keine unbedingt gültige und zufriedenstellende Auskunft; denn es ist noch immer nicht geglückt, ein sicheres Datum für den Beginn der Turmaufführung zu gewinnen. Die Schuld liegt an dem Umstande, dass die bisher hierfür herangezogenen Hülfsmittel sich als unzulänglich erwiesen haben, und dem Werke selbst anscheinend keine Antwort zu entlocken war. Ehe wir jedoch an die Aufstellung einer neuen Hypothese gehen, mögen in aller Kürze die Resultate der vorausgegangenen Forschungen mitgeteilt werden, natürlich nur insoweit als sie die Entstehungszeit der unteren Turmhälfte betreffen. Wann der ganze Turmbau mit der Steinpyramide seinen Abschluss gefunden hat, ist für unsern Zweck ohne jeden Belang.

Der älteste Geschichtsschreiber des Münsters, Schreiber, [57] setzt die Vollendung des frühgotischen Teiles d. h. des Langhauses und des Westturmes in die Jahre 1236—72 und beruft sich für seine Datierung auf die Umschrift der ältesten und zugleich grössten Glocke, welche das Münster besitzt; denn ihr zufolge wurde diese im Jahre 1258 gegossen und nach seiner Ansicht auch gleich im Westturm aufgehängt.

Die nächste, ausführlichere Schrift über das Münster von Domkapitular Marmon begnügt sich, die Ausführung der frühgotischen Teile des Baues in die Zeit der Grafen von Freiburg, also vom zweiten Drittel des 13. Jahrhunderts ab, zu verlegen, was schon Schreiber, nur mit genauerer Datenangabe, gethan hatte [58]

Eine eingehendere Untersuchung widmete dann Adler der Münsterfrage. [59] Er widerlegt zunächst den Hauptstützpunkt der Schreiber'schen Hypothese damit, dass er — freilich ohne seinerseits einen Beweis dafür zu erbringen — behauptet, die älteste Glocke sei in den Vierungsturm des romanischen Baues und nicht sofort nach dem Gusse in den Westturm gekommen. Eine ähnliche

Vermutung hatte auch schon Marmon ausgesprochen. Dagegen benützte er zuerst als ausgiebiges Hülfsmittel für seine Datierung des Turmbaues während der Jahre 1268—88/96 die am westlichen Turmpfeiler in einer Höhe von etwa zweieinhalb Metern über dem Boden eingehauene Jahreszahl 1270. Denn war die Zahl im gleichen Jahre an dieser Stelle eingemeisselt worden — und wer sollte daran zweifeln? — so musste notwendigerweise der Bau damals bereits jene Höhe erreicht haben.

In eine ganz neue Beleuchtung wurde die Frage durch Schäfer[60] gerückt, der gerade auch auf jene Zahl gestützt, glaubhaft zu machen suchte, dass bis zu diesem Zeitpunkte der Turm mindestens bis zur Achteckgalerie völlig gerüstfrei d. h. ausgebaut gewesen sein müsse. Er setzte demzufolge die untere Turmpartie in die Jahre von etwa 1250—1270.

So stand die Forschung, als Geiges den Beweis erbrachte, dass „die Jahreszahl 1270 am Turmpfeiler eine für die Baugeschichte des Münsters vollständig wertlose Urkunde" ist, „weil dieselbe nicht gleichzeitig, sondern thatsächlich erst fast ein halbes Jahrhundert später an dieser Stelle angebracht wurde". Damit fallen aber alle auf diese Inschrift gebauten Hypothesen in sich zusammen, und es bleibt als Datierungsmittel nur noch die Umschrift der alten Glocke von 1258 übrig; dass jedoch auch diese „nichts für die Zeitstellung einzelner Teile des Baues" beweist, haben gleichfalls die Untersuchungen von Geiges ergeben. [61]

Auch das dritte und letzte Hülfsmittel, welches man zur Bestimmung der Entstehungszeit des Turmes heranziehen kann, eine Urkunde vom Jahre 1301, versagt, wenn wir ihr Genaueres über den Beginn der Arbeit am Turme entnehmen wollen. Sie handelt von der Stiftung zweier ewigen Lichter, von denen das eine „undenan in den nüwen Turne, da die Gloggen inne hangent" kommen soll. [62] Die einzige Folgerung, welche man aus ihr ziehen kann, ist die, dass 1301 der Turm mindestens bis zum Glockenstuhl aufgeführt war; daraus zu schliessen aber, dass zu dieser Zeit der ganze Turm vollendet gewesen sei, ist ohne weitere Anhaltspunkte, wenn auch die Wahrscheinlichkeit dafür spricht, auf keinen Fall gestattet; anders freilich steht die Sache, wenn sich solche finden lassen. Vorläufig aber entbehren auf diese Weise die Hypothesen Adler's und Geiges', [63] dass der Turmbau um 1300 zu Ende

geführt gewesen sei, jeder sachlichen Begründung, und die Frage
nach dem Beginn wie dem Abschluss der Arbeiten an diesem Bauteile schwebt nach wie vor im Dunkel!

Weitere Urkunden haben sich bisher nicht auffinden und
heranziehen lassen, und wir stehen ratlos dieser Frage gegenüber,
falls es uns nicht gelingt, die Steine selbst zum Reden zu bringen.
Denn hier wäre noch die einzige Möglichkeit gegeben, etwas Au-
thentisches über die Bauzeit des Werkes zu erfahren, und hier hat
demnach auch unsere Untersuchung eingesetzt. Was sie zu Tage
gefördert hat, ist Folgendes.

Die architektonischen Details der Vorhalle weisen mit Entschiedenheit auf eine spätere Zeit als die der Frühgotik und zwar
auf die zweite Hälfte des 13. Jahrhunderts hin. Man achte nur
einmal auf die teilweise sehr entwickelten Kreuzblumen der Wimperge sowie die bereits dem Achteck entnommene Gliederung der
Sockel, welche selbst in Frankreich, dem Herde der Gotik, erst
seit 1235—1245 auftritt. So hat sich denn auch schon Adler
mit allem Ernste dagegen ausgesprochen, diese Formen einem
Meister der Frühgotik zuzuweisen. Viel wichtiger aber und von
unschätzbarem Werte für die Datierung unserer Skulpturen ist ein
Umstand, der bisher noch nie beachtet worden ist: es ist dies der
unleugbare, enge, stilistische Zusammenhang, in dem die Statuen
der Westfassade des Strassburger Münsters mit den Freibruger
Werken stehen. Diese Beziehung, die wir in einem späteren Kapitel
des näheren zu beleuchten haben werden, ist dabei eine so innige,
dass wir fast zu der Annahme gezwungen werden, dieselben Steinmetzen möchten die einen wie die anderen gearbeitet haben. Geringe Abweichungen und Unterschiede im Sil wie der Ausführung
nötigen uns dann fernerhin, einen kleinen Zeitraum von wenigen
Jahren zwischen dem Absch'uss der Freiburger und der Entstehung der Strassburger Skulpturen anzunehmen. Da nun durch
den Beginn der Arbeiten an der Westfassade zu Strassburg im
Jahre 1276 auch die Inangriffnahme der Statuen daselbst um etwa
1280 festgelegt ist, erhalten wir als terminus ante für die Freiburger
Skulpturen ungefähr die Jahre 1270—1275. Nehmen wir nun für letztere eine zehn- bis fünfzehnjährige Arbeitszeit an, so ergiebt sich als
Anfangsdatum etwa das Jahr 1260 und rückschliessend haben wir
den Beginn des Turmbaues in die Zeit von 1255—1260 zu verlegen

Die Vollendung der unteren Turmhälfte bis zur Achteckgalerie, über der sich auf hohem Unterbau die gewaltige
Pyramide der Spitze erhebt, dürfte dann etwa in die Zeit von
1275—1280 fallen; denn auch hierfür bietet uns die Stilvergleichung
eines noch unbesprochenen Freiburger Werkes mit den Strassburger
Skulpturen einen wertvollen Anhaltspunkt. Im Innern des Langhauses steht nämlich auf der dem Eingang entgegengesetzten Seite
des Thürpfeilers gleichfalls eine Madonna mit dem Christuskinde
auf dem Arme. Ihr Stil ist ganz der gleiche wie der der klugen
und thörichten Jungfrauen, nur ein wenig weiter entwickelt. Das
stärkere Lächeln wie überhaupt das etwas lebendigere Mienenspiel
des Antlitzes und die ausgeschwungene Stellung zeigen dies zur
Genüge. Dieses Werk ist das verbindende Mittelglied zwischen
den Freiburger Skulpturen einer- und den Strassburger Statuen
andrerseits: dass ein solches vorhanden ist, verleiht unsrer oben
ausgesprochenen Behauptung erst ihre volle Berechtigung. Was
auf den Stil dieser Madonna zutrifft, dass sie genau die Mitte
zwischen der Freiburger und Strassburger Plastik hält, wird aber
auch für ihre Entstehungszeit Geltung haben müssen, und wir
werden sie demnach zwischen den hiesigen und dortigen Werken,
also zwischen 1275 und 1280 anzusetzen haben.

Da wir nun weiterhin kaum anders können als annehmen,
dass diese Statue erst nach völliger Fertigstellung des Langhauses
ausgeführt worden sei, so muss die Einwölbung des letzteren in
die Mitte der siebziger Jahre fallen. Wie wir aber wissen, er-
folgte diese letztere erst, als der Turmbau bereits über die Schei-
telhöhe des Langhauses hinausgewachsen war,[64] d. h. sich der
Achteckgalerie näherte, sodass wir als Abschluss der Arbeiten an
der ersten Turmhälfte die Zeit von 1275—1280 erhalten. Damit hat, wie wir hoffen, die schwierige Datierungsfrage des
Turmes, wenigstens, was die untere Partie desselben anlangt, ihre
endgültige Lösung gefunden.

Zu dieser Zeitbestimmung passt auch vortrefflich, was wir
über das damalige Freiburg erfahren.[65] Denn ein kurzer Seitenblick auf die gleichzeitige Geschichte der Stadt und ihrer Grafen
zeigt uns eine solche Anzahl von Zügen frommen, kirchlichen
Sinnes und derartige Beweise starker, politischer Macht, dass uns
die Entstehung eines so grossartigen Werkes, wie der Turmbau

mit seiner reichgeschmückten Vorhalle ist, wohl begreiflich erscheint.

Seit 1238 war Konrad Graf zu Freiburg; gleich wie seinem
Vater war auch ihm ein tiefer, frommer Sinn zu eigen, der sich
in der grössten Mildthätigkeit kirchlichen Stiftungen gegenüber
deutlich offenbarte. So übergiebt er 1246 seine Patronatskapelle
St. Martin den Franziskanern, welche seit 1239 in Freiburg ansäs-
sig waren, und fügt als Beigabe zum Chorbau ihrer 1273 ge-
weihten Kirche 1262 Haus und Hofstätte hinzu. 1255 begründet
er das Cisterzienser-Frauenkloster Rheinthal zwischen Mühlheim und
Basel und genehmigt zahlreiche Schenkungen, welche Klöstern
seines Gebietes gemacht werden, ebenso wie er 1258/59 alle von
seinen Vorfahren dem Kloster Thennenbach gewährten und alle
noch in Zukunft etwa stattfindenden Vergabungen an dasselbe als
zu Recht bestehend anerkennt. Begünstigt von ihm lassen sich
die Deutschherrn vom Augustin und die Wilhelmiten in Freiburg
nieder; 1263 erhalten die letzteren in der Vorstadt ein Kloster,
während die ersteren anderweitig bedacht werden. 1268 bestätigt er Schenkungen an den Johanniterorden im voraus und baut
ihm anscheinend das neben dem Herren- errichtete Frauenhaus.

Dieser kirchlich fromme Liebeseifer beseelt auch die ganze
Bürgerschaft. Reiche Geschenke aus ihrer Mitte fliessen dem
Orden der Klarissinnen zu, welcher 1272 in das leerwerdende
Karmeliterkloster einzieht. Zahlreiche Frauen der vornehmen
Geschlechter und angesehener Familien treten ihm bei; unter ihnen
eine Tochter des Nachfolgers von Konrad, Egenos III. Ueberhaupt
gehörten mehrere Mitglieder des fürstlichen Hauses dem geistlichen
Stande an. Ein Bruder Konrads, Gebhard, begegnet uns in einer
Urkunde von 1252[66] als capellanus domni pape (Innocenz IV.),
und der gleichnamige jüngste Sohn Konrads erscheint 1255 als
Leutpriester am Freiburger Münster, wird dann 1272 Domherr
und schliesslich (1293) Probst in Konstanz.

Die grossartige Bewegung der Bettelorden ging auch an Freiburg nicht spurlos vorüber. Am beliebtesten waren die Dominikaner; 1264 tauchen bereits weibliche Mitglieder derselben von
St. Agnes in der Stadt auf. Von der hervorragenden Bedeutung
dieses Ordens auf geistigem Gebiete wird noch zu sprechen sein.
In zweiter Reihe erst stehen trotz ihrer grösseren Anzahl die

4

Franziskaner in Freiburg, welche sich auf eine stattliche Anzahl
von Regelhäusern am Orte verteilten und hier sowie in der Umgebung zahlreiche Kapellen mit Klausen besassen. Als Tertiarier
ihres Ordens sind vielleicht die urkundlich im 13. Jahrhundert erwähnten fratres de poenitentia anzusehen.

Mit dem Nachfolger Konrads († 1271,) Egeno III. scheint der
kirchliche Sinn und Eifer abgenommen zu haben, und ein mehr
kriegerischer Charakter und eine wilde, trotzige Erscheinung das
Grafenamt geerbt zu haben. Ja schon der sonst doch so fromm
gesinnte Förderer geistlicher Werke, Graf Konrad, hatte sich zuletzt in eine kriegerische Unternehmung gegen die Ungarn ge-
stürzt und dabei auf dem Schlachtfelde den Tod gefunden. Von
dieser Zeit an scheint die Sorge für kirchliche Einrichtungen mehr
auf die Stadt übergegangen und von ihr gepflegt worden zu sein.

Freiburg hatte in den letzten Jahrzehnten seit 1250 einen
glänzenden Aufschwung genommen. Das mannhafte Umstürzen
des patrizischen Regiments im Jahre 1248, welches dem älteren,
aus den Geschlechtern gewählten Rate vierundzwanzig Abgeord-
nete der Bürgerschaft zugesellte, war nur der erste Anlass und
der Ausgangspunkt dazu gewesen! 1255 war die Stadt dem
grossen Städtebunde beigetreten, der zur Aufrechterhaltung des
Friedens und zur Wahrung der Handelsinteressen zwischen einer
ganzen Anzahl rheinischer Städte geschlossen worden war und
der sich allmählich zum Oberdeutschen Städtebunde erweiterte. [67]
Gleichzeitig mehren sich seit dem Anfange des 13. Jahrhunderts die
für das zwölfte noch in spärlicher Anzahl überlieferten Geschlech-
ternamen, und besonders seit 1250 ist uns eine stattliche Reihe
von Patriziernamen aufgezeichnet. Auch an räumlicher Ausdehnung nahm die Stadt gewaltig zu, was uns nicht wunder
nehmen kann, giebt doch eine zuverlässige Quelle bereits für das
Jahr 1247 die Einwohnerzahl von Freiburg auf 40 000 Seelen
an. [68] In diese Zeit fällt die Bildung von mehreren Vorstädten,
von denen die eine, Neuenburg, schon 1252 in die Stadtmauern
einbezogen wurde.

Die politische Stellung der Stadt blieb davon natürlich nicht
unbeeinflusst. Es ist interessant zu beobachten, wie das gesteigerte
Machtbewusstsein der Bürgerschaft in zahlreichen Streitigkeiten,
welche die Stadt in den achtziger Jahren mit ihren Nachbarn

begann, sofort seinen lebhaften Ausdruck fand. In ihrem Ueber-
mut liessen sich die Bürger sogar von ihrem Grafen bereden, die
Waffen gegen Kaiser Rudolf zu tragen. Als sie nach dreimonat-
licher Belagerung ihrer Stadt im Jahre 1281 Frieden mit ihm
schlossen, war es daher nur eine gerechte Strafe, dass sie ihr Vergehen mit schweren Geldopfern zu büssen hatten; 1282 jedoch
sind sie bereits wieder mit ihm versöhnt, denn er vermittelt
zwischen der Stadt und dem von Geldnöten schwer bedrängten
Grafen, und 1283 gewährt Rudolf sogar Freiburg alle Gnaden,
Freiheiten und Rechte einer Reichsstadt. Doch damit sind wir bereits
über die Zeiten hinausgeschritten, innerhalb deren die Bürgerschaft
von Freiburg im Verein mit ihren Grafen durch die mächtige
Förderung des Münsterbaues ein Werk geschaffen hat, welches
ihr zu hoher Ehre gereicht und den aufrichtigen Dank der Nach-
welt verdient.

IV. KAPITEL.

Das Rätsel der Komposition.

> Ach kunst ist tôt! nu klage armónie,
> planêten tirmen klage niht verzie,
> pôlus, jâmers drìe.
> genâde im, süeze trinitât,
> maget reine, enpfât
> ich mein Kuonrât
> den helt von Wirzeburc.
>
> Aus dem Lobspruche Heinrichs von Meissen
> (Frauenlob) auf den Tod Konrads von Würzburg.

Die Ansichten der Forscher über den gedanklichen Inhalt des
Freiburger Cyklus sind weit auseinander gegangen. Während die
einen in ihm eine der geistvollsten und durchdachtesten cyklichen
Schöpfungen des Mittelalters zu erkennen glaubten, konnten die
andern in ihm nur ein Chaos zusammenhangloser Figuren erblicken. Zu Gunsten der Vertreter dieser letzteren Annahme, an
deren Spitze Kugler[69] und Förster[70] stehen, spricht besonders
schwerwiegend der Umstand, dass es den Anhängern der anderen

Ansicht, welche sich Schnaase [11] anschliessen, bis jetzt noch nicht gelungen ist, eine in allen Teilen zufriedenstellende Deutung des Cyklus und damit einen wirklich überzeugenden Beweis für die Richtigkeit ihrer Annahme zu erbringen. Doch kann uns dies nicht irre machen; vielmehr geht auch unsere feste Ueberzeugung dahin, dass wir es hier nicht nur mit einer hervorragenden Leistung mittelalterlicher Gelehrsamkeit sondern auch einem charakteristischen Beispiele mittelalterlichen Denkens und geistigen Schauens zu thun haben.

Nur zweimal ist bisher der Versuch gemacht worden, eine Erklärung des Cyklus zu geben, und doch sollte man sich keine reizvollere Aufgabe denken können, als den Gedankenpfaden nachzuspüren, welche die Meister, die die Komposition mit Hammer und Meissel niederschrieben, wandeln mussten. Aber diese Pfade sind eben nicht leicht zu finden, und so mag die Schwierigkeit der hier gestellten Aufgabe vor einer häufigeren Beschäftigung mit ihr abgeschreckt haben. Man zog es lieber vor, eine Möglichkeit ihrer Lösung einfach zu leugnen. Dieser bequemen Ansicht setzten wir jedoch die Ueberzeugung entgegen, dass es einem langen und immer wieder erneuten, liebevollen Studium am Ende doch vielleicht gelingen könne, dem Freiburger Cyklus das Rätsel seiner Komposition zu entlocken: wir hoffen, diese Ueberzeugung hat nicht getrogen.

Das Ergebnis der bisher vorliegenden Erklärungsversuche von Schnaase und Professor C. P. Bock ist freilich in beiden Fällen als negativ zu bezeichnen, aber auch ihr Misserfolg leicht zu erklären: beidemale geht nämlich die Untersuchung des Cyklus von der Basis einer falschen Grundanschauung aus. Schnaases Auslegung scheitert an dem Verkennen des wahren Charakters der sieben Wissenschaften, [12] Bocks Deutung kann schon von vornherein zu keiner befriedigenden Lösung führen, weil sie die „ethische Belehrung" als den „vorwiegenden Zweck des Cyklus" ansieht und darüber seinen thatsächlichen Inhalt gar nicht erst in Betrachtung zieht. [13] Nur eine Möglichkeit ist gegeben, die Komposition nach ihrer ganzen geistigen Bedeutung voll zu erfassen: wir müssen sie aus der Zeit heraus zu erklären versuchen, in der sie entstanden ist. Die Frage nach der volkstümlichen Bedeutung des Cyklus erledigt sich dann bei dieser geschichtlichen Auffassung von selbst. Unsere Aufgabe ist also klar. Erst wenn es uns gelungen ist, den Cyklus in allen seinen Teilen harmonisch und restlos dem kulturgeschichtlichen Gemälde der Zeit um 1250 c. einzufügen, werden wir uns der frohen Gewissheit hingeben können, für ein richtiges Verständnis dieser prächtigen mittelalterlichen Kunstleistung die Wege geebnet zu haben. [74] —

Wer hat das Programm für den Skulpturencyklus der Freiburger Vorhalle aufgesetzt? Dass diese Frage von allergrösster, ja grundlegender Bedeutung für die Beschaffenheit der Gedanken und Anschauungen, die wir hier niedergelegt erwarten können, ist, liegt auf der Hand; wir stellen sie daher an den Anfang unserer Betrachtung. Da haben wir zuerst der lokalen Tradition zu gedenken, welche Albertus Magnus als den Verfasser der Komposition bezeichnet, also den grössten deutschen Gelehrten des Mittelalters anstandslos mit ihr in Verbindung bringt: ein sichtbarer Niederschlag der hohen Schätzung, welche man seit jeher unserem Cyklus entgegengebracht hat. Das ist aber auch alles Positive, was uns jene Nachricht sagt; ihr direkter Inhalt ist nur lokalpatriotische Legende, der wir gleichwohl einige Aufmerksamkeit schenken müssen, da sie keineswegs der Berechtigung entbehrt, und zwar des öfteren bereits angezweifelt, doch noch nie mit Erfolg als thatsächlich unwahr erwiesen ist.

Wenn wir das arbeitsreiche Leben des nimmer ruhenden, grossen Kirchengelehrten durchforschen, [75] sehen wir ihn mehrfach zu Freiburg in Beziehungen treten. Zunächst finden wir ihn hier als Lektor im Dominikanerorden. Die Zeit dieser Lehrthätigkeit jedoch ist nicht genau bestimmbar; sein Aufenthalt in der Stadt fällt zwischen die Jahre 1235 und 1243. Dann kommt er 1263, um die Pfarrkirche im Dorfe Adelhausen, dicht bei Freiburg, zu weihen, [76] offenbar als er zum Kreuzzuge für das bedrängte Akkon predigend durch die süddeutschen Lande zog. [77] Im Jahre 1258 schliesslich vollzieht er die Einweihung der Kirche des Freiburger Leprosenhauses. [78] Das sind die sicheren Daten, welche uns zu Gebote stehen, [79] und welche sich, so lange die Entstehungszeit des Turmes mit seiner Halle noch eine offene Frage war, wohl mit der von der Tradition aufgestellten Behauptung vereinigen liessen. Gleichsam wie ein urkundliches Zeugnis dafür erschien die auf den Namen Albertus Magnus getaufte, überlebensgrosse Gestalt eines Dominikaners am oberen Turmgeschoss. [80] Dass diese eine mittelmässige und auf Fernwirkung berechnete Steinmetzarbeit und keine Porträtstatue ist, wie die summarischen, jeder individuelleren Ausprägung entbehrenden Züge des Antlitzes beweisen, wurde im Entdeckungseifer nicht beachtet. [81] Aber seien wir gerecht; bei einer Umschau über das, was man sich noch hier und da vom Leben und der Thätigkeit des grossen Albertus zu erzählen wusste, konnte in einer Zeit, die es in Sachen geschichtlicher Forschung mit der Kritik nicht so genau nahm, wie wir dies jetzt gewöhnt sind, nur dazu beitragen, die nun einmal gefasste und vom Lokalpatriotismus hochgehaltene Meinung zu bestärken. Denn überall, wo Albertus längere Zeit geweilt, war man geneigt, die zu dieser Frist an jenen Orten entstandenen Kirchenbauten zum Teil auf seine Rechnung zu setzen; ernsthafte Forscher z. B. nannten ihn überzeugungsvoll als den vermutlichen Planerfinder der Predigerkirche zu Basel. In der Frage einer etwaigen Beteiligung seinerseits an den hierher gehörigen Bauten zu Würzburg, Regensburg und vor allem Köln, wo er, wie urkundlich feststeht, im Jahre 1271 den Chor der Dominikanerkirche zu bauen begann, hat die Forschung auch heutigen Tages noch nicht das letzte Wort gesprochen. [82] Dazu kommt dann, dass gerade im letzteren Falle die Legenden bildende Thätigkeit der Volksphantasie bald zu berichten wusste, wie ihm in einem Traume die Jungfrau Maria mit vier Steinmetzen erschienen sei, und die letzteren nach Anweisung jener den Plan zum Kölner Dome — dessen Architekten wir aber genau kennen — aufgezeichnet hätten. [83] Dem allen gegenüber verstehen wir jetzt recht gut, dass sich eine lokale Ueberlieferung herausbilden konnte, welche in Albertus Magnus den geistigen Schöpfer des Statuenschmuckes der Freiburger Münstervorhalle erblickte.

Der erste und auch einzige, welcher bisher ernsthaft gegen sie Front gemacht hat, ist Bock; aber seine Ausführungen erweisen sich als unzutreffend. Entscheidend für ihn ist der Umstand, dass auf dem Tympanon in Anlehnung an die Sage von der Kreuzerrichtung auf dem Grabe Adams ein Totenschädel angebracht ist; denn Albertus Magnus trete in seinen Erklärungen der Evangelien dieser Ansicht mit aller Entschiedenheit entgegen. [84] Ist das wirklich ein

stichhaltiger Grund für die von Bock daran geknüpfte Folgerung,
dass weder Albertus noch irgend ein anderer Dominikaner (!)
der Verfasser der Komposition sein könne?! Ich glaube, die Antwort auf diese Frage giebt sich von selbst. Der Totenkopf
findet sich seit dem 13. Jahrhundert auf so zahlreichen Darstellungen der Kreuzigung, dass man seine Anwesenheit in unserem
Falle unmöglich schlankweg als ein wissenschaftliches Kriterium
benützen kann, ganz abgesehen von der Unwahrscheinlichkeit,
welche darin liegen würde, anzunehmen, dass der Verfertiger des
Programms den ausführenden Steinmetzen derartige ins Detail ge-
hende Angaben gegeben haben sollte. Auf wie schwachen Füssen
überhaupt die Behauptung Bocks steht, beweisen am besten einige
Worte des Albertus selbst, die wir in seinem Kommentar zum
Lukas finden, wo es gelegentlich des Anbringens von einem Totenkopfe am Fusse des Kreuzes heisst: aber darüber sagt Horatius,
Maler und Dichter hätten immer die gleiche Erlaubnis alles zu
wagen.[45] Das ist doch der ausgesprochene Freipass für die Künstler! Nein, was nach unserm Dafürhalten jedes weitere Festhalten
an der Autorschaft des Albertus ausschliesst, ist die Unmöglichkeit,
die Skulpturen jetzt, wo uns ihre sichere Datierung geglückt ist,
chronologisch mit ihm in Verbindung zu bringen.

Denn sein erster Aufenthalt in Freiburg fällt lange vor Beginn des Turmbaues, bei seinen Besuchen der Stadt in den 60er
Jahren dagegen, waren die Arbeiten am Cyklus bereits in vollem
Gange, und das Programm stand gewiss zum mindesten schon in
seinen Grundzügen fest. Aber selbst wenn dies nicht der Fall
war, wie hätte der Bischof zur Aufstellung eines solchen die
nötige Zeit und Musse finden können! Das erste Mal im Jahre
1263 war er mit der Predigt für den Kreuzzug beschäftigt, das
andere Mal im Jahre 1268 befand er sich auf einer Reise den
ganzen Oberrhein entlang und hatte mit einer grossen Anzahl von
Kirchenweihungen alle Hände voll zu thun. Die Zeit seines Aufent-
haltes kann also in beiden Fällen nur von sehr kurzer Dauer
gewesen sein, und es ist geradezu undenkbar, anzunehmen, dass
in dieser beschränkten Frist eine Komposition entstanden sein
sollte, welche sich deutlich als ein Produkt langer und reicher
Geistesarbeit erweist und vor allem ein stetes, inniges Zusammenwirken des Verfertigers des Programms mit dem künstlerischen

Leiter des Werkes zur notwendigen Voraussetzung hat. Oder
wie hätte sonst der Freiburger Cyklus zustande kommen können,
dessen hervorstechendes Merkmal es ist, dass seinen einzelnen Gliedern nur durch die von der architektonischen Umrahmung ihnen
angewiesenen Plätze die Möglichkeit, Gedanken zu verkörpern,
verliehen ist. Wie bei vielen anderen mittelalterlichen Denkmälern
ist eben auch in unserem Falle die Architektur ein wesentliches
Mittel des Ausdruckes.

Auf Grund des Charakters der Freiburger Schöpfung haben
wir uns mithin bereits ein klares Bild über die Art und Weise
ihrer Entstehung verschaffen können. So wird es uns nun auch nicht
wunder nehmen, seine völlige Richtigkeit durch eine gleichzeitige
Urkunde bestätigt zu sehen. Denn als solche haben wir zweifellos
die Figurengruppe unter der Statue der heiligen Katharina anzusehen. Leider lässt sich nicht mehr allzuviel aus ihr folgern: die
Köpfe sind modern, und die Tracht ist wegen der Ungenauigkeit
und Kleinheit der Arbeit wenigstens bis auf eine mit einem Dominikanermantel bekleidete Figur nicht mehr mit unbedingter
Sicherheit zu ermitteln. Aber soviel steht fest, dass wir in diesen
Gestalten, wie auch Marmon [66] und Adler [67] bereits angenommen
haben, die Urheber des Planes und in der unter ihnen hervorragenden Figur den Meister der Vorhalle zu erkennen haben,
diesen also ganz unserer Voraussetzung entsprechend mit jenen
in engster Verbindung sehen. [68] Es ist somit sehr zu bedauern,
dass der heutige Zustand der Gruppe nicht geeignet ist, weitere
Aufschlüsse zu gewähren. Nur soviel sind wir ihr zu entnehmen
berechtigt, dass die Komposition nicht einen sondern mehrere
Verfasser hat. Ob wir recht haben, diese in der Reihe der Freiburger Dominikaner zu suchen, wird sich zeigen: die Vermutung
davon ist schon mehrfach ausgesprochen, aber noch nie näher
begründet worden. Auf den verfehlten Versuch Bocks, ihre Unhaltbarkeit zu erweisen, brauchen wir nicht mehr zurückzukommen.

Enge Beziehungen zwischen dem Dominikanerorden und
dem Münster setzen unzweifelhaft die beiden überlebensgrossen
Dominikanerstatuen voraus, welche am oberen Turmgeschoss
ihre Aufstellung gefunden und deren eine, den sogenannten Albertus, wir bereits erwähnt haben. Denn sonst wäre die Errich-

tung dieser Standbilder für uns ein Rätsel, zumal sich keine Franziskanerstatue am Münster findet, und die Mitglieder dieses Ordens, wie wir wissen, sich in gleicher Weise wie die Dominikaner grosser Beliebtheit in Freiburg erfreuten, eine derartige offenbare Zurücksetzung von ihnen also durchaus unverständlich wäre. Nur in einer Nebenscene, nämlich in der Reihe der aus ihren Gräbern auferstehenden Gerechten, haben einige Franziskaner neben einem Dominikaner Platz gefunden.

Den sicheren Beweis für die Autorschaft der Dominikaner lehrt uns aber eine Betrachtung der Gestalt, die wir als den „Fürsten der Welt" bezeichneten, kennen.

Wie wir bereits auseinander gesetzt haben, geht sie auf die Beschreibung zurück, welche Konrad von Würzburg in seinem Gedichte „der wērlte lōn" von dieser giebt. Denn findet sich auch schon vor ihm bei Walther von der Vogelweide eine gleiche Schilderung der Welt, so hat doch erst Konrad den Stoff zu einer Erzählung erweitert und dadurch in höherem Masse die allgemeine Aufmerksamkeit auf ihn hingelenkt.[89] Von bildlichen Darstellungen, welche ihn behandeln, sind bisher nur fünf bekannt geworden. Sie gehören sämtlich der deutsch-gotischen Plastik an und finden sich ausser in Freiburg an dem südlichen Portale der Westfassade des Strassburger und an der Hauptfassade des Basler Münsters, an der Aussenseite des nördlichen Seitenschiffes von St. Sebald in Nürnberg und am Südportale des Domes zu Worms; die beiden letzteren stammen aus dem XIV., die zu Strassburg und Basel aus dem Ende des XIII. oder Anfang des XIV. Jahrhunderts. Die erste Fassung der von Konrad entworfenen Schilderung der Frau Welt in plastische Formen zeigt also die Freiburger Gestalt und zwar gleich mit einer sehr bemerkenswerten Veränderung des gegebenen Stoffes, indem die Frau Welt in einen Mann, in den „Fürsten der Welt" verwandelt ist! Diesem Vorgange sind die Darstellungen in Strassburg und Basel gefolgt: dort findet sich die Allegorie der Welt mit einer der thörichten Jungfrauen, hier mit einem Mädchen, welches verführt werden soll, zu einer Gruppe vereinigt. Die Auffassung und der Stil zeigen in beiden Fällen eine grosse Abhängigkeit von einander, und ebenso steht ihre Zusammengehörigkeit mit der Freiburger Statue ausser allem Zweifel. Diese ist als das Ausschlag gebende

Beispiel für beide anzusehen, nur dass in ihnen der in Freiburg
zwar angedeutete, aber nicht durchgeführte Gruppengedanke einen
prägnanteren Ausdruck und zugleich seine glücklichste Lösung
gefunden hat. Eine genaue Darlegung dieses Verhältnisses nach
seiner stilistischen Seite wird in einigen späteren Kapiteln erfolgen.
In Worms ist die Welt in ganz ähnlicher Weise wie in Freiburg,
aber als Frau gegeben; zu ihren Füssen befindet sich die kleine
Gestalt eines Ritters, dem sie einen Schild darreicht, hiermit andeutend, dass sie ihn zu ihrem Streiter bestellt.[90] In Nürnberg
ist sie gleichfalls unter dem Bilde einer Frau dargestellt, deren
Rücken kriechendes Ungeziefer bedeckt.[91] Auch in diesen beiden
Fällen ist eine Abhängigkeit von den ersterwähnten Werken nicht
ausgeschlossen. Für Worms lässt sie sich ohne weiteres aus
der Nähe der gewiss bekannten und wohl auch vielbesprochenen
Darstellungen der drei Rheinstädte erklären; ohnedem scheinen
stilistische Beziehungen zu Strassburg hinüberzuführen. In Nürnberg ist eine Beeinflussung schwerer nachzuweisen, gleichwohl
werden wir gut thun, eine solche vorauszusetzen, da es keineswegs an anderweitigen Verbindungspunkten zwischen Nürnberg
und dem Rhein, speziell Freiburg, fehlt. So tritt die plastische
Darstellung der Welt nicht nur zuerst in Freiburg auf, sondern
scheint auch — das ist äusserst wichtig — in der hier geschaffenen
Form gleich von weit greifendem Einflusse auf alle anderen Be-
handlungen dieses Gegenstandes gewesen zu sein! Denn jetzt
drängt sich mit aller Macht die Frage auf, welcher Anlass die
Einführung dieser Allegorie grade in den Freiburger Cyklus und
damit in das Gebiet der bildenden Kunst überhaupt hervorgerufen hat?

Schade, dass uns der Grabstein Konrads nicht mehr erhalten
ist; wir würden sicher im Augenblick aus seiner Aufschrift erfahren, was wir jetzt aus zerstreuten Nachrichten zusammensuchen
müssen, dass er ein inniger Freund der Dominikaner in Freiburg
gewesen, und sein nahes Verhältnis zu diesen damals allgemein
bekannt war.[92] Wir würden auch Aufklärung darüber erhalten,
wo der Dichter der „Goldenen Schmiede" eigentlich gestorben
ist. Denn nachdem sich die schriftliche Nachricht, welche ihn am
13. August 1287 gleichzeitig mit seiner Frau und zwei Töchtern
in Basel sterben lässt, als unbrauchbar erwiesen hat,[93] stehen

wir ratlos. Schon mehrfach ist Freiburg als Todesort in Vor-
schlag gebracht und sogar behauptet worden, Konrad sei gegen
Ende seines Lebens in den hiesigen Predigerorden eingetreten
und auch daselbst gestorben;[54] dann ist wieder beides in Abrede
gestellt worden.[55] Gern ergreife ich daher die Gelegenheit, einiges
Wenige mitzuteilen, was vielleicht zur Aufklärung der Frage beitragen und eventuell doch für Freiburg sprechen kann. Zunächst
entnehme ich, allerdings ohne Gewähr, einer handschriftlichen
Notiz, dass der Nekrolog des ehemaligen Dominikanerordens in
Freiburg am 30. Januar einen „Bruder Cunrat von Würtzburg"
aufführt.[56] Hiermit ist dann eine Urkunde von 1283 zusammen-
zuhalten, in welcher ein Bruder Konrad als Lesemeister des
Dominikanerordens genannt wird,[57] und zuletzt kommt die bekannte Mitteilung in Betracht, welche ein Münchener Exemplar der
„Goldenen Schmiede" — im Jahr 1350 zu Würzburg geschrieben
— am Schlusse des Gedichtes enthält; ihr zufolge ist Konrad zu
Freiburg begraben worden. Diese letztere Nachricht ist für uns
die wichtigste; denn wir dürfen in ihr mit vollem Rechte einen
äusserst wertvollen, urkundlichen Beleg für die nahen Beziehungen
des Dichters von „der werlte lôn" zu den Dominikanern von
Freiburg erkennen, ein Beleg, der an Wichtigkeit wesentlich dadurch gewinnt, dass er der Zeit Konrads noch ziemlich nahe
steht.

Kehren wir zu dem Ausgangspunkte unsrer Untersuchung,
zu der Frage nach den Verfertigern des Programmes, zurück:
die Beantwortung derselben wird uns jetzt keine Schwierigkeiten mehr
bereiten. Denn zweifellos ist Konrad, ob nun direkt oder indirekt,
ein weitgehender Anteil an der plastischen Darstellung des „Fürsten
der Welt" zuzuschreiben, und ebenso unzweifelhaft ist es, dass
dieser durch seine guten Freunde in Freiburg, die Dominikaner
daselbst, vermittelt worden ist. Der einfachste Weg aber, den
man für diese Vermittelung annehmen kann, ist der, dass man in
den Dominikanern die Schöpfer der Komposition erblickt.

Damit stimmt auch die vermutliche Entstehungszeit von „der
werlte lôn" ganz vortrefflich überein.; denn kaum vor der Mitte
des XIII. Jahrhunderts entstanden, ist es doch sehr fraglich, ob
bis zum Anfange der sechziger Jahre d. h. bis zum Beginne der
Arbeiten an den Skulpturen bereits eine Abschrift desselben in

die Hände der Dominikaner hätte gelangt sein können, sodass
man sicherer geht, anzunehmen, Konrad habe selbst, als er auf
Besuch nach Freiburg kam, sein Poem mitgebracht, zumal er damals ein gewiss noch nicht weit bekannter Dichter war ; denn
wir haben in „der wörlte lôn" wohl mit Recht sein Anfangs-
werk zu erkennen.[88] Auf diese Beziehungen hin aber Konrad
von Würzburg die Aufzeichnung des Programmes zuzuschreiben,
woran man vielleicht auch denken könnte, hiesse zuweit gehen,
ganz abgesehen davon, dass schon die Figurengruppe unter der
Statue der hl. Katharina eine solche Annahme ausschliesst, indem
sie uns veranlasst, nicht einem Einzigen, sondern mehreren gemeinsam die Autorschaft zuzuweisen.[99] Nein, der Ruhm
einen der durchdachtesten und geistvollsten Cyklen
des Mittelalters geschaffen zu haben, gebührt
dem Dominikanerorden von Freiburg.

Eine dunkle Zeit hat man das Mittelalter oft gescholten, und
dunkel ist uns wirklich auch heute noch der Sinn so mancher
seiner Schöpfungen; aber die Schuld liegt nicht an ihnen, sondern
daran, dass wir den Schlüssel, der uns ihr Verständnis erschliesst,
nicht aufzufinden vermocht haben. Das wird uns nirgends klarer
als vor den Wandgemälden der Spanischen Kapelle in Florenz,
den Musterbeispielen einer von Dominikanern entworfenen Komposition. Auch der Freiburger Cyklus verdankt, wie wir gesehen
haben, Mitgliedern dieses Ordens sein Programm, das mag die
Schwierigkeit mit erklären helfen, auf welche bisher jeder Deutungs-
versuch desselben gestossen ist. Denn von einem Convent, der
wie der Freiburger lebhaften Anteil an der reichbewegten geistigen Thätigkeit seiner Zeit nahm, wird man nicht erwarten können,
dass er uns eine sofort und leicht dem Verständnis sich erschliessende
Komposition hinterlassen habe. Eine solche Annahme verbietet
auch bereits die Reihe hoch angesehener und wissenschaftlich
äusserst bedeutender Lehrer, welche der Orden damals zu den
Seinen zählte, und deren Namen die Bibliotheca ordinis fratrum
praedicatorum des Pater Antonius Senensis verzeichnet. Hier

finden wir nacheinander Erwähnung gethan: „um 1250 eines Pater Johannes Teuto Friburgensis, als im kanonischen Recht hochgelehrt; eines Pater Johannes de Vriburgo, der eine Summa valde notabilis de casibus consciențiae und ein Confessionale schrieb um 1260; ferner um 1270 eines Frater Theodoricus de Friburgo Magister in theol., vir suo tempore doctrina clarissimus, von welchem ausser mehreren theologischen auch einige naturwissenschaftliche Werke vorhanden sind."[100] Auch dürfen wir mit Recht wohl in Erinnerung bringen, dass Albertus Magnus eine Zeitlang im Orden geweilt und das Amt des Lesemeisters eingenommen hatte.

Doch blieb der Wirkungskreis dieser gelehrten Thätigkeit nicht nur, wie man vielleicht annehmen möchte, auf die stille Klosterzelle beschränkt; ganz im Gegenteil ging das Bestreben dahin, auch weiteren Kreisen die Resultate mönchischen Fleisses und damit die Elemente höherer geistiger Bildung zugänglich zu machen. Das geeignetste Mittel hierzu erblickte man in der Errichtung einer Klosterschule, welche bei dem damaligen Stande des Unterrichtswesens binnen kurzem dazu berufen war, einen sehr wesentlichen, wenn nicht den wichtigsten Faktor in der Erziehung auszumachen. Ihr Leiter muss in Freiburg eine sehr angesehene Stellung eingenommen haben, häufig finden wir ihn unter der wechselnden Bezeichnung scolasticus, Schul- oder Lesemeister als Zeugen namhaft gemacht.[101] Als den bedeutendsten unter ihnen haben wir zweifellos Albertus Magnus anzusehen, und nicht unmöglich erscheint es, dass der in der Urkunde von 1283 erwähnte Lesemeister Konrad der berühmte Dichter der „Goldenen Schmiede" ist. Wir werden demnach kaum fehl gehen, der Klosterschule eine gewiss ziemlich weitgehende Einwirkung auf die Höhe des Bildungsniveaus in Freiburg zuzugestehen und anzunehmen, dass wenigstens die gleichen allgemeinen Anschauungen und Ideen, welche im Orden herrschten, auch der Bürgerschaft geläufig waren. Diese geistige Uebereinstimmung ist wohl zu beachten und darf bei der Betrachtung des Cyklus nicht übersehen werden.

Denn das XIII. Säkulum ist eine an Unterströmungen keineswegs arme Zeit. Nicht nur dass sich die Mystik seit der Mitte des Jahrhunderts allmählich herauszubilden anfängt, auch an deutlichen

Spuren von Skepsis fehlt es nicht: als hervorragendster Vertreter derselben tritt uns Wolfram von Eschenbach in seinem Willehalm entgegen. Leicht hätte die eine oder die andere dieser Bewegungen in der aulblühenden breisgauischen Kommune Boden fassen können, zumal diese als günstig gelegener und sich machtvoll entfaltender Handelsplatz inmitten eines regen Verkehres stand. [101] So aber dürfen wir überzeugt sein, dass ein gemeinsamer Ideenkreis dominikanischen Gepräges das geistige Leben der Stadt beherrschte und eine allgemeine Verständlichkeit des Cyklus auch in weiteren Kreisen zur Folge hatte. Denn damit war jeder einsichtige Besucher des Münsters schon vor Betreten der Vorhalle vollständig auf die Anschauungen vorbereitet, welche er in ihrem Statuenkreise niedergelegt finden sollte, und ein Zweifel über den Charakter derselben konnte ihm ebensowenig wie auch uns jetzt kommen.

Der Freiburger Cyklus fällt seiner Entstehungszeit nach genau mit dem Augenblicke zusammen, wo die Scholastik ihren Höhepunkt erreicht, indem sie mit Hülfe des Aristoteles die Einheit von Glauben und Wissen in einem vollkommen ausgebildeten philosophischen Systeme darstellt. Gleichzeitig gelingt es einigen Männern, im Anschluss an diese Weltauffassung das gesamte reale Wissen in umfangreichen Werken ebenfalls zu einem Systeme zusammenzufassen und damit die zuerst in hellenistischer Zeit hervorgetretenen encyklopädistischen Bestrebungen in grossartigster und monumentalster Weise zum Abschlusse zu bringen. Hier wie dort stehen die Dominikaner in erster Reihe: Albertus Magnus und Thomas von Aquino begründen die specifische Philosophie der römischen Kirche; neben die Sammelwerke der Franziskaner Alexander von Hales und Bonaventura stellt der Dominikaner Vincentius von Beauvais, der Freund Ludwig XI., sein speculum quadruplex. Das waren die Grundlagen, welche für ein dominikanisches Programm in Betracht kommen konnten, auf ihnen baut sich auch der Freiburger Cyklus auf, und als ein echtes Kind dieser glanzvollen Periode gewaltigster Geistesarbeit spiegelt er getreulich so manchen charakteristischen Zug der Zeit um 1250 wieder.

Den räumlichen Bedingungen gemäss zerfällt die Komposition in zwei Hälften, von denen die eine das Portal und dessen

Laibungswände, die andere die Blendarkaden der Vorhalle umfasst. Im Allgemeinen kann man sagen, steht das Programm unter den Zeichen der encyklopädistischen Richtung, wobei freilich die Beschränktheit des Raumes manigfache Modifikationen erforderte. Als ein weiteres den Charakter des Cyklus wesentlich beeinflussendes Element gesellt sich ein stark lehrhafter Zug hinzu, welcher der ganzen Komposition erst ihren eigentümlichen Reiz und ihre Besonderheit verleiht. [103] Zu guterletzt aber dürfen wir nicht vergessen, dass der Cyklus keineswegs rein wissenschaftlichen sondern vornehmlich religiösen Zwecken zu dienen hat, ein Umstand, dem auch die überlegten Verfertiger des Programmes in verständiger Weise Rechnung zu tragen gewusst haben.

Gleich die Darstellungen des Thürfeldes und der Laibungen des Portales, welche die gesamte Heilslehre in durchdachter und übersichtlicher Form zur Anschauung bringen, erinnern uns lebhaft daran, dass wir mitten im Zeitalter der Encyklopädien stehen, wo jeder Chronikenschreiber es für unerlässlich hält, sein Werk mit der Schöpfung zu beginnen und mit der Schilderung des jüngsten Gerichtes zu beschliessen. Denn die Anschauung der Zeit bringt es mit sich, dass die Heilsgeschichte als der unbedingt erforderliche Rahmen für die ganze Weltgeschichte angesehen wird. Wenn wir also in Freiburg nur die erstere verbildlicht finden, werden wir darin mit Recht einen Hinweis auf den rein religiösen Charakter des Cyklus zu erkennen haben. [104]

In genau geschichtlicher Reihenfolge treten in der äussersten Archivolte von Adam an die Patriarchen auf, bis Judas einschliesslich die Zeit ante legem vertretend (südliche Hälfte der vierten Archivolte, Figur 1—9). Die folgenden Gestalten haben wir als die Repräsentanten der Zeit der Richter zu betrachten (nördliche Hälfte, Figur 10—18). Eva beschliesst ihre Reihe; ihre Gegenüberstellung zu Adam, welche die chronologische Aufeinanderfolge der Gestalten zu durchbrechen scheint, erklärt sich sowohl aus künstlerischen wie genetischen Rücksichten: einerseits sind beide die einzigen unbekleideten Figuren der ganzen Laibung und andererseits stellen sie die Stammeltern aller in diesem Rahmen eingeschlossenen Gestalten dar. [105] In der dritten Archivolte treten uns in sechzehn Königen die Vertreter der Geschichte des jüdischen

Volkes seit Einführung der Monarchie entgegen, und zwar bis
auf Christus herab. Denn auf diesen nimmt bereits deutlich die
folgende Reihe von Figuren Bezug (zweite Archivolte): fünfzehn
Propheten des alten Bundes als die Vorherverkündiger des Messias.
Mit den Gestalten aus der Patriarchenzeit und mit den Königen
vereinigen sie sich zu einem völlig geschlossenen Bilde der fort-
laufenden Geschichte des Alten Testamentes, dargestellt in ihren
Hauptrepräsentanten von den Uranfängen an bis zur Zeit ihrer
Vollendung und mit klarem Hinweis auf den Messias — die Erlösung des Menschengeschlechtes — das Neue Testament.

Diesem ist der plastische Schmuck des Thürfeldes gewidmet.
Den ersten und innersten Laibungsbogen, welcher es unmittelbar
einschliesst, nehmen zwölf Engel ein, welche ohne jede tiefere
symbolische Bedeutung nur zur Verherrlichung des menschgewor-
denen Heilandes und der Letzten Dinge, die hier dargestellt sind,
dienen sollen — ein von poesievoller Empfindung zeugender Gedanke.[106] In geschickter Weise ist der Inhalt des Neuen Testamentes in seinen wesentlichsten Punkten mit wenigen Scenen
scharf und deutlich hervorgehoben. Einiges, was sich bei dem
beschränkten Raume des Tympanon auf diesem selbst nicht mehr
zur Darstellung bringen liess, hat auf den Sockeln der grossen
Statuen in den Portallaibungen Platz gefunden.

Die Erzählung beginnt im unteren Teile des Thürfeldes rechts
mit der Geburt Christi und der Verkündigung an die Hirten. Es
folgt dann gleich die Schilderung des Leidens Christi und zwar in
seinen Höhepunkten: Gefangennahme, Geisselung, Kreuzigung:[107]
der Selbstmord des Judas, als Nebenepisode von packender Wirkung,
ist mehr zur Ausfüllung einer freigebliebenen Stelle benutzt worden.

Zeigt schon dies, wie ungemein geschickt die Verfertiger des
Programmes mit dem ihnen zu Gebote stehenden Raume zu ope-
rieren wussten, so gilt dies in noch höherem Masse von der meis-
terhaften Weise, mit der die Kreuzigung und das Jüngste Gericht
zu einer gemeinsamen Darstellung verbunden worden sind.[108] Der
Uebergang zu dieser von den Leidensscenen wird dabei durch
zwei Posaunen blasende Engel gewonnen, welche in den unteren
Ecken des Tympanon angebracht, noch den weiteren Zweck erfüllen, in Verbindung mit zwei anderen Engeln des Jüngsten Gerichtes, die in den oberen Ecken des Thürfeldes angeordnet sind,

den ganzen Darstellungskreis der Scenen aus dem Neuen Testamente in künstlerischer wie in charakteristischer Hinsicht gleich befriedigend abzuschliessen. Die figurenreichen Bilder zu einem Ganzen vereinigend, weisen sie eindringlich auf das hin, was die mittelalterlichen Gemüter nie genug beschäftigen konnte, das Endziel der Weltgeschichte und aller Dinge: das Jüngste Gericht. Als Beisitzer bei diesem folgen über den Reihen der Seligen und Verdammten auf zwölf Stühlen sitzend die Apostel, um die zwölf Geschlechter Israels zu richten, und über ihnen wieder thront Christus selbst als Weltenrichter, von Engeln, die seine Marterwerkzeuge tragen, und von Maria und Joseph als Fürbittern umgeben — ein würdiger und zusammenfassender Abschluss: der Hinweis auf Erlösung und Vollendung in Eins.

„Das ganze Relief enthält daher, um es zusammenzufassen, die Geschichte des Heils und des Gerichts, der Erde und des Himmels, und zwar so, dass der irdische Hergang, obgleich nach menschlicher Betrachtungsweise der Vergangenheit angehörig, als die Ursache des Gerichts, mit den Wirkungen, der Scheidung der Gerechten und Ungerechten am Jüngsten Tage, verschmolzen ist. Es ist speziell die Geschichte Christi, und zwar so, dass sie von seiner Geburt bis zu seiner Wiederkunft aufwärts und von dieser in ihren Wirkungen wieder abwärts steigt. Zeit und Raum verschwinden für diese Betrachtung der Ewigkeit und die entfernten Momente rücken nach ihrer inneren Verbindung zusammen."[109]

So hat die Erzählung mit schnellen Schritten ihren Höhepunkt und ihr Ziel erreicht; aber es mochte nun wünschenswert erscheinen, durch einige weitere Bilder diese summarische Darstellung zu ergänzen, wenigstens in Bezug auf das Neue Testament. Denn der Alte Bund war wesentlich nur als die Vorbereitung auf den Neuen aufgefasst worden (praeparatio evangelica) und die Gestalten der drei äusseren Archivolten boten ein, wenn auch abgekürztes, so doch ausreichendes Bild seiner geschichtlichen Entwickelung dar. Dagegen harrte noch ein äusserst wichtiger Teil des Neuen Testaments der Verbildlichung, die Apostelgeschichte. Dieser sind zum Teil die Darstellungen an den Sockeln der Portalstatuen entnommen. Wir finden hier, zugleich als „demonstratio evangelica", Christus und den ungläubigen Thomas, das Martyrium Petri, Johannes des Evangelisten und Bartho-

lomaei, sowie das Wunder des hl. Andreas. Die Vorliebe für Leidensscenen, welche sich in dieser Auswahl kundgiebt, ist ein Anzeichen des schon hervorgehobenen, der Komposition eigentümlichen lehrhaften Charakters. Die Verkündigung der Geburt
Johannes d. Täufers an Zacharias und das Martyrium des ersteren
verdanken ihre Wiedergabe dem Umstande, dass sie Parallelcr-
scheinungen aus dem Neuen Testamente zu der Verkündigung
an Maria und dem Opfertode Christi sind. [110]

Als eine weitere Ergänzung haben wir dann noch die dem
Marienleben und der Jugendgeschichte Christi entlehnten Scenen
der Verkündigung der Geburt an Maria, der Heimsuchung und der
Anbetung der Könige anzusehen, welche in den grossen Einzel-
statuen der Portallaibungen wiedergegeben sind. Vornehmlich
haben sie allerdings die Aufgabe, die Madonna zu feiern, welche
mit dem Christkinde auf dem Arme den ihr meist angewiesenen
Ehrenplatz am Thürpfeiler auch hier erhalten hat. Ihr zu Füssen
entspriesst die Wurzel Jesse und umspinnt am Thürpfeiler
aufwärts steigend mit ihrem Rankenwerk in sinniger Weise das
ganze Tympanon mit seinen reichen Darstellungen aus dem Leben
und Wirken des Erlösers; denn so erscheint recht eigentlich sie, nicht Christus, als die Trägerin der Heilswahrheiten des Neuen Testamentes, und ihre Bedeutung wächst über die des Heilandes noch
hinaus.

Gleichsam als Einführung und Schlüssel zum Ganzen aber
stehen in den beiden äussersten Kehlen die Gestalten des Alten
und des Neuen Bundes da — in einer kürzesten Fassung alles
das zusammendrängend, was der Bilderschmuck des ganzen Portales besagen und darstellen soll. [111]

Das letztere enthält somit einen vollständig in sich geschlossenen Darstellungskreis, dessen wohldurchdachter Plan um so
mehr Beifall finden muss, als er musterhaft zusammenkomponiert
mit grösster Klarheit und Bestimmtheit dem Beschauer vor die
Augen tritt. Schon dies muss uns veranlassen, wenden wir uns
jetzt zu dem zweiten Teile der Komposition, den grossen Statuen
der Vorhalle, auch für ihn ein Arbeiten nach einem bestimmten,
wohlüberlegten Programm in Anspruch zu nehmen. Den Beweis
für die Richtigkeit dieser Annahme mag aber der hier vereinte

Figurenkreis selbst erbringen. Indem wir seine stumme Bildersprache, Statue um Statue, einfach in Worte übersetzen werden, soll er uns freiwillig sein Geheimnis offenbaren.

Die erste Gestalt, welche der Besucher des Münsters bei dem Betreten der Vorhalle zu seiner Linken erblickt, ist ein guter Bekannter von uns: der „Fürst der Welt". Bisher hatten wir es stets mit seiner Genesis zu thun, jetzt wollen wir ihn einmal auf seine eigentliche Bedeutung für den Cyklus hin prüfen.

Davon ausgehend, dass bei seiner Anfertigung unzweifelhaft das Gedicht Konrads als Vorlage gedient hat, sollte man erwarten, dass der Fürst der Welt nur als eine männliche Umbildung der Frau Welt, mithin einfach als eine Allegorie der Sinnenlust, alias der Minne, aufzufassen wäre. Das ist aber keineswegs der Fall, wie aus einer Betrachtung der neben ihm stehenden Gestalt sofort hervorgeht. Denn in dieser haben wir fraglos die Repräsentantin der Wollust zu erkennen, wir müssten dann also annehmen, dass die Verfertiger des Programmes zweimal genau dem gleichen Gedanken nur in verschiedener Form greifbare Gestalt verliehen hätten. An einen derartigen Pleonasmus der Ausdrucksweise können wir nicht glauben. Der Fürst der Welt ist viel allgemeiner zu fassen, das beweist eine andere Figur des Cyklus, welche wir bestimmt mit ihm in Verbindung zu bringen haben. Es ist der Christus, welcher auf derselben Seite der Vorhalle neben den klugen Jungfrauen steht. Die Identität der einladenden, winkenden Bewegung in beiden Fällen stellt dies ausser Frage. Die Stellung, welche diese zwei Gestalten in dem Cyklus einnehmen, bedarf kaum der Erklärung: sie vertreten den Gegensatz des bösen und des guten Prinzipes und zwar in der Weise, dass der Heiland zum Eintritt in sein Reich auffordert — er steht unmittelbar neben dem ersten Laibungsbogen des Portales, und wir werden daher gut thun, an die im Mittelalter geläufige symbolische Auffassung der Kirchenthüre als „Porta coeli" zu erinnern! — der Fürst der Welt dagegen, wir können sagen, der Teufel in der Gestalt des Versuchers die Menschen von Gott abzulenken und aus der allein seligmachenden Gemeinschaft der Kirche herauszulocken bestrebt ist: seinen Standort hat er daher unmittelbar neben dem Ausgange der Vorhalle gewählt. Dieser ihrer allgemeinen Bedeutung entspricht auch vollkommen ihre Haltung und Bewegung:

beide wenden sich gleichsam an die Allgemeinheit, und weder der
Fürst der Welt noch Christus sind durch die Beifügung eines
speziellen Partners als die Glieder je einer besonderen Gruppe charakterisiert worden. Sie sind durchaus als Einzelfiguren gedacht und
behandelt, und die neben ihnen stehenden Statuen haben wir nur
als eine Art Begleitschaft, keinesfalls aber als mehr aufzufassen.
Die Aufgabe, welche sich die Verfertiger des Programmes hier
gestellt hatten, war also die, zwei Gestalten zu schaffen, welche
den Gegensatz von Gut und Böse in leicht fasslicher Weise verkörpern würden. Als geeignetster Vertreter des ersteren bot sich
fast von selbst schon Christus dar; weit schwieriger dagegen ge-
staltete sich die Aufgabe betreffs der andern Figur, denn es gab
wohl bereits eine feststehende Form für „den Bösen“, aber nur
in der abschreckenden Gestalt des auf die antike Satyrbildung
zurückgehenden mittelalterlichen Teufeltypus. Diesmal handelte
es sich jedoch darum, den Teufel als Versucher und Verführer,
also in einnehmender und verlockender Gestalt darzustellen. Diesen
Anforderungen entsprach nichts besser als die von Konrad von
Würzburg ausführlich und plastisch geschilderte Allegorie der
Frau Welt, denn in ihr gewann das doppelseitige Wesen der
letzteren einen prägnantesten Ausdruck: das Glänzende und Ver-
führerische wie das Schlechte und Falsche an ihr kommen durch
sie in gleicher Weise zur Geltung.

Es fehlte nun freilich viel, dass die Frau Welt so ohne
Weiteres im Cyklus Aufnahme finden konnte. Ihre Bestimmung,
als Gegenstück zum Christus zu dienen erforderte zuvor gebieterisch
ihre Umwandlung in den Fürsten der Welt; erst nach dieser Me-
tamorphose, welche im Zusammenhang stand mit der Generalisier-
ung ihrer beschränkteren Bedeutung in Konrads Gedicht, fügte
sich die Allegorie der Frau Welt harmonisch dem Rahmen des
Cyklus ein. Auf diese Weise entstand unter den Händen der
Dominikaner von Freiburg eine der packendsten Schöpfungen,
welche die mittelalterliche Kunst aufzuweisen hat. Ihre schnelle
Verbreitung ist kein Wunder.

Neben dem Fürsten der Welt steht die Voluptas: eine mittel-
alterlich-gelehrte Fassung der Venus-Aphrodite. Ihre Bedeutung
wurzelt darin, die allgemein gehaltene Allegorie des Fürsten der
Welt näher zu umschreiben und konkreter zu fassen d. h. die

Welt von einer ihrer und besonders in den Augen von Mönchen verführerischsten Seiten darzustellen. Vielleicht sollte auch das Minnewesen der Zeit damit getroffen werden. Wie weit dasselbe im XIII. Jahrhundert nachgerade gediehen war, zeigt zur Genüge der romantische Zug Ulrichs von Liechtenstein als Frau Venus durch die Lande.[112] Selbst den Geistlichen wurde es oft schwer, dieser Göttin gegenüber ein gewisses Gelübde streng zu halten, und nicht immer glückte es ihnen. Eine Statue der Voluptas war demnach in einem Programme dieser Zeit nicht unangebracht, und wenn sie in Freiburg etwas gelehrt ausgefallen ist, so haben das die Dominikaner schon selbst empfunden, indem sie ihr einen Warnungsengel mit der schriftlichen Mahnung: „ne intretis" beigaben. Denn damit wird dem Beschauer jeder Zweifel hinsichtlich der Bedeutung der hier dargestellten Personifikation genommen.[113]

Die übrigen Statuen, welche auf dieser Seite der Vorhalle angeordnet sind, (Aaron, Sarah, Johannes der Täufer, Abraham mit Isaak, Maria Magdalena, die fünf klugen Jungfrauen und Christus) gehören eng zusammen: in ihnen haben die Verfertiger des Programmes — ganz im allgemeinen gefasst — ihren Tribut an die damals herrschende und im Laufe des XIII. Jahrhunderts ihren Höhepunkt erreichende Marienverherrlichung entrichtet.[114] Es geschah dies in der glücklichsten Weise dadurch, dass die Gottesmutter nicht direkt, sondern, wie wir gleich sehen werden, indirekt in ihrem Sohne gefeiert wurde.

Folgen wir bei unsrer Betrachtung der Gestalten ihrer ursprünglichen Anordnung, so treffen wir zunächst auf Abraham mit Isaak und Sarah und damit gleich auf einen der bekanntesten und häufigsten Typen Christi. Denn die Opferhandlung Abrahams wird von der mittelalterlichen Symbolik mit Vorliebe der Selbstaufopferung des Heilandes gegenübergestellt. Die gleiche Bezugnahme findet natürlich auch in unserem Falle statt und tritt uns, nur in andrer Fassung, ebenso in der Gestalt Aarons entgegen, welche ehemals an dritter Stelle gestanden haben wird. Als Hoherpriester des Alten Bundes, welcher zu Ostern für das ganze Volk die Opferung des stellvertretenden Lammes vollzieht, weist er — nicht nur nach mittelalterlicher Auffassung — auf Christus, den Hohenpriester des Neuen Bundes hin, der das stellvertretende

Opferlamm mit seiner eigenen Person vertritt.[115] Am augenfälligsten
aber finden wir diesen wiederholten Hinweis auf den Opfertod
Christi in der Gestalt Johannes des Täufers ausgesprochen: er
hält in seiner Rechten das Lammsymbol und weist eindringlich
auf dasselbe hin. Die Beziehung dieser und der vorgenannten
Gestalten auf den Heiland kann unmöglich deutlicher zum Ausdruck gebracht werden.[116] Auf Johannes, den unmittelbaren Vorgänger und letzten Propheten des Herrn, folgt dann in äusserst sinniger
Weise Maria Magdalena, — seine erste Schülerin.[118] Zugleich leitet
sie geschickt zu den klugen Jungfrauen hinüber,[119] deren Bräutigam
wieder Christus ist und als solcher den Beschluss macht, wobei freilich
zu bemerken ist, dass zwischen ihm und den Jungfrauen nur ein
lockerer Zusammenhang und ein ähnlich sich ergänzendes Verhältnis wie zwischen dem Fürsten der Welt und der Voluptas
besteht. Die eigentliche Bedeutung des Christus liegt in einer
ganz anderen Richtung und ist bereits ausführlich gewürdigt
worden; wir haben also jetzt nur noch einen Augenblick
bei seiner Stellung den eben genannten Figuren gegenüber zu
verweilen. Aus seiner Anordnung in e i n e r R e i h e mit ihnen
möchten wir nämlich schliessen, dass nicht er, sondern seine Mutter als der gefeierte Endpunkt dieser ganzen Statuenfolge anzusehen ist. Jeder Zweifel an der Richtigkeit dieser Auffassung
muss schwinden, wenn wir sehen, wie mitten unter den Christus-
typen in Gestalt der Sarah,[119] ein ausgesprochener Marientypus
auftritt. Denn diese ist an dem Vorgange der Opferung ihres
Sohnes selbst unbeteiligt und kann demnach nicht auf Christus
sondern einzig auf Maria bezogen werden, bei der das Gleiche
der Fall ist: die Mutter des zum Opfer Geforderten wird hier
zum Typus der Mutter des wirklich Geopferten, deren göttliche
Erscheinung nun durch diese stufenweise Vorbereitung und Verherrlichung des Sohnes zu einem Höchsten gesteigert wird —
durchaus entsprechend der Auffassung, welche das XIII. Jahrhundert
von der Jungfrau Maria hegte. Würde es hingegen in der Absicht der Dominikaner gelegen haben, Christus als den gefeierten
Mittelpunkt jener Statuenreihe hinzustellen, so hätte er unbedingt
eine stärkere Hervorhebung erfahren müssen, ihm und nicht Maria
hätte der Platz am Thürpfeiler gebührt! So aber giebt uns gerade ihre Aufstellung an diesem bevorzugten Platze ein Recht

zu unserer Deutung. Ist es noch nötig daran zu erinnern, dass das Münster der Maria geweiht und ihrer Wichtigkeit bereits durch die auszeichnende Darstellung einiger Hauptmomente ihres Lebens Rechnung getragen ist!? Nein, es ist überflüssig, weiter ein Wort darüber zu verlieren: das XIII. Jahrhundert stand unter dem Zeichen des Marienkultus, Christum zu feiern hat es nie gedacht! Oder hat das ganze XIII. Säkulum für Christus ein ähnlich verherrlichendes Werk hervorgebracht wie etwa das Mariale Alberti Magni oder die „Goldene Schmiede" des Konrad von Würzburg für Maria? Und das sind doch nur ein paar zufällig aus der reichen marianischen Litteratur dieser Zeit herausgegriffene Beispiele! Christus erscheint in dem Cyklus nur als eine Nebenperson, er steht in gleichberechtigtem Parallelismus dem Fürsten der Welt gegenüber, aber er ist nicht wie die Madonna als Mittelpunkt der Komposition dargestellt.

Die Statuenreihe auf der anderen Seite der Vorhalle wird dem Hauptportale zunächst, wie wir nicht anders erwarten können, durch die Gestalten der thörichten Jungfrauen eingeleitet. Denn der mittelalterliche Parallelismus verlangt stets eine entsprechende Anordnung gleichmässiger Glieder, hier also die der klugen und thörichten Jungfrauen. Ihre Parabel, über deren bekannten Sinn wir uns nicht erst auszulassen brauchen, gehört zu den beliebtesten Vorwürfen der mittelalterlichen Kunst. Ihr Auftreten in unserem Cyklus hat einen doppelten Zweck: erstens vermittelt sie zwischen den beiden Hälften, in welche die ganze Komposition der Vorhalle zerfällt, insofern sie als fast regelmässig wiederkehrendes Motiv in den mittelalterlichen Darstellungen des Jüngsten Gerichtes[110] den Besucher der Vorhalle auf das Tympanon des Portales hinweist, welches eine Schilderung desselben enthält;[111] zweitens verknüpft sie die Statuenreihen der beiden Seiten der Vorhalle mit einander.[112]

War auf der einen, welche wir eben betrachteten, der Gegensatz von Gut und Böse zur Anschauung gebracht worden, wobei sich eine günstige Gelegenheit zu einer Verherrlichung der Maria gezeigt hatte, so finden wir nun in den Gestalten der anderen Seite dieselben Gegensätze vertreten, aber aus dem theoretisch-allgemeinen dort, hier mehr in das praktisch-spezielle übersetzt. Die thörichten Jungfrauen sind nämlich für den Christen das klassische Beispiel der in der Versuchung unterliegenden Menschennatur und in dieser

Bedeutung erscheinen sie auch an dieser Stelle. Die Statuen der
Wissenschaften dagegen geben das Mittel an, durch welches sich
der Mensch von der Sünde befreien und zur Tugend und Weisheit
emporsteigen kann. Denn durch ihre Pflege und mit ihrer Hülfe gelangt der Mensch zur Wiedervereinigung mit Gott! Das ist nach
der Auffassung dieser Zeit die wundervolle und erhabene Aufgabe
der Wissenschaften, und in diesem Sinne behandeln sie alle grosse
Encyklopädisten in umfangreichen Teilen ihrer Kompendien. Ob
wir das zweite Kapitel des „speculum majus" des Vincentius Bello-
vacensis oder des Bonaventura Schrift „reductio artium ad theolo-
giam" aufschlagen, überall finden wir die gleiche Anschauung von
dem Charakter und Zweck der Wissenschaften vorgetragen: jede
andere ist verfehlt. Eine feindselige Stellung den Wissenschaften
gegenüber nahmen erst die Mystiker des XIV. Jahrhunderts ein.[113]
    Es bleiben uns noch die Gestalten der hl. hl. Margaretha und
Katharina zu betrachten übrig. In ihnen gewinnen die von den
andern Statuen und Bildern vorgetragenen Lehren greifbare und
persönliche Gestalt. Indem die Geschichte dieser Heiligen zeigt,
wohin die Bewährung der Tugend führt, verheisst sie auch ein
Gleiches allen denen, die ihrem Beispiele folgen. Die hl. Margaretha
bezwingt mit ihrer Reinheit den Teufelsdrachen,[114] die hl. Katharina,
ausgezeichnet in wissenschaftlichen Kenntnissen, wird zur mystischen
Braut Christi.[115] Ihre Zusammenstellung kann uns nicht Wunder
nehmen, denn sie haben manche Berührungspunkte mit einander.
In beiden Fällen bringen zuerst die Kreuzfahrer ihre Verehrung
nach dem Abendlande, und beidemale schlägt dieselbe hier sofort
tiefe Wurzeln und verbreitet sich so rasch, dass die Katharina
bereits im XII. Jahrhundert nächst Maria Magdalena die populärste
weibliche Heilige wird.[116] Sodann sind beide wegen ihres keuschen
Lebenswandels hochberühmt und bilden auf diese Weise zugleich
den schärfsten Gegensatz zur Gruppe des Fürsten der Welt und
der Voluptas, von der sie nur durch den freien Raum des Ein-
ganges getrennt sind. Damit ist nun auch hier die Verbindung
der beiden Seiten der Vorhalle hergestellt. Die einzelnen Teile
der Komposition treten also überall in Beziehung zu einander, und
das Ganze stellt sich als ein wahrer Cyklus d. h. ein völlig ge-
schlossener Bilderkreis dar.[117]
    Ueberschauen wir noch einmal das Werk der Dominikaner

von Freiburg: wir hoffen, manche werden sich jetzt unserer Meinung über den Charakter und die Bedeutung der Komposition anschliessen. Zwei kleine Engel bewachen mit Spruchbändern in den Händen den Eingang zur Vorhalle; die Inschriften auf ihnen lauten: „Nolite exire" und: „Orate et vigilate". Der Engel mit dem Spruche „Nolite exire" leitet die Gestaltenreihe ein, an deren Spitze der Fürst der Welt steht, sein Warnungsruf scheint aus dem Munde des Heilandes selbst zu kommen, das „Orate et vigilate" des anderen Engels ist an die thörichten Jungfrauen gerichtet, welche der Versuchung erlegen sind. Die wenigen Worte ihrer Spruchbänder fassen somit alles das kurz zusammen, was die Statuen der Vorhalle besagen sollen, sie sind gleichsam die Quintessenz des durch diese vertretenen Programmes,[118] und ihre Träger entsprechen also ihrer Bedeutung nach vollständig den beiden Gestalten der Kirche und Synagoge am Hauptportale. Hier beginnen die Seitenwände der Vorhalle allmählich zusammenzustreben und nach einem gemeinsamen Verknüpfungspunkte zu suchen. Diese Bewegung erreicht ihr ideales Ziel in der Madonnenstatue des Thürpfeilers, und diese wird dadurch zum Kardinal- und Mittelpunkte des ganzen Cyklus.[119] Denn einerseits beherrscht sie, hinausgehoben über alles Menschlich-Unvollkommene, die in den Statuen der Vorhalle wirksamen Gegensätze und unterwirft sie ihrem makellosen, göttlichen Zepter, und andrerseits umgiebt sie, ein mächtiger und imposanter Rahmen, die Darstellung der ganzen Heilsgeschichte, deren Vollender und Erlöser sie in ihrem Schosse getragen und sich dadurch in seinem ewigen Himmelreiche den Thron zu seiner Linken und die Königskrone, welche er trägt, mit errungen hat. Ueber dem Eingange zur Vorhalle empfängt sie dieselbe demütig aus seinen Händen. Als die vollkommene Reinheit und die Vollendung menschlichen Lebens in himmlischem Ideale, als Hüterin und vorsorgliche Schützerin, so steht sie am Eingange des Münsters „unser lieben Frau" zu Freiburg.

> Mariä, muoter unde maget,
> diu sam der morgensterne taget
> dem wiselösen armen her,
> daz uf dem wilden lebemer
> der gruntlösen werlde swebet.
> dû bist ein lieht, daz immer lebet,

unt im ze selden ie erschein,
swenne ez der sünden agetstein
an sich mit sinen kreften nam.
swaz diu syrène trügseam
versenken wil der schiffe
mit süezer doene griffe,
diu leitest. vrowe, dû ze stâde;
din helfe ûz tiefer sorgen bade
vil mangen hât erlediget.
din lop hât uns geprediget
Dominicus unt Franciscus. [180]

Wahrlich keinen passenderen Schmuck hätten die Dominikaner
für das Eintrittsportal des Münsters zu Freiburg wählen können.
Was überhaupt hier von ihnen geschaffen worden ist, ist vollkommen. Die lokale Tradition, welche das Verdienst an diesem
Werke nur auf Einen, freilich den Grössten unter ihnen, beschränkt
wissen wollte, hatte daher ein gutes Recht zu ihrer Behauptung,
denn sie war von dem richtigen Gefühle eingegeben, dass diese
Schöpfung nur dem Besten der damaligen Zeit verdankt werden
könne. Sie irrte; wir mussten der Gesamtheit wiedergeben, was
ihr gehört, und wir müssen darauf verzichten, die Namen aller
derer angeben zu können, welche hier mitgearbeitet haben. Aber
dieser Verzicht fällt uns leicht, denn dadurch wächst das Werk
der Dominikaner, gleichsam von allem Persönlichen befreit, über
die einseitige Beschränktheit des Individuums hinaus und schwingt
sich zum idealen Ausdruck einer grossen geistigen Gemeinsamkeit
auf. Das erhabene Zeugnis und der beredte Verkündiger einer
Weltauffassung, welche in lange vergangenen Zeiten die Geister beherrscht hat, — so ragt der Freiburger Cyklus in fast einsamer
Grösse, Ehrfurcht gebietend, in die Gegenwart herein

— — . —

II.

DIE KUNSTHISTORISCHE STELLUNG

DES CYKLUS.

> Schädlicher als Beispiele sind
> dem Genius Prinzipien. Vor ihm
> mögen einzelne Menschen einzelne
> Teile bearbeitet haben ; er ist der
> Erste, aus dessen Seele die Teile,
> in ein ewiges Ganzes zusammen-
> gewachsen, hervortreten.
>
> Goethe, Von deutscher Baukunst.

Dans l'ensemble, la cathédrale de Fribourg-en-Brisgau doit être considérée comme l'œuvre la plus complète, la plus riche, la plus délicate et la plus originale du gothique allemand.

Gonse, L'art gothique.

Die kunsthistorische Forschung zählt wie jede Geschichts-
wissenschaft zu ihren vornehmsten Aufgaben, die Entwicklung,
das Entstehen und Herausbilden des Neuen aus dem Alten,
wie es sich auf diesem oder jenem Gebiete vollzieht, zu erkennen
und klar darzustellen: sie erfasst nicht nur den Zustand des Seins,
sondern auch, und zwar ganz besonders, den Zustand des Werdens. Gerade der Skulpturenschmuck der Freiburger Vorhalle
fällt in eine Zeit des Werdens, welche zwar schon die ersten
Entwicklungsstadien des Ueberganges von dem einen zum andern
der beiden grossen Bildungsprinzipien des Mittelalters überwunden
hat, aber doch noch auf der Schwelle der neuen Stilperiode steht,
die jetzt und gerade mit dem Freiburger Cyklus als einem seiner
ersten Werke für Deutschland anhebt.

Von einem Ringen und Suchen nach Aneignung und Ver-
arbeitung der neuen Formen und Gedanken ist freilich in dieser
herrlichen Schöpfung der Frühgotik nichts mehr zu spüren; weist
sie doch schon in einzelnen ihrer Teile sogar über die Zeit und
den Stil hinaus, welche man mit jenem Namen zu bezeichnen
pflegt. Von einem Werden kann demnach hier auch nur in Rücksicht auf die Keime und Anregungen gesprochen werden, aus
denen heraus das Gesamtwerk der Freiburger Vorhalle entstanden ist. Erst wenn wir die Bildungs-Elemente und Einflüsse,
welche in ihm zusammengetroffen und zu schönheitsvoller Harmonie und Einheit verschmolzen sind, festgestellt und sie nach ihrer
verschiedenen Bedeutung betrachtet haben, wird dem Skulpturencyklus seine kunsthistorische Stellung angewiesen und die hohe
Bedeutung, welche ihm sowohl für die Plastik des Oberrheins wie

im allgemeinen zukommt, richtig beurteilt und erkannt werden
können.

Die Skulpturen der Freiburger Vorhalle sind die ersten umfangreichen plastischen Werke gotischen Stiles am Oberrhein.
Gerade die Frage nach der Entwicklung der Gotik gehört aber
zu den interessantesten und schwierigsten Aufgaben, welche
die kunstgeschichtliche Forschung der letzten Jahrzehnte beschäftigt haben. Dass die Ausbildung derselben zuerst in Frankreich
eingesetzt und dort auch in einer überraschend kurzen Zeit zu
einer hohen Blüte geführt hat, ehe sich noch in Deutschland die
ersten Ansätze dazu finden, unterliegt heutzutage freilich keinem
Zweifel mehr, und ebensowenig bestreitbar ist die Thatsache, dass
die deutsche Kunst die bereits fertig entwickelten, neuen Stilprinzipien aus Frankreich empfing. Aber diese Thatsache enthebt uns
nicht der Aufgabe, stets genau zu untersuchen, ob und wieviel
Eigenes zu dem fremden Gute hinzugefügt wurde. Denn es heisst
zu weit gehen, wenn man alles und jedes unterschiedslos gleich
französischen Einflüssen und Vorbildern zuschreibt. Haben sich doch
erst in allerjüngster Zeit wieder und ganz mit Recht Stimmen
erhoben, welche fragen, ob in einzelnen Fällen doch nicht vielleicht auch eine spontane, von Frankreich unabhängige Entwicklung anzunehmen sei,[131] wie sie z. B. Schäfer gerade für die zuerst in gotischem Stil erbauten beiden östlichen Joche des Freiburger Langschiffes nachzuweisen sucht.[132] Zwar werden derartige Erscheinungen sicher immer vereinzelt bleiben, und das
Gesamtbild der Entwicklung des gotischen Stiles in Deutschland
unter französischem Einfluss wird dadurch nicht verändert werden; aber die Einzelforschung wird stets gut thun, nicht summa-
risch zu verfahren, sondern genau von Fall zu Fall zu untersuchen
und dann erst ihr Urteil zu fällen. Besonders angebracht ist
dies dem Freiburger Cyklus gegenüber, gehört doch gerade er
zu denjenigen Schöpfungen der deutschen Gotik, welche man sich
gewöhnt hat, auf der Liste der von französischer Kunst beeinflussten Werke obenan zu setzen, ohne sich erst die Frage vor-
zulegen: wie weit Kopie und wie weit Original? Bevor wir
jedoch auf die Prüfung der hier anscheinend fraglos vorhandenen
französischen Einflüsse eingehen, müssen wir einen Blick auf die
den Skulpturen der Freiburger Vorhalle zeitlich vorangehenden

Werke der oberrheinischen Plastik des XIII. Jahrhunderts werfen.
Denn es liegt auf der Hand, dass bei einer Bestimmung der kunstgeschichtlichen Stellung jener zu allererst auf diese Bedacht genommen werden muss.

— —

I. KAPITEL.

Die oberrheinische Plastik in der ersten Hälfte des XIII. Jahrhunderts.

Was die spätromanische Plastik an hervorragenderen Schöpfungen in den Gegenden des Oberrheins aufzuweisen hat, ist nicht
von wesentlicher Bedeutung. Eine Erwähnung verdienen hier
nur die Skulpturen der Galluspforte des Basler Münsters. Sie
stammen aus dem Ende des XII. Jahrhunderts und scheinen uns
von der südfranzösischen, speciell der burgundischen Plastik nicht
unbeeinflusst geblieben zu sein.[133] Ganz offenkundige Beziehungen und zwar stilistischen wie inhaltlichen Charakters bestehen
dagegen zu den etwas späteren, kleinen Friesen mit Darstellungen
teils aus der Alexandersage, teils anderen Inhalts, welche den
noch romanischen südlichen Chordurchgang des Freiburger Münsters schmücken[134] und demnach wohl unter der Einwirkung der
erwähnten Basler Skulpturen entstanden sind. Für den Cyklus
der Vorhalle können natürlich weder die einen noch die anderen
Werke, sei es in stilistischer, sei es in künstlerischer Hinsicht ver-
gleichsweise in Betracht kommen.

Weit bedeutender ist eine Anzahl von Skulpturen des Strassburger Münsters, welche eine sehr interessante und höchst bedeutsame Mittelstellung einnehmen, da sie hart auf der Grenze von
Romanisch und Gotisch stehen und zum Teil schon direkt in das
Gebiet der Gotik übergreifen. Ganz zu dieser gehört der plastische Schmuck des Nikolausportales vom Martinsmünster in Kolmar, welcher, von geringem künstlerischen Werte, nur in stilistischer Hinsicht Interesse zu erwecken vermag; wir werden später auf ihn zurückkommen. Vorerst haben wir uns mit den
Strassburger Skulpturen zu befassen.

Es sind dies die leider nur in spärlicher Anzahl auf uns gekommenen Reste des einst reichen plastischen Schmuckes von
dem noch ganz romanischen Südportale des Querschiffes: zwei
Reliefs, den Tod und die Krönung Marias darstellend, sowie
die bekannten herrlichen Gestalten der Kirche und Synagoge;
dazu kommen dann die Skulpturen des sogenannten Erwinpfeilers
im Inneren des südlichen Querschiffes und einige Gestalten des
ehemaligen Lettners. Die Zeit ihrer Entstehung lässt sich nicht
mit voller Bestimmtheit angeben, nur soviel ist als sicher zu betrachten, dass sie vor der Mitte des XIII. Jahrhunderts, etwa
zwischen 1230 und 1250, entstanden sind, mithin den Freiburger
Werken zeitlichsehr nahe stehen. Als Künstlername ist uns bekanntlich Sabina überliefert, freilich sehen wir uns heutzutage
ausser Stande, irgend eins der erhaltenen Werke bestimmt mit
ihr in Verbindung zu bringen. Da sie erst vor kurzem in ihrer
Gesamtheit durch Dr. Meyer-Altona (Dr. Schwedeler-Meyer) eingehend untersucht worden sind,[135] können wir uns hier eine Beschreibung derselben ersparen; nur die immer noch nicht gelöste
Frage nach der Herkunft ihres Stiles wird uns näher zu beschäftigen haben.

Das Gesamtbild der Skulpturen zeigt verschiedene stilistische
Unterschiede, die jedoch nicht allzuschwer ins Gewicht fallen, da
sie vorzüglich nur die Ausführung betreffen und nicht die Folge
von mehreren, abweichenden Stilrichtungen sind, die sich hier gekreuzt haben, sondern im Grunde bloss die verschiedenen Manie-
ren ein und desselben Stiles darstellen, wie sie sich denn auch
meist mit dem wechselnden künstlerischen Werte der Skulpturen
vollständig decken. Es wäre daher eine falsche Folgerung, hieraus auf
eine verschiedene Entstehungszeit der einzelnen Werke zu schliessen,
und die neuere Forschung hat sich demnach auch jetzt einstimmig
entschieden, sie zeitlich einander gleichzusetzen. Gemeinsam ist
den Skulpturen die enge Verbindung mit einzelnen Gliedern des
Baues: wir sehen, der gotische Stil mit seiner innigen Verknüpfung von Architektur und Plastik kündigt sich bereits in ihnen an.

Am schönsten und künstlerisch bedeutendsten sind die Gestalten
der Kirche und Synagoge, welche anerkanntermassen einen Höhepunkt der deutschen Kunst bezeichnen. In ihrer unübertrefflichen
Anmut und Grazie gehören sie zu den feinsten und liebenswür-

digsten Schöpfungen der ganzen mittelalterlichen Plastik, und von den gleichen
Darstellungen in der deutschen Kunst
ist ihnen nichts völlig Ebenbürtiges an
die Seite zu setzen; am nächsten
kommen ihnen die Gestalten im Bamberger Dome.

Befangener und nicht so frei erscheinen die Skulpturen des Erwinpfeilers, welche in möglichst gedrängter
Form eine Schilderung des Jüngsten
Gerichts bieten. Ungünstig beleuchtet
und nur auf der Südseite deutlicher
zu erkennen, sind sie bisher bloss
von Meyer ihrem künstlerischen Werte
entsprechend gewürdigt worden.[136]
Anscheinend sind bei ihrer Ausführung
mehrere Hände thätig gewesen, deren
Unterscheidung jedoch unter den angegebenen Umständen ein gewagtes
und unsicheres Unternehmen bleibt.
Die Evangelisten der untersten, dem
Beschauer nächsten der drei Figurenreihen, welche den Pfeiler umziehen,
sind die besten Gestalten. In der falten-
reichen und enganliegenden Gewandung, welche den Körper deutlich
durchscheinen lässt, wie in der über-
schlanken Körperbildung kommen sie
der Kirche und Synagoge sehr nahe,
und in den Köpfen, welche einen sehr
schönen, ernsten Ausdruck zeigen,
erweisen sie sich unmittelbar den
Aposteln auf dem Relief der Grablegung Marias verwandt. Die übrigen
Figuren des Pfeilers sind sowohl im
Ausdruck der Köpfe wie in der
teilweise hart und steif behandelten

Erwinpfeiler.
Münster zu Strassburg.

Gewandung etwas befangener. Die Engel zeigen eine sehr ähnliche Kopfbildung wie die Kirche und Synagoge. Sehr schön in ihrer Art erscheinen uns die Gestalten der zweiten Reihe; die Umrisslinie des Gesichtes ist bei ihnen weich und sanft geschwungen, und der Ausdruck ist voll zarter, lieblicher Empfindung, die fast ein Lächeln auf die Lippen zaubert. Lautlos scheinen sie in dem Dämmerschein des hohen Raumes wie Gebilde aus einer anderen Welt um den mächtigen Pfeilerstamm herumzuschweben, vergleichbar den zarten, wunderlieblichen Gestalten aus den Engelchören eines Lippo Memmi. In einem gewissen Gegensatz zu ihnen stehen die Engel der dritten Reihe. Ihr Gesicht zeigt härtere, schärfere Konturen und demgemäss — soweit erkennbar — eine mehr herbe Grösse der Auffassung. Das Oval ihrer Köpfe ist nicht so vollendet wie bei den Gestalten der zweiten Reihe; durch eine starke Andeutung der Kinnlade mit fast eintretender Abschrägung der Wangen wird es in ziemlich harter Weise durchschnitten. Die Bewegung des Christus scheint steif und befangen, sein Kopf wesentlich nach dem Typus der Evangelisten gebildet zu sein.

Einen stärker abweichenden Stilcharakter als die bisher betrachteten Skulpturen zeigt das Relief der Grablegung Marias, in der uns eine äusserst lebendige, dramatisch reichbewegte Komposition entgegentritt. Was uns in diesem Werke aber vor allem fremd und neu anmutet, ist, wie man schon lange erkannt hat, der Umstand, dass gleichsam ein Hauch antiken Geistes über ihm zu schweben scheint. Freilich ist es nicht die reine Antike, an die wir uns hier erinnert fühlen, sondern es ist mehr eine idealisierte Antike, eine solche, wie sie von den römischen Copisten geliefert wurde, und wie wir sie zum Beispiel auch bei Niccolo Pisano finden. So hat man denn auch ganz mit Recht vor dem Strassburger Relief an diesen Meister gedacht: eine Art Geistesverwandtschaft des deutschen Künstlers mit ihm ist nicht zu leugnen. Sie wurzelt zunächst in der gemeinsamen Stellung, welche beide zur Antike einnehmen (nur ist der Deutsche hier viel selbständiger), sodann aber beruht sie darauf, dass wir in beiden zwei hervorragende Vertreter der Renaissanceströmung zu erkennen haben, welche mit der Gotik bereits, wie wir noch sehen werden, ihren Einzug im Abendlande hält. Der Strassburger Meister ist dabei entschieden der bedeutendere, wir zögern nicht, ihn über den gefeierten Altmeister der toskanischen Plastik zu stellen.[137]

Das zweite erhaltene Relief des Portales, die Krönung Marias, wirkt jener Meisterschöpfung gegenüber wie eine Schülerarbeit; Auffassung und Durchführung sind handwerksmässiger und verraten schon in der ganzen Art der flachen und harten Behandlung eine untergeordnete Hand.

Den beiden zuletzt genannten Werken haben wir ein Steinrelief mit einer Darstellung des ungläubigen Thomas aus der Thomaskirche in Strassburg anzureihen. Es enthält vier Figuren: in der Mitte Christus und Thomas, der seine rechte Hand in das Wundenmal des Herrn legt, rechts einen älteren bärtigen Mann und links einen bartlosen Jüngling; die beiden letzten Gestalten sitzen je auf einer Bank. Das Ganze ist rundbogig geschlossen und hat offenbar ursprünglich als Tympanon eines romanischen Portales gedient.[138] Dieses wenig beachtete Relief ist ganz im Stile des Meisters der Grablegung Marias gearbeitet, steht aber in der etwas harten Gewandbehandlung dem Verfertiger der Krönung Marias näher; es hält gleichsam die Mitte zwischen diesen beiden Werken und ist zweifellos zur gleichen Zeit wie sie entstanden.

Dasselbe gilt unserer Ansicht nach auch von einigen Figuren, die zu dem ehemaligen, 1682 abgebrochenen Lettner des Münsters gehörten, jetzt aber teils an verschiedenen Punkten des Baues aufgestellt sind, teils sich in der Sammlung des Frauenhauses befinden. Die Entstehungszeit des Lettners und seines plastischen Dekors bildet noch immer eine umstrittene Frage, obwohl wir über sein einstmaliges Aussehen gut genug unterrichtet sind, erstens durch einen grossen Kupferstich von J. Brunn aus dem Jahre 1630, der das Innere des Münsters wiedergiebt, und zweitens durch zwei kleine, unbezeichnete und undatierte Kupferstiche, welche ihn allein in Vorder- und Seitenansicht zeigen.[139] Die letzteren sind, wie ein Vergleich mit den erhaltenen Figuren (zwei männlichen und einer weiblichen) lehrt, allerdings nicht zu genau, aber ihre allgemeine Richtigkeit, auf die es uns hier allein ankommt, ist durch die Uebereinstimmung, welche sie in allen wesentlichen Teilen mit dem grossen Stiche Brunns aufweisen, vollständig verbürgt.[140] Wir vermögen uns also, wenigstens

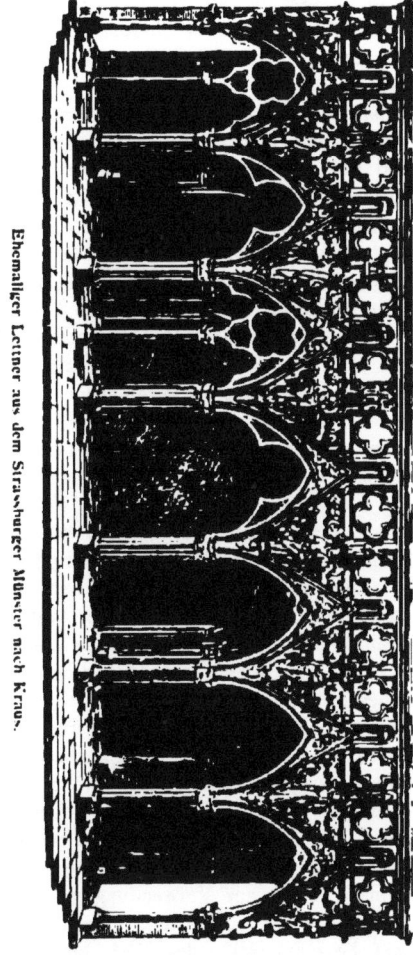

Ehemaliger Lettner aus dem Strassburger Münster nach Kraus.

in Bezug auf den Stilcharakter, ein ganz gutes Bild von dem Lettner zu machen, und es erscheint uns fast wunderbar, dass man sich daraufhin über die Entstehungszeit dieses Werkes noch nicht hat einigen können.

Wie aus einer Urkunde hervorgeht, bestand bereits 1252 ein Lettner, und dieser ist für uns, wie auch Woltmann [141] und Dehio [142] annehmen, fraglos derselbe, den uns die verschiedenen Abbildungen kennen lehren. Adler und Kraus hingegen behaupten, dass Erwin nach 1298 einen Neubau des Lettners unternommen habe, und dass wir diesen auf den Stichen wiedergegeben fänden. Es steht also Hypothese gegen Hypothese, und jede entbehrt, wie so oft, eines durchaus sicheren Beweises für ihre Richtigkeit. Glücklicherweise dürften wir in der Lage sein, einen solchen und zwar in der einfachsten Form führen zu können. Zunächst ist mit Dehio zu bemerken, dass die von Adler und Kraus vertretene Behauptung durch keinerlei quellenmässige

Nachricht zu belegen ist. Im Gegenteil, wir wissen von einer
Anzahl Altäre, die mit dem Lettner fest in Verbindung standen,
und deren urkundlich bekanntes Alter zum Teil direkt auf eine
Entstehung desselben in vorerwinischer Zeit hinweist.[143] Was
uns aber volle Gewissheit giebt, den Lettner mit Recht vor 1250
anzusetzen, ist der architektonische Aufbau desselben. Denn
schon ein flüchtiger Blick lässt uns mit aller Bestimmtheit in ihm das unmittelbare Vorbild der
Blendarkadenreihe der Freiburger Vorhalle erkennen. Die durchaus gleiche Weise, in der hier wie dort
zwischen den Bogen auf völlig übereinstimmenden Sockeln von
Baldachinen bekrönte Statuen angeordnet sind, lässt jeden Zweifel verstummen. Wir stehen vor einer unleugbaren Thatsache
und erhalten damit zugleich auch bereits einen sehr beachtens-
werten Fingerzeig über die Genesis eines wichtigen Teiles des
Freiburger Cyklus. Denn dass wir nicht das umgekehrte Verhältnis anzunehmen haben, beweist die weit entwickeltere Formensprache der Freiburger Arkaden. Man vergleiche nur einmal
die Art der Krabbenbildung hier und dort: in Strassburg treffen
wir auf äusserst einfache noch geometrische Formen und keinerlei naturalistische Laubbildung,[144] während diese in Freiburg fast
ausschliesslich vorherrscht. Die wenigen strengeren Gebilde,
welche sich hier finden, zeigen nur, wie nahe sich diese beiden
Werke berühren, und wie direkt man in Freiburg an das Strassburger Vorbild angeknüpft hat. Die Kreuzblumen, welche die
Spitzen der Wimperge verzieren, sind in Strassburg eben so einfach wie die Krabbenbesetzung gehalten und verraten ein früheres
Entwicklungsstadium des gotischen Stiles als die entsprechenden
Stücke in Freiburg. Ein weiteres Kriterium für die Entstehung des
Lettners in frühgotischer Zeit bilden dann die Basen der zu viert
angeordneten Säulchen. Denn sie zeigen noch nicht die breite,
tellerförmige Form, welche für die reifere Gotik so ungemein
charakteristisch und in Freiburg bereits zur Verwendung gekommen ist; auch laden sie nicht über den Sockel aus, dessen viereckige Bildung gleichfalls auf die erste Hälfte des XIII. Jahrhunderts hinweist, da er sonst wohl wie in Freiburg die dem entwickelten Stile eigene Achteckform zeigen würde. Die Bogen
sind, wenn nicht mit Nasen- oder reicherem Masswerk versehen,

ganz einfach gehalten; im zweiten Falle gesellt sich als Stütze ein mitten in die Bogenöffnung gestelltes Säulchen hinzu, sodass das Ganze wie die Nachbildung einer Fensterdekoration wirkt.

Es bleibt uns noch ein Architekturglied des Lettners zu besprechen übrig: — die Baldachine, welche die Statuen bekrönen — und dieses ist, wie wir glauben, ausschlaggebend. Denn mit ihrer schweren Formengebung und ihrem wuchtigen, mehr die Breite als die Höhe bevorzugenden Aufbau nötigen sie schon an und für sich entschieden zu einer frühen Ansetzung des Lettners. Geradezu zwingend aber zur Annahme einer gleichen Entstehungszeit für diesen wie für die vorbesprochenen Skulpturen ist der Umstand, dass sie, nur in etwas freierer Bildung, genau den gleichen Stilcharakter wie die Baldachine des Erwinpfeilers und der Gestalten der Kirche und Synagoge zeigen! Wir werden noch sehen, welches gemeinsame Vorbild hier die Strassburger Steinmetzen geleitet haben dürfte. Sollte es aber Ungläubige geben, die an der Richtigkeit unserer Datierung auch jetzt noch zweifeln, so mögen sie einen vergleichenden Blick auf die der erwinischen Zeit angehörenden Arkaden der Strassburger Turmhalle werfen, und sie werden, wir sind dessen überzeugt, schon von selbst davon abstehen, weiterhin die Architekturformen des Lettners gleichfalls in die erwinische Zeit zu verweisen. Denn gerade an dieser Gegenüberstellung erkennen wir so recht, welche Fortschritte die Gotik in dreissig Jahren gemacht, und wie die Architekten innerhalb dieses Zeitraums dasselbe Motiv feiner zu zeichnen und künstlerischer zu gestalten gelernt haben! Auch hier begegnet uns nämlich im Grunde genommen noch ganz der gleiche Aufbau wie am Lettner und an den Blendarkaden in der Freiburger Vorhalle, nur ist alles in einer mustergültigen Weise und in einer feinsten und edelsten Form gegeben.[145]

Nur drei Figuren sind von dem reichen Statuenschmuck des Lettners erhalten[146] und sie lassen uns den Verlust der übrigen schwer empfinden; denn es sind höchst bedeutsame und hervorragend schöne Arbeiten. Ihrem Stile nach reihen sie sich den vorgenannten Skulpturen an, und wenn auch keine allerdirektesten Beziehungen zu ihnen hinüberführen, so ist es doch keine Frage, dass sie auf dem gemeinsamen Boden der gleichen Kunst und zu gleicher Zeit wie diese entstanden sind. Die späteren Strassbur-

ger Skulpturen aus erwinischer Zeit weisen einen durchaus andern
Stil auf und erreichen lange nicht mehr die künstlerische Höhe
und Feinheit der Lettnerfiguren. Eine unüberbrückbare Kluft
trennt die Werke der einen von denen der anderen Kunstrichtung, denn man ersieht deutlich, wie der Bildhauer und Künstler
allmählich zum Steinmetzen und Handwerker herabgesunken ist.
Unter den früheren Skulpturen aus der Zeit der Sabina, zwischen
denen ohnehin, wie schon hervorgehoben ist, keine zu engen
stilistischen Beziehungen bestehen, finden die Lettnergestalten dagegen mit ihren Uebereinstimmungen und Abweichungen vollkommen Platz: es ist eben damals ein buntes Gemisch verschieden geschulter und verschieden begabter Kräfte in Strassburg am
Werke gewesen und nicht zum Schaden der Kunst. Denn ihre
wechselvolle Unterschiedlichkeit bei im Grunde gemeinsamen
künstlerischen Prinzipien [141] muss dem Gesamtbilde ihrer Schöpfungen, als es noch in seiner reichen Fülle ganz und unversehrt
zu schauen war, einen ungemeinen Reiz verliehen haben: die
einzelnen, stilistisch und künstlerisch zusammengehörenden Gruppen müssen vollständig wie die Gebilde einzelner Individualitäten
gewirkt haben. Ihr gemeinsames Kennzeichen aber ist die aus-
nahmslose Abstammung der ihnen eigenen Stilprinzipien aus
Frankreich. Wir können es nicht leugnen, alle die besprochenen
Werke, die Kirche und Synagoge, diese hochgefeierten Schöpfungen deutscher Kunst mit einbegriffen, sie sind nichts weiter
als eine durch einen Hauch französischen Kunstgeistes auf deutschem Boden zur Entwicklung gebrachte Wunderblüte.

Gerade die Lettnerfiguren sind es, welche uns den Weg
weisen, den ihr „neuer" Stil genommen hat: er führt in direkter
Linie zur Porte Sainte Marie der Westfassade von Notre-Dame
in Paris zurück. [148] Vergleichen wir einmal die Apostel und die
drei Königsgestalten des Pariser Tympanon mit den beiden männlichen Figuren des Lettners: es ist evident dieselbe Kunst, die
wir hier vor uns haben, und zwar in Paris in einem früheren
Entwicklungsstadium als in Strassburg. Der langgezogene Kopftypus ist durchaus der gleiche; in beiden Fällen finden wir dieselbe oblonge, wenig gewölbte Stirn, von der die Augenbrauen
durch eine kleine, scharfe Falte abgesetzt sind. Das Haar ist in
Strassburg nicht mehr wie noch in Paris perückenartig als eine

etwas feste, zusammenhängende Masse wiedergegeben, sondern zeigt eine lockere, wundervoll weiche und sehr lebendige Behandlung. Charakteristisch ist eine kleine Stirnlocke, welche hier wie dort bisweilen auftaucht. Vollständig stimmen die Typen in der Betonung der Augenknochen überein ; in der Bildung der Augen weisen sie manche Aehnlichkeiten auf.

Das Gewand ist in Strassburg weit kühner und freier behandelt, aber wir dürfen nicht vergessen, dass diese Schöpfungen ein Zeitraum von vielleicht zwei Jahrzehnten trennt. Zeigen die Pariser Figuren in der steifen, etwas schematischen Gewandauffassung noch den Zusammenhang mit der älteren, von Chartres ausgehenden Kunst, so gehören die Strassburger Statuen bereits zu den Werken des entwickelten Stiles. Sie sind gleichzeitig mit den Apostelgestalten der Sainte Chapelle, zeigen also nur folgerichtig, ebenso wie diese, jeden Rest von Befangenheit in der Gewandbehandlung abgestreift. Auch fehlt es an der Fassade von Notre-Dame selbst nicht ganz an Beispielen, welche schon auf die spätere Entwicklung hinweisen. In dem obersten Tympanonfelde der Porte Centrale, welches Christus als Weltenrichter zeigt, sehen wir bereits in der Wiedergabe der Kleidung vollständig den Weg eingeschlagen, welchen man dann in Strassburg weitergegangen ist.

Jedenfalls steht so viel fest, dass die Strassburger Meister ihre Stilprinzipien der französischen Kunst entnommen, zugleich aber auch, dass sie dieselben in sehr selbständiger Weise verwertet und weiter entwickelt haben. Ein vergleichender Blick auf die einzig erhaltene weibliche Figur des Lettners und auf den jugendlichen Apostel des Pariser Tympanon, welcher ganz zu äusserst rechts auf der Grablegung Mariens auf einer Steinbank sitzt und die Wange an die rechte Hand gelehnt hat, vermag in dieser Hinsicht mehr als alles andere zu sagen. Hier stimmen die Köpfe sogar noch in der leisen Abschrägung der Wangen und in der Betonung des Kinnes überein.

Was wir hiermit für die Figuren des Lettners erwiesen haben, gilt nun aber auch für die anderen Strassburger Skulpturen dieser Zeit. Allerdings bestehen hier auf den ersten Blick keine so direkten Beziehungen zur französischen Plastik, wie dies bei den Gestalten des Lettners der Fall ist. Aber man braucht nur die Engel des Erwinpfeilers mit den Figuren auf dem obersten Tym-

panonfelde des Mittelportales der Pariser Fassade zu vergleichen,
und man wird sich auch diesmal nicht der Ueberzeugung verschliessen können, dass es im Grunde dieselbe Kunst ist, welche
diese beiden Werke geschaffen hat. Französisch vor allem aber
ist die Verbindung der Plastik mit der Architektur, wie sie uns
gerade am Erwinpfeiler entgegentritt. Denn wo anders finden wir
eine ähnliche Säulenskulptur wie an diesem, wenn nicht in Frankreich, dessen Kunst auch in diesem Falle wieder das so ungemein
einflussreiche Königsportal von Chartres die Wege gewiesen hat!?
In Deutschland treffen wir auf eine ähnliche Verwendung und
Anordnung der Plastik zu dieser Zeit nur in Bamberg, an der
zwischen 1203 und 1237 errichteten Fürstenpforte. welche mit
ihren Säulenstellungen eng verbunden, die Gestalten von Propheten und Aposteln zeigt. Nun, diese Schöpfung ist aus der Werkstatt eines, wie Weese nachgewiesen hat, durchaus französisch
geschulten Meisters, des Meisters vom Bamberger Georgenchor,
hervorgegangen.[149] Dieselbe echt französische Anordnung von
Statuen an und auf Säulen zeigte aber auch einem Stiche Brunns
zufolge der ehemalige plastische Schmuck des Strassburger Südportales.[150]

Die Beziehungen der Strassburger zur französischen Kunst
sind also doch sehr ausgesprochener Art. Besonders ersichtlich
werden sie uns aber, wenn wir der Quelle nachforschen. welcher
die Strassburger Steinmetzen die sonderbare Form ihrer Baldachine entlehnt haben mögen. Auch diese erweist sich nämlich zweifellos als ein Erbstück der französischen Kunst, welche in Chartres
an der Königspforte bereits den Prototypus derselben schafft, um
ihn dann in einer langen, mehr als hundertjährigen Entwicklungsreihe auszubilden, bis zum Südportale der Kathedrale von Amiens
und den Fialenstatuen der Reimser Fassade hin. In Deutschland
begegnen wir ihr dagegen, soweit wir sehen. mit einer Ausnahme
(Trier) erst in der zweiten Hälfte des XIII. Jahrhunderts und nur
an Orten, die entweder wie Münster,[151] Naumburg und das davon
abhängige Meissen nicht unbeeinflusst von Frankreich erscheinen,
oder wie Trier (Liebfrauenkirche) und Bamberg direkt mit der
französischen Kunst zusammenhängen.[152] Es kann also für uns
keine Frage sein, dass die Strassburger Bildhauer das Motiv ihrer
Baldachine gleichfalls aus Frankreich übernommen haben, und es

erscheint uns nicht zufällig, dass es gerade die Tympanen der von
uns schon so oft zum Vergleich herangezogenen Westfassade der
Pariser Kathedrale sind, welche diese architektonisierende Dekoration mit am ausgeprägtesten zeigen.

Die Beziehungen, welche von Strassburg nach Frankreich
hinüberführen, liegen also auch in diesem Falle klar zu Tage, und
ein ferneres Festhalten an der Legende von dem rein deutschen
Charakter der Strassburger Plastik aus der Zeit der Sabina ist
damit ausgeschlossen. Weisst doch noch so manches andere wie
das feine Gesichtsoval bei den Frauen, besonders bei der Kirche
und Synagoge, der antike Zuschnitt der Männerköpfe und die feine
Gewandbehandlung, wie nicht minder die Art der Komposition
bei der Grablegung und Krönung Marias gleichfalls deutlich auf
die französische Plastik, speciell die der Ile de France aus der
ersten Hälfte des XIII. Jahrhunderts hin.

In der Sammlung des Frauenhauses befindet sich die entzückend fein gearbeitete Statuette einer Sibylle, mit einem Spruchband in den Händen, welche durchaus den gleichen Stil wie die
Gestalt der Ekklesia zeigt. Nun, wir brauchen bloss dieses wahre
Kleinod der Steinmetzenkunst neben den gleichfalls im Frauen-
hause befindlichen Gipsabguss der Chartrerer Madonna (nördliche
Seitenhalle) zu stellen, um uns davon zu überzeugen, dass ihr
Verfertiger ein gelehriger Schüler der französischen Kunstprin-
zipien gewesen ist. Damit wird uns aber auch der Stil der Kirche
und der Synagoge verständlicher. Denn es ist nicht immer erforderlich, dass wir, um die Verwandtschaft von zwei Gruppen
von Werken darzuthun, gleich die allerdirektesten Uebereinstimmungen unter ihnen nachweisen müssen. Oft liegt dies heutzutage
überhaupt ganz aus dem Bereich der Möglichkeit, weil einfach die
vermittelnden Glieder der Reihe verloren gegangen sind.[151] Was ist
uns denn, das nächstliegende Beispiel zu wählen, von dem reichen
Strassburger Skulpturenschatze der damaligen Zeit erhalten?! Auch
wäre es sicher verkehrt, den Steinmetzen nicht die Möglichkeit eines
freien künstlerischen Verhaltens und einer gewissen, manchmal sogar stark ausgeprägten Selbständigkeit gegenüber ihren Vorbildern
zugestehen zu wollen. Ganz bestimmt haben wir eine solche vielmehr gerade für die Strassburger Meister, die uns teilweise
als hochbegabte Künstler entgegentreten, mit vollem Rechte in

Anspruch zu nehmen; denn es ist doch sehr bezeichnend, dass es durchweg die vollendeteren Werke der hierhergehörigen Skulpturenreihe sind, die am wenigsten von den fremden Einflüssen berührt erscheinen. Es sind dies die Kirche und Synagoge, der Tod Marias und das Thomasrelief; einen engeren Zusammenhang mit der französischen Kunst zeigen schon die Lettnerfiguren und die Krönung Marias[154] und besonders dann die Skulpturen des Erwinpfeilers.

Wir haben bereits den antiken Charakter der Apostelköpfe auf der Grablegung Marias hervorgehoben; er mag vielleicht mit ein Grund sein dafür, dass dieses Werk weniger deutlich seine Abstammung von der französischen Kunst zu erkennen giebt. Noch stärker fast tritt uns aber jenes antikisierende Element in den männlichen Lettnerfiguren entgegen, bei denen sich dasselbe jedoch weniger in dem Gesamteindruck der Typen als in der Bearbeitung des Haares und ganz besonders in der Behandlung des Gewandes offenbart. Vorzüglich die eine Gestalt bietet mit ihren mächtigen, tiefgeschnittenen Stehfalten ein so ausgesprochen klassisches Motiv dar, dass man sich unverzüglich an die berühmte Athena Parthenos des Phidias erinnert fühlt. Es ist wunderbar, wie sich hier die hohe klassische Antike in einem der gefeiertsten und ersten Werke ihrer Blütezeit mit einer Schöpfung des „dunklen" Mittelalters berührt, die gerade auf der Schwelle der neuen gotischen Kunst steht, deren Erzeugnisse aus der Zeit ihrer Reife und Vollendung (Amiens und Reims) man oft genug rühmend neben die Meistergebilde des Altertums aus der Zeit des Phidias gestellt hat.[155]

So viele Forscher sich bisher auch über die in Rede stehenden Strassburger Skulpturen geäussert haben, so ist doch noch keiner ernsthaft der Frage näher getreten, wo die Wurzeln ihres Stiles zu suchen sein möchten. Es scheint fast, als habe sich jeder gescheut, Hand an das Herrlichste mit zu legen, was wir von mittelalterlicher Kunst in Deutschland besitzen, um den Nachweis zu führen, dass es keineswegs unser alleiniges geistiges Eigentum ist.[156] Was an den Strassburger Werken echt und unverfälscht Deutsch ist, das ist ihr innerer Gehalt, das tiefe Gefühl, welches sie durchdringt und belebt und bald machtvoll dramatisch, bald sanft lyrisch gestimmt zum Ausdruck kommt. Aber die

Grundlage ihrer Kunst, die stilistischen und stilbestimmenden Elemente derselben, kurz ihre Bildungsprinzipien, wurzeln, so selbständig sie hier auch im einzelnen verarbeitet sein mögen, auf französischem Boden. Die Kunst der Ile de France hat in diesem Falle den Lehrmeister der deutschen abgegeben.

Strassburg steht in dieser Hinsicht nicht allein. Wo um die Mitte des XIII. Jahrhunderts am Oberrhein der Skulptur Aufgaben gestellt wurden, da ist der französische Einfluss vorherrschend. Das zeigt z. B. ein Seitenblick auf die gleichzeitige Kolmarer Plastik.

Hier handelt es sich um das bereits erwähnte Südportal vom Querschiffe des Martinsmünster, dessen Laibungswände mit wunderlichen Masken besetzt sind. Die Bogenläufe enthalten mehrere Laubgewinde und eine Reihe sitzender Figuren, das Tympanon zeigt im oberen Teil eine Darstellung des Jüngsten Gerichtes und im unteren die Schilderung zweier Wunder des hl. Nikolaus von Cusa.

Ueber die Entstehungszeit dieser Arbeiten sind wir ziemlich gut unterrichtet. Die Erbauung des Querschiffes fällt vermutlich in die Jahre 1234 bis 1245. Um die Mitte des Jahrhunderts tritt dann ein neuer Meister in die Bauhütte ein und beginnt die Errichtung des Langhauses. Bereits sein Vorgänger hatte das Südportal und zwar noch im Uebergangsstile begonnen, wie das in das spitzbogig geschlossene Tympanon einschneidende rundbogige Feld, dessen Abschlussrand eine lateinische Inschrift enthält, deutlich beweist. Dieses Portal wird jetzt von seinem Nachfolger übernommen und auf sehr einfache Weise durch eine spitzbogige Schliessung des Thürfeldes sowie die Hinzufügung eines Thürpfeilers aus der romanischen in die gotische Formensprache übersetzt.[157] Demzufolge weisen natürlich die Skulpturen der jüngeren Teile d. h. des oberen Abschnitts des Thürfeldes, der Archivolten und der Laibungswände, weil etwas später entstanden, gewisse stilistische Unterschiede von den Figuren des ursprünglichen Tympanon auf. Doch ist der Abstand unter ihnen kein allzugrosser, so dass wir uns die späteren Skulpturen etwa um die Mitte des XIII. Jahrhunderts, also ziemlich gleichzeitig mit den frühesten Teilen des Freiburger Cyklus entstanden zu denken haben.

Die jüngeren Skulpturen zeigen vollere, runde und fleischige
Typen; die älteren sind trockener und etwas hart gearbeitet und
mit scharfen Linien modelliert, sonst ist der Stil der gleiche. Trotz
ihrer geringen künstlerischen Qualitäten können wir für sie neben
der lokalen elsässer Kunst, an deren ältere Werke sie noch deutlich erinnern, in gleicher Weise wie für die Strassburger Werke
die Bildhauerschule der Ile de France als den zweiten Ursprungsort ihres Stiles namhaft machen. Betrachten wir nämlich die
kleinen Figuren in den Archivolten des Hauptportales der Westfassade vom Notre-Dame in Paris, so erkennen wir in einigen
der gekrönten Häupter von dort mit ihrem lang herabfallenden
Haar und der langgezogenen, oblongen Gesichtsform sofort die
von besserer Hand gearbeiteten Vorbilder der Kolmarer Gestalten.[158] Auch die gute Gewandbehandlung, besonders die geschickte
Faltengebung, werden wir aus dieser Quelle abzuleiten haben.

Am Oberrhein finden wir somit um die Mitte des XIII. Jahrhunderts den französischen Stil als den allgemein vorbildlichen,[159]
und nicht viel anders steht die Sache im übrigen Deutschland.
Von den Portalskulpturen der Liebfrauenkirche in Trier ist es
schon längst kein Geheimnis mehr, dass sie Nachschöpfungen
französischen Geistes sind, und für die Bamberger Plastik hat es
unlängst Weese in überzeugender Weise nachgewiesen.[160] Ebenso
steht der französische Einfluss bei den Skulpturen der Stiftskirche
zu St. Peter und Paul zu Wimpfen im Thal ausser Frage. Einer
ganz original-deutschen Bildhauerschule begegnen wir in der ersten
Hälfte des XIII. Jahrhunderts überhaupt nirgends in Deutschland.
Denn selbst die sächsische Plastik, deren Hauptwerk aus dieser
Zeit die Skulpturen der Schlosskirche von Wechselburg sind, verrät gerade in diesen, wie wir noch sehen werden, den Einfluss
französischer Vorbilder, und auch ihre späteren Schöpfungen vermögen sich nicht ganz der übermächtigen Einwirkung der trans-
rheinischen Kunst zu entziehen. Das zeigen die Gestalten an der
Goldenen Pforte des Freiberger Domes in gleicher Weise wie
die herrlichen Skulpturwerke des Naumburger Domes. Freilich
merkt man diesen wohl an, welch weiten Weg die fremden Stilprinzipien zurücklegen mussten, bevor sie hier zur Anwendung
kommen konnten, denn sie erinnern nur noch sehr fern an ihr
Heimatland; aber an der Thatsache ihrer Nachwirkung ist nicht zu

zweifeln. Auch hier müssen wir wieder eingestehen, dass diese uns
doch so echt deutsch anmutenden Gestalten nicht ausschliesslich
auf dem Boden einer rein deutschen Kunst gewachsen sind, wenn
sie auch ihrer ganzen Erscheinung und ihrem Charakter nach
durchaus zu dieser gehören. Unverfälscht deutsch an ihnen ist
wieder ihr innerer Gehalt, das Gefühl und das Leben, welches
sie erfüllt. Sie gleichen darin vollkommen den besprochenen
Gestalten des Strassburger Münsters und aus diesem Grunde sehen
wir in diesen und jenen trotz aller sonstigen Verschiedenheiten
geistig verwandte Werke. So spinnen sich die Fäden vom Herzen
Deutschland nach seiner Grenze. Wir werden sehen, welche
bedeutsame Stellung der Freiburger Cyklus dabei einnimmt.

Wenn wir uns jetzt im folgenden zu ihm zurückwenden, so
möchte die Frage, die wir nun an ihn zu richten haben, fast
müssig erscheinen, die Frage, wie er sich seinerseits zur französischen Kunst verhält. Denn wenn nicht hier am Rhein, in der
unmittelbaren Nähe Frankreichs, wo sonst sollte man einen Einfluss von der Kunst dieses Landes eher erwarten können! Der
Weg, den unsere Untersuchung zu nehmen hat, lässt sich also leicht
bezeichnen, fraglich bleibt nur, ob er ebenso leicht zu begehen
ist. Den Ausgangspunkt muss dabei, den Bedingungen des gotischen
Stiles gemäss, eine Betrachtung der Architektur der Vorhalle
machen.

II. KAPITEL.

Die Freiburger Vorhalle und ihre architek-tonischen Details.

Bereits der Umstand, dass in Freiburg nur ein Westturm
dem Langschiffe vorgelagert ist, erregt unsre Aufmerksamkeit;
denn in der ungemein baulustigen und bauthätigen Zeit des XIII.
Jahrhunderts verzichtete man höchst selten und ungern auf eine
zweitürmige Anlage und in der Regel nur da, wo es sich um
Kirchen für Dorfgemeinden oder kleine Sprengel handelte. Wie
oft man hierbei in dem Bestreben nach möglichst reichen Kirchen-

anlagen zu weit ging, zeigen uns heute noch so manche unaus-
gebaute Türme, die traurig nach den Händen rufen, welche sie
vollenden sollen. Wenn sich daher die Auftraggeber in Freiburg,
vielleicht auf die Initiative des Baumeisters hin, mit nur einem Turme
für ihr Münster begnügten, so schulden wir ihnen für ihre wohlüberlegte, massvolle Bescheidenheit den allergrössten Dank, denn
nur auf diese Weise war eine durch keine Geldnöte oder ander-
weitige Hindernisse gehemmte Fortführung des Baues nach e i n e m
P l a n e ermöglicht, nur so konnte sich das Werk in vollkommen
durchgeführter künstlerischer Einheit und Harmonie entwickeln :
von einziger Schönheit in seiner Art findet der Freiburger Münsterturm in der Gotik nicht seinesgleichen.

Ebenso selten wie eine eintürmige Planbildung zeigt sich uns
eine geschlossene Turmvorhalle zu dieser Zeit. In der romanischen
Periode begegnen wir ihr häufiger. Die Vorhalle ist dann meist
zwischen den beiden Westtürmen angeordnet und öffnet sich mit
einer Empore nach dem Hauptschiff. Das ist wenigstens der fast
ausnahmslos wiederholte Bautypus der Clugniacenser und der von
ihnen abstammenden Hirsauer Kongregation. Mit dem Auftreten der
Cistercienser aber, welche in sehr wesentlicher Weise das Aufkommen des gotischen Stiles in Deutschland gefördert und vermittelt haben, fällt diese Sitte fort, und in Frankreich finden sich
Vorhallen unter den Türmen seit dem Beginne des XIII. Jahrhunderts nur in ganz vereinzelten Fällen.[161] Hier hat der Freiburger Meister die Anregung zu seiner Vorhalle jedenfalls nicht
gefunden. Eher konnte er eine solche schon im Elsass erfahren
haben, wo mehrere Uebergangsbauten aus dem Ende des XII.
und dem Anfange des XIII. Jahrhunderts Vorhallen besitzen, wie
St. Fides zu Schlettstadt (zwischen seinen beiden Westtürmen)
und St. Leodegar in Gebweiler.[162]

Das direkte Vorbild aber haben wir vielleicht im Lande selbst
zu suchen und hier in der romanischen Basilika von St. Peter und
Paul in Baden zu erblicken, welche das gleiche Motiv eines Westturmes mit einer Vorhalle zeigt.[163] Letztere wiederum geht auf
die ähnliche Anlage der Benediktinerabtei St. Peter und Paul in
Weissenburg zurück. Die vollendete Entwicklung des in diesen
beiden Bauten beschlossenen Keimes tritt uns dann aber gleichsam in
Freiburg entgegen, wo sich das Motiv der einfachen romanischen

Vorhalle, möglicherweise nicht unbeeinflusst von den prunkvollen ähnlichen Anlagen in Frankreich, mit echt gotischem Reichtum gepaart und damit für Deutschland etwas Aehnliches geschaffen hat, wie es die französische Gotik mehrfach, am glänzendsten in den beiden seitlichen Vorhallen der Chartrerer Kathedrale besitzt. Es ist die Frage, ob der ungemein stilvollen, künstlerisch fein empfundenen und keineswegs überladenen Freiburger Komposition nicht vielleicht der Vorzug vor jenen, an Reichtum sie freilich weit übertreffenden Schöpfungen gebührt.

Bleibt es somit der Vorhalle als Gesamtwerk gegenüber immerhin zweifelhaft, inwieweit hier der deutsche Meister bei seinem Schaffen durch fremde Vorbilder beeinflusst sein mag, so verraten die architektonischen Details derselben um so gewisser ein genaues Studium der französischen Kunst. Zuerst kommen hier die einzelnen Teile der Blendarkatur in Betracht. Denn es erscheint ausgeschlossen, dass die entwickelte Formensprache derselben das alleinige geistige Eigentum des Freiburger Meisters ist, schon aus dem Grunde, weil er diesen Ruhm mit dem Schöpfer des tief unter seiner Leistung stehenden Kolmarer Nikolausportales teilen müsste, da wir hier durchweg dieselben architektonischen Details wie in Freiburg finden: so z. B. die gleichen tellerförmigen Basen der schlanken Säulen, denen in genau entsprechender Weise hier wie dort kleine Konsolen als Stützen untergelegt sind. Es ist keine Frage, dass wir in dieser Uebereinstimmung nur Eines erblicken können, nämlich den Einfluss derselben französischen Vorbilder. Dass die beiden Meister nicht unabhängig von einander und jeder von sich selbst aus jene erst auf langem Entwicklungswege entstandene Form des Säulenfusses[144] geschaffen haben kann, sondern dass sie dieselbe bereits fertig in Frankreich aufgenommen und sich dort angeeignet haben, bedarf für uns keines weiteren Nachweises. Auch beweist die Art, in der in Freiburg das Langhaus, wenigstens in seinem westlichen Teile, mit den Strebebögen u. s. w. konstruiert ist, deutlich, dass sein Erbauer mit der französischen Gotik wohl vertraut ist und sie an Ort und Stelle studiert hat. Der Gesamtaufbau der Arkaden geht hingegen nicht auf ein französisches Vorbild sondern, wie unsere obigen Ausführungen dargethan haben werden, unzweifelhaft auf den ehemaligen Lettner des Strassburger Münsters zurück.

Direkt auf französische Einflüsse hat man seit jeher die Anlage des Portales zurückführen zu müssen geglaubt, und in der That spricht die ganze Entwicklungsgeschichte des mittelalterlichen Portales, wie sie sich in Frankreich und Deutschland vollzogen hat, mit Entschiedenheit für diese Annahme. Denn während sich die Thüranlagen romanischen Stiles in beiden Ländern in ihrer mehr oder minder reichen Form der Abtreppung nach aussen zu gleichzeitig und unabhängig von einander ausbilden, geht Frankreich in der Schöpfung des für die ganze Gotik mustergiltig bleibenden Portaltypus fast um ein Jahrhundert voran.

Die glänzendste Ausgestaltung des romanischen Portales in Deutschland hatten die Bauten der Hirsauer Schule gebracht. Hier ist die Vorhalle oft zu einer kleinen Vorkirche erweitert, die sich dann mit einer prächtigen Thüranlage gegen die eigentliche Kirche öffnet. Mit dem Aufgeben der Vorhalle aber, was, wie wir bereits oben gesehen haben, gegen den Anfang des XIII. Jahrhunderts eintrat, fiel natürlich die Ausbildung des Portales fort, und die deutschen Baumeister der Gotik, welche somit vor die Aufgabe gestellt wurden, aus den schon ein halbes Jahrhundert zurückliegenden Bildungen des romanischen Stiles einen neuen Typus zu entwickeln, griffen natürlich lieber, statt sich selbständig auf diesem Gebiete zu versuchen, die in Frankreich schon längst gefundene Lösung auf, zumal ihnen diese bereits in glanzvollen Leistungen fertig entwickelt entgegentrat.

Drei Merkmale sind es wesentlich, welche das gotische vom romanischen Portale unterscheiden: zunächst natürlich die Anwendung des Spitzbogens, dann die schon in den letzten Zeiten des romanischen Stiles vereinzelt auftretende Verbindung der Plastik mit der Architektur und drittens eine auch für die Schöpfungen der Skulptur charakteristische Neigung und Vorliebe für Gruppenbildung. Man begnügt sich, wenn irgend angängig, nicht mit einem Portale, sondern gliedert die Eingangswand durch mehrere, meist drei Thüröffnungen, welche dann zu einem festen System zusammengezogen werden. Derartige reichere Portalanlagen finden sich wohl auch schon vereinzelt an Bauten romanischen Stiles,[165] aber einem Versuche, dieselben zu einer zusammenhängenden, einheitlichen Bildung, wie es in der Gotik üblich wird,

7

zusammenzufassen, begegnen wir hier nirgends. Die erste und
zugleich mustergültige Lösung dieser Aufgabe bietet die Westfassade der Chartrerer Kathedrale: sie stellt in ihrer sogenannten Königspforte bereits um 1140 den in der späteren Gotik
weiter entwickelten Typus in allen Grundzügen fest,[100] und was
das Wichtigste dabei ist, in Anlehnung an das in St. Trophime
zu Arles gegebene Vorbild, also in organischer Entwicklung,
deren Fortführung uns dann die Kathedralen von Amiens und
Reims zeigen. In Deutschland dagegen kein Uebergang, kein
Herausbilden einer neuen aus einer alten Form sondern ein völliger Bruch mit der Tradition! Ein Jahrhundert Entwicklungsgeschichte von 1130 bis 1230, wie die französische, hat die deutsche
Kunst nicht, das ist das unterscheidende Merkmal in der Ausbildung und Entstehung des gotischen Portales in den genannten
beiden Ländern. So finden wir denn auch, dass das einzige
deutsche Portal, welches eine Ausnahme von der soeben ausgesprochenen Regel zu machen scheint, die sogenannte Goldene
Pforte des Freiberger Domes, welche bei noch vollständig romanischer Rundbogenbildung reichen plastischen Schmuck aufweist,
ganz entschieden auf französische Einflüsse zurückzuführen ist,
wenn diese hier auch nur in bescheidenem Masse zur Geltung
gekommen sind.

Unter diesen Umständen ist es klar, dass wir für Freiburg
etwa massgebend gewordene Vorbilder einzig und allein nur in
Frankreich erwarten können. Vergleichen wir nun aber daraufhin
die Freiburger Anlage mit denjenigen französischen Portalschöpfungen, welche auf ihre Gestaltung eventuell von Einfluss
werden konnten, so zeigt sich alsbald, dass über die allgemeine
Ausschmückung mit plastischen Werken und ihre Anordnung in
den Laibungswänden, den Archivolten und auf dem Tympanon
hinaus sich keine näheren Beziehungen zwischen irgend einem
der dortigen und dem hiesigen Werke aufstellen lassen! Was
der Freiburger Meister jenen glänzenden Fassadenbildungen entlehnt haben kann, sind also nur die Grundzüge, welche das Bild
eines reicheren gotischen Portales ausmachen. In der Verwendung der gegebenen Motive dagegen zeigt sich der Künstler von
grösster Unabhängigkeit und von einer Frische der Erfindung und
einer Freudigkeit des Schaffens, dass uns in seinem Portale eine

Schöpfung so eigenartigen Charakters entgegentritt, dass wir
zweifeln, ob die gotische Kunst des XIII. Jahrhunderts noch ein
ähnlich selbständiges Werk dieser Art aufzuweisen hat.

Diese für uns sehr erfreuliche Thatsache hat ihre guten
Gründe. Zunächst dürfen wir nicht übersehen, dass die hier dem
Architekten gestellte Aufgabe eine aussergewöhnliche war: sein
Portal war nicht dazu bestimmt die Fassade zu schmücken, sondern den inneren Zugang zur Kirche zu bilden; es sollte demgemäss auch nicht frei am Tage stehen, sondern seinen Platz in
einer geschlossenen Vorhalle finden, und zuguterletzt handelte es
sich hier nicht um eine mehrgliedrige sondern um eine einfache
Anlage. Alles dieses hätte aber freilich noch lange nicht verhindern können, dass nicht ein minder begabter und weniger
origineller Meister sich auf Grund französischer Vorbilder z. B.
der Chartrerer Vorhallen recht und schlecht ein passendes Portal
zusammengestellt hätte. Das Ausschlaggebende bleibt doch immer,
dass der Freiburger Architekt ein selten selbständiger Geist und
eine gottbegnadete Künstlernatur war. Sein ganzes Schaffen trägt
deutlich den Stempel des Genies. —

Um 1250 hatte die französische Gotik bereits ihren Höhepunkt überschritten. Der Genieperiode von 1180—1223 unter
Philipp August war unter Ludwig IX. von 1226—1270 nur noch eine
kurze Nachblüte gefolgt. Zu Ende seiner Regierungszeit ist die
Entwicklung in aufsteigender Linie abgeschlossen. In dieser Zeit
hat die französische Kunst in konsequenter Weiterentwicklung
des in der sogenannten Königspforte von Chartres aufgestellten Vorbildes den Portaltypus geschaffen, der mit geringen Variationen von
der ganzen französischen und zum grössten Teil auch von der deutschen
Gotik aufgenommen und nachgeahmt worden ist. Seine vollendete
Ausbildung fällt, wie es scheint, in den Anfang der zweiten
Hälfte des XIII. Jahrhunderts, genauer bezeichnet, in das Ende
der fünfziger Jahre und somit in ganz die gleiche Zeit, in welche
wir das Freiburger Portal versetzen müssen. Wenn wir uns
also über den Grad der Abhängigkeit oder vielmehr überhaupt über
das Verhältnis dieser letzteren Schöpfung zur französischen Kunst
unterrichten wollen, können wir nicht jenen späten Typus zum Vergleich heranziehen, sondern sind genötigt in der Entwicklungsgeschichte des französischen Portales weiter zurück zu gehen und

uns nur mit den Anlagen aus der ersten Hälfte des Jahrhunderts
zu befassen.

Zwei Typen sind es, auf die wir hier stossen: den einen
finden wir am Parthenon des Mittelalters, der Kathedrale von
Amiens, und dann in Reims; den anderen an mehreren Orten,
in mustergültiger Wiedergabe zum Beispiel in den schon öfters
erwähnten Chartrerer Vorhallen.[167] Gemeinsam ist diesen beiden
Portaltypen die unbedingte Unterordnung der Plastik unter die
Architektur, welche ihren prägnantesten Ausdruck darin erreicht,
dass die grossen Statuen der Laibungswände fest mit den einzelnen Säulen, welche die Portalwangen gliedern, verbunden sind;
sie werden meist zu beiden Seiten von je einer kleinen Säule begleitet. Ein zweites gemeinsames Moment bildet dann das feste
Gesims, welches in der Höhe des Thürsturzes durch die gedrängte
Aneinanderreihung der Bekrönungsbaldachine der Statuen oder
auch der Kapitäle der einzelnen Säulen entsteht und die Seitenwände des Portales in zwei scharf von einander getrennte Hälften, nämlich eine untere, welche die grossen Statuen umfasst, und
ein obere, welche die Archivolten enthält, zerlegt.

Soweit stimmen die beiden Portaltypen überein. Einen,
allerdings wesentlichen Unterschied zeigen sie nur in der Art, wie
die Statuen aufgestellt werden. Hier sind zwei Möglichkeiten gegeben: entweder werden sie auf einzelnen freistehenden Säulen
angeordnet: dies ist der Fall, wenn es sich um Anlagen handelt,
bei denen die Notwendigkeit oder auch das Bestreben einer
Gruppenbildung der Portale zurücktritt (Laon und Chartres), oder
die Säulen erhalten wie in Amiens und Reims einen gemeinsamen,
festen, vom Boden aus aufgemauerten Sockel (soubassement): diese
Form war für Fassadenbildungen die einzig geeignete, nur bei
ihr kam die Zusammengehörigkeit der verschiedenen Portalöffnungen zur richtigen Geltung. Denn dieser Sockel erst bringt in
das Ganze das zusammenfassende und zusammenhaltende Element
hinein. Diesen Eindruck verstärken hilft dann noch der Umstand,
dass in Amiens wie in Reims die Statuenreihe der Portalwände
ganz wie an dem Königsportal von Chartres über die grossen
Strebepfeiler, welche zwischen den einzelnen Portalen vorspringen,
fortgeführt werden, und auf diese Weise eine ununterbrochene
Figurenkette die Fassade überzieht. So ist es eigentlich auch

nur dieser Typus, in dem, wie Vöge bereits hervorhebt, das
Chartrerer Portal seine vollständige Fortsetzung und besonders
in Reims eine sinngemässe und entsprechende Weiterbildung
aller seiner Teile erfahren hat.[168] Das charakteristischste
und bedeutungsvollste Element dieses Typus bleibt aber der Sockel.
Es verlohnt sich der Frage seiner Herkunft nachzugehen. Nun,
wir finden ihn nicht nur bereits am Königsportale in Chartres
sondern weiter zurückgreifend auch schon an dem unmittelbaren
Vorbilde desselben, dem Portale von Saint-Trophime in Arles,
und dieses wieder hat den Sockel ganz direkt und ohne Vermittelung — dem antiken Tempelporticus entlehnt![169]

Die einfache Schlussfolgerung, welche wir hieraus zu ziehen
haben, ist geradezu verblüffend : sie belehrt uns, dass einer der
wesentlichsten und charakteristischsten Faktoren
der grossen Portalschöpfungen der Gotik im Grunde
weiter nichts ist als eine geschickt verwertete
Erbschaft des klassischen Altertums. Jeder Zweifel an dieser Thatsache ist ausgeschlossen, wir sind um einen
neuen und äusserst interessanten Beitrag zu dem Kapitel über
den Einfluss des Altertums auf das Mittelalter reicher.[170] Es ist
zu verlockend, nicht wenigstens einen Augenblick bei dieser
Thatsache zu verweilen. Dieses rein formelle Anknüpfen des
Mittelalters an die antike Kunst findet nämlich auf geistigem Gebiete in der Rezeption des Aristoteles — wir stehen im XIII.
Jahrhundert — sein vollständiges Gegenstück: wie dieser dazu
dienen muss, die Glaubenslehre der Kirche mit der gesamten
Weltauffassung der Zeit zu einer Einheit zu verschmelzen und
zu einem grossartigen, vollständig ausgebildeten philosophischen
Systeme zusammenzufassen, — so wird dort von der kirchlichen Baukunst des Mittelalters mit Hülfe eines der antiken Architektur entlehnten Baugliedes in glänzendster Form eine prachtvolle monumentale Systembildung durchgeführt.

Wir kehren nach Deutschland zurück. Welch anderes Bild
zeigt uns im Vergleich mit diesen französischen Portalschöpfungen
die Freiburger Münsterpforte! Vier mächtige Spitzbogen umrahmen,
in ununterbrochenem Flusse von der obersten Reihe
der an den Wänden der Vorhalle entlang laufenden
Steinbänke aufsteigend, das Portal. In Birnstabform

nach Art der Kreuzrippen und in reicher Abwechselung vor- und
zurückspringender Glieder profiliert, verleihen sie dem ganzen
Werke etwas ungemein elastisch Aufstrebendes. Zugleich umfassen
sie aber den in zahlreiche Einzelglieder aufgelösten plastischen
Schmuck mit einem festen Rahmen; denn zwischen ihnen
steigen, gleichfalls bereits auf den Steinbänken an-
setzend, in ebenso fortlaufender, nirgends unter-
brochener Bewegung die nischenartig vertieften Archivolten auf, die grossen und kleinen Statuen sorglich in sich
aufnehmend und gleichsam mit zur Höhe emporführend. Und
diesem vertikalen Bestreben der ganzen Anlage entspricht fernerhin wieder vollkommen und gewiss absichtlich der Umstand, dass
die Statuetten sämtlich stehende Figuren sind, ein Vorgang, dem
wir kein Beispiel aus der französischen Kunst an die Seite zu
setzen wissen. Die Portale der dortigen Kathedralen zeigen in
ihren Archivolten in wiederholtem, unregelmässigem Wechsel
sitzende und stehende Gestalten, oft auch Halbfiguren und diese
häufig zu zweien und dreien bei einander angeordnet. Es war
dies freilich eine wohlüberlegte und absichtliche Massregel der
Architekten, denn sie entsprang als notwendige Folge dem Verlangen, den Figuren der Archivolten das gleiche Grössenmass
wie den Gestalten der Thürreliefs geben zu können, und was
damit erreicht wurde, ist allerdings eine aesthetisch sehr befriedigende Uebereinstimmung unter den zahlreichen Einzelgliedern der
Skulpturenreihe. Wir begreifen daher vollkommen das hohe Lob,
welches kein Geringerer als Viollet-le-Duc dieser Anordnung zollt.[111]
Aber andererseits dürfen wir uns auch nicht der Einsicht verschliessen, dass dadurch dieser plastische Schmuck etwas Schweres,
Ruhiges und Verharrendes bekommt. In Freiburg dagegen ist
alles in Fluss, Leben und aufwärtsstrebende Bewegung umge-
setzt und dabei doch den verschiedenen Gestalten der Archivolten
wie des Thürfeldes, wenigstens für den Augenschein, ganz die
gleiche Grösse gewahrt. Was für dieses Portal so ungemein
charakteristisch ist, ist die grössere Selbständigkeit, welche hier
die Plastik trotz ihrer vollständigen Anpassung an die von der
Architektur gestellten Forderungen gleichwohl dieser gegenüber
beweist. Denn gerade durch den Umstand, dass ihre einzelnen
Werke in einen festen Rahmen eingespannt sind, ist ihnen inner-

h a l b desselben jede Freiheit der Bewegung ermöglicht und gestattet. Nichts vermag uns dies besser zu zeigen als die Gestalt
des knieenden Königs zunächst der Madonna des Thürpfeilers. Sie
ist durchaus ungezwungen und frei gegeben und stört trotzdem
die aufstrebende Tendenz der Laibungsbogen und Wände nicht
im geringsten. Denn dieser letzteren entspricht wieder ·vollkom-
men die schräg über dem Könige herabfliegende Engelfigur mit
dem Stern in der Hand, deren Kontur eine aufsteigende Linie
ergiebt. Den Uebergang vom König zu ihr aber vermitteln in
einfachster Weise die aufwärtsgehobenen Hände des ersteren.
So springt die Bewegung ununterbrochen und in steter Verfolgung der von den grossen Laibungsbogen angegebenen Richtung
von der einen Figur auf die andere über. Andererseits aber ist
die Gestalt des Engels wie die des Königs auch ein plastisches
Werk, das ebenso gut für sich allein bestehen kann und dadurch
seine Unabhängigkeit von der Architektur auf das deutlichste
erweist.[112] Dem Bestreben, dieses Verhältnis überall klar zum
Ausdruck zu bringen, haben wir es auch, wie schon hervorgehoben, mit zu danken, dass uns die Gestalten der Archivolten
nie Halbfiguren oder andere verkürzte Bildungen, wie sie so häufig an den französischen Kathedralen vorkommen, sondern stets
ganze Erscheinungen vor Augen führen. Dort ist die Plastik
zum Teil bereits ein rein dekoratives Element geworden, hier
ist sie noch einmal eine unabhängig schaffende, selbständige Kunst
geblieben, welche die ihr eigenen und für sie allein massgeblichen
Gestaltungsprinzipien nicht ausser Acht lässt.

Der Architekt und der Bildhauer haben in Freiburg, unterstützt durch die Arbeitsmethode „avant la pose", in einer selten
vollendeten Harmonie künstlerischen Wollens und Könnens zusammen gewirkt und geschaffen. „Gerade diese Verbindung von
Mannigfaltigkeit im Einzelnen mit Gesetzmässigkeit und Ruhe im
grossen und ganzen ist es, die diese mittelalterlichen Schöpfungen
so anziehend macht; die Stilgedanken des Mittelalters kommen
unmittelbar und in klassischer Strenge in ihnen zur Aussprache,
aber es spiegelt sich in ihnen zugleich das mittelalterliche L e b e n!
Das Neben- und Durcheinander der zusammenarbeitenden Kräfte,
die Art und Weise, wie man zu Werke ging — das alles hat
sich hier getreulich abgedrückt und niedergeschlagen."[113] Die

Einheitlichkeit des Freiburger Portales in allen seinen
Teilen ist geradezu bezaubernd; eine vollkommene
Schöpfung steigt es gleich einem begeisterungsvollen
Hymnus der Zeit, in welcher, wie Schnaase gesagt
hat, „die Welt mehr als je begeisterungsfähig und
von grossen Ideen bewegt war,"[114] zu freier Höhe
empor.

Die Baldachine der grossen Laibungsstatuen
ziehen nicht wie in Frankreich eine feste Linie durch
die Portalwandungen, sondern sind mit grossem
Geschick so in die vertieften Archivolten eingelassen,
dass an keiner Stelle der Fluss der aufsteigenden
Linien unterbrochen wird. Diese offenbare Absicht,
den vertikalen Charakter des Spitzbogens möglichst
zur Geltung zu bringen, findet auch in dem ungemein malerischen Motive der aus je drei schlanken
Säulen gebildeten Träger der grossen Statuen, welche
gleichfalls in den Nischen der Archivolten Platz gefunden haben, ein eben so elegantes wie zweck-
mässiges und nachdrückliches Ausdrucksmittel. Das
ganze Portal gewinnt dadurch in seiner Erscheinung
bedeutend an Leichtigkeit.

Wie bewegungslos mutet uns jetzt dieser Schöpfung gegenüber der Typus des französischen Portales
an. In Freiburg fehlt völlig jenes schwere Gesims,
welches dort die Gewände in zwei Teile zerlegt,
und die gedrungenen, schweren Säulen, wie sie die
seitlichen Vorhallen von Chartres[115] zeigen, sind
in eine Fülle wechselnder, leichtbewegter Glieder
aufgelöst. Eine Soubassenent war hier bei einer
einfachen Anlage schon von vornherein so gut wie
ausgeschlossen, die französische Kunst freilich brachte
es wohl auch in einem solchen Falle bisweilen an;
wir werden gleich davon zu sprechen haben. Was
in Freiburg scheinbar für einen Sockelunterbau des
Portales gelten kann: die dreireihigen Bänke, gehört
nicht zum Portal.[116] Sie bilden einen integrieren-
den Bestandteil der ganzen Vorhalle, und ihre ab-

Nischensystem
des Freiburger
Portals.

getreppte, ansteigende Bildung trägt womöglich noch dazu bei,
den Eindruck des freien und wie beschwingt zur lichten Höhe
Emporstrebens, den das ganze Werk auf uns macht, zu verstärken.

In dieser herrlichen Schöpfung lebt gewaltig der gleiche
kühne und geniale Geist, der die Steinpyramide des Turmes geschaffen hat. Beide Werke sind kraftvolle Aeusserungen von
gleich grossem Charakter. Die Hand, welche die kühne Form
des stolz aufstrebenden Turmhelmes bestimmt hat, hat auch den
Riss zu dem lebendigen, bewegungsvollen Portale entworfen.[111]
Das Hauptverdienst des letzteren besteht aber darin, dass hier
der zwar zielbewusste, aber künstlerisch unglückliche Versuch der
französischen Gotik, die statuarische Plastik zu einer reinen Säulenskulptur herabzudrücken, aufgegeben ist.

Ist es mehr als ein blosser Zufall, dass genau zu derselben
Zeit Jean de Chelles in seiner 1257 begonnenen Querschifffassade
von Notre-Dame in Paris dasselbe durchzuführen unternahm?
Jedenfalls ist es hochinteressant, dass hier und in Freiburg
unseres Wissens zuerst, gleichzeitig und sicher unabhängig von
einander, die Nischenbildung der Archivolten auch auf die Laibungswände des Portales ausgedehnt und damit der für die
spätere Gotik fast allein massgebliche Typus geschaffen wird.[118]
Wir sind also voll berechtigt, die Entwicklungsgeschichte des
gotischen Portales mit den beiden Schöpfungen des Freiburger
und Pariser Architekten abzuschliessen. Was die Folgezeit schafft,
lässt sich vollständig aus diesen ableiten; fruchtbare und über
rein dekorative Veränderungen hinausgehende, neue Gedanken
hat die spätere Gotik auf diesem Gebiete nicht mehr gezeitigt.
So wissen wir auch bestimmt, dass das Werk Jean de Chelles'
bereits von den Zeitgenossen über alles gefeiert und in gleicher
Weise wie die Sainte Chapelle des Pierre de Montereau des höchsten Lobes für wert befunden wurde. Wie hätte es also nicht
eher als irgend eine andere Schöpfung für ein mustergiltiges Vorbild gelten sollen? Und ein gleiches haben wir bestimmt auch
für die Freiburger Vorhalle anzunehmen.

So fehlt es denn auch weder für die Pariser noch für die
Freiburger Portalanlage an Beispielen offenkundiger Nachahmung.
Es genügt, einen Blick auf die südliche Querschifffassade der Ka-
thedrale von Meaux oder die Hauptfassade der Kathedrale von

Lyon oder das Portail de la Calandre von Notre-Dame in Rouen
und die Frauen- oder Lorenzkirche in Nürnberg zu werfen, um
sich sofort davon zu überzeugen.

Welches Verhältnis nehmen nun aber die Freiburger und
Pariser Schöpfung selbst zu einander ein? Man möchte zuerst
vermuten, dass hier bestimmt Beziehungen vorliegen müssen, so
wenig glaublich erscheint es, dass plötzlich an zwei verschiedenen
Orten ganz unbeeinflusst von einander eine derart von der früheren
Form abweichende Portalbildung hätte auftreten sollen. Gleichwohl müssen wir ein selbständiges Vorgehen der beiden Meister
annehmen. Zunächst aus zeitlichen Gründen. Die Werke sind
genau zur gleichen Zeit entstanden, sollten hier also wirklich Beziehungen bestanden haben, so hätten sie nur sehr persönlicher
Art sein können: man müsste fast die Identität der Architekten
voraus setzen! Sodann aber zwingt uns ein künstlerischer Grund,
die Annahme irgend eines Zusammenhanges ganz entschieden ab-
zulehnen. Die beiden Portale haben nämlich mit Ausnahme
der erwähnten Eigenschaft der Nischenbildung durchaus nichts mit einander gemein, ja es sind im Grunde sogar,
so wunderbar das zunächst klingen mag, prinzipiell gegensätzliche
Werke. Es rührt einfach daher, dass beide Anlagen eng mit der
vorangegangenen heimischen Kunstentwicklung zusammenhängen,
indem das Portal Jean de Chelles' sich bei näherem Zusehen im
grossen Ganzen nur als ein Ausschnitt aus demjenigen Typus heraus-
stellt, welchen in mustergültiger und oben eingehend gewürdigter
Fassung die Westfassaden der Kathedralen von Amiens und
Reims zeigen, während das Freiburger Portal vielmehr wie eine
direkte Uebersetzung der noch halb romanischen sog. Goldenen
Pforte von Freiberg i. S. in den gotischen Stil erscheint. Dass
ungemein Interessante hierbei ist, dass beide Meister, obwohl von
verschiedenen Seiten ausgehend, doch in einem Punkte zusammengetroffen sind.[119]

Zunächst erfordert die Pariser Schöpfung unsere Aufmerksamkeit.[120]

Auf einem hohen, massiven Soubassement, aus dem jederseits drei Pfeiler, je aus zwei Seiten eines gleichseitigen Dreiecks
konstruiert, hervorspringen, und welches auf jeder Seite des Portales drei Statuen trägt, setzen die Archivolten in gleicher nischen-

artiger Bildung wie zu Freiburg so an, dass sie die grossen Statuen mit den sie bekrönenden Baldachinen sowie alle darüber folgenden kleinen Figuren in ihre Höhlung einschliessen. Auch hier erhalten wir somit den Eindruck einer schwungvollen, emporsteigenden Bewegung. Dagegen fehlen aber gänzlich die mächtigen Bogen, welche in Freiburg erst die Wirkung vollenden helfen; denn die schlanken Säulen, welche zwischen den pfeilerartigen Vorsprüngen des Sockels angeordnet sind und diese sowie die grossen Statuen beiderseitig einrahmen, können einen, auch nur annähernden Ersatz dafür nicht bieten. Sie sind vielmehr direkt aus dem Schema des früheren Portaltypus übernommen, bei dem wir bereits die grossen Statuen meist von je einer kleinen Säule zu beiden Seiten begleitet sahen. Dementsprechend weisen sie auch noch eine ausgesprochene Kapitälbildung auf und stehen mit den entsprechenden, über ihnen ansetzenden Wulststäben nicht im Geringsten in Verbindung, zeigen z. B. nicht einmal die gleiche Profilierung wie diese. Dadurch empfangen wir aber auch hier wieder, ganz im Gegensatz zu Freiburg, den unangenehmen Eindruck, als ob eine feste, gesimsartige Reihe die Portalgewände in zwei Hälften zerlege, und so haftet der Lösung des Pariser Architekten im Vergleich mit Freiburg unleugbar ein gewisses Gefühl von Schwere an. Vorzüglich trägt das enge Aneinandergedrängtsein der Archivolten dazu bei, diesen Eindruck hervorzurufen, und verstärkt wird er dann besonders durch die massige Bildung der Untermauerung, deren drei Vorsprünge zwar sinnreich den drei Archivolten entsprechen, die aber doch zu fest im Boden wurzelt, als dass die Empfindung, vor einem frei und leicht aufstrebenden Werke wie in Freiburg zu stehen, so recht in uns aufzukommen vermöchte.

Zu beiden Seiten des Portales haben in gleicher Weise wie an diesem selbst und auf genau entsprechendem Unterbau je drei Statuen Platz gefunden. Diese beiden Bauglieder gleichen vollständig den an den mehrportaligen Hauptfassaden vorspringenden Strebepfeilern, welche in Reims und Amiens, wie wir gesehen haben, ebenfalls mit grossen Statuen besetzt waren und in dieser Anordnung der Skulptur deutlich das Nachwirken der Chartrerer Anlage zu erkennen gaben.

Damit ist die Entwicklungsreihe geschlossen! Wir haben die

Schöpfung Jean de Chelles' aus dem einen der bis zur Mitte des
XIII. Jahrhunderts entwickelten französischen Portaltypen ableiten
können, und über diesen wieder führen die Fäden direkt zur
Königspforte von Chartres zurück: in diesen Werken liegt ein
Jahrhundert Entwicklungsgeschichte beschlossen.

Sollte das Freiburger Portal vielleicht auch nur das Ende
einer Entwicklungsreihe bezeichnen?

Unsere Untersuchung wird gezeigt haben, dass wir es hier
mit einem Werke sehr selbständigen und eigenartigen Charakters
zu thun haben, aber sind wir deshalb schon berechtigt, die Erfindung desselben dem Freiburger Meister voll und ganz zuzuschreiben? Was wir über die Art und Weise der künstlerischen
Thätigkeit seitens der mittelalterlichen Meister wissen, verbietet
uns eigentlich für die damalige Zeit eine derart hohe Auffassung
und Schätzung des Individuums und zwingt uns vielmehr stets,
den verbindenden Faden mit der Reihe der vorangegangenen
Werke aufzusuchen und die Verbindung und die Zusammenhänge
zwischen der alten und neuen Welt der Denkmäler wiederherzustellen und aufzudecken; der originellen, selbständigen Entfaltung des Individuums steht massgebend und ungebrochen noch
die Tradition gegenüber. Und doch, wenn wir unsere Blicke nach
Freiburg und auf seinen herrlichen, jedes Vorbildes entbehrenden
Münsterturm richten, wir werden schwankend, ob wir den Meister
dieses Werkes mit dem gewöhnlichen Massstabe messen dürfen.
Dazu kommt noch eins! Wenn wir uns trotzdem wirklich auf die
Suche nach Portalen machen, welche sich der Freiburger Anlage
verwandt zeigen und dadurch einen Anspruch erheben können,
als die eventuellen Vorbilder der letzteren angesehen zu werden,
so vermögen wir nur ein einziges Werk namhaft zu
machen, dessen Beschaffenheit uns ein Recht giebt, es mit Freiburg in Verbindung zu bringen, und dieses Werk ist eine Haupt-
schöpfung der deutschen Kunst, ist die Goldene Pforte des Domes
von Freiberg i. S. Es ist für uns ein Zeichen von allergrösster
Bedeutung, dass wir dem Freiburger Portale als einzig verwandte
Schöpfung nur ein Meisterstück der deutschen Kunst an die Seite
zu setzen wissen, denn es spricht sich hierin deutlich der hohe
Wert der ersteren Anlage aus. Mag immerhin vielleicht nur die
mangelhafte Erhaltung der Denkmäler die Ursache dieses Zu-

sammentreffens sein, an der wunderbaren Thatsache der Verwandtschaft dieser Werke ändert das nichts.

Das Freiberger Portal ist gegen die Mitte des XIII. Jahrhunderts in den reifsten Formen des Uebergangsstiles errichtet
worden.[161] Die Anlage ist in ihren architektonischen Teilen noch
romanisch, hat aber bereits den reichen plastischen Schmuck, mit
dem die Gotik die Kirchenpforten auszustatten liebt, angenommen
und geschickt in die einzelnen Bestandteile des alten Typus einzugliedern verstanden. Die Laibungen weisen beiderseits je fünf
Säulen auf; die zwischen ihnen hervorragenden Kanten der Wand-
abtreppungen aber sind im Gegensatz zu der üblichen romanischen
Bildung nicht stehen geblieben, sondern abgeschrägt, so dass hier
jedesmal auf einer zierlichen, kleinen Stütze eine Statue Platz
finden konnte, über welcher dann die Wand nischenartig vertieft
ist und als Abschluss ein plastisches Bildwerk meist einen Kopf
trägt. Im ganzen enthält auf diese Weise jede Seite vier Figuren,
welche immer von zwei seitlichen Säulen eingerahmt sind; das
äusserste Säulenpaar ist schlanker gebildet und der Form der
kleinen Stützen angenähert. Ueber den Säulen zieht sich in eckig
gebrochener Linie, der Abtreppung der Wand folgend, ein festes
vierfach gegliedertes Gesims hin, welches in seinen mittleren Teilen
mit plastischem Rankenwerk geschmückt ist. Ueber diesem setzen
dann, den Statuen der Portalwände entsprechend, vier noch rundbogig geschlossene Archivolten auf, welche bereits in der üblichen
Weise der Gotik reich mit Figuren ausgestattet sind. Den Säulen
entsprechen Rundbogen von gleicher Form und Profilierung, nur
dass letztere die Ornamentation weit kräftiger herausmodelliert
zeigen, offenbar damit diese in dem tieferen Schatten der Portal-
rundung ebenso zur Geltung komme, wie dies bei den hell be-
leuchteten Säulen der unteren Laibungen schon ohne eine solche
Verstärkung der Fall ist.

In der Goldenen Pforte tritt uns also ein Typus entgegen,
welcher genau zwischen dem des romanischen und gotischen Stiles
die Mitte hält: die Architektur wie auch alle ihre Details
sind noch romanisch, der reiche figürliche Schmuck dagegen weist
bereits auf die Richtung hin, welche der neue Stil einschlagen
wird; nur noch ein Schritt in dieser weiter, und das gotische
Portal ist fertig. Aber vorläufig hat die Entwicklung auf halbem

Wege halt gemacht und ein in seiner Wirkung so fein abge-
wogenes Werk geschaffen, wie es sonst der Uebergangsstil in
keinem anderen Lande entstehen sah.

Fassen wir die charakteristischen Eigenschaften ins Auge,
welche der Goldenen Pforte und dem Freiburger Portale gemeinsam sind, und welche für uns wenigstens den Eindruck erwecken,
als hätten wir in letzterem nur die entwickeltere Form, die Um-
setzung des romanischen Typus von dort in den gotischen hier
zu erkennen. Da sind es zwei sehr wesentliche Punkte, welche
unser volles Interesse erfordern: die Anordnung der grossen
Statuen auf kleinen Säulen in einer nischenartigen Vertiefung der
Wand und das Vorhandensein der grossen Wandsäulen, welche
den ersteren als eine Art von Umrahmung dienen. Denn diese
beiden Motive kehren genau so in Freiburg wieder; und gerade
sie sind es, welche wir mit als die Hauptunterschiede gegenüber
den französischen Portalanlagen hervorzuheben hatten,[161] nur ist
in Freiburg das einfache Säulenmotiv verdreifacht worden,[162] und
an die Stelle der Säule und des über ihr ansetzenden Rundbogens
ist der Spitzbogen getreten, welchen dann der Freiburger Architekt in richtiger Erkenntnis der vertikalen Tendenz dieses Baugliedes in kühnem, ununterbrochenem Flusse aufwärts steigen und
die feste Gesimslinie durchbrechen liess, welche auch in Freiberg
die Portalwände in eine untere und obere Hälfte teilt.[163] Dadurch
aber wurde er fernerhin, um der aufwärts strebenden Bewegung
des ganzen Portales kein Hindernis in den Weg zu legen, gezwungen, auch die nach französischem (?) Muster den grossen
Portalstatuen gegebenen Baldachine in die gleichfalls glatt durchgeführten, nischenartig vertieften Archivolten fest einzugliedern.

Was aber auf diese Weise neu entstand, und was der Freiburger Meister damit geschaffen hat, ist ein neuer, schöner und
sinngemässer Typus für ein einfaches gotisches Portal. Noch in
engem Zusammenhang mit der Kunst des romanischen Stiles
bleibend hat er den Fehler vermieden, an dem die meisten
grossen Portalwerke der französischen Gotik aus der ersten Hälfte
des XIII. Jahrhunderts kranken: in seiner Lösung der Aufgabe,
ein gotisches Portal zu schaffen, hat er geschickt, soweit dies
möglich war, die gefährliche Klippe der bedingungslosen Unterordnung der Plastik unter die Architektur vermieden. Indem er

die Statuen zwischen die Spitzbogen verlegte, dahin, wo das romanische Portal die abgetreppte Laibungswand hatte vortreten lassen, und indem er nicht erst den zwar wohl erwogenen, aber doch unglücklichen Versuch der französischen Gotik mitmachte, die Plastik an die Säulen zu fesseln und sie dadurch zu einem rein architektonischen Baugliede herabzudrücken, dem jede Möglichkeit einer etwas freieren Bewegung und Regung fehlt, — ist er folgerichtig auf dem Wege weitergegangen, der bereits durch die Goldene Pforte vorgezeichnet war.

So stellt sich das Freiburger Portal als völlig gleichberechtigt neben das Werk Jean de Chelles', und wenn wir von diesem gesagt haben, dass es die Entwicklung des gotischen Portaltypus gewissermassen zum Abschluss bringe, so haben wir ein volles Recht, dasselbe Verdienst für die Freiburger Anlage in Anspruch zu nehmen.

Es ist für die Entwicklungsgeschichte des gotischen Portales wie überhaupt die Ausbildung des gotischen Stiles in Frankreich und Deutschland ungemein charakteristisch, dass die Schöpfung eines Jean de Chelles den Abschluss einer über hundert Jahre langen Entwicklung ausmacht, und dass die Freiburger Anlage urplötzlich und, wie es scheint, ohne jede Schulung an einem direkten Vorbilde aus dem Boden ersteht und mit einem Schlage nicht nur die weit vorgeschrittene Kunst des Nachbarlandes erreicht, sondern sie sogar fast überholt!

Ohne Schulung an einem Vorbilde sagten wir, denn wenn wir auch das Verhältnis der Freiburger zur Freiberger Anlage einer schärferen Charakterisierungsmöglichkeit ihrer inneren Verwandtschaft zu Liebe von dem Standpunkt einer direkten Entwicklung aufgefasst haben, so liegt es uns doch sehr fern, damit gleich ihre geschichtliche Realität behaupten zu wollen.[188] Die Möglichkeit einer solchen ist freilich durchaus nicht ausgeschlossen, aber wo wir nur von Möglichkeiten reden dürfen, haben wir noch lange kein Recht von Thatsachen zu sprechen, und immer müssen wir uns gegenwärtig halten, dass die unbestreitbar lückenhafte Erhaltung der mittelalterlichen Denkmäler in entwicklungsgeschichtlichen Fragen nur vorsichtige und unsichere Schlussfolgerungen gestattet. Jedoch müssen wir, ehe nicht ein ganz direktes Vorbild des Freiburger Portales nachzuweisen ist, daran festhalten, dass wir in ihm ein ebenso selbständiges Werk besitzen, wie es der Freiburger Münsterturm ist.

Noch ein andres Resultat wird, wie wir hoffen, unsere Untersuchung gezeitig haben : die Erkenntnis, dass das Freiburger Portal keineswegs seine Zugehörigkeit zur deutschen Kunst und einen gewissen Zusammenhang mit den zeitlich vorangehenden Schöpfungen derselben verleugnet, ja dass es im Gegenteil mit dieser in weit engerer Verbindung steht als mit der französischen Kunst. [166] Wir werden dessen in unzweifelhafter Weise auch noch in anderer Hinsicht gewahr werden.

Das Wesen der Freiburger Portalkomposition liegt jetzt klar erschlossen vor uns; aber wie sie entstand, ihr künstlerischer Werdeprozess entzieht sich unserm Wissen. Denn in die Gedankenwelt und in die geistige Werkstatt ihres Meisters vermögen wir nicht zu schauen, und so bleibt sie uns rätselvoll wie jede That des Genies.

––––––

III. KAPITEL.

Der ikonographische Charakter des Cyklus.

Es ist schon mehrfach die Rede davon gewesen, wie ungemein einheitlich sich das Werk des Freiburger Meisters in allen seinen Teilen darstellt. Ueberall sehen wir ihn mit seinem Willen das Ganze wie das Einzelne leiten und sich doch bescheiden unter dem Gesamtbilde des Cyklus verbergen, der freilich seinen harmonischen Ausdruck einzig und allein ihm verdankt. Die Art seines Zusammenarbeitens mit dem Bildhauer haben wir eben bei der Betrachtung des Portales kennen gelernt. Sie stimmt vollständig mit dem Bilde überein, welches wir uns bereits bei der Untersuchung der stilistischen Eigenschaften des Cyklus von diesem Zusammenwirken machen konnten; denn auf Grund des künstlerischen Gesamtcharakters der Komposition wurden wir schon damals dahin geführt, in dem ganzen Werke das vorwiegende Walten und Schaffen e i n e r Meisterhand und e i n e s Willens zu erkennen. Dieser selbe kühne Geist und Wille hat sich nun auch, als es die Aufzeichnung des Programmes für den Cyklus

galt, zu gleich harmonischer Thätigkeit mit den Dominikanern
von Freiburg verbunden. Denn ebenso deutlich, wie der ganze
Charakter des Bilderkreises der Vorhalle seinen mönchischen spiritus
rector nicht verleugnet, ebenso gewiss verrät die Handhabung
einzelner Motive der Komposition die Mitarbeit eines und, wie
wir gleich hinzufügen können, an französischen Vorbildern geschulten Architekten.

Wenn wir also bisher das Verdienst an dem Zustandekommen
des Programmes einseitig nur auf die Freiburger Dominikaner
beschränkt haben, so gilt es jetzt, soweit dies möglich ist, den
Anteil auszuscheiden, welchen der Baumeister an dieser
Seite des Gesamtwerkes hat. Einerseits werden wir dadurch über
das Entstehen einer, für die mittelalterliche Kunst charakteristischen,
ja fast typischen grossen Schöpfung interessante und wichtige
Aufklärungen erhalten und andrerseits werden wir erst auf diese
Weise ganz befähigt sein, die vielseitige Thätigkeit des Freiburger
Meisters in ihrem vollen Umfange würdigen zu können.[187]

Fast scheint es, als sei er in diesem Falle nicht auf ebenso
selbständigen Wegen gegangen, wie wir dies bisher gefunden haben. Denn schon die Scenen der Verkündigung der Geburt an
Maria, der Heimsuchung und der Anbetung der Könige erinnern
uns in ihrer Aufstellung zu sehr an die ganz gleiche Anordnung,
welche sie an den französischen Kathedralen z. B. in Chartres
und Reims erfahren haben, als dass wir hier nicht sofort an französischen Einfluss denken müssten.[188] Auch die Besetzung der
innersten Archivolte mit Engeln finden wir in Frankreich seit
mehr als hundert Jahren schon an zahlreichen Portalen, und der
obere Teil des Tympanon mit dem thronenden Christus und der
Apostelreihe unter ihm, welch letztere ein ganz neues Element
in die übliche Darstellung des Jüngsten Gerichtes zu bringen scheint,
ist weiter nichts als eine häufig für sich allein auf französischen
Thürfeldern vorkommende Komposition des thronenden Christus,[189]
welche hier nur geschickt mit der Schilderung des Weltgerichtes
verbunden worden ist.[190]

Ganz entschieden auf französische Vorbilder haben wir dann
die Darstellung dieses letzteren selbst zurückzuführen, denn sie giebt
im wesentlichen nur den Typus wieder, der in der Plastik Frankreichs bereits seit über hundert Jahren heimisch ist, mithin keine

8

selbständige Schöpfung des Freiburger Meisters sein kann. [191] Gerade an diesem Punkte jedoch, wie überhaupt an den Bildern des Tympanon, können wir erkennen, wie selbständig er im allgemeinen zu Werke geht und wie unabhängig und frei er selbst ganz grosse Scenen und Erzählungen, die schon eine bestimmte typische Ausbildung erfahren haben, zu gestalten weiss. Die Reliefs des Thür-

Personnifikation des Todes (?)
Tympanon-Freiburg.

feldes sind nämlich zwar sämtlich einem feststehenden Bilderkanon des Neuen Testamentes entnommen, aber sie sind durch kleine, frei erfundene Züge, welche er hier und da eingefügt hat, gleichsam mit einem neuen Geiste erfüllt worden. [192] Zu diesen Neuerungen haben wir zum Beispiel die vor den Särgen liegenden einzelnen Totenschädel und dann besonders die merkwürdige Gestalt zu zählen, welche die Reihe der aus den Gräbern auferstehenden Verdammten an ihrem südlichen (rechten) Ende abschliesst, und in welcher wir vielleicht eine der frühesten Fassungen der seit dem XIII. Jahrhundert üblich werdenden Darstellung des Todes als Skelett zu erkennen haben. [193]

Originell und in dieser Form zuerst hier auftauchend ist vor allem aber, wie auch die Forschung bereits anerkannt hat, die unmittelbare Verknüpfung der Kreuzigung Christi [194] mit den Scenen des Jüngsten Gerichtes; [195] und eine ebenfalls ganz eigenartige, durchaus freie Erfindung des Freiburger Meisters ist die Darstellung der Wurzel Jesse, welche sich zwar auch an zahlreichen französischen Portalen, aber doch stets in einer von der hiesigen gänzlich abweichenden Form und an anderer Stelle z. B. in den Archivolten, nicht aber wie in unserem Falle am Thürpfeiler findet. [196]

Eine weitere selbständige Schöpfung des Freiburger Meisters scheint die ungemein drastische und bestimmt wenigstens durch keine plastischen Vorbilder grösseren Massstabes zu belegende Schilderung von dem Selbstmord des Judas Ischariot zu sein. Sie

ist überhaupt die früheste uns bekannt gewordene Darstellung desjenigen Typus dieser Scene, der den sterbenden und nicht den
bereits gestorbenen Judas zeigt, und welcher sich bisher erst auf
Werken des XIV. Jahrhunderts hat nachweisen lassen. [127]

Was die Figuren der Archivolten und die grossen Statuen der
Blendarkaden anbelangt, so versteht es sich von selbst, dass es
nicht unsere Aufgabe sein kann,
jede einzelne derselben auf ihre
gänzliche oder teilweise Originalität
hin zu prüfen. Denn einerseits dürfte
dies ein in Bezug auf Vollständigkeit aussichtsloses Bemühen sein,
und andrerseits würden wir damit
kaum weitere, unser Urteil über
das Verfahren des Freiburger Meisters in ikonographischen Sachen
irgendwie beeinflussende Momente
gewinnen können. Unsere wenigen
bisherigen Feststellungen werden
bereits zur Genüge gezeigt haben,
dass wir ihm auch hier wieder ein
grosses Mass von Selbständigkeit
in der Typenverwertung und eigenen Typenbildung zuerkennen
müssen. In die Reihe letzterer gehören zunächst die Darstellungen
auf den Sockeln der grossen Laibungsstatuen, welche gewissermassen — freilich in durchaus selbständiger Weise — das Motiv der

Selbstmord des Judas Ischariot.
Tympanon-Freiburg.

historisierten Kapitäle aufnehmen, welches eine Zeit lang im Anschluss
an das Vorgehen des Chartrerer Westportales die französische Kunst
beherrscht hat. Irgend ein näherer Zusammenhang mit der letzteren ist
hier aber vollständig ausgeschlossen. Unter die Gruppe selbständiger
Schöpfungen gehören dann ferner die bereits früher hervorgehobenen
Gestalten von Adam und Eva sowie gewiss eine ganze Anzahl

Figuren aus der äussersten Archivolte. Hier haben wir übrigens sicher schon einen weitgehenden Anteil an der Konzipierung derselben den Mönchen zuzuschreiben, und noch mehr gilt dies von einzelnen der grossen Statuen der Blendarkaden. Wir erinnern an die allegorische Gruppe der Welt und an die Wissenschaften. Inwieweit letztere freier Erfindung sind, wird sich kaum feststellen lassen; die Grammatik finden wir z. B. in ähnlicher Weise wie hier bereits im XI. und XII. Jahrhundert dargestellt. [198]

Der wesentliche Eindruck, den wir bei der ikonographischen Betrachtung des Cyklus erhalten, ist jedenfalls der, dass aus dem harmonischen Zusammenschaffen der gelehrten Dominikaner mit dem Baumeister und den unter seiner Leitung stehenden, künstlerisch sehr begabten Steinmetzen eine grosse Reihe glücklicher Schöpfungen und Charakterbildungen von teilweise ganz eigenartigem Reize und bisweilen durchaus neuem Gepräge der Erscheinung hervorgegangen ist. Mit gutem Recht sind sowohl einzelne Teile der Komposition [199] wie auch einige der hier neu geprägten Typen vorbildlich für später entstandene Schöpfungen der deutschen Kunst geworden.

IV. KAPITEL.

Der Stilcharakter des Cyklus.

Noch einmal tritt die im Verlaufe unserer Untersuchung schon öfters aufgeworfene Frage nach dem Woher an uns heran. Ihre Beantwortung ist in diesem Falle um so wichtiger, als von ihr die eigentlich kunsthistorische Stellung der Freiburger Skulpturen abhängt, denn es liegt auf der Hand, dass wir erst dann ein völlig sicheres Urteil über die künstlerische Begabung und Fähigkeit der Freiburger Steinmetzen fällen können, wenn wir in Vergleichung mit anderen Werken aus ihrer Zeit den relativen Wert ihrer eigenen Leistungen und vor allem den Grad ihrer Selbständigkeit zu ermessen fähig sind.

Man sollte meinen, es müsste eine leichte Aufgabe sein, die
Herkunft des Freiburger Stiles zu bestimmen, ist es uns doch geglückt, nicht nur die Entwicklung, welche derselbe in den zahlreichen Einzelteilen des ganzen Cyklus durchmacht, ebenso klar
wie sicher zu verfolgen, sondern auch seinen zweifachen Ausgangspunkt, gleichsam seine zwei „Wurzeln", mit grosser Bestimmtheit in den beiden Engelstatuetten und in den Blumenkindern
der Blendarkaden zu erkennen. Aber auch in diesem Falle müssen
wir uns in letzter Linie wieder gestehen, dass der Freiburger
Cyklus in entwicklungsgeschichtlicher Hinsicht eine rätselvolle
Schöpfung ist, deren Entstehungsgeheimnis wir nur zu einem gewissen Grade zu durchdringen vermögen. Denn wo wir auch
immer die Blicke hingerichtet hielten, nirgends wollten sich ganz
direkte Stilbeziehungen zu den Freiburger Skulpturen ergeben,
und so sind wir immer von neuem zu der Erkenntnis zurückgekommen, dass wir hier mehr am Anfange als an dem mittleren
Punkte oder gar an dem Ende einer stilistischen Entwicklungsreihe
stehen!

Man darf nun aber durchaus nicht glauben, dass in dem
Freiburger Cyklus einfach ein neuer und zwar, um dies gleich
vorauszuschicken, aus Frankreich importierter Stil einsetzt, so
durchsichtig ist das Wesen der Freiburger Schöpfung keineswegs.
Wir haben hier vielmehr ein Kreuzen verschiedener Richtungen
anzunehmen, welche ein genialer Meister zu inniger Einheit ver-
band, nachdem er zuvor einer jeden den Stempel seines Geistes
aufgeprägt hatte. Denn wir dürfen nicht übersehen, was uns der
Gang unserer bisherigen Untersuchung über die grosse Selbständigkeit des ganzen Werkes gesagt hat. Wir werden vielmehr
sehen, wie die bisher gewonnenen Forschungsresultate ihre ganz
entsprechenden Analoga in Bezug auf den stilistischen Charakter
der Freiburger Plastik finden werden.

So viel Untersuchungen auch schon über das Wesen der
mittelalterlichen Bauhütten und den Arbeitsbetrieb innerhalb derselben angestellt worden sind, so dürfen wir uns doch noch lange
nicht der Hoffnung hingeben, alle hier gestellten Fragen restlos und
befriedigend beantwortet zu haben. Wir werden vielmehr auch hier
wieder wie in allen entwicklungsgeschichtlichen Fragen gut thun, der
Specialforschung das letzte Wort zu lassen, denn unsere feste

Ueberzeugung geht dahin, dass wir keineswegs und ganz besonders, was das XIII. Jahrhundert anbelangt, in dem sich die Institution der Bauhütte erst allmählich auszubilden begann, dass wir, wie gesagt, durchaus nicht alle derartigen Einrichtungen als uniform ansehen und behandeln dürfen, sondern dass wir vielmehr jeder einzelnen eine gewisse Individualität werden zuerkennen müssen, nicht nur auf institutionellem, sondern vorzüglich auch auf rein künstlerischem und stilistischem Gebiete. Den Beweis dafür sehen wir zum Beispiel in einem Werke wie der Chartrerer Königspforte. Fürs erste jedoch möchten wir nur die Möglichkeit der selbständigen Stellung einer Bauhütte hervorgehoben haben, denn es ist die notwendige Voraussetzung für die Betrachtung des Stilcharakters der Freiburger Plastik. Derselbe zeigt uns nämlich, je tiefer wir in sein Wesen eindringen, ein so bestimmtes, charakteristisches und fast persönliches Gepräge, dass er anscheinend nur als etwas durchaus Individuelles, man möchte sagen die Schöpfung eines Individuums betrachtet und vor allem seine Entstehung auch nur auf diese Weise erklärt werden kann. Und doch zwingt uns andrerseits das Dogma von der durch Vorbilder bedingten Stilentwicklung im Mittelalter, welches gewiss zu Recht besteht, und an dem wir zunächst festhalten müssen, auch in unserem Falle nach stilverwandten Schöpfungen zu suchen.

Die Skulpturen des Oberrheins stehen hierbei voran; wir haben sie, soweit sie in Betracht kommen, bereits kennen gelernt. Nun, ein kurzer Blick auf das Kolmarer Nikolausportal genügt bereits, um sich davon zu überzeugen, dass hier jeder stilistische Zusammenhang ausgeschlossen ist: mit der lokal-elsässischen Kunst hat also die Freiburger Plastik, das sehen wir sofort, nichts zu thun.

Weit schwieriger gestaltet sich die Aufgabe, das Verhältnis der hierher gehörigen Skulpturen des Strassburger Münsters zu den Figuren der Freiburger Vorhalle zu bestimmen. Zwar trennt hier gleichfalls eine anscheinend unüberbrückbare stilistische Kluft die einen von den andern Werken, aber wir haben diesmal nicht nur mit erhaltenen sondern auch mit zerstörten Skulpturen zu rechnen, und es erscheint uns fast wie eine Ironie des Zufalls, dass nach allem, was wir vermuten dürfen, vielleicht gerade in letzteren die für uns heute rätselhafte Entwicklung des Freiburger Stiles beschlossen lag!

Diese Behauptung mag sehr kühn und gewagt klingen, aber sie ist berechtigt. Denn einerseits finden wir unter den Strassburger Skulpturen d i e e i n z i g e n W e r k e, bei denen wir einige, allerdings auch nur sehr allgemeine stilistische Beziehungen zu Freiburg erkennen zu können glauben, und andererseits würde sich dieses Resultat vollständig mit dem Ergebnis unserer vorausgegangenen Untersuchungen decken, welche ein direktes Abhängigkeitsverhältnis des Freiburger Meisters bisher nur in einem Falle und gerade auch Strassburg gegenüber konstatieren konnten! Wie wir sahen, entlehnte er nämlich die Konstruktion seiner Blendarkaden dem ehemaligen Lettner von dort, und eben die wenigen auf uns gekommenen Figuren desselben sind es auch, die uns auf Grund gewisser, verwandter Züge vielleicht noch am ehesten über die Herkunft des Freiburger Stiles Aufschluss zu geben vermögen. Es mag also in diesem Falle die eine Beobachtung die andere stützen, beiden vereint erst wollen wir das Recht zu unsern folgenden Aufstellungen entnehmen.

Wir haben als ein den beiden Grundtypen des Freiburger Stiles gemeinsames charakteristisches Element die längliche Kopfbildung hervorgehoben: dieselbe zeigen sowohl die Lettnerfiguren wie die sämtlichen anderen Strassburger Skulpturen. Wir haben ferner, wenigstens für den einen der beiden Freiburger Typen, als sehr charakteristisch die Abschrägung der Wangen und die Betonung der Augenknochen erkannt: beides finden wir, zwar nicht so stark ausgeprägt, aber doch, sagen wir, vorgebildet auch an den Strassburger Lettnergestalten; eine Betonung der Augenknochen zeigt dann hier noch der Christus auf dem Relief der Krönung Marias. Die für Freiburg so sehr charakteristische Hervorhebung des Kinnes begegnet uns, in allerdings nicht so ausgesprochener Form, gleichfalls in Strassburg und zwar bei der weiblichen Gestalt des Lettners; und zuguterletzt machen wir noch auf eine gewisse Verwandtschaft der männlichen Kopftypen in Strassburg mit einigen Freiburger Gestalten z. B. mehreren Aposteln aus dem zweiten Felde des Tympanon aufmerksam. Damit ist aber auch alles erschöpft, was auf einen s t i l i s t i s c h e n Zusammenhang zwischen den beiden Orten hinweisen könnte,[100] und wir müssen uns nun fragen, ob wir daraufhin berechtigt sind, einen solchen schlankweg behaupten zu können? Gewiss nicht!

Denn die Beziehungen, welche wir nachweisen konnten, beschränken sich nur auf ganz wenige übereinstimmende Stilelemente, und diese fanden sich im wesentlichen zudem nur an drei Figuren, welche rein zufällig von einem grösseren Statuenkreise erhalten sind! Wer verbürgt uns denn, dass die übrigen Gestalten genau dieselben stilistischen Eigenschaften zeigten wie diese wenigen gerade auf uns gekommenen Stücke? Wie könnten wir wagen, aus diesen allein die beiden Freiburger Typen ableiten zu wollen? Fehlt es doch sogar nicht an recht bedeutenden stilistischen Abweichungen unter den Lettnergestalten und den Freiburger Skulpturen. Man vergleiche nur einmal die Bildung der Augen und der Nase hier und dort, und man wird sofort sehen, dass keineswegs nur verbindende sondern auch trennende Stilelemente diesen Werken zu eigen sind. Bescheiden wir uns also still, zu konstatieren, dass einige, allerdings nur wenige und allgemeine stilistische Aehnlichkeiten vorhanden sind, und dass eine Anknüpfung der Freiburger an die Strassburger Plastik nicht ausgeschlossen zu sein braucht; weiter zu gehen sind wir aber vorläufig auf keinen Fall berechtigt.

Wir verlassen die Gegenden des Oberrheins und wenden uns nach Frankreich, vielleicht, dass uns von der Kunst dieses Landes Aufklärung kommt. Wie schon erwähnt, gehört es, schenkt man der bisherigen kunstgeschichtlichen Litteratur Glauben, zu einer der gesichertsten Thatsachen, dass die Freiburger Plastik französisch beeinflusst ist. Näher hat sich freilich noch niemand über dieses mystische Verhältnis ausgelassen, — es mag vielleicht an der Schwierigkeit gelegen haben, eine derart delikate Frage nach einem so langen Zeitraum befriedigend zu beantworten. Ich möchte alle die, welche einen französischen Einfluss hier zu gewahren glauben, einmal auffordern, genau die französischen Stilelemente, welche sich im Freiburger Cyklus finden, anzugeben; ich glaube sie würden in grosse Verlegenheit und über sehr oder vielmehr ganz Allgemeines nicht hinauskommen. Denn was an und in dem Cyklus erweislich französisch ist, haben wir bereits festgestellt und gern zugegeben: es beschränkt sich auf den Charakter der entwickelten architektonischen Formensprache und die Verwertung verschiedener Kompositionsmotive. Alle weiteren Zurückführungen auf die französische Kunst scheinen uns dagegen unbeweisbar. Denn gerade die Freiburger Plastik hat unserer Ueberzeugung nach mit der französischen herzlich wenig zu thun, in rein stilistischer nicht minder als in künstlerischer Hinsicht.

Konnten wir bei den Strassburger Skulpturen wenigstens einige Freiburg verwandte Züge entdecken, so schwindet bei Ueberschreiten der westlichen Grenze jede auch nur entfernte Aehnlichkeit. Es ist eine vollständig andere Denkmälerwelt, in die wir in Frankreich eintreten, in Erscheinung und Charakter, Bewegung und Ausdruck. Nur auf ein gleiches Stilelement treffen wir hier: die längliche Bildung des Kopfes; nun, wir fanden sie bereits in Strassburg, und auch der sonstigen deutschen Kunst ist sie nicht fremd: die Skulpturen der Kreuzigungsgruppe aus der Freiberger Marienkirche (jetzt in der Altertumssammlung zu Dresden) und die aus der Schlosskirche von Wechselburg sind die klassischen Zeugen dafür. Man könnte allerdings wohl darauf hinweisen, dass im Gegensatz zu Frankreich die deutsche Plastik aus der ersten Hälfte des XIII. Jahrhunderts, soweit sie wie in Sachsen nur wenig von französischem Einflusse berührt ist, als charakteristisch eine mehr viereckige Kopfform zeige, aber auf Grund dessen die Freiburger Skulpturen glatt als französierend ansprechen, das wird doch Niemand können und wollen. Hat uns denn nicht überhaupt die Entwicklung des Freiburger Stiles gezeigt, dass auch hier allmählich der „deutsche" gedrungene Kopftypus durchdringt, und dass es dieser nur ist, dem wir in den Hauptgestalten des Cyklus, den grossen Statuen der Blendarkaden begegnen!? Diese aber sind es doch vor allem, welche für die kunsthistorische Stellung des ganzen Cyklus von ausschlaggebender Bedeutung sind, denn in ihnen erst wird der Freiburger Stil, wie unsere Untersuchung gezeigt hat, „original und vollkommen".

Dieser Kampf des „französischen" mit dem „deutschen" Elemente, wie man diesen Stilprozess auch nennen könnte, spielt sich nicht nur in Freiburg ab, er ist sozusagen die Losung der ganzen gleichzeitigen deutschen Plastik. In Freiberg und Naumburg, besonders aber an ersterem Orte, an den Skulpturen der schon mehrfach erwähnten Goldenen Pforte, können wir ihn genau verfolgen. Auch hier finden wir neben längeren Kopftypen (die Madonna des Tympanon, einige Engel aus den Archivolten) solche von gedrungenerer Form (z. B. bei den Gestalten der Gewände). Und hieraus erklärt sich vielleicht auch zum Teil die geheime innere Verwandtschaft, welche diese Skulpturen in gleicher Weise wie die ganze Portalanlage mit Freiburg verbindet. Stilistische Beziehungen bestehen hier zwar ebensowenig wie zur französischen Kunst, aber ein Gefühl der inneren Zusammengehörigkeit dieser Werke wird man nicht los, und besonders wenn man, wie z. B. im Germanischen Museum zu Nürnberg, Gelegenheit hat, Proben von der Plastik beider Werke in Abgüssen unmittelbar neben einander zu sehen, drängt sich doppelt stark die Empfindung auf, dass es, wenn auch nicht ganz die gleiche, so doch eine sehr verwandte Kunst ist, welche diese verschiedenen Gestalten geschaffen hat. [101] Das Rätsel dieser Erscheinung löst sich, wie wir glauben, bei einer vergleichenden Betrachtung des Verhältnisses, welches in beiden Fällen die Plastik zur Architektur einnimmt, und welches uns weiter unten zu beschäftigen haben wird. Vorerst bleiben wir noch bei der Frage stehen, woher der Stil der Freiburger Skulpturen gekommen sein mag: es scheint uns, rund heraus gesagt, unmöglich dieselbe in Anknüpfung an irgend welche Werke der erhaltenen Denkmälerwelt mit voller Bestimmtheit zu beantworten. Denn auch bei den übrigen Schöpfungen der deutschen Plastik aus dieser Zeit treffen wir auf keine stilistischen Beziehungen und ebensowenig bei der Kunst anderer Länder.

Unser Versuch die Herkunft des Freiburger Stiles zu ermitteln ist also fast so gut wie negativ verlaufen; die Erklärung dieses Faktums wird uns noch zu beschäftigen haben. Jetzt wollen wir untersuchen, ob die französische Kunst doch nicht vielleicht, sei es auch nur in Hinsicht der künstlerischen Auffassung, einigen Einfluss auf die Freiburger Plastik ausgeübt hat. Aber auch in diesem Falle erweist sich die allgemeine Annahme eines solchen als unbegründet, denn ebenso deutlich wie sich die Strassburger Plastik als ein Kind der französischen Kunst zu erkennen giebt, zeigen die Freiburger Skulpturen ihrerseits einen durchaus eigenartigen und unfranzösischen Charakter.

Wir können die Schöpfungen der vier grossen Bildhauerschulen Frankreichs: der Champagne, Picardie, Bourgogne und Ile de France genau eine nach der andern durchgehen, wir werden finden, dass die Freiburger Kunst von jeder derselben nicht nur stilistisch sondern auch rein künstlerisch gleich weit entfernt bleibt. Wer ver-

möchte sie zusammenzustellen mit
der ernsten, strengen und gebun-
denen Richtung, welche noch an
den beiden Hauptportalen der Chartrerer Vorhallen herrscht und
welche sich erst in den Figuren
der Seitenportale freier zu bewegen
anfängt? Wer könnte einen Zusammenhang mit der steifen Würde des
beau dieu d'Amiens finden, und
wer möchte schliesslich die entfaltete Blüte der französisch-gotischen
Plastik an der Westfassade von
Reims mit Freiburg in einem Atem
nennen? Gerade bei dieser Gegenüberstellung enthüllt sich uns vielmehr das wahre, echt deutsche Wesen der Freiburger Kunst! Der
elegant-vornehme, ritterlich-höfische
Charakter der französischen Plastik
vergleicht sich in nichts mit dem
derberen und mehr haubackenen,
aber auch viel gemütvolleren Wesen
der Freiburger Gestalten. Alles Sinn-
lich-Gefällige und jene äussere Schönheit der Erscheinung, die für die
französische Kunst so ungemein
charakteristisch ist, geht ihnen völlig
ab, und so begreifen wir wohl, dass
Viollet-le-Duc angesichts der Freiburger Statuen und gerade im Vergleich mit den Reimser Figuren der
rheinischen Bildhauerschule des XIII.
Jahrhunderts aus ihrem Schönheits-
mangel einen direkten Vorwurf
machen konnte. [101]

Madonnenstatue des nördlichen Quer-
schiffportals von Notre-Dame
in Paris.

Realismus, Streben nach Wahrheit, das ist die richtigste und
kürzeste Bezeichnung für den Charakter der Freiburger Plastik. [102]

Freilich finden wir auch hier hin und wieder kokette Züge wie
in der französischen Kunst z. B. bei der dritten klugen Jungfrau
vom Portale aus, aber sie gewinnen hier ein ganz anderes Aussehen, sie erscheinen viel natürlicher und sie sind vor allem eine
vereinzelte Erscheinung, durchaus aber nicht ein den Gesamtcharakter des Cyklus bestimmendes Element. Was diesen besonders kennzeichnet, ist vielmehr ein stark dramatisches Wesen,
und gerade in diesem verrät sich schlagend der echt deutsche
Charakter dieses Werkes! Erinnern wir uns der Apostel des Tympanon, der Propheten der Archivolten, der Gestalten Aarons und
Johannes des Täufers und vor allem der thörichten Jungfrauen,
wo finden wir etwas dem Aehnliches in der französischen Kunst?!

Apostel vom Tympanon in Freiburg

Wir gewinnen also ein zweites, speciell der Freiburger Kunst
eigenes und sehr bedeutsames Charakteristikum, welches sie in
sehr wesentlicher Weise von der französischen Plastik unterscheidet.

Auch diese entbehrt freilich eines und zwar sehr stark ausgeprägten dramatischen Elementes nicht, doch begegnen wir demselben nur im XII. Jahrhundert, [104] in den Bildhauerschulen Burgunds und der Languedoc: ein Zusammenhang seitens Freiburg
mit diesen ist aber natürlich gänzlich ausgeschlossen, und dasselbe
ist der Fall bei den Prophetenreliefs des Bamberger Georgenchores
aus dem Anfange des XIII. Jahrhunderts, welche, ihrerseits unzweifelhaft unter französischem Einfluss entstanden, in ganz hervorragender Weise einen äusserst dramatischen Charakter zur Schau
tragen. Ganz anders liegt die Sache Strassburg gegenüber, in

dessen Plastik kurz vor der Mitte des Jahrhunderts gleichfalls ein
stark dramatisches Element auftaucht; denn damit werden wir
fraglos bei unserer die Genesis der Freiburger Kunst betreffenden
Untersuchung in sehr bedeutsamer Weise ein zweites Mal hierher-
gewiesen. [106]

Es fehlt noch ein drittes ihre gegensätzliche Stellung zur
französischen Kunst, kennzeichnendes Charakteristikum der Freiburger Plastik: ihre ungezwungene Verbindung mit der Architektur. Vorzüglich an diesem Punkte muss und wird es jedem
zur vollen Gewissheit werden, dass das Verständnis der Freiburger
Kunst einzig und allein aus einem Vergleich mit der deutschen
gewonnen werden kann. Denn einmal verbindet sie mit dieser
eine innere Wesensverwandtschaft: hier ist vor allem jenes stark
dramatische Gefühl der Freiburger Skulpturen in Erinnerung zu
bringen, welches ausser in Bamberg und Strassburg noch in
Wechselburg, Naumburg und Magdeburg einen Wiederhall findet,
und auf welches wir als eine specifisch deutsche Eigenschaft
noch in einem späteren Kapitel zu sprechen kommen werden.
Zu zweit ist es dann der Charakter halb noch romanischer, halb
schon gotischer Kunst, welche die Freiburger Plastik mit Werken
wie der Goldenen Pforte und den Naumburger Skulpturen auf
das engste verknüpft. [107]

Wie die gotische Architektur nur allmählich und in einzelnen Etappen in Deutschland Eingang findet, indem ihr als
Präludium gewissermassen der sogenannte Uebergangsstil vorangeht, so dringt auch in der Plastik die Gotik nur langsam ein.
Wir können das im Laufe des XIII. Jahrhunderts gut beobachten.

Der romanischen Plastik eignete am Ausgange dieser Stilepoche ein strenger selbständiger Charakter, der sich zwar manchmal zu monumentaler Wirkung steigern konnte, aber im ganzen
tot und leblos war. Da setzt die Gotik ein. Sie bringt zweierlei:
einmal die Abhängigkeit der Plastik von der Architektur und
zweitens ein deutlich ausgeprägtes realistisches Streben und damit
verbunden ein starkes Gefühlsleben. Beides war, wie wir in einem
späteren Kapitel sehen werden, durch das Erwachen des individuellen Gefühles begründet, welches sich zuerst in der Kunst und
innerhalb dieser in einem unverhohlenen Studium der Natur äusserte. Frankreich geht in der Entwicklung voran, erkennt aber

bald als seine Hauptaufgabe weniger die Pflege dieses letzteren, als vor allem die konsequente Ausbildung eines Stiles, welcher der Architektur die erste Stelle einräumt und die anderen Künste, besonders die Plastik, in eine dieser gegenüber rein dienende Stellung herabdrückt.

Wie verhält sich nun Deutschland zu dieser Entwicklung? Man hat, wie mir scheint, bisher geglaubt, dass es dieselbe mitmache. Das ist aber keineswegs der Fall! Hier vollzieht sich die Entwicklung vielmehr in direkt entgegengesetzter Weise. Die deutsche Plastik, soweit sie eben in dieser Zeit noch deutsch bleibt und sich nicht sofort die Stilprinzipien der französischen Kunst aneignet, also vorzugsweise in den sächsischen Gegenden, wendet sich nämlich zuerst nur der Ausbildung der realistischen Tendenzen der neuen Kunst zu, dann erst verfällt auch sie der anderen Neuerung des gotischen Stiles und unterwirft sich gleichfalls der Herrschaft der Architektur.

Das erste ausgesprochene Zusammentreffen von romanischem und gotischem Stile in der Plastik finden wir in den Skulpturen von Wechselburg, Freiberg und Strassburg: kein Wunder, dass die letzteren, als auf dem am weitesten nach Westen vorgeschobenen Aussenposten stehend, sich auch von der bedeutend vorgeschrittenen Kunst des Nachbarlandes am meisten beeinflusst zeigen. In weiter entwickeltem Stile reihen sich ihnen dann die Freiburger und Naumburger Skulpturen an; auch sie gehören noch vollständig in die Zeit des „Uebergangsstiles" in der Plastik hinein. Das beweist uns nichts besser, als das deutlich in ihnen vorhandene gemeinsame Bestreben, Skulptur und Architektur in einen harmonischen Einklang zu bringen, ohne dabei etwas von der Eigenart einer der beiden Künste opfern zu müssen; ein Bestreben, mit dem sie nur die von der sächsischen Bildhauerschule schon seit jeher befolgten Traditionen auch in gotischer Zeit noch zu vertreten versuchen, und zwar, wie wir hinzufügen können, mit bestem Erfolge.

Jetzt erst, in diesem grossen Zusammenhange, verstehen wir ganz, wieso auch in Freiburg noch trotz der zur Geltung gekommenen konstruktiven Tendenzen der gotischen Kunst die Skulptur gleichsam als für sich allein bestehend aufgefasst ist und, vom architektonischen Gestaltungsprinzip unbeeinflusst, ihre volle

Selbständigkeit dem Stile wie der Auffassung nach bewahrt hat:
ganz entgegengesetzt dem Grundzuge der nordfranzösischen Baukunst dieser Zeit, welche als glücklichste Lösung der Aufgabe,
ein stilgerechtes Portal der Gotik zu schaffen, einen Typus aufgestellt hat, dessen wesentlichste Eigenschaft gerade die unbedingte
Unterordnung der Skulptur unter die Architektur ist.

Die eigentliche Gotik setzt in der deutschen Plastik erst mit
den gegen Ausgang des XIII. Jahrhunderts geschaffenen Werken
ein. Ihr erstes bedeutendes Denkmal [107] sind die späteren, in den
achtziger Jahren entstandenen Skulpturen des Bamberger Domes.
Freiburg und Naumburg aber stehen noch auf der Grenze zwischen
romanischem und gotischem Kunstschaffen, sie sind voll und ganz
Werke eines Uebergangsstiles.

Wir können uns über dieses zögernde Eindringen der Gotik in
die deutsche Plastik nicht beklagen, denn jene Werke der Ueber-
gangszeit stehen weit über den Skulpturen des ausgebildeten gotischen Stiles: sie sind das Höchste und Vollendetste, was die mittelalterliche Kunst Deutschlands auf plastischem Gebiete geschaffen
hat. Ihr Wesen gründet darin, dass sie trotz ihres vorgeschrittenen,
„frei" gewordenen Stiles doch noch eng mit der romanischen
Kunst zusammenhängen. Mag auch die sie umgebende Architektur
wie in Naumburg und Freiburg bereits die ausgebildete Formensprache der Gotik reden, sie selbst sind noch nicht das, was man
gemeinhin unter gotischen Skulpturen versteht! [108] Und so ergiebt sich die Lehre, dass man, um zu einem richtigen Verständnisse dessen zu kommen, was die
Frühgotik in Deutschland geleistet hat, unbedingt
einerseits die Entwicklung der Architektur und
Plastik und andrerseits die Ausbildung des gotischen Stiles überhaupt, wie sie sich in Frankreich
und Deutschland im XII. und XIII. Jahrhundert vollzogen hat, streng von einander trennen muss.

Sollen wir jetzt kurz die kunsthistorische Stellung des Freiburger Cyklus in der Plastik des Oberrheins kennzeichnen, so
haben wir zu sagen, dass in ihm zwar ein ganz neuer Stil nicht
aber eine ganz neue Kunst einsetzt, sondern dass er vielmehr in
ähnlicher Weise wie die betrachteten Strassburger Skulpturen den
letzten Ausklang romanischen Stilgefühles am Oberrheine verkör-

pert; dass er ferner keineswegs wie die Strassburger und Kolmarer Plastik in französische Nachahmung verfällt, sondern an die Stelle des esprit outre-Rhin, welcher jenen Werken teilweise unleugbar bis zu einem gewissen Grade anhaftet, rein deutsche Empfindung und deutsches Gefühl setzt.

Unsere Betrachtung hat uns also — fassen wir zusammen — dahin geführt, dass direktere Beziehungen nur auf Strassburg, so gut wie keine auf Frankreich, dagegen mancherlei auf Deutschland weist. Es ist dasselbe Ergebnis, welches unsere Untersuchung über das Freiburger Portal gezeitigt hat. In beiden Fällen mussten wir ausnahmslos die grosse und seltene Selbständigkeit des Werkes rühmen. Wir fragen jetzt noch einmal: woher mag der Stil der Freiburger Skulpturen gekommen sein? Wenn wir ihr zwiespältiges, zwischen zwei Stilen schwankendes Wesen und ihre trotzdem so sichere und bestimmte Formensprache betrachten, wenn wir sehen, wie zwei und hauptsächlich nur ein Typus, nämlich der der Madonna des Thürpfeilers, dem Ganzen sein charakteristisches Gepräge verleiht, wenn wir keine Grund- oder Vorform dieses Typus in der ganzen mittelalterlichen Plastik nachweisen können, und wenn wir das unabhängige, anscheinend durch keinerlei Vorbilder zu belegende Verfahren und Gestalten dieser so stark persönlich anmutenden Kunst in Erwägung ziehen, so scheint uns nur eine Lösung der hier gestellten Rätselfrage möglich zu sein: wir haben auch hier wieder das persönliche, alles leitende und alles beherrschende Eingreifen des Architekten der Vorhalle, des Erbauers der stolzen Turmpyramide vorauszusetzen! Er zeichnete nicht nur die architektonischen Risse zu diesem herrlichen Werke, er entwarf nicht nur im Vereine mit den Freiburger Dominikanern das Programm zu dem Bildercyklus der Vorhalle, sondern er schuf sich auch einen Kanon für seine Statuen und schuf ihn vielleicht selbst mit Hammer und Meissel. Entnahm er ihn der Skulpturenreihe des Strassburger Münsters, des Baues, zu dem er allein in nachweisbarem direkten Verhältnis stand? Es kann wohl sein; doch er verarbeitete selbständig, was er dort gelernt, und aus dem Verschiedenen stellte er sich eine Einheit zusammen.

Wir können uns immerhin denken, wie er sich so in Anknüpfung an die Lettnergestalten einerseits seine eigene Gewandbehandlung schuf — diese hat mit der französischen so gut wie nichts gemein — und wie er andrerseits gleichfalls in Anlehnung an die Lettnerfiguren den ersten Typus, den der Madonna und der Engelstatuetten, und auf Grund der Engelgestalten des Erwinpfeilers, der Kirche und Synagoge sowie der Engel und der Maria aus der Darstellung ihrer Krönung den zweiten Typus, den der Blumenkinder gewann.[***] Wir können es uns wohl denken, aber wir können es nicht beweisen und also auch nicht behaupten. Sollte hier aber wirklich ein Abhängigkeitsverhältnis vorliegen, so kann es nur sehr lockerer Art gewesen sein : der künstlerische Abstand der Werke ist zu gross. In Freiburg finden wir eine viel herbere Kunst, all das Feine, Elegante, Graziös-Vornehme, das den Strassburger Figuren eignet und ihre französische Abkunft offenbart, ist hier verschwunden, es ist sozusagen durch ein urdeutsches Medium hindurchgegangen und hat einen derberen Charakter angenommen. Was aber so an sinnlicher, äusserer Schönheit verloren ging, ist durch ein tief innerliches und zu Herzen sprechendes, gemütvolles Wesen ersetzt und reichlich wiedergewonnen worden. An die Stelle der bisweilen kalten und leeren Schöne der Strassburger Gestalten ist hier ein warm pulsierendes, tiefer Empfindung und hoher Aeusserungsaccente fähiges Leben getreten. Es ist eine selbständige, eigenartige und von persönlicher Empfindung getragene Kunst, welche in dem reichen Figurenschmuck der Freiburger Vorhalle einen charakteristischen Ausdruck ihres uns durchaus deutsch ansprechenden Wesens gefunden hat.

Kopf der Freiburger Madonna.

9

III.

GOTIK UND RENAISSANCE.

Das Individuum geht verloren, das Andenken
desselben verschwindet, und doch ist ihm und
andern daran gelegen, dass es erhalten werde.
Jeder ist selbst nur ein Individuum, und kann
sich auch eigentlich nur fürs Individuelle interes-
sieren. Das Allgemeine findet sich von selbst,
dringt sich auf, erhält sich, vermehrt sich. Wir
benutzens, aber wir lieben es nicht.
Wir lieben nur das Individuelle . . . . .

Goethe, Bedeutung des Individuellen.

———

Un jour viendra où personne ne contestera à la France du Nord et surtout à la Flandre l'honneur d'avoir provoqué le magnifique mouvement d'opinion qui a succédé au Moyen Age, qui produisit l'art moderne et que la pédagogie, trompée par les apparences, a eu bien tort de qualifier du terme impropre de Renaissance et d'attribuer exclusivement à l'Italie.

Louis Courajod.

Es fügt sich manchmal, dass wir im Leben Persönlichkeiten begegnen, zu denen wir uns bald hingezogen fühlen und mit denen wir binnen kurzem gut Freund werden; wir vermeinen sie ganz zu kennen und studieren sie doch niemals aus. So geht es uns mit der Freiburger Münsterhalle. Es liegt etwas eminent Persönliches in ihr, ein geheimnisvoller Zauber, den wir nie ganz ergründen können. Sie gehört eben zu den zahlreichen Werken genialer Meister, die uns ewig in ihren Bann ziehen und unsere neugierigen Fragen nach ihrem Wesen doch niemals ganz beantworten. Es ist jedoch nicht nur das Geniale an der Freiburger Schöpfung sondern vor allem ihr individueller Charakter, der uns anzieht. Wir stehen hier — mitten im Mittelalter — vor der künstlerischen That eines geistigen Individuums! Das XIII. Jahrhundert hatte ihrer gewiss noch mehr, aber selten werden wir uns dessen so bewusst wie gerade in diesem Falle, und schon deshalb verdient es hervorgehoben zu werden, dass wir in dem Freiburger Meister einer greifbaren Individualität begegnen.

Abgesehen von der Seltenheit der Erscheinung aber macht diese Thatsache noch eins in höchstem Grade beachtenswert: das ist die grosse kulturgeschichtliche Bedeutung, welche ihr inne wohnt! Diese vereinzelt auftauchenden Individuen sind nämlich keineswegs, wie man anzunehmen geneigt sein möchte, als gänzliche Ausnahmen und somit nur als Bestätigung der Regel, dass das XIII. Jahrhundert die Erscheinung des geistigen Individuums noch nicht kannte, aufzufassen, sondern sie stellen vielmehr die Gipfelpunkte einer Bewegung dar, welche im XIII. Jahrhundert mit voller Kraft einsetzt und allmählich zur Renaissance überleitet. Diese Bewegung aber ist kurz als das Erwachen des individuellen Gefühles zu bezeichnen. Dass sie frühreife Früchte gezeitigt hat, ist keine allzu ausserordentliche Erscheinung, dass wir ihnen zuerst auf dem Gebiete der Kunst begegnen, ist, wie wir sehen werden, wohl begründet. Jedenfalls aber heisst es mit einer falschen Auffassung von der Renaissance brechen, mit dem Dogma nämlich, dass erst sie mit Unterstützung des Bildungsstoffes der Antike und zunächst in Italien den Individualismus geschaffen habe.[110]

Und ebenso dürfen wir Italien fürderhin nicht mehr das Vorrecht zuerkennen, auf künstlerischem Gebiete zuerst in die Renaissancebewegung eingetreten zu sein. Gleichzeitig und unabhängig von ihm haben die Hauptkulturländer des nördlichen Europa, Frankreich und Deutschland, dieselben Wege eingeschlagen, ja es kann kein Zweifel darüber herrschen, dass ihnen im XIII. und teilweise auch im XIV. Jahrhundert unbestreitbar der Vorrang und die Führung zukommt. Es ist freilich wahr, dass im Trecento dann Italien, in dem sich jetzt strahlend das Genie Giottos zu fast ungeheurer Grösse und Bedeutung erhebt, in rein künstlerischer Hinsicht an die Spitze der Bewegung tritt, und dass die Kunst gleichzeitig in Deutschland einen tiefen Fall thut. Aber einerseits ist dieser wohlbegründet, und andrerseits greift jetzt das vlämische Volk machtvoll in die Entwicklung ein und bereitet durch seine Schöpfungen auf französischem Boden langsam und allmählich die Renaissance des Nordens vor. Während sich in Deutschland die neue Bewegung zunächst nur auf unscheinbaren Gebieten fortzupflanzen vermag und erst gegen Ende des XIV. Jahrhunderts wieder zum Durchbruch und zum Siege gelangt, beschreibt die Entwicklung in Frankreich auf diese Weise, gestützt und gefördert durch die künstlerischen Sendboten eines germanischen Volksstammes, vom Ende des XII. bis zum Beginne des XV. Jahrhunderts eine zwar nicht ununterbrochen in derselben Richtung verlaufende, aber doch stetig aufwärts steigende Linie. Ihre Rekonstruktion, vorbereitet durch die Forschungen der letzten zwei Jahrzehnte und zuerst von Courajod aufgenommen, ist im Werden.

Das scheinbare Haltmachen in der Entwicklung aber, welches für Deutschland zum grössten Teile in der That zutrifft, und welches man teilweise auch in Frankreich wahrnehmen kann, ist für die Auffassung und Beurteilung der Kunst des XIII. Jahrhunderts in dem einen wie dem andern Lande verhängnisvoll geworden. Es ist die Ursache davon, dass man den inneren Zusammenhang, der zwischen der Frühgotik und der Renaissance obwaltet, ganz übersehen oder vielmehr nicht erkannt hat. Und doch laufen auch hier, wenigstens in Frankreich, ebenso ersichtlich wie in der italienischen Kunst die verbindenden Fäden vom XIII. zum XV. Jahrhundert! Ebensowenig wie in Italien ist im Norden eine schroffe Trennung zwischen Mittelalter und Renaissance durchzuführen, und wir müssen den Begriff der letzteren, wollen wir ihn der Einfachheit und Bequemlichkeit halber beibehalten, viel weiter fassen und auf die ganze Bewegung ausdehnen, welche im Norden im XII., im Süden im XIII. Jahrhundert anhebt, um hier in dem Dreigestirn Leonardo, Raffael, Michelangelo dort, bleiben wir in Deutschland, in Erscheinungen wie Dürer und Holbein zu enden, oder — wir müssen ihn nach Thodes Vorgang durch die Bezeichnung: Neue christliche Kunst ersetzen. Denn die Renaissance des XV. Jahrhunderts bedeutet ebenso wie die des XIII. Jahrhunderts keineswegs einen Bruch mit der Vergangenheit sondern nur einen durch Entwicklung bedingten Fortschritt!

Worin äussert sich zu Anfang der Bewegung d. h. im XII. und XIII. Jahrhundert der fortschrittliche Charakter derselben? In dem Versuche, an die Stelle des Allgemein-Typischen das Besondere-Charakteristische, an die Stelle der befangenen, unfreien Naturbeobachtung ein rücksichtslos eindringendes Naturstudium zu setzen und auf geistigem Gebiete in dem Bestreben, der Universalität der mittelalterlichen Weltauffassung das Recht der freien Persönlichkeit gegenüber zu stellen. Das Einsetzen der Renaissancebewegung in der Kunst werden wir also von dem Augenblicke an zu datieren haben, wo die letztere darauf ausgeht, ein unmittelbares Verhältnis zur Natur zu gewinnen. Einzig und allein nach ihrer verschiedenen Stellungnahme zu dieser werden wir ein Recht haben die verschiedenen Kunstepochen zu bestimmen.

Wenn wir uns in folgendem mit den Anfängen der Renaissance im Norden beschäftigen, so kann es sich natürlich nur um einige ganz allgemeine Bemerkungen handeln. Eine gründliche Bearbeitung dieses Themas würde weit über den Rahmen dieser Arbeit und auch über unser Vermögen hinausgehen. Gleichwohl

haben wir es hier berührt, da es uns einmal für das volle Verständnis der wahren kunsthistorischen Stellung und Bedeutung der
Freiburger Skulpturen unerlässlich schien, und in Verbindung damit
zugleich auch für die deutsche und germanische Kunst überhaupt
der ihr von Rechts wegen in dieser Entwicklung zukommende
Platz reklamiert werden konnte; und zweitens, weil wir uns der
Hoffnung hingeben, dass sich schwerlich jemand leicht der überzeugenden Beweiskraft der mitzuteilenden Thatsachen wird entziehen können.

Die neue christliche Kunst im Norden.

I. Vorrenaissance: XIII. Jahrhundert.
System und Kanon.

Die Anfänge der Renaissance in Italien im XIII. und besonders im XIV. Jahrhundert hat uns Thode in meisterhafter Weise
erkennen gelehrt. [111] Er hat zugleich auch die Gründe, welche
zu ihr geführt, klar entwickelt und sie in der grossen sozial-
religiösen Bewegung der Bettelorden, welche nach seinem Vorgange besser noch durch den Namen des Franz von Assisi gekennzeichnet wird, nachgewiesen. Hier also haben wir es dank
seinen Forschungen mit bekannten und gesicherten Thatsachen
zu thun. Der Versuch, analoge oder wenigstens ähnliche Vorgänge in der Kunst des Nordens nachzuweisen, hat daher schon
das für sich, dass er nicht willkürlich, sondern vielmehr wohlbe-
rechtigt erscheinen dürfte.

Unter der Kunst des Nordens fassen wir in diesem Falle die
künstlerischen Bestrebungen Frankreichs und Deutschlands zu einer
Einheit zusammen, wobei allerdings zweierlei zu beachten ist.
Erstens, dass die Entwicklung in diesen beiden Ländern zwar in
ähnlicher Weise aber durchaus nicht in allen Punkten völlig übereinstimmend verläuft, indem gewisse nationale Eigenheiten wohl
zu erkennen sind. Zweitens, dass Frankreich, seinem Charakter
als Hauptkulturland des Mittelalters entsprechend, unzweifelhaft an
der Spitze der Bewegung steht und die benachbarten Länder,

Italien nicht minder als Deutschland, in vieler Hinsicht überragt und beeinflusst. Von einer einheitlichen Entwicklung aber dürfen wir wohl sprechen, weil der Grundcharakter der Bestrebungen in allen diesen Ländern durchaus der gleiche ist.

In Frankreich lassen sich dieselben am frühesten wahrnehmen und zugleich am besten erkennen und verfolgen: wir beginnen daher mit ihrer Betrachtung.

Frankreich: Formalismus und Romanismus.

Die politische Geschichte Frankreichs zeigt im Verlaufe des XII. und XIII. Jahrhunderts ein stetes Wachsen der königlichen und damit der Landesmacht überhaupt. Höhepunkte dieser glanzvollen Bewegung sind die Regierungszeiten Philipps II. August (1180—1223) und Ludwigs des Heiligen (1226—1270); sie bezeichnen zugleich die Blüte des gotischen Stiles in Frankreich. Es ist keine Frage, dass diese letztere eine Frucht der glücklichen Zeitumstände und der politischen Lage ist. Aber es kommt noch zweierlei hinzu. Erstens der nationale Charakter der künstlerischen Bestrebungen: die Kathedralen sind gleichsam le symbole même de la nationalité française, la première et la plus apparente tentation vers l'unité. [11] In Frankreich wird also die Kunst nicht sowohl durch die politischen Zustände, das Streben nach der Ausbildung eines nationalen Reiches, kurz nach Centralisation gefördert, als sie diese wieder auch in glücklicher Rückwirkung aufklärt und befördert. Sie konnte dies um so eher, als die Macht, in deren Dienst sie in dieser Zeit noch fast ausschliesslich stand, die Kirche, mit dem Königtum vollkommen Hand in Hand ging, und dieses ist der zweite, vor allem entscheidende Faktor der Bewegung. Den greifbarsten, aber zugleich auch furchtbarsten Ausdruck gewann diese Einigkeit unter Philipp August in den Ketzerkriegen gegen die Waldenser und Albigenser. während der friedlicheren Regierung Ludwigs des Heiligen der Ruhm der Begründung der Sorbonne bleibt, welcher doch ein nicht weniger sichtbares Zeichen dieses Zusammengehens von Kirche und Königtum darstellt. Mit ihrer Schöpfung ist zugleich Frankreich die geistige Superiorität im Abendlande gesichert. Dass es auch die künstlerische damals besass, bezeugt der Um-

König von Corbeil.

stand, dass wir hier die neue christliche Kunst zuerst und in glänzenderer Form als in allen anderen Ländern einsetzen sehen.

Wir haben bereits auseinandergesetzt, dass ihr erstes Merkmal in dem Fühlungsuchen mit der Natur, in dem Freiwerden von dem hieratischen Banne der älteren Zeit und weiterhin dann in einer seelischen Durchdringung der ihr gestellten Aufgaben zu suchen sein wird. Es versteht sich daher von selbst, dass wir bei unserer Betrachtung die Architektur auszuschliessen haben. Wir werden gelegentlich auf den Anteil, den auch sie an der neuen Bewegung nahm, zu sprechen kommen, schon jetzt aber wollen wir hervorheben, dass gerade durch sie ein retardierendes Element in diese hineinkam, ja die gedeihliche Entwicklung der neuen Kunst teilweise, besonders in Deutschland, ganz in Frage gestellt wurde. Das Gebiet künstlerischer Thätigkeit, auf dem sich für uns der Entwicklungsprozess am klarsten und greifbarsten abspielt, ist vielmehr die Plastik und von dieser wieder zunächst die ornamentale Skulptur.

Hier zeigen sich bald zu Anfang des XII. Jahrhunderts in der Zeit der ersten tastenden Versuche gotischer Konstruktionsprinzipien die Anfänge einer frischen freien Naturbeobachtung: die heimische Flora wird das erzieherische Vorbild der Steinmetzen, indem man zuerst die einfachen, dann die vielfältigeren Pflanzengebilde der Umgebung studiert. Um die Mitte des XIII. Jahrhunderts herrscht dann auf diesem Gebiete der ausgesprochenste Naturalismus. Klassische Zeugen desselben von hoher Vollendung haben wir z. B. in der Freiburger Vorhalle kennen gelernt; auf die Mitteilung weiterer Beispiele können wir füglich verzichten.

Zögernder vollzieht sich die Entwicklung in der figürlichen Plastik. An erster Stelle stehen hier die Skulpturen des Königs-

portales von Chartres, dessen bahnbrechender
Bedeutung wir schon so oft zu gedenken
hatten. Auch in diesem Falle hat uns Vöge
wieder über die Grundlagen ihres Wesens
aufgeklärt. Sie gehen zum grössten Teile
direkt auf die Skulpturen der Porte Saint-
Trophime in Arles zurück,[113] und diese
stehen ihrerseits in mannigfacher Beziehung
zur antiken Kunst.[114] Wir sehen also,
selbst eines klassischen Beigeschmackes entbehrt die neue Bewegung nicht! Mit
Chartres müssen die beiden Statuen von
Notre-Dame de Corbeil (heute in St. Denis),
sowie teilweise die Skulpturen der Porte
Sainte Anne von Notre-Dame in Paris zusammen genannt werden. Was uns in
allen diesen Werken entgegentritt, ist gewiss noch eine sehr befangene Kunst, aber
es trennt sie von derjenigen der vorausgegangenen Zeit doch ein grosser Unterschied:
sie zeigen nicht nur in der Annahme des
Zeitkostüms sondern auch in der ganzen
Durchbildung ihrer Verhältnisse, dass die
Künstler, welche sie gefertigt, mit offenem
Blicke in die Welt gesehen haben, und dass
der Schleier, welcher sie vordem verhinderte,
unbefangen die Natur anzusehen, von ihren
Augen gefallen ist. Aber halten wir uns
bei diesen Vorstufen und ersten Anfängen,
so bedeutungsvoll sie auch an sich schon
sind, nicht länger auf, es genügt einen
Fortschritt konstatiert zu haben und
zwar einen Fortschritt nach der Seite des
Naturstudiums hin: mit und in diesen Werken hält die neue christliche Kunst ihren
Einzug im Norden.[115]

Königin von Corbeil.

Eilen wir bald die erste Höhe dieser Bewegung zu erreichen.
An die Skulpturen der Porte Sainte Anne reihen sich unmittelbar

die der anderen Westportale der Pariser Kathedrale, welche uns
von früheren Vergleichen mit der Strassburger Plastik her nicht
mehr fremd sind, und die Mandonna von Braisne. Es folgen die
Fassaden von Laon und Amiens, die Vorhallen von Chartres, die
Skulpturen der Sainte Chapelle und schliesslich die Schätze von
Reims und Bourges. Wir befinden uns mit diesen Schöpfungen in
einem grossen Strome der Entwicklung und in jedem Werke
fast lernen wir einen neuen Fortschritt oder einen weiteren Beweis
für die rapide Ausbildung und Vervollkommnung sowie die
junge lebensfrische Kraft dieser Kunst, kennen und schätzen. Es
hiesse eine Geschichte der französischen Plastik dieser Zeit schreiben, wollte man dies im einzelnen nachweisen und die Etappen
dieser schrittweisen Entwicklung klarlegen; wir müssen uns also
darauf beschränken, nur einige wenige Momente als besonders beachtenswert hervorzuheben.

Zunächst ist diese Kunst durchaus kirchlich, nicht nur in
ihren Stoffen sondern auch in der Auffassung und Behandlung
derselben. Besonders spricht sich dies in den grossen Cyklen aus,
welche zugleich den monumentalen Charakter der Plastik dieser
Zeit in glücklichster Weise zum Ausdruck bringen. Es genügt
ein hervorragendes Beispiel derselben auf deutschem Boden in der
Freiburger Komposition kennen gelernt zu haben. Hier ist es
dann, wo auch der Architektur eine wichtige und hervorragende
Rolle zukommt, indem erst sie überhaupt, wie uns gerade der
Freiburger Cyklus wieder in charakteristischer und eindringlicher
Weise erkennen gelehrt hat, die klare und einleuchtende Wiedergabe von grossen Kompositionsgedanken ermöglicht. Und
weiterhin ermessen wir an diesen Cyklen bis zur Reimser Fassade
hin den grossen Fortschritt, welchen die Plastik in der natürlichen
und lebendigen Erfassung der Persönlichkeit gethan hat. Ein
Leugnen desselben ist völlig ausgeschlossen. Das Ziel, welches
bereits in dieser Zeit der Kunst vorgeschwebt
hat, das erkennen wir hier deutlich, ist dasselbe
gewesen, welches sich auch später wieder, nur
mit gereifterer Kraft, die Renaissance des XV.
Jahrhunderts gesetzt hat: die natürliche Darstellung der Welt und vor allem des zeitgenössischen Menschen![116] Während jedoch im Quattrocento

dieses Bestreben nur zu immer weiterer Vervollkommnung der Kunst führen sollte, hat es hier, so paradox dies klingen mag, dieselbe vielmehr auf einen abschüssigen, irreleitenden Weg gebracht.

Den Grund dieser seltsamen Erscheinung aber müssen wir in der zeitlichen Bedingtheit suchen, der das Schaffen der gotischen Steinmetzen wie der Künstler der Renaissance unterworfen war. Denn wie Ghirlandaio in seinen Fresken die Florentiner seiner Zeit malte, so giebt auch die französische Plastik in ihren einzelnen Werken nur historisch getreu die Gestalten ihrer Umgebung wieder: darin besteht zwischen der französischen Kunst des XIII. und der italienischen des XV. Jahrhunderts nicht der geringste Unterschied! Wohl aber herrscht ein solcher zwischen den Lebenskreisen, deren Repräsentanten sie uns vor Augen führen. Entnimmt Ghirlandaio seine Gestalten jener so ungemein anziehenden, kontrastreichen Renaissancegesellschaft, in der sich alles Gute und Schöne, aber auch alles Schlechte und Hässliche zu einem wunderbaren, in sich selbst widerspruchsvollen Bunde zusammenfindet, und welche nicht nur der vollkommenen allseitigen Ausbildung des Individuums völlig freie Bahn lässt — man denke an Vittorino da Feltre's ideale Ziele —, sondern die überhaupt nur das Recht der kraftvollen, freien Persönlichkeit und der Individualität anerkennt, — so schildert uns die französische Plastik die ritterlich-höfische Gesellschaft des Mittelalters, die sich in ähnlicher Weise, wie es Glaube und Wissen in den grossen Systemen dieser Zeit thun, zu einer engen, das Einzele und Individuelle unterdrückenden Gemeinsamkeit zusammenschliesst, deren höchste und vollendetste Lebensäusserung in einem vollkommen ausgebildeten, uniformen Konventionalismus besteht! Welche Folgen das für die Kunst in dem einen wie in dem andern Falle haben musste, ist klar. Konnte sie dort durch den stetig wechselnden Charakter der Aufgabe nur zu immer höheren Leistungen angespornt werden, so musste sie hier, zumal sie ja soeben erst frei und also noch nicht genug gefestigt und selbständig geworden war, unbedingt mit der Zeit auch konventionell, rein formell und äusserlich werden! War dort das Studium der Umgebung gleichbedeutend mit einem Studium der Natur im weitesten Sinne des Wortes, so führte es hier ganz im Gegenteil dazu, das ein-

dringende Naturstudium, welches in glücklicher, vielversprechender
Weise die ersten kühnen freien Schritte der nordischen Kunst begleitet hatte, aufzugeben, und binnen kurzem kam man dann
hier folgerichtig von dem konventionellen zu einem typisierenden
Bilden und Gestalten. Glücklicher Weise wurde aber damit den
Künstlern der klare Blick noch nicht sofort getrübt, das beweisen
uns einige, wenn auch nur ganz wenige herrliche Schöpfungen,
welche wir als die Erzeugnisse glücklicher Momente anzusprechen
haben, in denen sich die Kunst dem sie umgebenden Konventionalismus des Lebens zu entziehen wusste. Wir werden weiterhin
ein Beispiel dieser Richtung bekannt geben.

Vorzugsweise jedoch wird das bildnerische Schaffen durch die
Gesetze eines Kanon geleitet, und dies gereicht zunächst auch
der Kunst durchaus nicht zum Schaden. Denn da der von ihr
angenommene Kanon ein Kanon des Schönen ist, entwickelt sich
unter seinem Einfluss die französische Plastik zu einer sehr schönen,
sehr idealen und in ihrer Art klassischen Kunst. Der oft ge-
zogene Vergleich zwischen ihr und der Antike — besonders die
Werke des V. Jahrhunderts v. Chr. kommen in Betracht — ist
durchaus am Platze.

Ebenso wie die spätere Betrachtung der gleichzeitigen deutschen
Kunst in ihren einzelnen Werken bereits deutlich das ganze Wesen
des germanischen Volksgeistes bestimmt und scharf hervortreten und
erkennen lassen wird, ebenso können wir auch in dieser französischen
Plastik des XIII. Jahrhunderts schon die Grundzüge des französischen Volksgeistes und den allgemeinen Charakter des wesentlich
formalen Zielen und Idealen nachstrebenden Kunstschaffens der
romanischen Nationen überhaupt ausgesprochen finden: ihr vor-
nehmes und elegantes, nur auf Formvollendung und äussere
Schönheit abzielendes Bestreben vergleicht sich in nichts mit der
individuell belebten, bald hochdramatischen, bald tiefinnerlich em-
pfindungsvollen deutschen Kunst dieser Zeit, welche unterstützt
von einem leise keimenden Naturalismus auf die Herausarbeitung
des Charakteristischen und Individuellen ausgeht.

Die allmähliche Ausbildung des französischen Kanon zu
schildern kann ebensowenig unsere Aufgabe sein, wie es die war,
ein detailliertes Bild von der Entwicklung der französischen Plastik
überhaupt zu geben. Es genügt für unsern Zweck festzustellen,

dass beide Hand in Hand gehen, dass in demselben Masse, wie sich die zu Anfang des Jahrhunderts noch ziemlich starre und befangene Skulptur freier zu entfalten beginnt, auch der Kanon immer deutlicher hervortritt, bis er in der zweiten Hälfte des Jahrhunderts vollkommen ausgebildet vorliegt, und damit die Entwicklung der rein-französischen Plastik in aufsteigender Linie abgeschlossen ist.[117]

Wir können demnach zwei Phasen in der Entwicklung unterscheiden, die des strengen und die des freien Stiles. Ihre Zeitgrenzen lassen sich natürlich nicht bestimmt angeben, da die letztere nur ein allmähliches Entwicklungsprodukt der ersten ist. Ungefähr kann man sagen, dass der strenge Stil die ersten Jahrzehnte des Jahrhunderts beherrscht, um die Mitte desselben aber bereits fast überall dem freien Stile gewichen ist. Seine Umwandlung in diesen lässt sich am besten an den Skulpturen der Chartrerer Vorhallen verfolgen; in den späteren Figuren der Reimser Kathedrale finden wir dann schon Stil und Manier beisammen.

Wie für die Architektur bezeichnet so auch für die Plastik die Regierungszeit Ludwigs des Heiligen einen Wendepunkt: mit ihr schliesst die bedeutungsvollste und glücklichste Zeit der grossen gotischen Kulturepoche ab. Während die Architektur seitdem allmählich von ihrer stolzen Höhe herabsinkt, schlägt die Plastik verschiedene Bahnen ein, deren Betrachtung uns jedoch bereits ins XIV. Jahrhundert führt und uns also erst später zu beschäftigen haben wird. Was sich bis zu dieser Zeit aber herausgeschält hat, das sind einige wenige feststehende Typen und ist eine anscheinend ganz frische, heitere und lebensvolle, ihrem wahren Charakter nach jedoch völlig konventionelle und daher tote Kunst. Ihr Hauptvorzug besteht unleugbar darin, dass sie so gut wie ganz original ist.

Eine durchaus selbständige und nationale Schöpfung des französischen Kunstgeistes ist jedenfalls der Frauentypus, den sie allmählich ausgebildet und der seinen klassischen Ausdruck in der berühmten Vierge dorée von Amiens gefunden hat, über deren Antlitz, wie Gonse feinsinnig bemerkt, ein lionardeskes Lächeln zu irren scheint.[118]

Als nicht rein original müssen wir dagegen die männlichen Idealtypen bezeichnen, denn sie sind, wie uns wenigstens scheint,

einer starken Einwirkung der Antike unterlegen. Das lassen
bereits die Apostel der Sainte Chapelle und eine ganze Anzahl
Statuen der Reimser Fassade, um nur diese zu nennen, in unzweifelhafter Weise erkennen. Die Art und den Umfang dieses
antiken Einflusses genauer festzustellen, muss freilich der kommenden Forschung überlassen bleiben, denn vorläufig fehlt es ganz
an diesbezüglichen Untersuchungen. Wichtig und sehr beachtenswert ist dieses antikisierende Element in der französischen Plastik
schon aus dem Grunde, weil durch dasselbe das Streben nach der
Ausbildung einer rein äusserlichen, formellen Kunst, welches ja, wie
wir gesehen haben, ohnehin in dem Wesen der französischen
Skulptur begründet lag, nur gefördert werden konnte.

Und hier wird uns überhaupt die grosse Gefahr, welche in
dem kanonischen Schaffen derselben lag, ersichtlich. Denn einerseits gestatteten die Typen nach ihrer einmal erfolgten Fixierung
nur noch gewisse Freiheiten in ihrer Anwendung und dann konnten sie vor allem auch über ein ganz bestimmtes Mass von
innerem Leben nicht hinauskommen. Es leuchtet also ein, dass
man von hier aus, falls kein erneutes Studium der Natur eintrat,
nur zur Manier kommen konnte, und auf diese Weise die in den
letzten Jahrzehnten des XII. Jahrhunderts so verheissungsvoll eingeschlagene und in der ersten Hälfte des XIII. weiter verfolgte
Entwicklung zu einem vorzeitigen Ende geführt haben würde.
Wir werden sehen, auf welche Weise sich die französische Kunst
vor einem derartigen Ausgange der Bewegung bewahrt hat.

Einer zeit- und teilweisen Herrschaft des zur Manier gewordenen „gotischen" Stiles hat sie freilich ebensowenig wie die
deutsche Kunst sich entziehen können. Wer aber vielleicht deshalb der französischen Plastik des XIII. Jahrhunderts aus ihrem
allmählichen Uebergange zu einem Kanon einen Vorwurf machen
wollte, der würde ihr bitter Unrecht thun: er würde ganz übersehen, dass ja diese ihre Entwicklung, wie nicht genug hervorgehoben werden kann, durch den Charakter ihrer Zeit und Umgebung nicht nur begründet, sondern eigentlich direkt gefordert
war. Denn wenn ihre Gestalten einen rein idealen Charakter und
fast durchweg ein ausgesprochen typisches, jedes individuelleren
Zuges entbehrendes Gepräge tragen, so erweisen sie sich hierin
doch nur als die echten Kinder einer Zeit, welche das Recht

freier Persönlichkeit noch nicht kannte, und für welche die Entwicklung des geistigen Individuums noch eine Aufgabe, die vollendete, fertige Erscheinung desselben ein Gebilde der Zukunft
war. Und so gliedern sie sich dem Jahrhundert der Encyklopädien
und dem Zeitalter, welches unter dem Zeichen des Universalismus
in der Weltauffassung stand, vollständig ein und repräsentieren
darin sowohl wie in ihrem ritterlich-höfischen Wesen vorzüglich
ihre Zeit.

Und wenn wir den Werken der französischen Plastik gegenüber besonders in der zweiten Hälfte des XIII. Jahrhunderts im
allgemeinen kaum von einem tiefen Empfindungsgehalte reden
können, so entspricht das ebenfalls nur vollständig einer Zeit,
welcher eine seelische Vertiefung und eine Verinnerlichung des
Menschen erst aus den Wohlthaten und dem tiefen Gehalte eines
wie bei Franz von Assisi von wärmster Liebe und Herzensem-
pfindung getragenen Christentums erwachsen sollte. Wie die äussere
Formensprache der Kunst, so lag eben auch das innere Leben der
Menschen zu dieser Zeit noch in den Banden eines Kanon, dessen
Abstreifung erst allmählich dem sich langsam regenden individuellen
Gefühle im mittelalterlichen Menschen gelingen sollte. Auch jetzt
schon war dieses im Norden im Erwachen und stark in Bewegung; aber freilich den Bann der Systeme und des Universalismus
vermochte es noch nicht zu zersprengen. Dafür ist es jedoch in
bedeutungsvoller Weise in der Kunst zum Ausdrucke gekommen.
Denn das Ziel, welches sich diese bereits in dieser Zeit gesetzt hat,
ist, wie wir gesehen haben, ein direktes, echtes Renaissanceziel
gewesen! Wie mächtig überhaupt der Individualismus auf diesem
Gebiete schon jetzt bisweilen an den mittelalterlichen Schranken
gerüttelt hat, wird uns aber in besonders eindringlicher Weise die
deutsche Plastik des XIII. Jahrhunderts zeigen.

Die Keime zur Ausbildung einer, wir können sagen, der
neuen christlichen Kunst liegen also auch bereits in der französischen Plastik des XIII. Jahrhunderts beschlossen. Es kam nur
darauf an, sie zu befreien und zur Entwicklung zu bringen. Das
starre Glaubenssystem freilich, in welches die Kirche nach und
nach die christlichen Heilswahrheiten verwandelt hatte, war wenig
dazu angethan, diese Befreierrolle zu spielen. Es ist einfach undenkbar, dass von dieser Form des Christentums eine von seelen-

voller Empfindung getragene Kunst ihren Ausgang hätte nehmen können, und so bleibt es ewig zu beklagen, dass mit der Befreiungsthat auf künstlerischem Gebiete sich nicht zugleich auch der Bann gehoben hat, welcher auf dem ganzen Empfinden und geistigen Schauen des Mittelalters, wenigstens im Norden, lastete. Aber wir dürfen deshalb das frische verheissungsvolle Leben, das die Kunst bereits offenbart hat, nicht übersehen und vor allem nicht den Zusammenhang verkennen, der von hier aus, wie wir noch sehen werden, bis zum Beginne des XV. Jahrhunderts führt. Denn die Renaissancebewegung setzt eben im Norden in der Kunst weit früher als auf geistigem Gebiete ein! Wir werden sehen, wie ihre geheimste Triebkraft, das individuelle Gefühl, sich in der Kunst immer lebhafter entfaltet, bis es schliesslich in dem Naturalismus der Eyckischen Kunst seine vollendete Ausbildung und den höchsten Grad der Ausdrucksfähigkeit erreicht.

Was aber die französische Kunst auch damals bereits unter Umständen zu leisten vermochte, zeigen die Darstellungen der Legende des hl. Stephanus auf dem Tympanon des südlichen Querschiffportales von Notre-Dame in Paris.[119]

Man prüfe einmal eingehend und unbefangen dieses Werk, man versenke sich ganz in seine schlichte Erzählungsweise und betrachte Figur um Figur: ich glaube es wird sich Niemand dem Eindrucke entziehen können, dass hier etwas geleistet worden ist, was erst im XV. Jahrhundert wieder seinesgleichen findet! Schon die kindliche, unschuldsvolle, edle Gestalt des jugendlichen Heiligen fordert zu einem Vergleiche mit Erscheinungen der Renaissancekunst heraus, noch mehr aber die Darstellung der Scene, welche die Predigt des Stephanus schildert. Die verschiedenen Arten des Zuhörens, besonders bei der am Boden sitzenden Gruppe von zwei Männern und einer Frau, von denen der erstere ganz in sich versunken, der zweite andächtig und nachdenklich, die Frau aber mit gespanntester Aufmerksamkeit den Worten des Heiligen lauscht, dann der Mann, welcher die Predigt aufschreibt, vor allem aber die Mutter, welche ihrem ungeduldigen Kinde die Brust reicht, — das ist alles direkt der Natur und dem Leben abgelauscht und mit, man kann sagen, vollendeter Kunst wiedergegeben! Diese Scene erinnert uns unmittelbar an die gleiche Darstellung unter den von Fra Angelico da Fiesole mit Hülfe Benozzo Gozzolis in der Nikolauskapelle des Vatikans ausgeführten berühmten Fresken,[20] bei denen wir gleichfalls hier und da das Auftauchen ähnlicher genreartiger Züge gewahren.

Die Wiedergabe der dramatischen Scenen der Legende gelingt dieser frühen Kunst noch wenig — auch das gemahnt uns an die Kunst eines Fiesole! — aber wie edel und einfach im Ausdruck und Empfindungsgehalt ist nicht wieder die Grablegung des Heiligen dargestellt.

Die Gestalten Christi und der beiden Engel, welche das Tympanon abschliessen, sind voll zarter, inniger Empfindung und erinnern uns an einen anderen Meister der Florentiner Frührenaissance, an Ghiberti; wir werden sehen, dass diese innere Verwandtschaft ihre guten Gründe hat.

Es ist nicht zu leugnen, auch die Gestalten des eben besprochenen Thürfeldes sind alle nach wenigen bestimmten Typen geschaffen, aber dieser Mangel wird durch eine geschickte Gruppierung derselben so gut wie aufgehoben, und zudem versetzt die reizende, fast genremässige Behandlung des gegebenen Stoffes und der frische und doch gemässigte Realismus, den die ganze Erzählungsweise atmet uns nur immer von neuem wieder in freudiges Erstaunen und hohe Bewunderung über diese von echtem Renaissancegeiste getragene Schöpfung aus der zweiten Hälfte des XIII. Jahrhunderts. Nicht mit Unrecht hat man von ihr an das Durchdringen des Realismus in der französisch-gotischen Kunst datiert.

Sie weist, wie wir sehen werden, auf das XIV. Jahrhundert voraus, und so wollen wir mit ihr die Betrachtung der französischen Kunst des XIII. Jahrhunderts beschliessen.

Deutschland: Individualismus und Germanismus.

Die politische Lage und Geschichte Deutschlands im XIII. Jahrhundert entrollt vor unsern Augen ein trauriges Bild. Es sei uns erlassen, hier auf die ewigen Kämpfe einzugehen, die das Reichsoberhaupt teils im Lande selbst, teils mit der päpstlichen Macht zu führen hatte. Die Regierungszeit Friedrichs II., des begabtesten und weitaus bedeutendsten Herrschers aus dieser Zeit, macht uns mit diesem Elend in allen seinen Zügen bekannt. Der Untergang des Hohenstaufenhauses und das Interregnum helfen dann dieses Gemälde vollenden. Von der Hausmachtspolitik aber, die mit Rudolf von Habsburg gleichsam zur Reichsdevise wurde, und die nur teilweise als eine politische Notwendigkeit betrachtet werden kann, liess sich ein nationaler Aufschwung ebensowenig erwarten.

Wenden wir uns lieber den Lichtblicken in dieser traurigen Zeit der Reichsgeschichte zu: der Kolonisation des Ostens und der glücklichen Verteidigung der östlichen Grenzen gegen Barbarei und Unkultur (Schlacht bei Liegnitz 1241) einerseits und dem allmählich aufblühenden Städtewesen andrerseits. Es ist klar, dass für uns, die wir die Grund- und Vorbedingungen für das Gedeihen der deutschen Kunst in dieser Zeit kennen lernen wollen, nur das letztere Interesse hat.

Es verdankte seinen Aufschwung allerdings nur der Ohnmacht des jeweiligen Reichsoberhauptes und der regierenden Fürsten, aber es vereinigte in sich den einzig wehrhaften Kern und die wenigen entwicklungsfähigen Kulturelemente, welche das Reich aufzuweisen hatte, und ist deshalb doch von grösster Wichtigkeit und Bedeutung für dasselbe. Die Städte sind demgemäss auch vorzugsweise in Deutschland die Träger der Kultur; Wissenschaft und Kunst finden in ihnen eine Zufluchtsstätte und bereitwillige Aufnahme, und in ähnlicher Weise fast wie für die Dynasten und Tyrannen der italienischen Renaissance wird für die städtischen Kommunen hier die Pflege der Kunst eine ehrenvolle, wenn nicht politisch notwendige Aufgabe. So konnte es geschehen, dass gerade in der Zeit des Interregnums, die man sich gewöhnt hat als eine der traurigsten und unheilvollsten Perioden der Reichsgeschichte anzusehen, dass gerade in dieser Zeit, wie wir gesehen haben, der prächtige Skulpturencyklus der Freiburger Münstervorhalle, also ein Werk entstanden ist, welches zu dem Herrlichsten zählt, was die deutsche Kunst überhaupt geschaffen hat. Freiburg bildet freilich eine Ausnahme. Infolge einer überaus raschen und glücklichen äusseren und inneren Entwicklung war es eben schon jetzt fähig gewesen, eine glänzende Mäcenatenrolle zu spielen, während gemeinhin die Städte, mit inneren

Parteikämpfen beschäftigt, erst spät im XIII. und im Verlaufe des XIV. Jahrhunderts zu einer nachhaltigen Beförderung der Kunst gelangten. Jedenfalls war es für diese in Deutschland zu der in Rede stehenden Zeit sehr schlecht bestellt, und die Anfänge der Renaissancebewegung, welche auch hier gegen Ausgang des XII. und zu Beginn des XIII. Jahrhunderts sich bemerkbar machen, finden den denkbar ungünstigsten Boden und kaum Gelegenheit zu ihrer Bethätigung und Entfaltung. —

Nur wenige nennenswerte plastische Werke sind im Vergleich mit dem, was Frankreich noch heute besitzt, aus jenen Tagen auf uns gekommen. Aber selbst in diesen spärlichen Resten — denn auch hier wird uns die Betrachtung der Skulptur leiten — sind wir so glücklich, deutlich das kräftig pulsierende Leben einer neuen, nach Freiheit ringenden Kunst gewahren und nachweisen zu können.

In den sächsischen Gegenden, dem eigentlichen Kulturlande Deutschlands im Mittelalter, begegnen wir den ersten verheissungsvollen Regungen der neuen christlichen Kunst auf deutschem Boden. Kein anderes Gebiet, kann man sagen, war auch mehr dazu prädestiniert. Denn einzig und allein hier, in der romanischen Bildhauerschule der sächsischen Gegenden, treffen wir auf einen grossen und festgeschlossen sich vollziehenden Entwicklungsprozess, der ein Analogon zu der Geschichte der nordfranzösischen Plastik zu bieten und dessen Verlauf genügende Bürgschaft für die Fähigkeit einer gesunden Fortbildung in gotischer Zeit zu leisten vermag.

Im hohen Mittelalter schon und sofort in glänzender Weise setzt die plastische Kunstübung in Sachsen ein, um dann gegen die Mitte des XIII. Jahrhunderts in zwei Schöpfungen von hervorragender Bedeutung ihren Höhepunkt zu erreichen. Von dem thatenvollen Schaffen Bernwards von Hildesheim bis zu den Skulpturen von Wechselburg und der Goldenen Pforte von Freiberg in Sachsen durchläuft die sächsisch-thüringische Bildhauerschule einen glänzenden Werdegang von über zwei Jahrhunderten; am Schlusse desselben reicht sie dann, wie wir bereits gesehen haben, in jenen beiden Werken der grossen Schwesterkunst des Mittelalters die Hand, und während jenseits des Rheines bereits die zweite grosse Entwicklungsstufe der christlich-mittelalterlichen

Baukunst, der gotische Stil, seine volle Ausbildung erfahren hat, schaffen hier zusammen Plastik und Architektur, allerdings nicht unbeeinflusst von französischen Vorbildern, zwei Werke, welche diese beiden Künste noch in romanischen Stilformen weit glücklicher in eine harmonisch gleichberechtigte Wechselbeziehung setzen, als es in Frankreich durch den neuen, gotischen Stil geschieht, der die eine einfach der anderen unterordnet.

Die lebensvollen Anfänge der neuen Richtung aber liegen viel weiter zurück. Sie kündigen sich schon in den allerdings noch befangenen Skulpturen der Chorschranken der Liebfrauenkirche von Halberstadt an, welche dem Ende des XII. Jahrhunderts angehören dürften. Die Bewegung bleibt also in Deutschland nur um wenige Jahrzehnte gegen Frankreich zurück! Wichtiger noch ist der Umstand, dass sie sich in ihren ersten Aeusserungen und Werken von der Kunst desselben durchaus unbeeinflusst zeigt, denn dadurch charakterisiert sich diese neue deutsche Kunst als vollständig homogen mit der französischen. Hier wie dort ist es eben das Einsetzen der neuen christlichen Kunst, welches sie kennzeichnet. Ihre hervorragende Bedeutung scheint auch bereits Bode mit dem ihm eigenen scharfen Blicke erkannt zu haben, denn er sagt von den Chorschranken in Halberstadt, dass sich in ihnen „ein freier künstlerischer Sinn geltend macht, der schon wieder auf die Natur zurückzugehen beginnt und daher auch bereits einen Zug künstlerischer Individualität in sich trägt."[11]

Wie bei der Betrachtung der französischen Plastik wollen wir uns jedoch auch hier nicht bei den Anfängen aufhalten, sondern bald die Höhepunkte der Bewegung aufsuchen. Die Skulpturen der kleinen Schlosskirche von Wechselburg (ehemals zum Kloster Zschillen gehörig) und der Goldenen Pforte in Freiberg sind es, welche die erste Phase derselben bezeichnen und in dieser ihrer Bedeutung etwa der Porte Sainte Marie von Paris und den Vorhallen von Chartres entsprechen. Unstreitig die bedeutendste Schöpfung darunter ist die mächtige, holzgeschnitzte Kreuzigungsgruppe aus Wechselburg.

Wie das liebliche Fleckchen Erde, auf das man von der kleinen Höhe, auf der die Kirche steht, hinausschaut, gut deutsches Land bezeichnet, so sind auch die von tiefem, innerlichen Gefühl belebten Gestalten dieser Gruppe ein hohes Wahrzeichen deutscher und christlicher Kunst. Nichts vermag uns eindringlicher den An- bruch der neuen Zeit zu predigen als die edle Erscheinung des Erlösers, der schon ganz der menschgewordene Heiland ist, wie ihn Franziskus schaute, und die Gestalten von Maria und Johannes, deren gedämpfter und wie zurückgehaltener Schmerz von unge- meiner tragischer Grösse ist. Wahrlich, einem Werke von ähn- lich tiefem Empfindungsgehalte begegnen wir in Deutschland aus- ser im XIII. erst wieder in der Zeit des XV. und XVI. Jahrhun- derts! An die Maria hier reihen sich unmittelbar die beiden be- rühmtesten Madonnen der deutschen bildnerischen Kunst: die Madonnen von Blutenburg (Nationalmuseum in München) und Nürnberg (Germanisches Museum).

Gehen wir zu einer Betrachtung der Einzelheiten über, so überrascht uns das weitgehende Naturstudium, das sich vornehm- lich in der Gestalt des Gekreuzigten, dann in der Durchbildung der herrlichen, durchgeistigten Hände und in der einfachen und doch fast individuellen Charakterisierung der Köpfe bemerkbar macht.

Der dramatische Zug, welcher die beiden kleinen symboli- schen Gestalten des Heiden- und Judentums unter den Figuren von Johannes und Maria erfüllt, leitet uns dann zu den teilweise lebhaft bewegten Kompositionen der Kanzelreliefs hinüber, und wir erinnern uns dabei, dass fast gleichzeitig in der Strassburger Plas- tik ein dramatisches Element auftaucht, und dass dasselbe dann in Freiburg in den herrlichen Gestalten der thörichten Jung- frauen eine vollendete Ausprägung erhält. Auch in dem Kreise der sächsischen Kunst findet es eine Fortsetzung, wir werden ihm in Naumburg und dann in Magdeburg wieder begegnen.

Es liegt das bis zu einem gewissen Grade in der Zeit, denn wir treffen am Ausgange des Jahrhunderts auch in der Kunst der benachbarten Länder auf Parallelerscheinungen. Es genügt die Skulpturen der Kathedrale von Bourges (Jüngstes Gericht) und die Werke eines Giovanni Pisano zu nennen. Vor allem aber ist es, wie wir bereits bei Betrachtung der Freiburger Plastik erkannt haben, das deutsche Wesen, das sich darin machtvoll, wie dort so auch hier an allen diesen Orten und in allen diesen Werken Deutschlands offenbart. In den anderen Ländern ist es bald wieder aus der Kunst verschwunden.

Dass es gelegentlich wie in Strassburg seine Formensprache der französischen Kunst entlehnt, ändert daran nichts. Die Strassburger Skulpturen — auf die wir hier nicht mehr einzugehen brauchen, und von denen wir nur noch kurz feststellen wollen, dass sie ungefähr dieselbe Entwicklungsstufe wie Wechselburg — Freiberg bezeichnen — bleiben darum doch Werke der deutschen Plastik, nicht minder als die gleichfalls französisch beeinflusste Kreuzigungsgruppe von Wechselburg. Denn auch diesem Werke gegenüber dürfen wir uns nicht länger verhehlen, dass manches an ihm auf die transrheinische Kunst hinweist.

Die Wechselburger Gruppe geht in ihrer ganzen Auffassung und Anordnung direkt auf die viel zu wenig bekannte, hochbedeutende Kreuzigungsgruppe zurück, welche aus der ehemaligen Marienkirche in Freiberg in das Museum des K. S. Altertumsvereins zu Dresden gekommen ist; und zwar sind die Beziehungen, welche zu ihr hinüberführen, so unmittelbarer Art, dass man nicht mit Unrecht daran gedacht hat, beide Werke einem Künstler zuzuweisen.[111] Jedenfalls haben wir in dem Meister der Freiberger Kreuzigung eine Künstlerindividualität allerersten Ranges zu erkennen, dessen Bedeutung durch den Umstand, dass wir auch für seine Schöpfung das massgebliche Vorbild und zwar in der Kreuzigungsgruppe des Domes zu Halberstadt nachweisen können, nicht geschmälert wird. Erscheint dieses letztere Werk wie die höchste, abschliessende Aeusserung der rein — romanischen, eigentlich mittelalterlichen Kunst, so kommen wir mit den Freiberger Gestalten bereits in den Kreis der neuen christlichen, rein menschlich empfindenden Kunst, und den Abschluss dieser Entwicklungreihe bildet dann die Wechselburger Gruppe,[112] welche schon ganz, auch ihrem Stile nach, der neuen Zeit angehört, und welche in die bisher anscheinend urdeutsche originale Kunst der sächsischen Gegenden zum ersten Mal einen fremden Ton bringt. Denn während die Freiberger Gestalten auf uns den Eindruck einer echt nationalen, durch keine fremden Vorbilder beeinflussten, rein deutschen Kunst machen, verraten die Wechselburger dagegen in allen den Punkten, in welchen sie von jenen abweichen, unverkennbar eine Einwirkung der französischen Plastik.

Wir stellten die Wechselburger Gruppe auf eine ungefähr

gleiche Stufe mit den Skulpturen der Porte Sainte Marie in Paris;
nun, diese sind es auch, welche uns über den Stil der Wechselburger Gestalten die beste Auskunft zu geben vermögen. Schon
die von der Freiberger ganz verschiedene, mehr flächenhafte
Gewandbehandlung mit dem treppenförmigen Faltenfall der Ge-
wandsäume, dann aber vorzüglich die Kopftypen Gott Vaters und
der kleinen Gestalten am Fusse des Kreuzes und unter Maria
und Johannes weisen mit solcher Entschiedenheit auf die Skulpturen des Pariser Thürfeldes hin, dass es unmöglich ist, einen
Zusammenhang zu verkennen, und es kaum noch des weiteren
Hinweises auf die Uebereinstimmung in der Bildung der etwas
tiefliegenden Augen und in der Behandlung des Haares (man
achte auf die Stirnlocke bei Gott Vater!) bedarf, um dessen völlig inne zu werden. Es ist und bleibt eine Thatsache, dass selbst
die anscheinend so ur- und reindeutsche sächsische Bildhauerschule
in gewissen Fällen einer äusseren Einwirkung der französischen
Kunst unterlegen ist.

Bisher glaubte man eine solche nur aus der Komposition
der Goldenen Pforte in Freiberg herauslesen zu können, jetzt
müssen wir den Wirkungskreis der französischen Kunst auch auf
die Wechselburger Kreuzigung ausdehnen — allerdings mit einer
gewissen Beschränkung. Wir haben bereits mehrfach, besonders
gelegentlich Freiburgs, die grosse Selbständigkeit kennen und
schätzen gelernt, welche die deutsche Kunst fast stets bei diesem
Aufnahmeprozess beweist, und müssen nun feststellen, dass Wechselburg in dieser Hinsicht keine Ausnahme macht, sondern dass
auch hier die grösste Freiheit in dem Aneignen der fremden Stilprinzipien herrscht. So sind gerade die grossen Gestalten Christi,
dann besonders der Maria und des Johannes anscheinend von der
französischen Kunst nur wenig und mit Ausnahme der Gewandbehandlung bloss in Details beeinflusst. Der Typus der Maria
aber geht z. B. ganz direkt auf die Freiberger Gestalt der Madonna zurück.

Wie sich dann ein letztes Nachklingen dieser französischen
Elemente auch noch in den stilistisch eng mit Wechselburg zusammenhängenden Freiberger Skulpturen verspüren lässt, ist bereits in einem früheren Kapitel zur Sprache gekommen. Ein
näheres Eingehen auf dieselben können wir uns hier ersparen,

da sie im wesentlichen nur die gleiche Kunst wie die Wechselburger Werke zeigen.

Eine weitere Entwicklungsstufe und zugleich den Höhepunkt
der neuen Bewegung lernen wir erst in Freiburg und Naumburg
kennen: über das hier Geleistete ist die deutsche Plastik vor der
zweiten Hälfte des XV. Jahrhunderts nicht mehr hinausgekommen.
In Hinsicht auf ihre monumentale Wirkung aber stellen sie, die
Naumburger Werke voran, überhaupt das Höchste mit dar, was
die deutsche Kunst auf diesem Gebiete je geschaffen hat.

Zu den Freiburger Skulpturen brauchen wir hier nichts mehr
zu bemerken. Die realistischen Bestrebungen und das hervorragende Charakterisierungsvermögen, welche ihnen eignen, sind bereits eingehend gewürdigt worden. Besonders lehrreich aber ist ein
Vergleich mit den Gestalten der eben erwähnten Goldenen Pforte
von Freiberg. Denn wenn sie auch an Schönheit zum grössten
Teile hinter diesen zurückstehen mögen, so übertreffen sie dafür
andrerseits dieselben weit in der Zeichnung seelischen Lebens
und momentanen Ausdruckes: hier siegt die feinere naturalistische Durchbildung und Schilderung der vorgeschrittenen Zeit![114]

Vertreten die bisher betrachteten, der ersten Hälfte des Jahrhunderts angehörigen Strassburger Skulpturen die ersten Anfänge
der neuen Kunstbewegung am Oberrhein, so zeigt uns der Freiburger Cyklus dieselbe auf ihrer Höhe. Darin beruht seine hauptsächlichste Bedeutung, und das ist die wichtigste Seite seines Wesens. Diese Erkenntnis erst verschafft uns die volle Erklärung
dafür, dass die Freiburger Bildhauerschule, wie wir späterhin sehen
werden, sofort eine beinahe centrale Bedeutung und Stellung am
Oberrhein gewinnt.

Dieselbe Rolle fast wie jene dort spielen in der sächsisch-
thüringischen Kunst die Skulpturen des Naumburger Domes. Es
sind weihevolle Stunden, die man im Betrachten dieser Bildwerke
durchlebt. Nirgends wie hier im Chore, von dessen Wänden die
herrlichen Stifterfiguren stumm auf uns niederschauen, umweht
uns so ahnungsvoll und ergreifend zugleich ein vormärzlicher
Frühlingshauch des Renaissancegeistes und der neuen Zeit der
Freiheit, die im Werden ist; nirgends wie hier, es sei denn in
der Sainte Chapelle in Paris oder, bis zu einem gewissen Grade
auch, in der Freiburger Vorhalle umfängt uns so gewaltig ein ge-

heimnisvoller Bann und erfüllt unser Herz staunende und ahnende
Bewunderung über die tausendfältigen Kräfte und Strömungen,
welche das XIII. Jahrhundert in so wunderbar reicher Weise bewegten und belebten. Zeit und Raum verschwinden für unser
Gefühl, und wir empfinden nur vag einen grossen Zusammenhang
und eine mächtige Gemeinsamkeit.

Die Naumburger Stifterfiguren bezeichnen den ersten Höhepunkt der neuen christlichen Kunst. Denn in ihnen bricht sich
zum ersten Male der Individualismus der neuen Zeit in unver-
kennbarster Weise machtvoll und bewusst siegreiche Bahn und
schafft damit die ersten wirklich individuellen, scharf charakterisierten Gestalten der neuen christlichen Kunst! Hier glauben wir
seit dem Verfall der antiken Kultur und Kunst zum ersten Male
wieder vor historischen Persönlichkeiten zu stehen und nicht nur
die Portraits von Zeitgenossen des Künstlers sondern voll ausgebildete Individuen, Erscheinungen wie aus unsrer Zeit fast, kurz
individuelle, moderne Menschen vor uns zu sehen! Was das zu
bedeuten hat, wird uns am besten aus einem Vergleiche mit einigen
gleichzeitigen Schöpfungen der französischen Plastik klar werden.

Man stelle nämlich einmal die Naumburger Gestalten mit den
Figuren derjenigen Königsgräber zusammen, welche zur Zeit
Ludwigs des Heiligen in St. Denis errichtet worden sind. Die
Aufgabe, welche hier den Künstlern gestellt war, war genau die
gleiche: es galt Portraitfiguren von z. T. längst verstorbenen Persönlichkeiten anzufertigen, über deren äussere Erscheinung man
nur wenig oder auch garnicht unterrichtet sein mochte. Aeusserst
lehrreich und interessant ist nun die verschiedene Art, in welcher
sich die Bildhauer dieser Aufgabe entledigt haben. Uebereinstimmend
verlegten sie zunächst die historischen Gestalten in ihre
Zeit und Umgebung und ersetzten sie in ihren Werken durch
zeitgenössische Erscheinungen. Während dann aber die französischen Bildhauer den in ihrer heimischen Kunst ausgebildeten Kanon
in Anwendung brachten und auf diese Weise eine Reihe völlig
übereinstimmender typischer Figuren lieferten, machte der Naumburger Meister den Versuch, eine Anzahl verschiedener Charakter-
gestalten zu schaffen! Wahrlich, wir können den direkt entgegengesetzten Charakter dieser Schöpfungen nicht besser kennzeichnen
als durch die Worte: Gotik und Renaissance; denn derselbe Ge-

gensatz fast, welcher, wie wir gesehen haben, zwischen der französischen Plastik des XIII. und der italienischen Kunst des XV. Jahrhunderts obwaltet, besteht auch zwischen jenen Königsgräbern in St. Denis und den Naumburger Statuen: das Ziel, welches der französischen Plastik vorgeschwebt hat, hier, in Naumburg, ist es erreicht!

Fragen wir aber nach der wunderbaren Macht, welche solches in Naumburg bereits im XIII. Jahrhundert zu stande gebracht hat, so giebt es nur eine Antwort: es ist das erwachende individuelle Gefühl gewesen, welches in diesem Falle den deutschen Genius entzündet und schon in dieser frühen Zeit zu einer glänzenden Kundgebung und Offenbarung des germanischen Wesens und Volkscharakters geführt hat. Denn dieser ist es dann weiterhin gewesen, welcher durch die Kraft des individuellen Gefühls erweckt in dem Naumburger Meister die Wesenselemente ausgelöst hat, welche seine Schöpfungen zu echt deutschen Werken stempeln und seiner Kunst den Vollcharakter germanischer Kunst verleihen. Sowohl der hochdramatische Zug seines Schaffens, den wir an den vier Gestalten der Chorrundung, besser aber noch an den Reliefs des Lettners studieren können, wie das Bestreben nach möglichst scharf charakterisierender Gestaltung und sein ausgeprägter Realismus treten in schärfsten Gegensatz zu der eleganten, rein äusserlichen und formenschönen Kunst Frankreichs. Verzicht auf Schönheit zu Gunsten der Wahrheit! — dieser Grundzug der Naumburger Kunst wurzelt tief im deutschen Charakter: er bleibt das kennzeichnende Merkmal aller wahr und ernst gemeinten Aeusserungen desselben und stellt als den grössten Künstler der deutschen Renaissance neben den schönheitstrunkenen Idealisten Raffael den tiefen Naturalisten Dürer.

Einer ähnlichen Versammlung von Erscheinungen wie im Naumburger Chore begegnen wir in der deutschen Kunst erst wieder in der Zeit der Hochrenaissance, als der ausgeprägteste Renaissancemensch, den Deutschland gekannt hat, Maximilian I., sich in der Hofkirche zu Innsbruck sein Grabmal errichten liess. Aber selbst hier noch scheinen uns die Gestalten des Naumburger Chores, nach ihrem rein künstlerischen Werte gemessen, abgesehen von den Vischerschen Statuen nicht erreicht, geschweige denn übertroffen zu sein, und doch können auch sie nicht ganz

ihre Zugehörigkeit zu dem grossen XIII. Jahrhundert verleugnen!
Denn bei schärferem Zusehen lässt sich nicht verkennen, dass
selbst in Naumburg den anscheinend so verschiedenen Portraits
wenige, ganz bestimmte Typen zu Grunde liegen, welche allerdings in reichster und wechselndster Weise variiert worden sind.
Einen Vorwurf darf man aber ihrem Verfertiger hieraus ebensowenig machen wie der französischen Plastik aus ihrem kanonischen
Schaffen. Denn das XIII. Jahrhundert wird eben, wie wir schon
bei der Betrachtung jener gesehen haben, in der Wissenschaft von
Systemen, im Leben vom Kanon des Konventionalismus, in der Kunst
— im allgemeinen — von der typisierenden Darstellungsweise
beherrscht, und so muss unsre Achtung vor der Schaffenskraft
unsres unbekannten Meisters nur um so höher steigen, wenn wir
sehen, dass einzig und allein er den starren Bann und die Gebundenheit seiner Zeit mit einer so täuschend lebenswahren Charakteristik von anscheinend durchaus individuellen Persönlichkeiten
zu durchdringen vermocht hat.

Daher stellen seine Gestalten auch nicht nur das Höchste
dar, was das XIII. Jahrhundert geleistet hat, sondern sie bezeichnen
zugleich auch das Höchste, was dieser Zeit überhaupt zu schaffen
beschieden sein konnte und bezeugen zuguterletzt deutlich, dass
der veränderte, freiere Charakter der ganzen Kunst dieses Jahrhunderts nur die Folge des erwachenden individuellen Gefühles
gewesen, in diesem jedenfalls eine der Hauptwurzeln und Grund-
bedingungen ihres Aufschwunges und ihrer glänzenden Entfaltung
in dieser Zeit zu suchen ist.

Die Bedeutung der Naumburger Stifterfiguren ist somit eine
ungemein wichtige und es wird Zeit, dass wir ihr in ihrem vollen
Umfange gerecht werden: sie nehmen in der Geschichte der neuen
christlichen Kunst nicht nur einen Ehrenplatz, sondern vielmehr
eine äusserst bedeutsame Mittelstellung ein; denn sie bilden einen
direkten Angelpunkt in ihrer Entwicklung. In gleicher Weise
nämlich, wie sie durch ihre individuelle Gestaltung aufklärend auf
die Kunst der vorangegangenen Zeit des XIII. Jahrhunderts zurückweisen, deuten sie auch bereits vollkommen die Richtung an,
welche die weitere Entwicklung einschlagen wird. Denn diese
wird im XIV. Jahrhundert, wie wir sehen werden, fast ausschliesslich durch die allmähliche, besonders von der germanischen Rasse

gepflegte und beförderte Ausbildung des individuellen Gefühles beherrscht, indem dasselbe die Künstler auf eine eifrige Beschäftigung mit dem Studium der Einzelerscheinung, im höchsten Sinne mit dem Portrait hindrängt, um schliesslich in der Kunst der Brüder van Eyck den folgerichtigen Abschluss zu finden. Denn in ähnlicher Weise, wie die Naumburger Gestalten einerseits auf das XIII. Jahrhundert zurück- und andrerseits auf das XIV. Jahrhundert vorausweisen, wächst der Genter Altar, wie wir sehen werden, aus dem XIV. Jahrhundert heraus, um dann seinerseits den Weg zu bezeichnen, welchen das künstlerische Schaffen im Zeitalter der eigentlichen Renaissance und zwar zunächst im Quattrocento nehmen wird. Wir werden also in ihm den zweiten Angelpunkt in der Entwicklung der neuen christlichen Kunst des Nordens kennen lernen: in ihm mündet die im XIII. Jahrhundert einsetzende Bewegung direkt in die Renaissance ein!

Wir wollen jetzt bald, ohne später noch einmal darauf zurückzukommen, die äusserst beachtenswerte Thatsache feststellen, dass es also zwei Werke germanischen Kunstgeistes sind, die in der Entwicklung der neuen christlichen Kunst des Nordens einmal eine bedeutungsvolle und dann eine entscheidende Rolle spielen, — obwohl das eigentliche Kulturland in dieser ganzen Zeit Frankreich ist.

Der gleiche Fortschritt wie in der Freiburger Plastik bekundet sich auch in den Naumburger Stifterfiguren, bei denen ja schon die Aufgabe, geschichtliche Persönlichkeiten darzustellen oder wenigstens portraitmässige Gestalten zu schaffen, ein tieferes Eingehen auf die Natur und ein genaueres Studium der Einzelerscheinung erforderte. Es ist nur eine durchaus natürliche Folge hiervon, wenn wir in Naumburg dann überhaupt eine feinere naturalistische Durchbildung Platz greifen sehen. Denn folgerichtig mussten auch die Gestalten des Lettners von dem eingehenden Naturstudium, welches die Stifterfiguren voraussetzten, ihren Vorteil ziehen.

Dieser stärkere Naturalismus hat vorzüglich zu einer liebevolleren Behandlung der Details geführt, sie stärker hervorgehoben und eingehender berücksichtigt. So hat der Meissel z. B. hier und da in der Durchbildung der Hände, besonders bei den Frauen, geradezu Wunderbares geleistet: man möchte fast sagen, dass sie mehr voll Leben sind als die Gestalten selbst. Wie mächtig jedoch auch hier bereits das deutsche Gefühl die starren Formen des Steines zu durchdringen und sie mit heftig pulsierendem Blut und Leben zu erfüllen bestrebt gewesen ist, zeigen die prachtvoll dramatisch erfassten Gestalten der vier Ritter der Chorrundung.

Die hohe Schönheit der Freiberger Skulpturen ist in Naumburg mehr ins Leben getreten und, indem sie sich dem Zuge der Zeit folgend, wie er sich besonders auch in der Litteratur erkennen und verfolgen lässt, in ähnlicher Weise wie zu Freiburg mit einem ausgesprochenen Realismus vermählt hat, wahrer geworden. Weniger elegant in ihrer äusseren Erscheinung und weniger schön als die Gestalten der Goldenen Pforte müssen wir den Naumburger wie den Freiburger Skulpturen gleichwohl um ihrer grösseren Lebenswahrheit willen unbedingt den Vorzug vor jenen einräumen.

Noch deutlicher als in den Gestalten des Chores, welche immerhin eine gewisse Idealität gewahrt zeigen, offenbart sich das zielbewusste realistische Streben der Naumburger Kunst in den Skulpturen des Lettners, besonders in den Reliefs und in der Gestalt Christi. Die Figuren von Maria und Johannes hingegen überschreiten bereits bei dem Versuche, starke Gefühlsausdrücke zu verbildlichen, die dieser Kunst noch gesteckten Darstellungsgrenzen. Der sächsische Stil hatte sein Höchstes nach dieser Seite hin bereits in der Wechselburger Kreuzigungsgruppe geleistet. Das Gedämpfte, Zurückgehaltene des Schmerzes entsprach seinem Charakter besser als das gewaltsame Hervorbrechen desselben, wie es hier zu schildern versucht ist. Es leidet nur, wie jene beiden Gestalten zeigen, die ruhige, würdevolle Haltung der Figuren darunter, wie denn auch beim Johannes nicht nur die strenge Geschlossenheit der Stellung durch eine heftige, unruhige Bewegung erschüttert, sondern selbst die Gewandung, sowohl bei ihm als bei der Maria lebhafter bewegt und reicher gegliedert ist, gleichsam als ob auch sie an den erregten Schwingungen der Seele teilnähme.

Vorteilhaft dagegen erweist sich das neue Streben in dem ungemein feinen Naturalismus der grossartigen, wahrhaft edlen Christusfigur. Ein starker Mann und ein starkes Leiden, das ist es, was uns der Künstler vor Augen führt: ein kräftiger, durch das Leiden ungebrochener Körper, dessen Durchbildung eine für diese Zeit staunenswerte Kenntnis der Anatomie des menschlichen Leibes verrät, und dementsprechend ein starkes physisches Leiden treten uns entgegen. In dem wunderbar schönen Christuskopfe ist kein seelischer Schmerz zu entdecken, wohl aber sind die Spuren schweren körperlichen Leidens in ihm zu lesen. Aber so massvoll ist dieser Naturalismus, dass das Ergebnis nur ein mächtig ergreifender Eindruck, eine durch den Schmerz verklärte Schönheit ist. Und so müssen wir diesen kraftvoll leidenden Christus über den der Wechselburger Gruppe stellen; an monumentaler Wirkung stehen sie sich gleich.

Am weitgehendsten zeigt sich der Naturalismus der Naumburger Kunst in den Reliefs. Ihre eindringliche und lebendige Erzählungsweise erinnert uns an das Tympanon des Querschiffportales von Notre-Dame in Paris, doch gehen sie in dramatisch bewegter Gestaltung der Scenen weit über das dort Geleistete hinaus. Dafür finden wir aber auch andererseits wieder von der Schönheit der Pariser Figuren hier keine Spur.[225] Das Wesen der Naumburger Kunst ist Wahrheit! Wie prachtvoll ist nicht die ganz realistische Figur des sich die Hände waschenden Pilatus, wie vortrefflich nicht die Gestalt des Judas bei Empfangnahme des Sündenlohnes charakterisiert! Auch hat sich der Künstler nicht gescheut, den jüdischen Typus in markanter Weise zur Darstellung zu bringen, und ebenso hat er zielbewusst den Kriegsknechten rohe und ihrem Handwerk entsprechende Mienen verliehen, indem er den Gesichtsausdruck, freilich auf Kosten der Schönheit, nach Möglichkeit zu steigern versucht hat: wie der ganze Charakter der Reliefs ist auch er dramatisch-lebendig. Dazu kommt die Kunst der Komposition. Es ist erstaunlich zu sehen, wie der Künstler mit nur wenigen Figuren, wenigen, aber äusserst ausdrucksvollen Bewegungen und Gebärden sein Ziel zu erreichen verstanden hat. „Seine Kompositionen zeigen nicht allein das Zeitkostüm des XIII. Jahrhunderts mit der biblischen Gewandung einheitlich verarbeitet, sondern vereinigen mit dieser künstlerischen Ausgleichung noch eine Fülle verschiedenartigen Benehmens, mannigfaltiger Gebärden, lebenswahrer Charaktere, die in Erstaunen setzt, und offenbaren eine Energie der persönlichen Gestaltungsgabe und zugleich eine Höhe der allgemeinen Kunstlehre, die wir lange genug unterschätzt haben, während man uns Niccolo und

Giovanni Pisano bewundern lehrte, deren Reliefkunst hier an
Originalität und Tiefe der Auffassung ebenso, wie an technischer
Durchbildung und an freiem Fluss, weit übertroffen wird."[226]

Wir stellten die Reliefs vom Querschiffe von Notre-Dame in
Paris mit den Naumburger Lettnerskulpturen in Vergleich; wir
könnten denselben und zwar mit noch mehr Recht auf die Gestalt
eines Subdiakons in Naumburg ausdehnen, welche als Pultträger
dient und erst von Schmarsow wieder in der ihr zukommenden
Bedeutung gewürdigt worden ist.[227] Er weist sie dem Anfange
des XVI. Jahrhunderts zu und vergleicht sie in vollkommen
richtiger aesthetischer Würdigung ihres künstlerischen Charakters
und Wertes mit der Kunst der italienischen Frührenaissance,
speciell mit der Luca della Robbia's. Sie gehört aber keineswegs
der Zeit der Renaissance sondern, wie bereits Weese erkannt
hat,[228] dem XIII. Jahrhundert und dem Kunstkreise der Naumburger Bauhütte an, und so beweist sie nur im Verein mit der
ihr wesensverwandten Gestalt des jugendlichen Stephanus in Paris,
wie nahe sich die Kunst des XIII. Jahrhunderts in einigen ihrer
Werke mit der Renaissance berührt, und dass die neue Bewegung
nicht nur eine von echtem Renaissancegeiste getragene, sondern
eben der Beginn der neuen christlichen Kunst — der Renaissance
selbst war![229]

Ein weiteres Zeugnis dafür, welches die Richtigkeit unserer
Beobachtungen bestätigen mag, ist die prachtvolle Holzstatue des
sitzenden Dominikus aus der Paulinerkirche in Leipzig (jetzt im
Besitze der Universität), welche erst ganz vor kurzem, gelegentlich
der Inventarisierung der städtischen Kunstdenkmäler, in den Kreis
kunstwissenschaftlicher Betrachtung eingeführt worden ist.[230] Auch
ihr gegenüber möchte man bestimmt glauben, es mit einem Werke
des XV. und nicht mit einem solchen des XIII. Jahrhunderts zu
thun zu haben. Die Richtigkeit ihrer Zuweisung an die sächsische
Bildhauerschule dieser Zeit steht gleichwohl ausser Frage. Diese
Gestalt, „ausgezeichnet durch die Ruhe der Haltung, die Feinheit
und Milde des Ausdruckes in dem edlen Kopfe und den müden
Händen und durch die wunderbare Stimmung des Ganzen",[231]
findet in ihrem ausgesprochenen Realismus und besonders in ihrer
hervorragenden Charakterisierungsschärfe in der ganzen gleichzeitigen Plastik, weder in Frankreich noch in Italien, ein auch

11

nur annähernd ebenbürtiges Seitenstück. Sie beleuchtet blitzartig
die Bahnen, auf denen sich die Kunst bereits zu dieser Zeit befand: so, wie sie uns dieses ganz eigenartige Werk zeigt, weisen
sie direkt auf die erst im XV. und XVI. Jahrhundert von der
Kunst wieder erstrebten und erreichten Ziele hin!

„Die gewaltige Bedeutung dieser sächsischen Skulptur für
die deutsche Kunst und die deutsche Geschichte überhaupt, muss
jedem einleuchten, der sie mit anderen Versuchen derselben Periode vergleicht, selbst im weitesten Umkreis, nach Frankreich und
Italien schauend." Nur unter dem machtvollen Druck der neuen
individuellen Triebkraft und „nur auf Grund der freien und un-
beengten Stellung, die das romanische Bausystem in Deutschland
so lange der Schwesterkunst gewährte, ja zur Steigerung des
eigenen Strebens auffordernd anwies, vermochte die Bildnerei sich
zur Selbständigkeit und Naturwahrheit hindurchzuringen, und so
in letzter Stunde den tiefsten Gehalt des Lebensgefühls zu verkörpern, der beim glutroten Niedergang der Hohenstaufensonne
in der deutschen Gesellschaft vorhanden war".[332]

Dem Ende des XIII. Jahrhunderts gehören mit Ausnahme der
Skulpturen des Georgenchores die Bildwerke des Bamberger und
die Statuen der Paradiesespforte des Magdeburger Domes an. Beide
Gruppen von Werken stehen nicht auf der Höhe der Freiburger
und Naumburger Plastik. Die ersteren haben auch schon als zwar
freie, aber doch immerhin ziemlich direkte Nachschöpfungen französischer Vorbilder weniger Interesse für uns, wie wir ja überhaupt nicht
nur alle unmittelbaren Ableger der französischen Kunst wie z. B. die
Trierer Skulpturen und die von der Stiftskirche St. Peter zu Wimpfen i. Th., sondern auch alle unbedeutenderen Schöpfungen der
deutschen Plastik dieser Zeit grundsätzlich von unserer Untersuchung
ausgeschlossen haben.[333] Bedeutsam für uns sind nur die soeben
erwähnten Magdeburger Statuen. Denn in diesen tritt uns die letzte
Verkörperung jenes dramatischen Zuges entgegen, den wir als
kennzeichnendes Merkmal der besten deutschen Bildwerke aus der
Zeit dieser ersten Blüte der neuen Kunstbewegung erkannt haben.
In lebendigster, aber immer noch massvoller Weise zur Darstellung gebracht, hilft er die sächsische Plastik an der Grenze des
XIII. Jahrhunderts in schöner und edler Weise abschliessen und
gewissermassen vollenden.

Bei einem Rückblicke auf die deutsche Plastik des XIII. Jahrhunderts ergiebt sich als Resultat unserer Betrachtungen folgendes.

Fast gleichzeitig und in ihren Anfängen allem Anscheine nach durchaus unabhängig setzt wie in Frankreich auch in Deutschland eine grossartige und nach neuen Zielen strebende Bewegung ein, eine Bewegung, in der wir, wie unsere weitere Untersuchung ergeben wird, den Ausgangspunkt der neuen christlichen Kunst zu erkennen haben. Wie in Frankreich vollzieht sich dieselbe in zwei Phasen. Die erste dürfen wir im allgemeinen, von Werken wie den Prophetenreliefs des Bamberger Georgenchores abgesehen, als eine ihrem Kunstcharakter nach idealistische und ihrem Ausdruck nach rein christliche bezeichnen; sie gleicht darin vollständig der entsprechenden älteren Entwicklungsstufe der französischen Kunst, übertrifft dieselbe aber bedeutend durch ihren viel tieferen Empfindungsgehalt. Die zweite entwickelt die bereits in der vorangehenden Periode gezeitigten realistisch-dramatischen Tendenzen zu hoher Vollendung, ohne darüber an innerem Werte zu verlieren. Sie stellt sich damit in schroffen Gegensatz zu der gleichzeitigen Entwicklung der französischen Plastik, welche über der äusseren Form den inneren Gehalt fast ganz vernachlässigt und nur wenige Werke schafft, die nach dieser Seite hin einen Vergleich mit der deutschen Kunst aushalten können. Ein weiterer Unterschied von jener besteht dann darin, dass der deutschen Plastik vollständig sowohl das kanonische Schaffen als das ritterlich-höfische Wesen der französischen Skulptur abgeht, und wir hier vielmehr auf sehr verschiedene und reich variierte Typenbildungen stossen, so dass das Kunstschaffen in Deutschland ein weit individuelleres Gepräge als in Frankreich an sich trägt. Charakteristische Beispiele dafür haben wir z. B. in den eingehender betrachteten Skulpturen aus dem südlichen Querschiffe des Strassburger Münsters kennen gelernt. Dagegen lässt sich ein Vorzug der französischen Plastik nicht abstreiten: an Schönheit und Eleganz der Erscheinung übertrifft sie, wenn wir von den Gestalten der Kirche und Synagoge an letzterwähntem Orte absehen, alles, was in Deutschland geschaffen wird. So unterliegt denn hier auch die Plastik in dieser Beziehung einer das ganze Jahrhundert hindurch anwährenden französischen Einwirkung, welche sich teils in direkter Nachahmung, teils in mehr oder weniger selbständiger Verwertung der fremden Einflüsse äussert, wobei jedoch wohl zu beachten ist, dass die Hauptwerke sich stets einen lokalen Charakter zu bewahren wissen, welcher bis- weilen, wie z. B. in Freiburg, sogar ganz ohne jede französische Beeinflussung geblieben zu sein scheint.[134]

Rein deutsch ist in allen den Schöpfungen, die nicht ganz direkt auf fremde Vorbilder zurückgehen, der Empfindungsgehalt, und an Reichtum und Tiefe desselben stehen sie überhaupt ganz unerreicht in dieser Zeit da. Was für die Bildwerke der franzö- sischen Gotik nur zum Teile gelten konnte, trifft in Deutschland auf die hervorragenderen und selbständigen Werke ausnahmslos zu: sie sind ganz und voll Schöpfungen echt christlichen Geistes!

Damit ist jedoch die Bedeutung der deutschen Plastik des XIII. Jahrhunderts noch nicht erschöpft; sie liegt, wie wir glauben, viel tiefer und ist weit umfassender. In den Werken aus ihrer zweiten Phase sind nämlich bereits, wie uns dünkt, die Keime des ganzen späteren Kunst- schaffens der germanischen Nationen enthalten: der vom Individuellen und Charakteristischen ausgehende Naturalismus und das Drama! Der Naturalismus wird zunächst das besonders und mit Vorliebe gepflegte Gebiet der niederländischen Kunst — wir werden die äusserst wichtige Rolle, welche in dieser Beziehung schon das XIV. Jahrhundert spielt, weiterhin kennen lernen — aber auch in Deutschland findet er bald seine Meister, und in Albrecht Dürers Wirken und Schaffen verbindet er sich dann mit dem zweiten Elemente germanischen Kunstschaffens, mit dem Dramatischen, zu einer höchsten Kundgebung deutschen Kunstvermögens und Kunst- strebens überhaupt.[135]

Wir sehen also, dass es an Berührungpunkten zwischen der deutschen Kunst des XIII. Jahrhunderts und dem germanischen Kunstschaffen der späteren Zeit keineswegs fehlt, ja dass wir mit gutem Rechte vielleicht in jener bereits die verheissungsvollen Anfänge zu diesem erblicken können. Aber damit ist noch nicht erwiesen, dass hier wirklich ein Zusammenhang besteht, dass die im XIII. Jahrhundert einsetzende Bewegung sich auch in der Folgezeit fortpflanzt, dass die betrachteten Werke wirklich den Anfang und die einzelnen Meister den Höhepunkt und das Ende

derselben bezeichnen, kurz dass wir ein Recht haben, diese Bewegung, soweit die bildende Kunst in Betracht kommt, als das
in die Erscheinung Treten der neuen christlichen Kunst zu feiern!
Bevor wir dies mit gutem Gewissen thun können, müssen wir
erst den Beweis erbringen, dass die im XIII. Jahrhundert einsetzenden Bestrebungen nicht, wie man bisher angenommen hat,
eine nur vorübergehende Erscheinung gewesen sind, sondern dass
sie wohl eine Fortsetzung gefunden und sich in ununterbrochenem
Verlaufe bis zum XV. Jahrhundert weiter entwickelt haben. Gelingt uns aber dieser Nachweis, wird uns der Zusammenhang
zwischen der Kunst des XIII. und XV. Jahrhunderts wirklich zur
Gewissheit, dann ergiebt sich die Berechtigung zu unserer Bezeichnung derselben als der neuen christlichen Kunst schon
von selbst.

II. Die flandrisch-germanische Renaissance:
XIV. Jahrhundert.

Individuum und Kunst.

Das XIV. Jahrhundert führt uns anscheinend, forschen wir
nach hoher Kunst, ausschliesslich nach Italien: das Genie Giotto's
verdunkelt alles, was in dieser Zeit sonst noch geschaffen wird,
und es gilt für eine ausgemachte Thatsache, dass dem Norden
das „Trecento" fehlt. Bis zu einem gewissen Grade trifft das auch
vollständig zu; denn wir vermissen hier allerdings in der Zeit des
XIV. Jahrhunderts eine Persönlichkeit, welche Giotto an die Seite
zu setzen wäre, und eine derart mächtige und einheitliche Kunstbewegung, wie sie durch das Schaffen jenes begründet wird.
Aber der Norden hat gleichwohl auch sein Trecento gehabt,
wir haben es soeben bei der Betrachtuug d e r n o r d i s c h e n
K u n s t d e s XIII. J a h r h u n d e r t s kennen gelernt. Wenn man
dies bisher übersehen hat, so liegt es daran, dass der Charakter
der Kunst des Nordens im XIII. wie im XIV. Jahrhundert noch
nicht richtig erkannt worden ist, und dies wieder beruht darauf,
dass man sich des doppelseitigen Wesens der Gotik nicht bewusst
geworden ist.

Begründet sie auf der einen Seite im XIII. Jahrhundert einen
glänzenden Aufschwung der Kunst, welcher uns zu den grössten

Hoffnungen berechtigt und das „Trecento des Nordens" darstellt,
so bildet sie dann weiterhin im XIV. Jahrhundert ganz im Gegenteil — ein retardierendes Moment in der glänzend begonnenen
Entwicklung, und das absprechende Urteil Italiens über die Gotik
ist für diese ihre zweite Phase nicht unbegründet. So ist es denn
auch gekommen, dass man über der negativen Seite der Gotik im
XIV. Jahrhundert einerseits ganz ihre lebensvollen Anfänge im
XIII. übersehen oder wenigstens nicht richtig beurteilt hat, und
dass man andrerseits im XIV. der stetigen Weiterentwicklung und
Fortsetzung der ursprünglichen Bewegung und ihrer Tendenzen
bis zum XV. Jahrhundert hin nicht gewahr geworden ist. Erst in
allerletzter Zeit haben einzelne französische Forscher den Zusammenhang in der Kunst des XIV. und XV. Jahrhunderts, wenigstens
soweit Frankreich in Betracht kommt, mit Recht hervorgehoben
und wiederherzustellen versucht. Bahnbrechend hat hier Courajod
gewirkt. [186]

Frankreich übernimmt auch im XIV. Jahrhundert wieder
in entwicklungsgeschichtlicher Hinsicht die Führung. Denn während wir in Deutschland nur schwer den Zusammenhängen nach-
gehen können, entrollt uns die französische Kunst ein bequem
zu überschauendes Bild steter Entwicklung. Wir werden uns daher
nach einem kurzen Ueberblick über die deutsche Kunst bald der
Betrachtung der französischen zuwenden.

Deutschland: Gotische und andere Konsequenzen.

Das XIV. Jahrhundert ist in Deutschland, so wunderbar dies
klingen mag, in fast allen Punkten der getreue Fortsetzer dessen,
was im XIII. begonnen oder angebahnt wurde. Auch dass wir
einen plötzlichen Verfall der bildnerischen Kunst eintreten sehen,
ist nur eine Folge der weiteren Entwicklung und Ausbreitung des
im XIII. Jahrhundert in Aufnahme gekommenen gotischen Stiles.

Zunächst zeigt uns ein Blick auf die Geschichte Deutschlands
in dieser Zeit, dass sich wenig geändert hat. Das Reichsoberhaupt,
ohne gesicherte und feste Stellung und daher stets mit der Erwerbung einer Hausmacht beschäftigt oder in Bürgerkriege ver-
wickelt, vermag das Interesse des Reiches so schlecht zu wahren,
dass wertvolle Teile desselben wie Burgund an Frankreich fallen,

und dieses sogar zeitweise den Plan einer Erwerbung der deutschen Krone fassen kann. Ein Lichtblick ist nur der nationale
Widerstand gegen die wiederholten politischen Eingriffe der unter
französischer Bevormundung stehenden Kurie, welcher sich in der
Einsetzung des Kurvereins zu Rense äussert. Am Ausgange des
Jahrhunderts erfüllt dann ein Kampf Aller gegen Alle ganz
Deutschland, und in dieser Austragung der ständischen Gegensätze
erleidet zuguterletzt das Städtewesen eine grosse Niederlage, nachdem es auch in dieser Zeit wieder bedeutende Proben starker
politischer Macht abgelegt hatte (z. B. in den glorreichen Kämpfen
der Hansa gegen Dänemark) und der Hauptträger und Beschützer
der deutschen Kunst geblieben war. Denn der zeitweilige, vom
Kaiserhofe ausgehende Aufschwung unter Karl IV. beschränkte
sich wesentlich auf Prag und hatte für Deutschland wenig Bedeutung; auch zeigte schon die Berufung fremder Künstler, dass von
hier aus eine direkte und nachhaltige Unterstützung der nationalen
Kunst nicht zu erwarten war. Eine Förderung erfuhr diese nur
in den Städten. Im allgemeinen aber kann man sagen, dass der
Boden für eine gedeihliche Entfaltung derselben auch im XIV.
Jahrhundert nicht viel besser als im XIII. bestellt war.

Fassen wir das Kunstschaffen in der ersten Hälfte des
Jahrhunderts ins Auge, so tritt uns als dominierend die Architektur
entgegen. Es ist die Blütezeit der gotischen Baukunst in Deutschland, denn erst jetzt wendet sich dieses mit allen Kräften dem
neuen Stile zu und versucht ihn, an vereinzelte Bestrebungen des
vorangegangenen Jahrhunderts anknüpfend, zu nationalisieren.
Wie weit dieses Bemühen von Erfolg gekrönt gewesen, ist nicht
unsere Aufgabe zu untersuchen.[37] Es genügt für uns, auf die
beherrschende Stellung der Architektur in dieser Zeit hinzuweisen,
denn dies ist der Hauptgrund für den Verfall des
Schaffens auf den anderen Gebieten bildnerischer
Thätigkeit.

Wir haben bereits in einigen früheren Kapiteln das Bestreben
der gotischen Baukunst, die Plastik zu einer rein dekorativen,
jeder selbständigen Wirkung beraubten Kunst herabzudrücken,
eingehend gekennzeichnet und wir haben gesehen, dass sich in
Frankreich dieser Prozess sehr schnell, in Deutschland dagegen
nur zögernd vollzogen hat, indem die Plastik zwar sofort an den

mit der Gotik einsetzenden realistischen Bestrebungen hervorragenden Anteil genommen, dagegen die andere Forderung des
neuen Stiles, die vollständige Unterordnung unter die Architektur, in nur sehr bedingter Weise erfüllt hat. Gegen Ende des
XIII. Jahrhunderts aber und mehr noch in der ersten Hälfte des
XIV., als der gotische Stil in der Baukunst überall in Deutschland
eindringt und seine höchste Ausbildung hier erfährt, sehen wir
die Plastik jetzt auch jener zweiten Bedingung nachkommen und
definitiv in den Dienst der Architektur treten.

Der Schritt, den sie hiermit that, war verhängnisvoll. Er hat
mit einem Schlage der oben geschilderten, glänzenden Entwicklung
der Plastik ein frühzeitiges, jähes Ende bereitet. Seit dem letzten
Drittel des XIII. Jahrhunderts, in welchem sie allmählich den
Uebergang von ihrer Stellung als einer freien, selbständigen zu
einer nur dekorativen Kunst vollzieht, geht sie einem unaufhaltsamen Verfall entgegen, aus dem sie sich nur vereinzelt und zufällig noch zu bedeutenderen Werken zu erheben vermag.

Denn in demselben Augenblick, wo die Skulptur nur mehr
ein dekoratives Glied der Baukunst wurde, sank der Steinmetz
zum Handwerker herab: damit aber war jede künstlerische
Weiterentwicklung der Plastik ausgeschlossen. Die Hauptaufgabe für den Steinmetzen war fortan die Erhaltung und Fortführung der überkommenen Arbeitsweise, an Vervollkommnung
derselben dachte er erst in zweiter Reihe. Wie die Baukunst
in ihrer immer theoretischeren Ausgestaltung zu einem Spiele mit
Formeln, so wurde die Plastik zu einem Spiele mit überkommenen Formen. In beiden Fällen kam es auf Geschicklichkeit
und technische Fertigkeit an, und so führte die eine wie die
andere Kunstgattung in ihrem weiteren Verlaufe im günstigsten
Falle — wie später in mancher Beziehung auch das Barock —
zum Virtuosentum, und die Gotik oder vielmehr der gotische Stil
wurde auf diese Weise im XIV. Jahrhundert, wie wir bereits bemerkt haben, mit Notwendigkeit zu einem retardierenden Momente
in der Entwicklung.[238]

Wie tief und weitgreifend der Einfluss der gotischen Architektur auf das ganze künstlerische Schaffen der Zeit war, zeigt
nichts schlagender als der Umstand, dass das ganze Kunstgewerbe
mit seiner Dekoration, wie die Kirchen- und sonstigen Geräte der

damaligen Zeit uns zeigen, nur von der Formensprache der Baukunst zehrte.

Es ist wahr, wir können, wie Goethe einmal treffend bemerkt, an der Gotik „recht gut einsehen, wie Handwerk und Kunst hier zusammentraf",[139] aber das gilt recht eigentlich nur für die Blütezeit der Gotik, sonst zeigt diese gerade jener Vermischung wegen auf bildnerischem Gebiete einen wohl handwerksmässigen oder kunstvollen, in nichts aber einen künstlerischen Charakter! Dürfen wir in jener von Genies sprechen, so haben wir hier kaum oder nur selten das Recht von Talenten zu reden.

Die veränderte Stellung der Plastik äusserte sich sofort in einem plötzlichen Haltmachen auf dem eingeschlagenen Wege: man blieb bei den gewonnenen Erfahrungen stehen und wirtschaftete mit den erworbenen Mitteln weiter. Zwar kam man hier zu keiner Kanonbildung wie in Frankreich, — dazu hätten die künstlerischen Kräfte kaum ausgereicht, auch sprach der Verlauf, den die Entwicklung in Deutschland genommen hatte, gegen eine solche — aber die Bewegung kam ins Stocken, und da sie nicht mehr vorwärts kam, ging sie zurück. Wo sich aber doch noch ein weitergehendes Streben z. B. unter dem Einflusse der Mystik der Versuch, stärkere Gefühlsausdrücke bildnerisch wiederzugeben, zeigte, da führte dies rettungslos zur Manier. Denn die ererbten Mittel, welche der Kunst in diesem Falle zu Gebote standen, reichten dazu nicht aus, ein erneutes Studium der Natur aber war bei ihrem rein handwerklichen Betriebe ein unmögliches Verlangen, und so fiel man notgedrungen in Uebertreibung und Unwahrheit. Die übermässig ausgeschwungenen Stellungen und das gezierte Lächeln sind selbst für den Laien die leicht erkennbaren Merkmale dieser „höheren" Stufe der gotischen Plastik aus dem XIV. Jahrhundert geworden.[140] Ihre Vorboten trafen wir bereits in Naumburg und Freiburg an. Was aber hier in unseren Augen teilweise nur, wenigstens an letzterem Orte, als ein Fortschritt gelten konnte, bezeichnet bei den späteren Werken den direkten Verfall: dort ist es Stil, hier ist es Manier! Die Kunst der Steinmetzen besteht eben in dieser Zeit lediglich in einem leeren formellen Nachbilden, zu einem selbständigen Nach- oder Neuschaffen fehlt ihnen das Verständnis und die Fähigkeit. Die wenigen Ausnahmen, derer wir gedenken werden, bestätigen nur diese Regel.

Eine Fortsetzung des im XIII. Jahrhundert mit glücklichem Erfolge eingeschlagenen Naturstudiums war unter solchen Umständen unmöglich, und eine Kunst wie die der Freiburger und Naumburger Bauhütte musste ohne Nachfolge bleiben. Wie rasch sich der Verfall vollzog, zeigt ein Vergleich der Stifterfiguren des Meissner mit denen des Naumburger Domes und der klugen und thörichten Jungfrauen der Brautpforte von St. Sebald in Nürnberg mit denen in Freiburg und Magdeburg. Eine Anzahl besonders lehrreicher Beispiele werden wir aber in einigen späteren Kapiteln kennen lernen, in denen wir die Skulpturen der Fassaden des Strassburger und Basler Münsters einer eingehenden Betrachtung unterziehen werden. Die Weiterentwicklung der Freiburger Kunst, die wir in diesen Werken zu verfolgen haben, ist als ein typischer Beleg für den Verfall der Plastik in der ersten Hälfte des XIV. Jahrhunderts anzusehen, und mag als Ergänzung und Ausführung unserer allgemeinen Bemerkungen über diesen Punkt dienen.

Wir haben jetzt diejenigen Gebiete bildnerischer Thätigkeit aufzusuchen, auf denen sich, wenn auch bescheiden, ein Fortleben der in den besten Werken des XIII. Jahrhunderts eingeschlagenen Richtung konstatieren und damit der innere Zusammenhang der grossen Kunstbewegung desselben mit der um 1400 einsetzenden Renaissance erkennen und darthun lässt.

Zunächst wären einzelne, allerdings nur ganz wenige Werke der Kirchenskulptur zu nennen, welche die Traditionen der hohen Kunst der vorangegangenen Zeit bewahren. Da sie aber keine nennenswerten Fortschritte bekunden, sind sie für uns ohne weitere Bedeutung und können, zumal sich ein Eingehen auf Details in unserer Untersuchung verbietet, übergangen werden.[141]

Einen Nachhall der realistischen Tendenzen des XIII. Jahrhunderts müssen wir dann gewiss darin erkennen, wenn wir sehen, wie Vorgänge aus dem Leben Christi und der Heiligen bisweilen, besonders in der schwäbischen Plastik, in eine vollständig dem Zeitgeiste angepasste, kleinbürgerliche Atmosphäre übertragen und wie zeitgenössische Vorgänge erzählt und dargestellt werden. Diese genremässige Auffassung der heiligen Geschichte wäre ohne die vorbereitende Thätigkeit des XIII. Jahrhunderts undenkbar. Sie knüpft nicht nur scheinbar sondern ganz

direkt an vereinzelte Werke desselben an und beweist damit
schlagend den inneren Zusammenhang, welcher trotz aller äusseren
Verschiedenheiten und ungünstigen Umstände zwischen der Kunst des
XIII. und der des XIV. Jahrhunderts besteht und die letztere nur
als die vorgeschrittenere Nachfolgerin der ersteren erscheinen lässt.

Noch klarer wird uns dies Verhältnis auf einem andern, erst
in dieser Zeit in Deutschland bedeutungsvoll hervortretenden und
im Verhältnis zur eigentlichen Kirchenplastik für uns weit wichtigeren Gebiete bildnerischer Thätigkeit: der Grabplastik. Denn
abgesehen davon, dass wir unter ihren Schöpfungen auf wahrhaft
bedeutende Werke von reinem, unverfälscht künstlerischem Charakter stossen — wo wäre das sonst in dieser Zeit der Fall! —
finden wir hier auch sichtbare Zeichen eines naturalistischen
Studiums und eine stete Entwicklung. Zugleich aber erhärten die
Grabmäler unsere Behauptung von dem fortschrittlichen Charakter
der Kunst im XIII. und XIV. Jahrhundert. Denn wir gewahren
an ihnen unverkennbar ein genaues Studium des Individuums
und der einzelnen Persönlichkeit. Dieses Eingehen auf das Einzelwesen aber wäre ohne das Vorausgehen einer Zeit des allgemeinen Naturstudiums, kurz ohne die vorbereitende Kunstbewegung des XIII. Jahrhunderts eine Undenkbarkeit. Und nicht
nur das, dieses Gewahren eines deutlichen Studiums der einzelnen
Erscheinung erleichtert zugleich das Verständnis der
Kunst des XV. Jahrhunderts.

Blieb die Plastik im XIII. bei einem allgemeinen und mehr
empfindungs- als verständnisvollen Studium der Natur und nur
bei einigen dieser entlehnten Zügen stehen, so verfällt sie
jetzt im XIV. Jahrhundert, man möchte fast sagen folgerichtig,
in das Extrem und wendet sich der Erforschung und Darstellung
des Zufälligen, Individuellen zu, um so vorbereitet dann im XV.
Jahrhundert zum Studium des Gesetzmässigen in der Natur in
seinem ganzen Umfange überzugehen. So bilden die Zeiten des
allgemeinen und des speciellen Studiums für die Entwicklung der
organischen Kunst des Quattrocento die notwendige Voraussetzung,
und die Kunst des XV. Jahrhunderts bliebe uns ohne das vorbereitende Schaffen der beiden vorangehenden Jahrhunderte bis
zu einem gewissen Grade unverständlich.

Es spiegelt sich hierin zugleich auch deutlich die Entwicklung des individuellen Gefühles im Mittelalter ab, das sich zunächst nach irgend einem gemeinsamen Ziele hin in den grossen Massen regt: das ist die Zeit des XIII. Jahrhunderts und der typisierenden Darstellungsweise in der Kunst, und dann erst allmählich die Einzelwesen ergreift: das ist die Zeit der Gährung, die „unruhige und widerspruchsvolle Zeit" des XIV. Jahrhunderts, wie sie Schnaase treffend genannt hat, [141] in der sich die germanische Kunst mit Macht auf

die Erforschung und Wiedergabe des Individuums wirft. Nach dieser langen Zeit des Werdens und Entstehens tritt dann der moderne, der individuelle Mensch voll und organisch entwickelt im XV. Jahrhundert in die Erscheinung, — gleichzeitig mit ihm, gleichfalls frei und ganz entwickelt die Kunst, welche seinen allmählichen Werdegang von seinen Anfängen an getreulich begleitet und von allen Etappen desselben beredtes und deutliches Zeugnis gegeben hat!

An die Spitze individueller Grabplastik müssen wir billig das durch die Verse Ottokars von Steiermark berühmt gewordene Grabmal Rudolfs von Habsburg in der Krypta des Speyerer Domes stellen, welches bald nach dem Tode des Königs, also etwa um 1300 entstanden sein dürfte. Es ist ein tüchtiges Werk und verrät in den markanten Zügen des Antlitzes ein deutlich ausgeprägtes Bestreben, die Persönlichkeit in charakteristischer Weise

Grabmal Rudolfs von Habsburg aus dem Dom zu Speyer.

wiederzugeben; die Hände sind gut und individuell durchgebildet. [243] Dem Anfange des XIV. Jahrhunderts gehört dann die
vortreffliche, erst neuerdings bekannt gewordene Gestalt des Ritters
Diezmann († 1307) in der Paulinerkirche zu Leipzig an, welche
den Stifterfiguren des Naumburger Domes nahesteht. [244]

Dringen wir weiter in das Jahrhundert ein, so wächst die
Zahl der Grabmäler mehr und mehr. Es ist gegenwärtig noch
nicht möglich, die weitere Entwicklung der Porträtkunst und des
Naturstudiums an ihrer Hand genau zu verfolgen und mit einzelnen Werken schrittweise zu belegen. Wir müssen uns daher
vorläufig nur mit der Feststellung eines thatsächlichen, allmählichen Fortschreitens der Kunst auf diesem Gebiete begnügen.
Wenn wir aber auch ein genaueres diesbezügliches Resultat erst
von der künftigen Forschung erwarten dürfen, so können wir
doch schon hieraus wenigstens erschliessen, dass sich die künstlerische Bewegung des XIII. Jahrhunderts, wenngleich in anderer
und bescheidenerer Weise als in diesem, doch auch durch das ganze
XIV. Jahrhundert fortpflanzt. Dass die Grabplastik mitunter
sogar ganz Hervorragendes zu schaffen wusste, beweisen Werke
wie die des Wölfelin von Rufach (Lichtenthal bei Baden, St.
Wilhelm in Strassburg) und dann ganz besonders einige Grabmäler aus Regensburg: die Kaiserin Uta, der heilige Emmeram
u. a. m.

Die hohe und wichtige Bedeutung dieser Grabplastik für die
spätere Kunst hat bereits Bode erkannt; er hebt mit Recht hervor,
dass sich „vorwiegend am Bildnis ein tüchtiger Naturalismus heraus-
bildet, welcher schliesslich um die Mitte des XV. Jahrhunderts zu
einer neuen, zur höchsten Blüte der deutschen Plastik führt". [245] —

In der zweiten Hälfte des XIV. Jahrhunderts gewahren wir
schon mannigfachere Spuren einer kräftigen frischen Bewegung in
der Kunst und zwar nicht nur auf dem Gebiete der Skulptur, sondern
auch auf dem der Malerei. Was die erstere anlangt, so tritt hier
speciell Nürnberg in den Vordergrund, in dessen plastischen
Werken sich mehr als anderswo „ein Fortschritt innerhalb der
Entwicklung, eine stete Vorbereitung auf die Renaissance des
XV. Jahrhunderts bemerkbar macht". [246] Wie weit jedoch die Plastik
bereits zurückgekommen war, und wie sehr sie wieder von neuem
anzufangen hatte, beweisen die tüchtigen kleinen Apostelfiguren

in der Jakobskirche und im Germanischen Museum daselbst, die uns als überraschend wohlgeratene Gebilde dieser Zeit erscheinen und doch kaum an das heranreichen, was bereits das XIII. Jahrhundert in glücklichen Augenblicken zu leisten vermocht hatte; aber als ein Zeichen der Rückkehr zu den bewährten und doch so bald verlassenen Traditionen desselben begrüssen wir sie mit Freude und Dankbarkeit.

Das Gebiet der Skulptur, auf dem wir am deutlichsten ein Fortschreiten gewahren können, bleibt jedoch nach wie vor die Grabplastik. Wir brauchen zu dem, was wir über dieselbe bereits gesagt haben, nichts mehr hinzuzufügen und können uns also gleich der Malerei zuwenden.

Man sollte glauben, bei dieser am wenigsten irgend einen Einfluss oder ein Anzeichen der Richtung entdecken zu können, welche im XIII. Jahrhundert in der Plastik einen so glänzenden Anlauf genommen hatte. Denn der Wandmalerei war durch die Konstruktionsprinzipien des gotischen Stiles so gut wie jede Möglichkeit zu einer monumentalen oder irgendwie bedeutenderen Entfaltung genommen und ihr ähnlich wie der Plastik nur eine rein dekorative Thätigkeit teils belassen, teils neu zugewiesen worden. Die Tafelmalerei aber entwickelte sich erst gegen Ende des Jahrhunderts. Dann schliesst sie sich allerdings sofort unverkennbar und mit allen Kräften der Bewegung an und schwingt sich sogar zu ihrer Führerin auf. Die Schulen von Nürnberg und Köln stehen dabei in erster Reihe, während die von Prag, meist von fremden Einflüssen zehrend, für die Entwicklung von weit geringerer Bedeutung ist.[147] So ist es allein die Buchmalerei, welche hier in Betracht kommen kann, und diese ist es auch wirklich, welche, allerdings in sehr bescheidenem Masse, die Bestrebungen aufnimmt, welche die Kunst des XIII. Jahrhunderts in ihren besten Werken verfolgt hatte;[148] und zwar ist es nicht wie in Frankreich die glänzende höfische Miniaturmalerei sondern die volkstümliche Richtung der Federillustration, welche hier vorangeht.

Wie wir in den Hauptschöpfungen der deutschen Plastik des XIII. Jahrhunderts bereits die Keime des späteren germanischen Kunstschaffens überhaupt zu gewahren glaubten, so scheint uns ein ähnlich geheimnisvoller Zusammenhang auch hier zwischen dieser primitiven Art der Buchmalerei und der späteren Entwicklung der deutschen

Kunst zu bestehen. Denn was diese Federzeichnungen so anziehend und interessant macht, ist der ausgesprochen naturalistische Charakter, welchen sie mitunter zeigen, und der Umstand, dass es ihnen nur auf Deutlichkeit des Ausdruckes und Wahrheit der Erzählung ankommt.[149] Damit aber weisen sie, wie auch in ihrer Technik, auf die Rolle voraus, welche der Holzschnitt in der deutschen Kunst spielen wird, und muten uns in ihrer Auffassung wie die Vorläufer der Kunst eines Dürer an; und daher scheint es uns auch, als spiegele sich in jenen anspruchslosen Zeichnungen, die in so bewusstem Gegensatze zu der eleganten und vornehmen Kunst der Miniaturmalerei stehen, bereits der ganze Charakter der deutschen Renaissance, welche sich in ihren Schöpfungen so selten zu monumentaler Grösse erhebt und keine Palastkunst, sondern recht eigentlich eine Hauskunst ist! Es ist doch sehr bezeichnend, dass die grösste Aufgabe, welche Maximilian einem Dürer erteilen konnte, in einer allerdings monumental zu nennenden Holzschnittfolge bestand!

Ueberschauen wir noch einmal die Kunstthätigkeit Deutschlands im XIV. Jahrhundert und zwar in Rücksicht auf das, was sie neues gebracht oder worin sie die im vorangegangenen Jahrhundert eingeschlagene Richtung fortgesetzt und gefördert hat! Wir müssen zugeben, dass sie rein Künstlerisches wenig geleistet hat, und wir zweifeln, ob jedem der Zusammenhang mit dem XIII. Jahrhundert einer- und dem XV. Jahrhundert andrerseits recht ersichtlich geworden sein wird. Aber wir dürfen nicht übersehen, dass wir auf gewissen Gebieten unzweifelhaft eine mit den im XIII. Jahrhundert eingeschlagenen realistischen Bestrebungen gleiche Richtung konstatieren konnten, und dass diese letztere auch mit der Kunst des XV. Jahrhunderts wohl in Verbindung zu bringen war. Dass das dramatische Element gleichfalls, freilich auf einem anderen Gebiete, nämlich in der Litteratur, in dem geistlichen Schauspiele, eine Fortsetzung und eine weitere Ausbildung erfährt, welche dann wieder nicht ohne Rückwirkung auf die Kunst bleibt, soll hier nur angedeutet werden.[150] Vor allem aber dürfen wir nicht vergessen, dass die politische Lage Deutschlands keineswegs geeignet war, eine glänzende Blüte der Kunst heraufzuführen, und dass diese selbst durch die Vorherrschaft der Architektur jeder anderweitigen, freien künstlerischen Aeusserungsfähigkeit so gut wie beraubt war, indem sowohl die Plastik als die Malerei fast gänzlich zu willenlosen Sklaven jener herabgedrückt wurden. Wenn wir dem gegenüber die naturalistischen Regungen, welche sich hier und da zeigen, so hervorgehoben und in den Augen mancher vielleicht stark überschätzt haben, so hat dies zwei Gründe. Erstens kam es uns darauf an, den Zusammenhang und das Fortbestehen der im XIII. Jahrhundert einsetzenden Bewegung der Kunst bis zum XV. Jahrhundert nachzuweisen, und zweitens vermögen wir durch eine Betrachtung der Entwicklung, welche die französische Kunst im XIV. Jahrhundert zeigt, unser für Deutschland lückenhaftes Bild zu ergänzen und zugleich dessen Richtigkeit zu erweisen.

Frankreich: Germanismus und Romanismus.

Wenn auch die eigentlich deutsche Kunst in der Zeit von 1300—1400 zur Vorbereitung und Entwicklung der nordischen Renaissance des XV. Jahrhunderts, wie wir gesehen haben, wenig gethan hat, so hat doch nichtsdestoweniger der germanische Volksgeist als solcher auch im XIV. Jahrhundert und zwar durch die Kunst des niederländischen Volkes seinen vollen Tribut an die neue Bewegung entrichtet und die Kunst der van Eyck nicht nur vorbereitet sondern, wir können wohl sagen, direkt geschaffen! Der Schauplatz dieser hochinteressanten entwicklungsgeschichtlichen Begebenheit sind jedoch nicht die Niederlande selbst, sondern ist Frankreich, welches auch in dieser Zeit wieder seine ehrenvolle Stellung, die führende und hauptsächlichste Kulturmacht des Nordens zu sein, in glänzender Weise behauptet.

Es ist dies umsomehr anzuerkennen, als die allgemeinen Zustände Frankreichs im XIV. Jahrhundert keineswegs glänzende und zudem sehr wechselnder Art waren. Die kraftvolle Regierung Philipps IV. (1285—1314) freilich bleibt durch die Berufung der Etats généraux (1302) und den Sturz des Papsttums (Gefangennahme Bonifazius VIII. in Anagni 1303) ewig denkwürdig, und das kapetingische Haus durfte mit Recht unter diesem kraftvollen Vertreter den Anspruch auf die Vorherrschaft Frankreichs in Europa erheben. Doch mit dem Hause Valois, dessen erster Herrscher Philipp VI. 1346 gegen England die Schlacht bei Crecy und ein Jahr später Calais verlor, kam eine schlimme Zeit äusserer und innerer Kriege, aus denen nur Karl V., der Weise (1364—1380), mit Hülfe seines bewährten Feldherrn Bertrand du Guesclin Frankreich auf einige Zeit herauszuretten vermochte. Das Ende des Jahrhunderts aber bezeichnen dann in ähnlicher Weise wie in Deutschland Bürgerkriege, die unglückliche Regierung Karls VI. und der Streit um die Regentschaft zwischen 'den Häusern Orléans und Burgund. Besonders das letztere nahm eine achtunggebietende Sonderstellung ein, nachdem Philipp der Kühne durch seine Vermählung mit der Erbtochter des Grafen von Flandern in den Besitz dieser reichen Lande gekommen war. Wir werden sehen, wie sich die wechselvolle Geschichte Frankreichs dieser Zeit auch in seiner Kunst wiederspiegelt.

Die Kultur blieb gleichmässig während des ganzen Jahrhunderts vorzugsweise noch eine ritterlich-höfische, wobei allerdings der veränderte Charakter des Rittertums zu beachten ist, welches jetzt die wehrbare Streitmacht des Landes vertritt und dadurch einen nationalen Zug bekommt. Jedenfalls aber verhinderte dies ein Durchdringen der demokratischen Tendenzen, welche sich hier in gleicher Weise wie in Deutschland regten. Während sie dort, wo die Kultur wesentlich, ja fast ausschliesslich von den Städten getragen wurde, in den Zünften und der Verwaltung der Kommunen zur Herrschaft gelangten, vermochten sie in Frankreich trotz verschiedentlicher Versuche und Aufstände nicht zur Geltung zu kommen.[251] Auf geistigem Gebiete nimmt Frankreich mit seiner Universität Paris nach wie vor die erste Stelle ein. Die grossen deutschen Mystiker wie Tauler, Eckhardt, Gerhard Groote haben sämtlich hier studiert. Paris ist auch, wenigstens in der ersten Hälfte des Jahrhunderts, das bedeutungsvolle Centrum der künstlerischen Thätigkeit; gegen Ende des Jahrhunderts übernimmt diese Stellung dann Burgund und speciell Dijon.

Die Entwicklung der Kunst zeigt in der ersten Hälfte des XIV. Jahrhunderts in Frankreich ein sehr ähnliches Bild wie in Deutschland. Waren doch die durch die gotische Architektur geschaffenen Bedingungen hier wie dort durchaus dieselben: auch

in Frankreich wurde der Steinmetz zu einem Handwerker herabgedrückt. Die Folge davon aber war ein klägliches Ausleben der
hohen freien Kunst des XIII. Jahrhunderts in kleinlich empfundenen geistlosen Gebilden: on sent qu'à une génération créatrice
a succédé une génération d'imitateurs.[252]

Ein diese Veränderung vorzüglich illustrierendes Beispiel
bieten die Skulpturen der Chorschranken von Notre-Dame in
Paris, deren nördliche, künstlerisch entschieden höher stehende
Reihe, welche gegen 1300 anzusetzen sein dürfte, noch den Kunstcharakter des XIII. Jahrhunderts wiederspiegelt, während die 1351
vollendete Südreihe zwar exakter und korrekter gearbeitet ist,
aber uns durchaus handwerklich anmutet. Dass sie eine genauere
Kenntnis der Natur als jene verrät und sich dadurch als ein fort-
schrittliches Produkt erweist, kann für diesen Mangel an künstlerischem Empfinden ebensowenig entschädigen als z. B. die
genremässige Behandlung heiliger Vorgänge, welche wir in der
deutschen Kunst teilweise Platz greifen sahen. Wichtig ist die
eine wie die andere nur insofern, als sie uns, wenn auch in
anderer Gestalt, das Weiterleben der Traditionen des XIII. Jahrhunderts bezeugen.[253]

In dem Gesamtwerke der Pariser Chorschranken, mit dem
bekanntlich die Namen Jean Ravy und Jean de Bouteiller
verbunden sind, ist, wie wir sagen können, die Entwicklung der
eigentlich gotischen Skulptur Frankreichs enthalten. Denn nur
selten treffen wir hier auf ähnlich übertreibende, manieristische
Werke, wie sie in Deutschland für den späteren gotischen Stil
des XIV. Jahrhunderts so bezeichnend sind und das barocke Ausleben der Stilprinzipien des XIII. Jahrhunderts zeigen. Dass es zwar
auch in der französischen Plastik nicht ganz an verwandten Erscheinungen fehlt, beweisen einige Engelfiguren des Westportales
der Kirche Saint-Martin in Laon, welche mit ihrer übermässig
ausgeschwungenen Haltung sich direkt neben die deutschen Skulpturen dieser Zeit stellen; aber das sind Ausnahmen, welche, wie
Vöge gezeigt hat, nur die letzten Konsequenzen aus der im XIII.
Jahrhundert üblichen Arbeitsmethode ziehen und die letzten Ausläufer der „Mauerplastik" darstellen.[254] Im allgemeinen hält sich
die französische Kirchenskulptur von solchen Auswüchsen und
Uebertreibungen frei und nimmt lieber einen ihrem ganzen Na-

turell mehr entsprechenden, ähnlich korrekten und nüchternen Stil
an, wie ihn die Reliefs der vorgenannten beiden Künstler zeigen.
Ce qui caractérise les œuvres du XIV⁰ siècle, c'est la recherche
de leur exécution d'après un type en quelque sorte convenu;
c'est l'élégance dégénérant en maigreur; c'est l'affadissement ma-
tériell se trahissant dans le maniement du ciseau en même temps
que l'abaisement moral dans l'effort de la pensée.[356]

Verfehlt wäre es nun aber, diese Worte Courajod's auf die
ganze französische Plastik beziehen zu wollen; zugeben müssen
wir allerdings, dass sein Urteil auf einen sehr bedeutenden Teil
derselben zutrifft. Aber die hierher gehörenden Werke sind für
den Kunstcharakter dieser Zeit durchaus nicht bestimmend! Eine
Anschauung von demselben bekommen wir erst, wenn wir uns,
wie in folgendem, der Betrachtung dessen zuwenden, was das
XIV. Jahrhundert neues gebracht hat, und was der Kunst dieser
Zeit erst ihre Signatur verleiht. Wenn wir vorher kurz noch
einige vereinzelte Werke erwähnen, welche wie die Nachzügler
der hohen Kunst des XIII. Jahrhunderts erscheinen, so geschieht
dies, wie sich zeigen wird, aus entwicklungsgeschichtlichen Rücksichten.

Den letzten Jahren des XIII. oder richtiger wohl schon dem
Anfange des XIV. Jahrhunderts gehören die prächtigen Reliefs
an, welche den Sockelbau an der Aussenseite der nördlichen
Apsidalkapellen von Notre-Dame in Paris schmücken, und welche
den Skulpturen des Thürfeldes an dem südlichen Querschiffportale
ebenda, mit denen wir die Betrachtung der französischen Plastik
des XIII. Jahrhunderts schlossen, noch nahe stehen.[356] Wie diese
gemahnen sie uns, besonders die herrliche Darstellung der Himmelfahrt Mariä, in mancher Beziehung an die Kunst eines Ghiberti.
Sie zeigen uns, dass die französische Plastik auch im XIV. Jahrhundert noch ganz hervorragende und von jeder Manier freie,
im Stile des XIII. Jahrhunderts gehaltene Werke zu schaffen
wusste. Das Bedeutendste, was sie in dieser Hinsicht geleistet
hat, sind wohl die schönen 1319—27 ausgeführten Apostelfiguren
des R o b e r t d e L a u n o y († 1365), welche noch ganz den Charakter der hohen Kunst der Apostelgestalten aus der Sainte Chapelle tragen.[357] Ihr Verdienst besteht wesentlich darin, dass sie
auch ganz auf der Höhe der Kunststufe jener bleiben. Denn auf

diese Weise ermöglichen sie eine spätere Wiederanknüpfung an diese und damit die Weiterentwicklung derselben, die wir dann in der zweiten Hälfte und besonders gegen den Ausgang des Jahrhunderts hin in Frankreich einsetzen sehen.

Dass eine solche überhaupt stattfand, verdankte die französische Kunst aber nicht ihrer eigenen Kraft sondern den Sendboten eines anderen und zwar eines germanischen Volksstammes! Der Weg, den die französische Plastik in der zweiten Hälfte des XIII. Jahrhunderts eingeschlagen, hätte, wie wir bereits hervorgehoben haben, nie zu einem Aufschwunge sondern mit der Zeit nur wie in Deutschland zu einem tiefen Verfalle führen können. Ein erneutes eindringendes Naturstudium that not, ein Abwenden von dem Kanonisieren und Typisieren, welches gegen Ende des XIII. Jahrhunderts zur Herrschaft gelangt war. Diese Wendung vollzog sich. Das Verdienst, sie herbeigeführt zu haben, gebührt der Kunst des vlämischen Volkes: zum erstenmale erscheinen die Niederlande in einer und zwar ungemein wichtigen künstlerischen Mission. Die bedeutungsvolle Thätigkeit, welche eine grosse Anzahl ihnen entstammender Meister im XIV. Jahrhundert in Frankreich entfaltet, ist im Grunde nichts Geringeres als die Vorbereitung und schliesslich direkte Ueberleitung zur Befreiungsthat der Brüder van Eyck. Marquis Léon de Laborde hat zuerst ihre grosse Bedeutung für die französische Kunst erkannt: C'est dans la Flandre, en effet, que notre école, attardée dans des traditions qui menaçaient de tourner à la formule, devait trouver des éléments de renovation. [338]

Was die vlämische Kunst brachte, war ein tüchtiger Naturalismus, der sich anfangs mit dem gefälligen Wesen der französischen Plastik zu harmonischem Schaffen verbindet, allmählich aber, besonders in der zweiten Hälfte des Jahrhunderts, vollständig durchdringt und schliesslich in der Kunst eines Sluter und Werve unmittelbar zur Geltung kommend in ebenso unzweideutiger Weise wie die Kunst der Brüder van Eyck die erste Phase der „Renaissance" eröffnet.

Bezeichnender Weise warf sich dieser flandrisch-germanische Naturalismus auch in Frankreich fast ausschliesslich auf das Porträt: die Grabplastik! Wir gewinnen daraus auch für das XIV. Jahrhundert die Einsicht in den unzweifelhaften inneren Zusammenhang der Kunst des Nordens in dieser ganzen Zeit des Werdens. Wie in Deutschland begegnen wir jetzt in gleicher Weise auch in Frankreich häufig Künstlernamen — wir haben deren bereits einige kennen gelernt — und, was bisher als ein grosser Vorzug des italienischen Trecento gegolten hat, tritt im Norden nun Dank den neuesten Forschungen gleichfalls und dazu noch in einem ganz ungeahnten Umfange in die Erscheinung: die Kunstgeschichte wird Künstlergeschichte! Sie rechnet nicht mehr nur mit namenlosen Werken sondern mit greifbaren, individuellen Persönlichkeiten und gestattet vermutungsvolle Einblicke in ganze Schulzusammenhänge und Künstlergenerationen.

Wie bedeutungsvoll, tiefgreifend und umgestaltend dieser Prozess ist, und wie rasch er sich in Frankreich vollzogen hat, beweist schlagend der Umstand, dass es, um sich von der fortschrittlichen Entwicklung der französischen Kunst im XIV. Jahrhundert zu überzeugen, bereits vollständig genügt, sich nur an die Werke zu halten, welche mit bestimmten Namen verknüpft sind! Nirgends spiegelt sich der gänzlich veränderte Charakter der Zeit so eindrucksvoll als gerade in dieser Erscheinung ab. Sie ist das sicherste Zeichen dafür, dass die volle Ausbildung des geistigen Individuums im einzelnen, d. h. das Lebendigwerden und die charakteristische Ausprägung des individuellen Gefühles in den einzelnen Persönlichkeiten bereits in diese Zeit fällt. Hatte das XIII. Jahrhundert, wir können dessen sicher sein, nur wenige ausgeprägte Individualitäten gekannt, so dürfte es im XIV. Jahrhundert schon schwer fallen, alle zu zählen. Jedenfalls aber ist das letztere Jahrhundert auch in dieser Hinsicht nur der Erbe einer- und der glückliche Bearbeiter und Förderer andrerseits der Aufgabe, welche dem XIII. Säkulum bereits gestellt war, und welche auf die innerliche Befreiung des Menschen gelautet hatte.

Pierre de Chelles und Jean d'Arras sind die ersten sicheren Künstlernamen des XIV. Jahrhunderts, welche uns in Verbindung mit einem allerdings nur teilweise erhaltenen Werke genannt werden. Sie schufen gemeinsam von 1298-99 bis 1307 für die

Abtei Royaumont das Grabmal Philipps des Kühnen, eines Sohnes Ludwigs des Heiligen (heute in St. Denis).[259] Erhalten ist von demselben nur die Figur, der architektonische Aufbau dagegen zerstört. Da Pierre de Chelles vorzüglich Baumeister war — z. B. sind diejenigen Kapellen von Notre-Dame in Paris, deren Reliefschmuck wir oben erwähnten, seine Schöpfung — so wird ihm wohl mit Recht der architektonische Teil des Werkes zugeschrieben, und wir haben also aller Wahrscheinlichkeit nach den Bildhauer in Jean d'Arras zu erblicken. Was sein Werk vor allem auszeichnet, ist der Umstand, dass es die erste Marmorfigur der französischen Grabplastik und zugleich, wenigstens in Frankreich,[260] die erste wirklich authentische Porträtstatue eines französischen Königs ist. Wie der Name ihres Verfassers besagt, stammte er aus den Niederlanden.

Das Gleiche ist bei Jean Pépin de Huy, „tombier, entailleur d'alabastre, bourgeois de Paris", wie ihn die Urkunden nennen, der Fall; er ist wahrscheinlich aus Huy, einer kleinen Stadt bei Lüttich, gebürtig und gehörte wohl der Kolonie vlämischer Künstler an, welche wir seit Anfang des XIV. Jahrhunderts in Paris installiert finden.[261] Die ganz hervorragende Bedeutung dieses Meisters, von dem uns manche Werke litterarisch überliefert sind, enthüllt bereits das beglaubigte Grabmal Roberts von Artois in St. Denis, und wir müssen Gonse recht geben, wenn er bemerkt: Le nom de Pépin de Huy, hier encore inconnu, doit être inscrit dans le livre d'or de la sculpture française parmi ceux des maîtres véritablement originaux et novateurs.[262] Es ist nicht unsere Aufgabe, den Versuch zu machen, das Werk dieses hervorragenden Meisters aus der grossen Zahl der noch unbestimmten und teilweise sehr bedeutenden Grabmäler aus der ersten Hälfte des XIV. Jahrhunderts zu vervollständigen. Diese letzteren beweisen uns auch so schon zur Genüge, dass wir es nicht mit einer vereinzelten Künstlerpersönlichkeit zu thun haben, sondern dass wir uns im Centrum einer regen und verheissungsvollen Kunstthätigkeit befinden. Als Pépin nahe stehende Werke erwähnen wir noch die herrliche Grabfigur der Marguerite von Artois († 1311) und die Statue des ersten Grafen Haymon von Corbeil in Saint-Spire zu Corbeil, die dem ersten Drittel des Jahrhunderts angehört. Alle diese Werke tragen als Kennzeichen einen feinen abgeklärten

Realismus, der als die schöne Frucht der Verbindung des auf die
Erkenntnis und das Studium der Natur und der Einzelerscheinung
gerichteten flandrischen Kunstgeistes mit der vornehmen, formen-
schönen und eleganten Kunstweise des hohen Stiles der besten
Schöpfungen der französischen Plastik aus der Zeit ihrer Blüte im
XIII. Jahrhundert anzusehen ist.[163]

Diese erste glänzende Phase der bildnerischen Thätigkeit erfährt
gegen die Mitte des Jahrhunderts durch die englische Invasion
eine allerdings nur kurze Unterbrechung, und die Entwicklung
setzt dann gleich in einer weit fortgeschritteneren und vollkommener ausgebildeten Weise in den sechziger Jahren wieder ein.
Auch lässt sie sich jetzt nicht nur in Paris allein, sondern und
zwar vorzüglich auch in Burgund verfolgen. Unsere Untersuchung
wird ferner wesentlich durch den Umstand erleichtert und gefördert,
dass für diese Zeit die schriftlichen, jüngst erst wieder aufgedeck-
ten Quellen bereits weit reichlicher als für die erste Hälfte des
Jahrhunderts fliessen.

Ein an Aufgaben und Erfolgen reiches Leben ist es, welches
ihnen zufolge André Beauneveu de Valenciennes führte, der
Zeitgenosse Sluters, von dessen Kunst uns bereits Froissart in den
rühmendsten Ausdrücken zu berichten weiss.[164] Am 25. Oktober
1364 von Karl V. zur Errichtung eines Grabmals nach Paris berufen und am 12. Dezember gleichen Jahres zum „imagier en
titre" ernannt, teilte er seine Arbeitskraft zwischen dem Königs-
hofe und dem des Herzogs Johann von Berry, dessen artistischer
Generalbevollmächtigter er 1390 wird. Zwischendurch aber ist er
auch wohl einmal in den Niederlanden beschäftigt.

In Beauneveu tritt uns eine jener vielseitigen Künstlernaturen
entgegen, wie wir sie sonst nur im Trecento und Quattrocento
in Italien anzutreffen pflegen. Nicht nur Bildhauer sondern auch
sehr geschätzter Miniaturist leitet er nebenher die Ausführung von
Glasmalereien und entwirft Kartons für Wandgemälde. Sein Schaffen
gemahnt uns direkt an Erscheinungen wie Giotto und Orcagna.
Was seine Kunst, wenden wir uns dieser zu, vorzüglich kennzeichnet, ist ein rücksichtsloser Naturalismus. So scharf und eindringlich wie er haben nur die grössten Meister den Charakter
der wiederzugebenden Persönlichkeit erfasst: die neue christliche Kunst hat in ihm den ersten wahrhaft gros-

sen Porträtisten zu begrüssen. Nicht mit Unrecht
stellt ihn Courajod in eine Reihe mit den Eyck, Holbein und
Dürer, ja es scheint uns, als habe er gerade mit diesem Vergleich,
welcher mit Namen nur germanische und unter diesen die beiden
grössten deutschen Maler aufführt, den tiefsten Kern der Kunst
Beauneveu's getroffen.[165] Denn es ist eben der germanische Geist
mit seiner Vorliebe für das Individuelle und Charakteristische,
über der er gegebenen Falles jede formale Schönheit ausser Acht
lässt, welcher sich bewusst und machtvoll in dem Naturalismus
des vlämischen Bildhauers äussert, und welcher in fernerer Verfolgung seines Zieles die nordische Renaissance heraufführt und
ausbildet. Bereits in dem Schaffen Beauneveu's sind, wie wir noch
sehen werden, die Keime der Eyckischen Kunst enthalten.

Seine Thätigkeit, als deren hervorragendste Specimina wir
nur die Grabmäler Philipps VI. im Louvre und Karls V. in St.
Denis erwähnen wollen, konnte nicht ohne Einwirkung auf die
bildnerische Kunst seiner Zeit bleiben. Die monumentalen Statuen
der Madonna, Johannes des Täufers, Karls V., des Dauphin (späteren Karls VI.), Ludwigs von Orléans, des Cardinals de La
Grange und Bureau's de La Rivière vom nördlichen Strebepfeiler
der Fassade in Amiens zeigen, dass wir uns in dieser Erwartung
nicht getäuscht haben. Es sind ganz hervorragende Arbeiten,
deren eindringender, aber doch gemässigter Naturalismus deutlich
die Schule Beauneveu's verrät. Besonders vorzüglich sind die
zeitgenössischen Gestalten in ihrer ausgezeichnet charakteristischen
Wiedergabe der Persönlichkeit. Es erscheint uns nicht ungerechtfertigt, dass man teilweise an eigene Arbeiten Beauneveu's gedacht hat.[166]

Einen Einfluss seiner Kunstrichtung zeigen dann ferner, wie
Courajod hervorhebt, einige Figuren von La Chaise Dieu, welche
eine Verwandtschaft mit Miniaturen von Beauneveu's Hand aufweisen.[167] Dass die unter seiner Leitung entstandenen Glasmalereien gleichfalls seinen Kunstcharakter getragen haben werden,
brauchen wir wohl nicht erst besonders zu bemerken.

Auch in Poitiers begegnen wir, wenn nicht direkten Spuren
seiner Thätigkeit, so doch Werken einer Schule, welche den
gleichen Charakter wie seine Kunst zeigen. Es sind die drei Statuen,
welche ehemals in dem von Herzog Johann von Berry erbauten

Palaste in Poitiers den Kamin des grossen Saales schmückten, und welche heute in der Salle des pas perdus des Justizpalastes aufgestellt sind: eine männliche und zwei weibliche Gestalten, als Karl V., Johanna von Bourbon und Johanna von Armagnac bezeichnet. Ebenso wie ihr Stilcharakter beweisen auch die Namen der am Palastbau als beschäftigt genannten Bildhauer Jean de Huy, Hennequin le flament und Hennequin de Bruges, dass in Poitiers im letzten Viertel des XIV. Jahrhunderts ähnlich wie in Paris eine Kolonie vlämischer Künstler bestand. Ihre Existenz kann uns übrigens nicht überraschen, denn Beauneveu selbst war nicht allzu weit von Poitiers in Mehun sur Yèvre vielfach beschäftigt gewesen, und der leitende Architekt des Palastbaues, Guy de Dammartin, gehörte sogar ganz direkt der flandrischen Bildhauerschule in Paris an, wie denn auch Skulpturen von seiner Hand erwähnt werden.[168]

Nächst Beauneveu haben wir neben Jean de Saint-Romain, von dem uns keine beglaubigten Werke erhalten sind, vor allem Jean oder Hennequin de Liège, ymaginier, faiseur de tumbes, demorant à Paris, zu nennen; wie jener dürfte auch er zu der vlämischen Künstlerkolonie in der französischen Centrale gehören, und nicht unmöglich ist es, dass wir in ihm einen direkten Schüler von Pépin zu erkennen haben.[169] Wir besitzen von ihm in dem Grabmal der Blanche von Frankreich († 1392/93) ein hervorragendes Werk, welches zwar die ausserordentliche Charakterisierungsschärfe der Gestalten Beauneveu's vermissen lässt, dafür aber auch dessen Naturalismus durch ein hohes Mass edler und einfacher Schönheit gemässigt zeigt. Ein noch bedeutenderes und besonders auch aus entwicklungsgeschichtlichen Gründen interessantes Werk seiner Hand oder seiner Kunstrichtung dürfen wir vielleicht in dem Hochrelief der Krönung Marias am Eintrittsportale des Schlosses de la Ferté-Milon (Aisne) erkennen.[170] Es stellt gleichsam die Vollendung dessen dar, was die Reliefs am Querschiffportale von Notre-Dame in Paris und dann Werke wie die Apostel von Launoy vorbereitet und versprochen hatten. Fühlten wir uns jenen gegenüber bereits an Ghiberti erinnert, so gemahnt uns diese Schöpfung jetzt an die Kunst eines Luca della Robbia. Sie steht vollständig auf einer Höhe mit den wundervollen Gebilden dieses liebenswürdigsten Meisters der Florentiner

Frührenaissance und beweist uns zugleich wieder einmal recht eindringlich den Zusammenhang zwischen der hohen Kunst des XIII. und der realistischen des XIV. Jahrhunderts. Denn ohne die vorgenannten Skulpturen in Paris wäre sie uns in ihrem doppelseitigen künstlerischen Charakter, welcher den flandrischen Naturalismus einer hohen, idealen Auffassung unterordnet, direkt unverständlich. So aber erkennen wir in ihr nur das gemeinsame Produkt der beiden Hauptkunstrichtungen dieser Jahrhunderte, der idealen des XIII. und der naturalistischen des XIV., welche, sich einander durchdringend und ausgleichend, hier in einem Werke zusammengetroffen sind, welches uns nicht mehr im Zweifel darüber lässt, dass in Frankreich und damit im Norden die Renaissance bereits zu Ende des XIV. Jahrhunderts eingezogen war. Wenn es auch ziemlich vereinzelt dasteht, so kann dies uns nicht irre machen. Denn einerseits wissen wir nicht, wie viel uns von ähnlichen Werken eventuell verloren gegangen ist, und andrerseits müssen wir uns immer gegenwärtig halten, dass eine grosse Bewegung nie sofort mit ganzer Kraft einsetzen, sondern immer erst einige Vorläufer voraussenden wird; fanden wir doch solche hier und besonders in Deutschland sogar schon im XIII. Jahrhundert!

Dass die mit den flandrischen Künstlern gleich zu Anfang des Jahrhunderts in Frankreich einsetzenden erneuten Naturstudien überhaupt mit der Zeit auch der rein kirchlichen Skulptur zugute kamen, beweisen uns mehrere vortreffliche Madonnenstatuen aus der zweiten Hälfte desselben, die man öfters versucht hat mit dem einen oder dem andern der uns bekannt gewordenen Meister in Verbindung zu bringen: so z. B. die Madonna des Célestins aus Marcoussis und die besonders in der Empfindung und dem Gefühlsausdruck herrliche Vierge du Marturet aus Riom. Erwähnenswert sind auch einige bemalte und vergoldete Statuen, die aus der alten Kapelle des collège de Rieux in Toulouse in das dortige Museum des Augustins gelangt sind (ungefähr gleichzeitig mit den oben erwähnten Apostelgestalten aus Nürnberg). Vorzüglich der heilige Paul erscheint in seiner dramatischen Auffassung wie ein Vorläufer der Gestalten des berühmten Mosesbrunnens in Dijon.

Die Kunst des Jean de Liège, um zu diesem zurückzukehren, findet durch R o b e r t L o i s e l, der, wie man annehmen darf, sein Hauptschüler war, eine Fortsetzung bis in das XV. Jahrhundert hinein. Wie vorzügliches auch dieser Meister leistete, zeigt das gemeinsam mit Thomas Privé (1389—1397 c.) ausgeführte Grabmal des connétable Bertrand du Guesclin († 1380), welcher Karl V. bei seinen Bemühungen, die Schäden, welche Frankreich durch den englischen Einfall erlitten hatte, wieder gut zu machen, die wichtigsten Dienste leistete. Der Kopf des tapferen Feldherrn ist mit vorzüglicher Charakteristik wiedergegeben und macht den Eindruck grösster Lebenswahrheit; so stimmen denn auch wirklich die Züge des Antlitzes mit seinem uns litterarisch überlieferten Bilde völlig überein. [11]

Im XIV. Jahrhundert steht die nordische Kunst, kann man sagen, wenigstens soweit sie fortschrittlichen Charakters ist, fast ausschliesslich unter dem Zeichen des Porträts. Wir haben diese Erscheinung bereits mehrfach hervorgehoben und auf ihre auch in kulturgeschichtlicher Hinsicht grosse Bedeutung hingewiesen, und möchten jetzt nur noch als ein besonders hervorragendes Stück den chef en bronce aus dem archäologischen Museum in Amsterdam erwähnen, der sich in seiner unglaublich realistischen und lebendigen Auffassung der Persönlichkeit direkt mit den berühmten Thonbüsten Donatello's vergleicht.

Die Vollendung dieser Richtung aber, wie überhaupt des gesamten französisch-vlämischen Kunstschaffens im XIV. Jahrhundert, wird durch die drei Namen Marville, Nikolas Sluter, Nikolas de Werve und deren gemeinsame Werke in Dijon und Umgebung bezeichnet. Von ihrer Kunst aus gewinnen wir in unmittelbarster Weise den Uebergang zu dem Schaffen der Brüder van Eyck: wir werden sehen, wie das Rätsel des Genter Altars zu lösen ist. [12]

Jean de Marville († 1389), ein Wallone, wird bereits 1369 in französischen Urkunden als thätig erwähnt. Er gehörte der vlämischen Bildhauerschule in Paris an, ist aber in seiner letzten Lebenszeit ausschliesslich für Philipp den Kühnen von Burgund beschäftigt gewesen. Nikolas oder, wie er selbst sich zeichnet, Claus Sluter († 1404/05) stammt, wie wir aus einem Aktenstück vom 6. April 1404, welches ihn, „Sluter de Orlandes" nennt, erfahren, aus der Grafschaft Holland; er vertritt mit seinem Neffen Nikolas de Werve, der gleichfalls aus der Grafschaft Holland und zwar der Stadt Hattem gebürtig ist, die eigentlich burgundische

Schule, welche den flandrischen Kunstcharakter am unverfälschtesten und kräftigsten zum Ausdruck bringt.

Drei Werke sind es, die von diesen Meistern in teilweise gemeinsamer Thätigkeit geschaffen worden sind: zwar schon seit langem ein Gegenstand hoher und allgemeiner Bewunderung, sind sie doch erst in jüngster Zeit eingehender untersucht worden. Unser Interesse nehmen nur zwei von ihnen in Anspruch: die Statuen vom Portal der ehemaligen Karthäuserkirche von Champmol bei Dijon und der sogenannte Mosesbrunnen; das Grabmal Philipps des Kühnen (1383—1412 ausgeführt) gehört in seinen wesentlichsten Teilen bereits dem XV. Jahrhundert an und vermag uns zudem nichts anderes und nicht mehr zu sagen als schon die beiden ersten Werke.

Die ersterwähnten Statuen: Philipp der Kühne und seine Gemahlin Margarethe von Flandern mit ihren Schutzheiligen, Johannes dem Täufer und der heiligen Katharina, sowie eine Madonna mit dem Christkind sind die Reste der mächtigen Grabkirche, welche der Herzog Philipp der Kühne von Burgund, der Bruder des Herzogs Johann von Berry für sich und seine Familie inmitten der Karthause von Champmol durch Drouhet de Danmartin von 1385—88 erbauen liess. Der leitende Hofbildhauer (ymagier et varlet de chambre de monseigneur) zu dieser Zeit war Jean de Marville (1372—1389 als solcher thätig). Nichts liegt also näher als anzunehmen, dass er die betreffenden Figuren geschaffen habe. Gleichwohl werden wir ihm mit Courajod nur die Gestalt der Madonna zuschreiben dürfen und die andern vier Statuen Sluter geben müssen, der bereits 1384 mit Marville zusammen als beschäftigt erwähnt wird und diesem dann 1389 in seiner Stellung als Hofbildhauer folgt. Die Baldachine der Statuen und vielleicht auch die figürlich gehaltenen Sockel sind dagegen wohl die Arbeit der sonst noch namhaft gemachten Steinmetzen, aus deren Zahl wir nur den Pierre Beauneveu (auch Perrin Beaulnepveu genannt) als einen vermutlichen Verwandten des berühmten André Beauneveu hervorheben wollen. Die architektonische Anordnung des Ganzen und die Gruppierung der Figuren hingegen dürfte das gemeinsame Werk des Danmartin und Marville sein.

Die Portalanlage vereinigt also fast alle die vorerwähnten Namen, vor allem aber auch die beiden Kunstrichtungen, welche dem

XIV. und XV. Jahrhundert in Frankreich je ihren besonderen Stempel aufgedrückt haben. Diejenige, welche das XIV. Jahrhundert kennzeichnet, ist die der französisch-vlämischen Kunst: sie wird durch die Madonnenstatue Marvilles vertreten; die, welche dem XV. Jahrhundert sein charakteristisches Gepräge verleihen wird: die rein-niederländische Kunst, findet jetzt schon in Sluter einen ihrer grossartigsten Vertreter. Zeigt jene noch einen eleganten, vornehmen, wir dürfen sagen, echt französischen Zug, der ein Erbe und zugleich ein letzter Nachklang der hohen, formenschönen Kunst des XIII. Jahrhunderts ist, und der sich vorzüglich in der schwungvollen graziösen Bewegung der Madonna offenbart, so weist der eindringende Naturalismus der Sluter'schen Gestalten bereits auf die kommende Zeit voraus, in welcher das Schaffen der Brüder van Eyck die niederländische Kunst zu vorbildlicher und beherrschender Stellung im Norden erheben wird.[278]

Ausschliesslich echt flandrische Kunst zeigt uns der Mosesbrunnen, welcher ehemals mitten im Kreuzgange der Karthause von Champmol stand. Leider ist die Kreuzigungsgruppe, welche er ursprünglich trug, nicht mehr erhalten, aber schon die sechs grossen Gestalten desselben der David, Moses und Jeremias, welche bestimmt von der Hand Sluters sind, und der Zacharias, Daniel und Jesaias, welche wohl von Werve herrühren dürften, genügen vollständig über das staunenswerte Charakterisierungs- und Individualisierungsvermögen sowie den Kunst- und Stilcharakter dieser Meister Aufschluss zu geben. Mit diesem Werke, über dessen hervorragende und eigenartige Bedeutung wir keine Worte zu verlieren brauchen, hat unsere Untersuchung ihr Ziel erreicht d. h. den Augenblick, wo die mittelalterliche Kunst direkt und ganz in die Renaissance überleitet. Denn die Gebrüder van Eyck haben unmittelbar hieran angeknüpft und damit in ihrem Altarwerke nur die Konsequenzen aus der entwickelnden und vorbereitenden Thätigkeit der vorangehenden Jahrhunderte gezogen. Der Nachweis hiervon erfordert zuvor noch einen Rückblick auf die Entwicklung der französischen Malerei in dieser Zeit.

Auch sie zeigt auf dem einzig hier in Betracht kommenden Gebiete der Miniaturmalerei seit der zweiten Hälfte des XIII. Jahrhunderts eine unausgesetzte fortschrittliche Entwicklung in realisti-

schem Sinne; nur setzt hier die Bewegung erst gegen Ende der Regierung Ludwig des Heiligen, also fast ein Jahrhundert später als in
der Skulptur ein. Zu dieser Zeit aber giebt sie in unzweideutiger und
entschiedener Weise die bis dahin übliche mystisch-symbolische
Auffassung der darzustellenden Stoffe auf und wird realistisch,
nicht nur in der Auffassung, sondern auch in der Wahl der
Gegenstände. [174] So sehen wir z. B. mit den Darstellungen des
Zodiakus und den Monatsbildern das Genre in die Miniaturmalerei
eindringen. Ergreift diese aber hiermit auf der einen Seite direkt
das Leben, so bewahrt sie sich doch auf der anderen einen gewissen vornehmen Idealismus, der ihr bis zu ihrem Höhepunkte
in der Mitte des XV. Jahrhunderts unter Jean Fouquet eigen
bleibt.

In ein lebhafteres Entwicklungsstadium tritt sie dann, nicht
ohne vlämische Beeinflussung — man denke an die Thätigkeit
Beauneveu's auf diesem Gebiete —, vorzüglich in der zweiten
Hälfte des XIV. Jahrhunderts, wo sie durch die Ausbildung und
Vervollkommnung der Landschaft, sowie vor allem durch die
Pflege des Porträts allmählich auch ihrerseits die Kunst der van
Eyck vorbereitet. Im wesentlichen aber folgt sie darin nur der
allgemeinen, von uns gekennzeichneten Entwicklung der Kunst
und besonders mit ihrer Vorliebe für das Porträt wandelt sie,
dem von uns charakterisierten Zuge der Zeit folgend, eigentlich
nur auf den von der Plastik bereits seit Beginn des Jahrhunderts
mit Entschiedenheit beschrittenen Bahnen.

Es ist nicht unsere Aufgabe hier zu verfolgen, wie sich allmählich unter die heiligen Personen individuelle Gestalten und
schliesslich direkte Porträtfiguren mischen. Es genügt, ganz
allgemein dafür auf die hervorragenderen Werke dieser Zeit wie
die reichen Miniaturen aus dem Besitze Karls V. und des Herzogs
von Berry hinzuweisen. [175] Ein ganz vorzügliches Porträt des
ersteren aus dem Jahre 1371 mit vollendet individueller Erfassung
und charakteristischer Wiedergabe der Persönlichkeit und von
der Hand des Jean de Bandol (Bruges) enthält eine Minia-
turhandschrift im Museum Meerman-Westhreen im Haag; und
noch etwas früher, ungefähr zwischen 1350 und 1360, dürfte das
auf Holz gemalte Porträt von Johann dem Guten in der Na-
tionalbibliothek zu Paris anzusetzen sein, welches, möglicherweise

von Jean Coste herrührend, wohl das erste wahrhafte Porträt-
bild der neuen christlichen Kunst ist. Jedenfalls geht es in der
Charakterzeichnung weit über das hinaus, was die gleichzeitige
italienische und deutsche Tafelmalerei leistete.[116]

Auch die verheissungsvollen Anfänge der französischen Tafelmalerei, welche in diese Zeit, das Ende der Regierung Karls V.,
fallen, zeigen ähnliche realistische Bestrebungen wie die Plastik
und die Miniaturen dieser Epoche.[117] Als wirklich bedeutende
Schöpfungen sind allerdings nur die beiden bekannten Bilder des
Louvre anzusehen (die letzte Kommunion des heiligen Dyonisius
und die Trinität), und es ist immerhin gewagt, allein auf sie gestützt ein allgemeines Urteil fällen zu wollen. Jedenfalls zeigen
sie zwei sich durchdringende Stilrichtungen : die giotteske und
die realistisch-flandrische Kunst, welch letztere mit ihrem Streben
nach charakteristischem, individuellem Ausdruck in glücklicher
Weise das typisierende Element jener aufhebt.[118] Wichtig sind
diese Bilder vor allem durch das Vorherrschen der realistischen
Richtung, denn diese bildet, wie wir gesehen haben, das allgemeine und positive Kennzeichen für die Weiterentwicklung der
französischen Kunst im XIV. Jahrhundert, und so ist es von Wert,
sie auch auf anderen Gebieten der bildenden Kunst als gerade
nur in der Plastik nachweisen zu können. Wir reihen daher an
die Malerei jetzt die Teppichweberei, von deren Erzeugnissen in
gleichem Sinne hier die dem Ende des XIV. Jahrhunderts angehörenden berühmten Gobelins von Angers hervorgehoben zu
werden verdienen.

Kehren wir noch einmal zur Miniaturmalerei zurück. Ihre
hohe Vollendung zu Anfang des XV. Jahrhunderts beweisen am
besten die wundervollen Miniaturen aus den jetzt in der Sammlung zu Chantilly (Vermächtnis des Herzogs von Aumale) befindlichen „Très riches Heures" des Herzogs von Berry, welche mit
Paul von Limburg in Verbindung gebracht werden.[119] An wirklichkeitsgetreuer Auffassung und Darstellung von zum Teil ganz
dem Leben entlehnten Scenen und Stoffen übertreffen sie weit
alles bis dahin Geschaffene und verdienen unzweifelhaft auch vor
den mit Unrecht so berühmten Altartafeln des Melchior Broederlam in Dijon den Vorzug: wir stehen mit ihnen im
Vorhofe des Ruhmestempels der Eyckischen Kunst!

Denn es kann keine Frage sein, dass diese zum Teil von der Miniaturmalerei ihren Ausgang genommen hat; bereits das spätere Schaffen Jan's bezeugt dies in unwiderleglichster Weise. Zum andern und überwiegenden Teile aber ist sie ein direkter Ableger der Plastik!

III. Die nordische Renaissance: XV. Jahrhundert. Individualismus und Naturalismus.

Man hat zwar oft Sluter den „plastischen" Vorläufer der van Eyck genannt, aber man hat es nie unternommen, den direkten, engen Zusammenhang, der sowohl innerlich wie äusserlich zwischen der Kunst dieser Meister oder vielmehr zwischen der Plastik des ganzen XIV. Jahrhunderts und den Meistern des Genter Altares besteht, aufzudecken. [180] Es liegt vielleicht daran, dass man das wichtigste Vermittlungs- und Bindeglied, welches sie mit einander verknüpft, bisher gänzlich übersehen hat, den Umstand nämlich, dass die Plastik zu dieser Zeit noch völlig bemalt gewesen ist, und zwar, wie wir annehmen dürfen, in möglichst naturgetreuer Weise. denn die Polychromierung der Skulpturen wurde, wenigstens bei hervorragenderen Schöpfungen, keineswegs von untergeordneten Kräften, sondern von angesehenen und bekannten Künstlern ausgeführt. So erfahren wir, dass die von Sluter und Werwe geschaffenen Werke, der Mosesbrunnen voran, von Jean Malouel und Hermann de Coulogne bemalt worden sind, [181] ja dass Jan van Eyck selbst es nicht verschmäht hat, derartige Aufgaben zu übernehmen und damit seine bereits damals über alles gefeierte Kunst einfach in den Dienst der Plastik zu stellen! Im Jahre 1433, also nach der Vollendung des Genter Altares, welcher ihm wie seinem Bruder den Ruf als erster Künstler seiner Zeit eintrug, führte er für das Stadthaus in Brügge die Bemalung und Vergoldung von sechs Statuen aus! Es erscheint wohl überflüssig, neben diesem noch auf andere Beispiele wie z. B. die bekannten von Melchior Broederlam auf diesem Gebiete ausgeführten Arbeiten hinzuweisen. [182] Schon aus der Thatsache, dass ein so berühmter Meister wie Jan van Eyck die Bemalung von Werken der Skulptur übernahm, erhellt zur Genüge, dass dies in der damaligen Zeit keine untergeordnete Aufgabe sein konnte, sondern vielmehr eine Arbeit war, welche ausser technischer Fertigkeit auch künstlerische Fähigkeiten erforderte.

In diesem innigen Zusammenarbeiten von Künstlern, deren Thätigkeit auf verschiedenen Gebieten bildnerischen Schaffens liegt, gewahren wir noch deutlich das Nachleben der Traditionen des Mittelalters, welches von Originalitätssucht frei die Gesamtheit der künstlerischen Kräfte zu gemeinsamem Zusammenwirken zusammenfasst und damit auch auf dem Gebiete der Kunst, wie überhaupt in allen seinen Lebensäusserungen in der Gemeinsamkeit die Vollendung und das Heil erkennt. Diese Gemeinsamkeit aber beruht auf der Grundlage des gemeinsamen christlichen Glaubens, und so löst das Christentum, indem es zur grossen allgemeinen Schule der abendländischen Menschheit wird, welche sich in ihr heranreifend und sich ausbildend im XIII. und XIV. Jahrhundert, wie wir gesehen haben, aus der Gebundenheit des Mittelalters allmählich zur Freiheit aufschwingt, in dieser Epoche eine seiner grössten Kulturaufgaben. Eines der ersten Zeugnisse des Sieges der Freiheit der neuen Zeit über die Gebundenheit des Mittelalters, zugleich aber auch noch die Spuren dieses Kampfes erblicken wir in dem Genter Altare: auf der Schwelle der neuen Epoche stehend weist er andrerseits noch auf die vorausgegangene Zeit zurück.

Wenden wir uns jetzt damit zu ihm zurück und fragen wir uns, was uns an seiner Kunstsprache, abgesehen von ihrer technischen Seite, als das vorzüglich Neue und Wunderbare auffällt, so haben wir nächst dem staunenswerten Naturalismus die plastische Gestaltungsweise und die ungemein sorgfältige, das geringste Detail berücksichtigende miniaturhaft feine Ausführung zu nennen. Schon die Worte, die wir zur Charakterisierung seiner Kunstweise wählen müssen, weisen also auf die beiden Gebiete künstlerischer Thätigkeit hin, welche wir bereits oben als die Quellen seiner Kunst bezeichneten, die Miniaturmalerei und die, wie wir jetzt hinzufügen wollen, bemalte Plastik.

Was zunächst die letztere anlangt, so genügt es, um sich von der Gleichartigkeit ihres Schaffens und dem der Brüder van Eyck zu überzeugen eigentlich schon vollständig, die Stifterbildnisse des Jo-

13

docus Vydt und seiner Gemahlin mit den Sluter'schen Porträtgestalten
von dem Portale der Karthause zu Champmol zu vergleichen. Man
denke sich die letzteren nur einmal mit einem farbenfreudigen und
so subtilen Pinsel, wie ihn Jan van Eyck führte, bemalt, und
wir sind sicher, dass die erzielte Wirkung in nichts hinter der
der Eyckischen Gestalten zurückstehen, im Gegenteil dieselbe eher
an Lebendigkeit des Ausdrucks noch übertreffen würde. Dieselbe
Beobachtung aber kann man noch einer ganzen Anzahl andrer
Porträtköpfe Jan van Eyck's gegenüber machen. Am kennzeich-
nendsten ist in dieser Hinsicht wohl das berühmte Bild des
Mannes mit den Nelken in Berlin.

Aber gehen wir weiter; sehen wir z. B. einmal von dem für diese
Zeit ungemein weit entwickelten Naturalismus ab, welcher mit seinen
wirklichkeitsgetreuen Effekten den Gestalten des Genter Altars
einen bis dahin in der Kunst unerhörten Grad von Lebendigkeit
zu verleihen scheint: ich glaube, man wird sich schwer der Einsicht verschliessen können, dass die einzelnen Figuren ungemein
steif und so gut wie ohne jedes innere Leben dargestellt sind. Besonders ersichtlich wird dies z. B. teilweise an
den berühmten Engelchören, und am auffallendsten tritt es uns
dann in den rein statuarischen, jeder seelischen Belebung entbehrenden Gestalten von Adam und Eva entgegen. Freilich, ma-
thematisch genau lässt sich die äussere Verwandtschaft der Eyckischen Kunst mit der Plastik nicht erweisen, denn sie will zum
grössten Teile gefühlt und empfunden sein, und ist somit bis zu
einem gewissen Grade eine reine Sache des subjektiven Empfindens.[388] Aber gleichwohl glauben wir an ihr, als einer der
charakteristischsten Eigenschaften der Eyckischen Kunst, festhalten
und das Wesen der letzteren teilweise aus dieser Verwandtschaft
mit der Plastik erklären zu müssen; denn dieselbe tritt uns nicht
nur in dieser äusserlichen Form nahe, sondern sie drängt sich uns
auch und zwar besonders stark aus einer ganzen Anzahl innerer
Gründe auf: die Brüder van Eyck ziehen nämlich in ihrem Altarwerk, wie uns dünkt, das Facit der Kunstthätigkeit des ganzen
XIV. Jahrhunderts.

Dieselbe war, wie wir erkannt haben, auf das Studium des
Charakteristischen und Zufälligen, mit einem Wort des Individuellen gerichtet gewesen und hatte demzufolge ihre Hauptaufgabe

in der Erforschung und Darstellung des Einzel-
wesens, also im Porträt gefunden. Dieses Bestreben
wird nun von den Brüdern van Eyck von dem Menschen auch
auf seine ganze Umgebung, kurz auf die gesamte lebendige und
tote Natur ausgedehnt, und diese selbst bis in ihre geringfügigsten
Details hinein zum Objekte eines eindringenden, peinlich genauen Studiums gemacht. Man kann sagen, für die Eyck ist jeder
Stein, jede Pflanze, jeder Baum, kurz alles und jedes eine individuelle Erscheinung, kurz ein Wesen, von dem es ein Porträt
zu geben gilt. Nur unter diesem Gesichtspunkte wird uns der
ganze Reichtum ihrer Kunst, werden aber auch Gestalten wie die
des Adam und der Eva verständlich. Denn was diese in ihrem
fast abschreckend wahren Naturalismus bieten, sind auch nur
Porträts und zwar Porträts nach Modellen. Als solche
aber wieder sind sie eben nur denkbar als die Frucht eines lange
Zeit hindurch vorangegangenen intimsten Studiums der Einzelerscheinung und als der folgerichtige Abschluss einer Zeit, welche
für den wirklichen Künstler d. h. in dieser Zeit vorzugsweise den
Bildhauer fast keine andere Aufgabe gekannt hatte als das Porträt.

Und ebenso ist der teilweise krasse Naturalismus der Eyckischen Kunst ohne Zurückführung auf die Skulptur nicht zu verstehen, denn er ist nur der Gipfelpunkt der zielbewussten Bewegung, welche die flandrische Kunst bereits seit 1300 gezeigt hat,
und deren Wurzeln sich tief ins XIII. Jahrhundert zurückverfolgen
lassen. In den Gestalten Adams und Evas wie in
den Stifterfiguren, deren Vorläufer wir durch
die ganze Grabplastik des XIV. Jahrhunderts bis
zu den Sluterschen Meistergestalten von Champmol verfolgt haben, und in dem Genter Altarwerk
überhaupt zieht eben die Tafelmalerei von der
vorbereitenden Thätigkeit des XIII. und besonders
des XIV. Jahrhunderts ihren Nutzen und macht
sich die Errungenschaften des bisherigen Kunstschaffens, allerdings in einer höchst vervollkomm-
neten Form, zu eigen: folgt sie in ihrem Naturalismus und in ihrem individuellen Erfassen der Persönlichkeit wie der ganzen Natur nur den von
der Plastik bereits frühzeitig beschrittenen Bahnen,

so verwertet sie andrerseits die feine, auf das
Detail eingehende Arbeitsweise der Miniaturmalerei für ihr, auf eine möglichst umfassende
und bis in die grössten Einzelheiten hinein genaue
Wiedergabe der Natur und der Einzelwesen gerichtetes Bestreben.

Dieses letztere aber erscheint uns gleichfalls wieder nur wie
der Endpunkt einer langen Entwicklungsreihe. Denn es macht
vollständig den Eindruck, als ob zu Beginn des XV. Jahrhunderts
der nach langem inneren Ringen im Fühlen und Denken endlich
frei gewordene „moderne" Mensch seinem individuellen Empfinden
nicht genug hätte thun können, so persönlich und individuell fasst
er im Uebereifer die ganze Natur in allen ihren reichen Erschei-
nungsformen auf. Das ist wenigstens, so will uns dünken, die
allgemeine Stimmung, welcher der alles ergreifende und umfassende
Naturalismus der Brüder van Eyck seine Entstehung verdankt, —
oder die er vielmehr in klassischer Weise wiedergiebt: [184] es ist
der Siegeszug in das jetzt offen vor den Menschen ausgebreitet
liegende Land der Natur, welches als fernes Ziel bereits so
manchem Künstler und Gelehrten des XIII. und noch mehr des
XIV. Jahrhunderts vorgeschwebt hatte, welchen wir mit ihnen
antreten. So neu und eigenartig uns ihre Kunst anmuten mag,
sie ist nichts weniger als rätselhaft: vollkommen durch ihre Zeit
bedingt, spiegelt sie wie jede echte und wahre Kunst in ihren
Werken nur den Charakter und das Bild derselben wieder.

Selber bedingt und wieder bedingend stellt der Genter Altar
nicht ein unlösbares Rätsel oder ein allein durch das wunderbare Schaffen eines Genies zu erklärende Werk dar, sondern er
erscheint als das Glied einer grossen und langen Kette: die Nutz-
barmachung und die Uebertragung aller der Errungenschaften,
die die bildende Kunst im Laufe der letzten zwei Jahrhunderte
gemacht hat, in einer höchsten Vollendung auf die Tafelmalerei,
das ist neben ihrer hervorragenden technischen Leistung [185] und
ihrer feinen Lichtmalerei das ewig ruhmvolle Verdienst und die
bahnbrechende geniale That der Brüder van Eyck! Nur von diesem
Gesichtspunkte aus ist ein Verständnis und eine Erkenntnis dessen
möglich, was sie wirklich geleistet haben. —

Der Genter Altar bezeichnet das Einsetzen der Renaissance

im Norden. Wenn wir ihn also nur als die Vollendung des künstlerischen Schaffens der vorangegangenen Zeit anzusprechen haben, so bedeutet das nichts Geringeres, als dass der eingangs von uns behauptete Zusammenhang der nordischen Kunst im XII., XIII., XIV. und XV. Jahrhundert wirklich besteht, und dass diese „Renaissance" der Gebrüder van Eyck nicht nur ein selbständiges Produkt des Nordens sondern auch eine wohl vorbereitete und auf langem Entwicklungswege herangereifte Frucht des Mittelalters ist! Wenn wir also in Vorausnahme dieser Erkenntnis bald zu Anfang unsrer Untersuchung die Kunst innerhalb dieses ganzen Zeitraumes mit einem gemeinsamen Namen, dem der neuen christlichen Kunst belegt haben, so hoffen wir jetzt, dass man uns sowohl die Berechtigung zu dieser allgemeinen Bezeichnung zuerkennen als auch diese selbst, welche für den Süden, d. h. Italien bereits acceptiert ist, ebenso für den Norden billigen wird.

Werfen wir einen Blick auf das XIV. Jahrhundert zurück, so müssen wir freilich zugestehen, dass die Kunst in dieser Zeit und besonders in den Werken, die den Fortschritt am deutlichsten erkennen lassen, nicht durchaus christlich-kirchlichen Gehaltes ist. Denn gerade die eigentliche Kirchensculptur mussten wir von unsrer Betrachtung, die auf das Erfassen der die weitere Entwicklung und Ausbildung der Kunst charakterisierenden Elemente gerichtet war, fast gänzlich ausschliessen und Werke von so tiefem innern, allgemein menschlichen Gehalte wie die Wechselburger Kreuzigungsgruppe treffen wir im ganzen XIV. Jahrhundert nicht an. Wo sich hier der Versuch zeigte, ein tieferes Gefühlsleben zur Darstellung zu bringen, da führte dies, wie wir gesehen haben, zur Manier, und dramatische Accente lässt die Kunst dieser Zeit, wenigstens anfangs, fast ganz vermissen. Erst gegen Ende des Jahrhunderts erhebt sie sich wieder zu einer tieferen Ausdrucksweise; in Deutschland vertreten sie besonders die empfindsame Kölner und die das Charakteristische bevorzugende Nürnberger Malerschule, in Frankreich begegnen wir ihr am häufigsten auf plastischem Gebiete.

Das Fehlen eines tieferen seelischen Gehaltes in den meisten Schöpfungen der nordischen Kunst des XIV. Jahrhunderts lässt sich somit nicht leugnen, aber es ist auch wohlbegründet. Einmal

ergiebt es sich mit Notwendigkeit aus den oben näher gekennzeichneten Bedingungen, denen das Kunstschaffen in dieser Zeit
unterworfen war, und zweitens ist es eine Folge mit des grossen
Risses, welcher jetzt im XIV. Jahrhundert durch das ganze mittelalterliche Leben geht, und von dem wir noch zu sprechen haben
werden. Dass jedoch auch das XIV. Jahrhundert eine ungemein
empfindungsvolle, tiefe und ernste christliche Kunst besass, soll
uns eine Betrachtung des italienischen Trecento zeigen.

Die neue christliche Kunst im Süden.

Um die grosse Bewegung, welche von 1200 an den Norden
erfüllt, ganz würdigen und verstehen zu können, ist es unerlässlich,
auch Italien mit in die Betrachtung hineinzuziehen. Denn die
Bestrebungen der nordischen Kunst im XIII. und XIV. Jahrhundert,
welche wir uns im vorangehenden erkennen und schätzen zu
lernen bemüht haben, bilden nur eine Begleiterscheinung und einen
Teil der grossen allgemeinen Umwälzung, welche sich zu dieser
Zeit im ganzen Abendlande vollzieht und welche, wie wir bereits
erkannt und festgestellt haben, durch das Erwachen des individuellen Gefühles gekennzeichnet wird. Die mannigfachen Bedingungen, denen die Entwicklung desselben in den einzelnen Ländern
unterworfen war, mussten natürlich auch seine ersten Regungen
beeinflussen und diesen sowohl verschiedene Färbung verleihen
als auch abweichende Aeusserungsformen zur Folge haben. So
kam es, dass man den wahren Charakter derselben im Norden
verkannte und Italien und seiner speciellen Renaissance das Vorrecht zumass, in der Ausbildung und Entwicklung der Individualität
vorangegangen zu sein. Dies ist aber, wie unsere Untersuchung
bereits gezeigt haben dürfte, mit nichten der Fall. Die Entwicklung vollzieht sich vielmehr im Norden wie im Süden genau zu
derselben Zeit und in durchaus selbständiger, allerdings aber auch
völlig abweichender Weise, und diese Verschiedenartigkeit bringt
es dann sogar mit sich, dass Italien in künstlerischer Hinsicht in
gewissen Punkten vom Norden, speciell Frankreich, beeinflusst
wird. Um ein klares und vollständiges Bild dieses grossartigen
entwicklungsgeschichtlichen Prozesses, des grössten, den die
neuere Geschichte kennt, zu erhalten, müssen wir also noch einen

kurzen und vergleichenden Blick auf den Verlauf desselben in Italien werfen, wobei wir, wie bisher überhaupt, zunächst nur die Kunst in Betracht ziehen werden.

I. Vorspiel : XII. Jahrhundert.

Die ersten Spuren eines direkten Naturstudiums in der mittelalterlichen Kunst Italiens finden wir in dem mit germanischen Elementen durchsetzten Oberitalien und zwar bemerkenswerter Weise auch in der Plastik. Die neue Bewegung charakterisiert sich hier in vorteilhafter Weise durch ihre Selbständigkeit der Tradition gegenüber und durch die Unbefangenheit und Frische ihrer Bestrebungen. Das Interessanteste dabei ist aber, dass wir diese Bewegung auch mit bestimmten Künstlern, nämlich einem Meister Nikolaus, welcher der Schöpfer der Domportale von Ferrara und Verona ist, und besonders mit dem vielbeschäftigten, grossen Benedetto Antelami verbinden können. Beide Meister, vorzüglich aber der letztere, tragen das Gepräge voll ausgebildeter künstlerischer Individualitäten an sich und treten als solche in ihren Werken der Tradition frei und selbständig gegenüber. Zimmermann [186] gebührt das Verdienst, uns mit ihnen, besonders nach dieser Seite hin, näher bekannt gemacht zu haben; mit Recht erblickt er in Antelami die erste grosse Künstlerpersönlichkeit Italiens.

Dem allgemeinen Charakter der frühen oberitalienischen Skulptur entsprechend legt Antelami mehr Gewicht auf den inneren Gehalt der Werke als auf ihre Form und erweist sich darin als ein Geistesverwandter der deutschen Kunst. Wir können daher Zimmermann . nur zustimmen, wenn er diese Eigenschaft der oberitalienischen Plastik, „mit der germanischen Reimischung im Blute des oberitalischen Volkes in Verbindung bringt." [187] Ueber das Naturstudium bei ihm und bei Nikolaus brauche ich mich hier nicht auszulassen, es sei auf die Ausführungen Zimmermanns verwiesen. Hervorheben möchte ich nur zweierlei.

Das Schaffen des Meisters Nikolaus fällt genau in die gleiche Zeit, in welcher das Westportal von Chartres entstanden ist. [188] Die Bewegung setzt also auch in Italien bereits im frühen XII. Jahrhundert ein und, was besonders bemerkenswert ist, in ähnlicher Weise wie in Frankreich. Es ist ein eigentümliches, wunderbares Zusammentreffen, dass das hervorstechende Merkmal der Portalbauten von Chartres und Ferrara eine äusserst innige Verbindung der Plastik mit der Architektur ist! Freilich tritt diese an beiden Orten in so verschiedener Weise auf, dass an irgend einen Zusammenhang, ganz abgesehen von der gleichzeitigen Entstehung der Werke, nicht zu denken ist.[188] Dagegen ist es als ziemlich gewiss zu betrachten, dass Antelami, dessen Thätigkeit die zweite Hälfte des XII. Jahrhunderts umfasst — er ist c. 1142 geboren —, die französische Kunst, speciell das Chartrerer Portal, gekannt und genau studiert hat. Manches an seiner Komposition sowie in seiner Formen- und Gewandsprache weist auf direkte Beziehungen zur französischen Kunst hin.[190] Diese Beziehungen der frühen italienischen zur französischen Plastik sind sehr interessant, sie bilden gleichsam das Vorspiel zu dem Abhängigkeitsverhältnis, welches Italien im XIII. und besonders im XIV. Jahrhundert auf diesem Gebiete von der Kunst Frankreichs zeigen wird, und beweisen zugleich die Superiorität der französischen Kunst im XII. Jahrhundert.

Die lebensvollen Anfänge der oberitalienischen Plastik haben keine Fortsetzung erfahren. Einmal lag es daran, dass Antelami eine zu eigenartige, vor allem jedoch auch eine zu gewaltige Persönlichkeit war, als dass er in gleicher Weise wie später Giotto mehr denn fähige Schüler und Nachahmer hätte finden können. Dann aber waren auch die politischen Verhältnisse Oberitaliens, deren günstige Constellation im XII. Jahrhundert ähnlich wie in Frankreich die Grundbedingung für die glückliche Entfaltung der Kunst gewesen war,[191] im XIII. Jahrhundert einem ferneren Gedeihen und weiteren Aufschwunge derselben nicht mehr günstig, und so fällt die Führerschaft auf künstlerischem Gebiete jetzt an Toskana, welches dieselbe drei Jahrhunderte lang in immer glänzenderer Weise und mit stetig steigender Bedeutung behauptet hat.

II. Entscheidung : Due- und Trecento.
Entwicklungsparallelen.

Das XIII. Jahrhundert brachte Italien wie auch Deutschland die
gotische Baukunst, aber nicht die glänzende Entfaltung der Plastik,
welche, wie wir gesehen haben, im Norden mit dieser verbunden
war. Deutschland und Italien gemeinsam ist dagegen wieder der
Umstand, dass sich auch hier die Entwicklung in der Form einer
direkten Rezeption der französischen Kunst vollzieht. Die Ver-
mittlerrolle spielen dabei, wie so häufig auch in Deutschland, die
Cisterzienser : ihr Kloster Fossanova, 1187 bis 1208 errichtet,
ist der erste gotische Bau auf italienischem Boden und zugleich
der Ausgangspunkt für die weitere Entwicklung des neuen Stiles
in Italien. Verbreitet und in ihrer ferneren Ausbildung befördert
wurde die Gotik aber nicht durch die Cisterzienser sondern durch
die mächtige Bewegung der Bettelorden, welche dem Duecento
sein charakteristisches Gepräge verleiht, und vor der alle anderen
Interessen völlig in den Hintergrund treten. So ist das XIII. Jahrhundert in Italien vornehmlich das Zeitalter einer grossen sozial-
religiösen Bewegung, von einem Aufschwunge und einer glänzenden Entfaltung der Kunst wie im Norden gewahren wir hier
zunächst nichts. Zwar fand die Architektur durch den Einfluss
der Bettelorden, besonders in der zweiten Hälfte des Jahrhunderts,
eine mächtige Förderung und eine vom Norden in wesentlichen
Punkten abweichende z. B. eine umfangreiche Ausbreitung der
Wandmalerei begünstigende Ausbildung; aber einerseits scheint
diese nach den neuesten Untersuchungen nicht so durchaus das
Erzeugnis eines selbständigen, nationalen Vorgehens zu sein, wie
man bisher angenommen hat,[99] und andrerseits haben wir bereits
hervorgehoben, dass die Baukunst bei einer Untersuchung wie der
unsrigen nicht in Betracht kommen kann. Wie auch sie in ihrer
Weise bereits auf die Renaissance hinweist, hat Thode meisterlich
nachgewiesen.[100] —

Erst in der zweiten Hälfte und besonders dann gegen Aus-
gang des XIII. Jahrhunderts regt in Italien die Kunst zu neuem
Fluge ihre Schwingen, und wir haben dabei die hochinteressante
Thatsache zu verzeichnen, dass es auch diesmal wieder, ganz wie

im Norden, die Plastik ist, welche in bedeutungsvoller und bahnbrechender Weise vorangeht. Es ist dies um so bemerkenswerter,
als ihr, wie schon hervorgehoben, seitens der italienisch-gotischen
Architektur bei weitem keine solche Bedeutung und Gelegenheit
zu grosser monumentaler Entfaltung wie im Norden eingeräumt
wird.

Der Sitz der neuen Bewegung ist Mittel- und Norditalien, am
folgenreichsten tritt sie in Toskana auf. Denn hier schafft sie,
von freilich noch sehr barbarischen Anfängen ausgehend, die
Unterlage für die gedeihliche Entfaltung und glänzende Blüte der
späteren Landesplastik. Wir sehen von einer Betrachtung der nur
schwierig zu verfolgenden und anfangs nur sehr bescheidene Resultate aufweisenden Entwicklung dieser ersten Bestrebungen zu
grösserer Selbständigkeit und Freiheit plastischer Gestaltung durch-
zudringen ab, [104] und wenden uns bald dem Meister zu, der in
der zweiten Hälfte des XIII. Jahrhunderts die italienische Plastik
die ersten freien Schritte gehen lehrte.

Freilich so ganz frei und selbständig ist auch N i c c o l o
P i s a n o noch nicht: in gleicher Weise wie etwas später Cimabue bedarf auch er noch eines leitenden und erziehenden Vorbildes
und findet dieses in der Antike. Ihrem Geiste und ihrem inneren
Gehalte nach ist seine Kunst jedoch durchaus christlich, und so
erscheint Niccolo Pisano als der erste künstlerisch freie Vertreter
der neuen christlichen Kunst in Italien, zugleich aber auch, wie
in noch höherem Masse dann Cimabue, ein Träger jenes individuellen Lebenshauches, der im XIII. Jahrhundert die ganze mittelalterliche Welt im Norden wie im Süden zu durchdringen und
sie aus ihrer Gebundenheit zur Freiheit zu erwecken beginnt. [105]

Vergleichen wir nun aber sein Schaffen mit dem, was der
Norden gleichzeitig auf dem Gebiete der Plastik leistete, oder auch
mit dem, was er bereits ein halbes Jahrhundert früher geschaffen
hatte, so werden wir zugeben müssen, dass ohne jede Frage die nordische Kunst im XIII. ebenso wie im XII. Jahrhundert der italienischen
weit überlegen war. Wir zogen bereits zwischen dem Meister, der
in Strassburg das Relief der Grablegung Marias geschaffen hat,
und Niccolo einen Vergleich, der zu Ungunsten dieses letzteren
ausfiel. Nicht anders ist das Resultat, wenn wir seine Darstellung
des Jüngsten Gerichtes einmal mit derjenigen zusammenstellen,

welche die französische Plastik schon ganz zu Anfang des XIII. Jahrhunderts an der Westfassade von Notre-Dame in Paris geschaffen hat. Angesichts dieser herrlichen, formvollendeten, schönen Schöpfung muss und wird jedem die Superiorität wie die Priorität des Nordens auf dem Gebiete der Kunst zur Gewissheit werden. Und weiterhin, wo finden wir in Italien im XIII. Jahrhundert etwas Aehnliches wie z. B. die Gestalt des hl. Theodor aus der südlichen Vorhalle in Chartres oder wie das Relief der Krönung und Grablegung Marias an der Westfassade von Notre-Dame in Paris? was liesse sich hier Werken wie den Aposteln der Sainte Chapelle oder den Stifterfiguren des Naumburger Domes an die Seite setzen?! Wichtig und interessant ist aber jedenfalls der Umstand, dass, wie uns auch bereits die Kunst eines Antelami lehrte, in Italien gleichfalls in wirklich bahnbrechender Weise zuerst die Plastik in die neue Bewegung eintritt. Noch ersichtlicher als bei Niccolo wird uns dies dann bei seinem Sohne Giovanni, welcher bereits in das Trecento übergreifend zugleich für den Kunstcharakter der italienischen Plastik wie überhaupt für das künstlerische Schaffen Italiens in der Zeit desselben bestimmend wird. Denn mit ihm setzt der gotische Stil oder, wie die neuerlichen Untersuchungen Marcel Reymonds erwiesen haben, genauer specialisiert die Nachahmung der französischen Gotik in der italienischen Plastik ein. [196]

Bevor wir uns jedoch der Betrachtung der Kunst Giovanni Pisano's und der des Trecento zuwenden, wollen wir noch einen Blick auf die Entwicklung der italienischen Malerei des XIII. Jahrhunderts werfen.

Nur wenig später als den ersten Bildhauer der neuen christlichen Kunst in Italien gab der toskanische Boden auch den ersten grossen Maler derselben her: neben Niccolo Pisano tritt in mehr als einer Beziehung gleichberechtigt und gleich geartet der grosse Florentiner Cenni di Pepo, gen. Cimabue. Was diese beiden Meister so eng mit einander verbindet, ist vor allem der Umstand, dass beide ganz Persönlichkeit, ganz individuell und eigenartig veranlagt, kurz seit Benedetto Antelami die beiden ersten wieder voll ausgeprägten grossen Künstlerindividualitäten Italiens sind. Beide treten, wenn auch nicht als Reformatoren im eigentlichen Sinne des Wortes, an die Spitze der neuen christlichen

Kunst in Italien und bezeichnen Grenzpunkte in der mittelalterlichen Plastik und Malerei dieses Landes. Wie sie gleichsam nur
eine Vorstufe und mehr einen Versuch zur Vorbereitung der Kunst
der späteren Meister darstellen, so haben sie auch keine eigentliche
Nachfolge erfahren und sind ohne d i r e k t e Einwirkung auf die
neue Kunst geblieben. Und so erscheinen ihre Werke, vorzüglich
durch ihre Betonung des individuellen Standpunktes, wie der
Grundton eines grossen Musikstückes, den man vor Beginn desselben angeschlagen hat.

Nicht auf heimischem Boden, wie bei Niccolo Pisano, erwuchs
die künstlerische Gestaltungsfähigkeit Cimabue's: die bestimmenden
Eindrücke für seine Kunst empfing dieser Meister in Rom. Was
ihm der toskanische Boden und die florentinische Heimat geben
konnten, war nur das Naturell, und in diesem erweist er sich
allerdings durch den hochdramatischen Charakter seiner Werke
als ein echtes Kind seiner Vaterstadt. Für seine Kunst aber konnte
er hier wie in Toskana nichts lernen. Selbst wenn sich wirklich,
parallel der gleichzeitigen Entwicklung der toskanischen Plastik,
eine fortschrittliche Entwicklung der toskanischen Malerei von Guido
da Siena bis Cimabue nachweisen lassen sollte,[397] so würden wir
doch immer die Hauptwurzeln der Kunst Cimabue's nicht hier
sondern in der byzantinischen Kunst und in Rom zu suchen
haben.[398]

Was ihm die erstere bot, war das notwendige Vorbild, dessen
er ebenso wie Niccolo Pisano bedurfte, um sich eine Formensprache
zu bilden; und dass es gerade sie war, in deren Lehre er sich begab,
kann uns wahrlich nicht überraschen, hatte sich doch die byzantinische Kunst im Laufe der Zeit zur Herrin über die Malerei der
ganzen Halbinsel aufgeschwungen! (Der einzigen Ausnahme hiervon werden wir gleich gedenken.) Cimabue folgte also zunächst
nur dem Beispiele der gleichzeitigen toskanischen Malerei, wenn
er sich ebenso wie diese die byzantinische Kunst zum Muster nahm,
aber bereits in der grundverschiedenen Weise, wie er sie im
Gegensatz zu seinen Landsleuten studierte, zeigt sich seine ganze
Ueberlegenheit über die Letzteren. Denn während sich diese unterschiedslos sämtlich nur an schlechten byzantinischen Vorbildern bil-
deten, wandte er sich um Aufklärung, und Belehrung mit sorgsamer
Wahl gerade nur an die besten Werke byzantinischen Stiles, die

ihm erreichbar waren, und in die so gewonnene bessere Formensprache legte er dann obendrein noch seine ganze Persönlichkeit
und sein ganzes überlegenes Können hinein! So sehen wir denn
auch, wie sich unter seinen genialen Meisterhänden die anscheinend
leblose byzantinische Kunst mit einem gewaltig bewegten innerlichen Leben erfüllt und in sturmdurchwehten Schöpfungen, wie
der Kreuzigung im südlichen Querschiff der Oberkirche S. Francesco zu Assisi, von dem Odem seines Feuergeistes mächtig
durchloht wird.

Wie er aber so die einzelnen Formen seiner Kunstsprache
der byzantinischen, so verdankt er die Monumentalität und den
gedanklichen Inhalt derselben der römischen Kunst. Ganz sein
eigen aber ist das gewaltige, heftig pulsierende Leben, mit dem
er als echter Dramatiker seine Darstellungen erfüllt und diese
dadurch zu Handlungen umgestaltet, darin ein echter Florentiner
und ein Geistesverwandter seines grössten Landsmannes Michelangelo.

Das Schwergewicht des italienischen Kunstschaffens in dieser
Zeit liegt aber trotz Cimabue nicht bei der Malerei; erst Giotto
sollte dieser zur Herrschaft und zum Siege in Italien verhelfen.
Vorerst behauptete den Thron Giovanni Pisano, der gewaltigere
Sohn eines gewaltigen Vaters, und mit ihm die toskanische Plastik.
Was schon in einigen Werken Cimabue's übermächtig nach aussen
gedrängt, hier hat es die Fesseln der Form zersprengt und ist
wie ein zorniger Gebirgsbach uferlos dahergebraust.

Eine ganze Welt künstlerischen Schaffens ist es, welche den
Sohn vom Vater trennt. Folgt dieser, gleichsam ein letzter, allerdings schon ganz von dem Geiste der neuen Zeit erfüllter Spät-
ling der altchristlichen Kunstära, den Bahnen antiken Schaffens,
so schliesst sich jener dem Ideale der neuen Zeit an und macht
sich die Sprache der französischen Plastik zu eigen, welche wir
als eine originale Schöpfung des französischen Nationalgeistes und
als das Erstlingswerk der neuen christlichen Kunst des Nordens
erkannt haben.

Zwar können wir auch bei Niccolo schon in den Einzelge-
stalten, besonders in seinen Madonnenstatuetten, und dann in der
Komposition des Jüngsten Gerichtes Hinweise auf die französische
Kunst [190] gewahren, aber sie bleiben doch in dem Gesamtbilde

Madonnenstatue aus Notre-Dame
in Paris.

des Kunstcharakters dieses Meisters belanglos. Greifbarere Gestalt gewinnen sie erst bei Giovanni, dessen ganze Formensprache in so ausgesprochener Weise nach Frankreich weist, dass es nur des Hinweises darauf bedarf, um dessen bald und völlig inne zu werden. Man vergleiche doch nur einmal seine Madonnenstatue aus Prato und die Berliner Statuette mit der Marienfigur aus Notre-Dame in Paris, welche unsre Abbildung zeigt, und man wird den hier zweifellos bestehenden Zusammenhang mit einem Schlage gewahr werden. Stimmt hier nicht alles und jedes, im ganzen wie im einzelnen, von der allgemeinen Haltung und der Art, wie das Kind auf dem Arm der Madonna sitzt und in das Halstuch derselben greift, bis zu der Haltung der hier wie dort in merkwürdiger Uebereinstimmung zu kurz gebildeten Arme der Gottesmutter und dem Fall der Seitenteile des Mantels, sowie dem verzierten Saume desselben in überraschender Weise überein?! Ueber den Grad und den Umfang der Abhängigkeit mag man verschiedener Meinung sein, an ihrem Vorhandensein ist nicht zu zweifeln.

Die Forschung hat sich mit der Thatsache abzufinden, dass mit Giovanni Pisano der Stil und zum guten Teile auch die Formensprache der französischen Gotik in die italienische Plastik eindringen, und dass diese dann eine ganze Zeit unter der Bevormundung jener gestanden hat. Und so möchte man fast glauben, dass es, wenn auch unbewusst, ein nationales Gefühl gewesen ist, welches den Italienern ihr so ungünstiges, ja beinahe gehässiges Urteil über die Gotik suggeriert hat.

Das französische Element in der Kunst Giovanni Pisano's macht nicht, so bedeutungsvoll es an und für sich auftritt, und so einflussreich es, besonders für die spätere Entwicklung der italienischen Skulptur, geworden ist, das Wesentliche derselben aus. Die wahre Bedeutung dieser liegt auf einer ganz andern Seite, offenbart sich nicht wie jenes in rein äusserlicher Weise, sondern liegt in dem geistigen und dem Empfindungsgehalte der Werke!

Was Giovanni Pisano hier bietet, muss auf seine Zeitgenossen einerseits wie eine Offenbarung, andrerseits wie eine, und das ist vielleicht nicht zu viel gesagt, — Ungeheuerlichkeit gewirkt haben. Denn wie aus einem überströmenden Borne ist in seine Gestalten eine tief innerlich bewegte, leidenschaftlich heftige Lebensfülle übergeflossen und hat aus jeder Darstellung fast eine gewaltig erregte dramatische Scene geschaffen. Ihm gilt die Seele des Menschen alles, die äussere Erscheinungsform desselben so gut wie nichts, und so enthüllt sich bereits bei diesem ersten grossen, ganz und wahrhaft freien Meister der neuen christlichen Kunst in Italien, dass die Plastik nicht dasjenige Schaffensgebiet künstlerischer Thätigkeit sein konnte, auf dem der ganze Gehalt des Christentums, seiner Geschichte wie seiner Lehre, zu vollendetem Ausdruck zu bringen war. Hier giebt es nur eine Kunstgattung, die Vollständiges zu leisten vermag: das ist die Musik! [300]

Das überströmende innere Gefühl bei Giovanni Pisano kommt fast immer in einer dramatischen Form zum Ausdruck, und das erscheint uns durchaus nicht zufällig. Denn darin fügt er sich vollständig der Entwicklung der gleichzeitigen deutschen (Freiburg und Naumburg) wie der etwas späteren französischen Plastik (Bourges) ein und offenbart damit nicht, wie Reymond annimmt, seine direkte Abhängigkeit von der letzteren, sondern nur den innigen Zusammenhang und die Gleichartigkeit der grossen Kunstbewegung in allen diesen Ländern. Denn auch der von der französischen Kunst völlig unabhängige Cimabue ist, wie wir gesehen haben, ein mächtiger Dramatiker und nicht minder der geniale Reformator der italienischen Malerei, — Giotto.[101]

Mit Giotto kommen wir zu dem Meister, der durch sein Schaffen vor allem der Kunst des Trecento ihr charakteristisches Gepräge und der italienischen Kunst des XIV. Jahrhunderts die Superiorität über das ganze gleichzeitige Kunstschaffen im Abendlande verliehen hat. Sein hellleuchtendes Gestirn verdunkelt aber auch in Italien alles, was sonst noch geschaffen wird, und so stellt er seine gewaltigen Vorgänger, Cimabue wie die beiden Pisani, besonders jedoch den jüngeren, Giovanni, sehr zu Unrecht in Schatten. Denn es muss zunächst noch eine offene Frage bleiben, wieviel Giotto diesem verdankt, und ob er nicht vielleicht gerade in seiner gewaltigen Fähigkeit der Seelenschilderung, in der er bloss durch Dante in seiner Zeit übertroffen wird, nur ein gelehriger Schüler seines Landsmannes gewesen ist![102] Denn auch Giotto ist ein Toskaner von Geburt, hat aber, ebensowenig wie Cimabue, durch die toskanische Malerei irgend eine Anregung oder Unterweisung erfahren. Er wächst vielmehr, wie auch teilweise bereits Cimabue, aus der römischen Kunst heraus, welche somit für die Entwicklung der neueren italienischen Malerei von hervorragendster Bedeutung ist.[103]

Und das mit Recht! Denn es ist durchaus kein zufälliges Zusammentreffen oder etwa unbegründet gewesen, dass die ersten beiden grossen Meister der Florentiner wie der neueren italienischen Malerei überhaupt, teils ihre bestimmenden Eindrücke wie Cimabue, teils ihre ganze Ausbildung wie Giotto, in Rom empfangen haben, sondern es ist nur die Folge des glänzenden künstlerischen Aufschwunges gewesen, welchen die Papststadt, getragen von der überaus glücklichen und machtvollen Entwicklung des Cäsaropapismus, in den beiden letzten Jahrhunderten genommen hatte. Denn auch hier ist, ähnlich wie in Frankreich, mit der politischen eine künstlerische Blüte Hand in Hand gegangen und hat im Laufe der Zeit in der Mosaikkunst und Malerei drei Stilrichtungen ausgebildet: eine rein byzantinische, welche vornehmlich die Mosaikkunst beherrschte, eine gemischt altchristlich-byzantinische und eine einheimische, echt nationale, lateinisch-italische Richtung, welche sich nach Möglichkeit von jedem Byzantinisieren freihält. Diese letztere ist für uns die interessanteste und zugleich für die spätere Entwicklung der Kunst wichtigste.

Anknüpfend an die Renaissance der altchristlichen Kunst, welche wir gegen Ende des XI. Jahrhunderts hier und da, besonders in den Wandmalereien der Unterkirche S. Clemente, zum Durchbruch gelangen sehen, und vergleichbar der sich eben erst allmählich ausbildenden und noch ganz barbarischen italienischen Volkssprache dieser Zeit, setzt sie sich hauptsächlich in der Kunst der marmorarii und der Wandmalerei durch das ganze XII. und XIII. Jahrhundert fort. Zu Ende des letzteren geht dann aus ihr der grosse Giotto hervor, schafft, auf sie gestützt, mit überlegener Schöpferkraft für die italienische Malerei einen selbständigen, durchaus nationalen Monumentalstil und erringt damit sofort das Uebergewicht über die gesamte Malerei des Nordens.[204] So ist er der eigentliche Vollender und zugleich der glänzendste Vertreter des mittelalterlichen Kunstvermögens in Italien, und wie im Norden wird so auch hier die Kunst des Mittelalters zur Zeit ihrer höchsten Blüte und prächtigsten Entfaltung der Ausgangpunkt der neuen christlichen Kunst!

Denn indem Giotto unter dem mächtigen Einfluss der reformatorischen Thätigkeit des Franz von Assisi das durch diesen den Menschen wiedergebrachte, man könnte fast sagen, neu geschaffene wahre und echte Christentum der Liebe zur Grundlage seiner Inspiration und seines Schaffens macht, erfüllt er die Kunst mit einem ganz neuen, tiefen und allgemein menschlichen Gehalte und vertritt damit in Verbindung mit Giovanni Pisano in ähnlicher Weise, wie im Norden bereits fast ein Jahrhundert früher die herrlichen Schöpfungen der französischen und vorzüglich der deutschen Plastik des XIII. Jahrhunderts, — wir denken hier u. a. an die Wechselburger Kreuzigungsgruppe — in Italien die erste Blüte der neuen christlichen Kunst. Seine Freskencyklen in Assis und Padua sind von einzigem Werte: in solchen Werken verschmilzt das rein Menschliche mit dem Himmlisch-Idealen zu untrennbar seelenvoller Harmonie.

Durch Giotto wird in Italien im Gegensatz zum Norden, wo die Architektur und demnächst die Plastik in erster Reihe stehen, die Malerei zur beherrschenden Kunst erhoben, und wie dort in

14

letzter Linie die Malerei von der Plastik lernt, so tritt hier das umgekehrte Verhältnis ein : der Bildhauer geht zum Maler in die Schule. Wir erfahren nicht nur häufig, dass von den Malern direkt Zeichnungen für anzufertigende Skulpturen geliefert werden,[305] sondern wir sehen sogar die Stilprinzipien der Malerei bisweilen direkt in die Reliefplastik eindringen. Das erste Zeugnis hiervon ist der berühmte silberne Altar aus Pistoja ;[306] ihren Abschluss findet diese Richtung, wie genugsam bekannt ist, in der Kunst eines Ghiberti.

Neben diesen Einflüssen von der Malerei laufen aber in der italienischen Plastik durch das ganze XIV. Jahrhundert noch solche seitens der französischen Kunst her, welche auf diesem Gebiete des bildnerischen Schaffens eben auch im Trecento den Vorrang und eine gewisse vorbildliche Stellung behauptet. So sehen wir, wie sich Andrea Pisano noch enger womöglich, als dies bereits Giovanni Pisano gethan hat, an den feinen, eleganten Stil anschliesst, welchen die französische Plastik am Ende des XIII. Jahrhunderts angenommen hat ;[307] wir sehen ferner, wie Nino Pisano darin seinem Vater folgt — man vergleiche einmal seine Madonnenstatuetten mit der berühmten Vierge de Jeanne d'Évreux von 1340 im Louvre — und wir sehen zuguterletzt auch, wie noch Orcagna und selbst Ghiberti teilweise in diesen Bahnen wandeln. Die mehrfach betonte innere Verwandtschaft der Kunst dieses letzteren Meisters mit französischen Skulpturen findet auf diese Weise jetzt seine volle Erklärung.[308] Den letzten Ausklang dieser idealen, formenschönen und empfindsamen Richtung der Plastik gewahren wir dann in der Kunstweise des Luca della Robbia und seiner Schule. [309]

Das bildnerische Schaffen des übrigen Italiens im Trecento nimmt zum grössten Teile von Niccolo und Giovanni Pisano seinen Ausgang und kann trotz der umfangreichen, ausgedehnten Thätigkeit, die es teilweise wie z. B. durch die Bildhauerschule von Siena entfaltet, bei unserer Betrachtung unberücksichtigt bleiben.[310] Eine Sonderstellung nimmt nur die venezianische Plastik in der zweiten Hälfte des XIV. Jahrhunderts ein ; das Hauptinteresse bleibt aber nach wie vor auf Florenz konzentriert.

Wir können also daraufhin wohl sagen, dass in der Plastik Italien an Frankreich anknüpft, dass in der Malerei dagegen, wenn wir im Hinblick auf Avignon und seinen Freskenschmuck die erwähnten Louvrebilder zum Ausgangspunkt und zur Grundlage eines allgemeineren Raisonnements machen, Frankreich sich der allmächtigen Einwirkung der von Giotto ausgehenden Richtung unterwirft. Betrachten wir aber diese und ihren Verlauf in Italien näher, so fällt uns eine merkwürdige Erscheinung auf. Es lässt sich nämlich nicht leugnen, dass im ganzen XIV. Jahrhundert, von geringfügigen Neuerungen abgesehen, eigentlich kein Maler mehr über Giotto hinausgekommen ist, sondern dass im Gegenteil mehr oder weniger alle Künstler, selbst die bedeutendsten Meister der anfangs von seinem Schaffen unbeeinflussten Schule von Siena, die Lorenzetti, schliesslich unter den Bann seiner Kunst geraten sind, und dass diese Kunst in vollständiger Parallelerscheinung zu der Entwicklung, welche die französische Plastik aus der zweiten Hälfte des XIII. Jahrhunderts zeigte, auf ein Typisieren und Kanonisieren der Gestalten hinauslief.

Wie die italienische Plastik des Trecento sich im wesentlichen nur an diejenigen französischen Skulpturen als vorbildlich hält, welche den Kunstcharakter des XIII. Jahrhunderts, sei es in seiner reinen oder in einer bereits manierierten Form tragen, so erweist sich in merkwürdig entsprechender Weise das entwicklungsgeschichtliche Bild der italienischen Malerei des XIV. Jahrhunderts in manchen Punkten dem verwandt, welches uns die französische Plastik des XIII. Jahrhunderts zeigt. Es ist keine Frage, die neue christliche Kunst setzt nach einigen frühen und ohne Folge verlaufenden gleichzeitigen Anfängen in Italien gerade um ein Jahrhundert später ein als in Frankreich und macht dann hier im XIV. Jahrhundert eine sehr ähnliche Entwicklung wie dort bereits im XIII. Jahrhundert durch.

Die Gleichartigkeit der Bewegung spricht sich auch in ihrem ferneren Verlaufe aus. Denn wie im Norden aus der typisierenden Darstellungsweise der französischen Plastik im XIII. Jahrhundert nur ein erneutes Naturstudium der Kunst wieder heraus geholfen hat, so hat auch hier erst der kräftige Naturalismus des Quattrocento wieder die Kunst regeneriert. Fast nehmen wir es bereits als etwas Selbstverständliches hin, dass auch in diesem Falle

wieder die Anregung hierzu zuerst von der Plastik
ausgegangen ist! In dieser sehen wir nämlich schon im letzten
Drittel und gegen Ende des XIV. Jahrhunderts in der Lombardei
sowohl wie besonders in Toskana ein neues, kräftiges, realistisches
Streben einsetzen, und in beiden Fällen steht eine Einwirkung des Nordens, speciell Deutschlands, ausser
Frage![111] Zugleich bildet sich in Florenz im Anschluss an
die Ausschmückung des Domes eine eigentlich lokale Bildhauerschule, die wir bisher hier noch vermissen, aus. Unter ihren
Begründern ist unstreitig Nanni d'Antonio di Banco der bedeu-
tendste; er ruft als erster in Florenz eine hervorragende, wirklich monumentale statuarische Plastik ins Leben und bereitet
ebenso wie Brunellesco in machtvoller Weise die Kunst eines
Donatello vor. Als dann dieser und Masaccio zu Beginn des
XV. Jahrhunderts den Plan betreten, finden sie den Boden für ihr
Schaffen vorbereitet, und die glücklichste Epoche der grossen
Zeit der Renaissance hebt an.

„Die Renaissance."

Masaccio und Eyck-Malerei und Plastik.

Es sei gestattet, einmal die beiden Meisterwerke mit einander
zu vergleichen, mit denen man allgemein die Betrachtung der
Renaissance im Süden und im Norden beginnt: die Fresken
der Brancaccikapelle des Carmine in Florenz und den Genter
Altar. Wir wählen zu diesem Zwecke die Figuren von Adam
und Eva aus dem Sündenfalle dort und die entsprechenden, heute
im Brüsseler Museum befindlichen Gestalten des Altares.

Was uns in beiden Fällen als „neu" entgegentritt, ist die lebensvolle Durchbildung der Erscheinung, aber wie verschieden ist sie
zur Darstellung gebracht worden! Bei Masaccio finden wir von
Luft umflossene, wundervoll in Licht und Schatten modellierte und
lebhaft und frei im Raume bewegte Körper, kurz eine durchaus
malerische Auffassung und Wiedergabe. Die Figuren des Genter
Altares dagegen sind zwar mit eindringlichstem Naturalismus dargestellt und übertreffen darin weit die Gestalten Masaccio's, aber sie
stehen steif und regungslos wie ein Paar Statuen da und sind nichts

weiter als eben die naturgetreuen Porträts irgend zweier beliebiger
Menschen, von malerischem Empfinden ist hier keine Spur zu entdecken. Was bei Masaccio das wahrhaft Grosse und Bedeutungsvolle ist, die Luftmalerei und die Raumgestaltung, sowie die Monumentalität seiner Kunst fehlt hier vollständig. Und dazu kommt
noch der Ausdruck der Köpfe wie überhaupt der ganze geistige
und der Empfindungsgehalt der Gestalten. Wie ungemein gross und
einzigartig in seiner Auffassung Masaccio ist, bedarf kaum der
rühmenden Erwähnung, es ist bekannt, dass hier die italienische
Renaissance gleich zu Beginn ein Höchstes und seitdem nicht
mehr Uebertroffenes geleistet hat. Die Gestalten Jan van Eyck's
dagegen, denn diesem müssen wir sie wohl geben, sind jeder
tieferen Empfindung bar und beweisen, dass der Kunst ihres Meisters die Seele fehlte. Er übertrug eben einfach die Prinzipien
der Miniaturmalerei und der Plastik auf die hohe Malerei: das
ist das Geheimnis und der Wert seiner Kunst! Nirgends gewahren
wir es besser als an diesem Vergleich. Er konnte nichts Höheres
bieten, keinen Gefühlsinhalt zum Ausdruck bringen, weil ihn die
vorangehende Kunst des XIV. Jahrhunderts weder auf dem einen
noch auf dem andern jener beiden Gebiete, durch welche sein
Schaffen bedingt ist, gekannt hatte; es wäre zuviel gewesen, gerade von ihm zu verlangen, dass er auch darin über sie hätte
hinausgehen sollen wo er dies doch schon nach so manchen
anderen Richtungen hin gethan. Sein ganzes Schaffen ist eben in
gleicher Weise vollständig zeitlich bedingt, wie das Masaccio's.

Stehen die Genter Figuren am Ende einer zweihundertjährigen
Entwicklung der Kunst, die sich eigentlich auf rein plastischem
Gebiete vollzogen, und die im Porträt schliesslich ihre Hauptaufgabe erkannt hat, so folgt Masaccio auf ein Jahrhundert, das
vorzugsweise unter dem Zeichen der Malerei gestanden und durch
diese als die einzig originale und ganz selbständige Kunstäusserung
sein charakteristisches Gepräge erhalten hat.

Hat die Kunst der Brüder van Eyck zu einer ihrer Prämissen
die Miniaturmalerei, welche mit ihrer subtilen Weise den, wie wir
sahen, gleichfalls von der Plastik übernommenen, ungemein weit
getriebenen Naturalismus des Genter Altares in seiner Ausbildung
nicht nur befördert, sondern überhaupt erst ermöglicht hat, so baut
sich Masaccio's Kunstsprache auf dem monumentalen Stile der

Freskomalerei des Trecento auf, welche mit ihrer einfachen und
grossen Formengebung den denkbar grössten Gegensatz zur Eyckischen Kleinkunst darstellt und zur Entfaltung eines ähnlichen peinlich genauen Naturalismus, wie ihn jene zeigt, durchaus ungeeignet
ist. Es ist äusserst bezeichnend, dass derjenige Meister der italienischen
Frührenaissance, welcher einzig und allein eine Parallelerscheinung
zu den Gebrüdern Eyck bietet und sich mit ihnen vergleichen
lässt, — Donatello, also wieder ein Plastiker ist!

Wir kommen zu dem geistigen Gehalte der Werke: ist hier
der Genter Altar noch vollständig, wie seine Komposition beweist,
ein Erzeugnis mittelalterlichen Geistes,[511] und wir haben gesehen,
dass von diesem eine seelenvolle Durchdringung des Christentums nicht zu erwarten war, so stehen Masaccio's Gestalten am
Ende der grossen religiösen Bewegung der Bettelorden, welche
durch den Mund des Franziskus den Menschen ein neues lebendiges Christentum wiedergebracht hat — das Christentum der
neuen christlichen Kunst! Vorangegangen aber war die lange
Schulung der giottesken Kunst, welche in ihrem ersten Anlaufe
bereits die Hauptstoffe der neuen christlichen Kunst in einer ungemein vertieften und zum ersten Male rein menschlichen Auffassung zur Darstellung gebracht und damit der neuen Richtung die
Wege gewiesen hatte.

Masaccio, wie die Brüder van Eyck, stehen somit fest auf den Schultern ihrer Vorgänger und
unter der Einwirkung der vorausgegangenen Zeit
und Entwicklung: in gleicher Weise, wie sie mit
ihren Schöpfungen eine neue Aera heraufführen,
ziehen sie in denselben zugleich auch die Konsequenzen der abgeschlossenen Epoche. Von einem
plötzlichen Bruch in der Entwicklung darf man weder im Norden noch im Süden sprechen. Die sogenannte Renaissance, welche im XV. Jahrhundert
einsetzt, ist nur ein Abschnitt, eine Epoche aus
der grossen Zeit der neuen christlichen Kunst,
welche im XII. Jahrhundert anhebt, um nach einer
ununterbrochenen Entwicklung im XVI. Jahrhundert ihren Abschluss zu finden.[512]

Die neue Kunst und der moderne Mensch.

Werfen wir jetzt zum Schluss, nachdem es uns geglückt ist, auch für den Norden den inneren Zusammenhang, der zwischen der Gotik und Renaissance besteht, nachzuweisen, einen kurzen Blick auf das Gesamtbild, welches die neue christliche Kunst in ihrer ersten Phase von 1200—1400 zeigt, so ergiebt sich, dass ihre ersten Anfänge uns nach Frankreich führen, dass etwas später Deutschland und in weiterem Abstande erst nach einem frühzeitigen, aber ohne Fortsetzung bleibenden Anlaufe Italien in der Aus- bildung der neuen Kunst folgt. Die Entwicklung vollzieht sich also in zeitlich direkt entgegengesetzter Weise, als man bisher angenommen hat! Italien wird nicht nur von der ersten Stelle, welche man ihm bis jetzt stets zuerkannt hat, auf den letzten Posten gewiesen, es nimmt diesen sogar verhältnismässig erst sehr spät ein. Diese plötzliche Um- kehrung des Bildes hat, wir leugnen es nicht, etwas ungemein Ueberraschendes und wird manchem, selbst nach unsrer voraus- gegangenen Betrachtung, noch nicht recht glaubhaft erscheinen wollen. Es bedarf also noch eines, wenn auch nur kurzen Nach- weises der Gründe, welche es bedingt haben, dass die Entwick- lung der neuen christlichen Kunst den von uns rekonstruierten und nicht einen andern Weg genommen hat.

Diese Gründe nun sind aber bald gefunden: sie wurzeln in dem grossen kulturgeschichtlichen Gegensatze, welcher im Mittel- alter den Norden d. h. Frankreich — Deutschland vom Süden d. h. Italien trennt, und welcher kurz dahin zu definieren ist, dass die grosse, glänzende, eigentlich mittelalterliche Kultur, deren Höhepunkt das XIII. Jahrhundert bezeichnet, und die man recht wohl als die gotisch-französische Kulturepoche ansprechen kann, Italien so gut wie ganz fehlt. Wer sie kennen lernen will, der muss nach dem Norden gehen: hier hat die scholastische Philo- sophie und die ihr eigene Geistesrichtung und Weltauffassung ihren Sitz und zwar vorzugsweise in Frankreich, weniger in Deutsch- land. Die Normierung der grossen philosophischen Systeme und die bedeutendste That der mittelalterlichen Philosophie, die Re- zeption des Aristoteles, vollzieht sich hier und nicht in Italien.

So baut sich auch das Lehrgebäude des Thomas von Aquino
nur auf dem auf, was dieser in Paris und bei Albertus Magnus
gelernt hat, und als die eigentlich mittelalterliche Philosophie und
Weltanschauung mit ihm Italien erobern will, da ist dieses Land
für sie bereits verloren. Wie sehr der Norden der einzige und
glänzende Vertreter der imposanten universalistischen Weltanschauung des Mittelalters gewesen ist, beweisen uns aber weit
besser noch als die umfangreichen Folianten seiner Gelehrten die
grossen mächtigen Skulpturencyklen, in denen er sein ganzes viel-
umfassendes Wissen und seine tiefe Gelehrsamkeit in überwälti-
gend monumentaler Weise sichtbar zur Schau trug: etwas Aehnliches hat weder Italien noch irgend ein anderes Land in gleicher
Vollkommenheit aufzuweisen! Im Norden also wird die geistige
Arbeit des Mittelalters geleistet, und im Norden auch, nicht in
Italien werden die Elemente der eigentlich mittelalterlichen Kultur,
voran das Rittertum mit seinem Minnedienst und Minnesang ausgebildet. Hier werden die Orden der Clugniacenser und der besonders für Deutschland wichtigen Cistercienser gegründet, welche
in so manchen Punkten die Vorläufer der Franziskaner sind, und
von hier, nicht von Italien nimmt auch die höchste nach aussen
gerichtete Kraftäusserung des Mittelalters, die so ungemein folgenreiche Kreuzzugsbewegung, ihren Ausgang! Es ist nur eine streng
natürliche Folge davon, wenn in Verbindung mit diesem glänzenden Kulturaufschwung und gefördert durch den allgemeinen kirchlichen Eifer und die fromme Begeisterung dieser Zeit hier auch
der erste Versuch unternommen wird eine grosse und freie
christliche Kunst zu schaffen. Wenn diese dann aber in
der Folge der Ausgangspunkt der neuen christlichen Kunst geworden ist, so ist das, wie wir sehen werden, nicht weniger begründet.

Wie nun Frankreich in der Ausbildung aller der genannten
Kulturelemente vorangeht und in die grossen Bewegungen des
Mittelalters stets zuerst eintritt, so hat es nur folgerichtig, seiner
bedeutungsvollen Stellung als Hauptträger und Begründer der
mittelalterlichen Kultur entsprechend, auch in der Kunst den ersten
Impuls gegeben. Dass es aber auf diese Weise die Führung auf
allen Gebieten übernahm, ist auch wieder wohl begründet: einmal
durch seine günstige allgemeine Lage, deren wir oben schon ge-

dacht haben, und dann vorzüglich durch den Umstand, dass hier zuerst und bereits in dieser Zeit das Streben n a c h d e r A u s - b i l d u n g e i n e s n a t i o n a l e n R e i c h e s zu gewahren ist! Das stolze Wort, welches Viollet-le-Duc den alten Villard de Honne-court bei einem nächtlichen Besuche in seiner Studierstube sprechen lässt: nous avons été les éclaireurs de la renaissance, besteht zu vollem Recht. [314]

Deutschland, dessen trauriger politischer Lage wir auch ge-dacht haben, vermochte erst später, besonders nach Erstarkung und Ausbildung des Städtewesens, als schon die nachteiligen Folgen der gotischen Stil- und Konstruktionsprinzipien sich be-merkbar machten, dem Nachbarlande in der Entwicklung zu folgen, und die Vereinzelung, welche damit hier die Kultur auf gewisse wenige Punkte erfuhr, hat dann nicht weniger als die bald zunftmässige Organisierung der Kunst zur notwendigen Folge gehabt, dass wir nur eine lückenhafte, freilich an Juwelen reiche deutsche Kunstgeschichte dieser Zeit besitzen. Die Rolle aber, welche der germanische Geist als solcher in der Entwicklung der neuen christlichen Kunst gespielt hat, ist, wie wir gesehen haben, von allergrösster Bedeutung!

Und nun Italien; ihm fehlte zunächst schon die glänzende Kultur des Nordens, wo sollte also hier ein Aufschwung der Kunst herkommen!? Vor allem aber lag diese selbst ja unter dem verhängnisvollen, jeder freieren Regung so gut wie unzugänglichen Banne der byzantinischen Formengebung, neben der sich, von Er-scheinungen wie Antelami abgesehen, nur sehr allmählich aus barbarischen Anfängen und altchristlichen Reminiscenzen heraus eine einheimisch-nationale Richtung zu entwickeln begann. Ist es da ein Wunder, wenn der erste wirklich bahnbrechende und ent-scheidende Meister, der die italienische Kunst a u s a l l e n i h r e n F e s s e l n befreit, Giovanni Pisano, „der wahre Lehrer von Giotto", wie ihn Bode genannt hat, bei seinem Schaffen an die Kunst des Nordens, an die französische Plastik anknüpft und damit zugleich in schlagender Weise die Priorität wie die Superiorität derselben erweist?! [315]

Es ist für die Beurteilung der nordischen Kunst des XIII. wie auch des XIV. Jahrhunderts verhängnisvoll geworden, dass man, geblendet von der Grösse Giottos, bisher etwas zu einseitig das

Hauptgewicht bei der Betrachtung des Kunstschaffens in diesen Jahrhunderten auf die Malerei gelegt hat. Denn damit musste man notgedrungen den Anbruch der neuen Kunst von dem Auftreten dieses genialen Meisters an datieren und Italien den Vorrang in dieser ganzen Zeit des Werdens und Entstehens zuerkennen. Diese Ansicht ist aber weiterhin nicht aufrecht zu erhalten: die neue christliche Kunst setzt im Süden wie im Norden zuerst in der Plastik ein. Von dem unbekannten Meister des Chartrerer Königsportales bis zu Giovanni Pisano zählt sie unter ihren Bahnbrechern nur Bildhauer, und bezeichnen ihre Fortentwicklung und all·mähliche Ausreifung nur Werke der Skulptur! Die ersten voll entwickelten, freien künstlerischen Individualitäten der neuen christlichen Kunst: der Meister von Chartres und Benedetto Antelami sind Plastiker, und die ersten grossen freien Maler des Nordens, die Brüder van Eyck, sind im Grunde nichts weiter als die Enkel und Nachkommen einer grosen Künstlerfamilie, deren Angehörige sämtlich Hammer und Meissel in den Händen geschwungen haben. —

Der grosse kulturgeschichtliche Gegensatz des Nordens und Südens ist aber auch noch in andrer Hinsicht zur Geltung gekommen. Er hat nämlich, wie uns dünkt, wesentlich die ersten Regungen des individuellen Gefühles beeinflusst und ihrer Entwicklung im Norden und Süden, wie wir schon einmal hervorgehoben haben, eine verschiedene Richtung verliehen. Und hiermit rühren wir an das zweite Vorrecht, welches man Italien bisher zuerkannt hat: die Priorität in der Ausbildung des geistigen Individuums.

Die Frage, zu welcher Zeit und an welchem Orte sich zuerst das individuelle Gefühl im mittelalterlichen Menschen geregt hat, wird sich freilich mit Sicherheit wohl nie entscheiden lassen, aber so viel werden wir als bestimmt annehmen können, dass dies im XIII. Jahrhundert und in Italien nicht der Fall war. Die Anfänge dürften uns überhaupt, wenn wir recht vermuten, aus dem Abendlande heraus und nach dem Orient führen: der heissumstrittene Boden Palästinas und die Epoche der Kreuzzüge bezeichnen wohl zunächst und in erster Linie den Ort und die Zeit, da das individuelle Gefühl im abendländischen Menschen zu erwachen begann.

Jedenfalls tritt dann der Norden wie der Süden im XIII. Jahrhundert gleichmässig in diese gewaltige, folgenreiche Bewegung ein, welche zu keiner Ruhe mehr kommen soll.

Die frühesten Anzeichen einer im Denken und Fühlen freieren, selbständigen Stellungnahme seitens des mittelalterlichen Menschen im Abendlande dürfen wir wohl in den Spuren von Skepsis erblicken, welche sich besonders nach dem unglücklichen Ausgange der mit so grosser Zuversicht unternommenen, weil Gottgewollten Kreuzzüge hier und da finden. Ihren vorzüglichsten Herd hatte diese Skepsis in Frankreich; Einzelvertretern von zum Teil hervorragender Bedeutung begegnen wir überall: vom untersten Süden, wo der freidenkende Friedrich II. in Palermo Hof hielt, bis hinauf nach Bayern und Franken, wo der Landgraf Hermann von Thüringen eine Zeitlang Wolfram von Eschenbach, dessen Willehalm wir bereits einmal erwähnt haben (S. 62), bei sich zu Gaste sah. Es würde uns zu weit führen, wollten wir diese Bewegung, ihre Gründe und ihre Träger im einzelnen genauer charakterisieren. Wichtig für uns ist bloss der Umstand, dass sie zwar im ganzen Abendlande gleichzeitig und ziemlich überall einsetzt, am ausgeprägtesten und umfassendsten jedoch in — Frankreich auftritt, das somit auch hier wieder im Vordergrunde steht. Unser ungeteiltes, höchstes Interesse aber erfordert diese Bewegung — und das ist auch der Hauptgrund, weshalb wir hier auf sie eingehen, — durch den verschiedenen Ausgang, welchen sie den Bedingungen gemäss, auf die ihre Ausbreitung in den einzelnen Ländern stiess, im Norden und Süden nahm. Denn dieser ist für die weitere Entwicklung und Ausbildung des individuellen Gefühles im Abendlande entscheidend geworden.

Während nämlich im Norden die Bewegung, welche ihre anfangs direkt antireligiöse bald mit einer nur antikirchlichen und ihrerseits sehr berechtigten Tendenz vertauscht hatte, von der vereinigten Macht der Kirche und des Königtums in den sogenannten Ketzerkriegen, deren wir oben bereits gedacht haben, blutig unterdrückt wurde, wird sie in Italien ganz im Gegenteil durch die Gründung der Bettelorden aus ihrer kirchenfeindlichen in eine durchaus kirchenfreundliche Richtung abgelenkt und erweist sich in der Folge sogar als nutzbringend und heilsam gerade der Macht, gegen welche sie sich anfangs empört hatte. Denn

indem Franz von Assisi, der gleichsam aus dem Bedürfnis der
ganzen Zeit und des Volkes herausgeboren zu sein scheint, die
erstarrten Formen des mittelalterlichen Christentums wieder mit
der wahren, rein menschlichen Heilandsliebe erfüllt, erweckt er
dieses zu neuem Leben, und der christliche Glaube wird durch
ihn wieder ein lebendiger Glaube! Zugleich aber befreit er, und
das ist das Entscheidende und ungemein Bedeutungsvolle an
der von ihm ins Leben gerufenen Bewegung der Bettelorden,
durch sein auf die „Verinnerlichung des Menschen" gerichtetes
Bestreben das individuelle Gefühl in diesem,[316] und so begegnen
wir in Italien den ersten nachhaltigen Regungen und Aeusserungen desselben auf religiösem Gebiete. Während also hier die
neue Bewegung zur Befreiung vom mittelalterlichen Banne führt,
scheitert sie dort an dem festgefügten Baue des mittelalterlichen
Staaten- und Kirchensystems.

Man wird uns vielleicht fragen, warum die Bewegung der
Franziskaner nicht auch den Norden alsbald vom mittelalterlichen
Denkzwange befreit hat? Nun einmal beruht dies darauf, dass im
Norden eben eine ganze, vollkommen ausgebildete Kultur zu
überwinden war, von der sich der Süden so gut wie frei gehalten hatte, und dann liegt es in sehr wesentlicher Weise auch
daran, dass die Bewegung der Franziskaner, wie Springer mit
Recht hervorhebt,[317] in Italien eine durchaus nationale
war und aus dieser ihrer Eigenschaft erst die volle Kraft zu ihrer
gewaltigen reformatorischen Thätigkeit gewann, während im Norden die Franziskaner doch immer mehr oder minder Fremdlinge
blieben: eine Erscheinung wie Berthold von Regensburg müssen
wir entschieden als eine Ausnahme betrachten. So kann denn auch,
um dies gleich hier hervorzuheben, keine Rede davon sein, dass
die Franziskaner im Norden etwa gleichfalls wie in Italien in
irgend einer Weise befruchtend oder befreiend auf die Kunst eingewirkt hätten. Diese folgt im Norden vielmehr einer dominikanischen Geistesrichtung und wird damit zum Ausdrucksmittel
von Gedanken, die durchaus mittelalterlichen Geistes sind, nichts
aber mit der Gefühls- und Liebeswelt eines Franziskus zu thun
haben.

Wie ein Bann, so dürfen wir wohl annehmen, wird hier die
in den grossen Systemen und mächtigen Sammelwerken aufge-

stapelte gewaltige Geistesarbeit auf dem Denken und dem religiösen Empfinden der Gesamtheit wie des Einzelnen gelastet haben, und wir begreifen wohl, dass der Norden jedem Versuche einer Untergrabung der universalistischen Weltauffassung, wie ein solcher gerade in dem Bestreben der neuen Bewegung auf Entwicklung und Ausbildung des individuellen Gefühles im Menschen zu Tage trat, nur den stärksten Widerstand entgegensetzen konnte und musste.

So bringt es der grosse Kulturgegensatz zwischen Nord und Süd mit sich, dass das XIII. Jahrhundert im Norden noch nicht in gleicher Weise wie in Italien das goldene Morgenrot der persönlichen Freiheit sah. Seine Strahlen haben aber gleichwohl auch hier schon im XIII. Jahrhundert geleuchtet und durch die Triebkraft des keimenden individuellen Gefühles die erste Blüte der neuen christlichen Kunst ins Leben gerufen!

Denn während in Italien die Kunst zunächst jeder individuellen Regung so gut wie verschlossen bleibt und nur eine schrittweise Eroberung ihres Gebietes gestattet, ist es im Norden ganz im Gegenteil vielmehr gerade diese, in welcher das individuelle Gefühl sich zuerst seiner selbst bewusst wird und machtvoll zum Durchbruch kommt. Dass es sich aber wirklich auf diese als das einzige Gebiet, auf dem es sich im Norden, wie wir jetzt gesehen haben, frei äussern konnte, warf und in der Dichtkunst sowohl — wir erinnern hier für Deutschland an den Liederfrühling eines Walther von der Vogelweide — als in der bildenden Kunst sich Bahn brach, dass der freiwerdende Mensch somit die Gestalt des freiwerdenden Künstlers annahm, indem beide sich in dem gemeinsamen Bestreben, Natur und Welt mit anderen, freieren Augen als die vorangegangene befangene Zeit zu betrachten, trafen — das ist der sicherste Beweis dafür, dass die Nötigung einer Freiwerdung im Norden ebenso wie im Süden vorlag, und dass wir ein Recht haben, auch im Norden in dieser Zeit von dem Erwachen des individuellen Gefühles, — zugleich aber auch von dem Beginne der neuen christlichen Kunst zu sprechen!

Die Gründe, welche dazu geführt haben, dass das individuelle Gefühl im Norden sich zuerst in der Kunst, im Süden dagegen

auf religiös-geistigem Gebiete geregt hat, haben wir somit kennen
gelernt ; sie erklären uns aber auch zugleich, wieso es kommt,
dass im XIV. Jahrhundert auf rein künstlerischem Gebiete der
Vorrang entschieden Italien gebührt. Abgesehen davon nämlich, dass
die Kunst im Norden zum grossen Teile, wie wir gesehen haben,
in dieser Zeit unter das Handwerk fällt und in der Zunft verkommt,
und abgesehen von der misslichen politischen Lage, welche, wie
in Deutschland nun auch in Frankreich, das künstlerische Schaffen
stark beeinträchtigt, liegt es vornehmlich an dem grossen Riss,
wie wir die Bewegung nannten, welche im XIV. Jahrhundert im
Norden durch das ganze mittelalterliche Leben geht, und welche
dadurch hervorgerufen wird, dass jetzt hier das individuelle Gefühl
überall mit dem systembildenden Wesen des mittelalterlichen
Geistes zusammenstösst und in Konflikt gerät, dass die grossen
Systeme des Albertus Magnus und Thomas von Aquino, welche
im Süden kaum oder wenigstens nicht so tiefe Wurzeln gefasst
hatten wie im Norden, allmählich überwunden werden und damit
sich die universalistische Weltanschauung des Mittelalters zu lösen
beginnt. Denn die notwendige Folge hiervon ist eine Fülle von
sich entwickelnden Widersprüchen und Gegensätzen, und diese
wieder verhindern es, dass sich die Kunst in dieser Zeit zu tiefen,
ernsten und gehaltvollen Schöpfungen zu sammeln vermag. Dass
aber diese Bewegung andrerseits auch durch die Ausbildung einer
reichen Anzahl von Künstlerpersönlichkeiten und durch den Hinweis auf das Einzelstudium, das Porträt, in gewisser Weise wieder
der Kunst förderlich ist, lässt sich nicht leugnen, und so kann es
uns auch nicht wundern, wenn wir sehen, wie das nordische
Kunstschaffen dieser Zeit in der Porträtbildnerei und dem Naturstudium, wo es auf eine längere Entwicklung zurücksieht als die
jüngere italienische Kunst, dieser entschieden überlegen ist und
das ganze Jahrhundert hindurch die Führung, behält. [316]

Gehen wir nun zur Betrachtung dieser letzteren selbst über,
so haben wir zunächst zu bemerken, dass sie in dem Augenblicke,
wo sie durch Giovanni Pisano vollständig frei wird, also im letzten
Drittel des XIII. Jahrhunderts, keineswegs wie im Norden unter
das Handwerk fällt, sondern, dass ihr vielmehr sofort in Giotto ein
künstlerisches Genie allerersten Ranges ersteht, und dass dieser
wieder seinerseits in grossartigster Weise den Boden durch die

Thätigkeit des hl. Franz und seiner Anhänger vorbereitet findet, aus deren Predigten und Liedern eine ganz andere und vor allem viel tiefere Auffassung des Christentums zu gewinnen war als aus den gelehrten Programmen, welche die Dominikaner für die nordische Kunst des XIII. Jahrhunderts ersonnen hatten. Wenn es dieser gleichwohl gelungen ist, die ihr gegebenen spröden Stoffe zu beleben und teilweise mit einer grossen Verinnerlichung wiederzugeben, so muss uns das nur mit um so grösserer Bewunderung und Hochachtung für diese Kunst des Nordens erfüllen. Es beweist uns zugleich, wie sehr die neue Triebkraft des individuellen Gefühles in ihr mächtig gewesen sein muss. —

Es bleibt immer ein erhebendes und grossartiges Schauspiel zu sehen, wie die mittelalterliche Kultur auf ihrem Höhepunkte im XIII. Jahrhundert, als es ihr gelingt, ihr philosophisches System zur vollendeten Ausbildung zu bringen, gleichzeitig in der Gotik den prächtigsten, reichsten und vollendetsten Ausdruck mittelalterlichen Kunstvermögens erreicht, und wie dabei diejenigen Faktoren und Elemente, welche die Erreichung dieser Höhe überhaupt erst ermöglicht haben, zugleich auch die Keime des zukünftigen Verfalles dieser Kultur selbst sind! Denn das erwachende Naturstudium und die realistischen Tendenzen, welche im Norden zunächt nur jene glänzende Entfaltung und jenen hohen Aufschwung der bildnerischen Kunst heraufführen, welche das XIII. Jahrhundert zeigt, ergreifen alsbald auch das geistige Gebiet und führen auf diesem binnen kurzem folgerichtig zu dem Sturz des mittelalterlichen Ideengebäudes und der grossen philosophischen Systeme, welche den Norden noch in jenem glanzvollen Zeitalter der ersten Phase der Gotik fast ausschliesslich beherrscht haben. So gebiert das Mittelalter aus sich selbst heraus die neue Zeit!

Wir glauben gerne, dass es Italien weit leichter als dem Norden geworden ist, zu ihr hinüberzufinden, und dass das individuelle Gefühl im Norden unter weit schwereren Kämpfen als in Italien sich durchringen musste. Wenn es aber auch wirklich, wie sich vermuten lässt, hier schneller als im Norden zu vollendeter und allgemeiner Ausbildung gekommen ist, so dürfen wir deshalb doch andrerseits keineswegs übersehen, dass dasselbe dafür wieder auf dem Gebiede der Kunst dort zu früherer Entwicklung als in Italien gelangt ist. [110] Und so tritt Dante, „der Bürger zweier Welten", der mit seiner gewaltigen Fähigkeit der Charakterzeichnung und plastischer Seelenschilderung in gleicher Weise die neue Zeit einleitet, wie er seiner ganzen Weltauffassung nach die vergangene in dichterischer Weise abschliesst, zu den Schöpfern des Genter Altares, der in seiner naturalistischen und künstlerischen Durchbildung ganz der neuen Zeit angehört, in seinem gedankenreichen, kompositionellen Aufbau aber noch völlig mittelalterlichen Geist athmet, zu dem Künstlerpaare van Eyck auf lehrreiche Art in eine gewisse innere Beziehung: aus ihren ewigen Schöpfungen klingt uns gleichmässig etwas wie ein Scheidegruss des sinkenden Mittelalters an die neue Zeit entgegen! —

Wir sind am Ziele unserer Untersuchung angelangt; sie lehrt uns, schauen wir zurück, zweierlei. Erstens, dass die Renaissance nur die Vollendung dessen bringt, was die Frühgotik bereits angestrebt und begonnen hat,[20] indem die Kunst des Mittelalters zur Zeit ihrer höchsten Blüte zugleich den Ausgangspunkt der neuen christlichen Kunst bildet. Und zweitens zeigt sie uns, dass der moderne, der individuelle Mensch und diese neue christliche Kunst in ihrem Wesen und in ihrem Werden eng mit einander verwandt und verknüpft sind: denn wie die Ausreifung der Laute zum Wort und der Worte zur Sprache die allmählige Entwicklung des Menschen zum geistigen Individuum erkennen und verfolgen lässt, so legt die Entwicklung der nordischen Kunst in der Zeit von 1200—1400 schrittweise getreulich Zeugnis ab von dem allmählichen Werdegang des mittelalterlichen zum individuellen, zum modernen Menschen.

IV.

DIE OBERRHEINISCHE PLASTIK
IN DER ZWEITEN HAELFTE DES XIII. JAHR-
HUNDERTS.

15

Aus dem grossen Zusammenhange, in den uns die Betrachtung des Freiburger Cyklus nach der Seite seiner kulturhistorischen Bedeutung hin geführt hat, heisst es jetzt wieder in einen enger umschriebenen Kreis zurückkehren, um das Gemälde seiner rein kunsthistorischen Stellung in den letzten Zügen zu vollenden. Aus eigenster, individueller Kraft und mit genialem Vermögen geschaffen, musste das Werk der Freiburger Vorhalle eine Quelle der Belehrung und eine reiche Fundgrube künstlerischer wie auch rein technischer Anregungen für die nachfolgenden Zeiten und Generationen werden; und so begegnen wir denn auch in der That in der oberrheinischen Plastik des ausgehenden XIII. und des beginnenden XIV. Jahrhunderts mannigfachen Spuren eines mächtigen, von Freiburg ausgehenden Einflusses.

Aber die Zeiten sind andere geworden. An Stelle des Künstlers ist der Handwerker getreten, und es fehlt an Persönlichkeiten, geeignet das grosse Erbe des Genies in würdiger Weise weiterzuführen. So heisst es jetzt von der stolzen Höhe, welche wir fast mühelos und unaufhaltsam mit dem Werden der Freiburger Schöpfung erstiegen haben, schrittweise wieder herabsteigen, denn der allgemeine Kunstverfall, welchen wir um die Wende des XIII. Jahrhunderts in ganz Deutschland und auf dem speciellen Gebiete der Kirchenskulptur im ganzen Norden zu konstatieren hatten, macht sich nun auch am Oberrhein bemerkbar und äussert sich, wie überall, so auch hier in einem traurigen Ausleben der mit so glänzendem Erfolge in der früheren Strassburger und der Freiburger Plastik eingeschlagenen Richtung.

Zwar hat uns auch die Verfallzeit, wie wir sehen werden, noch einige schöne und bedeutende Werke geschenkt, aber der Umschwung hat sich doch sehr rasch und eigentlich noch im Laufe des XIII. Jahrhunderts vollzogen. Was uns das XIV. Jahrhundert schon gleich zu Anfang am Oberrhein wie auch anderwärts z. B. in Bamberg, [331] Regensburg, Nürnberg u. s. w. zu bieten hat, steht fast allgemein in einem kläglichen Gegensatze zu der hohen Kunst des XIII. Jahrhunderts und bestätigt nur die Richtigkeit unseres in einem früheren Kapitel gefällten allgemeinen Urteils über die deutsche Plastik dieser Zeit.

Wie ein heisser, öder Sommer auf einen kurzen Frühling, so ist das XIV. auf das XIII. Jahrhundert gefolgt und hat die Blüten, welche die Frühgotik gezeitigt, welken lassen, ehe sie sich noch ganz entfalten konnten.

Es ist dies in mancher Hinsicht fast derselbe Entwicklungsprozess, den auch die mittelhochdeutsche Dichtung durchmacht, und welcher in beiden Fällen durch einen vorzeitigen, nicht durch innere sondern äussere Gründe bedingten Verfall gekennzeichnet wird. Ist dieser in der Kunst vornehmlich auf die prädominierende Stellung der Architektur zurückzuführen, so ist er hier die Folge der Feindschaft der noch allmächtigen Kirche. Jedenfalls war es in beiden Fällen kein „natürliches Altwerden und Sterben". Denn wie die Kunst, man denke an die herrlichen Naumburger Schöpfungen, so hatte auch die mittelhochdeutsche Dichtung „den Kreis ihrer Aufgaben noch lange nicht erschöpft: die Stoffe der Heldensage konnten einheitlich und kunstmässig durchgearbeitet, die realistische Darstellungsweise, zu welcher (ganz wie in der Kunst!) Ansätze vorhanden waren, auf die gesamte Poesie übertragen, Leben und Gegenwart stärker hereingezogen, die Dorfgeschichte weiter ausgebildet, die Uebersetzungen aus den Alten fortgesetzt und die Produktion daraus befruchtet werden". Aber es sollte nicht sein! „Der alte Feind der weltlichen Dichtung, der deutsche Clerus unternahm mit verdoppelten Kräften einen neuen Angriff, welcher diesmal erfolgreich und für lange Zeit entscheidend war." Das zeigt uns „die Rohheit und mechanische Verseschmiederei, die um 1300 hereinbricht" [332] und in dem Manierismus, welcher um die Wende des Jahrhunderts die Plastik ergreift, sein trauriges Gegenstück findet.

Beide aber belehren uns darüber, dass wir in einer jener Uebergangsperioden stehen, welche stets die Zerstörung von so manchem mit sich zu bringen pflegen, das vielmehr der Erhaltung wert und bedürftig gewesen wäre; und so bleibt die Frage zwar, warum es jenen beiden hehrsten Kunstblüten des deutschen Mittelalters bestimmt gewesen ist, in so ruhmloser Weise fast auf den einen Tag vorzeitig dahinzuwelken, nicht ohne Antwort, die Klage hierüber aber ohne Trost!

I. KAPITEL.

Strassburg.

> Scheint es doch, als wäre die Architektur nur da, um uns zu überzeugen, dass durch mehrere Menschen in einer Folge von Zeit nichts zu leisten ist, und dass in Künsten und Thaten nur dasjenige zu stande kommt, was, wie Minerva, erwachsen und gerüstet aus des Erfinders Haupt hervorspringt.
> Dichtung und Wahrheit. III. Teil, 14. Buch.

Von dem herrlichen Freiburger Turme und seiner wundervollen Halle haben wir unsere Schritte zunächst zu einem nicht minder bewundernswerten und sogar noch berühmteren Werke der deutschen Baukunst, der Westfassade des Strassburger Münsters, zu lenken; von der Musterschöpfung jenes grossen Meisters, der, obwohl eine namenlose Erscheinung und eine unbekannte Persönlichkeit für uns bleibend, uns doch in allen Teilen seines Werkes mit so machtvoll imponierender, scharf ausgeprägter Selbständigkeit klar und greifbar entgegentritt, — zu dem stolzen Baue, welcher ruhmvoll mit denjenigen Namen verknüpft ist, der unter den wenigen bekannten deutschen Meisternamen, die wie einzelne Sterne am finstern Nachthimmel aus dem Dunkel des Mittelalters hervorleuchten, am hellsten strahlt, mit dem Namen Erwins von Steinbach.

Was ist es, das diese beiden Bauten mit einander verbindet? Ist es das Symbol der „grossen und riesenmässigen Gesinnung

unserer Vorfahren", die in ihnen in gleich mächtiger und ergreifender Weise zum Ausdruck kommt? oder ist es die Geistesverwandtschaft des Genies, welche aus ihnen spricht? oder ist es
schliesslich der deutsche Charakter, welcher beiden in so gleich
hervorragendem Masse eignet?

Genug, es hat bis in die jüngste Zeit **[***]** nicht an Stimmen
gefehlt, welche beide als das Werk e i n e s Meisters, eben als
das Lebenswerk Erwins von Steinbach bezeichnet haben, und die
Tradition hiervon geht sogar bis in den Anfang des XVIII. Jahrhunderts zurück. Freilich, ein einwandfreier, zweifelloser Beweis
für diese Behauptung hat sich bisher nicht finden lassen, und so
vermag uns die geistvolle Hypothese Adlers auch nicht mehr zu
sagen als die trockene Nachricht der Franziskanerchronik von
Thann i. Els., welche bereits 1724 von dem „grundgelehrten und
fürnemmen Baumeister Erwinus oder Erwein von Steinbach,
welcher den Strassburger und Freyburger Kirchenbaw geführt",
zu berichten weiss.**[***]** Und doch hat diese Tradition, im Grunde
genommen, vielleicht nicht so Unrecht gehabt, nur hat sie, wie
dies so oft der Fall ist, ihr Ziel gerade verfehlt: gedachte sie den
unbekannten Erbauer des Freiburger Turmes zu ehren, wenn sie
ihn auf den gefeierten Namen Erwins taufte, so hat sie in Wirklichkeit vielmehr diesen höchst geehrt, jenem aber einen recht
schlechten Meisterbrief geschrieben. Denn den Ruhmestitel, welchen
man Erwin als dem Schöpfer der Westfassade des Strassburger
Münsters zuerkannt hat, trägt dieser zu Unrecht; vielleicht, dass
es uns gelingt, zu zeigen, wer ihn mit Recht tragen sollte.

Die Westfassade des Münsters und ihre Baumeister.

Am 2. Februar 1276 sind die Fundamente, am 25. Mai 1277
ist der Grundstein der Westfront des Strassburger Münsters gelegt
worden; 1291 werden nach Specklin die drei Reiterstatuen Chlod-
wigs, Dagoberts und Rudolfs I. in Höhe des ersten Stockwerks
aufgestellt: die Fassade muss also, die Richtigkeit jener Nachricht vorausgesetzt, zu dieser Zeit mindestens bis zur ersten Galerie oder, was dasselbe ist, bis zum Ansatze der grossen Rose
vollendet gewesen sein.

Es erhebt sich nun die Frage, was haben wir hiervon als

das eigene Werk Erwins zu betrachten. Denn die Fassade ist, um dies gleich vorauszuschicken, in diesem, ihrem ersten Teile keineswegs, wie ihr grosser Lobredner Goethe und die Jahrhunderte alle angenommen haben, die Schöpfung e i n e s, s o n d e r n v i e l m e h r m e h r e r e r u n d, w i e w i r s e h e n w e r d e n, s e h r v e r s c h i e d e n b e g a b t e r u n d g e s c h u l t e r M e i s t e r.

Das Verdienst, die Hinfälligkeit der Ansicht, nach welcher Erwin der alleinige Meister der Fassade ist, zuerst erkannt zu haben, gebührt Kraus: bereits ihm liessen die Risse des Frauenhauses, wie dies bei einer genaueren Prüfung derselben auch gar nicht anders zu erwarten war, keinen Zweifel darüber, dass „man ferner keine Berechtigung habe, Erwin schlechthin und ohne Restriktion als den „Architekten der Westfront" zu bezeichnen".[315]

Noch einen Schritt weiter ist dann Dehio gegangen, der dieser Frage eine leider nur kurze, aber an zutreffenden Aeusserungen und richtigen Urteilen reiche Betrachtung gewidmet hat.[316] Sein Verdienst ist es, die Bemerkungen von Kraus ergänzt, bestimmter gefasst und das hier dem Forscher gestellte Problem klar und scharf entwickelt zu haben. Er hat auch zuerst mit Bestimmtheit die Ansicht ausgesprochen, dass Erwin einen Vorgänger gehabt haben muss, dessen Plänen er in den Hauptzügen gefolgt ist!

Unsre eigene Untersuchung dieser Frage schliesslich, um auch deren Resultat gleich hier mitzuteilen, h a t u n s m i t a l l e r - g r ö s s t e r W a h r s c h e i n l i c h k e i t i n d e m e r s t e n S t o c k - w e r k d e r F a s s a d e d a s g e m e i n s a m e W e r k d r e i e r M e i s t e r e r k e n n e n l a s s e n, a l s d e r e n L e t z t e n u n d z u g l e i c h b e i w e i t e m U n b e d e u t e n d s t e n w i r g a n z z w e i f e l l o s k e i n e n G e r i n g e r e n z u b e t r a c h t e n h a b e n a l s — E r w i n v o n S t e i n b a c h! Den Wahrheitsbeweis in dieser Sache aber, soweit ein solcher überhaupt zu erbringen ist, sollen als die allein unwiderleglichen Zeugen die Risse des Frauenhauses, die Fassade selbst und der Skulpturenschmuck ihrer Portale antreten.

Unter den Plänen, welche das Frauenhaus bewahrt, können nur zwei den Anspruch darauf erheben, als originale und der Ausführung vorangehende Entwürfe für die Fassade angesehen zu werden: Inventar 1880, 14 und 18. Der letztere (Inventar 1880,

18), den wir im Anschluss an Dehio kurz als Riss A bezeichnen
wollen, und welcher unstreitig, wie auch allgemein anerkannt
wird, den frühesten Entwurf für die Fassade darstellt, umfasst das
erste und zweite Stockwerk derselben.[117] Der erstere (Inventar
1880, 14), mit Dehio weiterhin als Riss B zitiert, giebt eine Teil-
ansicht der Gesamtfassade und rührt aller Wahrscheinlichkeit nach,
wie auch Dehio annimmt, von einem anderen Meister her, als
Entwurf A.[118] Von diesen beiden Plänen hat jede Untersuchung,
welche sich mit der Genesis der Fassade befasst, auszugehen;
die übrigen Risse des Frauenhauses sind, wie sich zeigen wird,
ohne jede Bedeutung für dieselbe.

Wir beginnen in unserer Betrachtung mit Entwurf A und
geben zunächst Dehio das Wort: „Riss A zeigt den französischen
Fassadentypus bereits in einer Richtung variiert, der für die späteren Lösungen bestimmend blieb. Alle Oeffnungen, Thüren und
Fenster haben eine bis dahin unerhörte Weite erhalten. Das
herrschende Motiv ist in einem Grade, wie bei den französischen
Kompositionen noch nicht, die Rose geworden. Das erste Turmgeschoss hat nicht wie dort eine Gruppe von zwei Fenstern,
sondern die ganze Breite von Pfeiler zu Pfeiler ist kühn von
einem einzigen Fenster durchbrochen. Die Streben laden nur wenig
aus!"[119]

Soviel über den Charakter und die Bedeutung des Planes
im allgemeinen und nun zu dem, was er uns im speciellen zu
sagen hat! Denn auch nach dieser Seite hin ist er von grosser
Bedeutung und verlangt eine eingehendere Betrachtung, als ihm
bisher zu teil geworden ist. Wir werden sehen, dass gerade er
uns, richtig befragt, mit die wertvollsten Aufschlüsse für die Lösung der hier gestellten Aufgabe zu geben vermag.

Von grösster Wichtigkeit ist zunächst, dass die Anlage der
Portale, wie man bis jetzt gänzlich übersehen hat, ein einfacher
Vergleich aber zur Evidenz ergiebt, unmittelbar auf jene
Fassadenschöpfung des Jean de Chelles in Paris
zurückgeht, deren wir schon einmal ausführlicher gedacht
haben!

Gehen wir bei der vergleichenden Betrachtung der beiden
Werke auf dem Strassburger Plane vom Hauptportale aus, das
hier genau wie in Paris jederseits Platz für drei grosse Statuen

zeigt, so kommen wir in beiden Fällen zu einer dreiteiligen, giebelbekrönten Blendarkadenreihe, welche in Paris mit drei grossen Statuen besetzt ist, und welche auf dem Strassburger Plane durch Einzeichnung von drei Sockeln e b e n f a l l s als zur Aufnahme von drei grossen Figuren bestimmt gekennzeichnet ist. Der grosse Wimperg, welcher die Arkatur abschliesst, ist auf dem Plane wie in Paris von dem Wimperg des Hauptportales durch eine, nur in der Formengebung abweichende Fiale getrennt, indem diese letztere auf dem Entwurf schlank und hoch, in Paris massiger und kürzer gebildet ist. Im Motiv herrscht dagegen völlige Uebereinstimmung, und das gilt auch für das jeweilig folgende Architekturglied : eine zweiteilige Blendarkatur, welche in beiden Fällen (!) an der Stirnseite eines Fassadenpfeilers steht, und deren Giebel hier wie dort einmal von dem der vorangehenden Arkadenreihe durch eine Fiale getrennt ist und zweitens (siehe die nördliche Pariser Fassade) in durchaus entsprechender Weise von einer Blendfiale überragt wird.[330]

Die Identität des hier wie dort zur Anwendung gelangten Portalschemas ist also schlagend und dürfte allein schon genügen, die Richtigkeit unserer oben ausgesprochenen Behauptung zu erweisen ; dazu kommt aber, dass ein weiterer Vergleich unsere Ansicht nur bestätigen und bestärken kann.

Vergleichen wir nämlich in beiden Fällen den oberen Aufbau der Fassade, so finden wir zunächst auf dem Plane an fast genau entsprechender Stelle die kleine Galerie wieder, welche in Paris in der Höhe der Spitzen der Seitengiebel verläuft, und wir finden ferner hier auch die Fensterarkadenreihe wieder, welche sich in Paris unmittelbar unter der Rose hinzieht und auf dem Plane offenbar ebenfalls wie dort als Fenstergalerie gedacht ist.[331] Wir treffen dann hier wie dort auf genau das gleiche Rosenmotiv, und schliesslich entspricht sich auch der Umstand, dass auf dem Entwurf an ziemlich derselben Stelle wie in Paris an den die Rose einrahmenden grossen Fassadenpfeilern jederseits ein Ruheposten für eine Figur geschaffen ist.

Zu diesen allgemeinen Uebereinstimmungen tritt dann aber zu guterletzt sogar noch eine ganze Reihe specieller hinzu! So ist zunächst auf die weitgehende Aehnlichkeit in der Dekoration der beiden Strassburger Galerieen und der Fenstergalerie und der

darunter befindlichen Blendarkatur in Paris hinzuweisen; [333] zu
bemerken dann ferner, dass der Strassburger Meister das in dieser
Zeit noch ziemlich seltene, erst später beliebter werdende Motiv,
die Bogenspitzen der Pässe mit Kreuzblumen zu besetzen, offenbar der Passrose des Hauptwimperges von Paris entlehnt hat;
zu erwähnen dann, dass die Portalwände auf dem Plane genau
wie in Paris eine Gliederung durch Säulen erfahren haben, indem
die Spitzbogen der Laibungswände nicht wie z. B. in Freiburg
glatt durchgeführt sondern wie in Paris in der Höhe des Thürsturzes mit Kapitälen besetzt worden sind. Die einzelnen Säulen-
stäbe haben dann auch in Strassburg ebenso wie in Paris je einen
eigenen kleinen Sockel erhalten, der freilich auf dem Entwurf
nicht immer angegeben ist. Vor allem aber ist darauf aufmerksam
zu machen, dass die Wimperge der Portale und der mit Statuen
besetzten Arkaturen auf dem Plan ebenso wie in Paris (siehe die
nördliche Fassade daselbst) mit reichen Laubwerkkrabben besetzt
sind, dass dagegen die Giebel der nicht mit Figuren geschmückten
zweiteiligen Blendarkaden und ebenso die Helme der Fialen in
ebenfalls durchaus entsprechender Weise als Schmuck
hier wie dort nur ganz einfache geometrische Krabben aufweisen.

Man wird uns zugeben, dass hiernach jeder Zweifel an der
engen Verwandtschaft des Strassburger Entwurfs und der Pariser
Fassade ausgeschlossen ist, und auch der Zweifelsüchtigste wird uns
beistimmen müssen, wenn wir daraufhin behaupten, dass der
Meister des Risses A für diesen ganz direkt das Werk Jean de
Chelles' benutzt haben muss. Denn die Veränderungen, welche
er diesem gegenüber, besonders im oberen Aufbau, auf seinem
Plane vornimmt, können den zahlreichen und geradezu verblüffen-
den Uebereinstimmungen gegenüber nicht ins Gewicht fallen. Sie
decken sich, von Einzelheiten abgesehen, vollständig mit dem,
was oben bereits im Anschluss an Dehio im allgemeinen über
den Entwurf und die von ihm vorgenommene Umbildung des
französischen Fassadentypus gesagt ist.

Der erste Plan für die Strassburger Westfront geht also auf
die Querschifffassade von Notre-Dame in Paris zurück. Wie verhält sich derselbe nun zum Bauwerk selbst? Ist er zur Ausführung
gelangt oder durch einen anderen ersetzt worden? Diese Frage
ist bisher, soweit ich sehe, sehr mit Unrecht mit Stillschweigen

übergangen worden, indem man stets nur getrachtet hat, das Verhältnis, welches Riss B zur Fassade einnimmt, festzustellen. Und doch handelt es sich hier darum, die Persönlichkeit wie das Werk des ersten Baumeisters, der an der Fassade thätig gewesen ist, genau zu ergründen. Zudem spricht das Münster für ihn selbst!

Vergleichen wir doch nur einmal die Ausführung mit dem Entwurf! Sind hier nicht die verschiedenen Teile des Portalschemas vollständig beibehalten? Wenn sich im einzelnen, wie z. B. in der Anordnung, Abweichungen finden, so darf man daraus doch noch keineswegs das Gegenteil erschliessen, ergiebt doch ein Blick auf den Plan, dass dieser, wie die teilweise mehr andeutende als erschöpfende Zeichnung verrät, unmöglich schon die definitive Fassung der Bauidee gegeben haben kann, sondern dass er nur die Grundform fixiert hat. Diese aber ist in der Ausführung genau dieselbe geblieben. Die Veränderungen beschränken sich wesentlich auf eine Umstellung der Glieder. So sind die dreiteiligen Blendarkaturen als die gewichtigeren Glieder auch an die hervorragenderen Stellen der Fassade, nämlich an die grossen Hauptpfeiler derselben gerückt und von den Portalen durch die zweiteiligen Blendarkaden getrennt worden. Damit aber war es dann in Anlehnung an das Pariser Vorbild schon von selbst gegeben, dass nun auf diese letzteren als die dem Portale zunächst folgenden Architekturteile der Figurenschmuck jener überging. Ergab also die ursprüngliche Anordnung folgendes Bild: Portal, dreiteilige Arkatur mit Statuen, zweiteilige Arkatur ohne Statuen, so zeigt die Ausführung jetzt aufeinanderfolgend: Portal, zweiteilige Arkatur mit Figuren, dreiteilige ohne Figuren, zweiteilige mit Figuren, Portal u. s. w. Es ist im Grunde somit aus der provisorisch andeutenden Anordnung des Entwurfes jetzt nur eine definitive geworden.

Beibehalten ist ferner, aber nur über dem nördlichen Nebenportale und in etwas anderer Gestalt, als der Entwurf zeigt, die kleine Arkatur, welche, wie wir sahen, gleichfalls auf Paris zurückzuführen war; und diese bezeichnet auch zugleich in markantester Weise die Stelle, bis zu welcher Plan A als direktes Vorbild für die Ausführung gedient hat. Denn wir finden sie nur an diesem einen Portale und auch hier zeigt ihre jetzige Anordnung, bei der ihr mittlerer Teil, weil gänzlich hinter dem Portalwimperg verborgen, garnicht zur Geltung gelangen kann, dass sie gewiss nur als schon bestehend mit dem Stabwerk der Fassade verknüpft worden ist, unmöglich aber in dieser Form von vornherein geplant sein kann. Und so sehen wir denn in der That, dass die Ausführung von hier ab plötzlich und gänzlich von dem Entwurfe abweicht und sich ihm erst wieder im zweiten Stockwerk, in der Anlage der Rose, der Beibehaltung des einen grossen Turmfensters u. s. w. nähert. Was aber das Zwischenteil anlangt, so ist dieses in derart grundverschiedener Weise umgestaltet und verrät einen so durchaus andern Formengeist, dass wir hier unbedingt an das thätige Eingreifen eines neuen Meisters denken müssen.

Bevor wir uns jedoch diesem zuwenden, wollen wir noch einmal zum Schöpfer des Risses A zurückkehren, denn in diesem haben wir jetzt mit Bestimmtheit den ersten Meister zu erkennen, der den Aufbau der Fassade geleitet hat; der auf ihn fallende Anteil derselben reicht bis zur Höhe jener kleinen Galerie, deren wir soeben Erwähnung gethan haben.[333]

Wer an dieser Zuteilung Anstoss nehmen sollte, den verweisen wir auf zweierlei. Erstens darauf, dass die sämtlichen kleinen Wimperge der zwei- und dreiteiligen Arkaturen genau dieselbe, nur etwas bereicherte Masswerkfüllung wie die Wimperge der dreiteiligen Arkaden des Entwurfes zeigen! Hier liegt die Zusammengehörigkeit von Plan und Entwurf in unbestreitbarer Weise klar zu Tage. Zum zweiten aber, und damit muss jeder letzte Zweifel weichen, ist zu beachten, dass auch die Ausführung und zwar in Details, die der Entwurf garnicht zeigt (!), ebenso wie dieser unmittelbar auf die Pariser Anlage zurückgeht. Ausser der ganz direkten Uebertragung des Nischensystems des Pariser Portales und seiner Sockelbildung auf die Strassburger Fassade beweist uns dies die Konstruktion der Strassburger Sockelaufmauerung, welche beinahe bis in Einzelheiten hinein die gleiche wie in Paris ist. Der einzige grössere, auch nicht sehr bedeutende Unterschied besteht, abgesehen von der verschiedenartigen Dekoration, darin, dass die Säulen in Strassburg je von einer prächtig gearbeiteten Blätterranke begleitet und schmäler als in Paris gebildet sind, demzufolge kleinere Kapitäle als dort tragen und mitunter sich der Birnstabform der ihnen entsprechenden Bogenläufe der Archivolten nähern. Was will das aber im Vergleich mit der sonstigen Uebereinstimmung besagen! Auch hier kommen wir vielmehr zu derselben Ueberzeugung wie dem Entwurf gegenüber, dass das Werk des Strassburger Meisters direkt auf die Fassade Jean de Chelles' zurückgeht.[334] Wo aber eine solche Uebereinstimmung zwischen Plan und Ausführung einerseits und zwischen Plan, Ausführung und einem dritten Werke andrerseits besteht, da bleibt doch nur die eine Schlussfolgerung übrig, dass, wie wir oben behauptet haben, Entwurf und Ausführung von ein und demselben Meister herrühren müssen, oder mit andern Worten: die Fassade ist bis zur Höhe jener kleinen Arkatur über dem Nordportale das Werk desjenigen Vorgängers von Erwin, von dem Riss A herstammt.

Wir kommen zu dem zweiten Meister. Ihm gehört Plan B an und die Ausführung bis zu zwei Drittel Höhe des ersten Stockwerks. Den Beweis dafür liefern uns, wie im ersten Falle, sachliche, vor allem aber auch rein künstlerische Gründe.

Dies gilt zunächst schon für den Entwurf, mit dessen Betrachtung wir auch diesmal wieder den Anfang machen wollen. Was ihn besonders kennzeichnet, ist jenes herrliche, so viel und so mit Recht bewunderte Stabwerk, welches vorzüglich den Ruhm der Strassburger Fassade begründet hat, und welches uns zuerst hier begegnet.[335] Es ist ein Gefühl höchster Bewunderung und zugleich grösster Hochachtung, mit dem man die herrlichen Linien des an den Türmen in drei, an dem Mittelschiffe in zwei Etagen sich aufbauenden und, durch Galerieen vermittelt, in einander übergehenden Stabwerkes verfolgt, um die Gewissheit zu erhalten, dass wir hier vor der göttlichen That eines von feinstem künstlerischen Empfinden beseelten und geleiteten genialen Geistes stehen. Dieser Entwurf bildet unstreitig einen Höhepunkt des gesamten mittelalterlichen Kunstschaffens und ist, Dehio hat das richtige Wort gefunden, „in der flüssigen Belebtheit des Rhythmus, in der vollkommenen Auflösung des Streites der wage- und senkrechten Linien das schönste, was die Hochgotik ersonnen hat."[336] Es scheint uns völlig ausgeschlossen, dass dieser Entwurf das Werk jenes Meisters sein kann, dem wir den Riss A verdanken, denn der Gegensatz zwischen beiden Plänen ist nicht nur in künstlerischer sondern auch in sachlicher Hinsicht so gewaltig, dass man unmöglich annehmen kann, ein Meister habe im Laufe von nur wenigen Jahren zwei derart verschiedene Werke schaffen können. Schon allein der Umstand auch, dass der erste Meister in seinem Entwurfe wie in dem von ihm ausgeführten Teile der Fassade ganz direkt unter weitgehendem französischen Einflusse steht, müsste uns davon abhalten, ihm versuchsweise den Riss B zuschreiben zu wollen, denn dieser ist, von jeglichen direkten Anklängen an fremde Werke frei,[317] eine ähnlich originale und selbständige Schöpfung wie der Freiburger Münsterturm!

Wenden wir uns jetzt von der rein künstlerischen zur sachlichen Seite des Entwurfes. Da zeigt sich zunächst, dass der Plan erst von dem Ansatze der Portalwimperge, also von der Stelle an, bis zu welcher das Werk des ersten Meisters reicht, genau und dann sogar gleich direkt ins Detail gehend ausgeführt ist, dass dagegen die unterste Partie der Fassade nur ganz oberflächlich und rein andeutend angelegt ist! Das ist doch höchst auffallend und legt es, forscht man nach dem möglichen Grunde dieser Erscheinung, recht nahe zu glauben, dass dieser untere, nur ganz allgemein angegebene Teil der Fassade, bei Aufstellung des Entwurfes eben bereits vollendet und eine genaue Aufzeichnung desselben also überflüssig gewesen sein wird. Aber wir bedürfen dieses, doch immerhin recht anfechtbaren Kriteriums garnicht erst; wen unsere vorausgegangenen Betrachtungen noch nicht über die andere Urheberschaft des Planes B aufgeklärt haben, der wird sich auch hierdurch und gewiss mit Recht nicht von der Richtigkeit unsrer Behauptung überzeugen lassen.

Ganz anders verhält es sich dagegen mit den thatsächlichen Neuerungen und Veränderungen, welche Riss B bringt. Der Einführung des Stabwerkes und seiner Zeugniskraft gegen den ersten Meister haben wir schon gedacht; jetzt gilt es einen Blick auf die Dekoration zu werfen, welche eine gänzliche, sich auf alle Bauglieder erstreckende Umgestaltung erfahren hat und zwar, wie schon ein Vergleich der Fialen des Entwurfes B mit denen des Planes A zeigt, in einem, von dem des ersten Meisters durchaus abweichenden Formengeiste. So haben u. a. die Wimperge der

Seitenportale ein etwas anderes Masswerk erhalten und sind, wie
auch am Hauptportale, statt mit Krabben mit schlanken, hohen
Fialen besetzt worden. Auf die Ausgestaltung des oberen Teiles
der Fassade durch Riss B werden wir später noch zu sprechen
kommen.

Treten wir jetzt in die Betrachtung des Verhältnisses ein,
welches Ausführung und Entwurf zu einander einnehmen, so zeigt
sich schon bei einem flüchtigen Vergleiche, dass dasselbe durch
ein schmächliches Aufgeben der grossen und kühnen Ideen des
Planes, ja ein gänzliches Zerstören des harmonischen Aufbaues
und also eigentlich ein direktes Missverstehen desselben gekennzeichnet wird; und es drängt sich sofort die Vermutung auf, dass
hier wieder und zwar nach sehr kurzer Zeit ein neuer Wechsel
in der Bauleitung stattgefunden haben muss. Aber wir wollen
nicht vorgreifen; der Thatbestand selbst möge das Urteil sprechen!

Vergleichen wir genau Entwurf und Ausführung miteinander,
so sehen wir, dass beide nur ein ganz kurzes Stück übereinstimmen, nämlich von jener kleinen Galerie an, welche noch, wie wir
erkannt haben, auf den ersten Meister und den Entwurf A zurückgeht, bis zur ersten Etage des Stabwerks d. h. bis zu der Giebelgalerie, welche unterhalb der Spitzen der Wimperge der Nebenportale verläuft. Von dort an treten umfangreiche und sehr bedeutsame Abweichungen ein.

Zwar ist das Stabwerk noch bis zur zweiten Galerie, die der
Entwurf vorsieht, fortgeführt. Aber einmal ist diese bedeutend höher,
als der Riss vorschreibt, hinaufgeschoben, dadurch der Zwischenraum zwischen der ersten und zweiten Galerie stark vergrössert,
das denselben ausfüllende Stabwerk verlängert und auf diese Weise
der das Auge so erfreuende und ästhetisch ungemein befriedigende
Eindruck, den die Anordnung auf dem Riss hervorruft, getrübt und
beinahe gänzlich zerstört worden. Sodann weicht die zweite Galerie
selbst mehrfach vom Entwurf ab, und drittens ist dem Stabwerk
des Mittelbaues die ihm auf dem Plane zugewiesene Bedeutung
gänzlich genommen worden, ja die definitive Gestaltung desselben
in der Ausführung wirkt für unser Empfinden sogar wie ein direktes Missverstehen der Idee, welche der Entwurf doch in so klar
ersichtlicher Weise zum Ausdruck gebracht hatte.

Denn die kleine erste Giebelgalerie, welche die Seitenflügel der

Fassade zeigen, und welche auf dem Riss nur an diesen vorgesehen, dagegen in wohl berechnetem Gegensatze am Mittelbau fortgelassen war, um hier einmal eine der höheren Bedeutung desselben entsprechende grössere Höhenentwicklung des Stabwerks zu erzielen, und zweitens, um ein zu uniformes Aussehen der Fassade zu vermeiden, jene Giebelgalerie nun ist in der Ausführung auch am Mittelbau und obendrein an so unmotivierter Stelle eingefügt worden, dass jetzt das Hauptgewicht vielmehr dem Stabwerk der Seitenteile zufällt, dasjenige des Mittelschiffes dagegen weder zu einer ganz klaren noch zu irgend einer bedeutenderen Wirkung zu gelangen vermag. Alle diese Veränderungen, zu denen sich als sehr wesentlich noch eine allgemeine Reducierung der Höhe des ersten Stockwerkes und in Verbindung damit eine Verkürzung der Höhenausdehnung des Stabwerkes überhaupt, sowie dann das Fehlen der dritten Galerie des Entwurfes gesellt, haben es zu guterletzt verschuldet, dass die drei grossen Giebel der Portale in der Ausführung sehr viel von ihrer ursprünglich beabsichtigten Wirkung verloren haben, jedenfalls nicht mehr in so vollendet harmonischer Weise in das Gesamtbild der Fassade hineinpassen, wie wie es der Entwurf mit echt künstlerischer Empfindung und feinem Verständnis bestimmt hatte.

Wird man uns schelten, wenn wir diese Abweichungen in der Ausführung als grobe Verstösse gegen den Entwurf B brandmarken, und wenn wir dieselben nur einem andern Meister zuschreiben und durch einen erneuten Wechsel in der Bauleitung erklären zu können glauben?! Sind wir doch auch diesmal wieder im Stande, mit einiger Sicherheit angeben zu können, wie weit der Bau fortgeschritten war, als die Aenderung, sei es in der Bauleitung, oder auch nur im Bauplan eintrat. Die Blendarkatur der vier grossen Fassadenpfeiler ist nämlich genau bis zu dem vom Plane vorgezeichneten Punkte ausgeführt und weicht nur in der Bekrönung derselben vom Entwurfe ab, welch letztere wir daher auch bereits als das Werk des neuen Meisters anzusehen haben.[33ᵇ] Jedenfalls aber giebt der Abschlussbogen der Arkatur genau die Höhe an, in welcher, Riss B zufolge, am Mittelbau wie an den Seitenteilen die zweite Galerie ihren Platz finden sollte. Es ist also klar, dass die Pfeiler bereits bis zu diesem Punkte gediehen waren, als die Aenderung eintrat, dass dagegen die Arbeit

an den zwischenliegenden Wandflächen, welche in der Ausführung,
wie bereits bemerkt, die zweite Galerie an einer höheren Stelle
zeigen, weiter zurück gewesen sein muss; denn andernfalls müsste
auch die zweite Galerie jetzt unbedingt in der Höhe jener Blendarkatur der Pfeiler an der Fassade sitzen. Und ebenso sind am
Mittelbau an fast genau entsprechender Stelle die ersten Abweichungen vom Entwurfe zu konstatieren. Denn hier findet sich
mitten im Stabwerke, rechts und links vom Wimperg des Hauptportales in der Höhe der ersten kleinen Spitzbogengalerie über den
Seitenportalen ein Dreispitzbogengaleriemotiv, welches auf dem
Entwurfe gänzlich fehlt. [89] Wir können also in der That ziemlich genau die Stellen bezeichnen, bis zu denen der Bau vollendet
war, als der neue Meister in die Hütte eintrat. Denn dass ein
solcher wirklich gekommen ist, werden einige architektonische
Glieder des zweiten Stockwerkes der Fassade beweisen, welches,
nebenbei bemerkt, abgesehen von den Grundzügen der Komposition, die auch bereits Plan A zeigt, mit Riss B nichts gemein hat.

Zunächst müssen wir hier der in Höhe des ersten Stockwerkes
aufgestellten Reiterstatuen gedenken. Wie noch erinnerlich sein
wird, hatte bereits Entwurf A im Anschluss an die Pariser Fassade
an den grossen Pfeilern Platz für Skulpturwerke vorgesehen; auf
Plan B finden wir dagegen hiervon nichts. Auf diesem sind die
Pfeiler, welche auf Riss A, offenbar wieder in Anlehnung an Paris,
kahl und ohne Verzierung gelassen sind, in ihrer ganzen Ausdehnung mit einer eleganten, schlank und hoch sich entwickelnden,
reichen Blendarkatur versehen und dadurch in das vielgliedrig und
kühn aufstrebende Vertikalsystem des Stabwerkaufbaues der Fassade
in harmonischer, ästhetisch sehr befriedigender Weise eingegliedert.
Welche Stellung nimmt nun der dritte Meister hierbei ein? Er
schliesst, kurz gesagt, mit den beiden Lösungen seiner Vorgänger
einen Kompromiss, indem er dem Plane A den Gedanken einer Aufstellung von Statuen, dem Riss B die Blendarkaturgliederung des
Pfeilerstammes entnimmt und beides nach eigenem, aber, wie wir
sagen müssen, nicht allzu glücklichem Geschmacke abwandelt. Denn
da er das Stabwerk, wie wir gesehen, höher hinaufführte, als sein
Vorgänger geplant hatte, von diesem selbst aber an den Pfeilern
bereits die Arkatur in der richtigen, ursprünglich beabsichtigten

16

Höhe ausgeführt war, ist hier eine den Gesamteindruck der Fassade wesentlich störende Disharmonie entstanden: durch den kahlen, nackten Mauerverband der Sockel der Reiterstatuen wird nämlich jetzt die das erste Stockwerk abschliessende, reichgegliederte Spitzbogengalerie des Stabwerkes in unschöner Weise unterbrochen, die Pfeiler selbst aber aus dem Gesamtbild der Fassade unbarmherzig herausgerissen. Wieviel geistvoller und künstlerisch vollendeter, wie viel reicher aber auch ist hier nicht der Entwurf des zweiten Meisters! Die magere Dekoration, mit welcher sein Nachfolger in Anlehnung an ihn die Pfeiler versieht, lässt uns den Unterschied zwischen beiden nur noch mehr empfinden und die selbständige Erfindungsgabe des dritten Meisters in recht ungünstigem Lichte erscheinen. Das kläglichste Zeugnis stellt dieser aber der Umstand aus, dass sein Hauptwerk, die gefeierte grosse Fassadenrose, sich in allen ihren Teilen als ein durchaus unselbständiges, von überall her zusammengestohlenes Machwerk darstellt!

So ist zunächst die Masswerkfüllung der Ecken des die Rose umrahmenden Quadrates genau dieselbe, welche bereits Entwurf A an dieser Stelle zeigt: sie ist also unzweifelhaft ganz direkt diesem entnommen; und ebenso geht das Masswerk der Hauptrose gleichfalls direkt auf den ersten Meister, nämlich die kleine Blendrose, zurück, welche an der Innenseite der Fassade über dem Hauptportale sitzt und, wie wir noch sehen werden, ein unanfechtbares Werk des ersten Meisters ist. Auch was den Umstand anbelangt, dass die Rose gewissermassen zurückgeschoben und in Schatten gestellt ist, indem die Masswerkglieder der Eckenfüllung sowie ein Lilienzackenkranz über sie ausgespannt ist, so geht diese hochgefeierte Anordnung ebenfalls auf ein fremdes Vorbild zurück, das in diesem Falle dem zweiten Meister, dem Schöpfer der durch den freien Stabwerkaufbau gleichsam gedoppelten Fassade verdankt wird, auf den es ohnehin schon seinem künstlerischen Charakter nach am meisten hinweist. Wir finden nämlich dasselbe Motiv eines über das vertiefte Rosenfenster gelegten Zackenkranzes bereits an den grossen Mittelfenstern angewendet, welche jeweilig das erste Stockwerk der Seitenfronten der Türme schmücken und welche in ihrer Ausführung unzweifelhaft auf den zweiten Meister zurückgehen. Denn erstens entsprechen die das Fenster

in beiden Fällen umgebenden Architekturglieder völlig denen,
welche an der Hauptfassade vom zweiten Meister ausgeführt
worden sind; zweitens befinden sich die Fenster gerade in der
Höhenlage, in welcher dieser an der Fassade thätig gewesen
ist, und drittens entspricht das Masswerk der Fenster
selbst ganz genau demjenigen, welches wir bei
der Rose des Wimperges über dem Hauptportale
auf Riss B finden! Jeder Zweifel an der Richtigkeit unsrer
Zuweisung der Turmfenster an den zweiten Meister ist also völlig
ausgeschlossen. Und nun möchten wir auch auf eine anscheinend
ganz geringfügige, aber doch äusserst beachtenswerte Besonderheit
in der Art, wie die Hauptrose der Fassade auf Entwurf B gezeichnet ist, aufmerksam machen. Dieselbe zeigt nämlich eine
mittlere und eine äussere Masswerkfüllung, von denen die erstere
wesentlich das Kreismotiv der Rose wiederholt, welche der Wimperg des Hauptportales auf dem Plane enthält, die zweite dagegen
wie ein Kranz gestaltet ist, der, wie das Fehlen
jeglicher, ihn mit der Mittelrose verbindender Glieder beweist, als ein durchaus selbständiges Glied,
— vielleicht also schon als vorspringender, über
der eigentlichen Rose liegender Kranz beabsichtigt
gewesen ist! Doch lassen wir dies dahingestellt; sicher ist
nur, dass das Motiv der „geschatteten" Rose, falls dieser Ausdruck gestattet ist, zuerst von dem zweiten Meister bei jener
Fensteranlage des ersten Stockwerkes der beiden seitlichen Turm-
fronten in Anwendung gebracht worden ist. Seine Uebertragung
auf die Hauptrose der Fassade durch den dritten Meister war,
wenn vielleicht auch keine selbständige, so doch entschieden eine
lobenswerte That, denn erst an dieser Stelle kommt es zur vollen
Geltung, und so hat der dritte Meister entschieden gut daran gethan, in diesem Falle seinem Vorgänger nachzuschaffen. Wäre
er ihm nur häufiger und mit dem gleichen Fleisse gefolgt, mit dem
er sich in so vielen Punkten an den ersten Meister angeschlossen
hat, — schon dadurch leicht und deutlich von dem genialen
Schöpfer des Planes B zu unterscheiden, der ganz selbständig und
ganz Künstlerindividualität ist. —

Treten wir jetzt vor die Innenseite der Fassade und richten
wir an sie dieselbe Frage, welche wir soeben der Aussenseite

derselben gegenüber zu beantworten versucht haben, die Frage
nach ihrer allmählichen Entstehung und dem Anteil, welchen die
einzelnen Meister an ihr haben, so sind wir zur Beantwortung
derselben ganz auf den gegenwärtigen Zustand und, falls wir nicht
auf dem bereits Gefundenen fussen, rein auf Vermutungen angewiesen. Denn der einzige erhaltene Plan (Inventar 1880, 17), [140]
der bis auf das Masswerk der oberen Turmfenster genau mit der
Ausführung übereinstimmt, zeigt in seinem oberen Aufbau mit
den die Rose überragenden Turmfenstern das späte Motiv der
Ausführung und kann demnach weder von dem Meister des Entwurfes A noch von dem des Entwurfes B herrühren, da beide,
auch hier wieder mit bei weitem feinerem künstlerischen Empfinden, für Rose und Turmfenster gleiche Höhe vorschreiben. [141]
So sind wir also ganz auf den Stilcharakter der in Frage kommenden Architekturteile und unsere bereits gewonnenen Forschungsresultate angewiesen.

Wenn wir diesen zufolge und unter der gewiss richtigen
Voraussetzung, dass die Fassade wenigstens annähernd innen und
aussen immer gleichweit in Arbeit gewesen sein wird, auch im
Innern eine der am Aeussern durchgeführten entsprechende Drei-
teilung vornehmen, so ergiebt sich, dass dem ersten Meister die
unteren Arkaden der Turmhalle, teilweise die Stäbe der grossen
oberen Arkaden und etwa die Hälfte der kleinen Rose, die über
dem Hauptportale angebracht ist, zufallen; dass auf den
zweiten Meister die Fortsetzung der Stäbe der grossen Arkaden
sowie die Vollendung der Rose kommt; und dass das Werk des
letzten der drei Meister der Abschluss der grossen Blendarkaden
und die kleine Blendgalerie ist, welche über jenen und unter der
grossen Hauptrose verläuft.

Mit dieser Einteilung werden wir uns im grossen und ganzen
abfinden müssen. Der einzige Einwand, welchen man gegen dieselbe erheben könnte, ist nur negativer Natur. Es liesse sich
nämlich darauf hinweisen, dass bei dieser Verteilung auf den
Hauptmeister, den zweiten, nichts von Bedeutung sondern nur die
Fortsetzung begonnener Arbeiten fallen würde. Aber dieser Einwand ist doch nicht als ein stichhaltiger Beweisgrund gegen unsere Annahme zu betrachten. Denn die Rose ist zur Zeit seines
Eintrittes in die Bauhütte gewiss schon in Arbeit gewesen und

ihm somit gar nichts übrig geblieben als sie zu vollenden, und
dasselbe gilt bestimmt auch für das Stabwerk der grossen Arkaden,
welches in seiner Dürftigkeit ohnedies viel eher noch auf den
ersten als den zweiten Meister hinweist. Eine durchgreifende
Aenderung oder Neugestaltung desselben vorzubereiten wird ihm
aber bei den wenigen Jahren, die wir ihn uns nur am Werke
thätig denken können, nicht möglich gewesen sein. Es fehlt
übrigens auch nicht ganz an Beweisen für die Richtigkeit unserer
Einteilung. Für dieselbe spricht z. B. der Umstand, dass die herrlichen Turmarkaden, wie ein kurzer vergleichender Blick auf die
Sockeldekorationen der Gewände des Hauptportales lehrt, ganz
im Stile des ersten Meisters gehalten sind, und dass sich der
dritte Meister in allen den Teilen der Innenfassade, die wir für
sein eigenes Werk erklärt haben, wieder als derselbe erfindungs-
arme Geist erweist, den uns schon die Betrachtung seiner anderweitigen Leistungen in ihm hat erkennen lassen. Dass der Abschluss der grossen Arkaden und die kleine über denselben verlaufende Galerie unzweifelhaft von ihm ausgeführt worden sind,
geht übrigens mit aller Bestimmtheit schon daraus hervor, dass sie
genau dasselbe Dekorationsmotiv zeigen wie die
das erste Stockwerk abschliessende Stabwerk-
galerie an der Aussenfassade, welche, wie wir gesehen
haben, in der Ausführung unbestreitbar sein Werk ist. Die Uebereinstimmung — die kleine Galerie ist nur ein wenig reicher gegliedert als die oberen Arkaden — ist frappant und legt von neuem
ein offenkundiges und recht trauriges Zeugnis von der Erfindungsarmut des dritten Meisters ab, denn als etwas anderes kann man
doch einen so weit getriebenen Konservativismus in der Dekoration
unmöglich ansehen! —

So spricht das Münster selbst, jenachdem Lob oder Tadel
erteilend, offen und ehrlich zu uns von den Meistern, die es gebaut, und verschafft uns von der Thätigkeit derselben und ihrem
Verhältnis zu einander ein ausführliches und, wie wir hoffen
dürfen, annähernd richtiges Bild. Indem wir es gleichsam von den
Steinen selbst abgelesen haben, sind wir zugleich in der Rekonstruktion des Entstehungsprozesses der Westfassade des Münsters
an den unsrer Untersuchung desselben eingangs gesteckten Grenz-
punkt, d. h. bis zum Ansatze des zweiten Stockwerkes gelangt, und

es bleibt uns nur noch die Aufgabe, wenigstens den Versuch zu machen, auch die Zeitgrenzen der Thätigkeit der einzelnen Meister zu bestimmen. Ergänzend aber mag diesen Versuch gleichzeitig eine kurze zusammenfassende Kritik der Bedeutung und des künstlerischen Wertes ihrer Leistungen begleiten.

Als eine sehr bedeutende Künstlerpersönlichkeit tritt uns gleich der erste Meister entgegen, welcher zwar, wie besonders sein ursprünglicher Entwurf A erkennen lässt, stark unter französischem Einflusse steht, der aber die in Paris gewonnenen Anregungen in seiner definitiven Fassung schliesslich doch in einer sehr eigenartigen, wir können mit vollem Rechte sagen, echt deutschen Weise verwertet. Zeigt schon, wie bereits berührt, der von ihm erhaltene Plan mannigfache Modifikationen des französischen Fassadentypus, so geht er dann in dem von ihm wirklich ausgeführten Teile der Fassade noch mehr seine eigenen Wege und überträgt sozusagen die französische Portalanlage des Jean de Chelles direkt ins deutsche, indem er an Stelle ihres Horizontalismus geschickt einen ausgesprochenen Vertikalismus setzt. Es ist höchst interessant und lehrreich diesen, eigentlich für das Wesen der ganzen deutschen Gotik charakteristischen Verwandlungsprozess genauer zu verfolgen.

Die Portalschöpfung des Jean de Chelles bezeichnet, wie wir erkannt haben, den Abschluss einer über hundert Jahre langen Entwicklung und geht ganz direkt aus den grossen Prachtfassaden der französischen Gotik in Amiens und Reims hervor, für die wir als besonders charakteristisch die Zusammenziehung sämtlicher Portalöffnungen zu einem grossen, einheitlichen Horizontalsystem erkannt haben. Indem nun aber die Pariser Fassade nur einen Ausschnitt aus diesem darstellt, geht in ihr sichtlich etwas von jenem Horizontalzuge desselben verloren, und es scheint vielmehr in dieser letzten Formulierung des gotisch-französischen Fassadentypus an dessen Stelle ein gewisses vertikales Streben getreten zu sein, welches die ganze Fassade pfeilerartig mit sich emporzieht. Aber das Horizontalprinzip oder das Prinzip der „Lagerhaftigkeit", wie man es wohl genannt hat, [347] war der französischen Gotik doch zu fest eingewurzelt, als dass es so plötzlich oder überhaupt je hätte aufgegeben werden können, und so sehen wir es denn auch in den späteren Fassadenschöpfungen

derselben wieder voll und ganz Platz greifen. Nichts ist in dieser
Hinsicht vielleicht kennzeichnender als die Verwendung, welche
gerade der Fassadentypus des Jean de Chelles weiterhin erfahren
hat, wenn er gelegentlich einmal, wie z. B. an der Kathedrale
von Lyon, auf eine Hauptfassade übertragen worden ist. Dadurch
nämlich, dass hier die mit Statuen besetzten seitlichen Blendarkaturen an den Fassadenpfeilern angeordnet sind, erhält man
wieder genau wie in Amiens und Reims eine die ganze Fassade
ununterbrochen überziehende Figurenreihe, und der Sockelgedanke
der dortigen Fronten lebt damit, wenn auch in freierer Gestalt,
von neuem auf! So grüsst uns auch aus diesem Werke noch,
freilich nicht mehr so schaffensfreudig und frisch, aber doch noch
eben so zielbewusst derselbe strenge Konstruktionsgeist, der sich
machtvoll zuerst in dem Königsportale von Chartres geoffenbart
hat!

Welch anderer Geist durchweht dagegen die Strassburger
Fassadenschöpfung! Herrscht in Lyon die Horizontale, so ist
hier die Vertikale das prinzipielle Element. Denn hier werden
jene Statuen tragenden Glieder, welche unser Meister, ebenso
wie der Architekt der Lyoner Fassade, von Paris übernommen
hat, nicht zur Bekleidung der Strebepfeiler verwendet, sondern
in einen Winkel zwischen diese und die Portale
eingefügt! Damit aber ist das französische Horizontalsystem
der grossen zusammenhängenden dreithürigen Portalanlage, wie
wir es in Lyon wiederfanden, zersprengt: denn die Fassade wird
auf diese Weise in drei für sich gesonderte Eingänge aufgelöst,
welche, wie eingebettet zwischen den mächtigen weit vorspringenden Strebepfeilern liegend, mit ihren steilen Wimpergbekrönungen
sich der aufstrebenden Bewegung der grossen Pfeiler und damit
der ganzen Fassade vielmehr anschliessen als sie hemmen, indem
sie gleichzeitig in vollendet harmonischer Weise den drei grossen
Elementen, aus denen sich das Gesamtbild der Front zusammen-
setzt, dem Mittelbau und den beiden Türmen, vollwertig entsprechen. In diesem Auflösen der Breitseite der Fassade in einzelne aufstrebende Teile bricht sich, wie fast überall in Deutschland, — wir erinnern beispielsweise an das Freiburger Münsterportal, die Fassade des sonst doch so stark französisch beeinflussten Kolmarer Martinsmünsters und als Musterbeispiel an die

Westfront der Marienkirche in Reutlingen, — auch hier der Vertikalismus der specifisch deutschen Gotik siegreiche Bahn! Wie sich derselbe auch in dem oberen Aufbau des Planes A, in der Anlage der Rose und in der Anordnung nur eines Turmfensters äussert, haben wir bereits gesehen: es war somit sehr berechtigt, ja fast eine nationalkünstlerische Notwendigkeit, dass dieser Entwurf in den Grundzügen der Komposition für die späteren Pläne und schliesslich auch die definitive Ausführung massgebend geblieben ist.

Die Zeit der Wirksamkeit seines Schöpfers wird sich, wie wir in Rücksicht darauf, dass bis 1291 das ganze erste Stockwerk ausgebaut gewesen sein soll, wohl mit einiger Gewissheit annehmen können, bis in den Anfang der achtziger Jahre (ca. 1282—83) erstreckt haben; [148] in die Mitte derselben fällt dann die Thätigkeit des zweiten Meisters, der mit seltenem Erfolge und mit überlegenem Können auf dem Wege des ersten weitergeschritten ist und uns in seinem leider nur zum allerkleinsten Teile ausgeführten Entwurfe B eine höchste Offenbarung des deutsch-mittelalterlichen Kunstvermögens hinterlassen hat.

„Um das Verhältnis zu Riss A festzustellen, so hat Riss B zunächst Korrektur der konstruktiven Kühnheiten für nötig gehalten; die Verstrebung der Türme ist verstärkt; die Thür- und Fensteröffnungen sind verengert, ohne von ihrer Komposition im ganzen abzuweichen. Keineswegs aber war es (unseres Meisters) Absicht, dem Auge grössere ruhende Flächen, als sein Vorgänger, darzubieten. Das Prinzip der Flächenbelebung durch aufsteigendes Stabwerk ist auf dem Entwurf bereits ebenso weit entwickelt, wie in der Ausführung, und auch das kann man als wahrscheinlich ansehen, wenn es auch in der Zeichnung nicht unmittelbar evident wird, dass die Stäbe von Anfang an als frei vom Grunde sich ablösende gedacht waren. Ist schon hierdurch für den optischen Schein das Höhenmoment viel stärker betont als im Riss A, so tritt auch eine absolute Steigerung der ganzen Stockwerkhöhen ein. Auf Riss A entspricht der Fassadenumriss (nach Abzug der Pfeilervorsprünge) einem etwas verringerten, auf Riss B einem etwas überhöhten Quadrat. Durch diese Verschiebung verlor das Rosenmotiv einiges von seinem Gewicht. Die Wimperge über den Portalen wurden steiler gebildet, die auf sie folgende Blend-

galerie (eine Reminiscenz an die Kathedralen von Paris und
Amiens) wurde mit dem vertikalen System des Stockwerks inniger
durchdrungen. Dem Mittelbau allein gehört die Galerie des dritten
Geschosses, während neben ihr die Türme sich bereits frei machen,
um zu höheren Stufen weiterzustreben; gewiss giebt sie einen
ruhigeren, mit den Wimpergen der Flanken-Fenster freier zu-
sammengestimmten Abschluss, als die einförmige Wiederholung
des Giebelmotivs es gethan hätte." [344]

So kommt in dem Entwurfe unseres Meisters der Horizontalismus und der Vertikalismus zu einem vollendet durchgeführten,
unübertrefflichen harmonischen Ausgleich: in sich selbst getragen
und doch kühn aufwärts strebend steigt sein herrliches Werk,
vergleichbar dem Gralstempel der mittelalterlichen Sagenwelt,
wie ein ideales Traumgebilde deutscher Baukunst vor unserm
Augen empor, und die Architektur wird hier wirklich, was Goethe
sie einmal genannt hat, — „eine verstummte Tonkunst".

Was jener grösste Meister geplant, es ist wirklich nur ein
Traum geblieben. Denn wie uns die Ausführung des Werkes
gezeigt hat, können es bloss wenige Jahre gewesen sein, die er
seiner Erfüllung zu widmen vermocht hat. Dann ist er, wohl noch
vor Ablauf der achtziger Jahre, wie wir annehmen dürfen, für
immer davongegangen und hat einem dritten Meister weichen
müssen, der des gewaltigen Erbes ebenso unwürdig, wie der
Aufgabe, es verständig zu verwalten, nicht gewachsen war. Hat
er doch die grossen Ideen seines Vorgängers teils missverstanden,
teils ganz entstellt; wo er selbständig vorging, aber in schwäch-
licher Unselbständigkeit kläglich von dem Formenschatze gezehrt,
den die beiden ersten Meister bereits zusammengetragen. [345]

Dieser dritte Meister ist bis zum Jahre 1318 der Leiter des Baues:
magister et gubernator fabrice ecclesie gewesen: — es ist Erwin
von Steinbach! Da dieser, wie sein Grabstein unwiderleglich
beweist, 1318 gestorben ist, und wie die teilweise erhaltene Inschrift der ehemaligen, 1682 gleichzeitig mit dem Lettner abgebrochenen Marienkapelle zeigt, 1316 noch Baumeister war, kann
er unmöglich mit einem der beiden ersten Meister identisch sein,
deren Thätigkeit in beiden Fällen in den achtziger oder spätestens
zu Beginn der neunziger Jahre ihr Ende erreicht haben wird.
Die einzige Urkunde von 1284 aber, welche ihn als wercmeister

aufführt, enthält seinen Namen an einer radierten Stelle und in abweichender Schrift, sodass, wie schon Kraus hervorgehoben hat, „kaum ein Zweifel bleibt, dass derselbe von einer späteren Hand eingetragen ist.[346]

Wir sind also auch in diesem Falle auf das angewiesen, was uns die Steine sagen,[347] und ich meine, sie bezeugen deutlich genug, dass Erwin von Steinbach mit unserem dritten Meister identisch ist. Von den wenigen Werken nämlich, welche sich mit Sicherheit auf Erwin zurückführen lassen, oder welche zum mindesten bestimmt in die Zeit fallen, da er Leiter des Baues gewesen ist, ist noch eins unversehrt erhalten: das Grabmal des 1299 verstorbenen Bischofs Konrad von Lichtenberg.[348] Die Formensprache des dreigiebligen Arkadenaufbaues desselben zeigt nun aber eine ganz entschiedene Aehnlichkeit mit der des dritten Meisters: ein vergleichender Blick auf die von diesem unzweifelhaft ausgeführten Blendarkaden, welche in halber Höhe des zweiten Stockwerkes auf beiden Seiten die Fassade abschliessen, genügt in dieser Hinsicht. Geradezu erstaunlich aber ist die Uebereinstimmung, welche die Masswerkfüllung des mittleren Giebels vom Grabmal mit derjenigen der Wimpergbedachungen der Blendarkaden des ersten Stockwerkes der Fassade zeigt, welch letztere, sowohl im Entwurf (Riss A) wie in der Ausführung, noch von dem ersten Meister herstammen! Dieses unleugbare, offne und direkte Zurückgehen auf den ersten Meister weist mit solcher Entschiedenheit auf den dritten hin, dass uns jeder Zweifel an der Identität dieses letzteren mit dem Architekten des bischöflichen Grabmales und damit auch mit Erwin von Steinbach gänzlich ausgeschlossen erscheint: — aus dem goldenen Ehrenbuche der Stadt Strassburg und des deutschen Mittelalters ist sein Name zu streichen.[349]

Wieviel von dem zweiten Stockwerk noch das Werk Erwins ist, vermögen wir nicht zu entscheiden, und wissen also auch nicht, ob er oder erst einer seiner Söhne für die das Gesamtbild der Fassade so ungemein schädigende Hinaufführung der Turmfenster über die grosse Rose des Mittelbaues verantwortlich zu machen ist.[350] Es genügt, die traurige Thatsache festzustellen, dass wir mit ihm bereits in denjenigen Teil der Baugeschichte des Strassburger Münsters eintreten, welcher an wirklich grossen

Meistern arm, im ganzen ein recht trübes Bild bietet und im
kleinen dieselbe Entwicklung wiederspiegelt, welche die Baukunst
überhaupt im späteren Mittelalter in Deutschland durchmacht.

Wie viele von allen denen, die bewundernd vor der Westfront des Strassburger Münsters stehen, ahnen es wohl, dass ihr
Blick, der flüchtig vom Fusse des Werkes zu seinem Gipfel gleitet,
das Werk dreier grosser Bauepochen durchläuft und behende über
die tiefeinschneidenden Linien hinwegeilt, welche die grossen künstlerischen Gegensätze, die sich im Gefolge jener abgelöst, am Bauwerke gezogen haben?! Denn hart, wie die ungleichen Glieder
einer Kette, stösst hier das Vermögen und Unvermögen der Jahrhunderte aufeinander, zusammengeschmiedet durch die Allgewalt
der Zeit. Ebenso reich, leicht und flüssig bewegt wie der untere
Teil der Fassade, ebenso nüchtern, trocken und langweilig, strebt
der obere Teil derselben empor, und ebenso harmonisch einheitlich wie jener ist dieser unharmonisch und das Flickwerk min-
derer Geister. Und so tritt uns hier greifbar nahe das Werk
zweier Bauepochen entgegen, welche in gleicher Weise, wie die
Plastik des XIII. von der des XIV. Jahrhunderts, der tiefe Gegensatz von Kunst und Handwerk trennt. Darüber aber erhebt
sich, als die Schöpfung der dritten Bauepoche, der Turm — ein
Triumph des technischen Virtuosentums der Barock-Gotik.

Auf der Schwelle der ersten und zweiten Bauepoche steht
Erwin: seinem ganzen Charakter nach ein Kind der zweiten hat
er noch einen Hauch vom Geiste der ersten verspürt.

Die Skulpturen der Fassade.

War es vielleicht auf dem Generalkapitel der Minoriten,
welches Pfingsten 1282 in Strassburg abgehalten wurde, dass zum
ersten Male im Norden jener mächtige, wie Posaunenschall erdröh-
nende Franziskanersang des „Dies irae, dies illa" erklungen ist?

An den Gewänden des Hauptportales der Münsterfassade
stehen unter den grossen Prophetenstatuen dicht zu beiden Seiten
der Thüröffnung einander gegenüber die Gestalten eines Königs
und einer Frau: testis David cum Sibylla — ganz wie es in jener
tiefergreifenden Sequenz des Thomas von Celano (?) lautet, [351]
und die Frage taucht auf, ob es diesmal vielleicht ein Franzis-

kanerprogramm gewesen ist, welches den Skulpturenschmuck der
Fassade bestimmt hat. Eine sichere und bestimmte Beantwortung
derselben ist uns freilich in diesem Falle versagt; nur als sehr
wahrscheinlich können wir es bezeichnen, dass wir wohl auch hier
wieder, wie in Freiburg, vielmehr in den Dominikanern die geistigen Schöpfer der Figurenwelt, welche in fast überreicher Fülle
die Portale der Fassade belebt, zu erblicken haben werden. Denn
der Strassburger Dominikanerkonvent wird dem Freiburger an
Bedeutung kaum viel nachgegeben haben: auch er hat einmal
innerhalb der Jahre 1232—43 eine Zeit lang Albertus Magnus
zu seinen Lektoren gezählt, und dieser letztere hat ebenso wie
Freiburg auch Strassburg späterhin mehrfach in seiner Eigenschaft als Provinzial des Dominikanerordens für Deutschland be-
sucht.

Wenn sich hier aber nicht im Anschluss daran eine ähnliche
Legende wie in Freiburg gebildet hat, so haben wir dies wohl
mit Recht auf den anderen Charakter des in Strassburg zur Ausführung gekommenen Programmes zurückzuführen, welches uns
zwar gleichfalls als eine festgeschlossene und wohldurchdachte,
aber bei weitem leichter verständliche Komposition, als der Freiburger Cyklus ist, entgegentritt. Denn während uns dieser in
der ihn einschliessenden Vorhalle gleichsam wie der gedanken-
schwere und vielfach gelehrte Inhalt eines umfangreichen Kom-
pendiums anmutet, so scheint uns bei den Strassburger Skulpturen,
wie sie selbst offen und jedermann sichtbar am Tage stehen, auch
ihr bedeutungsvoller Sinn klar und allen leicht verständlich zu Tage
zu liegen. Aeusserst interessant aber ist, dass die beiden Haupt-
themata des Freiburger Programmes : die in einer Verherrlichung
Marias gipfelnde Darstellung der ganzen Heilsgeschichte sowie
der Gegensatz von „Gut" und „Böse" hier ebenso wiederkehren,
und dass es auch sonst nicht in gedanklicher Hinsicht an Paral-
lelen fehlt.

Der Grundgedanke der ganzen Komposition ist der, die Sünd-
haftigkeit der Welt, die Notwendigkeit eines fortwährenden Kampfes gegen dieselbe und die Unabweisbarkeit einer überirdischen
Hülfe in diesem darzustellen. So versinnbildlichen zunächst die
Gestalten der Tugenden am nördlichen Portale, welche die Laster
unter ihre Füsse treten und mit Lanzen bekämpfen, wie die klugen

und thörichten Jungfrauen am südlichen Portale die Anfechtungen
der Welt und ihre notwendige Bekämpfung und bringen damit,
ähnlich wie in Freiburg, den Gegensatz von „Gut" und „Böse"
in doppelter Weise zum Ausdruck: einmal allegorisch durch die
Tugenden und zweitens praktisch durch die Parabel der klugen
und thörichten Jungfrauen. Zugleich aber weisen die einen wie
die anderen auf die Notwendigkeit einer himmlischen Erlösung der
Menschen aus den Banden der Sünde hin und knüpfen damit an
die inhaltliche Bedeutung der Skulpturen in den Archivolten und
auf den Tympanen an. Die Darstellungen der Tierkreiszeichen
aber mit den den einzelnen Monaten entsprechenden Beschäfti-
gungen des Landmannes an den Postamenten der klugen und
thörichten Jungfrauen bieten dabei in einfachster und verständlichster
Art ein abgekürztes Bild des ganzen menschlichen Lebens. Die
Gestalten der Propheten und der Sibylle am Mittelportale schliesslich dienen dazu, in höchst sinngemässer und leicht zu begreifen-
der Weise das Band, welches die Darstellungen der Heilslehre
(in den Archivolten und auf den Tympanen) mit den allegorischen
Figurenreihen (an den Gewänden) verbindet, nur noch fester zu
knüpfen. Denn zu der Notwendigkeit einer Erlösung, welche uns
die Gruppen der Tugenden und Jungfrauen erkennen lehren, tritt
nun in den Gestalten des Hauptportales auch gleich die verkör-
perte Verbürgung ihres wirklichen Eintreffens hinzu. Waren es
doch jene Gottesmänner und jene Seherin, welche diese Erlösung
als bestimmt eintreffend voraussagten, deren Geschichte wir dann
in ihrer Vorbereitung, endlichen Erfüllung und ihrem Ausgange
bis zum grossen Tage des Jüngsten Gerichtes hin in den Archivolten und auf den Thürfeldern der Portale dargestellt finden; und
zwar, wie Schnaase hübsch bemerkt, in fortlaufender Reihenfolge
der Erzählung von links nach rechts, sodass wir sie gleichsam
wie aus einem Buche ablesen. [33]
Ueber dem Hauptportale aber ist dann über dem Throne
Salomos der himmlische Thron der Jungfrau und Gottesmutter
errichtet, welche somit auch hier wieder, wie in Freiburg, an die
Spitze der ganzen Komposition tritt und die einzelnen Teile derselben, wie eine Centralsonne ihre verschiedenen Planeten, um
sich versammelt; und wir fühlen uns im Hinblick auf die grossen
Prophetengestalten an den Wänden des Hauptportales an eine

Stelle der Goldenen Schmiede Konrads von Würzburg erinnert,[353] wo es von der Jungfrau Maria heisst:

dû bist diu vrône wisheit
von der uns Salomón da seit
und alle die prophéten.

Freiburg. Kluge Jungfrau.

Die Strassburger Skulpturen teilen mit den Freiburgern das Los, allgemein für französisch beeinflusst zu gelten;[354] sie rechtfertigen aber dieses Urteil bei einer genauen Prüfung ebensowenig wie jene und treten also schon aus diesem Grunde zu den Freiburger Werken in ein gewisses verwandtschaftliches Verhältnis. Wie eng geknüpft dasselbe aber auch sonst noch ist, wird unsere Betrachtung zeigen.

Die Strassburger Arbeiten sind, wie auch die bereits in einem früheren Kapitel besprochenen Skulpturen vom Südportal, erst neuerdings durch Meyer-Altona (Schwedeler-Meyer) eingehend geprüft und besonders auf ihr Alter im einzelnen hin untersucht worden;[355] es sei daher hier bald für die Aufzählung und Beschreibung sämtlicher Figuren und Gruppen, sowie für die Unterscheidung von Alt und Neu auf die sorgfältigen und ausführlichen Angaben bei ihm verwiesen. Unversehrt erhalten sind nur bis auf zwei Propheten und die Madonna vom Thürpfeiler des Hauptportales die grossen Statuen, ferner an letzterem einige Teile der Tympanonskulpturen und sonst noch hier und da einige kleinere Figuren; das Uebrige ist moderne Ergänzung.

Die ältesten, zuerst entstandenen Statuen weist, wie ihr Stil deutlich zeigt, das südliche Portal auf. Dargestellt ist das Gleichnis der klugen und thörichten Jungfrauen, welche, die ersteren in Begleitung Christi, die letzteren in der einer männlichen Persönlichkeit erscheinen, die wir sofort als den „Fürsten der Welt" aus der Freiburger Vorhalle wiedererkennen: also auch hier ist der letztere ganz wie in Freiburg in direktem Gegensatz zu Christus gefasst, und sind beide ebenso wie dort — Christus dicht beim Eingang zur Kirche, der Fürst der Welt möglichst weit von demselben entfernt — aufgestellt. Wie dort, fordert auch hier der Heiland zum Eintritt in sein Reich auf, während der Böse mit gutem Erfolge das gegenteilige Ziel verfolgt. Dadurch aber, dass in diesem Falle beide mit der Parabel der klugen und thörichten Jungfrauen verflochten sind, kommt hier das gegensätzliche Verhältnis beider Gestalten fast noch schärfer als in Freiburg zum Ausdruck, und wird jedenfalls auf diese Weise unsere Deutung der Freiburger Skulpturen in glänzendster Weise gerechtfertigt!

Das Tympanon des Strassburger Portales enthält in mehreren Feldern eine Schilderung des Jüngsten Gerichtes: also auch diesmal erscheinen die klugen und thörichten Jungfrauen, wie ähnlich in Freiburg, mit diesem eng verbunden.

Woher kommt nun der Stil dieser langen, gestreckten Gestalten, welche, in prächtig gearbeitete Gewänder gehüllt, erst wenig von der für die Gotik typischen ausgebogenen Haltung und nur hier und da das für die Spätzeit dieses Stiles gleichfalls so charakteristische Lächeln zeigen? Zu den herrlichen, vorbesprochenen Schöpfungen im Querschiff und an dem Südportale des Münsters führt kein verbindender Faden zurück: ganz selbständig, neu und charakteristisch tritt uns in diesen Statuen ein bereits voll ausgebildeter Stil entgegen. [350]

Dem bereits oben mitgeteilten allgemeinen Urteile, welches in ihm einen Ableger der französischen Kunst zu erkennen glaubt, wollen wir die Ansicht eines der grössten französischen Kunstgelehrten: Viollet-le-Duc's gegenüberstellen, der hinsichtlich der

Strassburger Skulpturen bemerkt: ce ne sont plus là les physio-
nomies que nous retrouvons à Paris, à Reims ou à Amiens, mais
bien le type alsacien.[357] Wenn er bei diesem Urteile von der von
ihm aufgestellten Behauptung ausgeht, dass die nordfranzösische
Schule den idealen Kanon ihrer Gestalten der damaligen Bevöl
kerung der Ile de France entlehnt habe, so irrt er freilich, denn
diese hat ihren Idealtypus vielmehr, wie Vöge in schlagender
Weise nachgewiesen hat.[358] auf weiten Umwegen (über Südfrank-
reich: Saint-Trophime in Arles) in Anschluss an die gallo-römi-
sche Antike ausgebildet, aber doch liegt etwas Wahres in seiner
Aeusserung über die Strassburger Skulpturen: er hat nämlich
wohl gesehen, dass wir hier einen anderen, von dem nordfranzösischen gänzlich abweichenden Stil, um nicht mit ihm Typus zu
sagen, vor uns haben! Den wirklichen Ursprung desselben nachzuweisen, wird uns aber, wie wir hoffen, nicht schwer fallen.

Wir gehen dabei von dem Südportale aus, dessen Statuen,
wie bereits bemerkt, die ältesten Skulpturen der Fassade sind.
Die interessanteste Figur unter ihnen ist jedenfalls diejenige, welche
wir in Analogie zu der Gestalt aus der Freiburger Vorhalle gleichfalls als den Fürsten der Welt bezeichnet haben (Blatt XII). Sie
ist später als diese entstanden, und ein Vergleich mit ihr, wie
er auch von Schäfer bereits gezogen worden ist, [359] kann nur
lehrreich sein, ja wird uns vielleicht am raschesten zum Ziele
unserer Untersuchung führen. Denn die Verwandtschaft der beiden
Figuren beschränkt sich nicht auf ihre gegenständliche Bedeutung,
die bei Schäfer allein zur Sprache gekommen ist, sondern erstreckt sich auch, wie bisher gänzlich übersehen worden ist, auf
ihren Stil!

Zunächst finden wir bei beiden dieselbe bis in Einzelheiten
hinein gleiche Gewandung. Hier wie dort ist sie an den Seiten
und in ihrer unteren Hälfte auch vorn geschlitzt; die schmückende
Besetzung der Ränder mit Knöpfen ist in beiden Fällen dieselbe,
und ebenso entspricht sich die kleine, senkrecht vom Halse auf
der Brust nach unten verlaufende Knopfreihe. Auch die Falten
sind fast durchweg in gleicher Weise angeordnet und ausgeführt,
man achte besonders auf die genaue Uebereinstimmung in der
Bildung des rechten Aermels mit der röhrenförmigen Falte auf
der Unterseite. Dazu kommt dann hier wie dort ganz die gleiche

rechte Hand, deren Form und Haltung, wie auch ebenso fast
genau die Bewegung des rechten Armes in beiden Fällen völlig
übereinstimmt. Sehr ähnlich ist ferner die Behandlung des hier
wie dort nach der Sitte der Zeit volutenartig an den Seiten des
Kopfes angeordneten Haares, und ebenso ist die nackte Rücken-
seite in sehr entsprechender Weise ausgeführt: hier wie dort sind
es dieselben Tiere, welche, nur in etwas variierter Anordnung,
den Körper bedecken. Vor allem aber zeigt der Kopf im allgemeinen wie auch besonders in der Fassung des Gesichtsausdruckes
durchaus dieselbe Bildung, nur dass wir hier kleine, aber durch
die spätere Entstehungszeit und den demgemäss weiter entwickelten
Stil vollkommen bedingte und also wohl motivierte Veränderungen
finden. Die sonstigen Abweichungen von der Freiburger Statue
sind gering und betreffen nicht den Stil. So trägt er z. B. in
Strassburg eine etwas andre Krone, hat in der rechten Hand
einen Apfel und nicht wie in Freiburg einen Blütenstrauss und
hält in der Linken nicht wie dort Handschuhe, sondern greift mit
derselben unterhalb der Brust in das Gewand.

Alles in allem genommen stellt sich also die Strassburger
Statue als eine zwar etwas frei behandelte, aber nichtsdestowe-
niger stilistisch treue und fast ganz direkte Kopie der Freiburger
Figur dar. Und auch die Voluptas von dort hat hier in geschickter
Weise in Gestalt einer der thörichten Jungfrauen, welche sich
verheissungsvollen Blickes mit freundlich lächelndem Antlitze dem
Verführer zuwendet, gewissermassen eine Nachfolgerin erhalten,
womit zugleich der schon in der Freiburger Figur des Fürsten
der Welt angedeutete Gruppengedanke seine Verwirklichung findet.
Dass dabei von der generellen Bedeutung, welche der Freiburger
Statue zukommt, abstrahiert ist, versteht sich von selbst: das
gleiche gilt übrigens auch für den Christus, welcher hier wesentlich nur als der himmlische Bräutigam der klugen Jungfrauen
erscheint. An der gegensätzlichen Stellung und Bedeutung der
beiden Figuren ändert das aber natürlich nichts.

Es treten uns also in der Strassburger Gruppe ganz auffällige
und, besonders in der Gestalt des Fürsten der Welt, allerdirek-
teste Beziehungen zu den Freiburger Skulpturen entgegen, und
wenn wir nun daraufhin einen vergleichenden Blick auf diese und
jene überhaupt werfen, wird es uns bald zur festen Gewissheit,

dass der Strassburger Stil nichts weiter als eine Fortsetzung des Freiburger ist, ja dass die Uebereinstimmung der Werke oft bis in die grössten Einzelheiten hinein so gross ist, dass wir direkt zu der Annahme gezwungen werden, hier wie dort möchten, wenigstens teilweise, dieselben Steinmetzen thätig gewesen sein! Denn wenn wir auf eine genaue Detailvergleichung der Werke eingehen, finden wir folgendes:

Zunächst ist der Typus der Köpfe bis auf geringe und durch das Suchen nach verstärktem Ausdruck einerseits sowie die spätere Entstehungszeit andrerseits vollkommen motivierte Abweichungen im Grunde genommen ganz der gleiche. Es lassen sich dabei in Strassburg drei verschiedene Formen des allgemeinen Typus unterscheiden.

Erstens: Der

Freiburg. Kluge Jungfrau.

Kopf ist oben etwas in die Breite gezogen und verjüngt sich nach unten zu; die Wangen sind ziemlich voll und fleischig gebildet: ovale Form.

Zweitens: Der Kopf ist im Ganzen etwas breiter und scheint mehr

dem Viereck als dem Kreise entnommen; die Wangen sind in ihrem unteren Teile abgeschrägt oder auch nur durch ein Doppelkinn in ähnlicher Weise zweigeteilt: quadrate Form.

Drittens: Der Kopf ist in einer an den Seiten, d. h. den Wangen sanft etwas ausgebuchteten und langgezogenen Ellipsenform gebildet: Ellipsen-Form.

Vergleichen wir damit die Freiburger Skulpturen, so finden wir hier bereits sämtliche drei Typen vorgebildet, aber meist etwas gedrungener, kürzer und breiter ausgeführt. Am häufigsten ist die quadrate Form und eine ihr ähnliche sehr breitgedrückte Ellipsenform, die sich schon nahe dem Kreise nähert; seltener und nur ganz vereinzelt so scharf ausgeprägt wie hier ist die ovale Form. Garnicht findet sich in gleich markanter Weise die dritte Form; nur hier und da möchte man bei einzelnen Figuren eine geringe Aehnlichkeit zu entdecken im Stande sein. Ziehen wir nun in Betracht, dass die Strassburger Gestalten überhaupt gestreckter sind und eine schlankere Formengebung als die Freiburger Figuren aufweisen, so erhalten wir ein völlig klares Bild von der Entwicklung, die der Freiburger Stil in Strassburg durchgemacht hat. Am unmittelbarsten in Zusammenhang mit den dortigen Werken steht der zweite von uns definierte Typus; aus ihm entwickelt sich, durch die Wangenabschrägung oder das Doppelkinn vermittelt, der ovale Typus, um schliesslich dem ellipsenförmigen, langgezogenen, dritten Typus zu weichen. Dass die Entwicklung aber diesen und keinen andern Weg eingeschlagen hat, beweist deutlich der Umstand, dass bei den Gestalten des nördlichen Portales der erste Typus bereits ganz verschwunden, der zweite nur selten und einzig der dritte zur fast alleinigen Ausführung und Ausbildung gekommen ist.

Für den innigen Zusammenhang der Freiburger und Strassburger Skulpturen spricht aber ferner noch die Uebereinstimmung in verschiedenen Details, die wir als wichtige Zeugnisse daraufhin genau zu prüfen und mit einander zu vergleichen haben. Fahren wir demgemäss in der vergleichenden Betrachtung der Durchbildung der Köpfe im einzelnen fort, so ergiebt sich folgendes: Auffallend an den Strassburger Statuen ist die durchgehends sehr scharfe Abgrenzung der Augenbrauen gegen die Stirn. Betrachten wir nun daraufhin die Freiburger Figuren, so sehen wir hier meist schon durch eine feine, scharfe Abgrenzungsfurche über den Augen den Anfang zu dieser Bildung gemacht, die also in Strassburg nur stärker ausgebildet und weiter entwickelt worden ist.

Das Haar erscheint in Strassburg durchweg härter und schärfer gebildet; gleichwohl zeigt sich im ganzen eine solche Uebereinstimmung in der Behandlung, dass sie uns billig überraschen müsste, hätten wir nicht sonst schon eine äusserst weitgehende Verwandtschaft mit den Freiburger Skulpturen konstatieren können. Die vierte kluge Jungfrau in Strassburg zeigt z. B. eine zum Verwechseln ähnliche Anordnung und Ausführung des Haares wie die erste kluge Jungfrau in Freiburg, mit der sie auch in der länglichen Form des wie gequetscht aussehenden Ohres genau übereinstimmt.

Die Nase zeigt in Strassburg bisweilen auf dem Rücken eine
allerdings kaum merkbare Erhöhung; und auch in Freiburg kann
man dies an den Köpfen einiger der thörichten Jungfrauen wahrnehmen. Wir würden es nicht erwähnen, wenn wir nicht der
Ueberzeugung wären, dass gerade solche Kleinigkeiten manchmal
von grösserer Beweiskraft sind und mehr sagen als allgemeine
Aehnlichkeiten und Uebereinstimmungen. Auch die Augen mit
ihrem jeweils sehr scharf ausgeprägten Rande des oberen Lides
und dem bald schmäler, bald voller und weicher gebildeten Unterlide finden unter den Freiburger Skulpturen ihre genauen Analoga; und hierbei können wir wieder an einzelnen Figuren eine
Weiterentwicklung des Stiles konstatieren. Einige Gestalten nämlich, besonders deutlich die der verführten Jungfrau neben dem
Fürsten der Welt, zeigen eine weichverschwimmende Bildung des
Unterlides, wodurch ein ungewisser, empfindsamer Zug in den
Gesichtsausdruck gebracht wird.

Wie die Augen so findet auch der Mund mit seiner charakteristischen Bildung: vierteilige Oberlippe und meist zweiteilige
Unterlippe bei bald feinen, schmal verlaufenden, bald etwas aus-
gebohrten Winkeln, sein völliges Ebenbild unter den Freiburger
Skulpturen. Eine sehr weitgehende Uebereinstimmung verrät sich
ferner in der häufigen Anwendung von über den Nasenflügeln
einsetzenden und nach den Mundwinkeln zu verlaufenden Falten.

Ueber die Bildung der Wangen haben wir schon gelegentlich
der Besprechung der allgemeinen Kopftypen gehandelt. Sehr
charakteristisch für die Verwandtschaft der Skulpturen ist hier
besonders das Abschrägen derselben, das uns auch in Strassburg
hin und wieder begegnet. Das Kinn ist im allgemeinen in Strassburg etwas weniger als in Freiburg betont, was aber wohl aus
der allgemeinen Umbildung des Typus zu erklären ist: in dem
länger gewordenen Kopfe hätte ein breitgezogenes, scharf gegen
das übrige Gesicht abgesetztes Kinn unvorteilhaft gewirkt.

Die in Strassburg übliche Modellierung des Halses mit einer
Breitfalte kommt, jedoch nicht so stark angewandt wie hier, auch
in Freiburg einige Male vor.

Eine ganz überraschende, völlige Gleichheit tritt uns aber
entgegen, wenn wir die Bildung der Hände hier und dort mit
einander vergleichen. Nehmen wir z. B. einmal die dritte kluge

Jungfrau von hier und die zweite von Freiburg (siehe Blatt XIII und die nachstehende Abbildung). Es ist in beiden Fällen g a n z g c n a u d i e s e l b e H a n d, welche die Lampe hält, und dies ist nicht das einzige Beispiel; vielmehr finden wir diese Uebereinstimmung fast durchweg. Nirgends wie an diesem Detail vermögen wir die direkte Zusammengehörigkeit der Freiburger und Strassburger Skulpturen in gleich schlagender Weise zu erkennen. Denn selbst am nördlichen Portale finden wir noch, wenn auch durch Anbringung von Grübchen an den Gelenken der Finger oder sonstwie variiert, diese selbe höchst eigentümliche Hand wieder, zu der wir in der gleichzeitigen deutschen wie französischen Plastik bisher kein Analogon zu finden vermochten, und die daher wohl eine kurze Charakterisierung verdient. Aus dem ungegliederten, ziemlich schmalen Rücken steigen, meist ganz unvermittelt, die steifen,

Freiburg. Kluge Jungfrau.

ungefähr in der Mitte hart gebrochenen und etwas vierkantig gebildeten Finger auf. Das erste Glied ist kurz und stark gebildet; die beiden folgenden sind fast durchgehends in ein Glied zusammengezogen, welches sich nach seinem Ende zu gleichmässig verjüngt. Die Bewegungen der einzelnen Finger, wie überhaupt die ganze Hand, sind steif und etwas starr. Eine Angabe der dreiteiligen Gliederung der Finger findet sich nur in Strassburg und ist kaum anders zu deuten als ein Zeichen des entwickelteren Stiles. Die Nägel sind hier wie dort kurz gehalten und ragen nicht über die Fingerkuppe hervor.

Die Gewandung schliesslich, deren einzelne Teile wie in Freiburg der Zeittracht entnommen und mithin die gleichen wie dort sind, zeigt ebenfalls in der Behandlung die allergrösste Uebereinstimmung. Wenn sie in Strassburg etwas bewegter und unruhiger geworden ist, so haben wir darin nur die Folge weiterer Entwicklung und den Einfluss eines gewissen handwerklichen Neuerungstriebes zu erkennen, welcher durch technische Fertigkeit zu

glänzen strebt. Charakteristisch dafür ist die Vorliebe für sehr
starke und weit abstehende Falten. Andrerseits wieder sind
einzelne Faltenwurfmotive ganz direkt Freiburger Statuen entnommen und ohne jede wesentliche Aenderung auf Strassburg übertragen worden.

Man vergleiche nur einmal die Anordnung des Kopftuches
und die Drapierung des Mantels bei der dritten klugen Jungfrau
von hier (Blatt XIII) und bei der Maria aus der Scene der Verkündigung in Freiburg (Abbildung Seite 104), das Gewand der Dialektik von dort und der fünften klugen Jungfrau von hier, welche
zunächst dem grossen vorspringenden Turmpfeiler steht! Die Uebereinstimmung in allen wesentlichen Teilen ist geradezu erstaunlich.
Und diese Liste liesse sich noch vermehren, wie z. B. ein vergleichender Blick auf die vierte thörichte Jungfrau aus Strassburg und
die zweite thörichte Jungfrau aus Freiburg zeigt. Es ist keine Frage,
auch in dieser Hinsicht herrscht zwischen der Freiburger und Strassburger Plastik die grösste Verwandtschaft und bestehen aller-
direkteste Beziehungen.

Eine Gestalt des Südportales bliebe schliesslich noch zu einer
speciellen Vergleichung übrig. Hier nämlich wie in Freiburg kehrt
an der Seite der klugen Jungfrauen Christus wieder (Blatt IV und
XIII). Da jedoch dort diese Statue, wie wir gesehen haben, zu
den schlechtesten Arbeiten des ganzen Cyklus gehört, wird es
uns nicht wundern, in diesem Falle keine so direkte stilistische
Verwandtschaft der beiden Gestalten nachweisen zu können.
Gleichwohl zeigt sich bei genauer Prüfung, dass die Form des
Kopfes hier wie dort durchaus die gleiche ist, nämlich ein an
den Schläfen stark ausgebuchtetes Oval, welches seine Entstehung
in beiden Fällen einer starken Ausbildung der Augenknochen
verdankt. Ferner findet sich hier wie dort die gleiche Frisur
mit der Stirnlocke und den von den Seiten weg und nach hinten
zurückgekämmten Haaren sowie derselbe Kinnbart mit dem deutlich angegebenen Zwickelbarte. Das Gesicht ist in Strassburg
stärker modelliert und der monotone Ausdruck der Freiburger
Figur dadurch etwas belebt und verändert. In der Bewegung
der winkend erhobenen rechten Hand herrscht bei beiden Figuren
grosse Aehnlichkeit.

Als allgemeines Beispiel, wie nahe sich die Freiburger und

Strassburger Skulpturen berühren, geben wir die vierte kluge Jungfrau von hier und die Gestalt der Ekklesia und der ersten klugen Jungfrau aus Freiburg zum Vergleich (siehe die nachstehenden Abbildungen und Blatt V): eine genaue Prüfung dieser Statuen vermag mehr als alle Worte zu sagen.

Wenn wir alle diese, teilweise bis ins kleinste gehenden Uebereinstimmungen und Aehnlichkeiten, welche zwischen den Freiburger und Strassburger Skulpturen bestehen, in Betracht ziehen, bleibt uns keine andere Schlussfolgerung zu ziehen übrig als die, dass die Strassburger Statuen, wie bereits oben ausgesprochen, wenigstens zum Teil von denjenigen Steinmetzen gearbeitet sein müssen, welche die

Freiburg. Kluge Jungfrau.

Strassburg. Kluge Jungfrauen.

am weitesten vorgeschrittenen Figuren des Bilderkreises in der Freiburger Vorhalle, d. h. vor allem die klugen und thörichten Jungfrauen und dann die Gestalten der Wissenschaften daselbst [360] geschaffen haben. Die Entwicklung, die der Freiburger Stil dabei durchgemacht hat, zwingt uns dann fernerhin zu der Annahme, dass zwischen der Entstehung der beiden Skulpturengruppen ein kleiner Zeitraum verflossen sein muss. Da nun die Strassburger Statuen, wie wir auf Grund des gesicherten Anfangsdatums der Arbeiten an der Fassade im Jahre 1276—1277 mit grosser Wahrscheinlichkeit annehmen können, in den achtziger Jahren des 13. Jahrhunderts entstanden sind, müssen die Freiburger ungefähr um 1270 vollendet gewesen sein, und dieses Datum haben wir deshalb auch als sicher vorweg genommen, als wir uns über die Entstehungszeit der Freiburger Werke Rechenschaft zu geben suchten.

Es ist natürlich, um dies bald festzustellen, gänzlich ausgeschlossen, dass wir in Strassburg nur Werken ausgesprochen Freiburger Stiles begegnen. Denn schon die umfassenderen Aufgaben, welche hier der Plastik gestellt waren, werden das Heranziehen einer grösseren Anzahl von Steinmetzen, als in Freiburg Beschäftigung gefunden hatten, notwendig gemacht haben, und zudem werden wir auch kaum annehmen können, dass alle Gesellen, welche dort thätig gewesen, nach Strassburg übergesiedelt sind. Wir werden uns also nicht wundern dürfen, bisweilen auch auf Statuen zu stossen, welche einen von der Freiburger Richtung abweichenden Stil aufweisen.

Am Südportal ist dies freilich noch nicht in so weitgehendem Masse der Fall wie später. Die beiden einzigen grossen Figuren, welche hier eine Ausnahmestellung einzunehmen scheinen, die ersten beiden thörichten Jungfrauen, verleugnen auch ihrerseits nicht bei genauerem Zusehen ihre Zugehörigkeit zur Freiburger Stilrichtung; wir werden noch Gelegenheit haben, ganz besonders auf sie zurückzukommen.

Keinerlei Verwandtschaft mit den Freiburger Skulpturen zeigen nur die Darstellungen der Tierkreiszeichen und Monatsbilder an den Postamenten der grossen Statuen. Hier tritt uns ganz ersichtlich ein andrer Stil entgegen, der, wie ein vergleichender Blick auf das Tympanon und die Archivolten in Freiburg zeigt, nichts mit der dortigen Kunst gemein hat. Dieser stilistische Gegensatz ist, wie sich zeigen wird, sehr beachtenswert und für die Baugeschichte des Münsters von hoher, vielleicht ausschlaggebender Bedeutung!

Was die Ausführung der Reliefs anlangt, so ist diese für die geringen Grössenverhältnisse im grossen und ganzen recht gut. Die Anatomie erscheint sogar etwas weiter ausgebildet als in Freiburg; doch erlaubt uns die einzige nackte Figur des Wassermannes nicht, in diesem Punkte ein begründetes Urteil zu fällen. Interessant sind einige realistische Züge, wie die Darstellung des Mannes, der sein Schuhwerk abgelegt hat und die Füsse am Herdfeuer wärmt. Aber hier wie anderswo sind sie wesentlich durch die dem Künstler gestellte Aufgabe bedingt und kehren auch andernorts in gleichzeitigen plastischen Cyklen dieser Art, besonders häufig an den französischen Kathedralen, wieder. —

War es ein Akt von Rivalitätssucht, dass man in Strassburg zuerst mit der plastischen Ausschmückung des Südportals begann? Der Gedanke liegt, besonders die Richtigkeit unserer Hypothese der Uebersiedelung der Freiburger Gesellen nach Strassburg vorausgesetzt, nahe. Denn gewiss waren die Skulpturen der Freiburger Vorhalle, voran die klugen und thörichten Jungfrauen als die vollendetsten ihrer Werke, in Strassburg laut gerühmt worden, und es mochte sich hier das bürgerliche Selbstgefühl in dem Wunsche regen, der Nachbarstadt etwas Gleichwertiges, ja womöglich noch Besseres entgegensetzen zu können. Nichts aber lag da näher, als die erprobten Freiburger Steinmetzen noch einmal mit der gleichen Aufgabe, die Parabel der klugen und thörichten Jungfrauen darzustellen, zu betrauen. Aber sei es nun, dass es nicht die besten Kräfte waren, die dem Rufe nach Strassburg Folge geleistet, sei es, dass sie nicht mehr die gleiche künstlerische Spannkraft wie früher besassen, — genug, der Siegespreis in diesem Wettstreite gebührt entschieden Freiburg. Denn während wir in den dortigen Schöpfungen frei erschaffene, wahrhafte Werke von Künstlerhand zu erkennen haben, können wir in den Strassburger Statuen mit Bedauern nur die zwar fleissigen und geschickten, aber doch handwerksmässigen Arbeiten von Steinmetzen erblicken. Ueberraschte uns dort ein feiner realistischer Zug, der sich anschickte, in die Tiefen der unvergleichlichen Lehrmeisterin Natur einzudringen, und ein ungemein frisches Schaffen und selbstthätiges Erfinden, so tritt uns hier nur trockene Nachahmung und ein leeres Nachsprechen stilistischer Formeln entgegen; und von neuem enthüllt sich uns der tiefe Gegensatz des künstlerischen Schaffens aus der Mitte und vom Ende des XIII. Jahrhunderts, der Gegensatz von Kunst und Handwerk! Von dem grossartigen Charakterisierungsvermögen, der dramatischen Leidenschaftlichkeit, der gewaltigen Kraft, das innere Leben zu vollendeter Darstellung und überzeugendem Ausdruck zu bringen, kurz von allem dem, was, wenn auch teilweise noch in Anfängen bleibend, die Freiburger Gestalten der klugen und thörichten Jungfrauen zu wahren, grossempfundenen Kunstwerken macht, finden wir hier nichts. Einen Fortschritt zeigen die Strassburger Gestalten nur in technischer Hinsicht und in meist kleinlichen Aeusserlichkeiten. Die stellenweise schärfere Modellierung des Gesichtes, die sorgfältigere Herausarbeitung von Falten und Fältchen, die reichere und kühnere Behandlung des Gewandes — darin erschöpft sich das Vermögen dieser Meister. Es ist bezeichnend, dass die beiden einzigen Gestalten, welche eine tiefere Auffassung zeigen und eine höhere künstlerische Begabung seitens ihres Schöpfers verraten, die schon erwähnten ersten beiden thörichten Jungfrauen, einen viel freieren und selbstständigeren Kunstcharakter als die übrigen Statuen des Portales zur Schau tragen und anscheinend von Freiburg unbeeinflusst sind, obwohl auch bei ihnen die ganzen Elemente ihrer Formensprache (man achte besonders auf die Gewandbehandlung und die Form der Hände), ebenso wie bei den andern Strassburger Figuren, deutlich auf dieses als den Ursprungsort ihres Stiles zurückweisen! Und so treten sie uns denn auch bei ihrem Versuche einer innerlichen Belebung der dargestellten Erscheinung und der nicht unglücklich durchgeführten Lösung, starke Gefühlsaccente zum Ausdruck zu bringen, als die einzigen den Freiburger Skulpturen geistesverwandten Werke des Südportales entgegen. —

Trotz der ungemein engen stilistischen Verwandtschaft besteht also doch ein gewaltiger Unterschied zwischen der Freiburger und Strassburger Plastik, und es fragt sich, ob dieser bereits dadurch genügend motiviert ist, dass, wie wir erkannt haben, in Strassburg die Bildhauerkunst zum Handwerk herabgesunken ist. Uns wenigstens scheint damit das Wesen der Strassburger Skulpturen noch nicht ganz erklärt zu sein; es fehlt uns nämlich noch der Grund, welcher diese Degradierung der Plastik verursacht hat. Dieser aber ist unsrer Meinung nach einzig und allein darin zu suchen, dass in Strassburg die Plastik vollständig und endgültig in den Dienst der Architektur getreten, — mit einem Worte ganz gotisch geworden ist! Daraus resultiert vor allem ihr handwerklicher Charakter. Und dazu kommt noch eins: wie wir so auf der einen Seite die beiden Künste eine weit engere Verbindung als bisher eingehen sehen, gewahren wir auf der andern gerade ein Auflösen des harmonischen Wechselverhältnisses, welches noch in Freiburg zwischen ihren ausübenden Vertretern, dem Baumeister und dem Bildhauer, bestanden hat.

Denn wenn jetzt auch die Skulptur unleugbar mehr oder
weniger zu einem reinen Ornament geworden ist, so hat dies
doch keineswegs, wie man eigentlich erwarten sollte, gleichzeitig
zu einem engeren Anschluss des Bildhauers an den Architekten
geführt, im Gegenteil die Plastik ist, da sie die, besonders in
Deutschland, lange bewahrte Freiheit und Selbständigkeit der
Gestaltung so rasch und plötzlich weder aufgeben wollte noch
konnte, auch fernerhin noch, soweit dies die ihr jetzt allerdings
weit enger gezogenen Grenzen selbständiger Bewegungsfreiheit
gestattet haben, vollständig ihre eigenen Wege gewandelt, und
der Bildhauer und der Architekt haben wohl in einem engen
äusserlichen Connex gestanden, sind aber ohne jede innerliche
Berührung geblieben.

Die ausgeschwungenen Stellungen der Figuren und auch die
mächtige Faltenbildung der Gewänder wie hier in Strassburg sind
nicht etwa aus einem Streben nach Anpassung an die Architektur,
wie man wohl gemeint hat,[361] sondern ebenso wie der typische
lächelnde Gesichtsausdruck und die bisweilen koketten und gezierten Bewegungen aus dem auf einer gewissen primitiven
Stufe erstarrten Naturstudium zu erklären, dem, wie wir gesehen
haben, nach kurzen verheissungsvollen Anfängen im XIII. Jahrhundert bald Halt geboten worden, und das demgemäss bei nur
wenigen charakteristischen Zügen stehen geblieben ist, die es oft
mehr noch der höfischen Sitte und dem von dieser ausgebildeten
Konventionalismus des Lebens als direkt diesem selbst entnommen hatte. Diese wenigen Züge aber sind dann nur folgerichtig
von der meist von einem handwerklich-virtuosenhaften Streben
getriebenen zünftigen Kunst in kurzer Zeit einseitig zur Manier
ausgebildet worden, indem man gleichsam auf diese Weise
den Mangel an Selbständigkeit und das Fehlen eines tieferen
und wirklich künstlerischen Gehaltes in den einzelnen Werken
durch äussere Effekte auszugleichen und zu verdecken suchte.
Diese schwächliche Eigenmächtigkeit in der Gestaltung, verbunden
mit einer doch sehr fühlbaren Abhängigkeit von der Architektur,
hat hauptsächlich den Zwittercharakter eines grossen Teiles der
späteren deutsch-gotischen Skulptur begründet, welche so oft
mehr darstellen möchte, als sie in Wirklichkeit zu bieten vermag.

Es bleibt eine Frage, ob hier nicht vielleicht ein engeres

und nicht nur rein äusserliches Zusammenarbeiten des Bildhauers mit dem Architekten etwas hätte nützen können. Was die Plastik unter dem Einfluss einer solchen harmonisch-gemeinsamen Thätigkeit in einer früheren Zeit zu leisten vermocht hat, haben wir aus einem Werk wie der Freiburger Vorhalle ersehen, welche in dieser Hinsicht allerdings ein geradezu klassisches Beispiel genannt werden kann. Aber dieses verständnisvolle enge Zusammenarbeiten von Architekt und Bildhauer, wie wir es hier angetroffen haben, entsprach wohl nicht mehr dem Geiste des XIV. Jahrhunderts. Wenigstens will es uns fast scheinen, als ob sich in diesem Auseinandergehen der einzelnen Kräfte im XIV. Jahrhundert auch bereits die neue Zeit ankündigte, welche, wie auf anderen, so auch auf künstlerischem Gebiete allmählich zu immer grösserer Vereinzelung und Verindividualisierung geführt hat. —

Wie anderwärts, so ist es aber auch in Strassburg nicht nur ein künstlerischer Rückschritt, den die Statuen der Westfassade offenbaren. Die Richtung, welche der Freiburger Stil so konsequent in ihnen eingeschlagen hat, schloss vielmehr auch noch eine grosse, der Kunst dieser Zeit allgemeine Gefahr in sich, die Gefahr des Manierismus. Die Skulpturen der übrigen Portale werden uns zeigen, ob die Strassburger Plastik wirklich diesen verhängnisvollen Weg beschritten hat. —

Das nördliche Portal enthält an seinen Gewänden zwölf Statuen von Tugenden, welche mit langen Lanzen die unter ihren Füssen liegenden Laster bekämpfen, — wenn dieser Ausdruck hier am Platze ist. Denn der meist geziert-kokette oder auch ruhig-affektlose Ausdruck der Gesichter, wie die eleganten ruhigen Stellungen und die gezierte Handhabung der Waffen verraten nichts von der Leidenschaft, welche ein Kampf zu entfesseln pflegt. Auch hier offenbart sich somit wieder wie schon am Südportale die gänzliche Unfähigkeit der Strassburger Steinmetzen, die dargestellten Erscheinungen irgendwie zu charakterisieren oder innerlich zu beleben. Doch wenden wir uns zunächst der Betrachtung der stilistischen Eigenschaften der Werke zu.[161]

Es lassen sich sofort drei Stilrichtungen oder drei, vielleicht auch vier Hände unterscheiden. Die erste Gruppe, welche die Gestalten 1, 3, 4 und 10 umfasst, zeigt ganz deutlich eine Weiterentwicklung des in den am meisten vorgeschrittenen klugen und thörichten Jungfrauen des Südportales ausgebildeten Stiles. Die zweite Gruppe, die Gestalten 2 und 7—9 umfassend, giebt, obwohl noch in Zusammenhang mit der ersten Gruppe stehend, vorwiegend die Elemente eines neuen Stiles zu erkennen, der wohl auf fremden Einfluss, wir werden noch sehen, von welcher Seite her, zurückzuführen ist. Diese Statuen erfreuen uns durch Vornehmheit und Ruhe der Erscheinung und halten sich von irgend welchen Stilübertreibungen und manieristischen Zügen, wie sie bereits einigen anderen Gestalten des Portales anhaften, völlig

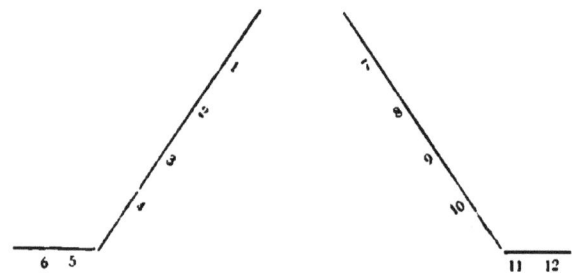

frei. Die dritte Gruppe, die Gestalten 5, 6, 11 und 12 in sich schliessend, zeigt wiederum einen in sich konformen Stil, aber in ungleichwertiger Ausführung, sodass wir wohl für die besseren Figuren 5 und 12 wie für die schlechteren Statuen 6 und 11 je eine eigene Hand anzunehmen haben. Ein Zusammenhang mit den beiden in den übrigen Skulpturen entwickelten Stilrichtungen ist nicht vorhanden. Ob der ihnen eigene Stil auch mit einem fremden Einfluss in Verbindung zu bringen ist, oder ob wir in ihm eine original-einheimische Richtung zu erkennen haben, müssen wir dahingestellt sein lassen. Jedenfalls aber sehen wir uns veranlasst, diese Statuen so spät als möglich, unter allen Umständen später als die anderen Gestalten dieses Portales anzusetzen.

Gehen wir zur Betrachtung der einzelnen Figuren über, so ergiebt sich folgendes.

Erste Gruppe: Freiburger Stil (siehe die nachstehende Abbildung). Die Zusammengehörigkeit mit den klugen und thörichten Jungfrauen des Südportales, welche auch Meyer bei 3 und 4 erkannt hat, ergiebt sich mit grösster Bestimmtheit schon aus der gleichen Modellierung der Stirn mit den scharf abgesetzten Augenbrauen, der fast genau entsprechenden Bildung der Augen, was von besonderer Bedeutung ist, da diese in den anderen, gleich zu besprechenden Gruppen stark abweicht, ferner der fast gleichen Gestaltung der Nase mit der leichten Erhöhung auf dem Rücken, dem im allgemeinen gleich gebildeten Munde und besonders aus der wenig verschiedenen Form der Hände, deren schon bei Betracht-

Strassburg. Tugend.

ung der Statuen des Südportales gedacht worden ist. Ferner treffen wir hier die gleiche Anordnung des Kopfputzes und bei Figur 1 dieselbe Bildung des wie gequetscht aussehenden Ohres von dort an. Abwei-

chend dagegen ist eine übertriebene Neigung für schlanke und gestreckte Körperbildung : die Hälse sind durchweg zu hoch und schmal, die Köpfe selbst zu klein und zierlich gebildet; der Mund wird zu einem kleinen, feinen Mündchen, und derselbe kokette Zug verrät sich auch in den gezierten Bewegungen der Hände und Finger. Alles dies aber sind die direkten Anzeichen der beginnenden Manier.

Der Stil der Laster ergiebt ebensowenig zur stilistischen Bestimmung dieser wie der anderen Gruppen.[***] Auffallend ist nur, dass sie sämmtlich bei der dritten, von uns zuletzt angesetzten Gruppe am lebhaftesten gestaltet sind.

Die Gewandung zeigt nicht ganz die Frische der Behandlung wie noch durchgängig fast am südlichen Portal. Wenn es hier etwas einfacher gehalten ist als dort, so darf man darin wohl mehr ein Zeichen der Erfindungsarmut als die Folge einer künst-

lerischen Absicht erkennen; zeigen doch gerade die besten Arbeiten des Nordportales eine freilich nur wenig reichere Gewandbehandlung. Allgemein herrscht dagegen auch hier noch eine
Vorliebe für stark ausgemeisselte und sehr weit abstehende Falten, und es fehlt darin nicht viel bis zur Manier.

Die Stellungen sind in der ersten Gruppe noch sehr ruhig;
nur 1 ist etwas, aber auch sehr mässig ausgeschwungen, wozu
der individuelle Gesichtsausdruck dieser Gestalt recht gut passt.

Zweite Gruppe (Blatt XIV). Sie ist nicht so enggeschlossen
wie die erste, aber gleichwohl glauben wir nach mehrfacher Prüfung an der Zusammengehörigkeit der von uns in ihr vereinigten
Statuen festhalten zu müssen. Was sie zunächst — und zwar
vorteilhaft — von denen der anderen Gruppen unterscheidet, ist
die im Verhältnis zur Körperlänge fast proportionierte Bildung
des Kopfes und vor allem die des Halses, welcher übrigens auch
zum Unterschied von den anderen Statuen die Muskulatur deutlich ausgeprägt zeigt. Dazu kommt dann die langgezogene feine
Form des Kopfes, der bei 9 allerdings schon den Uebergang in
einen breiteren Typus zeigt. Auffallend ist auch, dass diese vier
Gestalten einen schönen, frei wallenden Haarschmuck in fast
gleicher Anordnung und Ausführung zeigen; ganz anders sind z.
B. die Haare von 6 und 11 behandelt. Die Stirnmodellierung
ist dieselbe wie in der anderen Gruppe, die Bildung der Augen
dagegen bei 7 und 8 abweichend; ebenso zeigen 7 und 8 eine
andere Form des Mundes, der eine stark ausgebildete, weichge-
formte Unterlippe aufweist. Der Mund von 9 hat bei vortretender Bildung etwas Ueppiges, Verlangendes, der von 2 ist ziemlich oberflächlich behandelt. Das Kinn ist bei 7 ganz auffallend
zweiteilig gebildet; nur wenig, aber doch etwas ähnlich bei 8.
Völlig abweichend dagegen sind die Hände oder zeigen wenigstens wie bei 9 einen sehr stark variierten Typus. In der Gewandung und in den ruhigen Stellungen herrscht mit der ersten
Gruppe Uebereinstimmung, nur ist die zweite, wie schon bemerkt,
in der Faltengebung etwas reicher und frischer.

Ganz unzweifelhaft gehören 7 und 8 zusammen; unsicher
mag es bei 9 und noch mehr bei 2 erscheinen; diese Figur ist
viel schlechter als die anderen ausgeführt und eine sichere Zuteilung daher sehr erschwert. Figur 9 hingegen (siehe die nach-

stehende Abbildung) nimmt eigentlich eine direkte Mittelstellung zwischen dieser und der ersten Gruppe ein, weist z. B. eine gewisse Aehnlichkeit mit 10 auf. Wenn wir sie gleichwohl in die zweite Gruppe eingereiht haben, so geschah es, weil sie uns bei genauerem Zusehen dieser doch noch etwas näher als der ersten zu stehen schien.[344] Ganz direkte Beziehungen dagegen weist sie nicht nur allgemein, sondern auch in Einzelheiten, wie der Haarbehandlung und besonders in der ganzen Gewandung, zu der zweiten thörichten Jungfrau vom Südportale auf. Wir neigen daher zu der Annahme, dass

Strassburg. Tugend.

Freiburg. Kluge Jungfrau.

beide von einem Meister herrühren möchten, der ausserdem bestimmt noch die erste thörichte Jungfrau vom südlichen Portale und vielleicht auch die siebente und achte Tugend geschaffen hat. Wir würden dann in ihm den bedeutendsten Meister unter den hier beschäftigten Steinmetzen zu erkennen haben, denn die aufgezählten Statuen sind entschieden die hervorragendsten und besten Schöpfungen der ganzen Fassadenskulpturen. Wie enge Beziehungen

selbst hier noch zu Freiburg bestehen, beweist uns ein Detail wie die Zweiteilung des Kinnes; denn wir finden es auch dort bereits bei der vierten und fünften klugen Jungfrau (vom Portale aus gerechnet), welch letztere übrigens in ihrem Typus auch noch etwas an 9 erinnert (siehe die Abbildung Seite 272).

Gleichwohl sind wir jedoch genötigt hier das Hereinspielen des Einflusses einer fremden Stilrichtung anzunehmen, und zwar dürfte die Quelle der neuen Anregungen diesmal wirklich in Frankreich, speciell in Reims, zu suchen sein. Aber der alte Freiburger Einfluss und die dort empfangene Kunstlehre waren noch so stark, dass die Elemente des neuen Stiles nicht mit voller Kraft in direkter Nachahmung zur Geltung kommen konnten, sondern sich vielmehr mit denen der alten Richtung verbanden und so vereint einige wenige Werke von hoher und stets anerkannter Schönheit geschaffen haben ; und hierdurch kommt es dann auch, dass uns diese Beziehungen nicht sofort und in ausgeprägter Form, sondern nur durch die Vermittlung einer e i n z i g e n Figur sichtbar und verständlich werden.

Ueberzeugend und schlagend tritt uns nämlich dieser Zug nach oder vielmehr vom Westen nur bei einem Vergleiche des Kopfes von 9 mit dem der Synagoge in Reims (Blatt XV) entgegen : die lange gradrückige Nase und besonders der ausdrucksvolle Mund, welcher in Reims den ohnmächtigen Trotz der unterlegenen Gegnerin gut zum Ausdrucke bringt, sowie die Form des Kinnes und die Haarbehandlung sind doch recht ähnlich. Dagegen ist der Strassburger Typus etwas voller und das Gesicht ist nicht so sehr wie in Reims in die Länge gezogen; auch senkt sich hier die Stirn, welche im übrigen genau wie bei den andern Strassburger Statuen modelliert ist, nicht so tief zur Nasenwurzel herab wie dort. Es ist klar, in allen diesen Abweichungen von der Reimser Figur verrät sich aufs deutlichste das lebendige Nachwirken der alten aus Freiburg gekommenen Stilprinzipien, und so möchte man glauben, dass hier dem Steinmetzen wohl nur eine oder mehrere Zeichnungen nach französischen Skulpturen vorgelegen haben. Jedenfalls ist der Einfluss derselben sehr gering anzuschlagen ; das erhellt auch schon vollständig aus dem Umstande, dass wir sonst absolut keine weiteren Beziehungen seitens der Strassburger zur französischen Plastik entdecken können, weder hinsichtlich der Typenbildung, noch in Bezug auf die Gewandbehandlung.

18

Ein Vergleich dieser letzteren mit der französischen kann uns höchstens nur bestätigen, was wir auch sonst schon auf anderem Wege gefunden haben: dass der Stil der Strassburger Gestalten ganz direkt aus Freiburg kommt. Welcher Abstand trennt nicht die französische von der Strassburger Gewandbehandlung! Wo finden wir dort eine ähnliche flachanliegende, gleichsam blecherne Faltengebung wie hier?! Wo macht je die französische Gewandung einen so körperlosen Eindruck, wie dies doch hier trotz der grossen weitabstehenden Bravourfalten der Fall ist? Während sich eben dort auf Schritt und Tritt der heilsame Einfluss einer Schulung an der Antike geltend macht, vermissen wir hier eine solche gänzlich, das ist es, was in der Kunst der beiden Länder vornehmlich den Unterschied in der Gewandbehandlung ausmacht. Die Strassburger Plastik zeigt sich auch hierin wieder nur als die gelehrige Schülerin Freiburgs und die handwerkliche Erbin seiner Kunst; aber sie darf sich trösten, in Freiburg selbst werden wir Skulpturen begegnen, welche Zeugnis davon ablegen, dass hier die spätere Stilentwicklung ganz die gleichen Wege wie in Strassburg eingeschlagen hat. —

Zu völliger Selbständigkeit und Freiheit durchgerungen hat sich anscheinend nur die dritte Gruppe. Sie zeigt wenigstens einen ganz eigenen Stil, der ohne jeden Zusammenhang mit einem der vorbesprochenen ist; und zwar erweist er sich in 6 und 11 nur ganz roh angedeutet, direkt individuell dann ausgebildet in 5 (s. Abbildung S. 275) und 12. Eigentümlich ist ihm zunächst eine puppenhaft kleine Bildung der Köpfe, welche bei 6 und 11 in länglicher Ellipsenform, bei 5 und 12 in ovaler Form gehalten sind. Die Stirn, welche teilweise die übliche Modellierung zeigt, ist ganz flach gebildet und stark zur Nase heruntergezogen, die äusserst scharf und schmal verläuft und die Flügel stärker als gewöhnlich eingekniffen zeigt. Die Augen sind bei 6 und 11 als direkte Glotzaugen und ohnedies sehr oberflächlich, bei 5 und 11 fast individuell reich behandelt; bei den letzteren Gestalten sind dazu noch, um den Eindruck zu verstärken, die Augenbrauen übermässig hochgezogen. Auch der im übrigen einfach behandelte Mund ist bei diesen lebendiger gestaltet. Der Hals ist wieder ausserordentlich schlank und hoch, bei 6 und 11 gar nicht, bei 5 und 12 mit Falten modelliert. Das bei 6 und 11 reich herabfallende Haar ist drahtartig hart behandelt, während 5 und 12 hier, soweit die den Kopf verhüllenden Tücher ein Urteil gestatten, mit den übrigen Statuen des Portales übereinstimmen. Die Hände zeigen eine von der üblichen abweichende Bildung.

Die Bewegungen sind ruhig, aber ebenso wie der Gesichts- ausdruck bei 6 und 11 nicht lebendig, son- dern stumpf und teilnamslos. Höchst wirksam ist dagegen der heitere, dummpfiflige Aus- druck der Gesichter bei 5 und 12, der den Beschauer — ist er nur halbwegs bei guter Laune — gleichfalls heiter stimmt. Die Ge- wandung zeigt neben stellenweiser Armut der Behandlung (besonders bei 11) eine Vorliebe für mächtige, grosse Falten, die mit kühner Freiheit, und Leichtigkeit gebildet sind. Dies in Verbindung mit den, wenn auch nicht allzu sehr ausgeschwungenen Stellungen, vor allem aber dem merkwürdigen, karikierten Gesichts- ausdruck, der übertriebenen Kleinheit der Köpfe und der mitunter sehr zierlichen Finger- bildung, sowie der teilweise auffallend heftigen Bewegung der zugehörigen Laster lassen uns an eine Ausführung dieser Werke durch eine oder zwei spätere Hände des XIV. Jahrhun- derts denken. Wenn der künstlerische Abstand unter den einzelnen Werken dieser Gruppe nicht so gross wäre, würden wir uns ver- sucht sehen, dieselben e i n e m Meister zuzu- weisen, der uns dann in ihnen Werke aus zwei Entwicklungsperioden seiner Thätigkeit hinterlassen hätte.

Strassburg. Tugend.

Wir sehen somit, dass der grössere Teil der Skulpturen des nördlichen Portales seinem Stile nach an das südliche anknüpft und zwar in fortschreitender Weise. Infolge- dessen müssen wir die Entstehung dieser Statuen, wie schon vorweg genommen, später als die der am südlichen Portale aus- geführten ansetzen.

Wir gewinnen damit als Anfangsdatum rund das Jahr 1290,

wobei es als sehr wahrscheinlich zu betrachten ist, dass man zu
dieser Zeit schon mitten in der Ausführung der Statuen begriffen
gewesen sein wird. Zuletzt wird man, wie wir aus stilistischen
Gründen schliessen, die Ausarbeitung der Skulpturen des Hauptportales in Angriff genommen haben, sodass wir hier zu demselben
entwicklungsgeschichtlichen Bilde kommen, welches der Skulpturenschmuck der Westfassade von Notre-Dame in Paris bietet,
an der gleichfalls zuerst das südliche, dann das nördliche und
zuletzt das Mittelportal plastisch verziert worden sind; auch die
Fassade der Reimser Kathedrale sowie die Chartrerer Vorhallen
bieten ähnliche Beispiele einer stilistisch nachweisbaren allmählichen
Entstehung ihres Skulpturenschmuckes. Dass in Strassburg die
Darstellung und Anordnung der verbildlichten Thatsachen mit ihrem
Fortschreiten von links nach rechts d. h. vom nördlichen zum
südlichen Portale gerade gegen unsere Datierung spricht, kann uns
nicht beirren. Denn es versteht sich von selbst, dass bei einer so
durchdachten Komposition wie der hiesigen das Programm sicher
vor Beginn der Ausführung festgestellt war, diese somit an jedem
beliebigen Punkte einsetzen konnte.

Kehren wir noch einmal zum Nordportale zurück. Die
Schönheit einzelner seiner Figuren hat den Statuen desselben
überhaupt einen unverdient günstigen Ruf eingetragen. Denn im
Grunde genommen stellen auch sie sich, wie schon oben hervorgehoben, nur als handwerkliche, wie jedoch zugegeben werden
muss, besonders in der Gewandung (vgl. die Figuren der dritten
Gruppe) mit grossem technischen Geschick gearbeitete Werke dar.
Aber schon der gänzliche Mangel an Charakterisierungsvermögen
kennzeichnet vollständig die geringe Höhe ihres eigentlich künstlerischen Wertes; am besten sind hier die Laster, welche wenigstens den Versuch individueller Ausgestaltung und demgemäss
durchgehends verschiedene Gesichtstypen zeigen. Interessant und
höchst beachtenswert sind auch die beiden Figuren 5 und 12, welche
in ihrem porträtmässigen, individuellen Wesen vortrefflich einen Zug
der Zeit zum Ausdruck bringen, den man bisher gänzlich übersehen hat, und dem wir deshalb in einem früheren Abschnitte
zu seinem Rechte zu verhelfen gesucht haben. Besonders bemerkenswert aber ist das individuelle Wesen dieser Gestalten
aus dem Grunde, weil es sich in diesem Falle nicht um direkte

Porträts oder geschichtliche Persönlichkeiten sondern um zwei unpersönliche Erscheinungen handelt. Sie legen damit ein weiteres Zeugnis ab für das kraftvolle Treiben und Keimen des individuellen Gefühles um die Wende des XIII. und besonders im XIV. Jahrhundert.

Wenden wir uns jetzt der Betrachtung der Statuen des Hauptportales zu, so gewahren wir, wie hier endgültig die Manier ihren siegreichen Einzug gehalten hat, nachdem sie am nördlichen Portale bereits in einigen Gestalten vorbereitet, aber durch das Eindringen eines fremden Stileinflusses voll neuer, lebenskräftiger Elemente noch einmal in ihrem weiteren Vordringen aufgehalten worden war. Nunmehr verflacht aber der altgewordene, Freiburger Stil, um einer unruhigen Manier Platz zu machen, und so kommt es, dass uns die Statuen des Mittelportales durch ihr leeres Pathos, verbunden mit einem äusserst weit getriebenen Manierismus, am unangenehmsten von allen Skulpturen der Westfassade berühren.

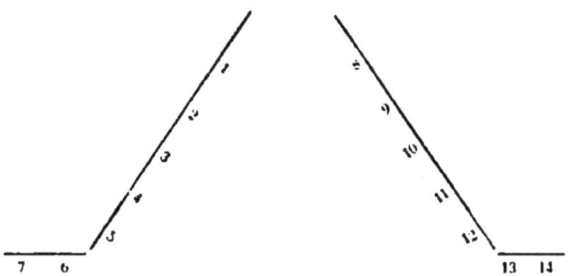

Zwar sind die Stellungen und Bewegungen durchweg ruhig gehalten, und nirgends zeigt sich die sonst beliebte ausgeschwungene Haltung der Spätgotik; aber dafür fehlt auch öfters, was noch weit schlimmer ist, jedes Gefühl und Verständnis für die Körperlichkeit der Gestalten, und dazu kommt dann bisweilen auf Grund der merkwürdig ungeschickten Drapierung der Gewandung eine äusserst gequälte Haltung der Hände, denen einerseits

durch den fest um den Körper gelegten Stoff jede Bewegungs-
möglichkeit geraubt und andrerseits wieder durch das Halten von
Schriftrollen eine Aufgabe zuerteilt ist, welche gerade Freiheit
der Bewegung voraussetzt. Sonst entspricht die Kleidung ihrer
Ausführung nach dem, was wir bereits darüber gelegentlich der
anderen Skulpturen zu bemerken hatten. Erwähnt sei noch,
dass sie die freie Behandlung wie bei den Gestalten der dritten
Gruppe vom nördlichen Portale nie erreicht; ob dies aber für
die Bestimmung der Entstehungszeit der Statuen des Hauptportales ausschlaggebend ist, muss gegenüber den anderen charakteristischen Eigentümlichkeiten derselben zweifelhaft erscheinen.

Die Gestalten sind proportionierter als die meisten anderen
Figuren der Westfassade, indem nämlich die zwar auch häufig
stark in die Länge gezogenen Köpfe in richtigem Verhältnis zur
Höhe der Körper stehen; der Hals ist auf die normale Länge
reduziert. Dagegen ist der stark erregte Gesichtsausdruck direkt
manieristisch und wirkt wegen seiner gesuchten Absichtlichkeit
durchaus unerfreulich. Auch sind die Charakterisierungsmittel zu
übertrieben und gehäuft angewendet; man achte besonders auf
die starke Runzelung der Stirn und die scharfe Aederung auf den
Händen und gelegentlich selbst an den Schläfen und auf der
Stirn. Im ganzen machen die Statuen einen fast barocken Eindruck, wozu wesentlich die Bildung der tief in den Höhlen liegenden Augen und des bisweilen zierlich gedrechselten Haares
beitragen mag.

Wie viel verschiedene Hände wir hier zu erkennen haben,
ist nicht zu entscheiden. Aussondern lassen sich nur die Gestalten
der Sibylle (1; Blatt XVI) und des königlichen Propheten (8).
Diesen nahe steht der jugendliche Prophet 14, und denselben
Grundtypus wie dieser zeigt auch der sogenannte Erwin von
Steinbach (3; Blatt XVI); letzterer aber reiht sich durch seine
ganze Erscheinung sowie die Behandlung der Stirn, Augen u. s. w.
wieder völlig unter die anderen Statuen ein. Die Propheten
6 und 13 sind moderne Ergänzungen.

Streng ausscheiden lassen sich also mit Bestimmtheit nur
die beiden Gestalten 1 und 8. Sie zeichnen sich vor den übrigen
Statuen sofort dadurch aus, dass sie ganz andere Verhältnisse als
jene aufweisen. Zwar haben sie mit ihnen fast die gleiche Höhe

gemein, aber sie erscheinen doch gestreckter, und das beruht
darauf, dass ihre Köpfe merklich kleiner als bei jenen gebildet
sind; das Gleiche gilt dann auch von den Händen. Ebenso weichen
die beiden Statuen in der Durchbildung der Köpfe bedeutend von
den anderen Propheten ab. So zeigt besonders die Sibylle, weniger
stark der König — um ihn kurz zu benennen — eine sehr flache
Gestaltung der Augen, die sonst grade tief eingemeisselt werden.
Die Stirn ist lange nicht so stark gerunzelt wie sonst, und die
Nasenwurzel beim König nicht so sehr wie gewöhnlich ausgebildet.
Es mag dies bei der Sibylle freilich vielleicht darin seinen Grund
haben, dass es hier galt, eine Frau darzustellen, aber auffallend
bleibt es doch. Die Nase springt nicht so übermässig wie sonst aus
dem Gesicht hervor; der geöffnete Mund lässt bei der Sibylle nicht
die Zähne sichtbar werden wie bei den anderen Gestalten, denen
der König darin allerdings gleicht. Achten wir dann ausserdem
auf den allgemeinen Gesichtsausdruck, der ganz von dem der
anderen Figuren abweicht und auf die ganz verschiedene Bildung
der Hände, welche keinerlei Andeutung der Aederung zeigen, so
wird jeder Zweifel daran schwinden müssen, dass wir in diesen
beiden Statuen einen wesentlich anderen Stil vor uns haben, der
aber gleichwohl, wie nicht zu übersehen ist, mit dem der übrigen
Gestalten gewisse Berührungspunkte hat.

Denn vergleichen wir mit unsern beiden Statuen den jugendlichen
Propheten 14, so finden wir, nur in das Grosse übertragen, fast alle
dieselben Eigentümlichkeiten, welche uns zu einer Absonderung der
ersten beiden Figuren (1 und 8) genötigt haben, auch bei dieser
Gestalt wieder, die ihren Grössenverhältnissen nach aber sonst völlig
in die Reihe der anderen Statuen gehört. Auffallend ist besonders
die ganz gleiche Bildung der Stirn, welche ohne jede Modellierung
mit Absetzung der Augenbrauen geblieben ist, und die flach in den
Höhlungen ruhenden Augen, die wir auch bei der Sibylle angetroffen und als Ausnahme erkannt haben. Auch der ruhige, freundliche Ausdruck des Kopfes steht im Gegensatz zu der sonstigen
Erregtheit der Gestalten. Im übrigen aber unterscheidet er sich
nicht von den anderen Propheten, einer von ihnen steht ihm sogar sehr nahe: der sog. Erwin gleicht ihm nämlich, was die Bildung des Kopfes anbelangt, Zug um Zug. Nur ist der Ausdruck
bei ihm sehr gesteigert, und alle Formen haben etwas viel Be-

stimmteres, Schärferes, Ausgeprägteres erhalten, sodass es völlig den Eindruck macht, als habe der Steinmetz zunächst den Pro-

Freiburg Propheten.

pheten 14 entworfen und in ihm den Grundtypus in allen Hauptzügen bereits fest-gelegt und sei dann in einem zweiten Werke, dem „Erwin", zur bestimmteren Herausarbeitung, zur Verindividualisierung dieser Grundzüge geschritten. Wie aus-gezeichnet ihm dies gelungen ist, hat dann aber das allgemeine Urteil sofort erfasst, in-dem es sich alsbald veranlasst fühlte, hinter dieser Erscheinung eine ganz bestimmte Persönlichkeit zu vermuten; dass man da-bei auf Erwin riet, ist sehr begreiflich, gleichwohl aber ein Irrtum. Denn es ist eben nur, wie wir gesehen haben, die individuel-lere Ausgestaltung eines Grundtypus, die uns in diesem Kopfe entgegentritt und uns von neuem daran erinnert, in welch wich-tiger Werdezeit wir stehen.

Auch zwischen dem König und den an-deren Propheten fehlt es nicht an Berühr-ungspunkten. Halten wir ihn z. B. mit 11 zusammen, so wird uns eine entschie-dene Aehnlichkeit in der Bildung der Stirn und auch in der Form der eingesenkt an setzenden Nase auffallen. Die Augen des Königs aber zeigen eine Mittelstufe zwi-schen der ganz flachen und der tiefliegen-den Bildung. [365] —

Was uns als wesentliches Moment bei diesen ganzen Betrachtungen entgegentritt, ist der Umstand, dass wir wieder eine fort-laufende Entwicklung konstatieren und dar-aufhin mit einiger Sicherheit die Reihen-folge, in welcher die Statuen entstanden sein werden, dahin bestimmen können, dass der König und die Sibylle früher als die anderen Figuren des Hauptportales geschaffen sein

müssen. Diese letzteren aber sind wir vollauf berechtigt, wegen
des Fehlens irgend welcher Beziehungen zu den Figuren der anderen Portale und vor allem auch wegen des starken Manierismus, der sich in ihnen geltend macht, als die spätesten Skulpturen
der ganzen Fassade anzusehen. Sie möchten demnach im ersten
Dezennium des 14. oder z. T. wohl auch noch im ausgehenden 13. Jahrhundert entstanden sein. Denn trotz ihres sehr
vorgeschrittenen Stiles können wir selbst bei ihnen n o c h g a n z
d i r e k t e   F r e i b u r g e r   E i n f l ü s s e
n a c h w e i s e n! Nicht nur, dass die Grundtypen der Köpfe sich b e r e i t s   f a s t
s ä m t l i c h in F r e i b u r g   v o r g e b i l d e t
f i n d e n, es s i n d   s o g a r   g a n z e   F i g u -
r e n   v o n   d o r t   übernommen und hier
n u r   m i t   g e r i n g e n   Variationen ins
G r o s s e   ü b e r t r a g e n   w o r d e n, — wieder ein schlagender Beweis für den innigen
Zusammenhang, welcher damals zwischen
der Freiburger und Strassburger Bauhütte
bestanden haben muss!

Freiburg. Propheten.

Was zunächst die einzelnen Kopftypen
der Strassburger Gestalten anlangt, so sind
diese vor allem den Freiburger Prophetengestalten, dann den Patriarchen und zum
Teil auch den Königen der Archivolten entnommen, und mit jenen hat dann auch
noch eine Menge kleiner Züge, deren einzelne Aufführung uns zu weit führen würde,
gleichfalls den Weg von Freiburg nach
Strassburg gemacht, so z. B. die Bartbehandlung, die einzelnen Motive der Gewandbehandlung, das Kopftuch wie überhaupt die
verschiedenen Kopfbedeckungen, die Stirnlocke u. s. w. In den
kleinen Freiburger Figuren war ja ein schier unerschöpflicher
Reichtum von Typen und Motiven niedergelegt, den die Strassburger Erben und Nachfolger in der Kunst, den Stein zu gestalten,
nur zu heben brauchten.

Und wir können, ja müssen ihnen das Zeugnis ausstellen, dass

sie ihn wirklich gehoben und sich nicht gescheut haben, von demselben den ausgiebigsten Gebrauch zu machen. Haben sie doch
sogar g a n z e F i g u r e n v o n d o r t e i n f a c h k o p i e r t! wie
ein vergleichender Blick auf die zweite und siebente Strassburger
Gestalt und die beiden Propheten zeigt, welche in Freiburg, an
zweiter und dritter Stelle von oben gerechnet, in der nördlichen
(linken) Hälfte der zweiten Archivolte stehen (siehe die untenstehende Abbildung und Blatt XVI).

Freiburg.
Prophet.

Blieb somit der freien Erfindung dieser Schatz-
gräber nur wenig Arbeit übrig, so suchten sie das
Ihre darin zu thun, dass sie die Empfindung und
den Ausdruck übermässig steigerten und auf dem
bereits in Freiburg eingeschlagenen Wege der Dra-
matisierung weiter schritten — bis in die Manier
hinein. Denn schon bei Besprechung der Freiburger
Skulpturen hatten wir, wie erinnerlich sein wird,
zu bemerken, dass die Männerfiguren der Archivolten ein Streben nach heftigem, leidenschaftlichem
Ausdruck zeigten, welches sich vorzüglich in der
gerunzelten Stirn und dem leise geöffneten Munde
verriet. Hier in Strassburg sehen wir also jetzt nur
die Fortsetzung dessen, was dort begonnen war, aber
in gesteigerter Form und zur Manier ausgeartet! Auch dort fanden
wir bereits bisweilen eine gewaltsame, die freie Bewegung der
Glieder hemmende Drapierung der Kleider, und dasselbe begegnet
uns jetzt hier wieder; so geht, wie bereits erwähnt, die Gestalt
des zweiten Strassburger Propheten in ihrer äusserst gezwungenen
Haltung der Hände d i r e k t auf die Freiburger Prophetenfigur
zurück, welche als zweite von oben gerechnet in der linken
(nördlichen) Hälfte der zweiten Archivolte steht.

Die Zusammenhänge zwischen Strassburg und Freiburg liegen
also auch in diesem Falle klar zu Tage, und zwängen uns nicht
die oben angegebenen Gründe zu der Annahme, dass an die
dreissig Jahre zwischen der Ausführung dieser und jener Gestalten
liegen müssen, wir möchten glauben, dass auch an diesen Skulpturen noch Freiburger Steinmetzen thätig gewesen sind. —

Die Betrachtung der Portalstatuen der Strassburger Westfassade hat uns somit ein Bild steter Stilfortbildung entrollt. Leider

sind wir heutzutage ausser Stande, die Richtigkeit desselben auch in Bezug auf die plastischen Werke der Archivolten und der Tympanen der einzelnen Portale zu prüfen. Nur an dem mittleren derselben sind uns einige Teile der Reliefs des Thürfeldes und auch diese nur in vielfach ergänzter Gestalt und dadurch verändertem Charakter erhalten.

Eine stilistische Untersuchung derselben stösst also auf erhebliche Schwierigkeiten und kann zu keinem absolut sicheren Resultate führen. Was sich mit Bestimmtheit behaupten lässt, beschränkt sich darauf, dass hier ausser in Freiburg geschulten Steinmetzen auch noch solche, welche anderswo ihre Lehrjahre durchgemacht, Verwendung gefunden haben müssen, und zwar dürften in erster Linie, wie uns dünkt, diejenigen Bildhauer hier beschäftigt worden sein, welche die Reliefs an den Postamenten des Südportales ausgeführt haben.

Direkte Beziehungen zu Freiburg finden wir auf dem Tympanon nur bei einem der Henkersknechte aus der Geisselung Christi, welcher der entsprechenden Figur aus derselben Darstellung auf dem Freiburger Thürfelde so sehr gleicht, dass man an eine freie Kopie nach derselben glauben möchte.

Wie sich die ursprüngliche Fassung des Selbstmordes von Judas Ischariot in Strassburg zu Freiburg verhalten haben mag, lässt sich nicht mehr feststellen, da die Abbildungen des alten Zustandes keine absolut sichere Anschauung desselben gewähren; vermuten möchten wir nur, dass man sie, ob nun mehr oder weniger entsprechend, jedenfalls, ebenso wie den Fürsten der Welt, direkt von dort übernommen hat.

Was die einzelnen Typen anlangt, so scheinen einige in ihrer Wurzel unmittelbar auf Freiburg zurückzugehen; andere entsprechen solchen, die wir unter den grossen Portalstatuen angetroffen haben (siehe besonders den Christus aus der Dornenkrönung); wieder andere haben wir wohl als ein Werk jener fremden, nicht aus Freiburg gekommenen Steinmetzen anzusehen. Die Gestalten der untersten Reihe aber machen auf uns direkt den Eindruck, als hätten ihre Verfertiger unter dem Banne jenes herrlichen, die Grablegung Marias darstellenden Reliefs vom Südportale gestanden. Die merkwürdigen, teils grämlichen, teils widerwilligen Gesichter der Apostel und einiger anderer Gestalten wirken wenig-

stens wie die unglücklichen Erzeugnisse eines zur Karikatur aus-
geschlagenen Versuches, der dramatischen Kraft jener Meisterschöpfung nahe zu kommen; und so zeigen sie in gleicher Weise,
wie die grossen Prophetenfiguren des Hauptportales, den traurigen
Ausgang der hochdramatischen Bewegtheit der deutschen Plastik
des XIII. Jahrhunderts in übertreibende und kraftlose Manier.

Dem allgemeinen Kunstcharakter nach sind die Reliefs mit
ihrem etwas nüchternen handwerklichen Realismus, dem wohl
hier und da einige charakteristische und tüchtige Einzelfiguren
aber keine wirklich bedeutenden oder irgendwie gehaltvolleren
Schöpfungen gelingen, die echten Kinder ihrer Zeit, welche Werke
von hohem, rein künstlerischem Werte oder tiefem Gehalte nicht
mehr entstehen sieht.

Um so freudiger sind daher einige wenige Gestalten zu begrüssen, die selbst nach dieser Seite hin volles Lob verdienen,
und von denen hier besonders die Figuren Johannes des Täufers
und der Maria aus der Darstellung der Kreuzigung hervorgehoben
seien: in ihrem tiefen Schmerz von hoher Schönheit und Wahrheit der Empfindung erscheinen sie, an der Wende des Jahrhunderts stehend, wie eine letzte Nachschöpfung der hohen
Kunstblüte, welche das XIII. Säkulum erblühen und wieder vergehen sehen hatte, — gleichsam den tiefen Schmerz, der in der
Wechselburger Kreuzigungsgruppe seine grösste Höhe erreicht
hatte, wie in einem leisen Nachhall ausklingend. [366] —

Wenn wir uns zum Schluss noch einmal alle die manigfal-
tigen Beziehungen vergegenwärtigen, welche von den Strassburger
Skulpturen zu dem Cyklus in der Freiburger Vorhalle hinüberführen, so können wir nicht umhin, ein Verdienst wenigstens den
Strassburger Steinmetzen nachzurühmen und als Verdienst, wenn
auch von sehr fragwürdigem Werte, anzuerkennen: das ist ihre
unerbittliche Konsequenz im Nachahmen und Weiterbilden der
Formensprache des Freiburger Stiles. Denn diesem Umstande
ist es zu verdanken, dass die Front des Strassburger Münsters
Werke deutschen Charakters und deutschen Stiles schmücken.
Dies mag unser Trost darüber sein, dass auf diese Weise andrerseits wieder vieles für die Kunst verloren ging. Denn die Anregungen, welche in Freiburg gegeben waren, wären vor allem
einer weiteren Entwicklung und inneren Ausbildung und nicht

nur einer äusserlichen Weiterbildung wert gewesen. Der realistische Zug, der sich in ihnen ankündigt, hätte mit gleicher
Freiheit wie dort aufgenommen und weiter gepflegt werden
müssen. Er wäre dann der Führer geworden in das reiche und
noch so gut wie unentdeckte Land der Natur! Aber nicht der
Inhalt und das Wesen, sondern nur die Sprache und die äussere
Erscheinung wurden von der zünftigen Kunst als nachahmens-
werte Vorbilder aufgenommen, und so vermag uns der plastische
Schmuck der Westfassade des Strassburger Münsters nur „Schöpfungen einer Nachblüte zu zeigen, welche die Auflösung bereits
ahnen lässt."[367]

Der Wert und das Geheimnis der Fassade.

„Schönheit, verehrungsvoll aufgerichtet, Kunstwerke von
edlem Gehalt und reiner Form wirken auf die Nationen, wie
Tempel und Orakel in alter Zeit, welche die Menschen von fern-
her anzogen und miteinander verbanden. Dantes Divina Com-
media half den Grund legen zu einer einheitlichen italienischen
Nationalität. Die mittelhochdeutsche Dichtung in ihren klassischen Leistungen half den Grund legen zu einer einheitlichen
deutschen Nationalität."[368]

Und was diese im grossen unternommen und in die Wege
geleitet, hat dann die bildende Kunst, wie wir vielleicht mit Recht
behaupten dürfen, fördern und weiter ausbauen helfen.

Denn wenn die deutsche Plastik des XIII. Jahrhunderts,
wie wir gesehen haben, in ihren, über das ganze damalige
Deutschland verstreuten Schöpfungen bereits die Hauptwesens-
züge des ausgebildeten deutschen Nationalcharakters in so
scharf ausgeprägter Form erkennen lässt, so bedeutet das doch
nichts Geringeres, als dass eben überall im deutschen Reiche zu
dieser Zeit schon ein gleicher, schlechthin also nationaler Charakter im Durchbruch und in der Entwicklung begriffen war!
Und ein ähnliches lehrt die Betrachtung der deutsch-gotischen
Architektur. Denn auch sie entbehrt nicht trotz weitgehendster
Entlehnungen und Anknüpfungen an die Kunst Frankreichs eines
grossen und einheitlichen, specifisch deutschen und wegen dieser

Allgemeinheit echt nationalen Zuges, nämlich des von uns bereits
mehrfach gewürdigten Strebens nach Vertikalismus.

Wo aber käme dieser zu vollendeterem und herrlicherem Ausdruck als in dem wundervollen Freiburger Münsterturm und in dem
bezaubernden Frontentwurf des zweiten Strassburger Meisters?!
Und so giebt es also wirklich ein geheimes inneres Band, welches
die beiden Münsterbauten zu Freiburg und Strassburg mit einander
verbindet und den Wunsch und die Hoffnung in uns nährt, dasselbe womöglich noch enger knüpfen zu können.

Denn ausser diesem echt deutschen Element, welches sich
auch in der gegenwärtigen Gestalt der Strassburger Münsterfront
nicht verleugnet, verknüpft die beiden Werke, den Freiburger
Turm und den Strassburger Riss, auch noch der durchaus originelle Zug, den beide aufweisen, und dann vorzüglich der rein
individuelle, von allem Traditionszwange und jeder Beeinflussung
durch fremde Werke freie, einander so verwandte geniale Konstruktionsgeist, der aus dem einen wie dem andern Werke zu uns
spricht; und es regt sich in uns hoffnungsvoll der Zweifel, dass
die Nachricht der Franziskanerchronik zu Thann vielleicht doch
nicht nur ein Ausfluss leerer Vermutungssucht sondern ein un-
klarer Vorstellungsrest von dem irgendwie, vielleicht nur münd-
lich, überlieferten wirklichen Verhältnis der beiden Bauten zu
Freiburg und Strassburg gewesen sein möchte. Denn es fehlt
keineswegs an ganz direkten und offenkundigen Beziehungen,
welche von dem einen zu dem anderen hinüberführen, und welche,
richtig gedeutet, die Frage, die sich hier bietet, vielleicht zu lösen
im Stande sind.

Oder ist es nicht höchst auffallend, dass diejenigen Teile des
Skulpturenschmuckes der Fassade, welche bestimmt zur Zeit des ersten
Meisters in Strassburg ausgeführt worden sind, die Darstellungen
an den Postamenten des Südportales, einen gänzlich von Freiburg
abweichenden Stil aufweisen, dass dagegen die ebenso bestimmt unter
dem zweiten Meister in Angriff genommenen grossen Statuen [349]
stilistisch auf das engste mit Freiburg zusammenhängen, ja
aller Wahrscheinlichkeit nach, wenigstens teilweise, von Freiburger
Steinmetzen gearbeitet sind?! Und fernerhin, zeigt nicht die Komposition hier und dort verwandte Züge, und wird nicht eine Figur,
der Fürst der Welt, sogar ganz direkt und in genau entsprechender

Bedeutung von Freiburg übernommen? Liegt es da nicht, so fragen
wir, nur zu nahe, anzunehmen, dass mit den Steinmetzen auch
der Meister von Freiburg herübergekommen, kurz, dass der Erbauer des Freiburger Münsterturmes auch der geniale Schöpfer
des Entwurfes B, der Hauptmeister der Strassburger Fassade, mit
einem Worte der wahre Träger des erwinischen Ruhmes ist? Wahrlich, hier möchte der Historiker zum Dichter werden, so formt
sich unter seinen Händen schon von selbst der Stoff zum Preisge-
sange von einem grossen namenlosen Meister. Aber unser Wissen
endet hier auch, und so muss unsere Erzählung von dem Werden
jener beiden grossen Bauten ein Fragment bleiben, welches nur
die Phantasie ein Recht hat zu vollenden [370] . . .

Es gab eine Zeit, in der die Westfassade des Strassburger
Münsters eine Inschrift trug, welche stolz verkündete, dass anno
Domini MCCLXXVII in die beati Urbani hoc gloriosum opus in-
choavit magister Erwinus de Steinbach. [371]

Sie hat geirrt diese Inschrift, ebenso wie jene Legende, welche
Albertus Magnus für den geistigen Schöpfer des Bildercyklus in
der Freiburger Münsterhalle erklärt hat. Wenn uns aber so auch
auf der einen Seite diese beiden Werke bis zu einem gewissen
Grade namenlos und durch die Entkleidung alles Persönlichen wie
in weite Ferne gerückt entgegentreten, so erheben sie sich dafür
gerade hierdurch auf der andern Seite zu unnahbarer Majestät als
die gewaltigen Denkzeichen einer ganzen Epoche, welche Zeugnis
davon ablegen, was in jener frühen Zeit bereits deutscher Fleiss
und deutscher Ernst im Wetteifer mit der vom Glück begünstigten
und von dem ungemein fördernden Einverständnis zwischen Königtum und Kirche getragenen französischen Kunst zu leisten vermocht,
wenn sie sich gelegentlich einmal mit Zusammenfassung aller geistigen und materiellen Kraft in dem gemeinsamen Werke eines deutschen Gemeinwesens offenbaren konnten. Daher bieten auch diese
Münsterbauten der deutschen Gotik Ersatz für die vielen traurigen
Stellen der deutschen Reichsgeschichte dieser Zeit und verleihen
den an grossen nationalen Thaten so armen Chroniken der deutschen Geschichte des Mittelalters einen glanzvollen Schimmer von
Ruhm und Macht.

Mag auch das deutsche Wesen reiner und gewaltiger, tiefer
und umfassender noch die köstlichen Schöpfungen der deutschen

Skulptur des XIII. Jahrhunderts durchdrungen haben, zu monumentalerem Ausdrucke ist es jedenfalls in diesen grossen Bauwerken gotischen Stiles gekommen, und so sind es auch diese vor allem, voran die herrlichen Münster zu Freiburg, Strassburg, Köln und andernorts gewesen, welche die Blicke der Deutschen zu allen Zeiten hochgehender nationaler Begeisterung in erster Linie auf sich gelenkt haben: wie in dem jungen Goethe, so hat auch in den Herzen vieler andern Deutschen die Anschauung derselben das Nationalgefühl mächtig erweckt und entzündet.

II. KAPITEL.

Basel.

In den oberrheinischen Bauhütten muss in der Zeit des ausgehenden XIII. und zu Beginn des XIV. Jahrhunderts ein äusserst reger Wechselverkehr stattgefunden haben: man kann fast sagen, was in der einen geschaffen wurde, war Gemeingut und gültig auch für die anderen. Denn je tiefer wir in die Kenntnis der Kunstthätigkeit der oberrheinischen Gegenden in dieser Zeit eindringen, desto klarer und umfassender gestaltet sich das Bild der zahlreichen Zusammenhänge, die im grossen und kleinen hier bestehen und in gleicher Weise die Thätigkeit auf plastischem Gebiete wie die Schöpfungen der Baukunst umfassen.

Wie die ältesten, noch romanischen Teile des Freiburger Münsters ganz direkte Beziehungen zu den frühesten, ihnen zeitlich vorangehenden, romanischen Teilen der Kathedrale von Basel aufweisen,[811] und wie dann in frühgotischer Zeit das Freiburger Münster in einzelnen Teilen seines Langhauses sich dem Strassburger Münster verwandt zeigt,[812] — so können wir umgekehrt feststellen, wie auf dem Felde plastischer Thätigkeit nach einem vorübergehenden Abhängigkeitsverhältnis Freiburgs um die Wende des XII. Jahrhunderts von den romanischen Skulpturen der Basler Galluspforte (s. o. S. 79) gegen Ende des XIII. der entgegengesetzte Fall eintritt, und nun von Freiburg aus einerseits nach Strassburg, andrerseits nach Basel reichliche Anregungen ausgehen.

Nichts ist anziehender, als diese Zusammenhänge zu verfolgen und
dabei die wichtige Rolle kennen zu lernen, welche der Freiburger
Cyklus — übrigens mit vollem Rechte — seinerzeit im Kunstleben
der oberrheinischen Gegenden gespielt hat. Denn von hier aus lassen
sich interessante und an Belehrung reiche Einblicke in das Kunstschaffen vom Ende des XIII. Jahrhunderts gewinnen, und wir erhalten zugleich den wohlthuenden Eindruck einer geschäftigen,
unternehmungsfreudigen und lebendigen Vergangenheit von noch
heute blühenden Ortschaften und Gemeinwesen.

Bis zu welchem Grade der plastische Schmuck der Strassburger Westfassade von Freiburg abhängig ist, haben wir bereits
gesehen. Unsere Aufmerksamkeit hat sich nunmehr einigen Skulpturen des Basler Münsters zuzuwenden.

Die Skulpturen der Westfassade des Münsters.

Spärlich genug ist, was der bildende Meissel zur Verzierung
des stolzen, hoch über dem Rheine gelegenen Münsterbaues der
alten Basilea geleistet hat, und dieses Wenige selbst ist noch im
Laufe der Zeit stark gelichtet worden. Am besten erhalten sind
jene Werke der romanischen Stilepoche an der Galluspforte,
deren wir soeben Erwähnung gethan haben; schlimm steht es dagegen um die Westfassade, welche noch im Mittelalter selbst, wie
unsere Untersuchung zeigen wird, viel von ihrem ursprünglichen
Schmuck verloren haben dürfte.

Sie zeigt gegenwärtig[374] zwischen den beiden Fronttürmen
ein dreiteiliges gotisches Portal, dessen Seitenflügel vermauert sind.
Die mittlere Thüröffnung weist als obere Umrahmung vier Archivolten auf, von denen die äusserste Krabbenwerk, die zweite
halbfigurige Gestalten von Propheten, Königen und anscheinend
auch einzelnen personifizierten Wissenschaften, die dritte Laubver-
zierung und die innerste schliesslich psallierende Engel enthält,
welch letztere, mit Ausnahme der beiden obersten in ganzer Figur,
mitunter direkt kieend, mitunter in einer Art von dem für die
Schöpfungen der archaisch-griechischen Kunst charakteristischen
„Knielaufschema" dargestellt sind. Die Spitze der zweiten Archivolte nimmt die Gestalt Abrahams ein, der in der üblichen Weise
nach der bekannten Auffassung und Darstellung die Seelen einiger

19

Gerechten in einem Tuche trägt: die letzte zeigt als Abschluss
einen Engel mit den (jetzt versehrten) Leidenswerkzeugen Christi.
Die Thürfelder aller drei Portale sind mit Masswerk ausgefüllt,
welches, um dies gleich vorweg zu nehmen, aus dem Anfange des
XV. Jahrhunderts stammt.

Das Tympanon des mittleren Portals war ursprünglich durch
Reliefschmuck ausgefüllt, wie ein allerdings verschwindend kleiner
Bruchteil, der sich noch erhalten hat, beweist. Der Balken des
Thürsturzes zeigt nämlich die Füsse einiger Gestalten, sowie
einige weitere, nicht sicher zu erklärende Reste plastischer Ver-
zierung.[375]

Spurlos verschwunden ist die Marienstatue, welche, wie
wir aus einer Notiz in der Fabrikrechnung vom Jahre 1471/72
ersehen, ursprünglich am Hauptportale aufgestellt war,[376] also
wohl an dem noch erhaltenen Thürpfeiler desselben gestanden hat ;
und auch die beiden Statuetten, welche bis vor kurzem noch,
sichtbaren Spuren zufolge, an den Füllwänden der Nebenportale
angebracht gewesen sind, haben sich nicht erhalten.[377]

Ueber den Oeffnungen des Portales schliesslich, neben und
zwischen seinen drei Spitzbogen, sind auf etwas vorspringenden
Pfeilern vier Statuen aufgestellt : ein König und eine Königin,
vermutlich Heinrich II. und seine Gemahlin Kunigunde darstellend,
sowie eine uns schon von Strassburg und zum Teil auch von
Freiburg her wohlbekannte Gruppe: der Fürst der Welt mit einer
verführten Jungfrau. Diese vier Gestalten sowie die übrigen Portalskulpturen sind im allgemeinen gut erhalten und im Gegensatz
zu einigen gleich zu erwähnenden Fassadenfiguren nur wenig
erneuert.

Links vom Haupteingange ist auf einem Wandpfeiler mit
breitem Sockel am (nördlichen) Michaelsturme ein Reiterbild des
hl. Georg aufgestellt: er bezwingt mit einer langen Lanze den auf
einem separaten Sockel ihm gegenüber angebrachten Drachen. Die
Figur des Heiligen stammt aller Wahrscheinlichkeit erst aus dem
letzten Drittel des XIV. Jahrhunderts, falls sie nicht, wie uns aber
wenig glaublich scheint, mit jener Statue des hl. Georg identisch
ist, welche einer handschriftlichen Notiz in der alten Karthäuser-
bibliothek zufolge bei einem Erdbeben des Jahres 1372 vom
Münster herabgestürzt ist.[378] Man müsste in diesem Falle anneh-

men, dass das Standbild durch den Sturz wenig gelitten und nur einer teilweisen Erneuerung bedurft hat. Auch die jetzige Figur des hl. Georg ist übrigens nicht unversehrt erhalten, denn erst jüngsthin sind bei der letzten Münsterrestauration in den achtziger Jahren verschiedene Teile derselben neu ergänzt worden.[379]

In entsprechender Weise zu dem Reiterbild des hl. Michael ist rechts vom Portale am (südlichen) Martinsturme der hl. Martin zu Pferde dargestellt, wie er mit dem Schwerte seinen Mantel zerteilt. Diese Gestalt ist sogar eine ganz moderne, gelegentlich jener letzten Restaurationsarbeiten nach dem schadhaft gewordenen Originale angefertigte Kopie, und auch das Originalbild selbst, welches sich jetzt im städtischen historischen Museum befindet, präsentiert sich uns nicht mehr in seiner ursprünglichen Gestalt, denn es hat sich im Laufe der Zeit mehrfache Veränderungen gefallen lassen müssen. So wurde im Jahre 1597 der Heilige in einen König und der neben ihm dargestellte Bettler in einen Baumstumpf (sic!) verwandelt, späterhin aber, soweit es noch möglich war, diese Umwandlung rückgängig gemacht, sodass nun aus dem Könige wieder der Heilige wurde; der Baumstumpf freilich blieb bestehen. Zu guterletzt ist dann noch einmal der Kopf erneuert worden.[380]

Wir sind somit für die stilistische Bestimmung der beiden Reiterstatuen recht schlecht beraten und vermögen uns nur ganz allgemein an die Züge, welche sie aufweisen, zu halten.

Die beiden an den Ecken der Fassade unter Baldachinen aufgestellten Statuen von Paulus und Petrus sind modern.[381] Die Gestalten der oberen Turmgeschosse sind zum Teil ebenfalls neu, teils gehören sie dem XV. Jahrhundert an. Da sie irgend welche hervorragenderen künstlerischen Qualitäten nicht aufweisen, begnügen wir uns mit dieser kurzen Erwähnung derselben und kommen nicht mehr erst ausführlicher auf sie zurück.[382] Unsere Untersuchung wird sich ausschliesslich mit den Skulpturen des untersten Stockwerkes der Fassade beschäftigen.

Gehen wir zur Betrachtung der stilistischen und künstlerischen Eigenschaften derselben über, so zeigt sich bald, dass sie in dieser Hinsicht ein recht verschiedenartiges Bild gewähren und in mehrere Gruppen zerfallen. Auf uns bereits bekannte Züge treffen wir nur bei einer derselben und mit dieser wollen wir daher auch den Anfang machen.

Sie umfasst die vier grossen Portalstatuen und erweist sich ihrem Stile nach als ein Ableger der späteren Strassburger Plastik, welcher auch nicht ganz ohne direkte Beeinflussung von seiten Freiburgs geblieben ist. Direkt können wir diese Beziehungen allerdings nur an den beiden Gestalten des Verführers und der Verführten nachweisen, diese aber sind in so offenkundiger Weise von der Plastik der genannten beiden Orte abhängig, dass daraufhin die ganze Gruppe mit Entschiedenheit der Stilrichtung der Bauhütten zu Freiburg-Strassburg zugewiesen werden muss.

Die Verschmelzung von Strassburger mit Freiburger Einflüssen, die uns in diesen Basler Gestalten entgegentritt, ist dabei darauf zurückzuführen, dass für die Gestalt des Verführers mehr der Freiburger, für die der Verführten mehr der Strassburger Typus als Vorbild gedient hat.[363] Ausschliesslich auf Freiburg zurückzuführen sind dagegen die Baldachine dieser wie der andern beiden Portalstatuen, denn sie stimmen fast ganz genau mit jenen über zwei Leuchter tragenden Engeln aus dem Langhause des Freiburger Münsters überein, welche, wie wir noch sehen werden, aller Wahrscheinlichkeit nach in den achtziger Jahren, etwa gleichzeitig mit den Strassburger Statuen, entstanden sind.

Der „Fürst der Welt" trägt in Basel wieder im wesentlichen das gleiche Gewand wie in Freiburg und Strassburg, und seine rechte Körperseite bietet denselben widerwärtigen Anblick wie sonst dar. In der Linken hält er wie in Freiburg ein Paar Handschuhe und in der (jetzt ergänzten) Rechten hatte er ursprünglich einen Blumenstrauss. Die bethörte Jungfrau beginnt bereits ihr Gewand zu öffnen, was in Strassburg zunächst nur angedeutet war. Mit stark zur Seite geworfenem Kopfe grinst sie ihren Gegenpart an. Die Gesichtszüge beider Figuren sind den Strassburger Statuen entlehnt. Dem eigentlich Freiburger Typus hat der Verfertiger nur die sehr charakteristischen starken seitlichen Kinnfalten entnommen, welche sich an den Strassburger Gestalten nicht finden, die dagegen der Fürst der Welt in Freiburg und der daselbst zur Gruppe gehörige Engel mit dem Spruchband: Ne intretis zeigen. Die Bildung der Augen mit dem stark wulstigen Unterlide ist ohne feineres Gefühl dem Strass-

Basel. Der Fürst der Welt.   Basel. Verführte Jungfrau.

burger Vorbilde nachgeahmt. Gut ist die Gewandung, welche genau nach den Vorbildern gearbeitet ist und sich von ihnen nur durch einen etwas reicheren Faltenwurf unterscheidet.

Der Gesamteindruck der Figuren ist nicht allzu erfreulich. Wie die ganze Auffassung und Charakteristik, so ist auch die Ausführung im kleinen wie im grossen ins Derbe, man möchte eigentlich sagen, Unfeine übersetzt worden. Eine Ausnahme macht nur die, wie wir soeben schon bemerkt haben, wirklich gute Gewandbehandlung. Dagegen erscheinen die Köpfe neben den Freiburger und Strassburger Gestalten fast roh. Hierin aber, wie besonders in der gröberen und derberen Auffassung und Charakterisierung der Basler Figuren, spricht sich schlagend der handwerkliche Geist und die geringe künstlerische Begabung ihres Verfertigers aus, und so zeigen auch diese Statuen nur wieder den grossen Unterschied, der zwischen der hohen Kunst des XIII. und der zünftigen Scheinkunst des XIV. Jahrhunderts eine unübersteigbare Schranke aufgerichtet hat. Besonders interessant für uns sind aber die Basler Figuren deshalb, weil wir an ihnen im Verein mit den Strassburger Gestalten lernen können, wie rasch sich der Verfall und der Abstieg von jener zu dieser vollzogen hat. Treten nämlich bereits die Strassburger Gestalten als fast ganz von handwerklichem Geiste durchdrungene Werke in fühlbaren Gegensatz zu den Statuen der Freiburger Vorhalle, so reihen sich ihnen jetzt, gleichsam wie die weitere Sprosse einer abwärts führenden Leiter, auf noch tieferer Stufe stehend die Basler Figuren an und beweisen damit nicht nur in schlagendster Weise das höhere künstlerische Vermögen der vorangegangenen Zeit, sondern zeigen uns auch, dass es einzig und allein das Eindringen des handwerklichen Geistes gewesen ist, was den allmählichen Niedergang und den fast gesetzmässig sich vollziehenden Verfall der bildnerischen Kunst im späteren Mittelalter herbeigeführt und begründet hat.

Denselben Stil wie die Gestalten des Verführers und der Verführten, nur in wesentlich besserer Ausführung, zeigen auch die beiden anderen grossen Portalstatuen: der König, welcher auf seiner rechten Hand ein Kirchenmodell, in der linken ein Scepter hat (beide Attribute ergänzt), und die Königin, welche ein kleines griechisches Kreuz in beiden Händen hält (teilweise erneuert).

Da der Kopf des Königs moderne Ergänzung ist, kann zu

einer Vergleichung mit den beiden vorbesprochenen Statuen nur
die Königin herangezogen werden. Ihr Antlitz weist im wesentlichen genau denselben Typus wie jene auf, aber ohne das
stark forcierte Lächeln, welches bei den andern Figuren so unan-
genehm auffällt. Ihr Gewand zeigt den gleichen reichen, nicht
allzu ruhig wirkenden Faltenwurf wie bei den beiden ersterwähnten
Gestalten. Der Mantel des Königs ist um den linken Arm herum
aufgenommen und bildet auf dieser Seite einen starken Bausch
mit grossen, scharfgebrochenen, weit vom Körper abstehenden
Faltenzügen.

Im übrigen besteht der engste stilistische Zusammenhang mit
den Statuen des Verführers und der Verführten, und es ist durchaus nicht ausgeschlossen, dass alle vier Figuren vielleicht von einem
Meister herrühren; nur hinsichtlich der künstlerischen Auffassung
und Durchbildung sind einige Unterschiede zu bemerken. Dem
Könige haftet nämlich bei seiner steifen regungslosen Stellung, die
zwar statuarisch sehr wirksam ist, aber kein Interesse zu erwecken
und ebensowenig eine lebendige Wirkung zu erzielen vermag,
etwas Dumpfes und Teilnamloses an, während die Königin unzweifelhaft in ihrer schon sehr stark nach vorn ausgeschwungenen
Haltung, dem leise geöffneten Munde und dem etwas zur Seite
geneigten Kopfe einen aufmerkenden, regsameren Geist verrät und
auch einer gewissen Hoheit und eines vornehmen Charakters nicht
entbehrt.

Sie nähert sich darin bereits der hohen Auffassung der
Persönlichkeit, welche das weiter unten zu betrachtende, vortreffliche Grabmal der Anna von Hohenberg aus dem Basler Münster
zeigt. Gleichwohl verleugnet auch sie und mehr noch der König ihren
handwerklichen Verfertiger nicht, wenn auch zugegeben werden
muss, dass sie entschieden auf einer höheren Stufe steht als die
Figuren des Verführers und der Verführten; an die Strassburger
Statuen reicht freilich sie ebensowenig heran wie diese, und von
den Freiburger Werken trennt sie ein weiter Zwischenraum.

Eine zweite und wie die vorbesprochene gleichfalls stilistisch
eng zusammengehörige Figurenreihe für sich bildet der plastische
Schmuck der Archivolten des Mittelportales. Eine genaue Prüfung desselben ergiebt, dass er keinerlei Verwandtschaft mit den
Gestalten der ersten Gruppe zeigt, in manchen Punkten vielmehr

stark von ihnen abweicht. So ist besonders die Bildung der
Augen durchaus anders, z. B. sind die Lider sehr scharf heraus-
gearbeitet, und ist das Oberlid übermässig hoch gezogen. Die
ganze Bildung macht dadurch einen etwas gewaltsamen und gezwungenen Eindruck, und von der weichen, vollen Formengebung
der Augen wie bei den grossen Portalstatuen ist hier nichts zu
merken. Der Mund ist sehr breit und meist geöffnet, die Lippen
treten stark vor und sind wie die Augenlider scharf herausge-
meisselt. Die männlichen Köpfe sind breit, von viereckiger Bildung und verjüngen sich nicht nach unten zu, wie dies bei dem
Verführer der Fall ist. Ein Gleiches gilt für die weiblichen Typen,
welche eine längliche Gesichtsform bei teilweise sehr starker
Backenbildung aufweisen. Die charakteristische Form der Nase
mit den stark geblähten wulstigen Flügeln, welche hier bisweilen
auftritt, begegnet uns sonst an Basler Skulpturen nicht. Der
Gesichtsausdruck ist fast allgemein übertrieben lebendig. Die Gewänder der Engel mit ihrem scharfgebrochenen knittrigen Faltenwurf zeigen eine durchaus andere Behandlung als die der grossen
Portalstatuen.

Im ganzen sind die Figuren ziemlich schecht und roh, ohne
jede Rücksicht auf eine feinere Detailwirkung ausgeführt. Die geringe Sorgfalt, welche auf die Arbeit verwendet worden ist, verrät
sich besonders deutlich in der oberflächlichen Behandlung der
Haare.

Direkte stilistische Beziehungen zu irgend welchen lokalen
oder auswärtigen Werken vermochten wir nicht zu entdecken; [384]
und so werden wir wohl mit der Vermutung recht haben, dass
die Archivoltenfiguren ihren ziemlich rohen Stil mehr oder weniger
ganz der einheimischen Basler Kunst verdanken dürften, wie wir
ein solches in Fällen, wo es sich wie hier um wenig umfangreiche Arbeiten handelte, mehrfach gewahren können. Wir nennen
beispielsweise die spärlichen Skulpturen vom Aeusseren der frühgotischen Nikolaikirche zu Frankfurt a. M., welche ein originales
Gepräge aufweisen, und die wir daher wohl als die Erzeugnisse
der lokalen Frankfurter Kunst auszusprechen haben. [385]

Zu einer dritten, diesmal aber nicht stilistisch geschlossenen
Skulpturengruppe haben wir die beiden Reiterfiguren der Basler
Fassade zu vereinigen. Ihre Köpfe zeigen je einen besonderen

Stil, dem nur das gemeinsam ist, dass er in beiden Fällen sowohl
von dem der grossen Portalstatuen als dem der kleinen Figuren
in den Archivolten abweicht. Ob beide, wie bei der zuletzt besprochenen Gruppe, als originale Schöpfungen anzusehen oder ob
beide auf fremde Vorbilder zurückzuführen sind, vermögen wir
nach den mehrfachen Ergänzungen und Veränderungen, welche
sie erfahren haben, nicht mehr zu entscheiden. Immerhin möglich
wäre es, in Hinsicht auf die ohnehin schon bestehenden direkten
stilistischen Beziehungen zu Strassburger Werken an eine Beeinflussung durch die dortigen Reiterfiguren der Münsterfassade zu
denken.[306]

Rein künstlerisch betrachtet sind die beiden Heiligen wohl
die besten Arbeiten der ganzen Basler Fassade, denn sie zeigen
die für die damalige Zeit doch sehr seltene Aufgabe, Reiterbilder
zu schaffen, verhältnismässig recht gut gelöst. Die Rosse sind
tüchtig gearbeitet und besonders im Profil lebendig aufgefasst; die
Reiter sitzen gut zu Pferde. In der anspringenden Gestalt des hl.
Georg liegt sogar unleugbar eine gewisse Kraft, und der Kampf
mit dem im Verhältnis allerdings etwas klein geratenen Drachen
entbehrt nicht eines dramatischen Zuges. Es ist schwer, daneben
der Gestalt des hl. Martin ganz gerecht zu werden, denn, wie
seine Gesichtszüge, so lässt auch die ganze Haltung eine tiefere
und schärfere Charakteristik vermissen; er erscheint daher, neben
dem hl. Georg betrachtet, leicht etwas nüchtern und langweilig.
Und so wird es überhaupt vielleicht manchen geben, der sich ihm
und auch, wenngleich weniger, dem hl. Georg gegenüber nicht
ganz dem Eindruck wird entziehen können, dass wir es auch hier
im Grunde genommen doch weniger mit eigentlich freien künstlerischen Schöpfungen als mit allerdings gut und geschickt ausgeführten dekorativen Arbeiten zu thun haben. —

Der Skulpturenschmuck des untersten Stockwerkes der Basler
Fassade zeigt also mehrfache und beträchtliche Stilunterschiede,
und es drängt sich uns nun daraufhin unabweisbar die Frage
auf, ob überhaupt alle diese Werke von Anfang an in der Weise
zusammengehört haben, wie ihre jetzige Aufstellung glauben
machen möchte, oder ob wir uns nicht vielleicht die einzelnen
Gruppen, die wir unterscheiden gelernt, ursprünglich in Verbindung mit verschiedenen, zeitlich auseinanderliegenden Bauteilen

zu denken haben. Die Beantwortung dieser Frage wird uns dann zugleich auch der Lösung der noch unentschiedenen Datierungs- aufgabe der Skulpturen näher führen.

——————

Wie die eingehenden letzten grossen Restaurationsarbeiten am Münster in den fünfziger und achtziger Jahren unseres Jahr- hunderts erwiesen haben,[307] hat die Westfassade, insbesondere in ihrem unteren Teile, ursprünglich ein von dem heutigen gänzlich abweichendes Aussehen gehabt. Denn zwischen den beiden Tür- men, da, wo jetzt im Kircheninnern die Orgel ihren Platz erhalten hat, war ehemals eine innere Vorhalle angelegt, zu welcher man den Zutritt durch drei Thüren gewann, welche im wesentlichen dem noch heute erhaltenen, dreiteiligen Portale der Fassade ent- sprachen; nur die mittlere Oeffnung derselben zeigte eine andre Gestalt als heutzutage, indem nämlich das gegenwärtig hier befind- liche Mittelportal damals in der rückwärtigen Wand der inneren Vorhalle angebracht war, welche diese gegen das Kirchenschiff abschloss, und so den Zugang aus ihr zum Langhause vermittelte. Erst zu Beginn des XV. Jahrhunderts ist es bei Beseitigung der inneren Vorhalle an seinen jetzigen Standort übertragen worden.

Ausser dieser inneren hat sich dann aber auch noch mit un- zweifelhafter Sicherheit die ehemalige Existenz einer zweiten, un- mittelbar vor ihr gelegenen, äusseren Vorhalle nachweisen lassen, welche wie die innere mit drei Kreuzgewölben gedeckt war und vermutlich dieselben Grössenverhältnisse wie diese gehabt haben wird.

So eingehend und bestimmt wir nun aber auch über das Vorhandensein und die Beschaffenheit aller dieser Bauteile unter- richtet sind, so entbehren wir andrerseits doch ganz einer genauen Kenntnis der Zeit, welche sie entstehen und wieder verschwinden sah. Was wir bestimmt wissen, beschränkt sich darauf, dass die Errichtung beider Vorhallen vor das grosse Erdbeben des Jahres 1356 fallen muss, und dass die innere Vorhalle, wie oben bereits erwähnt, zu Anfang des XV. Jahrhunderts beseitigt worden ist.[308] Wir befinden uns somit wieder in einer ähnlichen Lage wie einst den Skulpturen der Freiburger Vorhalle gegenüber; ja diesmal lie-

gen die Verhältnisse noch etwas schwieriger. Denn abgesehen
davon, dass die Entstehungszeit der für die Datierung der Statuen
äusserst wichtigen Bauteile nicht bekannt ist, wissen wir zunächst
noch gar nicht einmal, mit welchen Partieen der Fassade die einzelnen Skulpturengruppen ursprünglich verbunden waren.

Als unzweifelhaft gewiss zu betrachten ist zunächst nur, dass
die heutige Aufstellung der vier Portalstatuen auf eine Zeit zurückgeht, wo die äussere Vorhalle nicht mehr bestand; denn die
Postamente, auf denen sie stehen, sind, wie sich bei den Restaurationsarbeiten in unwiderleglichster Weise gezeigt hat, erst
ein Zusatz aus späterer Zeit und stellen im Grunde nichts anderes
dar als die in dieser Form verwerteten Reste der Pfeiler der
äusseren Vorhalle. Damit aber gewinnen wir, wie auch schon
Stehlin erkannt hat, einen Anhaltspunkt für die Bestimmung
des ursprünglichen Aufstellungsortes der vier grossen Figuren.
„Denn dass die Statuen nicht eigens zur Bekrönung der vier
Pfeilerstümpfe angefertigt worden sind, liegt wohl auf der Hand.
Sie waren ohne Zweifel von früher her da und hatten bis jetzt
irgendwo anders, vielleicht an der Frontseite der äusseren Vorhalle gestanden."[300] Nun, es ist nicht nur möglich, wie Stehlin
meint, sondern sogar sehr wahrscheinlich, dass sie mit dieser
irgendwie zusammengehangen haben, und zwar geht unsere Ueberzeugung dahin, dass wir in ihnen die Reste einer Gruppe von
Skulpturen zu erblicken haben, welche einst in ähnlicher Weise
wie zu Freiburg, nur in beschränkterem Masse, die äussere Vorhalle geschmückt haben.

Unsere Gründe hierfür sind verschiedener, teils positiver, teils
negativer Natur. Zunächst gilt es, die immerhin mögliche Annahme, die Statuen möchten zur inneren Vorhalle gehört haben,
abzuweisen. Die Unhaltbarkeit derselben ergiebt sich bereits
daraus, dass sich in dem Raum der innern Vorhalle nicht die geringsten Anzeichen einer ehemaligen Ausschmückung mit grossen
Figuren gefunden haben, und dass der Stil der Portalstatuen
durchaus von dem der Archivoltenfiguren abweicht. Denn wären
jene wirklich für die innere Vorhalle bestimmt gewesen, so würden sie doch aller Wahrscheinlichkeit nach gleichzeitig mit den
anderen in ihr angebrachten Skulpturen ausgeführt worden sein
und müssten demgemäss zum mindesten einen ähnlichen Stil wie

diese aufweisen. Da dies aber nicht der Fall ist, scheint es uns unzweifelhaft, dass die Portalstatuen nicht zur innern Vorhalle gehört haben können.

Suchen wir nun aber nach einem andern Bauteile, mit dem sie ursprünglich in Verbindung gestanden haben können, so werden wir e i n z i g u n d a l l e i n auf die äussere Vorhalle gewiesen, — wir müssten denn annehmen, dass die Figuren erst nach dem Erdbeben von 1356 entstanden sind. Hiervon halten uns jedoch, abgesehen von anderen, weiter unten bekannt gegebenen Gründen, auf das bestimmteste die nahen stilistischen Beziehungen ab, welche sie mit den Werken in Freiburg und besonders in Strassburg verbinden, denn diese weisen mit Entschiedenheit auf ein der Entstehungszeit letzterer nahestehendes Datum ihrer Ausführung hin. Wir sind also der festen Ueberzeugung, dass sie ursprünglich zur äusseren Vorhalle gehört haben und in dieselbe Zeit wie diese zu verweisen sind. Dass sie aber nur die Reste eines grösseren Figurencyklus darstellen, dafür sehen wir die Belegstücke in zwei weiblichen Köpfen, welche sich jetzt im städtischen historischen Museum zu Basel befinden. [390]

Der eine von ihnen, vordem an einem Hause der Freien Strasse eingemauert, und, wie die Bruchlinie des Halses auf das deutlichste beweist, der Rest einer Statue, ist in der Haltung, dem Ausdrucke, sowie vor allem in seinem ganzen Stile so unleugbar und direkt der Figur der Verführten und den übrigen Portalgestalten verwandt, dass er, resp. die ganze Figur, zu der er gehört hat, mit diesen auf das engste zusammengehangen haben muss. Man hat daher auch eine Zeit lang geglaubt, in diesem Bruchstück den ursprünglichen Kopf der Verführten zu besitzen; da diese jedoch keinerlei Ergänzungen nach dieser Seite hin zeigt, hat man jene Annahme wieder fallen lassen müssen. Zudem trägt der Kopf kein Stirnband wie jene und weist auch sonst einige, allerdings geringfügige Abweichungen auf, z. B. ist das Kinn etwas spitziger und vorn abgeplattet. Das Material ist wie bei den andern Skulpturen roter Sandstein.

Aus diesem ist auch der andere Kopf des Museums, im Garten des Württemberger Hofes am St. Alban-Graben gefunden, gearbeitet; jetzt freilich zeigt er eine dicke Bemalung mit schwarzer Farbe. Wie der vorige ist er nur der Rest einer verloren ge-

gangenen Figur, trägt einen Kronreif und ist mit einem Haartuche
versehen. Vermutlich stammt er von einer Marienfigur oder vielleicht auch von der Gestalt einer klugen Jungfrau. Die Grundzüge
des Stiles, besonders die Umrisslinie des breiten viereckigen Kopfes
sind wieder genau die gleichen; dagegen sind die Details diesmal
nicht so derb und roh wie bei den andern Figuren gegeben, sondern
zeigen eine feinere Durchbildung. Offenbar stammt der Kopf also
von einer andern Hand als die übrigen Skulpturen. Das Kinn ist
sehr ähnlich wie bei dem anderen weiblichen Kopfe gebildet; die
zu beiden Seiten desselben verlaufenden Furchen mit den etwas wulstigen Fleischerhebungen darüber finden sich ebenso, nur stärker
ausgeprägt, bei der Verführten. Das Werk nähert sich im allgemeinen sehr den klugen Jungfrauen der Strassburger Westfassade,
vor allem in der von den andern Basler Skulpturen abweichenden
Augenbildung mit der ziemlich scharfen Falte unter dem Unterlide und der breiten Furche auf dem Oberlide. Zweifellos hat
also der Verfertiger dieses Kopfes in gleicher Weise wie die Steinmetzen, welche die anderen Figuren gearbeitet haben, seine Anregungen von Strassburg erhalten. Damit rückt aber, wie ja auch
sonst schon, sein Werk entschieden in die Nähe dieser, und es
hindert uns durchaus nichts, dasselbe in die Reihe der anderen
Skulpturen aufzunehmen und mit ihnen gleichzeitig anzusetzen.

Wir erhalten somit eine Reihe von Figuren, die wir sämtlich
mit dem äusseren Vorbau in Verbindung zu bringen haben, denn
wie den grossen Portalgestalten müssen wir doch nun bestimmt
auch jenen stilistisch so eng mit ihnen zusammenhängenden,
verloren gegangenen Statuen, von deren ehemaliger Existenz
wir soeben Kunde erhalten haben, ihren einstigen Standort in
der äusseren Vorhalle anweisen. In welcher Weise die einzelnen
Figuren in dieser angeordnet gewesen sein mögen, lässt sich
natürlich mit Bestimmtheit nicht mehr entscheiden, da wir nicht
wissen, ob die Halle an den Seiten geschlossen oder offen
war. Stehlin nimmt bei seinem Rekonstruktionsversuch wohl mit
Recht das letztere an. In diesem Falle dürfte sich eine ungefähr
gleiche Anordnung der Skulpturen wie in der zeitlich vorangehenden südlichen Querschiffvorhalle der Kathedrale von Lausanne ergeben haben. Freilich mutatis mutandis; denn während die dortige
Anlage nur ein Kreuzgewölbe besitzt, zeigte die Basler deren

drei, und während wir dort in der plastischen Ausschmückung auf echt französischen Reichtum treffen, wird die Basler Vorhalle wohl etwas weniger reich mit Skulpturen ausgestattet gewesen sein.

Ob auch die beiden Reiterfiguren, der hl. Georg und der hl. Martin, ursprünglich mit der Vorhalle in Verbindung gestanden haben, etwa in der Weise, dass sie zur Ausschmückung der beiden schmäleren Seitenflügel derselben verwendet worden sind, lässt sich heutzutage nicht mehr entscheiden. Möglich ist es ja freilich, dass auch sie, wie schon oben hervorgehoben, auf Strassburger Einflüsse zurückgehen und demgemäss gleichzeitig mit den Skulpturen der Vorhalle entstanden sind, aber das ist noch kein genügender Grund, um daraus auf eine Mitaufstellung derselben in oder an der Vorhalle schliessen zu können. Wahrscheinlicher möchte es immer noch sein, dass sie irgendwo an den oberen Turmgeschossen aufgestellt waren; es wäre dies sogar mehr dem Strassburger Vorbilde entsprechend. Als ganz sicher dürfen wir nur wieder betrachten, dass auch sie nicht von vornherein für ihren jetzigen Platz bestimmt gewesen sein können, sind sie doch auf verhältnismässig zu kleinen Sockeln aufgestellt! Und auch als Pendants können sie schwerlich, wie sich jeder durch einen Blick auf ihre ungleichen Grössenverhältnisse überzeugen wird, von Anfang an gedacht gewesen sein. Es liegt somit die Vermutung nahe, dass sie ursprünglich an einem höheren Punkte der nach ihnen benannten Türme aufgestellt waren, nach dem Erdbeben von 1372 aber, welches den Herabsturz der einen Figur zur Folge hatte, aus Besorgnis vor einem zweiten derartigen Unfall an ihren gegenwärtigen Standort versetzt worden sind. [311]

Es bleibt dann nur noch die Frage zu beantworten übrig, welchen Zweck die Pfeiler, auf denen sie jetzt stehen, gehabt haben mögen, ehe sie die Reiter zu tragen bekamen. Denn wie die Konstruktion derselben beweist, gehören sie zu den Türmen und sind gleichzeitig mit diesen entstanden! Dass sie aber von Anfang an als Postamente gedacht waren, bedarf erst keines Beweises. Entweder sind also die ursprünglich zur Aufstellung auf ihnen bestimmten Werke nie ausgeführt worden — ein im mittelalterlichen Kunstbetrieb garnicht seltener Fall — oder sie sind auf irgend eine Weise verloren gegangen. In letzterem

Falle brauchten wir nach einer Ursache nicht erst weit zu suchen. Das Erdbeben vom 18. Oktober 1356 würde uns diesen Verlust ebenso gut erklären können, wie wir seinen verderblichen Folgen wohl den Umstand zuzuschreiben haben dürfen, dass uns nur spärliche Reste von dem Statuenschmuck der äusseren Vorhalle erhalten sind.

Denn wie können wir es uns sonst erklären, dass sich zwei Köpfe, die mit den erhaltenen Teilen desselben auf das engste zusammenhängen, an verschiedenen Orten und in verstümmeltem Zustande gefunden haben? Nehmen wir aber an, die äussere Vorhalle sei durch jenes Ereignis besonders hart betroffen worden und habe durch dasselbe einen Teil ihres plastischen Schmuckes verloren, so erklärt sich das übrige von selbst. Die Reste der zertrümmerten Statuen werden einfach als unbrauchbar beseitigt, das eine oder andere Stück derselben aber einem Liebhaber in die Hände gefallen sein, der es des Aufhebens oder weiterer Benutzung für wert erachtete und dadurch einer späteren Zeit erhielt. Die Vorhalle selbst aber wird so stark gelitten haben, dass man bei den Ausgaben, welche die Restauration ohnehin erfordert haben wird, eine Wiederherstellung derselben für zu kostspielig hielt und sie lieber gleich ganz abbrach. Für die nicht mit vernichteten Statuen musste nun aber Platz geschaffen werden, und so wird man ihnen damals schon aus den Pfeilerresten der Vorhalle die Postamente zurecht gemacht haben, auf denen sie noch heute stehen.

Wenn wir uns ungefähr in dieser Weise den Verlauf denken, gewinnen wir auch einen guten Grund für die Heftigkeit der Klagen über die Grösse des von dem Erdbeben angerichteten Schadens. Ohne unsere Annahme nämlich, die äussere Vorhalle als Opfer der Erschütterung zu betrachten, lässt sich allerdings, wie Stehlin mit Recht des näheren ausführt, [322] garnicht einsehen, warum man so gejammert hat. Denn die sicher nachweisbaren Schädigungen, welche dieselbe an hervorragenderen Bauteilen angerichtet hat, sind nicht von so ausserordentlich grosser Bedeutung. Legen wir zu ihnen aber noch die ganze äussere Vorhalle in die Wagschale, so gewinnt die Sachlage freilich sofort ein andres Aussehen, und die kläglichen Aeusserungen über die schädlichen Folgen des Erdbebens werden uns weit verständlicher als bisher. —

Wir haben die vermutliche Abbruchszeit der Vorhalle bestimmt; jetzt wollen wir uns über das Datum ihrer Entstehung
Rechenschaft zu geben suchen. Zu diesem Zwecke müssen wir
einen gewaltigen Schritt in der Baugeschichte des Münsters rück-
wärts thun und uns in die Zeit versetzen, wo dasselbe noch gar
keine Vorhallen, weder eine innere noch eine äussere, besass.[392]

Mit dem Abschluss der romanischen Bauperiode zeigt das
Münster im Westen zunächst nur den (nördlichen) Georgsturm über
die Fluchtlinie der Kirche vorgeschoben; dann erst wird der Martins-
turm mit seinem unteren Geschoss parallel in entsprechender Weise
zum Georgsturm erbaut, sodass nun zwischen beiden die eigentliche Kirchenfront zurückspringt und hier ein leerer Vorplatz entsteht. Diese Lücke wird in der folgenden Bauperiode in eine
Vorhalle verwandelt, indem die Fronten der Türme durch eine
Mauer verbunden werden, und die alte Stirnwand der Kirche in
ihrem oberen Teile abgebrochen wird, während die untere Hälfte als
Rückwand für die Vorhalle stehen bleibt und in der Mitte durch
ein reiches, gotisches Portal mit Figurenschmuck in den Archivolten durchbrochen wird: dasselbe, welches heute den Haupt-
eingang zur Kirche bildet. Gleichzeitig mit der Vorhalle entstehen
in der neuen Frontmauer der Kirche, als offene Durchgänge
gebildet, die drei Portalöffnungen, welche noch heute die Westfassade aufweist. Zu Anfang des XV. Jahrhunderts schliesslich
werden die beiden Seitenöffnungen vermauert und an die Stelle
der mittelsten tritt das eben erwähnte Portal der inneren Vorhalle,
welche zu gleicher Zeit beseitigt, d. h. in den eigentlichen Kirchen-
raum einbezogen wird. In welche Zeit fällt nun die Errichtung
der beiden Vorhallen?

Bereits Stehlin hat mit Recht darauf hingewiesen, dass die
architektonischen Details der ehemaligen inneren Vorhalle gewisse,
sehr charakteristische Eigentümlichkeiten zeigen, welche ebenso
an anderen Bauten wiederkehren und auf diese Weise wenigstens
eine ungefähre Datierung der Basler Anlage ermöglichen; doch hat
er selbst nicht den Versuch gemacht, eine solche zu geben.
Wir wollen in diesem Punkte kühner sein.

Ziemlich sichere Anhaltspunkte für die Datierung des Werkes
bieten zunächst die Profilgleichheit von Pfeiler und Bogen, die
nur noch oberflächlich durch ein kleines Kapitäl getrennt sind,

und die Gestalt der viereckigen Basen mit den übertretenden, von kleinen Konsolen unterstützten, tellerförmigen Wulsten. Denn diese letztere Form erinnert uns sofort an das Eintrittsportal der Freiburger Vorhalle und weiterhin an das Nikolausportal zu Kolmar. Auch die Profilgleichheit von Bogen und Pfeiler finden wir bereits an diesen beiden Orten ausgebildet, und ebenso ist in Kolmar am nördlichen Portale des Querschiffs die ziemlich oberflächliche Behandlung der Kapitäle, wenn auch noch nicht strikt wie in Basel durchgeführt, so doch schon vorbereitet. Voll ausgebildet tritt uns dann diese Bildung in dem reizenden, kleinen, südlichen Portale des Freiburger Langhauses und an der Strassburger Westfassade entgegen. Auch in der Profilierung der Pfeiler scheint uns eine grosse Aehnlichkeit mit den eben genannten Bauten, ganz besonders aber mit Freiburg zu bestehen; man vergleiche dafür das soeben erwähnte dreiteilige Portal daselbst von der Südseite des Langhauses. Alles dies genügt aber vollständig, die Zeit, in welcher die Basler Details gearbeitet sein müssen, mit Sicherheit auf die zweite Hälfte des XIII. Jahrhunderts zu bestimmen.

Suchen wir nun nach einem uns irgendwie bekannten Datum aus der Baugeschichte des Münsters, so bleibt unser Blick unwillkürlich auf der Jahreszahl 1258 haften, in welchem Jahre der Bau von einem Brandunglück heimgesucht wurde. Man hat allerdings dieses Datum meist auf die Dominikanerkirche bezogen, und die Frage scheint mir selbst nach den Ausführungen Stehlins[***] noch nicht erledigt, aber dieses Jahr würde sich ganz vortrefflich dazu eignen, als Beginn der Arbeiten an der inneren Vorhalle angesehen zu werden, und es liesse sich wohl denken, dass die Restaurationsarbeiten nach dem Brande in irgend einer Weise zum Ausbau der innern Vorhalle geführt haben könnten. Jedenfalls werden wir denselben ungefähr in diese Zeit, d. h. in die sechziger bis siebziger Jahre verlegen müssen, denn die Arbeit an diesem Teile des Baues wird sich mehrere Jahre hingezogen haben, galt es doch die neue Frontmauer der Kirche bis zu ihrer jetzigen Giebelhöhe emporzuführen und ihr ausserdem noch einen dekorativen Abschluss zu geben.[***] Dann aber muss die Bauthätigkeit einige Zeit geruht haben, denn die Pfeilerüberreste der äusseren Vorhalle sind sichtbar eine spätere Zuthat des dreiteiligen

20

Frontportales. Da ihre Details jedoch den gleichen Stilcharakter wie diejenigen der inneren Vorhalle tragen, kann die Bauunterbrechung nicht lange gedauert haben.

Inzwischen muss nun die Vorhalle des Freiburger Münsters mit ihrem reichen und glänzenden Bilderschmuck fertig geworden sein. Unzweifelhaft war der Eindruck, den sie auf die Zeitgenossen ausübte, von durchschlagender Wirkung, und es mag sich wohl ähnlich wie in Strassburg in der vermögenden Bischofsstadt der eifersüchtige Wunsch geregt haben, etwas Aehnliches und womöglich Gleichwertiges in den eigenen Mauern zu besitzen; und diesem Verlangen folgend beschloss man dann vielleicht den Bau der äusseren Vorhalle, indem man zugleich Bedacht nahm, sie wie in Freiburg mit Skulpturen zu schmücken.

Die gegenständliche Wahl derselben war, so weit uns die erhaltenen Reste ein Urteil darüber gestatten, sehr gut getroffen: die Statuen des Königs und der Königin erinnerten an die frommen Stifter des Münsters, Heinrich II., den Heiligen, und seine Gemahlin Kunigunde, denen der Kirchenschatz die berühmte goldene Altartafel verdankte, und deren Reliquien dann sogar im Jahre 1347 teilweise von Bamberg nach Basel überführt wurden, worauf der Heinrichstag in der Basler Diözese für einen hohen Festtag erklärt wurde. [116]

An Beziehungen zu dem Herrscherpaare fehlte es also nicht und ebensowenig an solchen zu Konrad von Würzburg, dem Dichter von „der wÖrlte lÖn". Denn abgesehen davon, dass wir in ihm wahrscheinlich ein direktes Basler Kind zu erkennen haben, verlebte dieser hier ja den grössten Teil seiner Lebenszeit und dichtete im Auftrage von Basler Bürgern verschiedene seiner grossen Werke. [117]

Eine plastische Darstellung der Allegorie der Welt hatte somit in Basel nicht minder Berechtigung als in Freiburg. Eine Marienstatue, die nirgends fehlen durfte, und, dem Strassburger und Freiburger Vorbilde zufolge, etwa noch die klugen und thörichten Jungfrauen werden den Kreis der Skulpturen beschlossen haben. Da diese selbst nun aber in ihren erhaltenen Teilen ausgesprochene Beziehungen zu Strassburg aufweisen, gewinnen wir einen Anhaltspunkt für die Datierung der Vorhalle.

Denn da die Figuren vom Strassburger Südportal, wie wir

gesehen haben, in den achtziger Jahren entstanden sind, können
die Basler kaum vor Beginn der neunziger Jahre gearbeitet sein;
ganz dasselbe Datum ergiebt sich aber auch im Hinblick auf die
höchst wahrscheinlich in den achtziger Jahren ausgeführten Freiburger Baldachine, deren wir oben gedacht haben: der Ausbau
der Vorhalle fiele somit frühestens in die zweite Hälfte und das
Ende der achtziger bis Anfang der neunziger Jahre. Auf ganz
dieselbe Zeit weisen aber auch ihre wenigen erhaltenen architektonischen Details hin, denn sie gleichen, wie wir schon erwähnt
haben, vollständig denen in der inneren Vorhalle, können also
nur sehr wenig später als diese entstanden sein. Dass aber in
der von uns angenommenen Zeit wirklich am Münster gebaut
worden ist, bezeugt ganz unwiderleglich ein im
Jahre 1285 (!) erlassener Indulgenzbrief zu Gunsten
des Kirchenbaues! Damit dürfte auch der letzte Zweifel
an der Richtigkeit der von uns gegebenen Datierung der äusseren
Vorhalle beseitigt sein, und man wird uns beipflichten, wenn wir
ihre Vollendung in die neunziger Jahre setzen: [200] der Schluss
des Jahrhunderts, so dürfen wir wohl annehmen, sah das Werk
— wenigstens im wesentlichen — fertig.

Das Grabmal der Königin Anna von Hohenberg, Gemahlin Rudolfs I.

Die Stadt Basel hat an dem ersten Herrscher aus dem Hause
Habsburg, so lange er noch nicht deutscher König war, einen
unruhigen und fehdelustigen Nachbar gehabt: der erste König, den
sich das Reich nach Jahren unendlicher Wirrsal erkor, um dem
Unwesen des Interregnums, soweit dies möglich, zu steuern, ist
selbst einer derer gewesen, die in der königlosen Zeit eher Un-
frieden und Streit als Frieden und Ordnung gepflegt und gefördert
haben; und besonders Basel ist des öfteren dessen inne geworden.
Hat es doch im Kampfe mit ihm eine seiner Vorstädte durch
Brand verloren, und war es ja bekanntlich auch im Feldlager vor
Basel, dass Rudolf die Nachricht erhielt, er sei zum deutschen
König ernannt.

Aber die feindseligen Beziehungen des Habsburgischen Hauses
zur alten Rheinstadt haben nicht gedauert. Es liegt ein versöhn-
licher Zug darin, dass, wie sein achtzehnjähriger verstorbener Sohn
Hartmann, auch seine erste Gemahlin, Anna von Hohenberg, die
im Jahre 1281 zu Wien aus dem Leben schied, im Basler Münster
ihre letzte Ruhestätte gefunden haben; und so wird denn auch
berichtet, dass dies auf den ausdrücklichen Wunsch der Königin
hin geschehen sei, um auf diese Weise in Basel die durch ihren
Gemahl in früheren Jahren erlittene Unbill vergessen zu machen
Dieser friedliche Ausgleich ist dann auch äusserlich zum Ausdruck
gekommen: unter grossem Festgepränge hat am 19. März 1281
die feierliche Beisetzung der Königin und ihres bereits 1276 verstorbenen kleinen Sohnes Karl im Münsterchore hinter dem Hoch-
altare stattgefunden. Als dieser bei dem Erdbeben des Jahres 1356
einstürzte, ist das Grabmal in den linksseitigen Chorumgang, seinen
heutigen Standort, versetzt worden.

Es ist ein Hochgrab (tumba). Auf einer mit fünf Wappenschildern [399] verzierten, sarkophagartigen Untermauerung ruht die
Grabplatte, welche in gotischer Architekturumrahmung die Standbilder der Königin und ihres jüngsten Sohnes in halb liegender,
halb stehender Stellung zeigt, sodass die Frage berechtigt erscheinen könnte, ob es ursprünglich nicht als Wandgrab gedacht
gewesen ist. Dafür sprechen würde der Umstand, dass der gegenwärtige Unterbau entschieden aus einer späteren Zeit stammt als
die Grabplatte, wie bereits Wölfflin unter Hinweis auf die von
einander abweichende Bildung der Tiere auf den oben und unten
am Grabmal angebrachten Wappenschildern nachgewiesen hat. [400]
Aber die ursprüngliche Beisetzung der Königin im Chor hinter
dem Hochaltar und dann vor allem der plastisch verzierte Abschluss der Platte am Fussende [401] bezeugen deutlich, dass dieselbe von Anfang an bestimmt gewesen ist, ein Hochgrab zu
schmücken.

Die Königin und ihr kleiner Sohn ruhen je unter einem von
zwei Säulen getragenen Kielbogen. [402] Die Königin Anna steht
dabei auf einer mit Blattwerk verzierten Konsole, der kleine Karl
auf einem Löwen, an welchen ein Schild mit dem Habsburgischen
Löwen gelehnt ist. Zwischen den beiden Bogen zu Häupten der
Gestalten befindet sich ein Schild mit dem Reichsadler. Zwei

übereck auf Säulen gestellte Fialen (die linke ist in ihrem oberen
Teile falsch ergänzt) schliessen die Grabplatte auf beiden Seiten
ab. [408]

Die hohe Vollendung der Arbeit, der vornehme Zug in der
Auffassung der Persönlichkeit und der grosse künstlerische Ernst,
welcher aus diesem Werke zu uns spricht, sichern ihm einen Ehrenplatz unter den deutsch-gotischen Grabdenkmälern und räumen
ihm die erste Stelle unter allen Skulpturwerken des Basler Münsters ein. Die Beantwortung der Frage, aus welcher Quelle wir
wohl die hohe Kunst, welche sich in dieser vortrefflichen Schöpfung
in so gehaltvoller Weise geäussert hat, abzuleiten haben, erscheint
daher in diesem Falle doppelt anziehend und ist zugleich von
hohem Interesse.

Entscheidend hierfür ist in erster Linie natürlich die Entstehungszeit des Werkes; aber gerade diese unterliegt verschiedener
Beurteilung. Einen wichtigen Schritt hat allerdings bereits Wölfflin
gethan, indem er das Grabmal, entgegen der bisherigen Ansicht,
welche es in die zweite Hälfte des XIV. Jahrhunderts versetzte, mit
Entschiedenheit in die erste Hälfte desselben verwiesen hat. Aber
das genügt noch nicht ganz, um die kunsthistorische Stellung des
Werkes sicher bestimmen zu können. Zu diesem Zwecke müssen
wir wenigstens den Versuch machen, mit Hülfe einer genauen
stilistischen Vergleichung zeitlich nahestehender Werke jenen
weiten Zeitraum näher zu umgrenzen. Auch hier hat Wölfflin
bereits richtig gesehen, wenn er auf die Verwandtschaft der Königin Anna mit der hl. Kunigunde vom Westportale des Münsters
aufmerksam macht und weiterhin allgemein auf die Freiburger
Skulpturen verweist. [404] Aber ebenso haben wir auch hier wieder
eine genauere Prüfung dieser Beziehungen eintreten zu lassen,
denn ihre Wichtigkeit für die kunsthistorische Bestimmung des
Grabmales liegt auf der Hand.

Vergleichen wir daraufhin sorgfältig den Grabstein mit dem
Cyklus der Freiburger Vorhalle, so fällt uns sofort schon eine
grosse Verwandtschaft in einzelnen architektonischen Details auf.
Hier wie dort finden wir nämlich ähnlich schlanke Säulen, welche
sich auf ganz übereinstimmend gebildeten, zweifach gegliederten Sockeln, deren Grundriss dem Achteck entnommen
ist, erheben. Die Fialen des Grabmales aber entsprechen so voll-

ständig einigen am Freiburger Turm in der Höhe der Achteckgalerie angebrachten Fialenarchitekturen, dass diese letzteren wohl
als die direkten Vorbilder jener zu betrachten sind. Im übrigen
ist die Architektur des Grabmals sehr einfach und ohne jede
Ueberladung in einer des Zweckes würdigen Weise gehalten; nur
zeigt sie, wie Wölfflin mit Recht hervorhebt, nicht die gleiche
Feinheit der Arbeit, welche die figürlichen Teile des Werkes in
so hohem Grade auszeichnet, und lässt dadurch die von ihm geäusserte Ansicht, dass die Grabplatte das Werk zweier Meister
sein müsse, sehr wahrscheinlich erscheinen. [40b]

Gehen wir nun zur Betrachtung der Gestalten über, so überrascht uns eine noch viel weitergehendere Verwandtschaft mit Freiburg. Der Typus der Köpfe erinnert uns nämlich sofort an eine
ganze Reihe dortiger Statuen; die Königin aber stimmt in auf-
fallendster Weise und, wie eine eingehende Untersuchung zweifellos
ergiebt, fast Zug um Zug in der Gesichtsbildung mit der Gestalt
der Grammatik überein!

Hier wie dort (siehe Blatt XVII und XVIII) sind die Augen
durch eine leise Falte von der hohen, ziemlich flachen Stirn
getrennt, an welche die Nase fast ohne Uebergang mit einer nur
ganz kleinen Erhöhung ansetzt; obwohl sie an dem Basler
Kopfe ergänzt ist, lässt sich dies doch noch mit aller Sicherheit
feststellen. Das Gesicht ist beidemal an den Augenknochen durch
deren Betonung stark in die Breite gezogen und verjüngt sich
nach unten, wozu besonders das hier wie dort um das Kinn ge-
legte, schmale Band, das sog. „Gebende", beiträgt. Die wenig angegebenen Nasenflügel (auch dies lässt sich an dem Basler Kopfe
noch erkennen) sind bei beiden Frauen durch eine ziemlich tiefe
Falte gegen die Wangen abgesetzt.

Der Mund ist beim Basler Exemplar flach eingegraben und
nähert sich darin der Bildung, die der vermutliche Marienkopf des
Basler Museums zeigt; übrigens ist er etwas abgestossen. Doch
findet sich gleichwohl auf der Oberlippe ein Ansatz zu der für
Freiburg charakteristischen und auch bei dem Kopfe der Grammatik wiederkehrenden Vierteilung; hier wie dort verläuft auf ihr
von der Scheidewand der Nase aus eine senkrechte Falte nach
unten. Dass auch die Unterlippe die zweigeteilte Form wie gewöhnlich zeigte, ist wahrscheinlich, wenn auch nicht mehr ge-

nau festzustellen. Beiden Köpfen gemeinsam ist ferner, dass sich
die Mundspalte an beiden Enden in je einer wagrechten, kleinen
Einsenkung fortsetzt, und ebenso wird in ganz gleicher Weise
beidemale das Kinn von der Unterlippe durch eine schmale
ziemlich scharfe Falte geschieden. Auch dieses zeigt eine in beiden
Fällen übereinstimmende Formengebung; an dem Basler Kopfe ist
es ganz leicht, dem Auge kaum wahrnehmbar und nur mit dem
Finger zu fühlen, zweigeteilt. Die durch das Kinnband abge-
schnittenen Wangen und die abgeflachte untere Kinnpartie entsprechen sich hier wie dort vollständig.

Der Hals der Königin ist in ähnlicher Weise an- und abgesetzt wie an dem Freiburger Kopfe; nur ist er im Verhältnis
etwas schlanker gebildet. Die Hände der Basler Statue sind ergänzt; ihre ursprüngliche Gestalt zeigt eine Abbildung in der
Basler Chronik von Wurstisen aus dem Jahre 1580.[408]

Die Haartracht stimmt wieder fast ganz genau überein. Man
sehe, wie das Haar beidemale mitten über der Stirn gescheitelt ist,
dann unter dem Stirnreif verschwindet, um in kleinen Wellen an den
Schläfen wieder darunter hervorzuquellen. Das Stirnband selbst
ist in ganz gleicher Weise angeordnet und sogar bis auf die Art
der Verzierung übereinstimmend ausgeführt. Dasselbe gilt auch
von dem Kopftuch, welches in beiden Fällen über das Haar und
den Stirnreif hinweg geht (in Basel auf der linken Seite ergänzt).
Zu dem Kopfschmuck kommt bei der Königin naturgemäss noch
eine Krone hinzu, deren oberer Rand abgebrochen ist. Dass
diese ausserdem aber auch noch einen Stirnreif trägt, erscheint
uns fast wie ein ganz direkter Beweis dafür, dass der Verfertiger
des Grabmales für seinen Zweck einfach die Freiburger Statue
der Grammatik kopiert hat.

Durchaus verschieden sind nur die Augen gebildet. Während
bei dem Basler Kopf die Augenbrauen und die oberen Lider
rund geschweift sind und an den Enden sich herabsenken, steigen
sie dagegen in Freiburg am äusseren Augenwinkel in die Höhe
und verlieren sich allmählich nach der Schläfe hin. Besonders abweichend ist dann auch das Unterlid; während dieses in Freiburg
ziemlich knapp und scharf gegen das Auge und die Wange abgesetzt erscheint, bildet in Basel „der untere Rand der Lidspalte
eine reine Horizontallinie und ist von so geringer Erhebung, dass

die Flächen fast zusammenfliessen".[407] Diese Form findet sich
übrigens auch in Freiburg schon hin und wieder vorgebildet, erscheint dann weiterentwickelt an den Statuen der Strassburger
Westfassade (man vergleiche besonders die thörichten Jungfrauen
daselbst), und tritt uns schliesslich in ganz identischer Form an
den Portalgestalten des Basler Münsters entgegen. Ehe wir aber
die verbindenden Punkte zwischen diesen und dem Grabmale
näher untersuchen, wollen wir den Vergleich mit den Freiburger
Skulpturen zu Ende führen.

Wenn wir fragen, wo der Basler Meister seine Gewandstudien
gemacht hat, so werden wir gleichfalls auf Freiburg gewiesen. Denn
die einzelnen Motive, welche die Kleidung der Königin zeigt, hat
er offenbar der dortigen Statue der Dialektik (Blatt XVIII) entlehnt. Um sich davon zu überzeugen, genügt es eigentlich schon
vollständig zu sehen, wie hier der Mantel und dort das Obergewand in durchaus entsprechender Weise nach der rechten
Körperseite hin aufgenommen und mit einem kleinen überhängen-
den Zipfel (in Basel wohl nicht ganz richtig ergänzt) unter dem
rechten Arme festgehalten werden, sodass in beiden Fällen der
Stoff eine doppelte Faltenbewegung aufweist: langzügig nach
links herunter und rundliche Wellen, die in horizontaler Richtung
auf der linken Seite verlaufen; während er dann weiterhin rechts
bei der Königin zickzackförmig rasch herabfällt, schiesst er bei der
Grammatik glatt herab, sodass wir hier eine, aber sehr geringfügige Abweichung zu konstatieren haben. Man braucht jedoch
ferner nur auf die Uebereinstimmung in dem Verlauf der tiefen
Faltenzüge der Untergewänder zu achten und zu sehen, wie die
eine von den beiden grossen, mächtigen Falten, auf die wir hier
wie dort treffen, beidemal mit demselben feinen Gefühl um das
Spielbein herumgelegt ist, — und man wird keinen Augenblick
mehr darüber im Zweifel sein können, dass der Basler Meister
dieses Motiv der Freiburger Figur abgesehen und dass er, wie für
den Kopf der Königin die Gestalt der Grammatik, so für das
Gewand die Dialektik sich zum Vorbild genommen hat.

Auch der kleine Karl führt uns in die Freiburger Vorhalle
zurück. Vergleichen wir ihn nämlich mit den beiden Zöglingen
der Grammatik, so tritt uns unverkennbar derselbe Typus entgegen: ein runder, dicker, nach unten sich etwas verjüngender

Kopf mit einer sehr stark vorgewölbten Stirn, von welcher die
Augen durch eine leichte Einsenkung geschieden sind. Diese
letzteren zeigen fast die gleiche Bildung wie bei seiner Mutter;
wir haben also hierin offenbar eine lokale Stileigentümlichkeit zu
erkennen. Die vollen Backen, die dicke Nase und die grossen
Ohren sind dann weitere Merkmale der Uebereinstimmung mit
den Freiburger Skulpturen, von denen für die Haarbehandlung
sowie den ganzen Typus besonders noch der Christusknabe,
den die Madonna vom Thürpfeiler in Freiburg auf dem Arme
hält, zu vergleichen ist. Wie dieser trägt auch der kleine Karl
ein auf der Brust mit Knöpfen besetztes Gewand, welches ganz
in gleicher Weise wie beim kleinen Isaak in der Freiburger Vorhalle auf der Vorderseite in seinem unteren Teile geschlitzt ist.

Wenn wir aber für den Karl nicht in gleicher Weise wie
für die Königin ein ganz bestimmtes Vorbild nachweisen können,
so liegt das vor allem wohl daran, dass der Basler Meister dem
Kindertypus ein individuelles Gepräge zu verleihen versucht hat.
So hat er auch dem breiten, vollen Kindergesichtchen ein frohes
Lächeln gegeben und damit seine Absicht nur zu gut erreicht;
denn der kleine Karl macht jetzt entschieden für das wirklich erreichte Alter von nur wenigen Wochen einen zu alten Eindruck.

Was aus dieser ganzen Betrachtung aber mit grösster Bestimmtheit hervorgeht, ist die äusserst nahe Beziehung, in der das Grabmal der Anna von Hohenberg zu den Skulpturen der Freiburger
Vorhalle steht, und welche uns, treten wir jetzt der Datierungsfrage
des ersteren näher, unbedingt dazu zwingt, das Grabmal in allergrösster Nähe jener anzusetzen. Und so wird man es wohl nur
selbstverständlich finden, wenn wir die Ausführung desselben unmittelbar in die Zeit nach der Beisetzung der Königin, also in den
Anfang der achtziger Jahre, verlegen. Der Unterbau, auf welchem
jetzt die Grabplatte ruht, entstammt dagegen, wie schon oben erwähnt, einer späteren Zeit und ist wohl erst bei der Versetzung
des Grabmales nach dem Erdbeben im Jahre 1356 ausgeführt
worden. Die Deckplatte aber, welche dasselbe schmückt, ist noch
die ursprüngliche und hat gewiss schon im Jahre 1281 oder nur
wenig später das gemeinsame Grab der Königin und ihres Sohnes
verschlossen. Jedenfalls wird das Grabmal mit vollem Rechte zu
den schönsten mittelalterlichen Denkmälern Deutschlands gezählt.

Nur etwas später haben wir die grossen Portalstatuen der Westfassade des Münsters ansetzen zu müssen geglaubt. Ein vergleichender Blick auf diese kann daher gewissermassen als Probe unsrer verschiedenen Datierungen gelten. Und nun trifft es sich wirklich, dass eine ganz direkte Verwandtschaft unter den Statuen und dem Grabmale besteht, wobei nur zu bemerken ist, dass genau unsrer Chronologie entsprechend die etwas später entstandenen Statuen auch einen etwas entwickelteren Stil als die Grabfiguren aufweisen. Schon bei Betrachtung der hl. Kunigunde sahen wir uns veranlasst, ihr eine gewisse Vornehmheit der Erscheinung zuzugestehen, welche uns an die hoheitsvolle Gestalt der Anna von Hohenberg erinnerte. Dazu kommt nun, dass die eigentümliche Bildung der Augen, welche uns bei dieser letzteren als ganz besonders vom Freiburger Stile abweichend auffiel, hier in völlig identischer Weise wiederkehrt, und dass die flache Gestaltung ihres Mundes, wie bereits erwähnt, sich bei einem der weiblichen Köpfe wiederfindet, welche wir dem Skulpturenkreise der Portalstatuen zugewiesen haben. Was aber geeignet ist, jeden Zweifel an der Zusammengehörigkeit dieser Werke zu beseitigen, ist, wie Wölfflin schon hervorgehoben hat, „die schlagende Uebereinstimmung der Fialen des Grabes mit denen der Baldachine über den Stifterfiguren der Fassade". Unsere Datierung der letzteren: Ende der achtziger oder Anfang der neunziger Jahre ist damit glänzend gerechtfertigt! Die Archivoltenskulpturen des Mittelportales dagegen müssen, da sie weder von der Freiburger noch von der Strassburger Richtung beeinflusst sind, unbedingt ebenso wie die innere Vorhalle vor jenen anderen Werken entstanden sein.

So vereinigt sich denn alles,[409] um zu unseren Gunsten zu sprechen und uns die frohe Gewissheit zu verschaffen, dass wir nicht umsonst versucht haben, im Geiste noch einmal mit den ehemaligen Basler Architekten zusammen die einzelnen, nun so gut wie spurlos verschwundenen Teile der Westfassade des Münsters aufzubauen und damit gleichzeitig einen neuen Beweis für die weitreichenden, vielseitigen Anregungen kennen zu lernen, welche von dem genialen Gesamtwerke der Freiburger Vorhalle in gleicher Weise nach dem Norden wie dem Süden ausgegangen sind.[410]

Als das wertvollste Vermächtnis derselben müssen wir jetzt

unstreitig das Grabmal der Anna von Hohenberg betrachten,
denn wie es uns einerseits als das Idealbildnis der ersten Gemahlin Rudolfs von Habsburg einen bedeutungsvollen Abschnitt
der deutschen Geschichte vor Augen rückt, klärt es uns andrerseits über den grossen edlen Kunstgehalt auf, der in dem viel-
gliedrigen Werke der Freiburger Vorhalle niedergelegt war und
zum ewigen Schaden der deutschen Kunst nur der Gelegenheit
ermangelt hat, in seiner wahrhaft würdigen Schöpfungen begabter
und fähiger Meister des weiteren zum Ausdruck und zur Entfaltung zu kommen.

III. KAPITEL.

Freiburg.

Wir haben in einem früheren Kapitel den glänzenden politischen Aufschwung verfolgt, welchen Freiburg in der zweiten
Hälfte des XIII. Jahrhunderts genommen und der, wie wir wohl
mit Recht annehmen dürfen, die gleichzeitige künstlerische Blüte
der Stadt zum mindesten mächtig gefördert hat. Diese Periode
vom Glück getragener innerer und äusserer Entwicklung der Stadt
ist nicht schnell wie die Blüte eines kurzen Sommers vorüber-
gegangen, sondern hat bei stetem Wachstum des einem kräftig
aufsprossenden Baumstamme vergleichbaren Gemeinwesens bis ins
XIV. Jahrhundert hinein angedauert. Wir sehen Freiburg in dieser
Zeit seine innere Verwaltung in der seit 1248 eingeschlagenen,
auf eine Herrschaft der Zünfte abzielenden Richtung immer weiter
ausbauen und befestigen und in Verbindung damit allmählich die
völlige Unabhängigkeit von ihren Grafen und eine glänzende
äussere Machtstellung erringen. Ihren vorläufigen Abschluss erreicht diese Entwicklung gewissermassen durch die beiden Verträge
von 1326 und 1327.

Der erste vereinigte die drei Rheinstädte Basel, Strassburg
und Freiburg zu festem Bündnis und gab dieser letzteren dadurch
einen unschätzbaren festen Rückhalt nach aussen hin. Zugleich
aber bietet er ein hochinteressantes Seitenstück zu den von uns
schon auf anderem Gebiete konstatierten Beziehungen dieser drei

Städte, indem er sie, die bereits in künstlerischer Hinsicht so vielfache Berührungspunkte mit einander aufzuweisen hatten, nun auch
in enger politischer Gemeinschaft vereinigte.

Der andere Vertrag, aus dem Jahre 1327, zwischen dem
Grafen Konrad II., dem Sohne Egenos III. und der Stadt geschlossen, brachte dieser eigentlich die völlige innere wie äussere
Freiheit und beschloss damit nur einen Entwicklungsprozess, der
sich langsam aber sicher vollzogen hatte. Denn die Grafen hatten,
durch ihre ewigen Fehden in immer grössere finanzielle Bedrängnis
geraten, von ihren Rechten eins nach dem andern der Stadt verkaufen
müssen, und so war der endliche Ausgang dieses Austausches in
einem Vertrage wie dem vom Jahre 1327 schon vorauszusehen. In
diesem allmählichen Niedergang des Grafenhauses auf der einen
und dem langsamen gleichzeitigen Aufstieg der Stadt auf der anderen Seite liegt unzweifelhaft ein gewisses tragisches Moment,
und das Gesamtbild dieser gegensätzlichen Entwicklung entrollt
sich vor unseren Augen wie der fortschreitende Gang der Handlung
in einem grossen dramatischen Schauspiele.

In diese glänzende Werdezeit fällt der Ausbau des herrlichen
Münsterturmes, und so scheint er gleichsam wie ein monumen-
talstes Wahrzeichen der mächtig aufstrebenden Stadt aus dem
Häusergewirr Alt-Freiburgs emporzusteigen. Als jene beiden Verträge geschlossen wurden, stand er wohl schon eine Zeit vollendet,
denn wir werden ihn uns um die Wende des XIII. Jahrhunderts
ausgebaut denken müssen. Seine Fertigstellung wird der Stadt
grosse Kosten bereitet haben, und es dürften somit kaum die
vielen Fehden, welche die Stadt in den ersten Jahrzehnten des
XIV. Jahrhunderts mit ihren Nachbarn ausgefochten hat, allein
gewesen sein, welche das schnelle Anwachsen der städtischen
Schuldenlast (im Jahre 1326 waren es bereits 1121 Mk. Silber)
verursacht haben. Denn ausser am Münster wurde auch sonst
noch viel an öffentlichen Gebäuden in der Stadt gebaut, und dann
hat gewiss auch die reichliche äussere wie innere Ausstattung des
Münsters mit Bildwerken, welche in diese Zeit fällt, grössere Ausgaben zur Folge gehabt.

Zunächst entstanden hier, teilweise noch in denselben Jahren
wie der plastische Schmuck der Vorhalle, die Statuen, welche am
Turmäussern und an den beiden Seiten des Langhauses Aufstellung

gefunden haben, etwas später dann die Apostelfiguren und anderen Gestalten des Innern, die hl. Grabkapelle und um die Mitte des XIV. Jahrhunderts schliesslich die Skulpturen der beiden kleinen Chorportale.

Alle diese Arbeiten reichen mit einer einzigen Ausnahme nicht an die Werke in der Vorhalle heran, obwohl wir mehrfach ein ausgesprochenes Bestreben, diesen nahe zu kommen, gewahren. Wir sehen vielmehr auch hier, wie der Kunstwert der einzelnen Schöpfungen mit der Zeit immer mehr sinkt, und dass der eigentlich Freiburger Stil und die hohe Kunst der Skulpturen aus der Vorhalle nicht die Fortsetzung erfahren haben, auf die sie in so verheissungsvoller Weise hingewiesen, ja die sie eigentlich geradezu gefordert haben. Wir erkennen hieraus auf das unzweideutigste, dass der Verfall der bildnerischen Kunst allgemein in der Zeit lag und selbst da eintreten musste und eingetreten ist, wo doch die Anfänge zu einer glücklichen und gesunden Entfaltung der Plastik geschaffen und auch die äusseren Umstände einer solchen nur günstig waren.

Es verlohnt sich mithin nicht, wie schon aus dem eben gesagten hervorgehen wird, den späteren Freiburger Skulpturen eine eingehendere Betrachtung zu widmen. Interesse verdienen sie nur nach der Seite ihres stilistischen und künstlerischen Zusammenhanges mit den Werken der Vorhalle hin: denn hier helfen sie das geschichtliche Bild von dem Entstehen und Vergehen der Freiburger Bildhauerschule des XIII. Jahrhunderts in glücklicher Weise ergänzen und vollenden: unsere Untersuchung über die letztere kommt mit ihrer Betrachtung zum naturgemässen Schluss.

Zunächst haben wir die Gestalten des Turmäusseren und des Langhauses ins Auge zu fassen, über deren Benennung und Bedeutung sowie einzelne Aufzählung wir nicht erst viele Worte verlieren wollen. Der Zweck aller dieser Figuren, der Kaiser und Ritter, Geistlichen und Heiligen, Schutzmantelmadonnen (Blatt XIX), Apostel und Propheten, Erscheinungen aus dem Alten und Neuen Testamente ist wesentlich ein dekorativer; bestimmte historische Persönlichkeiten hier darzustellen, wird kaum in der Absicht der Auftraggeber wie der ausführenden Steinmetzen gelegen haben. Wenn wir in den vier sitzenden Fürstengestalten am untersten Turmgeschoss Mitglieder des Zähringischen Hauses

und in den Dominikanergestalten einen dankbaren, monumental
gefassten Hinweis auf die Mitarbeit und das Verdienst dieses
Ordens am Münsterbau zu erkennen glauben, so dürfte damit alles
erschöpft sein, was uns der Statuenschmuck des Turmes mit
einiger Sicherheit zu sagen hat.

Dieser rein dekorativen Bestimmung gemäss sind es auch
nur, mit wenigen Ausnahmen, ziemlich derbe Steinmetzarbeiten,
welche das Hauptgewicht auf den Gesamteindruck legen und auf
feinere Detailwirkung verzichten. Hinsichtlich ihres Stiles ist zu
bemerken, dass sich die meisten Gestalten der einen oder andern
der im Cyklus vertretenen Richtungen anschliessen, und uns kein
eigentlich neuer T y p u s , sondern höchstens einige neue aus dem
allgemeinen Freiburger Stil abgeleitete S t i l n ü a n c e n begegnen.
So geht eine ganze Reihe Figuren, besonders männliche Gestalten,
wie der derbknochige Gesichtsbau mit den abgeschrägten Wangen
und der scharfrückigen Nase beweist, auf den ersten Freiburger
Stil, den der Madonna am Thürpfeiler zurück. Wieder andere
Statuen, diesmal vorzüglich weibliche Erscheinungen, zeigen dagegen den Stilcharakter der voll entwickelten Freiburger Plastik
und schliessen sich Werken wie etwa den Wissenschaften und
der Ekklesia an. Einige andere Figuren schliesslich zeigen denselben Stil wie die Apostel aus dem Langhause, deren Betrachtung
wir uns weiter unten zuwenden werden.

Ganz direkte Beziehungen zu den Skulpturen der Vorhalle
können wir nirgends nachweisen: diese Statuen vom Turme und
Langhause sind in allem viel derber gebildet als die Figuren der
Vorhalle und oft auch schon in ihrem Stile etwas weiter entwickelt als diese. Da es aber andrerseits doch nicht an sehr
nahen Beziehungen zwischen ihnen fehlt, möchte es vielleicht
nicht ausgeschlossen sein, dass hier teilweise die geringeren Kräfte,
welche in der Vorhalle nur die architektonischen Teile des Cyklus
gearbeitet haben, beschäftigt worden sind. Damit würde sich
denn auch sehr gut der Umstand erklären, dass wir in jener nur
auf wenige Arbeiten von minderwertigem Charakter stossen, indem
die dort befindlichen Skulpturen ihrer künstlerischen Qualität
nach durchgehends auf einer sehr hohen Stufe stehen. Zugleich
spricht diese offenbare Stilverwandtschaft zwischen den einzelnen
Werken vom Aeusseren des Baues und aus der Vorhalle ent-

schieden für einen sehr raschen Baubetrieb und eine schnelle Vollendung des Turmes.

Mit die besten Arbeiten an diesem zeigt die Darstellung der Krönung Marias in dem spitzgiebeligen Felde über dem Portale (siehe die untenstehende Abbildung). Maria sitzt links, gekrönt und mit gefalteten Händen zur Seite gewandt, Christus gegenüber, der gleichfalls gekrönt ist und mit lehrender Gebärde die rechte Hand erhoben hat. In dem spitzbogig geschlossenen Raume über ihnen sind in zwei Reihen vier fliegende Engel angebracht, von denen die unteren Weihrauchgefässe, die oberen eine Krone tragen. Zur Seite, im Bogenfelde abwärts steigend, sind rechts und links je ein Engel und eine gekrönte weibliche Gestalt auf Konsolen aufgestellt; ob wir in ihnen bestimmte Persönlichkeiten zu erkennen haben, wird sich schwer entscheiden lassen.

Krönung Marias.
Wimperg des Freiburger Münsterportals.

Der Stil der weiblichen Gestalten schlägt am meisten in die Richtung der Wissenschaften, ist jedoch schon teilweise stark maniriert; der Christus zeigt uns einen in der Vorhalle, besonders auf dem Tympanon, mehrfach wiederkehrenden Typus. Die Gewandung ist bei den stehenden Figuren mit grosser Freiheit und kühnem Schwung behandelt; bei den sitzenden Gestalten ist sie trockener und wenig belebt. Offenbar half hier ursprünglich die Bemalung, welche ehemals die Gruppe und das ganze Portal schmückte, den Eindruck verstärken. Die Ausführung und

der Gesamtcharakter des Werkes sind handwerksmässig und
nüchtern.

Gleichzeitig mit diesen Skulpturen haben wir uns wohl die Madonnenstatue entstanden zu denken, welche mit dem Christkind
auf dem Arm im Innern des Langhauses am Mittelpfeiler des
Portales, also an ganz entsprechender Stelle wie die Madonna der
Vorhalle steht (vgl. S. 48). Ein Blick genügt, um ihren Zusammenhang mit den Skulpturen der Vorhalle sofort zu erkennen. Das
Gewand zeigt in seinem schönen, mächtigen Faltenwurf ganz die
gleiche Art der Behandlung wie jene; der Kopftypus ist wesentlich
derselbe wie bei den klugen und thörichten Jungfrauen. Hier wie
dort zeigt die Stirn die gleiche Wölbung, die Augen eine fast
ganz übereinstimmende Bildung, die vollen Wangen dieselbe Neigung
zum sich Abschrägen, und ebenso finden sich in beiden Fällen
das volle, betonte Kinn, der eigenartige Mund mit der vierfach
geteilten Oberlippe und der zweifach gegliederten Unterlippe. Nur
erscheint bei der Madonna des Langhauses alles etwas weiter
entwickelt, und damit stimmt auch die ausgeschwungene Haltung
der ganzen Gestalt überein. Und wenden wir nun unsern Blick
zu den Skulpturen des südlichen Portales der Strassburger Westfassade hinüber, die wir als spätere Werke des Freiburger Stiles
erkannt haben, so ergiebt sich eine derartige Uebereinstimmung,
dass, für uns wenigstens, kein Zweifel mehr an der Richtigkeit
der von uns zwischen Freiburg und Strassburg statuierten Beziehungen bestehen kann. Wir besitzen in dieser Madonnenstatue,
welche den Strassburger Skulpturen derart stilverwandt ist, dass
sie anstandslos unter ihnen Platz finden könnte, ein ungemein
wichtiges Bindeglied, welches in Freiburg selbst bereits die weitere
Entwicklung, die der hier ausgebildete Stil einschlagen sollte, in
einem schönen Werke vollständig durchgeführt zeigt und so, ohne
eine Lücke in der Stilausbildung zu lassen, zu den Strassburger
Skulpturen hinüberführt, deren Wesen uns durch diese Vermittlung
noch klarer als bisher wird. Die Entstehungzeit dieses Werkes
haben wir demgemäss Ende der siebziger oder Anfang der achtziger Jahre anzusetzen.

Rechts und links neben der Madonna steht je ein Leuchter
tragender Engel; der Stil und die Art der Auffassung weisen diese
beiden Statuen einer etwas späteren Zeit als jene zu; und zwar

sind sie wohl gleichzeitig mit den übrigen grossen Statuen des Inneren entstanden. Vermutlich gehören sie bereits dem Ende der achtziger Jahren an, denn die stark ausgeschwungene Stellung, wie der typische Ausdruck des etwas übertriebenen Lächelns und ihre mehr allgemeine, nicht so sorgsam auf feine Detaildurchbildung eingehende Art der Gesamtbehandlung, die nach einer gewissen effektvollen Wirkung strebt, rücken diese Werke sichtlich in eine etwas spätere Zeit. Damit stimmt auch der Umstand überein, dass die Engelgestalten keine direkten Beziehungen mehr zu den Skulpturen der Vorhalle zeigen — eine solche könnte man nur zu den beiden grossen Engeln daselbst finden — und auch von der Madonna des Langhauses dadurch abweichen, dass sie in den Grundzügen wohl denselben Stil wie diese aufweisen, in der Ausführung aber ihn weiter entwickelt zeigen.

Apostelfigur aus dem Freiburger Münster.

In die gleiche Zeit ungefähr wie diese beiden Gestalten gehören die Apostel und Heiligenfiguren mit Christus, welche an den Pfeilern des Mittelschiffes aufgestellt sind (siehe Blatt XX und die nebenstehende Abbildung): tüchtige Durchschnittsleistungen, welche als charakteristisch eine sehr wechselnde Auffassung der Persönlichkeit zeigen. Während nämlich die beim Betreten der Kirche rechter Hand an erster Stelle stehende jugendliche Johannesfigur, welche in den Grundzügen ihres Stiles den beiden Leuchter tragenden Engeln entspricht, wie überhaupt die bartlosen Erscheinungen sich durch Ruhe und wohl auch hin und wieder eine gewisse Grösse der Auffassung auszeichnen, tritt uns in den dramatisch erfassten Gestalten von Petrus, Bartholomäus und Paulus eine unruhige, im Affekt übertreibende Richtung entgegen; und zwischen diesen beiden Gruppen vermitteln dann wieder einige andere weniger erregte Gestalten wie z. B. Jakobus major und minor.

Am interessantesten ist dabei jene dramatische Figurengruppe,

21

denn sie zeigt unleugbar eine gewisse Verwandtschaft mit den
Prophetengestalten vom Hauptportal des Strassburger Münsters.
Abgesehen nämlich von der leidenschaftlichen Erregung, welche
hier wie dort die Erscheinungen beherrscht, treffen wir in Strassburg zweimal auf einen Typus, der mit seiner·Form des eigentümlich kleinen und geöffneten Mundes und mit seinem langen
schmalen Kinnbarte, der sich wie in nervöser Bewegung aufwärts
krümmt, dem des Bartholomäus sehr ähnlich ist.

In diesen Beziehungen spricht sich schlagend wieder die enge
Verwandtschaft der Freiburger und Strassburger Plastik aus. Denn
wir dürfen darin nicht etwa eine direkte Beeinflussung der Freiburger Statuen durch die Strassburger Prophetengestalten erblicken,
sondern wir haben in diesen Zusammenhängen nur einen weiteren
Beweis dafür zu sehen, dass in der zweiten Hälfte des XIII. Jahrhunderts durch das Werk der Freiburger Vorhalle eine grosse
Bildhauerschule mit einer ganz ausgesprochenen, eigenen künstlerischen Richtung und einem durchaus original gefärbten Stilcharakter ins Leben gerufen worden ist, die sich dann am ganzen
Oberrhein Geltung verschafft und dem bildnerischen Schaffen dieser
Gegenden eine Zeit lang ihren Stempel aufgeprägt hat. Wie nämlich die Strassburger Propheten, so weisen jetzt auch noch die
Freiburger Apostel deutlich erkennbar auf die Vorhalle zurück
(man vergleiche dafür die Gestalten Isaaks und Johannes des Täufers daselbst), und wie in den einen, so ist auch in den andern noch
der alte dramatische Freiburger Kunstgeist, freilich bereits, besonders in Strassburg, in stark manierierter Form, lebendig. Und so
erkennen wir hier mit aller Deutlichkeit, dass das Manierierte
nach Goethes bündiger und treffender Erklärung „ein verfehltes
Ideelle" ist.

Die Manier tritt jedoch bei den Freiburger Gestalten noch in
sehr beschränkter Weise, jedenfalls in weit geringerem Masse als
in Strassburg auf; wir werden daher die Statuen·des Langhauses
nicht allzuspät ansetzen dürfen. Da es nun zwischen ihnen und
den Skulpturen der Vorhalle nicht an Beziehungen (z. B. gelegentlich in der Bildung der Hände) fehlt, und der Johannes, wie wir
gesehen haben, den beiden Leuchter tragenden Engeln nahe steht,
wird es vielleicht das Geratenste sein, sie ungefähr in die gleiche
Zeit wie diese, also spätestens in die neunziger Jahre bis in den

Anfang des XIV. Jahrhunderts zu verweisen; sie rücken dann auch zeitlich in die Nahe der Strassburger Propheten.

Bemerkenswert ist ferner an den Freiburger Statuen noch zweierlei; erstens, dass die Stellungen fast durchweg äusserst ruhig und einfach gehalten, die Körper z. B. nicht im geringsten ausgeschwungen sind; und zweitens, dass sie durch ihre nahe Verwandtschaft mit einigen Figuren des obersten Turmgeschosses wieder Zeugnis dafür ablegen, dass der Ausbau dieses letzteren mit grosser Schnelligkeit betrieben worden sein muss.

Etwas später als die Figuren des Langhauses werden wir schon den Skulpturenschmuck der hl. Grabkapelle im südlichen Seitenschiff (Blatt XXI) anzusetzen haben, obwohl derselbe anscheinend in einem weit engeren Verhältnis zu den Skulpturen der Vorhalle steht als jene. Aber gerade an diesem Werke zeigt sich der tiefe Gegensatz von freier und unfreier statuarischer Plastik in seiner ganzen Bedeutung. Denn die kleinen Gestalten Christi, der hl. Elisabeth und Magdalena und zweier Rauchfass schwingender Engel, welche zwischen den Abschlusswimpergen der Kapelle aufgestellt sind, nähern sich in ihrer äusseren Erscheinung zwar den Skulpturen der Vorhalle bis zu einem solchen Grade, dass man glauben möchte, unter diesen die direkten Vorbilder für jene nachweisen zu können, aber ihrem inneren Wesen nach sind sie einander völlig fremd. Während nämlich die Figuren der Vorhalle ein freies Sonderdasein voll Leben und Bewegung zu führen scheinen, macht sich in den Statuetten der Kapelle trotz ihrer sorgfältigen und feinen Ausführung unverkennbar eine gewisse innere Leere fühlbar, und sie wirken zwischen den Wimpergen wie ein Bauglied zwischen anderen Baugliedern.

So wird uns hier greifbar klar, was es zu bedeuten hat, ob die Plastik eine freie selbständige Kunst oder nur ein dekoratives Beiwerk der Architektur ist. Der hohe Wert und das eigenartige Wesen der grossen Statuen der Vorhalle, die noch ganz Freiskulptur sind, bedarf nach dieser Gegenüberstellung keiner erklärenden Worte mehr: hier liegt der Schlüssel zum vollen Verständnis und zur einzig möglichen Würdigung derselben, und man wird finden, dass wir ihnen bei unserer früheren Beurteilung ihres Kunstcharakters nur gerecht geworden sind.

Wunderbar berührt es, zu sehen, dass jene Spätlinge der

Freiburger Plastik an der Kapelle, die so gar nichts mehr von dem ursprünglichen freien Geiste derselben besitzen, nicht der Manier verfallen sind, sondern das stilistische Gepräge der Werke aus der Vorhalle getreu kopiert haben. Besonders auffallend aber ist die ruhige, ja fast steife Haltung, die ihnen eignet, und die an moderne Imitationen der Vorhalleskulpturen glauben machen möchte, zumal die Figuren bei der letzten grossen Münsterrestauration neu bemalt und überhaupt allzusehr modernisiert worden sind.

Aber diese steife, so ganz „ungotische" Haltung der Gestalten hat doch vielleicht einen tiefen Grund. Oder ist es nicht auffallend, dass wir sie bereits bei den Aposteln des Langhauses und auch bei dem grössten Teile der Statuen von der Westfassade des Strassburger wie des Basler Münsters, kurz bei fast allen späteren Schulwerken der Freiburger Stilrichtung angetroffen haben? Sollte hierin nicht vielleicht ein allerletzter Nachklang oder eine Erinnerung an das romanische Stilgefühl zu erblicken sein, als dessen letzten Ausläufer am Oberrhein wir den Freiburger Cyklus erkannt haben? Wunderbar genug wäre es freilich; wer aber wollte die Möglichkeit dessen so ganz in Abrede stellen!

Einer etwas späteren Zeit als die Statuetten möchte man sich geneigt sehen die Figuren aus dem Innern der Kapelle, Christus und die Wache haltenden Kriegsknechte, zuzuschreiben, denn sie tragen bereits ziemlich stark den realistischen Zug der spätgotischen Skulptur an sich.

Die einzigen, sonst noch direkt unter dem Einfluss der Vorhalle entstandenen plastischen Werke, welche sich in Freiburg erhalten haben, sind eine jetzt vor dem Münster aufgestellte Madonnenstatue und die Figur einer hl. Katharina aus der Kirche zu Adelhausen.

Die letztere (siehe die Abbildung auf S. 325) stammt aus dem ehemaligen gleichnamigen Kloster in der Wühre, welches 1281 bei der Belagerung Freiburgs durch König Rudolf (s. S. 51) zerstört worden ist. Sie zeigt am meisten Beziehungen zu den klugen und thörichten Jungfrauen aus der Vorhalle und erweist sich in ihrer Gesichtsbildung mit den durch eine Furche gegen die Stirn abgesetzten Augen als ein Werk des voll entwickelten Freiburger Stiles. Das Gewand ist in gleicher Weise wie bei den Skulpturen

der Vorhalle, aber viel schematischer und trockener als dort behandelt. Es umgiebt nicht frei und massig wie ein wirkliches Stoff-
kleid den Körper, sondern liegt flach an demselben an und erscheint
fast wie aus Blech gearbeitet. Es verrät sich darin schlagend die
nachahmende Hand, welche den Geist und die
Frische des Originales nicht zu erreichen vermag,
und wir fühlen uns direkt an die Gewandbehandlung bei den Strassburger Tugenden erinnert.
Die Statue der Katharina ist wohl noch im
XIII. Jahrhundert, etwas später als die Madonna
des Langhauses entstanden. Höchst auffallend
ist auch hier wieder die steife Haltung der Figur,
welche wir aber diesmal vielleicht darauf zurückzuführen haben, dass die Statue wohl von Anfang
an, wie sie auch heute aufgestellt ist, als Freifigur
auf einer Säule gedacht war. Die Bemalung,
welche sie jetzt aufweist, ist modern und stört
den Gesamteindruck des Werkes in ziemlich empfindlicher Weise.

Der gleichen oder wohl schon einer etwas
späteren Zeit müssen wir die Madonna zuweisen,
welche zwischen zwei barocken Heiligen vor
dem Münster steht. Wie die nur oberflächlich
angelegte Rückseite der Statue beweist, war sie
ursprünglich nicht zur Freiaufstellung in Rund-
sicht bestimmt. Die Geschmacklosigkeit aber, ihr
als Postament eine barocke Säule zu geben, wird
nur noch durch die Barbarei übertroffen, welche
die Einfügung einer reichen Renaissancethür in
das reingotische Kirchenportal der Vorhalle verrät.

Die Stellung der Madonna, welche das Christuskind auf dem Arme hält, ist auch hier
wieder etwas befangen und steif und zeigt nicht

Statue der hl.
Katharina aus
Adelhausen.

die gleiche Freiheit der Bewegungen wie die grossen Statuen
der Vorhalle, von denen sie sich auch sonst etwas entfernt. Der
feine, etwas gekniffene Mund, die zierliche Bildung der schmalen
Augen, welche wieder durch eine Furche gegen die Stirne abgegrenzt sind, rücken das Werk vielmehr in die unmittelbare Nähe

der klugen Jungfrauen vom Südportale der Strassburger Westfront. Der belebtere Ausdruck des Christus, sowie die geistlose,
harte Gewandbehandlung, welche an die der hl. Katharina aus
Adelhausen erinnert, weisen die Statue jedoch schon einer späteren
Zeit als jene zu.

Ganz aus dem Kunstkreise der Skulpturen der Vorhalle heraus
führt uns schliesslich der plastische Schmuck der beiden kleinen
Chorportale (Blatt XXII). Das südliche derselben zeigt im Tympanon die Darstellung der Grablegung und Krönung Marias; rechts
und links vom Eingange sind auf Konsolen unter hohen modernen Baldachinen Figuren des Christophorus und einer Madonna
mit dem Kinde aufgestellt. Das Thürfeld des nördlichen Portales
enthält im Kircheninnern eine Schilderung der Passion, aussen
zeigt es uns die Geschichte des Sündenfalles und des Sturzes
Lucifers; in der einzigen Archivolte ist die Schöpfungsgeschichte
dargestellt.

In diesen Werken ist das Ende der ehemals blühenden Freiburger Kunst: traurig klingt sie, kaum noch erkennbar, in den
Gestalten des Christophorus und der Maria und in einigen Männerköpfen vom Tympanon des Südportales aus. Von dem Vollaccord
der vergangenen Zeit ist nur noch ein ersterbender Klang geblieben, und von der grossen, freien und hohen Kunst, welche den
Skulpturencyklus der Vorhalle geschaffen hat, ist hier nichts mehr
zu spüren.

So hat sie gesprochen die alte Vorhalle und den hoffnungs-
vollen Wunsch, mit dem wir sie betreten, nicht unerfüllt gelassen.
Denn indem wir nach der Bedeutsamkeit der durch sie ver-
körperten Gedanken und der Geschichte ihres Werdens geforscht,
und indem wir die deutsche Wesenhaftigkeit ihrer Kunst wie die
zahlreichen lebendigen Einflüsse, die sie ausgeübt, kennen gelernt
haben, sind die Figuren an ihren Wänden wieder zu neuem Leben
erwacht und haben, zu uns plaudernd von den alten vergangenen
Zeiten, in denen sie selbst geschaffen wurden, um dann, einmal
geworden, gleich wieder ihrerseits schaffend zu werden, die alte
längst verlorene Sprache wiedergefunden und haben uns viel
vom alten Freiburg, viel aber auch von der grossen Werdezeit

des XIII. Jahrhunderts und dem ausgehenden Mittelalter erzählt. Denn wie mit dem bestrickenden Zauber einer grossen Persönlichkeit, so hat uns die wunderbare Schöpfung des unbekannten Freiburger Meisters geheimnisvoll umfangen und in sinnende Betrachtung versenkt; und der individuelle Hauch, welcher so rätselvoll und doch mächtig zugleich die hohe Vorhalle durchweht, hat uns dann, einmal erfasst, im Geiste raschen Fluges weit über Länder und durch Jahrhunderte geführt. Jetzt schauen wieder stumm die steinernen Zeugen der vergangenen Zeit von den Wänden auf uns herab, aber es ist, als webe in ihnen verborgen ein wundersamer, kräftiger Lebenshauch, und als grüssten sie in uns ahnungsvoll, verwandten Geistes, den modernen, individuellen Menschen. —

ANHANG.

--

Zur Genesis der Goldenen Pforte des Freiberger Domes.

Wir haben als ein hervorragendes Specimen der älteren deutschen Kunst die sogenannte Goldene Pforte des Freiberger Domes besprochen. Aber ist diese selbst nicht französisch beeinflusst? Man hat diese Frage bisher im allgemeinen immer bejaht; nur Hermann Riegel sprach sich, soweit ich sehe, dagegen aus und plädierte hier für die Annahme einer Einwirkung der italienischen Kunst.[411] Eine eingehende Untersuchung dieser Angelegenheit steht noch aus. Auch wir haben nicht die Absicht, im folgenden eine solche zu liefern; unsere wenigen Bemerkungen sollen nur eine Ergänzung zu den Ausführungen des Textes sein. — Im allgemeinen ist es zunächst der Normaltypus des romanischen Portales, wie wir ihn zur Blütezeit dieses Stiles überall auftauchen sehen, der der Goldenen Pforte zu Grunde gelegt worden ist. Wie jedoch der stilistische Charakter ihres plastischen Schmuckes trotz eines leisen, aber deutlich bemerkbaren Nachklanges der Antike wie auch gewisser französischer Elemente bestimmt auf die sächsische Bildhauerschule hinweist, so ist offenbar auch der specifische Typus der sächsisch-romanischen Portalanlagen zum weiteren Ausgangspunkte genommen worden. Leider ist uns dieser nur noch in zwei sehr einfachen Beispielen erhalten: in den Westportalen der Kirchen zu Rochsburg[412] und zu Langenleuba-Oberhain; das letztere zudem bloss in einer Zeichnung, welche vor der nach 1841 erfolgten Zerstörung des Portales aufgenommen worden ist. [113] Beide Anlagen zeigen doppelte Säulenstellungen, die sich ihrer Anordnung und teilweise auch der Ausführung nach ganz zweifellos als die Prototypen der Goldenen Pforte zu erkennen geben. Auch das Westportal der Stadtkirche von Dippoldiswalde, [114] deren wir bereits einmal Erwähnung gethan haben (Anmk. 185), gehört in diese Gruppe, und zwar zeigt dieses, bei sonst ganz übereinstimmender Bildung, durch Annahme des Spitzbogens bereits den Uebergang zur Gotik. Damit stimmt auch völlig das Datum seiner Entstehung: Mitte des 13. Jahrhunderts überein. Die Goldene Pforte dagegen haben wir etwas früher anzusetzen. Dass aber diese Werke in den Kreis einer grösseren Schule hineingehören, beweist das Rochsburger Portal; denn „die einfach edlen Gliederungen der Füsse mit übertretendem Pfühle, der Kämpfer und des Bogens gleichen auffallend denen in der Schlosskapelle zu Landsberg bei Halle, die reichen Kapitäle denen der Klosterkirche zu Frose am Harz.“ [115] Das von einer Zopfeinfassung umgebene Tympanon mit der Darstellung des Lammsymboles weist uns hingegen auf Wechselburg, dessen inniger Zusammenhang mit Freiberg wieder ausser Frage steht.

Neben diesen lokalen Einflüssen sind dann fraglos auch noch solche von Frankreich massgebend gewesen, das bezeugt uns der reiche plastische Schmuck, der in dieser Fülle und vor allem mit seiner Anordnung in den Archivolten hier in Freiberg zum ersten Male in Deutschland an einem Portale auftritt, [116] mithin schlechterdings nicht als eine unbeeinflusste Neuerung des Freiberger Meisters, von dem uns ausser diesem kein anderes sicher beglaubigtes Werk bekannt ist, angesprochen werden kann.

Denn überall, wo wir sonst noch an romanischen Portalen plastischen Schmuck auftauchen sehen, können wir ziemlich sicher sein, dass französische Einflüsse mit herein spielen. Dies ist z. B. bestimmt bei dem Südportale des um 1200 anzusetzenden Chorbaues der Kollegialkirche unserer lieben Frauen zu Neuenburg in der Schweiz der Fall, wo der gewöhnliche romanische Portaltypus insofern eine plastische Erweiterung erfahren hat, als in ähnlicher Weise wie in Freiberg zwischen die Säulen an die vorspringenden Mauerkanten Statuen getreten sind; die Wandecken sind hier jedoch nicht wie in Freiberg in nischenartiger Bildung abgeschrägt, und auch das reizende Säulenmotiv von dort fehlt. [117]

Das ganze Portal erinnert uns in gewisser Hinsicht an die Galluspforte des Basler Münsters und weist „schon auf die Grenzlinie
des deutschen Kunstelementes, schon auf eine Wechselwirkung
mit der eigentümlichen Richtung der romanischen Architektur in
der französischen Schweiz hin. Doch ist es eben nur ein Anklang
an diese Richtung und das deutsche Element im wesentlichen
noch völlig überwiegend." [418]

Das soeben erwähnte Portal des Basler Münsters aber, welches
gleichfalls Statuen und an den Gewändern anderweitigen plastischen
Schmuck zeigt, geht, wie Dr. Albert Burckhardt-Finsler festgestellt
hat, und wir bereits einmal erwähnt haben (Anmk. 133), ganz direkt
auf einen reich skulpierten, antiken Triumphbogen, die sog. Porte
Noire in Besançon zurück; [419] es ist also sehr wahrscheinlich, dass
bei der Ausschmückung der Galluspforte mit Statuen noch ander-
weitige und zwar direkt französische Vorbilder von Einfluss gewesen sind. An solchen fehlte es in der Nähe von Besançon
keineswegs; ich erinnere an das jetzt verschwundene Portal der
Abteikirche von Château-Chalon (Département du Jura) [420] und
an das grossartige Westportal von Saint-Bénigne in Dijon.

Der Freiberger Meister wird also wohl auch in Frankreich
seine Studien gemacht haben. Jedenfalls ist es sehr interessant
zu sehen, in welcher Weise er bei der Umbildung des einfachen
romanischen Portaltypus zu Werke geht.

Eine der wesentlichsten Veränderungen, welche er mit ihm
vornimmt, besteht, wie schon im Texte ausgeführt ist, darin, die
zwischen den Laibungssäulen vortretenden Wandecken abzu-
schrägen. Es ist das eigentlich nichts Neues, denn wir finden es
bereits, wenn nicht direkt vorgebildet, so doch wenigstens vorbereitet am Portal der Schottenkirche (St. Jakob) zu Regensburg,
an dem der Neumarktskirche in Merseburg, [421] an dem romanischen Südportal der Pfarrkirche zu Hohenlohe (Kreis Merseburg), [422]
dem südlichen Seitenschiffportale der Georgskirche zu (Unter-)
Greislau (Ende des XII. Jahrhunderts), [423] dem romanischen Portale der alten Kurie in Naumburg, [424] dem kleinen Portale der
ehemaligen Correctoratwohnung in Schulpforta, [425] an dem Westportale der Nikolaikirche zu Geithain (zweite Hälfte des XII.
Jahrhunderts), [426] welches seinerseits der älteren, der ersten Hälfte
des XII. Jahrhunderts angehörigen Portalanlage der Kil018kirche

von Lausigk [447] verwandt erscheint, und schliesslich in gotischem Stile bereits an dem Portale im östlichen Naumburger Chor [448] und an dem nördlichen Querschiffportal der Pfarrkirche zu Gelnhausen.

Was wir aus einer Betrachtung der vorgenannten Schöpfungen gewinnen, ist die Kenntnis der Quelle, aus der wir die in Freiberg zuerst auftauchende Abschrägung der Wandecken, welche wir ihrerseits wieder als eine direkte Vorstufe der späteren Nischenbildung ansehen können, abzuleiten haben. Es ist nämlich einfach das romanische Hohlkehlsystem der Pfeiler, welches auf das Portal übertragen wird, indem die vorstehenden Mauerkanten des letzteren ebenso wie die Ecken der Pfeiler ausgekehlt werden. Dies ist die erste Stufe der Entwicklung, welche wir, eins der genannten Beispiele besonders herauszuheben, z. B. an dem Portal der Regensburger Schottenkirche finden. Die zweite Stufe, den allmählichen Uebergang zur Nischenbildung bezeichnend, vertritt dann die Goldene Pforte, jedoch nicht sie allein. An der Klosterkirche von Neuwerk bei Goslar (erste Hälfte des XIII. Jahrhunderts) [449] und an dem berühmten, wohl von St. Emmeram in Regensburg nicht unbeeinflussten Riesenthor von St. Stephan in Wien, [450] sowie an der Gnadenpforte des Bamberger Domes begegnen wir ihr wieder; also eine Eigenart des Freiberger Meisters können wir darin nicht erkennen. Das Entscheidende ist erst, dass er den durch die Abschrägung der Wandecken gewonnenen Platz zur Aufstellung von Statuen benutzt!

Vergleichen wir einmal hiermit die Umbildung, welche der Chartrer Meister mit dem Arler Portale vornimmt. In Arles (St. Trophime) sehen wir die nicht schräg, sondern rechtwinklig verlaufenden Portalwände durch Säulen gegliedert, z w i s c h e n w e l c h e n Relieffiguren Platz gefunden haben; in Chartres sind diese Reliefgestalten zu Statuen geworden und an Säulen getreten und zwar eigentlich an die Säulen, welche in Arles die Skulpturen eingerahmt haben. Die zwischenständigen Wandfelder aber, welche wir in Arles finden, sind v o l l s t ä n d i g in F o r t f a l l ge- k o m m e n, und das ganze Portal ist in Chartres mehr zusammengerückt worden! Zwar begleiten auch hier die Statuen zu beiden Seiten Säulen, aber sie sind im Vergleich zu diesen so unbedeutend, dass sie nur eine dekorative Wirkung, aber keine Funktion

wie in Arles ausüben können. Im Grunde genommen gleicht
also, was die Anordnung der Skulpturen betrifft, das Freiberger
Portal mehr der Arler als der Chartrerer Komposition: nur bei
diesen beiden Schöpfungen entsprechen sich die einzelnen plastischen wie architektonischen Glieder in ihrer Bedeutung und Aufeinanderfolge vollkommen.

In Frankreich wird nun, wie wir gesehen haben, der Chartrerer
Typus in mehr oder weniger vollkommener Weise fortgesetzt,
und die kleinen Begleitsäulen verlieren immer mehr an Bedeutung
bis mit Jean de Chelles die Nischenbildung einsetzt, die grossen
Säulen, welche die Statuen tragen, fortfallen, und der Portaltypus
sich wieder — Arles nähert! Denn jetzt bilden die mit Statuen
besetzten Nischen zu den zwischenständigen reliefgeschmückten
Wandflächen des Arler Portales ein vollständig gleichwertiges
Kompositionsglied, und die allerdings sehr, bis auf die Stärke von
einfachen schmalen Bogenläufen reduzierten Säulen, welche beim
fertig entwickelten Portaltypus die Nischen begleiten, erfüllen wieder ihre alte Aufgabe, die Gestalten der Portallaibungen einzu-
rahmen! Es ist also gewissermassen ein Kreislauf, den die Entwicklung des Portales in Frankreich beschreibt, und auf welchem
sie gerade zu der Zeit ihren Ausgangspunkt wieder erreicht, wo
die neue Stilbewegung überhaupt erst in Deutschland einsetzt.
Es ist kein Wunder, dass die deutsche Gotik alsbald an diesem
Punkte einsetzt, und dass eines ihrer ersten völlig gotischen Portale eine Schöpfung wie die Freiburger Anlage ist.

Diese, wie das Freiberger Portal sind gewiss nicht g a n z
unbeeinflusst von der französischen Kunst geblieben; dass aber
der Freiberger nicht minder als der Freiburger Meister die fremden
Anregungen in ungemein freier und origineller Weise verwertet
und uns in seiner Goldenen Pforte eine selbständige, von hoher
Schönheit getragene Schöpfung hinterlassen hat, dieses Zeugnis
brauchen wir ihm nicht erst auszustellen: sein Werk spricht für
ihn selbst. [21]

Eine Fortbildung der Goldenen Pforte in gotischer Zeit bietet
gleichsam das Westportal der Kirche von Pforta, dessen Erbauungs-
zeit zwar noch nicht ganz bestimmt festgestellt ist, das aber auf
Grund seines stilistischen Charakters unserer Empfindung nach
sicher mit der Bauperiode von 1251 bis 1268 zusammenhängt

und der zweiten Hälfte des XIII. Jahrhunderts, kaum dem Anfange des XIV. und jedenfalls nicht, wie bereits Leidlich [431] nachgewiesen hat, dem XV. Jahrhundert angehört. Wir finden hier das gleiche Säulenmotiv wie in Freiberg und Freiburg wieder; es erscheint uns daher keineswegs ausgeschlossen, dass die erstere Anlage als Vorbild gedient hat.

Einer solchen Unabhängigkeit der französischen Kunst gegenüber, wie sie die Werke von Freiberg und Freiburg auszeichnet, begegnen wir, ziehen wir noch einige andere deutsche Portalanlagen des XIII. Jahrhunderts in den Kreis unserer Betrachtung, keineswegs überall. Sehr lehrreich ist unter diesem Gesichtspunkte ein Vergleich mit der ganz anderen Entwicklung des gotischen Portales am Bamberger Dome.

Hier hatte der spätromanische Stil in der Gnadenpforte ein sehr schönes, reiches und in manchen Punkten der Goldenen Pforte sehr verwandtes Portal geschaffen. Als es sich jedoch bei Errichtung des Fürstenthores darum handelte, diesen Typus plastisch zu verzieren, da nahm man — nach französischem Muster seine Zuflucht zur Säulenskulptur, und es entstand auf diese Weise eine uns durchaus französisch anmutende Schöpfung; genau dasselbe fand dann aber späterhin auch bei der Adamspforte statt. [432]

Wie sehr man überhaupt in Deutschland anfangs bei gotischen Portalanlagen schwankte und unsicher war, zeigt unter anderm die Lösung dieser Aufgabe an der Liebfrauenkirche zu Trier. Aber dieses Portal bedeutet schon einen Fortschritt; denn zunächst hatte man wohl in ähnlichen Fällen wie z. B. an den Hauptportalen des Limburger Domes und der Elisabethkirche in Marburg so gut wie ganz auf eine Anbringung plastischen Schmuckes verzichtet. Ausserdem zeigt das Trierer Portal doch wenigstens das Bestreben, etwas Selbständiges zu bieten. Freilich hinter der Leistung des Freiberger und ganz besonders hinter der des Freiburger Architekten steht sowohl das Portal der Liebfrauenkirche in Trier wie alle anderen derartigen Anlagen der deutschen Frühgotik weit zurück. Der Freiburger Münsterturm mit seiner Vorhalle ist eben ein in seiner Art vollendetes und unübertroffenes Werk — ein Meisterstück der deutschen Baukunst.

II.

Die Antike und die neue christliche Kunst.

Wir haben bei unserer Untersuchung über die Anfänge der
Renaissance im Norden der Antike so gut wie gar nicht zu erwähnen Gelegenheit gehabt — schon dadurch kennzeichnet sich
der Anteil, welchen sie an der Entwicklung derselben gehabt oder
vielmehr nicht gehabt hat. Denn es lässt sich nicht länger bestreiten: die Antike hat zur Entwicklung der Renaissance-Kunst des XV. Jahrhunderts nicht das
mindeste beigetragen. Im Norden wie im Süden sehen
wir diese vielmehr in völlig konsequenter Weise aus
der Kunst der vorangegangenen Zeit herauswachsen,[494] und immer
deutlicher gestaltet sie sich für den forschend zurückschauenden
Blick nur als das folgerichtige Resultat einer jahrhundertelangen
Entwicklung und Vorbereitung.

Wenn aber somit auch die Antike aus der Reihe der Faktoren, welche die Renaissance ins Leben gerufen haben, zu
streichen ist, so darf man sie deshalb noch keineswegs aus
der Betrachtung der christlichen Kunst überhaupt ausscheiden;
denn sie hat auf diese in der That mehr als einmal befruchtend
und bestimmend eingewirkt, stets aber, wie wohl zu beachten ist,
nur in sekundärer Weise!

Zwar scheint es, als habe die christliche Kunst nie ganz der
Führung der Antike entbehren können. Denn wie in ihren allerersten Anfängen, da das Christentum sich erst seine politische
Berechtigung erringen musste, so zeigt sie sich auch späterhin
immer wieder, wenn sie an einem neuen bedeutungsvollen Abschnitte und Wendepunkte ihrer Entwicklung angelangt ist, bis
zu einem gewissen Grade neu und in andrer Weise von ihr beeinflusst; aber der erste Antrieb zur jeweiligen Entwicklung ist
immer zuerst von der christlichen Kunst selbst, aus inneren Be-
dürfnissen und innerem Verlangen hervorgegangen. So zeigt denn
auch die christliche Kunst, obwohl stets von der gleichen Antike
beeinflusst, in den verschiedenen Epochen ein ganz anderes Bild
und einen durchaus verschiedenen Charakter und beweist damit

einerseits, wie selbständig sie stets gewesen ist, und andrerseits, wie viel von der Antike zu lernen war! An nichts vielleicht können wir besser als gerade an diesem Punkte den hohen erzieherischen Wert ermessen, welcher der Antike von jeher zu eigen gewesen ist.

Dreimal ist die antike Kunst von grosser Bedeutung für die neue christliche Kunst geworden: im XII. und XIII., im XV. und XVI. und um die Wende des XVIII. Jahrhunderts. Die Zeit, da sie am glücklichsten und erfolgreichsten in die Entwicklung eingriff, ist die Zeit der Frührenaissance oder der Hochflut der antikisierenden Bewegung gewesen, das XIII. Jahrhundert bezeichnet dahingegen gleichsam eine Vorflut und Vorrenaissance, und die Zeit des Empire und des Klassizismus zeigt dann das Verebben der Bewegung und den Ausgang in Theorie und Mode. Zu allen diesen Zeiten hat die Antike bestimmend in der Form gewirkt, spät erst ist sie auch in aesthetischer und zuletzt in theoretischer Hinsicht von massgeblichem Einflusse geworden.

Sehen wir von den ersten Zeiten christlicher Kunstübung ab, in denen dieselbe naturgemäss, da direkt auf antikem Kulturboden erwachsend, den Charakter der Kunst der ausgehenden römischen Kaiserzeit trägt, so finden wir schon im ganzen Mittelalter reichliche Spuren und teils bewusste, teils unbewusste Reminiscenzen an die antike Kunst. Unberührt von dieser bleibt nur, wie schon von selbst verständlich, die hohe Malerei, während die Handschriftenillustration oft genug einen deutlich klassizistischen Charakter zur Schau trägt. Gänzlich frei erscheint dann die Architektur, aber auch sie erst von dem Augenblicke an, wo sie den, seinen Zusammenhang mit der Antike, wenn auch wesentlich nur in dekorativen Elementen nicht verleugnenden romanischen Stil gegen die durchaus selbständigen gotischen Konstruktionsprinzipien aufgiebt; dass sich aber selbst in die Gotik noch gelegentlich einzelne Glieder der antiken Architektur — unbewusst — hinüberretten, haben wir bei der Betrachtung der glänzenden Prachtfassaden der französischen Gotik einsehen gelernt.

Bei weitem am folgen- und einflussreichsten jedoch hat sich die Antike in der Plastik geäussert; und damit rühren wir an ein Kapitel der Kunstgeschichte, das noch der Bearbeitung bedarf und zu dieser einmal den Archaeologen und Kunsthistoriker in gemeinsamer, sich ergänzender Thätigkeit vereinigt finden muss.

Den ersten deutlichen Spuren eines antiken Einflusses in der christlichen Plastik des Mittelalters begegnen wir in dem Jahrhundert, welches die ersten vorzeitigen Keime der neuen Kunst entstehen sieht, also in der Zeit des XII. Jahrhunderts. Dass dabei das „klassische" Land, Italien, voransteht, ist leicht begreiflich. Wir haben bereits einmal der antikisierenden Richtung der toskanischen Plastik (besonders in Pisa) und ihrer Zusammenstellung mit der gleichfalls von der Antike ausgehenden Arler Skulptur durch Reymond (Anmk. 289) gedacht; auch auf das Studium der Antike bei Benedetto Antelami sind wir schon zu sprechen gekommen (Anmk. 290), und haben jetzt also nur noch nachzutragen, dass sich auch bei Wilhelm von Modena (erste Hälfte des XII. Jahrhunderts) in vereinzelten Fällen eine direkte, aber gleichzeitig sehr selbständige Benutzung antiker Skulpturen nachweisen lässt. [435] Ja auch das südliche Italien, besonders jedoch Umbrien, [436] verrät in seiner Plastik teilweise deutlich ausgeprägte antikisierende Tendenzen.

Allgemein und wirklich bedeutungsvoll werden diese dann aber im XIII. Jahrhundert. Denn jetzt geht nicht nur durch die ganze italienische Plastik ein Hauch neu erwachenden antiken Lebens, sondern auch im Norden weht, wenigstens in der ersten Hälfte des Jahrhunderts, ein stark klassischer Geist. Wie in Italien bei dem ersten grossen Meister, den die neue christliche Kunst daselbst aufzuweisen hat, bei Niccolo Pisano, so kommt auch hier in den Werken eines der Künstler, die wir zu den Bahnbrechern im Norden zu zählen haben, bei dem Meister der Grablegung Marias in Strassburg der antikisierende Zug der Zeit machtvoll zum Durchbruch. Aber nicht nur bei diesen allein! Denn wie wir im ganzen Italien überall auf Zeugnisse jener antikisierenden Richtung der Kunst stossen, [437] so finden wir auch im Norden in der sächsischen [438] wie der französischen Plastik Belege genug dafür, dass es sich jetzt nicht mehr wie im XII. Jahrhundert nur um vereinzelte Fälle handelt, sondern dass wir mitten in einer grossen Bewegung stehen, von der der Norden wie der Süden in gleich starker Weise ergriffen ist. Und so erscheint das XIII. Jahrhundert in mehr als einer Beziehung voll und ganz als eine Zeit der Vorrenaissance. Denn was sich jetzt bereits aus dem Grunde der mittelalterlichen Welt auszulösen beginnt, sind die Elemente der neuen Zeit. Ebensowenig aber, wie für die Entwicklung

dieser, ist die Antike für die Entwicklung der neuen christlichen
Kunst bestimmend gewesen. Was diese letztere jener im XIII.
und späterhin wieder im XV. und XVI. Jahrhundert entnommen
hat, sind nur Aeusserlichkeiten und im günstigsten Falle eine
formale Anweisung gewesen. Das wahre Streben der neuen christlichen Kunst ging ganz andern Zielen nach, das beweist uns
schlagend die nordische Kunst des XIV. Jahrhunderts, die Zeit
der germanisch-flandrischen Renaissance.

Denn was die Kunst jetzt, im Norden noch intensiver als
im Süden, beschäftigt, ist die allmähliche Vorbereitung auf
die eigentliche grosse Renaissance, die Renaissance des XV.
Jahrhunderts, und dabei schafft sie durchaus aus eigenen
Kräften. Es ist äusserst bezeichnend, dass wir in denselben Augenblicke, in welchem wir die Schwelle dieses, für die
Entwicklung der eigentlichen Renaissancekunst so ungemein wichtigen Jahrhunderts überschreiten, die Antike und zwar nicht nur
im Norden sondern wunderbarer Weise auch im Süden völlig
aus den Augen verlieren! Und so kommt es, dass dann zu Beginn des XV. Jahrhunderts, als die Renaissance voll entwickelt
hier wie dort gleichzeitig hervorbricht, in den ersten bedeutungsvollen und entscheidenden Werken derselben im Norden wie im
Süden nicht die geringsten Spuren antiker Elemente zu entdecken
sind.[439] Was das Wesen der Kunst der Frührenaissance kennzeichnet und ihren tiefsten Kern ausmacht, ist vielmehr ein gleich
stark ausgeprägter Individualismus und Naturalismus, welch beide
Faktoren, wie wir bei der Besprechung des Genter Altares gesehen haben, sich gegenseitig durchdringen und bedingen. Und
so sind die klassischen Vertreter der Frührenaissance im Norden
die van Eyck, im Süden Donatello. Masaccio bezeichnet mehr
die Richtung des specifisch italienischen Kunstgeistes, und so tritt
er als der eigentliche Wegweiser an die Spitze der italienischen
Renaissancekunst. Wie er, so sind aber auch die Eyck und Donatello vollkommen durch die Entwicklung der vorangegangenen
Zeit bedingt, und wie sie, so musste mit ihnen und durch sie
auch diejenige Phase der Kunst kommen, welche wir uns gewöhnt haben als die der Renaissance zu bezeichnen. Es hätte
nie eine Kunst der Antike zu geben gebraucht, und wir würden
doch die van Eyck und Donatello gehabt haben.

So steht es um das Kommen und Werden der Renaissance-kunst; ein anderes ist es mit der weiteren Entwicklung und Aus-bildung derselben. Der Anteil, welchen die Antike an dieser hat, ist allerdings, besonders in Italien, von hoher Bedeutung; denn durch sie ist die Kunst davor bewahrt worden, in Uebertreibung zu verfallen und einen abschüssigen Weg zu betreten.

Es war nämlich die Gefahr vorhanden, dass sich die Kunst in einen zu weit getriebenen Naturalismus und in ein zu aus-schliessliches und direktes Eingehen auf das lebendige individuelle Modell verlor, und dem trat nun die Antike entgegen, indem sie sich mit ihren, vorzüglich der Schönheit und Einfachheit huldi-genden, wesentlich formalen Prinzipien dem allzu excessiven Geiste der nordischen Renaissance, als dieser auch in Italien mit einer Erscheinung wie Donatello die Kunst zu ergreifen drohte, als heilsamer Zügel auferlegte. Damit stellt sich aber auch hier wieder der Einfluss der Antike trotz der ihm doch entschieden in diesem Falle zukommenden hohen Bedeutung als nur se-kundärer Art heraus. Denn er macht keineswegs eines der Grund-elemente der Renaissancekunst als solcher, sondern nur eine neu hinzutretende, specifisch-italienische Eigenschaft derselben aus. Steht doch die nordische Kunst fast des ganzen XV. Jahrhunderts der Antike noch völlig fremd und abweisend gegenüber und öff-net erst allmählich und langsam, in Frankreich gegen Ende des XV. in Deutschland zu Anfang des XVI. Jahrhunderts einer be-reits mehr oder weniger italienisierten Antike ihre Pforten. Damit kommen wir jedoch über die Zeitsphäre der Frührenaissance weit hinaus und zu den Anfängen einer neuen Entwicklungsphase der Kunst, welche dem Thema unserer Betrachtung gänzlich fern liegt.

Fragen wir jetzt einmal, wieso es überhaupt gekommen ist, dass man in dem Wiederaufleben der Antike den vorwiegend, ja den einzig treibenden Faktor in der Entwicklung der Renais-sancebewegung der Kunst zu erkennen geglaubt hat, so lässt sich dies kurz dahin beantworten, dass es die unglückselige Folge einer Vermischung der künstlerischen mit den geistigen Elemen-ten der ganzen Renaissancekultur als solcher gewesen ist.

Was uns nämlich vor allem als etwas Neues zu Beginn des XV. Jahrhunderts entgegentritt, ist das Erwachen eines archäo-logischen Interesses und zwar in Verbindung mit allem, was das

Altertum angeht, welches damit binnen kurzem nicht nur hinsichtlich seiner Kunst sondern überhaupt in allen seinen Existenzerscheinungen und Kulturäusserungen, wenn auch nicht immer gleich zum Vorbilde, so doch wenigstens zum Gegenstand eines eindringenden Studiums wird; und so sehen wir jetzt das, was die Vorrenaissance des XIII. Jahrhunderts mit der Rezeption des Aristoteles nur angedeutet und in ganz oberflächlicher Weise unternommen hat, durch den veränderten Zeitgeist und zum Teil auch durch von aussen kommenden Antrieb (Zusammenbruch des oströmisch-griechischen Reiches) gefördert in ungemein vertiefter Weise neu aufgenommen und durchgeführt. Das alles wirkt zusammen, und hat die Grundlage für die falsche Vorstellung von den Quellen und Wurzeln der Renaissancekunst abgegeben. Nicht genug betont werden kann es daher, dass wir, wollen wir zu einer wahren Erkenntnis des Charakters und Wesens der Kunst der Frührenaissance — denn um diese handelt es sich hier nur für uns — sowie zum richtigen Verständnis des Entwicklungsprozesses, aus dem sie hervorgegangen ist, gelangen, streng, wie wir es gethan, die Entwicklung auf künstlerischem und geistigem Gebiete von einander trennen müssen. Dann erst werden wir wirklich die wichtige Rolle, welche die Antike unbestrittener Massen in der w e i t e r e n Ausbildung und Gestaltung der Renaissancekunst gespielt hat, ihrer wahren Bedeutung nach zu erkennen und festzustellen vermögen; und diese Erkenntnis wird nicht anders lauten können als diejenige, zu der bereits Courajod[419] gelangt ist: dass die Antike als das Idéal réalisé im Zeitalter der Renaissance der europäischen Kunst die Wege gewiesen hat.

III.

Ausklänge der Freiburger Kunst im XIV. Jahrhundert.

Man spricht oft davon, dass eine Bewegung weite Kreise zieht; man kann dasselbe Bild mit gleich gutem Rechte auf den Bildercyklus der Freiburger Vorhalle anwenden. Denn wie wir in den Skulpturen der Westfassade des Strassburger Münsters und

in dem Grabmal der Anna von Hohenberg aus dem Basler
Münster direkte Ableger der Freiburger Kunst erkannt haben,
so können wir weiterhin eine Reihe von Werken namhaft machen,
in denen sich Einflüsse der Freiburger mit denen der späteren
Strassburger Plastik, die doch selbst erst aus der Quelle der Freiburger Vorhalle geschöpft hat, kreuzen und gegenseitig durchdringen. Schöpfungen dieser Art haben wir z. B. bereits in den
Portalstatuen der Basler Fassade kennen gelernt. Zu guterletzt
aber vermögen wir auch einige Arbeiten nachzuweisen, die ausschliesslich auf die späteren Strassburger Skulpturen zurückgehen,
also nur noch indirekt mit Freiburg in Verbindung stehen.

Von solchen Nachzüglern oder vielmehr Ausläufern der Freiburger Kunst wollen wir in folgendem einige bekannt geben, wobei wir
aber gleich bemerken, dass wir hierbei durchaus keinen Anspruch
auf Vollständigkeit machen, indem es uns nur darauf ankommt, an
einigen weiteren, der späteren Freiburger Plastik parallel gehenden
Beispielen das Ausleben der Freiburger Kunst im XIV. Jahrhundert zu zeigen und damit das Bild von der kunsthistorischen
Bedeutung des Freiburger Cyklus zu vervollständigen und abzu-
runden. Wir beschränken uns daher auch nur auf eine kurze
Charakterisierung der jeweilig zu Freiburg oder Strassburg bestehenden Beziehungen und überlassen eine eingehendere Untersuchung der hier berührten Fragen und Werke einer späteren
Zeit und etwaigen Interessenten.

Worms.

Bereits an einer früheren Stelle (S. 58) ist gelegentlich der
Aufzählung der einzelnen Darstellungen der Frau Welt allgemein
bemerkt worden, dass es an stilistischen Beziehungen zwischen
den Skulpturen des Sudportales vom Dom zu Worms, woselbst
eine Statue der Frau Welt aufgestellt ist, und der Strassburger
Plastik nicht fehle. Wir wollen jetzt einmal diese Zusammenhänge etwas genauer untersuchen.

Das plastisch reich verzierte Portal liegt gleichsam zwischen
zwei Kapellen eingebettet, von denen die westlich angrenzende
Nikolauskapelle etwas früher, die westlich gelegene Anna- und
Georgskapelle etwas später als das Portal entstanden ist, indem

alle drei das gemeinsame Werk eines um die Wende des XIII.
Jahrhunderts unternommenen Neubaues sind, welcher von Westen
nach Osten fortschreitend die einzelnen Teile in der genannten
Reihenfolge entstehen liess. [441] Die Skulpturen des Portales fallen
somit in den Anfang des XIV. Jahrhunderts.

Bevor wir uns jedoch der Betrachtung derselben zuwenden,
wollen wir noch einen Augenblick bei der Architektur des Werkes
stehen bleiben. Unsere Aufmerksamkeit erregt hier nämlich der
Umstand, dass das Masswerk der Fenster in der Nikolauskapelle
eine auffallende Verwandtschaft mit einer ganzen Anzahl architektonischer Glieder vom Langhause und Turm des Freiburger
Münsters zeigt. Denn damit werden wir, wie bis zu einem gewissen Grade auch schon durch die Gestalt der Frau Welt, in
unverkennbarer Weise auf Freiburg zurückgewiesen. Und ähnlich
verhält es sich dann mit dem Portale selbst. Das System desselben zeigt nämlich gleichsam eine Mittelstufe zwischen dem Freiburger und dem Strassburger Typus, indem dem ersten die grossen
ununterbrochen durchgeführten Spitzbogen, dem letzteren die übrige
Anordnung entspricht. [443] Das rundbogige Tympanon, welches
wir in Worms finden, und das bei der im übrigen ganz gotischen
Anlage überraschen könnte, beweist uns nur wie das gleichfalls
rund geschlossene Thürfeld auf der Innenseite, dass der Portalbau
an Stelle einer ursprünglich romanischen Anlage getreten ist.

Die Skulpturen des Portales zerfallen in ein Relief der
Krönung Marias auf dem Tympanon, einige Gruppen von kleinen
Figuren in den Archivolten und grosse, immer zu weit übereinander angeordnete Statuen in den nischenartig vertieften Kehlen
des Portales; die vier letzten derselben auf der östlichen (rechten)
Seite sind an einem Pfeiler aufgestellt, der die Südwestecke der
Annakapelle bildet. Westlich setzen sich die grossen Figuren in
einfacher Reihe um das Aeussere der Nikolauskapelle herum fort.
Die Zusammengehörigkeit der beiden Kapellen und des Portales
kommt somit auch in der Anordnung der Skulpturen zum Ausdruck. Im Abschlusswimperg des Portales schliesslich ist die bekannte, vielbesprochene Figur der Kirche aufgestellt, welche in
Gestalt einer Frau auf einem vierköpfigen Tiere reitet.

Ueber die Bedeutung und Einzelbeschreibung dieser wie der
anderen Figuren des Portales mag man sich an anderem Orte

orientieren; [444] wir wollen sie hier nur kurz auf ihren stilistischen Charakter hin prüfen. Derselbe zeigt uns, wie sich bald ergiebt, im wesentlichen das gleiche Bild wie die Architektur des Portales. Denn abgesehen von einigen wenigen Figuren, die wir vielleicht auf eine lokale Richtung zurückzuführen haben, stellen sich die Skulpturen einfach als Ausläufer der Freiburg-Strassburger Stilrichtung dar, indem sie sich teils mit Strassburg, teils mit Freiburg oder auch wie z. B. einige Evangelisten zu gleicher Zeit mit der Plastik beider Orte in Verbindung bringen lassen. Auf Freiburg weisen u. a. die Gestalten Christi und Petri aus der Krönung Marias (Tympanon), auf Strassburg einige der Archivoltenscenen und besonders deutlich der hier auftretende Christustypus. Die weibliche Gestalt über der Frau Welt, übrigens eine der besten Figuren vom ganzen Portale, ähnelt sehr der zweiten Gruppe der Strassburger Tugenden (7 bis 9) und ist in der Gewandung der dritten Tugend von dort auffallend verwandt. Eine tüchtige Arbeit der Freiburg-Strassburger Richtung scheint auch die Gestalt der Kirche zu sein. Von sonst noch in diese Gruppe gehörigen Werken seien die Gestalten der Welt und der Synagoge hervorgehoben, welch letztere den gleichen Grundtypus wie jene, aber in stark variierter Weise zeigt.

Einer anderen, geringeren Richtung, welche sich im Gegensatz zu der im allgemeinen vollen, weichen und runden Formengebung der eben besprochenen Werke mehr einer harten und trockenen Modellierung mit scharfen Umrissen, Linien und Falten befleissigt, begegnen wir vorzugsweise bei den Figuren der Nikolauskapelle. Ob wir in diesen die Erzeugnisse lokaler Kunst zu erkennen haben, muss dahin gestellt bleiben. Jedenfalls reichen sie ebensowenig wie auch die verhältnismässig besser gearbeiteten Werke der ersten Kategorie an die Strassburger, geschweige denn die Freiburger Skulpturen heran.

Kolmar.

Finden wir in Worms neben den Strassburger Einflüssen teilweise auch noch eine direkte Einwirkung von seiten Freiburgs, so ist dies bei der späteren Kolmarer Plastik, deren Betrachtung wir uns jetzt zuwenden wollen, nicht mehr der Fall. Die Einflüsse, welche sich in dieser gekreuzt haben, sind teils von Strassburg, teils von Basel ausgegangen. Der Weg, den die Freiburger Kunst zurückgelegt hat, bevor sie hier zur Geltung gekommen ist, ist also sehr beträchtlich gewesen, denn zuerst ist sie nach Strassburg, dann teils direkt, teils über Strassburg nach Basel und zuletzt von Nord und Süd d. h. von Strassburg und Basel gleichzeitig nach Kolmar gegangen. Indem sie nun aber dabei wie ganz natürlich auf jeder weiteren Etappe immer ein wenig mehr von ihrer ursprünglichen Art verloren hat, ist sie schliesslich sich selbst ganz fremd geworden, und so können wir die Kolmarer Ableger der Strassburger und Basler Plastik auch nicht mehr direkt unter den Begriff der Freiburger Kunst subsummieren, sondern haben in ihr nur eine spätere Descendenz zweiten Grades und einen letzten Ausklang derselben zu erkennen.

Auch diesmal ist es wieder, wie schon früher, das Martinsmünster, mit dessen plastischem Schmuck wir uns zu beschäftigen haben; und wir wollen dabei an derjenigen Stelle der Baugeschichte fortfahren, an welcher wir das letzte Mal stehen geblieben sind. Unsere Betrachtung hat also an die Skulpturen des Nikolausportales, deren wir oben ausführlicher gedacht haben, anzuknüpfen.

Die ersten Werke, welche nach diesen im späteren XIII. Jahrhundert entstanden, sind die Gestalten an der südlichen Querschifffront: eine grosse Bischofs- und eine Madonnenstatue mit einem Blütenstrauss in der rechten und dem Christkind auf der linken Hand, sowie einige kleinere an den Eckpfeilern aufgestellte Figuren und dreizehn Statuetten an den Konsolen der zweiten Balustrade, welche unter dem Abschlussgiebel der Fassade verläuft. Diese letzteren stellen die Anbetung der Könige, Kriegsknechte u. a. m. dar; es genügt zu bemerken, dass sie, wie auch die vorgenannten Werke, wesentlich den gleichen Stil wie die Portalskulpturen zeigen und keinerlei Anspruch auf eine irgendwie grössere Wertschätzung erheben können.

Das nächstdem in Angriff genommene Langhaus — vermutlich das Werk des Meisters Humbert — dessen Vollendung sich bis zu Ende des Jahrhunderts hinzog, entbehrt jeden figürlichen Schmuckes. Erst die zu Anfang des neuen Jahrhunderts begonnene Westfassade, deren Ausbau seinerseits gegen Mitte des Jahrhunderts ihr Ende erreichte, zeigt wieder eine aber auch nur

sehr spärliche Ausschmückung mit Skulpturen. Dieser Armut an
Plastik ist wohl ebenso wie die äusserst einfache architektonische
Ausgestaltung des Langhauses und der Fassade und die langsame
Bauführung auf den ewigen Geldmangel zurückzuführen, unter
dem die Fertigstellung des Werkes zu leiden hatte.[445]

Das Tympanon des Hauptportales der Westfront enthält in
zwei Reihen eine Anbetung der Könige und darüber Christus
thronend mit je zwei Engeln zu beiden Seiten; wie die Figuren
von je einem Auferstehenden zeigen, die in den Ecken des
Feldes angebracht sind, ist also Christus als Weltenrichter dargestellt. Die Köpfe der grossen Gestalten in dieser Reihe sind
sämtlich, die Figuren der unteren Reihe teilweise ergänzt. Zwei
sehr zerstörte, rauchfassschwingende Engel schweben an den unteren Ecken des Tympanon. Ueber demselben erhebt sich ein
steiler, mit Fialen besetzter Wimperg, der wohl wie der ganze
ausgesprochen vertikale Aufbau der Fassade überhaupt auf eine
Beeinflussung durch die Strassburger Westfront zurückzuführen
ist. In seiner Spitze zeigt er eine bei der letzten Münsterrestauration erneuerte Statue des hl. Martin zu Pferd, der seinen Mantel
mit dem Schwerte zerteilt.

Fragen wir nach der stilistischen und künstlerischen Bedeutung der Skulpturen, so werden wir im wesentlichen auch
hier wieder auf die jüngeren Skulpturen des Nikolausportales
zurückgewiesen. Denn selbst diese Arbeiten stehen noch, wenigstens
im grossen Ganzen, auf derselben niedrigen Stufe wie jene und
zeigen, soweit sich ein Urteil fällen lässt, weder einen wesentlich
anderen Stil noch irgend welche bedeutsameren Fortschritte.

Die gleiche schlechte Arbeit wie bei ihnen finden wir auch
bei einigen in den oberen Turmgeschossen aufgestellten Statuen.
Eine Ausnahme macht nur das ursprüngliche Reiterbild des Martin,
welches sich jetzt im Unterlindenmuseum befindet und einen von
den übrigen Fassadenskulpturen abweichenden Stil aufweist. Soweit bei der grossen Zerstörung desselben noch ein Urteil gestattet ist, macht das Werk, besonders der Kopf mit seinem
feinen etwas vollwangigen Oval und dem geöffneten Munde keinen
schlechten Eindruck und erscheint jedenfalls bedeutend besser als
die anderen Skulpturen der Fassade.

Wie unglaublich lange sich aber in zäher Tradition der alte

eigentlich Kolmarer Stil, dem wir zuerst am Nikolausportale begegnet sind, erhalten hat, zeigen uns die Statuen vom Choräussern
(Apostel, Propheten, Heinrich der Heilige, Kunigunde u. a. m.),
deren Ausführung bereits in die zweite Hälfte des XIV. Jahrhunderts fallen muss, da der Chorbau selbst erst in den Jahren
1350—55 in Angriff genommen worden ist.[446] Es ist geradezu
erstaunlich, aber sogar hier können wir teilweise noch einen stilistischen Zusammenhang mit den vorerwähnten Skulpturen entdecken. Freilich tritt derselbe vor den ganz offenkundigen Einflüssen, die einerseits von Strassburg, andrerseits von Basel ausgegangen sind, sehr in den Hintergrund.

Was die ersteren anlangt, so ist es unverkennbar, dass die
dortigen Prophetengestalten vom Hauptportale der Münsterfassade
stark auf die Kolmarer Steinmetzen eingewirkt haben, und es ist
ganz interessant zu sehen, wie nun in Kolmar die Verbindung
der jenen eignen erregten mit der einheimisch-ruhigen Richtung
zu einem merkwürdigen Kompromiss geführt hat, der nicht nur
in der allgemeinen Auffassung und Typenbildung, sondern auch
in der Gewand- und Bartbehandlung sichtliche Spuren hinterlassen
hat. So finden wir einerseits mächtige und grosse, weitabstehende
Falten, und andrerseits ist der Stoff bisweilen wieder ganz flach
gehalten, sodass er wie am Körper festklebt, indem er denselben
mit grossen, nur durch geringe Furchen oder Falten belebten
Flächen umzieht. In ähnlicher Weise ist der Bart teils als schwere
nur durch Rillen gegliederte Masse wiedergegeben, teils ist er
freier behandelt und in einzelne Strähne aufgelöst. Nirgends aber
weist er die tüchtige Durchbildung wie in Strassburg auf, wie
denn überhaupt die Arbeiten hier lange nicht auf der Höhe der
Strassburger Werke stehen.[447]

Auszunehmen hiervon sind nur die unter Basler Einfluss
entstandenen Figuren, welche weitaus die besten Statuen vom
Choräussern sind. Besonders auffällig treten uns die Beziehungen
zu Basel in den beiden Figuren Heinrichs II. und seiner Gemahlin
entgegen, denn diese sind den entsprechenden Basler Statuen, wie
es wenigstens aus der Entfernung scheint, ganz direkt und mit
grossem Geschick nachgearbeitet. Sie stehen daher auch an der
Spitze der ganzen Kolmarer Plastik dieser Zeit.

Was uns die Betrachtung derselben lehrt, ist nichts Neues:

es ist das alte Klagelied von dem rein handwerksmässigen Kunst-
betriebe dieser Zeit. Dass uns derselbe in Werken, die wie die
Kolmarer Skulpturen unter ungünstigen Umständen und an keinem
Metropolitansitze oder sonstwie hervorragenderem Orte entstanden sind, nur um so greifbarer entgegentritt, kann nicht
überraschen. Wohl aber kann es uns, wenn wir jetzt nach den
Strassburger Prophetengestalten zurückblicken, veranlassen, deren
Schwächen milder zu beurteilen und die ihnen eventuell noch
innewohnenden Vorzüge diesen Kolmarer und anderen Werken
gegenüber mehr hervorzuheben und in helleres Licht zu setzen. Und
so thut es vielleicht von diesem vergleichenden Gesichtspunkte
aus gut, auch einmal einen Seitenblick auf das zu werfen, was
gleichsam abseits vom Wege der grossen Kunst geschaffen worden
ist — selbst wenn die hier entstandenen Werke sonst an und
für sich nicht irgend welchen künstlerischen Wert besitzen sollten.

Damit wären wir jetzt eigentlich am Ende unserer Untersuchung angelangt, denn weitere Skulpturen, welche sich wie die
vorgenannten bestimmt und sicher aus dem einen oder anderen
Hauptwerke der Freiburg-Strassburger Richtung ableiten liessen,
wüssten wir vorderhand nicht anzugeben. Aber doch möchten
wir von unserem Thema nicht scheiden, ohne noch eines vereinzelten Werkes gedacht zu haben, das wir gern in einen inneren
Zusammenhang mit der grossen Kunstblüte der oberrheinischen
Bildnerei des XIII. Jahrhunderts bringen möchten. Es ist der

Grabstein der St. St. Embede, Warbede und Willebede aus dem Dom zu Worms,

der sich ursprünglich im Bergkloster an der Stadt befand, jetzt
aber im nördlichen Seitenschiff untergebracht ist.[446] Der architektonische Aufbau des in mässigen Grössenverhältnissen gehaltenen
Denkmales — die Figuren sind etwas unterlebensgross — setzt
sich aus drei über Konsolen gespannten Kielbögen, die mit halb-
kreisförmigem Nasenwerk versehen und durch Fialen getrennt
sind, und aus einer beiderseitigen, schmalen Pfeilerleiste zusammen,
die in der Mitte zurückgesetzt ist und in beiden Fällen als Bekrönung eine Fiale trägt. In den oberen wie in den unteren

Abschlussrand sind beidemal die Namen der drei Heiligen eingetragen (unten Wilbede statt wie oben Willebede).

Die Heiligen selbst sind in stehender Haltung, nur durch eine
etwas abweichende Gesichtsbildung von einander unterschieden,
unter den drei Bogen angeordnet. Sie tragen sämtlich die gleiche
einfache Tracht (Untergewand mit Gürtel und Mantel), eine Krone
und in den Händen ein Buch und einen Palmenwedel. Jede von
ihnen ist durch einen halbkreisförmigen Nimbus ausgezeichnet,
der in kräftigem Relief aus der Rückwand des Denkmales vor-
springt.

Die Erhaltung des Werkes ist gut, am besten die der mittleren Figur, der hl. Warbede. Die links von ihr stehende Em-
bede sowie die rechts von ihr befindliche Willebede ist an der
Nase verletzt; die letztere zeigt ausserdem noch auf der linken
Gesichtsseite Spuren eines dicken Oelanstriches, der sonst glücklicherweise wieder verschwunden ist. Dagegen haben sich noch
einige wenige Reste von einer älteren (der ursprünglichen?) Bemalung erhalten, so auf den drei Palmwedeln und dann besonders
hier und da an den Gewändern.

Das Denkmal wird gewöhnlich in den Anfang des XV. Jahrhunderts verwiesen; es scheint uns aber fraglich, ob wir dasselbe
wirklich so spät anzusetzen haben.

Werfen wir zunächst einmal einen Blick auf die stilistischen
und künstlerischen Eigenschaften des Werkes. Die Stellungen der
Figuren sind ruhig und einfach gehalten, von der gotischen Aus-
biegung findet sich keine Spur. Das Körperliche ist mässig, die
Brust wie die Gestalten überhaupt sind flach gehalten. Die Hände
sind nicht sehr glücklich. Die Gewandbehandlung ist gut und
einfach, aber nicht frei von Manier, wie die bisweilen etwas
kleinliche, oft wiederholte rundliche Faltengebung zeigt. Es scheint
demnach, als habe der Verfertiger dieses Denkmales sein Haupt-
können in die Ausführung der Köpfe gelegt. Denn diese sind
allerdings von entzückendem Ausdruck und grosser Vollendung
der Arbeit.

Das schöne Haar fällt in üppiger Fülle und zahlreichen
Lockensträhnen zu beiden Seiten der schmalen und langgezogenen,
vornehmen Gesichter bis über die Schultern herab. Von der stark
vorgewölbten Stirn sind die feinen schmalen Augen durch eine

leise, kaum wahrnehmbare Furche abgesetzt und durch eine vom Winkel ausgehende schräge Falte dann gegen die Wangen abgegrenzt; die Lider sind sorgfältig und scharf ausgearbeitet. Die feine schmalrückige Nase setzt ohne weiteren Uebergang, nur ein wenig eingesenkt, an die Stirn an und zeigt die Spitze über die beiden deutlich angegebenen Flügel herabgezogen. Der Mund, dessen Winkel ausgebohrt sind, ist gleichfalls fein, elegant und zierlich gebildet; bei der Warbede ist er leicht geöffnet, bei den andern beiden spitzt er sich fast zum Kusse. Ein reizendes kleines Doppelkinn, das am niedlichsten bei der Einbede gebildet ist, schliesst das Gesicht in glücklichster Weise ab.

Eine naive kindliche Fröhlichkeit, nicht etwa das „gotische" Lächeln lagert auf den Gesichtern und verleiht dem Werke einen geheimen, man möchte sagen, pikanten Reiz, wenn es nicht zu einfach und anspruchslos, so ganz deutsch im Charakter wie der Empfindung gehalten wäre.

Welcher Zeit haben wir nun wohl diese reizende Schöpfung zuzuweisen?

Da uns keine litterarischen Anhaltspunkte für die Beantwortung dieser Frage gegeben sind, müssen wir uns ausschliesslich an die stilistischen und künstlerischen Eigenschaften des Werkes halten. Ziehen wir aber diese zu Rate, so ergiebt sich folgendes.

Die Architektur ist im allgemeinen einfach gehalten. Da jedoch die Kreuzblumen bereits sehr entwickelt und ausserdem Kielbogen in Anwendung gekommen sind, werden wir dieselbe ins XIV. Jahrhundert, genauer umgrenzt, in die erste Hälfte desselben verweisen müssen. Denn auf diese deutet der einfache Gesamtcharakter hin, während die Kielbogenverzierung, da auch bereits auf dem Grabmal der Anna von Hohenberg aus dem XIII. Jahrhundert auftauchend, mit einer so frühen Datierung des Werkes nicht im Widerspruche steht.

Ganz bestimmt auf die erste Hälfte des XIV. Jahrhunderts weist die Tracht der Figuren, welche noch ganz derjenigen vom Ende des XIII. Jahrhunderts entspricht, von der des späteren XIV. sowie des XV. Jahrhunderts dagegen durchaus abweicht.

Und werfen wir zum Schluss noch einmal einen Blick auf den Typus und das stilistische Gepräge sowie den hohen künst-

lerischen Gehalt der Gestalten selbst, so will es uns scheinen, als
lebe in ihnen etwas von dem Geiste der oberrheinischen Bildnerschule fort und führe zu den Strassburger Tugenden, speciell
den schönsten derselben, denen aus der zweiten Gruppe (7 bis
9), hinüber. Gerade an diese aber werden wir deshalb erinnert,
weil unserem Denkmale die bemalte Holzstatuette einer hl. Katharina (?) mit Schwert aus dem städtischen historischen Museum
in Basel (etwas über halblebensgross) nahe steht,[449] welche ihrerseits gleichfalls in gewissen Punkten auf die genannten Strassburger Figuren hinweist und demnach an Ort und Stelle ganz
mit Recht als der rheinischen Schule des XIV. Jahrhunderts zu-
gehörig bezeichnet ist. Der Kopf der Katharina ist etwas breiter
als die Köpfe des Grabmales; auch in der Bildung der Wangen
und der Bildung des Mundes weicht er von diesen ab. Aber an
der Schulgemeinschaft der beiden Werke glauben wir trotzdem
festhalten zu dürfen, und so werden wir wohl den Grabstein der
drei Heiligen mit einiger Wahrscheinlichkeit der ersten Hälfte
des XIV. Jahrhunderts zuweisen und ihn nicht allzu weit von den
Strassburger Figuren entfernt ansetzen können. Sehr beachtenswert ist allerdings, dass es zwischen ihm und den früher besprochenen Portalskulpturen in Worms, die zum Teil doch auch auf
Strassburg zurückgehen, gänzlich an irgend welchen Beziehungen
fehlt; unser Denkmal wird also etwas später (oder früher?) als
diese entstanden sein.

Ist aber diese Datierung und unsere kunsthistorische Einord-
nung des Grabmales richtig, so haben wir in ihm eine Schöpfung
zu begrüssen, die, obwohl bereits eine Arbeit des vorgeschrittenen
XIV. Jahrhunderts, sich doch noch gleichwertig neben die Mehr-
zahl der Hauptwerke der grossen, von Freiburg ausgegangenen
oberrheinischen Bildhauerschule des XIII. Jahrhunderts stellt.

ANMERKUNGEN.

23

¹ Das 1896 erschienene Tafelwerk «Unser lieben Frauen Münster zu Freiburg im Breisgau», herausgegeben vom Freiburger Münsterbauverein, bietet in 68 schönen, grossen Lichtdrucktafeln ein erschöpfendes Bild des ganzen Baues, und einen ausführlichen und dem gegenwärtigen Stande der Forschung vollkommen gerecht werdenden Führer dazu bildet dann gleichsam der umfangreiche Aufsatz über das Münster von Architekt Kempf in dem Sammelwerke «Freiburg i. Br., die Stadt und ihre Bauten», herausgegeben vom Badischen Architekten- und Ingenieurverein. (Freiburg i. B. 1898. p. 233—341.) Dem Skulpturencyklus der Vorhalle allein sind 18 Tafeln gewidmet, sodass wir auch über diesen in allen wesentlichen Teilen vollauf befriedigend unterrichtet werden. Wir werden im folgenden die in Bezug kommenden Tafeln des Werkes einfach durch Tafel 29 u. s. w. kennzeichnen. Für stilistische Untersuchungen geeigneter als die in diesem Werke gebotenen Abbildungen sind die, für einzelne Teile des Cyklus auch noch ausführlicheren Photographie n, welche von Clare in Freiburg seiner Zeit in mustergiltiger Weise aufgenommen worden sind. Es wäre zu wünschen, dass für alle wichtigeren Skulpturen derartige Photographieen als Vergleichungsmaterial vorlägen.

² Die Erklärung des Cyklus hat von jeher grosse Schwierigkeit bereitet, und eine befriedigende Lösung dieser Aufgabe ist bisher noch nicht gefunden worden (siehe Seite 51 und weiter unten Anmerkung 72 und 73). Auch in der Einzelbenennung weichen bisweilen die verschiedenen Erklärer der Skulpturen von einander ab. Wir werden daher nicht in jedem einzelnen Falle die Gründe für die von uns gegebene Deutung anführen, sondern verweisen auf unsere zusammenfassende Erklärung des ganzen Cyklus, welche, wie wir hoffen, die Richtigkeit aller unserer Einzelbezeichnungen ergeben wird. Gleichwohl wollen wir der Vollständigkeit halber vorkommenden Falles die von anderer Seite vorgeschlagenen, abweichenden Benennungen anführen.

³ Der werlte lôn; herausgegeben von Franz Roth, Frankfurt a. M. 1843. Vers 48—51.

⁴ A. a. O. Vers 66—69.

⁵ A. a. O. Vers 208—230.

⁶ So wird die Frau Welt z. B. auch von Heinrich von Meissen in ähnlicher Weise geschildert. In einem Streitgespräche zwischen der Minne und der Welt sagt nämlich die erstere zur letzteren:

Din angesiht, din schoene lobelichen stât,
diu schrift sagt dînen rücke unvruot,
von nateren, würmen ungedigen:
so hât niur dîn unvuogez werben êren vluht.

Die Welt antwortet darauf:

Man mac mich stroufen und mâlen swie man wil,
ich bin ein gotes garte vîn ; u. s. w.

(Bibliothek d. ges. deutsch. Nat.-Litteratur, Bd. XVI, 235—242. Sprüche,
440, 5—7 und 441, 1 und 2). Siehe auch Scherer. Geschichte der
deutschen Litteratur, 6. Auflage (1891) p. 79 f. Wackernagel, Haupts
Zeitschrift VI, 151. Schäfer, Frau Welt, eine Allegorie des Mittelalters,
Schau-in's-Land, Zeitschrift des BreisgauVereins XVII. p. 58 ff.

[7] Alle anderen Erklärungen dieser Figur sind falsch ; ihre Bedeutung hat zuerst Schäfer erkannt.

[8] Eine ganz andere Bedeutung legt Kempf (a. a. O. p. 304) dieser
Figur bei, indem er sie als Verkündigungsengel (! ?) zu den beiden folgenden Gestalten zieht. Ueber die Unhaltbarkeit seiner Ansicht vergleiche unsre Anmerkung 116.

[9] Marmon (Unser lieben Frauen Münster zu Freiburg i. B. p. 23 f.)
und ebenso Kempf (a. a. O. p. 304) hält diese und die folgende weibliche Figur für Zacharias und Elisabeth, «die Eltern des an dritter
Stelle stehenden Johannes des Täufers». Die anderen Erklärer sehen
in dieser Gestalt gleichfalls Aaron.

[10] So mit Bock, Der Bildercyklus in der Freiburger Vorhalle,
Freiburg 1862. p. 11. Schnaase (Geschichte der bildenden Künste im
Mittelalter, IV² (1871). p. 292), und andre sehen in dieser Gestalt
Maria Jakobi.

[11] An eine Umstellung der Gestalten gelegentlich einer Erneuerung
zu denken, legt noch der Umstand nahe, dass die Sarah einen ergänzten Kopf hat. Auch Schnaase (a. a. O. p. 292) äussert seine Ver-
wunderung über die unchronologische Aufeinanderfolge der Gestalten ;
ebenso Bock, a. a. O. p. 11.

[12] A a. O. p. 50. Er ist übrigens der Einzige, welcher auf den
Inhalt der Sockelreliefs eingeht.

[13] Die Unterscheidung der Könige nach ihrem Alter findet sich
bereits seit dem 12. Jahrhundert. Da sie aber nach keinem feststehenden Kanon geübt wurde, ist es müssig, daraufhin die Freiburger Statuen
im einzelnen benennen zu wollen.

[14] Die Engelgestalt ist ergänzt ; Bock (p. 13) giebt an, dass in der Halle
keine Figur vorhanden sei und substituiert für sie den greisen Simeon.
Wir halten uns bei unserer Erklärung an den heutigen Zustand.

[15] Bock (a.a.O.p. 14) nennt die Gestalt unter der Madonna Ezechiel,
«welchem im Gesichte die auf Maria gedeutete, verschlossene Pforte
des Tempels gezeigt wurde, durch welche nur der Herr einging». Auch
an Joseph hat man gedacht (Paul Weber, Geistliches Schauspiel und
kirchliche Kunst, in ihrem Verhältnis erläutert an einer Ikonographie
der Kirche und Synagoge, p. 96). Die richtige Deutung finde ich
zuerst und einzig bei Kraus gegeben (Geschichte der christlichen
Kunst II, 1. Abteilung. Mittelalter. p. 280 und 366).

Dass die linke (nördliche) Seite der Guirlande des Thürpfeilers
«einer Palmenart» entlehnt sei, wie Bock (a. a. O. p. 14) angiebt, ist
unrichtig. Laut freundlicher Mitteilung des Herrn Obergärtners Schütze
in Breslau giebt es wohl Palmenarten, deren Blätter eine ähnliche
lanzettförmige Bildung zeigen, wie hier in der Guirlande, aber diese
Exemplare sind ausschliesslich in Westindien (!) heimisch und können
somit nicht gut bereits einem mittelalterlichen Steinmetzen bekannt
gewesen sein. Die Blattform der Ranke ist vielmehr dem Akanthus

entlehnt. Für die andere Seite der Guirlande ist das Blatt der Rose vorbildlich gewesen. Die Wahl dieser mag durch die in der mittelalterlichen Litteratur häufig wiederkehrenden Bezeichnungen Marias als Rosengarten, Rosenanger, Rosenthal, Rosenkranz, Rosenzweig, Himmelsrose, Rose von Jericho u. s. w. bestimmt worden sein. (Siehe Einleitung zur »Goldenen Schmiede« Konrads von Würzburg, herausgegeben von Wilhelm Grimm 1840, p. XLII.) An die von Bock (a. a. O. p. 14) herangezogene Stelle aus dem Ecclesiasticus zu denken ist nicht nötig.

16 Bock (a. a. O. p. 13) sieht unter Trennung der Gruppe in Maria: »Anna, die Prophetin, welche am Tage der Reinigung denen, die zu Jerusalem auf die Erlösung warteten, die Verwirklichung ihrer Hoffnungen verkündigte.« (Luk. I.) Dieser Deutung können wir nicht beistimmen. Abgesehen davon, dass schon die jugendliche Erscheinung der Gestalt sich schlecht mit der Vorstellung der Prophetin Anna verbinden lässt, ist es etwas durchaus nicht Ungewöhnliches, die Scene der Verkündigung unter Auflösung der Gruppe in dieser Weise darzustellen: man vergleiche das Nordportal von Chartres und das Westportal von Reims. Auch ergiebt die Nebenordnung der unmittelbar folgenden Heimsuchung deutlich, dass hier die Verkündigung dargestellt ist.

17 Die citierte Stelle aus Schäfer, Das alte Freiburg, p. 35. Vergleiche auch Julius von Schlosser, Beiträge zur Kunstgeschichte aus den Schriftquellen des frühen Mittelalters. Wiener S. B. 1891, p. 134f.

18 Jul. v. Schlosser. a. a. O. p. 132. Ja sogar bei Martianus Capella (339—439?) wird sie bereits erwähnt, wenn auch nicht ausführlich behandelt. Siehe Ebert, Allgemeine Geschichte der Litteratur des Mittelalters im Abendlande bis zum Beginn des 11. Jahrhunderts, Bd. I, p. 483 ff.

19 Das Mittelalter entnahm die Kenntnis der sieben freien Künste den Schriften des Martianus Capella (Hochzeit der Philologie und des Merkur) und des Isidor von Sevilla. Die Reihenfolge, in der sie bei ersterem erscheinen (Grammatik, Dialektik, Rhetorik, Geometrie, Arithmetik, Astronomie, Harmonie [Musik]) wird meist, aber nicht immer beibehalten. In Freiburg entsprechen ihr nur — die Richtigkeit unsrer Benennungen vorausgesetzt — die ersten vier Wissenschaften. Interessant ist, dass sowohl bei Capella wie bei Isidor die Grammatik an erster Stelle steht; letzterer nennt sie origo et fundamentum liberarum litterarum. Späterhin sehen wir die Sapientia ihren Platz einnehmen. Jul. v. Schlosser, a. a. O. p. 133 ff.

20 So nach Bock, a. a. O. p. 18.

21 Zwar ist der Engel durch kein besonderes Attribut als hl. Michael gekennzeichnet; da dieser jedoch fast durchgängig in den mittelalterlichen Darstellungen des Jüngsten Gerichtes an dieser Stelle und als Seelenwäger erscheint, dürfen wir ihn wohl mit Recht auch hier in der entsprechenden Gestalt vermuten. Ebenso Bock, a. a. O. p. 19.

22 Noch fraglicher scheint uns, ob hierdurch wirklich die I. Kor. XV, 50 ff. stehende Belehrung angedeutet werden soll, wie Bock (a. a. O. p. 19) annimmt. Die Frage nach der Bekleidung der Auferstandenen wird in der mittelalterlichen Litteratur verschieden beantwortet. Sicardus spricht sich in seinem Mitralis für ihre Bekleidung aus, Beleth (explicatio divinorum officiorum) und Durandus (rationale divinorum officiorum) lassen diesen Punkt unentschieden. (Ficker, Der Mitralis des Sicardus (1887); Beiträge zur Kunstgeschichte N. F. IX,

p. 26 f.) Auch für die Wiedergabe der Auferstehenden durch die bildende Kunst lassen sich keine festen Regeln, die als bindend erachtet worden wären, aufstellen.

[23] Schreiber in seiner Münsterbeschreibung (1820) erwähnt, dass nach einer alten Sage in dieser Gestalt das Wahrzeichen der Stadt Freiburg zu erkennen sei, «wo selbst der Teufel den Herrn anbete». Diese Deutung entbehrt natürlich jeder Wahrscheinlichkeit, zumal der Teufel nicht in betender Haltung dargestellt ist. Wir haben in dieser Ueberlieferung nur einen Niederschlag der Bewunderung und Aufmerksamkeit zu erkennen, welche diese, allerdings sehr drastisch aufgefasste und gut durchgeführte Gestalt seit früher Zeit auf sich gelenkt hat.

Die beiden Figuren, welche Bock als Vertreter des «christlichen Priestertums» und als «Symbol des Götzendienstes» erklärt (a. a. O. p. 20), habe ich nicht zu entdecken vermocht; der damalige Zustand der Skulpturen mag ihn getäuscht haben. Vermutlich haben wir die von ihm bezeichneten Figuren in dem eben erwähnten Teufel und dem Engel, welcher mit einem Leuchter an das Lager Marias herantritt, wiederzuerkennen.

[24] Bock, a. a. O. p. 19.

[25] Bock (a. a. O. p. 21) erinnert «an die poetische Ueberlieferung, welcher zufolge dasselbe aus dem im Paradiese gepflanzten Baume des Lebens gehauen wurde», während Marmon (a. a. O. p. 42) bemerkt: «Der dürre Baum ist eine Anspielung auf Jesaias 11, 1, wo es nach dem Hebräischen heisst: Der Messias komme aus einem abgehauenen Stamme, dessen Wurzelstock aber im Boden geblieben, aus welchem ein neuer Spross hervorgehen werde. Es ist damit die Familie David gemeint, die zur Zeit, als der Erlöser erschien, in tiefster Erniedrigung lebte.» Im allgemeinen ist zu bemerken, dass, wenn das Kreuz als Palmenstamm gebildet ist, dies für ein Symbol der Lebenserneuerung gilt. Es lassen sich also verschiedene Gründe anführen, welche die Wahl eines Baumstammes für die Kreuzbildung veranlasst haben können; mit Sicherheit die in unserem Falle vorliegende Veranlassung anzugeben, sind wir natürlich ausser Stande, zumal die hiesige Kreuzbildung durchaus nicht vereinzelt dasteht.

[26] Bock (a. a. O. p. 21) bemerkt noch, «dass von der Andacht des Mittelalters Maria selbst als das Nest des himmlischen Pelikans gefeiert wurde». Vergleiche auch Konrad von Würzburg, Goldene Schmiede, Vers 470 ff. Diese Beziehung ist nicht unwahrscheinlich, grade in unsrem Cyklus, der, wie wir noch sehen werden, «wo nur thunlich, die Verehrung der hl. Jungfrau nicht unberücksichtigt lässt».

[27] Bock (a. a. O. p. 22 f.) sieht in diesem Konstantin den Grossen und in der Frau daneben seine Mutter Helena; denn nach der Legende entdeckte diese nicht nur die Stätte, an der das Kreuz errichtet war, sondern auch die Inschrift, welche es getragen hatte. Wer ist dann aber der König, zu dem doch ganz offenbar die als Helena gedeutete Königin gehört, welche also nicht zu de n sogenannten Konstantin zu ziehen ist!? Bocks Deutung erscheint uns ebenso wie die anderen umfangreichen Ausführungen, die er weiter daran knüpft, sehr anfechtbar.

[28] Bock (a. a. O. p. 24) sieht darin eine Andeutung des Paradieses (!). Genau dieselbe Verwendung haben ebenfalls zwei Sträucher auf der Darstellung der Grablegung Marias auf dem Tympanon des nördlichen Portals der Westfassade von Notre-Dame in Paris gefunden.

[29] Bock vermutet (a. a. O. p. 24) ausserdem noch in dem letzten Apostel auf der rechten Seite Thomas. Die übrigen Gestalten haben fast durchweg ihr übliches gemeinsames Attribut in der Gestalt eines Buches. Es kam eben der mittelalterlichen Kunst «mehr darauf an, die Schar der Apostel im ganzen, als sie einzeln darzustellen». (Schnaase, Geschichte der bildenden Künste. IV² (1871), p. 287.)

[30] Der Ansicht Bocks (a. a. O. p. 29), die Rauchfässer bedeuteten das von den Engeln zum Himmel getragene Menschengebet, die Kronen aber den vom Himmel durch sie den Menschen herabgebrachten «endlichen Lohn der dem Herrn bewährten Treue (Apok. II, 10)», können wir nicht beistimmen. Denn die einen wie die anderen gehören zu den beliebtesten und gewöhnlichsten Attributen der Engel. (Schnaase, a. a. O. p. 288.)

[31] Denn «sie wird in dem Verhältnis zu den himmlischen Boten gedacht, welches nach den Anschauungen der damaligen Wissenschaft zwischen der Sonne und den übrigen Gestirnen obwalten sollte. Die Sonne dachte man sich nämlich als das Centrum der Sternenwelt, den Quell alles Lichtes und aller Wärme». (Bock, a. a. O. p. 29.) Marmon bemerkt (a. a. O. p. 44): «In der Spitze des Bogens ist noch eine Figur, welche die Sonne hält, wohl ein Sinnbild des ewigen Lichtes.»

[32] Wilhelm Grimm, Einleitung zur «Goldenen Schmiede», p. XXIV.

[33] Bocks Versuch (a. a. O. p. 30 f.), sie im einzelnen zu benennen, kann bei dem zweifelhaften Charakter sämtlicher Inschriften der Vorhalle (siehe S. 24 f.) zu keinem sicheren Resultate führen.

[34] Goldene Schmiede, herausgegeben von W. Grimm, Berlin 1840. Vers 1616—1631. Siehe auch ebenda Einleitung, p. II.

[35] Vergleiche Didron, Iconographie chrétienne. Histoire de Dieu. Paris 1843, p. 455 ff und 483.

[36] Bock und Schnaase geben (auf Grund der Zeichnung?) die gleiche Deutung.

[37] Bock (a. a. O. p. 31/34) nennt den König über David: Salomo, weil er ein Buch und ein Gefäss in den Händen halte; diese Attribute habe ich bei keiner Figur dieser Reihe entdecken können. Auf Grund des Stammregisters Christi bei Matthaeus und Lukas vermutet er dann weiterhin in den folgenden Gestalten: Roboam, Abias, Asa, Josaphat, Joram, Azias, Joathan, Ezechias, Manasses, Amon, Josias; schliesslich, wie er ausführlich begründet: Jenochias und Zorobabel. Die grosse Gelehrsamkeit, welche dieser Nachweis sowohl wie die Vermutung der absichtlichen Betonung des Königtums Christi, die er hierin und auch in den einzelnen Darstellungen des Tympanon ausgesprochen findet, zu ihrer Durchführung erfordert, erscheint uns nicht ganz gerechtfertigt, wie auch im allgemeinen seine Deutungsversuche zu weitgehend sind. Man vergleiche die viel einfachere Erklärung, welche wir weiter unten geben. Dass kaum die Absicht vorlag, einzelne, bestimmte Persönlichkeiten darzustellen, erhellt zur Genüge daraus, dass man fast alle Figuren durchgehends ganz uniform gehalten und selbst auf das allereinfachste Unterscheidungsmittel: die Beifügung von erklärenden Namensaufschriften verzichtet hat.

[38] Bock, a. a. O. p. 35.

[39] Diese Gestalt könnte ihrer äusseren Erscheinung nach ebensogut Christus sein; dem Sinne nach passt aber Gott Vater besser. Er wird vom Sohn erst später durch eine entsprechende Altersdifferenz in der Darstellung unterschieden.

[40] Ihr Verlust ist kein grosser Schaden, wenigstens nach dem Urteile zu schliessen, welches Schreiber in seiner Münsterbeschreibung von 1820 über sie fällt; auch damals hatten sie freilich schon stark gelitten.

[41] Schreiber, Das Münster zu Freiburg, 1826 (Denkmale der deutschen Baukunst des Mittelalters am Oberrhein) p. 36.

[42] Viollet-le-Duc, Dict. de l'Arch. tom. II, p. 9/10.

[43] Näheres über die Art und Weise der letzten Restauration siehe Freiburger Katholisches Kirchenblatt. Jahrgang 34, p. 3 ff., und 247 ff. Den Hinweis auf diesen Artikel verdanke ich der Güte des Herrn Architekten Kempf; der Verfasser desselben, Herr Redakteur Meister, hatte die Liebenswürdigkeit, mir das betreffende Exemplar des Kirchenblattes, welches auf der Stadtbibliothek fehlt, zur Einsichtnahme zur Verfügung zu stellen.

[44] Einige belanglose Notizen über Ausgaben, welche Arbeiten in der Vorhalle betreffen, sind aus den Rechnungen des Münsterwerkes in dem citierten Aufsatze des Kirchenblattes abgedruckt.

[45] Daraufhin äussert Kempf (a. a. O. p. 261) die Vermutung, dass das Gewölbe einmal verletzt worden sei. Hiergegen scheint uns zu sprechen, dass die Rippenanfänger als Abschluss kleine Figuren trugen, wie uns eine Abbildung des alten Zustandes auf einem kleinen Stahlstiche von L. Hoffmeister zeigt. Einen Abdruck desselben fanden wir übrigens, nebenbei, bemerkt nur in einem Exemplar der Sonderausgabe des Bock'schen Aufsatzes.

[46] Aufschluss über Erneuerungen, die seit 1826 vorgenommen worden sind, geben die freilich nicht allzu genauen Zeichnungen der Schreiberschen Publikation des Münsters in den »Denkmalen deutscher Baukunst am Oberrhein«.

[47] Schreiber, Die Minnesänger an den Fürstenhöfen im Breisgau, Sonderabdruck aus dem Freiburger Adresskalender für 1862. p. 8 f. Berthold lebte zur Zeit des letzten Zähringischen Herzogs, Berthold V. (1197—1218). Der Alexanderroman war eine damals äusserst beliebte Lektüre; ihm wurden oft Vorwürfe für plastische Darstellungen entnommen; so am Basler und den romanischen Teilen des Freiburger Münsters. Vergleiche Schäfer, Die älteste Bauperiode des Münsters zu Freiburg im Breisgau. 1894. p. 21 f. — Adolph Goldschmidt bemerkt in Bezug auf das XII. Jahrhundert: »In Weinreben oder anderen Ranken bietet die mittelalterliche Kirchenskulptur ausser den Vögeln vielfach nackte oder bekleidete menschliche Gestalten, die in den Windungen der Zweige stehen oder klettern. . . . . . . Wie die Vögel in den Zweigen . . . ein Bild der Seele des Gerechten sind, bedeuten die menschlichen Gestalten darin das Wiederaufblühen des Fleisches, die Errettung vom Tode, gleichbedeutend mit der Errettung vom Bösen«. (Der Albanipsalter in Hildesheim und seine Beziehung zur symbolischen Kirchenskulptur des XII. Jahrhunderts, p. 63 f.) So gut diese Deutung auch auf die Gestalten der Kreuzblumen in Freiburg zutreffen würde (vgl. S. 71 f.), so zweifeln wir doch auf Grund der von Goldschmidt angeführten Beispiele, ob wir die Freiburger Skulpturen gleichfalls hierher beziehen dürfen oder ob wir in ihnen nicht nur einfach ein dekoratives Element des Cyklus zu erkennen haben.

[48] Nur als Frage möchten wir die Vermutung aussprechen, ob es nicht vielleicht gestattet ist, hier an einen Einfluss von gewebten Stoffen zu denken, wie Springer einen solchen auf dekorative Skulpturen des Mittelalters nachgewiesen hat. (Ikonographische Studien in den Mittlgn d. k. k. Central-Commission V (1860), p. 67 ff.) — Aehnliche liegende

Frauen- und andre menschliche Gestalten wie hier kommen in gleichzeitigen Wandmalereien öfters vor. In Freiburg freilich scheint der
ausführende Steinmetz mit seiner Darstellung mitunter eine ganz bestimmte Absicht und zwar frivolen Charakters verfolgt zu haben.

49 Diese Gruppe scheint übrigens früh in der Darstellung des
Jüngsten Gerichtes aufzutauchen; beispielsweise finden wir sie schon
bei der Herrad von Landsperg.

50 Dass dadurch diese Gestalten als Schlemmer charakterisiert
werden sollen, wie von beachtenswerter Seite vermutet wird, ist nicht
ausgemacht aber wohl möglich. Eine Beeinflussung durch antike
Masken scheint uns dagegen hier ausgeschlossen.

51 Wir haben die attische Kunst, speciell die schönen, reich be-
malten Frauenstatuen im Auge, welche bei den letzten Aufräumungs-
arbeiten auf der Akropolis von Athen aus dem Perserschutt ans Tages-
licht gekommen und demnach vor 480 anzusetzen sind.

52 Der Jonas und die Gestalt mit den beiden Schwertern an der
Spitze der Königarchivolte; ihre weniger feine, etwas rohe Ausführung
legt es — besonders in letzterem Falle — nahe, an spätere Ergänzungen
zu denken.

53 Sie fallen in die achtziger, die Freiburger Figuren, wie wir
sehen werden, in die siebziger Jahre des XIII. Jahrhunderts. Weese,
Die Bamberger Domskulpturen. Studien zur deutschen Kunstgeschichte X, p. 125.

54 So hält denn auch diese Statue in Bezug auf anatomisches
Können keineswegs den Vergleich mit den Bamberger Figuren von
Adam und Eva aus. Von einem Studium nach dem Modell wie dort ist
hier durchaus nichts zu spüren. (Vergleiche Weese, a. a. O. p. 111—113).
Das mangelhafte anatomische Verständnis der Freiburger Steinmetzen
verrät sich stellenweise auch bei den andern, vorzüglich aber beiden
grossen Gestalten der Vorhalle. Charakteristisch dafür ist die ungeschickte
Weise, in welcher bei den Frauen die Brust unter dem Gewande angegeben ist. Freilich gleichen die Freiburger Skulpturen darin eben nur
den meisten gleichzeitigen Schöpfungen der mittelalterlichen Plastik.

55 Schnaase, Geschichte der bildenden Künste, V² (1872), 592.

56 »Die Arbeit ist fast ohne Formensinn und in sehr roher Weise
ausgeführt«, das ist die Ansicht, zu welcher sich Förster nach wieder-
holter Prüfung der Skulpturen bekehrt. (Denkmale deutscher Baukunst,
Bildnerei und Malerei. I. Abteilung, II, p. 54). Der damalige Zustand
der Statuen hat wohl diese ungünstige Meinung mit verschuldet. Das
treffendste Urteil über den künstlerischen Wert und Charakter des
Cyklus hat bisher Bode gefällt. (Geschichte der deutschen Plastik,
p. 77 ff.) Ausführlicher haben der Skulpturen dann noch Lübke (Geschichte der Plastik II², p. 485 f.) und Schäfer (Das alte Freiburg) gedacht. Die sonstigen Erwähnungen derselben in der kunstgeschichtlichen Litteratur können wir getrost übergehen. Hervorheben wollen
wir nur noch das Urteil Adlers (Deutsche Bauzeitung 1881, p. 529),
der auch »sehr verschiedene Stufen der Begabung und Ausbildung«
wahrnimmt, ebenso aber »im ganzen nur eine Sinnesweise für die
künstlerische Auffassung und Behandlung der gegebenen Vorwürfe«
als massgebend anerkennt. — Der stilistische Charakter und Zusammenhang der einzelnen Teile des Werkes ist bisher noch nicht untersucht
und festgestellt worden, dagegen ist die grosse Selbständigkeit, welche
sich die Plastik in Freiburg gegenüber der Architektur bewahrt hat,
wenigstens teilweise bereits bei Bode zur Sprache gekommen. Wir

werden weiter unten (S. 101 f. und S. 125 f.) sehen, von wie grosser Wichtigkeit diese Eigenschaft der Freiburger Skulpturen ist.

[57] Geschichte und Beschreibung des Münsters zu Freiburg im Breisgau. 1820.

[58] Unser lieben Frauen Münster zu Freiburg im Breisgau, 1878. — Die verschiedenen grösseren und kleineren Führer durch das Münster, die seit Anfang des 19. Jahrhunderts von Zeit zu Zeit erschienen, richten sich lediglich nach dem jeweiligen Stande der Forschung und können demnach unberücksichtigt bleiben.

[59] Deutsche Bauzeitung 1881, 477 ff. Nächst der gleich zu erwähnenden Abhandlung Schäfers das Beste, besonders in technischer Hinsicht, was bisher über das Münster geschrieben worden ist. Die Urkunden, welche Adler sonst noch zur Unterstützung seiner Datierung heranzieht, haben sich sämtlich als unbrauchbar erwiesen. Eine Widerlegung seiner Erwin-Hypothese und seiner Zeitbestimmungen für die frühesten Teile des Münsters bei Schäfer.

[60] Die älteste Bauperiode u. s. w. Freiburg im Breisgau 1894. p. 34.

[61] Schau-ins-Land; Zeitschrift des Breisgauvereins XXI, 42 ff.

[62] Münsterarchiv. Abgedruckt bei Schreiber, II. Lieferung der Denkmale deutscher Baukunst des Mittelalters am Oberrhein. 1826. Beilage 4.

[63] Einleitung zum Publikationswerk des Münsterbauvereins (siehe Anmerk. 1). Ihnen gesellt sich jetzt Kempf zu (a. a. O. p. 254 f).

[64] Schäfer, a. a. O. p. 36.

[65] Die beste Stadtgeschichte von Freiburg ist immer noch die von Schreiber (1857); die zweibändige von Bader (1883) enthält weder neue Gesichtspunkte noch verwertet sie neues Material. Eine dem Stande der modernen, kritischen Forschung angemessene Geschichte der Stadt fehlt und ist dringend erwünscht. Das grösste Verdienst hat sich Schreiber mit der Herausgabe des Urkundenbuches der Stadt (1828/29) erworben.

[66] Dambacher, Urkunden zur Geschichte der Grafen von Freiburg im XIII. und XIV. Jahrhundert in Mones Zeitschrift für Geschichte des Oberrheins IX, p. 340 f.

[67] Gerade in diese Zeit aber glaubten wir den Anfang des Turmbaues verlegen zu müssen. Halten wir noch dazu, dass in demselben Jahre 1255, wie oben erwähnt, Konrad's Sohn Priester am Münster wird, so sehen wir uns sehr versucht, dieses gleiche Jahr als vermutlichen Termin für den Beginn der Turmaufführung zu fixieren.

[68] Mitgeteilt von Aloys Schulte aus den von Elie Berger herausgegebenen Registres d'Innocent IV bei Mone, a. a. O. N. F. (1886) Bd. I, p. 115 f.

[69] Kleine Schriften, Bd. II, p. 623 f.

[70] Geschichte der deutschen Kunst, I. Teil, p. 176 und in seinen Denkmalen deutscher Baukunst a. a. O.

[71] Geschichte der bildenden Künste, IV², p. 291—295.

[72] Seine Bemerkungen sind entschieden das Geistvollste, was bisher über den Freiburger Cyklus gesagt ist. Eine eingehende Widerlegung derselben, soweit sie uns nicht zutreffend erscheinen, ersparen wir uns unter Hinweis auf die von uns im Texte gegebene Erklärung der Skulpturen. Ausserdem hat sich schon Bock (a. a. O. p. 38—41) in ausführlicher Weise gegen die Schnaasesche Deutung ausgesprochen.

[73] Der umfangreichen und in vielen Punkten sehr verdienstvollen Arbeit Locks scheint merkwürdiger Weise in Fachkreisen nicht die Beachtung geschenkt worden zu sein, die sie wohl verdient hat. Zu-

nächst in Aufsatzform in den christlichen Kunstblättern erschienen,
ist sie dann noch einmal, um einen Nachtrag bereichert, in einem
Sonderabdruck 1862 zu Freiburg im Breisgau vom Verfasser herausgegeben worden. Dieser letztere ist heutzutage leider gänzlich ver-
griffen. Da in der Kunstlitteratur bisher nirgends zu dieser Schrift
Stellung genommen worden ist, sei es uns gestattet, etwas ausführlicher
auf sie einzugehen. —

Die ganze Arbeit leidet, wie uns wenigstens scheint, an einem
Fehler: Bock erklärt weniger den Inhalt und konkreten Zusammenhang der Darstellungen als ihren Zweck! Ein Beispiel genüge; seine
Ansicht des ganzen Cyklus ist kurz gefasst diese: «Was der Bilderschmuck der Vorhalle dem Eintretenden zu verkündigen hat, ist schon
durch den selbstverständlichen Zweck, dem diese Anlage dienen soll,
vorgeschrieben. Innerhalb dieses Raumes soll der Gläubige sich sammeln, sich vorbereiten zu dem ernsten Geschäfte, um dessentwillen er
die Schwelle des Gotteshauses überschreiten will. Bevor er eintritt,
muss er seinen Verstand befähigt haben, die Wahrheiten zu erfahren,
die dort ihm offenbart werden; sein Herz und sein Leben müssen ge-
reinigt sein, damit er der Gnaden würdig sei, die dort ihm gespendet
werden sollen. Mittels der wechselvollen, anziehenden Folge der Darstellungen, welche an den umlaufenden Wänden angebracht sind,
werden dem Beschauer die Bedingungen gestellt, denen er sich unterziehen muss, um aller Segnungen der göttlichen Heilsanstalt auf Erden
teilhaftig werden zu können. Dann aber belehrt ihn die am Giebelfelde über der Kirchenthür erhöhte Darstellung über die unabweisbare
Notwendigkeit, auf der Bahn des christlichen Ringens und Strebens
aus der Nacht zum Lichte, aus der Trübsal zur Herrlichkeit fortzu-
schreiten, und zeigt ihm den «überschwänglichen» Lohn (sic!), der in
der Ewigkeit dem christlichen Sieger vorbehalten ist.» (Bock, a. a. O.
p. 5 f.) In dieser Weise werden alle Einzelheiten des Werkes durch-
gesprochen. Wir sehen sofort, «die ethische Belehrung» erscheint ihm
als «der vorwiegende Zweck» des ganzen Cyklus. Infolgedessen über-
sieht er vollständig, dass die einzelnen Figuren zunächst doch etwas
Reales und zum Teil gewisse historische Persönlichkeiten vorstellen
und nicht nur Allegorien, Symbole oder zu Stein gewordene Lehr-
sätze repräsentieren! Dass dem Cyklus ein belehrender Charakter innewohnt, ist gar nicht zu leugnen, und wir selbst werden uns genötigt
sehen, mehrfach darauf hinzuweisen. Aber Bock geht in der Betonung
desselben entschieden zu weit: stets findet er in den Bildwerken nur
eine tiefe symbolische Bedeutung ausgesprochen. Unserer Ansicht
nach hat eine richtige Erklärung in erster Linie nicht auf das Dog-
matische sondern mehr auf das Geschichtliche in diesen Darstellungen
Bezug zu nehmen und ihre Aufmerksamkeit mehr auf das zu richten,
was sie zunächst wirklich «erzählen». So kommt es, dass man durch
die Deutung Bocks absolut kein klares Bild von dem Inhalte des
Cyklus erhält. Wir selbst gestehen, von der Lektüre des Aufsatzes
stets nur eine unklare Empfindung zurückbehalten zu haben. Die einzelnen Figuren und Scenen werden nacheinander auf ihre Bedeutung
im einzelnen hin besprochen, ihre Beziehung unter einander wird aber
kaum nachgewiesen. Nur allgemein werden, wie an der oben angeführten Stelle, einige gemeinsame Axiome und Regeln aus ihnen ab-
geleitet. Dankbar wollen wir anerkennen, dass die Arbeit an trefflichen
Einzelbemerkungen reich ist, und wir manche Belehrung aus ihr geschöpft haben. Aber in das Reich der Abstraktionen, welche Bock aus
den einzelnen Teilen des Cyklus zieht, vermögen wir ihm nicht zu

folgen. Denn einmal war in der damaligen Zeit die Religion noch
nicht zu einer Sache moralisierender Reflexion wie bei uns modernen
Menschen geworden, und dann standen die Heiligen der Kirche, von
denen man Franciscus noch vor kurzem hatte umherwandeln und
Wunder thun sehen, dem Bewusstsein des XIII. Jahrhunderts in ganz
anderer Weise menschlich näher. Hierdurch gewannen aber auch die
anderen Himmelserscheinungen einen realeren Inhalt, und der Besucher des Münsters wird bei dem Betreten der Vorhalle mehr den
Eindruck gehabt haben, sich in einem Kreise ihm wohlbekannter Gestalten zu befinden, als in einer Versammlung von Figuren, deren
Zweck es sei, «auf die unerlässliche Propaedeutik zum christlichen
Leben hinzuweisen». (Bock a. a. O. p. 11.)

⁷⁴ Vergleiche die vortrefflichen Bemerkungen Springers über die
Deutung mittelalterlicher Werke in den Mittlgn der k. k. Central-
Commission V (1860), p. 31. Auch an das schöne Wort Schnaases
über den Charakter der Schöpfungen der mittelalterlichen Meister sei
hier erinnert: «Sie sind nur das Abbild einer vergangenen Zeit, aber
das verklärte, von den Zufälligkeiten der Geschichte gereinigte Abbild
einer bedeutenden, im Entwicklungsgange des menschlichen Geschlechtes
hochwichtigen Zeit.» — Eine Kulturgeschichte des äusserst interessanten,
vielseitig bewegten XIII. Jahrhunderts fehlt leider in der Litteratur.
Am besten sind immer noch die allgemeinen Bemerkungen Schnaases
im vierten und fünften Bande seiner Geschichte der bildenden Künste;
besonders in der historischen Einleitung des letzteren entwirft er eine
glänzende Charakteristik der in Rede stehenden Zeit. Auch Scherers
Geschichte der deutschen Litteratur wird man mit Nutzen lesen.

⁷⁵ Vergleiche Sighart, Albertus Magnus. Regensburg 1857. Dem
Aufsatze von Hertling's in den historisch-politischen Blättern 1874
konnte seines geringen Umfanges wegen nichts für unsern Zweck entnommen werden.

⁷⁶ Freiburger Diöcesan-Archiv XIII, 298 und Berichtigung in XV.
Poinsignon, das Dominikaner- oder Predigerkloster zu Freiburg im
Breisgau. Sonderabdruck aus dem Diöcesan-Archiv XVI.

⁷⁷ 1262 legte Albertus Magnus die seit 1260 bekleidete Bischof-
würde von Regensburg nieder. Gleichzeitig übernahm er es, trotz
seines hohen Alters für den Kreuzzug zu predigen. Demgemäss zog
er im Lande umher, und seine Aufenthaltsorte in den nächsten zwei
Jahren sind ungewiss; 1264 geht er nach Würzburg, wo er bis zum
Jahre 1268 bleibt. Als Städte, in denen er sich in den beiden Wander-
jahren aufgehalten hat, werden Polling und Würzburg, sodann Regensburg, Salzburg und St. Blasien genannt. Ihnen gesellt sich also nun
Freiburg zu.

⁷⁸ Diöc.-Arch. a. a. O. Im Jahre 1268 brach Albertus (siehe Anmerkung 77) von Würzburg wieder auf und zog am Oberrhein entlang
nach Köln, um dort in den von neuem ausgebrochenen Streitigkeiten
zwischen dem Bischof, Konrad von Hochstaden, und der Bürgerschaft
den Schiedsrichter zu machen (1269). Auf dieser Reise muss er also
die Freiburger Weihung vollzogen haben.

⁷⁹ Nur noch die Möglichkeit ist gegeben, dass Albertus auf seiner
Rückkehr von Rom, wo er im Streit mit der Pariser Universität gesiegt
und das Amt des magister palatii erhalten hatte, also in den Jahren
1256—57 vorübergehend in Freiburg geweilt hat. Doch sind uns die
Wege, welche er genommen hat, unbekannt; sein Biograph Rudolph
von Nymwegen weiss nur zu erzählen, wie er von Stadt zu Stadt ge-
wandert. 1257 wird Albertus schon wieder zu Erfurt erwähnt, sein

Aufenthalt in Freiburg könnte also überhaupt nur ein so kurzer gewesen sein, dass irgend eine Beteiligung an dem Münsterbau während der Dauer desselben so gut wie ausgeschlossen wäre.

[80] Statue und Kopf nach Zeichnungen von Geiges abgebildet in Schau-ins-Land XII, 67; für Stiluntersuchungen ungenügend.

[81] In unserm Sinne hat sich auch Poinsignon (a. a. O.) ausgesprochen. Dass hier kein Porträt vorliegt, geht unzweifelhaft aus dem Umstande hervor, dass ganz der gleiche Typus, wie ihn diese Figur zeigt, noch bei mehreren andern Statuen des Turmes wiederkehrt.

[82] «Sein nahes Verhältnis zur Architektur wird man nicht in Abrede stellen können». Kraus, Gesch. der christlichen Kunst II, 1, 167 f. Sighart dagegen leugnet jegliche Thätigkeit Alberti auf diesem Gebiete.

[83] Sighart, a. a. O. p. 68 f.

[84] Bock, a. a. O. p. 21 f.

[85] Sighart a. a. O. p. 141.

[86] A. a. O. p. 32 f.

[87] A. a. O. p. 529. «Ob das Programm zu dem ganzen Bildercyklus auf einen oder auf mehrere geistliche Urheber zurückzuführen ist, mag vorläufig dahingestellt bleiben. Aus einer sehr merkwürdigen Statuettenkomposition unter der Figur der hl. Katharina glaube ich die Vermutung herleiten zu dürfen, dass das Programm von einem Dominikaner, entweder von Albertus Magnus selbst oder von einem seiner Schüler verfasst und dem Turmmeister zur successiven Ausführung übergeben worden ist».

[88] Die einzige andre Deutung, die gegeben worden ist, — und einen Zweck müssen wir doch unzweifelhaft bei der Anbringung dieser Gruppe annehmen — dass wir nämlich in den Figuren die vier Engel zu erkennen hätten, welche der Sage nach den Leichnam der heiligen Katharina «nach dem Berge Sinai hinübertrugen, wohin während des XIII. Jahrhunderts unablässig zahlreiche Pilger büssend wanderten» (Bock, a. a. O. p. 8), — diese Annahme erweist sich als verfehlt; sieht man genauer zu, so findet man fünf und nicht vier Gestalten dargestellt, und ausserdem sind diese nicht als Engel, sondern, soweit erkennbar, als Mönche gekennzeichnet. Dass bei dieser Erklärung die Figur des Künstlers gar nicht beachtet wird, liesse sich eher rechtfertigen, denn man könnte ihn als Gegenstück zu der weiblichen Gestalt auffassen, welche an genau entsprechender Stelle gegenüber unter dem Fürsten der Welt mit fliegendem Gewand, ein Buch in den Händen tragend, angebracht ist. Richtiger aber wird man gehen, das gerade Gegenteil anzunehmen und diese Figur vielmehr als ein aus künstlerischen Rücksichten gefordertes Gegenstück zu jener zu betrachten. Es ist das einer von den vielen kleinen Zügen, welche uns deutlich beweisen, mit welcher Sorgfalt die Verfasser der Komposition darauf bedacht gewesen sind, eine möglichst enge Geschlossenheit und Uebereinstimmung der einzelnen Teile des Cyklus unter einander herbeizuführen.

Dass die plastische Darstellung von Architekten oder sonstwie um ein Bauwerk verdienten Männern an diesem selbst nichts Aussergewöhnliches ist, beweist die bekannte Gestalt des sitzenden Baumeisters am Südportale des Münsters von St. Martin zu Kolmar, durch Beischrift als «Maistres Humbert» bezeichnet; ferner weist Emile Mâle mit grosser Wahrscheinlichkeit unter den Statuetten in den Archivolten des linken grossen Portales an der Westfassade der Kathedrale von Laon in der von Viollet-le-Duc als Malerei gedeuteten Figur den Architekten der Kirche nach. (Viollet-le-Duc, Dict. de l'arch. tom. II,

p. 5 mit Abbildung. Emile Mâle, Revue archéologique. 1889, p. 344 ff.)
Vergleiche auch die Gestalten Sullys und Ludwigs VII. am südlichen
Portale der Westfassade von Notre-Dame in Paris. (Vöge, Die An-
fänge des monumentalen Stiles im Mittelalter. Strassburg 1894, p. 158.)

⁸⁹ Mit der aus dem Altertum übernommenen und im Mittelalter
variierten Vorstellung der Sirene (Piper, Mythologie der christlichen
Kunst. I, 377—393) hat die Freiburger Gestalt sowie die gleich zu erwähnenden Darstellungen nichts gemein. Nicht unwahrscheinlich ist es
dagegen, dass Konrad durch jene mit zu seiner Dichtung angeregt
worden ist.

⁹⁰ Kunstdenkmäler des Grossherzogtums Hessen, p. 184.

⁹¹ Rettberg, Nürnbergs Kunstleben, p. 38. Die sonderbaren Deutungen, welche hier gegeben werden, sind natürlich unrichtig. Im Zusammenhang hat alle diese Werke bereits Schäfer besprochen (Schau-
ins-Land XVII, 58 ff.); doch kommt er nicht zu den gleichen Resultaten wie wir, da er bei der Betrachtung der einzelnen Gruppen von
anderen Gesichtspunkten ausgeht.

⁹² Mone, Quellenschriften IV, 3. »In der Nationallitteratur sind
die Arbeiten des Dominikaners Boner von Bern ebenso bekannt wie
das freundschaftliche Verhältnis des Konrad von Würzburg zu den
Dominikanern in Freiburg«.

⁹³ Nach einer Mitteilung von Aloys Schulte (Mones Zeitschrift
N. F. I, 405 f.) steht die berühmte Stelle nicht in einem Nekrologium
sondern in einem gewöhnlichen Anniversarienbuch! Bereits Grimm
(Einleitung zur Goldenen Schmiede, p. XI) äusserte Bedenken an der
Zuverlässigkeit dieser Nachricht. Er hob mit Recht hervor, dass solch
ein gemeinsamer Tod doch wohl nur zur Zeit einer Seuche gut zu
verstehen sei, und führte dann die im Texte mitgeteilte Notiz der
Würzburger Handschrift an.

⁹⁴ Greith, Die deutsche Mystik im Predigerorden, p. 206.

⁹⁵ Poinsingnon, a. a. O. p. 10.

⁹⁶ Handschriftliche Bemerkung auf dem Vorlegeblatte des I. Bandes
der gesammelten Schriften Schreibers: Exemplar der Freiburger Stadtbibliothek. Daneben von andrer Hand die Vermutung, dass sich
dieser Nekrolog jetzt wohl in der Universitätsbibliothek befinden
dürfte (?).

⁹⁷ Dambacher, a. a. O.

⁹⁸ So will es Scherer (Geschichte der deutschen Litteratur. 6.
Auflage, 189), der Konrad um die Mitte des XIII. Jahrhunderts seine
litterarische Thätigkeit beginnen lässt. Bartsch (s. Goedeke, Grundriss I², 215 ff.) sieht Weltlohn als zweitentstandenes Gedicht an.
Ganz zweifellos gehört das Werk in eine bedeutend frühere Zeit
als die »Goldene Schmiede«, deren glatte Sprache, gewählte Ausdrücke
und Reimgewandtheit es bei weitem nicht erreicht. Dazu kommt, dass
es uns bereits in einer Handschrift aus dem Jahre 1284 erhalten ist,
in welcher sich ausserdem noch Dichtungen des zwischen 1251 und
1254 verstorbenen Rudolf von Ems und des gleichzeitigen Oesterreichers
Strücker finden, jedenfalls also schon geraume Zeit vor jenem Jahre
entstanden sein muss. Nun fällt in die Jahre 1262—64 der letzte
grosse Kreuzzugseifer: Akkon war bedroht, und es galt, die Gemüter
der Christenheit noch einmal zum heiligen Kriege aufzustacheln. So
zog selbst der schon greise Albertus, wie wir oben gesehen haben,
zwei Jahre lang, eifrig zum Kreuzzuge predigend, durch die süddeutschen Lande. Sollte damit nicht vielleicht der Umstand in Beziehung zu setzen sein, dass Wirent von Gravenberc nach seiner Be-

: ehrung das Kreuz nimmt und wacker gegen die Heiden kämpft? Dazu würde auch stimmen, dass eine spätere Prosabearbeitung in einer Züricher Handschrift aus dem XIV. Jahrhundert, die sich im übrigen genau an Konrad von Würzburg hält, von der Anteilnahme Wirents an einem Kreuzzuge nichts weiss: «eine solche lag nicht mehr in dem Gedankenkreise der späteren Zeit». (Wackernagel, Haupts Zeitschrift VI, 154.)

99 Dagegen könnte es nicht unmöglich sein, dass wir in der Gestalt in Zeittracht statt des Architekten der Vorhalle Konrad von Würzburg zu erkennen hätten.

100 Poinsignon, a. a. O. p. 10.

101 Dambacher, a. a. O., passim.

102 Beispielsweise lag Freiburg auf dem Handelswege von Konstanz nach der Champagne, woselbst die Bürger letzterer Stadt an verschiedenen Orten (es werden Bar sur Seine, Troyes, Provins, Lagny bei Meaux an der Marne genannt) eigene Warenhäuser besassen. Der Verkehr mit ihnen muss sehr rege gewesen sein, wie uns einige Verordnungen (eine vom 16. März 1289) über den Leinwandverkauf dorthin beweisen. (Mones Zeitschrift IV, 48 ff.)

103 Insofern hatten daher auch Forscher wie Bock vollkommen Recht, der Skulpturenreihe eine belehrende Absicht unterzulegen; nur darf man dabei nicht, wie er es gethan, die historische Seite des Cyklus über jener anderen vernachlässigen.

104 Das vollständigste Beispiel einer encyklopädistischen Komposition bieten die beiden Kreuzschiffvorhallen der Chartrerer Kathethrale; ihr Programm weist demnach auch manche Aehnlichkeiten mit dem des Freiburger Cyklus — in unsern Augen nur ein Beweis für die Richtigkeit unserer Deutung desselben!

105 Die Bemerkungen Büttners zu den Gestalten von Adam und Eva (Repertorium X, p. 435 ff) bedürfen darnach wohl kaum einer Widerlegung; gegen sie spricht sich auch Weber aus. (Geistliches Schauspiel u. s. w. p. 96.)

106 Wie Weber mit Recht hervorhebt, verdanken übrigens «die Engel diesen Platz einer Jahrhunderte alten Tradition» (a. a. O. p. 90, Anm. 1), und ihre Anbringung an dieser Stelle ist in unsrem Falle vielleicht weiter nichts als eine Bestätigung dessen, was Vöge in einem grösseren Kapitel über «Ikonographische Rätsel und den Anteil der Künstler am Inhalte der Kompositionen» ausführt. (Die Anfänge des monumentalen Stiles u. s. w. p. 165 ff.) — Bocks Ausführungen, wonach wir in den zwölf Engeln die «Lenker der zwölf Abteilungen des Kreises des gestirnten Himmels, durch welche der Lauf der Sonne sich bewegt», (a. a. O. p. 28) zu erblicken hätten, vermögen wir nicht uns anzuschliessen. Auch einen Einfluss von Dantes Dichtung (Bock, Die Engelwache an dem Münsterportal zu Freiburg, Christliches Kunstblatt, Freiburg 1870 Nr. 97) werden wir gut thun, in Rücksicht auf die Entstehungszeit der Skulpturen zu leugnen; richtiger dürfte es sein, mit Kraus (Dante, p. 545) anzunehmen, dass im Gegenteil Dante bei der Wahl einzelner Bilder von der Anschauung plastischer Werke geleitet worden sei. Was die übrigen Analogieen anbelangt, welche Bock zwischen der Göttlichen Komödie und dem Freiburger Cyklus aufstellt, so verweise ich auch auf die Bemerkungen von Kraus dazu (a. a. O. p. 542). Interessant ist die Aehnlichkeit zwischen der von Dante (Purg. XIX, 7 ff.) geschilderten Sirene und der Gestalt der Freiburger Voluptas. Dass die letztere aber nicht auf die hier gegebene Beschreibung, sondern auf das Gedicht Konrads von Würzburg zurückgeht, bedarf keines Beweises, verlangt es doch schon die Chronologie.

Die Bedeutung der vier Gestalten an den Spitzen der Archivolten lässt sich auf Grund ihrer teilweise zweifelhaften Erhaltung nicht mit Sicherheit feststellen; jedenfalls hängen sie weniger unter sich als vielmehr mit den einzelnen Figurenreihen, innerhalb deren sie auftreten, zusammen und fallen somit nicht aus dem allgemeinen Rahmen der Komposition heraus.

Die Beziehungen, welche Schnaase (a. a. O. p. 294) zwischen den Gestalten der Archivolten und den grossen Statuen der Laibungswände aufstellt, können wir mit Bock nicht anerkennen; ebensowenig vermögen wir mit ihm zu finden, dass in der Folge der drei inneren Archivolten «augenscheinlich eine Steigerung von der irdischen Königswürde zum Prophetentum und endlich zu der anbetenden Anschauung liege».

[107] Diese Auswahl der Scenen verrät wieder einmal deutlich die offenkundige Vorliebe des Mittelalters, «auf die mehr und mehr in der ascetisch-mystischen Betrachtung des Mönchslebens in den Vordergrund tretende Passionsgeschichte einzugehen». (Kraus, Geschichte der christlichen Kunst II, 1, p. 295.)

[108] Dem absprechenden Urteile Jessens über diese Anordnung vermögen wir nicht beizustimmen; schon aus dem Grunde nicht, weil es hier sich in erster Linie nicht um eine ausschliessliche Darstellung des Jüngsten Gerichtes handelte, sondern weil es vor allem darauf ankam, den Inhalt des Neuen Testamentes in seinen wichtigsten Thatsachen und Verkündigungen bildlich vorzuführen (siehe Jessen, Die Darstellung des Weltgerichtes bis auf Michelangelo, p. 29 f.).

Auch der Erklärungen Bocks für die unmittelbare Anordnung des Zuges der Seligen und der Verdammten neben dem Kreuze bedürfen wir nicht; die letztere ist eben ganz einfach auf die Beschränktheit des zu Gebote stehenden Raumes zurückzuführen.

[109] Schnaase, a. a. O. p. 293. Nach ihm (ibid. p. 294) stellen «die kleinen Statuetten in den Bögen über der Thüre im allgemeinen die himmlische Glorie dar, welche den Heiland im Bogenfelde umgiebt», und auch Bock sieht in Anlehnung an Bonaventura in den Gestalten der drei äusseren Archivolten bereits Verklärte und Selige und äussert sich demnach (p. 37) in Bezug auf das Tympanon in folgender Weise: «So feiert denn diese Darstellung den Sieg Christi über die Pforten des Todes, den Einzug der Seligen in die Pforte der Herrlichkeit». Wir können dem nicht unbedingt beistimmen, denn wir halten es nicht nur für unnötig, sondern sogar für unrichtig, in den Gestalten der drei Gurtbogen schon Verklärte sehen zu wollen, anstatt in ihnen einfach die geschichtlichen Repräsentanten der Zeiten, welche der Erscheinung Christi und dem Jüngsten Gerichte voraufgehen, zu erkennen. Spricht doch Bock selbst von dem «grossen Epos der Erlösung, das durch die Darstellungen, die an den Gurten angebracht sind, zum harmonischen Abschlusse kommt». Ein Epos aber verbindet mit sich den Begriff des Werdens und Geschehens und nicht den Zustand des Seins: hier also das Nötigwerden des Heiles und seine Erfüllung durch Christus und nicht das bereits erfüllte Heil, welches die Vorläufer unter seiner Herrschaft vereinigt hat! Dass nicht die Schilderung des letzteren beabsichtigt war, scheint uns schon der Umstand anzudeuten, dass auf dem Tympanon und den Sockeln der Portalstatuen einzelne Ereignisse, wie z. B. die Scenen aus dem Leben Christi und der Apostelgeschichte, dargestellt sind, welche dem Zustande des vollendeten Heiles

vorangehen! Wir haben also, wie bereits näher ausgeführt worden ist, in den Darstellungen des Portales die Verbildlichung der gesamten Heilsgeschichte, wie sie notwendig wurde und sich dann allmählich vollzog, zu erblicken. —

An einer anderen Stelle behauptet Bock (a. a. O. p. 36): «Das Portalbild samt den Statuen der Gurten umfasst demnach, und ganz gewiss nach der Absicht des Urhebers, die ganze geschichtliche Entwickelung des Menschengeschlechtes, der philosophischen Betrachtung der Weltschicksale gemäss, welche der heilige Augustin durchgeführt, und welcher das Mittelalter einhellig gehuldigt hat». Auch dieser Ansicht, welche von Bock näher ausgeführt und begründet wird, können wir uns nicht anschliessen, sondern sehen uns genötigt, bei unserer einfacheren Deutung zu verharren.

110 Solche Gegenüberstellungen waren im Mittelalter zu beliebt, — man denke nur an die Biblia Pauperum! — als dass sie in unserem Cyklus irgendwie störend auffallen könnten; zudem treffen wir die Gestalt Johannes des Täufers noch einmal unter den grossen Statuen der Vorhalle und auch da wieder in ganz gleicher Bedeutung an.

111 Bei Besprechung einiger französischer Portalkompositionen aus dem XIII. Jahrhundert zu Bourges, Vraux, Germigny und Abondance, welche die Madonna teils auf dem Tympanon unter einem Baldachin sitzend, teils am Thürpfeiler und zu beiden Seiten die Gestalten der Ekklesia und Synagoge zeigen, weist Vöge (a. a. O. p. 252 f.) auf eine Glosse hin, welche zum 9. Psalm eines illustrierten Psalters aus dem XIII. Jahrhundert eingetragen und mit der gleichen Darstellung versehen ist. Die Stelle lautet: «Duo sunt adventus Christi, primus in humilitate in incarnatione qui occultus fuit synagoge id est iudeis cecis et infidelibus qui credere noluerunt, et profuit sancte ecclesie fidelibus christianis. De isto loquitur in hoc psalmo. Secundus adventus erit in maiestate in die iudicii omnibus manifestus.» Nun in Freiburg finden wir wirklich auf dem Tympanon auch die zweite Ankunft des Herrn dargestellt! Nichts liegt also näher, als hier an einen direkten Zusammenhang zwischen Schrift und Bild zu glauben, und doch werden wir Vöge Recht geben, wenn er dazu bemerkt: «Dass unsere (französische) Portalkomposition geradezu eine Illustration zu diesen Textworten sei, ist damit nicht gesagt, aber unzweifelhaft ist in denselben der ihr zu Grunde liegende Gedanke ausgesprochen, denn sonst wäre dieser Text nicht durch die gleiche Darstellung illustriert worden.»

Neuerdings ist von Paul Weber (Geistliches Schauspiel und kirchliche Kunst, p. 95 f.) die Ueberzeugung ausgesprochen worden, dass der Portalschmuck «eine ganz vortreffliche Wiedergabe eines vollständigen Passionsspieles im Rahmen des Streitgespräches zwischen Kirche und Synagoge» darstelle. Er erweist, dass sich aus einer Schrift des Pseudo Augustin, der Altercatio Ecclesiae et Synagogae, ein dramatisiertes Streitgespräch entwickelt, und dieses dann im kirchlichen Schauspiele Aufnahme gefunden habe, und zwar dadurch, dass es zunächst mit dem Prophetenspiele verbunden und dann mit diesem zusammen in das geistliche Schauspiel eingedrungen sei. Indem hierin aber die Gestalten der Ekklesia und Synagoge an die Stelle der fingierten Personen traten, welche bisher das Schauspiel hatten aufführen lassen, an Stelle des Augustinus und des Führers der Judenschaft, wurden sie «die Ecksäulen und Angelpunkte für die Aufführung der ganzen Heilsgeschichte von der Weltschöpfung bis zum Weltgericht» (a. a. O. p. 95). Weber behauptet nun, wir hätten uns die Darstellungen des Portales so zu erklären, dass die Ekklesia die ganze Heilsgeschichte

24

aufführen lasse, um ihre Gegnerin von den Heilswahrheiten des christlichen Glaubens zu überzeugen. Und zwar findet er, dass in den Archivolten genau die dem Personenverzeichnis des Schauspieles entsprechenden Gestalten dargestellt sind. Dies ist aber zunächst nicht der Fall. Es fehlen einige Figuren ganz, die in jedem der litterarischen Denkmale als wichtig uns genannt werden, z. B. Simeon, Zacharias, Elisabeth, Johannes der Täufer, vor allem aber einige sehr wichtige Erscheinungen, deren Fernbleiben schwer zu erklären wäre, sollte hier wirklich nur die Verbildlichung eines geistlichen Schauspieles gegeben und beabsichtigt sein: Virgil, Nebukadnezar und die Sibylle. Dafür findet sich andrerseits wieder eine grosse Reihe von geschichtlichen Personen, die ohne jeden Bezug zu den Zwecken des Schauspieles sind und als Repräsentanten der jüdischen Volksgeschichte nur in einem Cyklus ihre Berechtigung finden können, dessen Aufgabe es ist, eine abgekürzte Schilderung des Alten Testamentes zu geben: z. B. Seth, Melchisedeck, Eleazar, Ruth, Boas; dann die Reihe der Königsgestalten, von denen im Prophetenspiele einzig und allein David namhaft gemacht wird und eine Rolle spielt. Was aber vor allem gegen die Annahme der Weberschen Hypothese spricht, ist einmal die Verbindung des Weltgerichtes mit den Passionsscenen und dann die Darstellungen auf den Sockeln, welche die grossen Portalstatuen tragen. Denn das geistliche Schauspiel hat erst in viel späterer Zeit seine Ausdehnung auf die ganze Heilsgeschichte erfahren, und vorzüglich das Jüngste Gericht ist erst in allerletzter Zeit als dritter Teil des Schauspieles zu der Passion und dem Marienleben hinzugetreten. Scenen aus der Apostelgeschichte aber bleiben überhaupt ohne Analogon in den litterarischen Denkmalen. Die aus dem XII. und XIII. Jahrhundert erhaltenen Aufzeichnungen geistlicher Schauspiele führen die Handlung bis zum Auftreten des Antichristes. Auch sämtliche von Weber angeführten litterarischen Denkmäler aus dem XIV. und selbst noch XV. Jahrhundert schliessen teils mit dem Leiden Christi, teils sind sie nur Streitgespräche und führen keine Scenen aus der biblischen Geschichte auf. Weber ist nun der Ansicht, dass gewiss ausführlichere Aufzeichnungen von Schauspielen einst vorhanden gewesen, für uns aber verloren gegangen seien. Dagegen hätten sich solche in Denkmälern der bildenden Kunst erhalten, und diese müssten uns dazu dienen, die mangelhafte litterarische Ueberlieferung zu vervollständigen. Weber hat mit dieser Vermutung unzweifelhaft recht, nur können wir nicht zugeben, dass er zu diesem Zwecke den Freiburger Cyklus heranzieht. In diesem Falle hätten die Figuren von Kirche und Synagoge eine stärkere Hervorhebung erfahren müssen. Es ist allerdings wahr: sie stehen wie die »Ecksäulen« des ganzen Cyklus da, dass aber eine dramatische Verknüpfung zwischen ihnen anzunehmen sei, müssen wir in Abrede stellen. Das Portal enthält einfach eine äusserst sinnvolle Schilderung der ganzen Heilsgeschichte, die an originellen Zügen so reich ist, dass hier an einen direkteren Zusammenhang irgend welcher Art mit dem geistlichen Schauspiele nicht gedacht werden darf; es hiesse das nur die geistigen Urheber des Freiburger Cyklus ganz ungerechtfertigt herabsetzen und ihnen ihr grosses Verdienst, die Schöpfung eines harmonischen, völlig geschlossenen Bilderkreises ohne Grund rauben. — Weber sieht mit Recht in dem Aufkommen des Antisemitismus im Mittelalter einen der Hauptgründe für die weite Verbreitung des Streitgespräches von Kirche und Synagoge. Da ist es nun sehr beachtenswert, dass 1264 bei Einführung des Fronleichnamsfestes in Freiburg die Judenspiele ihres aufreizenden Charakters wegen verboten wurden, eine plastische Darstellung derselben also kaum wahrscheinlich ist. Wir haben somit keinen Anhaltspunkt gefunden, der uns zwingen würde, ein Verhältnis anzunehmen, wie es von Weber substituiert wird. Im Gegenteil, es sind unserer Ansicht nach triftige Gründe genug vorhanden, welche eine Beeinflussung der Kunst durch das geistliche Schauspiel in unserem Falle ausschliessen.

112 Vergleiche auch Piper, Mythologie der christlichen Kunst; I, p. 248—253.

113 Das weltliche und verwerfliche Prinzip wird also in Freiburg wesentlich von seiner sinnlichen Seite gefasst, die Versuchung im allgemeinen durch die specielle der Lust ergänzt und gleichsam erläutert. Wenn wir uns nun daran erinnern, dass der Teufel im Mittelalter gewöhnlich in einer, dem antiken Satyrtypus stark angenäherten Form dargestellt wird, und wenn wir uns die von der antiken Mythologie fixierten Hauptcharakterzüge der Satyrn ins Gedächtnis zurückrufen, so möchten wir die Frage aufwerfen, ob hierdurch nicht vielleicht etwas sehr ähnliches ausgedrückt, kurz ob der Teufel damit nicht auch wesentlich von einer sinnlichen Seite aufgefasst werden soll? (Die Rolle, welche das semen diabolicum in wissenschaftlichen (!) Disputationen des späteren Mittelalters gespielt hat, ist hinreichend bekannt!)

114 Ueber die Zunahme des Marienkultus im XIII. Jahrhundert siehe Schnaase, a. a. O. V², p. 4.

115 Zugleich gehört aber Aaron auch zu den feststehenden Typen der Jungfrau Maria. Springer daher einmal (in Bezug auf die Goldene Pforte in Freiberg) gesagt: «An einem Marienportale kann Aaron nicht fehlen». (Mittlgn d. k. k. Cent.-Kommission V, p. 32 Anmerk. 8.) Seine Anwesenheit in Freiburg ist also wohl begründet.

116 Eine ganz neue Deutung der eben erwähnten Gestalten bringt Kempf (a. a. O. p. 304). Nach ihm bereiten die ersten vier Gestalten, welche auf die Voluptas folgen, «auf das Christentum vor: der Engel, aus dessen Munde Zacharias, da er im Tempel opfert, die Botschaft empfängt, dass sein Weib den Vorläufer des Heilandes gebären werde, dann Zacharias selbst in priesterlicher Kleidung, das Rauchfass in der Rechten, Elisabeth und endlich Johannes der Täufer. Der Zusammenhang ist hier so klar, dass die bisherigen abweichenden Deutungen in Erstaunen setzen müssen. Das Opfer Abrahams dagegen befindet sich vielleicht gegenwärtig nicht an seiner anfänglichen Stelle.» Wir würden dieser Erklärung schon um ihrer Einfachheit willen gern zustimmen, wenn sie es sich nur eben nicht so einfach machte. Kempf zieht also den Engel mit dem Spruchbande: Ne intretis als Verkündigungsengel zu dem Zacharias genannten Aaron; dass er dabei jene Aufschrift gänzlich vernachlässigt, lässt sich durch den zweifelhaften Charakter aller Inschriften der Vorhalle vollkommen entschuldigen, dass er aber annimmt, die Verkündigung an Zacharias sei damals in genau derselben Weise wie die Verkündigung an Maria dargestellt worden, ist zum mindesten etwas gewagt. Abgesehen davon, dass der Engel, wie der Augenschein schon lehrt, durchaus als Einzelfigur und nicht als Glied einer Gruppe charakterisiert ist, dürfte es gewiss schwer fallen, zum zweiten Male eine ähnliche Darstellung der Verkündigung an Zacharias aus dem XIII. Jahrhundert nachzuweisen. Uns ist eine Uebertragung des Motivs der Verkündigung an Maria auf Zacharias überhaupt unbekannt. Und dann, warum muss der Priester durchaus Zacharias sein? Unseres Wissens tritt derselbe in dieser Gestalt an keinem mittelalterlichen Kirchenportale auf, wogegen uns Aaron hier mehrfach be-

gegnet. Ausser Kempf und Marmon hat daher auch noch Niemand daran gezweifelt, dass hier Aaron dargestellt sei. Und noch eins! Was wird aus der Gestalt Abrahams? wo denkt sich Kempf ihren ursprünglichen Platz? Für uns verbietet sich die Annahme der von ihm gegebenen Deutung schon dadurch, dass wir die Verkündigung an Zacharias bereits auf zwei Sockeln der grossen Portalstatuen nachweisen. — Aber selbst abgesehen von allem, was sonst noch gegen die Erklärung Kempfs spricht, würde uns schon ein rein künstlerischer Grund davon abhalten, ihr zuzustimmen. Es erscheint uns nämlich der Verfasser des Programmes unwürdig, anzunehmen, dass sie zweimal fast dieselbe Scene zur Verbildlichung bestimmt haben sollten: dazu besassen die Dominikaner von Freiburg einen viel zu guten und gewählten Geschmack.

[117] Magdalenas Aufnahme in den Cyklus erklärt sich ausserdem noch aus dem Umstande, dass sie bereits im alten Chor des Münsters einen Altar, ja sogar einen ganzen kleinen Chor für sich allein und zwar im Untergeschoss des nördlichen Ostturmes aufzuweisen hatte. (Urkundliche Belege bei Schreiber, Das Münster zu Freiburg im Breisgau. Zweites Textheft zur zweiten Lieferung der »Denkmale der deutschen Baukunst des Mittelalters am Oberrhein« p. 6. Vergleiche auch Diöcesan-Archiv XXII, p. 248. Auszüge aus den Stiftungsbriefen der Münsterpfründen u. s. w. Der entsprechende Chor im südlichen Ostturm war dem hl. Nikolaus geweiht.) Ferner dürfen wir vielleicht auch darauf aufmerksam machen, dass die Jungfrau Maria in der mittelalterlichen Litteratur sehr häufig unter dem Bilde, »der Büchse, die Salbe trägt für alles Weh«, verstanden wird. (W. Grimm, Einleitung zur Goldenen Schmiede, p. XLV.) Denn damit wird Maria Magdalena, die in ihren Händen die Büchse trägt, aus welcher sie dem Herrn die Füsse salbte, gleichsam zu einem Typus der hl. Jungfrau, von der Konrad von Würzburg an einer Stelle seiner Goldenen Schmiede (Vers 806—811) sagt:

> der siechen sêle wunden
> verheilen kan din süezer list,
> wan dû dem sündaere bist
> ein salbe und lactwarje;
> des wart wol innen Marje
> Magdalêne und Affer.

Es ist ein eigentümliches Zusammentreffen, dass die beiden ältesten Glasmalereien, welche das Münster (aus noch romanischer Zeit) besitzt, gerade zwei wohlerhaltene Fenster mit den Figuren der hl. Afra und der Maria Magdalena sind.

[118] Schnaase (a. a. O. p. 292. Anmerk. 1) bemerkt: »Maria Magdalena gleicht einigermassen den klugen Jungfrauen und mag daher diese äusserliche Rücksicht bestimmt haben, sie neben dieselben zu stellen, wie sie denn auch im Gedanken mit ihnen verwandt und zugleich auf eine lehrreiche Art verschieden ist.« Uns erscheint ihre Aufstellung neben den klugen Jungfrauen auch ohne Berufung auf ihr ähnliches Aeussere ganz sinngemäss.

[119] Die Bezeichnung dieser Gestalt als Sarah begegnet vielleicht Widerspruch. Sie ist von Schnaase und anderen, allerdings ohne jede Begründung, für Maria Jakobi erklärt worden, nur Bock hat sich für Sarah entschieden. Wir sind ihm gefolgt, weil uns die Sarah weit besser in den Gestaltenkreis des Cyklus hineinzupassen scheint als die Maria Jakobi. Denn sie wird in enge Verbindung mit Maria gebracht, ein für uns besonders schwerwiegender Grund! So sitzt sie bei Dante in

einer Reihe mit Rahel, Beatrice, Rebekka, Judith und Ruth zu den
Füssen der Jungfrau. (Paradies, XXXII. Gesang, Vers 7 ff.) Als letzte
Deutungsmöglichkeit bliebe übrig, die Statue als Martha anzusprechen
und zur Magdalena zu ziehen. Wenn sie zusammen auftreten, one repre-
sents the active, the other the contemplative Christian life (Jameson.
Sacred and Legendary Art, Vol. I, p. 383). Aber diese Erklärung dürfte
auf das XIII. Jahrhundert noch nicht zutreffen. Dazu kommt auch, dass
wir wohl begreifen, wie die Magdalena schon des ihr im Münster ge-
weihten Altars wegen in den Cyklus aufgenommen wurde, dass aber
ein solcher Beweggrund einer Statue der Martha gegenüber wegfallen
würde.

¹²⁰ Springer, Das Jüngste Gericht, Repert. VII, p. 382 f. Belege
aus Miniaturen dafür bei Kraus, Geschichte der christlichen Kunst II,
1, p. 375 ff.

¹²¹ Ferner werden wir in Rücksicht auf ihre Aufstellung neben
der Ekklesia und der Synagoge daran erinnern können, dass die klugen
und thörichten Jungfrauen in der bildenden Kunst wie in der Litteratur
häufig im Gefolge jener beiden Gestalten erscheinen (siehe auch Weber,
a. a. O.) und also auf diese Weise in Freiburg eine weitere Verbindung
der beiden Teile des Cyklus herstellen; denn dass in unserem Falle die
klugen Jungfrauen von der Kirche durch Christus getrennt sind, hat
wenig zu sagen, da Christus als Schöpfer des Neuen Bundes und dann
dieser selbst unter dem Bilde der Ekklesia nur zwei verschiedene Dar-
stellungsformen desselben Gedankens sind.

¹²² Die Absicht, in den thörichten Jungfrauen zugleich die Laster
darzustellen und sie durch Hinzufügung der Voluptas und des als Calumnia gedeuteten Fürsten der Welt auf die übliche Siebenzahl zu er-
höhen, sowie ihnen in den klugen Jungfrauen mit Hinzunahme der
hl. Margaretha und Katharina die sieben Tugenden entgegenzustellen,
dürfte kaum vorliegen, und diese Hypothese Bocks (a. a. O. p. 6 ff.)
demnach als verfehlt anzusehen sein; zumal er es selbst bereits empfunden
hat, indem er die mangelhafte Lösung dieses Vorwurfes durch die
Schwierigkeit der Aufgabe zu erklären versucht hat. Wir brauchen also
wohl keine besonderen Beweismittel gegen die Unhaltbarkeit seiner
Annahme anzuführen. Schon unsere Deutung der allegorischen Gruppe
der Welt verbietet uns, in ihren Figuren die Personifikationen zweier
verschiedener Laster zu erblicken.

¹²³ Gerade die Gestalten der Wissenschaften sind es, welche den
Erklärern bisher die grösste Schwierigkeit bereitet haben. Denn aus
ihrer Aufstellung neben den thörichten Jungfrauen glaubte man einen
ungünstigen Rückschluss auf ihren Charakter ziehen zu müssen. So
hat man sich auch seit Schnaase fast durchweg gewöhnt, in ihnen die
Vertreterinnen der Weltlichkeit und also etwas Verwerfliches zu erblicken. Der Protest Bocks (a. a. O. p. 38—40) gegen diese Anschauung ist wirkungslos verhallt. Es ist merkwürdig, wie sich dieser Irrtum solange erhalten konnte, nachdem schon Schnaase zugegeben
hatte, dass «die Stellung der Wissenschaften nicht immer so ungünstig
sei» (a. a. O. p. 292, Anmerk. 2). Seine Ansicht, dass die Wissenschaften nicht nur in Freiburg sondern «auch sonst entschieden als
profan, dem Heiligen entgegengesetzt» erscheinen, müssen wir für die
Zeit des XIII. Jahrhunderts durchaus bestreiten. «Die Teilung in pro-
fanes und theologisches Wissen ist allerdings alt; in der Litteratur
begegnet sie uns schon bei Cassiodor, dann bei Isidor, Alcuin und
Rhabanus»; in der Kunst jedoch finden wir sie zum ersten Male in
der Spanischen Kapelle in Florenz und in einem gleichzeitigen, ver-

loren gegangenen Cyklus aus den Eremitani in Padua durchgeführt.
(Jul. v. Schlosser, a. a. O. p. 143.) Schnaase kann also die Bilder der
ersteren unmöglich als einen Beweis für seine Deutung anführen.
Wissenschaft und Kirche bilden im XIII. Jahrhundert noch eine un-
zertrennbare Einheit: omnes artes divinae scientiae tanquam reginae
famulantur, so fasst Vincentius von Beauvais ihr Verhältnis und mit
ihm alle andern Gelehrten seiner Zeit. Vergleiche auch die instruk-
tiven und ausführlichen Bemerkungen Pipers über »die fortdauernde
Geltung der sieben freien Künste als Grundlage der allgemeinen Bildung und die Anerkennung der Theologie als ihres Gipfels« im Mittelalter. (Einleitung in die monumentale Theologie 1867. p. 530—573
und besonders p. 552—555.) — Erst mit Duns Scotus (1261 oder 1274
geb.) »beginnt die durch die hellenistische Philosophie eingeleitete
Verschmelzung des religiösen und wissenschaftlichen Interesses wieder
auseinander zu gehen« (Windelband, Geschichte der Philosophie 1892.
p. 248), und erst die Mystiker des XIV. Jahrhunderts stellen sich den
Wissenschaften feindselig gegenüber. Die Viktoriner dagegen, besonders Hugo von St. Viktor, sind genaue Kenner derselben. Wie hätte
es auch anders sein können, wächst doch die Mystik erst allmählich
aus der von den Dominikanern vertretenen Scholastik heraus. Eck-
hart kommt in gerader Linie von Thomas von Aquino und dessen
Lehrer Albertus Magnus her. Wie aber dieser letztere von den
Wissenschaften dachte, zeigt eine Stelle seines Opus virginis gloriosae,
aus welcher wir zugleich ersehen, welche Stellung die Jungfrau Maria
nach der Auffassung des XIII. Jahrhunderts zu den freien Künsten ein-
nahm. Es heisst daselbst: Post hoc queritur de artibus liberalibus
utrum et illas sauit in summo beatissima virgo. Et videtur quod sic:
Sapina edificauit sibi domum. exudit columpnas septem. illa domus
est beata virgo septem columpne sunt septem liberales scientie. igitur
beata virgo habuit septem liberalium arcium scientiam. Auf die Be-
weisführung, welche in ganz scholastischer Weise und mit grosser
Gelehrsamkeit erfolgt, brauchen wir hier nicht weiter einzugehen; der
mitgeteilte Ausspruch des grossen Gelehrten genügt für unsre Zwecke
vollkommen — als das Zeugnis eines Zeitgenossen, dessen Autorität
auf kirchlichem Gebiete unbestritten ist. Die Statuen der Wissenschaften
treten somit auch zur Maria in enge Beziehung und entsprechen darin
in vortrefflicher Weise den alttestamentlichen Gestalten auf der andern
Seite der Vorhalle, für die dasselbe gilt. Zeigten uns jene die geschichtliche Entwicklung und die Vorbereitung auf das Heil, so geben
diese jetzt das Mittel an, wie der Mensch von sich aus zu dem Heile
gelangen kann und soll: denn »die Wiederherstellung des Menschen«
nach dem Falle, das ist eben die Aufgabe der Wissenschaften in dieser
Zeit. Die praktische Nutzanwendung dieser Lehre repräsentieren dann,
wie im Texte ausgeführt wird, die Gestalten der hl. hl. Margaretha und
Katharina.

[124] »Sic beata Margaretha habuit virtutem .... contra cordis
passionem, id est, daemonis tentationem per victoriam, quia ipsa dya-
bolum superavit, ad spiritus confortationem per doctrinam etc. —
Beata Margaretha fuit timoris Dei plena, justitia praedita, religione
cooperta. compunctione perfusa, honestate laudabilis, patientia singu-
laris, nihilque in ea contrarium religioni christianae inveniebatur, odiosa
patri suo. dilecta domino Jesu Christo.« (Legenda aurea (Graesse),
editio tertia. Vrotislaviae 1890. p. 400 und 403). Sie ist »the type
of female innocence and meekness« (Jameson, a. a. O. Vol. II, p. 516)
und die Patronin der Gebärenden, passt also sehr gut zu den Scenen

der Verkündigung und Heimsuchung, welche auf der gleichen Seite der Vorhalle dargestellt sind.

[125] So finden wir sie in dem bereits genannten Mariale Alberti wegen ihrer Kenntnisse belobt: Item quidam sancti laudantur a talibus scienciis — sicut beatus Dominicus .... Item de beato Vincencio et de sancta Katharina et multis aliis. Sie ist die Patronin der Beredsamkeit, der Philosophie und der Wissenschaften überhaupt, »venerated by the men as the divine patroness of learning, and by the women regarded as the type of female intellect and eloquence as well as of courageous piety and chastity.« (Jameson, a. a. O. Vol; II, p. 468).

[126] Jameson, a. a. O. Vol. II, p. 467.

[127] Noch ein Wort zur Anordnung der Wissenschaften und der Statuen überhaupt! Denn diese war der Ausgangspunkt für die ungünstige Beurteilung der ersteren gewesen. Die nördliche (linke) Seite der Vorhalle ist, wie wir gesehen haben, mustergültig durchkomponiert und zeigt uns in äusserst klarer Weise, was den Verfertigern des Programmes vorgeschwebt hat. Aus der Gegenüberstellung des Christus zum Fürsten der Welt springt uns überzeugend in die Augen, dass in den Statuen dieser Reihe ein gegensätzliches Element obwaltet. Dem starken Zuge der Zeit nach Parallelismus folgend, müssen wir aber, halten wir daran fest, dass wir es hier mit einer festgeschlossenen Komposition zu thun haben, unbedingt ein gleiches für die andre Seite der Vorhalle in Anspruch nehmen und von vornherein sogar voraussetzen. Nun finden wir hier dem Portale zunächst durch die thörichten Jungfrauen das böse Prinzip vertreten, seinen Gegensatz also müssen wir in den noch übrigen Statuen erwarten: und das stimmt mit dem Thatbestand vollständig überein! Denn, was wir von den Wissenschaften zu halten haben, wird jetzt wohl zur Genüge klargestellt sein. Ihre Bedeutung für den Cyklus kann ebenso wenig wie die der hl. hl. Katharina und Margaretha der Gegenstand eines Zweifels sein. — Wir erhalten somit wirklich eine genau abgewogene und streng durchgeführte, allerdings auf Gegensätzen beruhende Harmonie der einzelnen Teile des Cyklus, denn der Grundgedanke der Komposition ist auf beiden Seiten der Vorhalle der gleiche, nur dass die beiden den Charakter des Statuenkreises bestimmenden Faktoren auf der südlichen Wand eine Umstellung erfahren haben. Diese Vertauschung ist aber nur die notwendige Folge der Aufnahme der Parabel der klugen und thörichten Jungfrauen in den Cyklus. Verfehlt war es daher, aus dieser Notwendigkeit einen den Verfassern des Programmes durchaus fremden Grundgedanken abzuleiten. Wohin eine solche Deduktion führen musste, hat die zwar sehr scharffsinnige und geistvolle, aber zugestandenermassen gesuchte und, wie wir jetzt gesehen haben, unmögliche Erklärung Schnaases gezeigt. Bei unserer Deutung dagegen gewinnen wir — wenn auch wir etwas gesucht sein wollen — ein rhythmisch sehr belebtes Bild, indem die beiden Faktoren des Cyklus (»Gut« und »Böse«) in wechselndem Gegenspiele verwendet werden! Ueber das Endziel des Kampfes aber und über den einheitlichen Grundcharakter des Cyklus belehrt uns die Gestalt der Madonna, welche das Ganze dominierend an die Spitze der Komposition gestellt ist.

Wir haben die Frage nach der allgemeinen Verständlichkeit des Cyklus in damaliger Zeit bereits einmal berührt und eine solche voraussetzen zu können geglaubt. Aber selbst wenn die tieferen Bezüge, welche die einzelnen Glieder seiner Reihe mit einander verknüpfen, vielleicht auch nicht jedem verständlich gewesen sein werden, so entbehrte, doch das Ganze darum nicht eines gewissen volkstümlichen Charakters.

Denn der Cyklus enthält zum überwiegenden Teile historische Persönlichkeiten (die Heiligen sind ihnen zuzurechnen), und unter diesen
fand sich der Besucher des Münsters rasch zurecht. Was aber die
Gestalten der Kirche und Synagoge, der klugen und thörichten Jungfrauen, die Wissenschaften und die Gruppe der Welt anbelangt, so
»darf man nicht glauben, dass das Mittelalter diese Gestalten so ansah
wie wir, als willkürliche Einkleidung eines Begriffes; sie hatten eine viel
kräftigere Bedeutung, sie waren nicht bloss ersonnen sondern auch
überliefert . . . Daher nahm man auch keinen Anstand (wie wir es
z. B. hier in Freiburg sehen), allegorische Gestalten mit völlig historischen oder wahren, z. B. mit dem Schöpfer und Christus redend und
handelnd in unmittelbare Beziehung zu bringen . . . In der That war
die Kluft zwischen jenen erdachten und diesen historischen Gestalten
nicht so gross; der Dämmerschein des Ungewissen umgab mehr oder
weniger die einen wie die andern«. (Schnaase, a. a. O. IV,⁵ p. 66 passim).
In unserm Falle kommt dazu, dass das Verständnis der Allegorie der
Welt durch das Gedicht Konrads gewiss ganz erheblich erleichtert
wurde; die Wissenschaften aber stellten sich gleichsam als die Vertreter des Dominikanerordens von Freiburg dar und waren überhaupt
schon verständlicher, wenn auch auf die erklärende Beigabe von Repräsentanten wie in der Spanischen Kapelle von Florenz verzichtet
wurde. — Zum Schluss geben wir Schnaase, der diese Seite der mittelalterlichen Kunst wie kein anderer verstanden und zu interpretieren
gewusst hat, noch einmal das Wort; denn manchem wird eine Apo-
logie des Cyklus, wie er sie hier giebt, willkommen, wenn nicht gar
notwendig erscheinen. Er sagt (a. a. O. IV², p. 294 f.): »Es ist uns,
die wir an eine leichtere, mehr naturalistische Kunst gewöhnt sind und
von ihr eine unmittelbare Verständlichkeit und eine Einwirkung auf
die Stimmung erwarten, vielleicht schwer, uns mit dieser tiefdurch-
dachten Komposition zu befreunden. Die Zeitgenossen aber waren
nicht nur mit dieser Symbolik im ganzen vertraut, sondern ihnen waren
auch die einzelnen Beziehungen mehr oder weniger geläufig; sie waren
daher im Stande, schnell die Bedeutung des Ganzen zu würdigen und
dadurch Lust zu gewinnen, nun auch in langsamerer Betrachtung das
Einzelne durchzugehen. Dann aber verstanden sie auch die feineren
Motive im Gesichtsausdruck und in der Wendung der Gestalten, auf
welche der Künstler durch jene symbolischen Beziehungen geführt war,
und durch welche er versucht hatte, dieselben zu versinnlichen.«

¹²⁸ Ob die Inschriften ihre ursprüngliche Fassung zeigen, muss
natürlich dahingestellt bleiben (siehe Seite 24 f.) Da wir aber ihren Inhalt in Uebereinstimmung mit der von uns bereits anderweitig festge-
stellten Bedeutung der Skulpturen finden, liegt kein Grund vor, sie
nicht, wenigstens dem Sinne nach, als echt anzusehen. Nach Bock
(a. a. O. p. 11 f.) ist die eine: Nolite exire »der Warnung vor den
falschen Propheten entnommen, welche der Heiland bei Matth. XXIV,
26 ausspricht;« die andere: Vigilate et orate »wiederholt die Worte,
welche·der Heiland im Fortgang der Weissagung, die das zukünftige
Weltgericht betrifft, verkündet.«

¹²⁹ Vergleiche die vortrefflichen allgemeinen Bemerkungen Schnaases (a. a. O. IV², p. 259 f.) über die für die Plastik massgebliche
Raumsymbolik im Mittelalter.

¹³⁰ Goldene Schmiede, Vers 139—155. Aus der gleichen Gesinnung und demselben Gefühle heraus erstanden wie das ebenfalls ange-
führte Mariale Alberts des Grossen, bietet die Goldene Schmiede eine
litterarische Parallele zu unserm Cyklus: der tiefe, fromme, von Ver-

ehrung und Liebe für die Gottesmutter glühende Geist, der aus jedem dieser drei Werke in gleich grossartiger Weise zu uns spricht, ist der Geist des ganzen XIII. Jahrhunderts!

[131] Kraus, Geschichte der christlichen Kunst II, 1, p. 158 ff. Schäfer, Die älteste Bauperiode u. s. w. p. 33, Anmk. 82. Adamy, Architektonik IV, 3, p. 238. Vgl. auch die in ihrer starken Betonung der Unabhängigkeit der deutschen von der französischen Gotik wohl etwas zu weit gehenden Bemerkungen Georg Schäfers in den »Kunstdenkmälern im Grossherzogtum Hessen«, Provinz Starkenburg, ehemaliger Kreis Wimpfen, p. 104 ff.

[132] Schäfer, a. a. O. p. 33 f. Siehe dagegen Geiges, Ueber den Meister der frühgotischen Ostjoche, Schau-ins-Land XXI.

[133] Schäfer (a. a. O. p. 19 ff.) leugnet einen französischen Einfluss; nach ihm repräsentieren die Basler Skulpturen die letzte, jeder frischen Regung bare Entwicklungsstufe des romanischen Stiles. Da die Gallusporte, wie wir jetzt wissen, in ihrem architektonischen Aufbau auf die antike Porte noire in Besançon zurückgeht, scheint uns die Abhängigkeit ihrer Skulpturen von der französischen Plastik ziemlich gewiss zu sein. (Baugeschichte des Basler Münsters, herausgegeben vom Basler Münsterbauverein. Basel 1895. p. 92 f.) Näheres Anhang I.

[134] Siehe Schäfer, a. a. O. p. 19 ff.

[135] Die Skulpturen des Strassburger Münsters 1894. Studien zur Deutschen Kunstgeschichte, 2. Heft. Dort heisst es p. 18: »Woher dieser neue Stil kam, ist noch nicht zu ermitteln gewesen.« Kraus (Kunst und Altertum in Elsass-Lothringen I, p. 463) hatte ihn als »germanische Kunstart« ansprechen wollen. Unsre folgende Betrachtung will, um dies gleich festzustellen, noch nicht als abschliessende Untersuchung dieser Frage gelten. Eine solche kann erst eine genaue Vergleichung der in Rede stehenden Strassburger mit den s p ä t e r e n Chartrerer Skulpturen bringen, zu der es uns sowohl an Zeit wie Gelegenheit gefehlt hat; uns kam es nur darauf an, überhaupt einmal mit Entschiedenheit die französische Herkunft der Strassburger Plastik festzustellen.

Einige vereinzelte Skulpturen des Münsters, die im Texte nicht aufgezählt sind, werden bei Gelegenheit zur Sprache kommen. Die wenigen Statuen vom Langhause und Vierungsturm, welche den Brand von 1298 überdauert haben, sowie den Mann mit der Sonnenuhr am südlichen Querhause ziehen wir nicht erst in den Kreis unserer Betrachtung, weil sie kein neues Moment für die stilistische Bestimmung der Strassburger Plastik ergeben; näheres über sie bei Meyer, a. a. O. p. 16 f. u. 18 f.

[136] Besonders Bode, dem wir im übrigen eine vortreffliche Besprechung der Skulpturen verdanken, hat sich ungünstig über sie geäussert (Geschichte der deutschen Plastik, p. 70 f.). Wir verweisen hiergegen auf die Ausführungen Meyers, dem wir durchaus beistimmen (a. a. O. p. 15 f.).

[137] Auf die Verwandtschaft der Strassburger Reliefs mit der Kunst Niccolo Pisano's macht u. a. (zuerst Kugler, Kleine Schriften, Bd. II, p. 517) auch Marcel Reymond aufmerksam (Les prédécesseurs de l'école Florentine et la sculpture florentine au XIVe siècle. Florenz, Alinari 1897); doch geht er entschieden zu weit, wenn er (a. a. O. p. 63 f.) behauptet: »Ici la ressemblance est si grande que, si l'on ne connaissait pas l'origine de ce basrelief, on le prendrait pour une œuvre de l'école pisane. Ce sont les mêmes types de figures et les mêmes expressions (wo wäre denn je die Kunst des Niccolo so dramatisch!),

et l'on ne trouverait quelque différence que dans le style des draperies etc.

Gleich hier möchte ich auf eine schon von Dumont (La Cathédrale de Strasbourg, Paris 1871, p. 6 ff.) geäusserte Vermutung Voges
zu sprechen kommen, die dieser bei Recension der Meyerschen Arbeit
im Repertorium XVII, 281 f. ausgesprochen hat. Er bemerkt daselbst:
«Für die Scene des Todes der Maria ist kaum ein Zweifel, dass nicht
«die Antike», sondern die byzantinische Kunst der Ausgangspunkt war;
von hier kommt nicht nur dieses ikonographische Schema, es scheinen
mir auch diese eigentümlich gradlinien Falten, ja die ·Kopftypen nach
dieser Seite zu weisen; man betrachte das Angesicht der Madonna
mit der länglichen feingebogenen Nase.» Es sei mir gestattet, mich
gegen diese Annahme skeptisch verhalten zu dürfen. Denn wie mir
scheint, und wie im Texte ausgeführt wird, lässt sich sowohl die Komposition wie auch der Stil des Reliefs bereits ganz gut aus der französischen Plastik ableiten. In welchem Grade aber ausserdem hier noch
eventuell byzantinische· Stilelemente · zu ·erkennen sein möchten, ·das
festzustellen, muss ich einem ·genaueren Kenner ·der byzantinischen
Kunst, als ich bin, überlassen. Gegen die Annahme eines byzantinischen
Einflusses wendet sich auch Kraus (a. a. O. p. 462).

¹³⁸ Gegenwärtig ist es im Innern der Kirche eingemauert; es dürfte
zu dem in den Jahren 1200—1230 oder 30 errichteten westlichen Teile
der Kirche gehört haben. Langhaus und Chor sind ein Neubau aus
dem letzten Drittel des XIII. und der ersten Hälfte des XIV. Jahrhunderts. Abbildung bei Kraus, a. a. O. Fig. 167 und Klass. Skulpturenschatz Nr. 207; Gipsabguss im Frauenhaus. — Die beiden Gestalten
neben Christus und Thomas' sollen wohl Johannes und Petrus vorstellen.

¹³⁹ Die Lettnerzeichnung von J. J. Arhardt aus dem Jahre 1673,
welche sich in der Albertina befindet, habe ich leider nicht einsehen
können. Gleichwohl glaube ich auch ohne ihre Zuhilfenahme den Lettner sicher und bestimmt datieren zu können; vgl. unsere Ausführungen
im Texte. Der Stich Brunns ist abgebildet bei Kraus Fig. 145, p. 442
und in «Strassburg und seine Bauten» (1894), Fig. 75, p. 147. Die
kleinen Stiche sind nur in wenigen Exemplaren bekannt; einige davon
befinden sich im Frauenhaus und in der Universitätsbibliothek.

¹⁴⁰ Ob die kleinen Stiche nicht vielleicht auch von Brunn herrühren, in welchem Falle sich ihre Uebereinstimmung mit dem grossen
Blatte von selbst verstände, konnten wir bei der Schwierigkeit einer
stilistischen Vergleichung derselben nicht entscheiden. Ebenso unmöglich war es uns, festzustellen, ob die Stiche alle die gleiche
Technik aufweisen, denn selbst die beiden kleinen Blätter, welche offenbar zusammengehören, zeigen darin, allerdings geringfügige, Unterschiede. Die Vermutung, eine gleiche Hand für alle drei anzunehmen,
liegt aus dem Grunde nahe, weil wir Brunn einige Stiche ähnlichen
kleinen Formates verdanken, welche Teile des Münsters wiedergeben;
so besitzen wir z. B. einen Stich des romanischen Südportales von
ihm (Nr. 6 bei Schadaeus).

¹⁴¹ Geschichte der deutschen Kunst im Elsass. 1876. p. 118.

¹⁴² Strassburg und seine Bauten, p. 198 f. Ihnen schliesst sich,
allerdings ohne jede Begründung, Arntz an, Unser Frauen Werk zu
Strassburg. Denkschrift im Auftrage der Stiftsverwaltung, p. 17.

¹⁴³ Es ist dies der Früge-Altar, kurz vor 1252 erbaut, und der
Altar des hl. Florentius aus dem Jahre 1264; die anderen fallen mit

Ausnahme des Nikolausaltares von 1296 sämtlich ins XIV. Jahrhundert. Vgl. Dehio, a. a. O. p. 198 f.

[144] Wie weit das Laubwerk der Kapitäle in Strassburg schon entwickelt war, lässt sich auf Grund des Stiches nicht entscheiden.

[145] Abgebildet bei Dehio, a. a. O. p. 178, Fig. 92.

[146] Ihre Zugehörigkeit zum Lettner hat zuerst Knauth, Architekt am Dombauamt erkannt; siehe darüber Meyer, a. a. O. p. 48. Er setzt sie den ältesten Figuren der Westfassade gleich, wogegen unsere Datierung zu vergleichen ist, und erwähnt dann noch als «wahrscheinlich» zu ihnen gehörig die Figur eines Diakons (Fig. 19 auf Taf. III bei ihm), die allerdings grosse Verwandtschaft mit jenen zeigt, so besonders in der Bildung der Augen und in der Wiedergabe des Haares Gleichwohl können wir uns nicht entschliessen, ihm zuzustimmen, denn in der Gewandbehandlung weicht der Diakon entschieden von den Lettnerfiguren ab; während wir bei ihm ruhige und gleichmässig herabfallende Falten finden, zeigen jene eine malerisch reichbewegte Drapierung des Stoffes, welche es liebt, mit sehr starken und ziemlich scharf gebrochenen Falten zu arbeiten. Die zeitliche Zusammengehörigkeit der Figuren steht dagegen ausser Frage.

[147] Die von Meyer aufgestellte Unterscheidung zweier ganz verschiedener Stile in der Skulpturengruppe ist, wie bereits Vöge (a. a. O. p. 281) erkannt hat, nicht durchzuführen.

[148] Der plastische Schmuck der Westfassade der Pariser Kathedrale stammt aus den ersten Jahrzehnten des XIII. Jahrhunderts. Zuerst entstand das südliche Portal, die sog. Porte Ste. Anne, dann das nördliche, die Porte Ste. Marie. «so recht das klassische Werk dieser glücklichen Jugend» (Vöge, Die Anfänge des monumentalen Stiles u. s. w. p. 114), und zuletzt das mittlere, dessen Tympanon eine stark rostierte, teilweise ganz neue Darstellung des Jüngsten Gerichtes zeigt; am besten erhalten sind die Gestalten der obersten Reihe. Vollendet waren alle drei Portale im Jahre 1220.

[149] A. a. O. p. 150 f. Anm. 101.

[150] Siehe Stich 6 der Münsterbeschreibung des Oseas Schadaeus aus dem Jahre 1617.

[151] Hier zeigen die Bekrönungsbaldachine der Statuen der Vorhalle, die bald nach der Mitte des Jahrhunderts entstanden sein dürften, eine grosse Verwandtschaft mit denen des Erwinpfeilers und dementsprechend auch mit dem französischen Typus. Wir haben also auch hier wieder französische Einflüsse zu konstatieren. Dieselbe Ansicht vertritt Schmarsow. Er bemerkt (Das Eindringen der französischen Gotik in die deutsche Skulptur, Repert. XXI, 426), dass wie in Bamberg auch hier, «die Baugeschichte des Landes von allerlei Verbindungen der Bischöfe wie der Klöster mit bestimmten Gegenden Frankreichs zu erzählen weiss, sodass die Vermutung, auch plastische Schulung sei von dort importiert, vielleicht gar bestimmte Vorbilder dortiger Portale nachgeahmt worden, an sich schon nicht fern liegt. Der Augenschein aber bestätigt dies vollkommen».

[152] Weese benützt geradezu die übereinstimmende Form der Baldachine als Hülfsmittel für seine Ableitung der Bamberger aus der Reimser Plastik. (A. a. O. p. 163. Anm. 211.) — Hier sind auch die Baldachine der Statuen des Südportals an der Stiftskirche von St. Peter zu Wimpfen i. Th. zu nennen, welche deutlich «Apsidialkonstruktionen komplizierter Choranlagen mit Umgang und Kapellenkranz» zeigen und sich damit als das Werk des berühmten oder vielmehr berüchtigten Iutomus erweisen, dessen die vielcitierte Stelle der Chronik des

Burchardus de Hallis gedenkt. Siehe darüber Georg Schäfer, Kunst-denkmäler im Grossherzogtum Hessen, Provinz Starkenburg, p. 228 f.

[152] Siehe auch die Bemerkungen Vöge's über Stilvermittelung im Mittelalter, a. a. O. p. 48.

[153] Vgl. daraufhin einmal die Strassburger mit der Pariser Maria aus der Darstellung ihrer Krönung auf dem mehrfach erwähnten Tympanon der Porte Ste. Marie; am geeignetsten zu dieser Gegenüber-stellung ist ein unnumerierter Gipsabguss des Pariser Madonnen-kopfes im Trocadéromuseum, der vor der Erneuerung des Reliefs abgeformt ist.

[154] Dieser Vergleich gilt natürlich nur cum grano salis; nähere Beziehungen oder eine engere Verwandtschaft dieser Werke konsta-tieren zu wollen, liegt uns gänzlich fern; auch erstreckt sich die Aehnlichkeit in der Gewandbehandlung nur auf die grossen Stehfalten. Höchstens die treppenförmige Faltengebung der vorn nach beiden Seiten herabfallenden Mantelsäume, welche übrigens sehr häufig an Skulpturen des XIII. Jahrhunderts auftritt, könnte noch an dies beliebte Motiv der griechischen Kunst erinnern. Die sonst sehr malerische Gewand-behandlung der Strassburger Gestalten mit ihren scharf gebrochenen Falten steht dagegen ausser Zusammenhang mit der Antike. — Gut zu vergleichen sind u. a. die herkulanischen Tänzerinnen und eine weib-liche Statue des Museo Boncompagni (Villa Ludovisi) — Rom (Helbig, 883; Br. — Br. 357), sowie die Athena des Antiochos (Br. — Br. 253) und die Karyatide des Kriton und Nikolaos. Eine reiche Anzahl ähnlicher Beispiele liefert übrigens auch in dieser Hinsicht die ent-schieden antik beeinflusste französische Plastik dieser Zeit.

[155] Hinweise auf einen Zusammenhang der Strassburger Plastik mit Frankreich finde ich bei Reber (Kunstgeschichte des Mittelalters, p. 550), der sich dahin äussert, dass sie «bei grosser Verwandtschaft mit den gleichzeiten Werken Frankreichs an künstlerischem Werte den Arbeiten von Reims entschieden nachstehe», und bei Schmarsow (Repert. XXI, 426), der sich entschieden gegen die Ansicht ausspricht, welche in den besprochenen Arbeiten ein «Werk unvermischt deutscher Skulptur» erkennen möchte.

[157] Kraus, Kunst und Altertum im Elsass I, p. 231 ff., ebenda Abbildung des Portales; vgl. auch Woltmann, Geschichte der deutschen Kunst im Elsass, p. 173.

[158] Baudot, La sculpture française, XIIIe siècle. Pl. X, No. 4. — Auf den französischen Einfluss in der Kolmarer Plastik hat bereits Bode aufmerksam gemacht. (Geschichte der deutschen Plastik, p. 82.)

[159] Auch in Freiburg haben wir ein Werk gefunden, welches wir vielleicht als einen Beweis dafür ansehen dürfen, dass die französische Gotik hier gleichfalls in der ersten Hälfte des XIII. Jahrhunderts ein-mal Eingang gefunden haben muss. Die städtische Altertümersammlung bewahrt nämlich die Holzfigur einer jugendlichen Heiligen, welche aus dem ehemaligen Adelhausener Kloster bei Freiburg stammt. (Ohne Nummer.) Diese Gestalt weist in der feinen, sorgfältigen Gewandbehandlung eine entschiedene Aehnlichkeit mit der Statuette der Strassburger Sibylle auf, während der Kopftypus zwar in einigen Grundzügen dem der Sibylle und der Kirche und Synagoge daselbst verwandt, im grossen Ganzen aber doch abweichend gebildet ist. Jedenfalls zeigt ihr Stil ganz deut-lich ein französisches Gepräge. Die Entstehungszeit dieses Werkes wird sich schwerlich genauer als auf die erste Hälfte des Jahrhunderts bestimmen lassen; später als 1240 etwa dürfte es aber kaum entstanden sein.

¹⁶⁰ Weese, Die Bamberger Domskulpturen, Studien zur deutschen Kunstgeschichte 10. Heft. Strassburg 1897.

¹⁶¹ Von französischen Kirchen dieser Zeit, welche Turmvorhallen besitzen, ist nur die in Larchant (Seine et Marne) zu erwähnen. Weitere Anlagen dieser Art bieten dann erst wieder einige Bauten der Normandie aus dem XIV. und XV. Jahrhundert; siehe Viollet-le-Duc, dict. de l'arch. t. VII. p. 293; er spendet der Freiburger Vorhalle hohes Lob.

¹⁶² Hier ist das Vorhandensein der Vorhalle vielleicht aus einer Beeinflussung durch die Andlauer Klosterkirche zu erklären; siehe Dohme, Geschichte der deutschen Baukunst, p. 75.

¹⁶³ Siehe Fr. J. Schmitt, «Die alte Peter- und Pauls-Basilika zu Baden und die ihr verwandten Bauten» in Mones Zeitschrift, N. F. IV (1889), p. 315 ff.

¹⁶⁴ Die achteckige Bildung des Sockels kam erst auf, als die Basis die breit ausfliessende Tellerform angenommen hatte, denn diese letztere war bei einem quadraten Sockel zu leicht der Gefahr des Abbrechens ausgesetzt. Zunächst hatte man dieser damit abzuhelfen gesucht, dass man den übergreifenden Teilen der Basis kleine Konsolen als Stützen unterlegte, und als man dann später auf den Ausweg der achteckigen Sockelbildung kam, behielt man wohl diese letzteren auch jetzt noch hier und da, wie z. B. grade in Freiburg, bei. (Viollet-le-Duc, a. a. O. t. II, article Base, p. 125 ff.)

¹⁶⁵ Z. B. an der église de la Madeleine in Vézelay; auch die aus Sugers Zeit stammende Fassade von St. Denis gehört hierher (vgl. Vöge, a. a. O. p. 223 f.)

¹⁶⁶ Die hohe Bedeutung des Chartrerer Portales ist zuerst von Vöge erkannt und in seinem schon mehrfach citierten Werke in ganz vortrefflicher Weise gekennzeichnet worden. Unsere Untersuchung baut sich direkt auf der von ihm geschaffenen Basis auf; vgl. besonders p. 300 Anmk. 1 u. 2 bei ihm.

¹⁶⁷ Die Fassade der Pariser Kathedrale zeigt in ihren Portalen gleichsam eine Verschmelzung der beiden im Texte besprochenen Typen; in ihrer Gesamtkonstruktion steht sie noch auf der älteren Entwicklungsstufe, welche wir in St. Denis finden; vgl. auch Vöge, a. a. O. p. 224 Anmk. 1.

¹⁶⁸ In Chartres «ist bereits durchgeführt, was das XIII. Jahrhundert erst in Reims wieder versucht hat» (Vöge, a. a. O. p. 224). Er weist mit Recht darauf hin, dass nur Reims wie Chartres eine gleiche Höhe der drei Thürstürze zeigt; in Amiens z. B. sind die Oeffnungen der Seitenportale niedriger als die des Hauptportales gehalten.

¹⁶⁹ Vöge, a. a. O. p. 114 ff. und 128: «Die Arler Komposition geht unmittelbar und ohne Zwischenstufen auf ihr antikes Vorbild, den heidnischen Tempelporticus, zurück.»

¹⁷⁰ Die Abhängigkeit des Mittelalters von der Antike ist in diesem Falle unseres Wissens noch nicht erkannt worden; auch Vöge hat diese Folgerung aus seinen Untersuchungen nicht gezogen.

¹⁷¹ Er bemerkt bei Besprechung der Porte Ste Marie von Notre-Dame in Paris: l'échelle des figures est observée avec une délicatesse rare: qualité qui manque presque toujours aux œuvres postérieures, et trop souvent à celles de l'antiquité (hört man nicht ordentlich den Architekten?!). S'il y a des différences entre les dimensions de ces figures, elles ne sont pas assez sensibles pour que leur réunion ne forme pas un ensemble complet. Les statues qui garnissent les voussures sont en effet à mi-corps, afin de leur donner une échelle de rapport avec celles qui garnissent les tympans ... C'est au XIII⁰ siècle

que cette réunion (sc. de la statuaire à l'architecture) est la plus intime, et ce n'est pas un des moindres mérites de l'art de cette époque. Dict. de l'arch. t. VII, p. 424 et t. VIII, p. 174.

[172] Eine knieende Figur wie hier ist uns an gleicher Stelle an keinem anderen bedeutenden Portale des XIII. Jahrhunderts begegnet; sie spricht überzeugend für das originale selbständige Schaffen des Freiburger Meisters. Das Motiv des knieenden Königs als solches ist alt.

[173] Vöge, a. a. O. p. 276.

[174] Schnaase, Geschichte der bildenden Künste V², p. 6.

[175] Ein Vergleich der Anordnung der Freiburger Gruppe der Visitation mit der dortigen ist sehr lehrreich. Beide sind auf Säulen gestellt, aber wie verschieden wird dasselbe Motiv hier und dort gehandhabt! In Freiburg finden wir ein schlankes, echt gotisches Säulchen mit der breiten Tellerbasis dreifach zu einem Träger gepaart, in Chartres dagegen nur eine schwere, kurze Säule, die im Verhältnis zu ihrer Länge zu dick ist und trotz ihrer Windungen noch deutlich einen starken Einfluss der Antike zeigt, welche hier mit dem gotischen Stilgefühl einen unerquicklichen Bund geschlossen hat; oben und unten umgiebt Blattwerk den Säulenschaft, das Kapitäl ist durch die Tellerbasis des gotischen Stiles vom Schafte getrennt. (Le musée de sculpture comparée du palais du Trocadéro. Paris, Guérinet. Planche 11.)

[176] Das beweist uns schon der kleine Sockel, welcher auf beiden Seiten die Spitzbögen wie die Archivolten abschliesst und sie gleichzeitig in geschickter Weise zusammenfasst; der geschlossene Charakter des ganzen Werkes wird damit in wenig auffälliger, aber ganz vortrefflicher Weise zum Ausdruck gebracht.

[177] Dass der Freiburger Turm wenigstens bis zum dritten Felde des Helmes das einheitliche Werk eines und nicht mehrerer Meister ist, bezweifelt wohl heute niemand mehr; vgl. auch Kempf, Freiburg, die Stadt und ihre Bauten, p. 265 f.

[178] Es ist natürlich nicht ausgeschlossen, dass die Nischenbildung bereits vor den Bauten zu Freiburg und Paris an irgend einem, jetzt nicht mehr erhaltenen, kleineren Portale durchgeführt war; aber im grossen Ganzen ist das doch für den Gang der Entwicklung unwichtig. Die kleinen Werke bereiten ja allerdings oft die grossen vor, aber entscheidend und bestimmend für die spätere Entwicklung sind dann doch erst diese, das zeigt uns z. B. in klassischer Weise die Ausbildung der gotischen Architektur. Wenn man jetzt auch die Vorstufen und vielfachen Versuche, welche dem Kirchenbaue Sugers vorangehen, genau kennen und unterscheiden gelernt hat, so steht trotzdem immer noch die Abtei von St. Denis als das erste vollständige Specimen gotischer Konstruktionsprinzipien an der Spitze der Entwicklung der gotischen Baukunst. Und so wird man uns wohl recht geben, wenn wir den voll ausgebildeten, die Nischenform zeigenden gotischen Portaltypus mit der Pariser und Freiburger Anlage beginnen lassen. Das einzige frühere, mir bekannt gewordene Beispiel von Nischenbildung ist sehr zweifelhafter Natur. Bei Besprechung des nicht mehr erhaltenen Portales von Nesle bemerkt nämlich Vöge (a. a. O. p. 341): »Wollte man der Abbildung Mabillon's Glauben schenken, so hätte es sich hier nicht eigentlich um Säulenstatuen gehandelt; die sechs Figuren erscheinen auf tierisch gebildeten Sockeln in Nischen der Gewände stehend; zwischen ihnen springen kleine Säulchen vor. Die Zeichnung scheint mir jedoch darin ungenau zu sein.« Vielleicht war hier eine ähnliche Anordnung getroffen, wie sie das Westportal der Liebfrauenkirche in Trier zeigt; dieses letztere weist nämlich auch eine

Nischenbildung auf, freilich in so grundverschiedener und eigenartiger Form, dass wir es ruhig aus der Betrachtung ausschliessen können. Bis auf weiteres werden wir also wohl bei unserer Behauptung von dem bahnbrechenden Vorgehen des Pariser wie des Freiburger Architekten stehen bleiben können.

[179] Ganz anders liegt die Sache der Stiftskirche von St. Peter zu Wimpfen i. Th. gegenüber, dessen Südportal gleichfalls Nischenbildung zeigt. (Dehio und Bezold, Die kirchliche Baukunst des Abendlandes, 7. Lief. Tfl 484). Hier wird durch die Nachricht des Burchardus ausdrücklich bezeugt, dass der Baumeister, wenn wir diesen in dem latomus der Chronik erkennen dürfen, in Paris gewesen ist und zwar, wie das Wort noviter zeigt, unmittelbar ehe er in Wimpfen seine Thätigkeit begann. So wird es uns denn auch nicht wundern, wenn wir hier eine offenkundige direkte Benützung der Fassade Jean de Chelles' nachweisen können; wundern muss es uns vielmehr, dass man dies bisher noch nicht erkannt hat, zumal die Abhängigkeit der Wimpfener von der Pariser Anlage eigentlich mit Händen zu greifen ist! Denn ausser der Nischenbildung des Portales beweist uns dies auch der Aufbau des von zwei mit Statuen versehenen und gegiebelten Blendarkaturen begleiteten grossen Fensters, in dem wir nur eine geschickte Verwertung des Dreigiebelmotives des Pariser Portales zu erkennen haben. Wenigstens scheint uns dies die Konstruktion der Giebel mit den sie trennenden Fialentürmchen, welch letztere übrigens ein Charakteristikum fast aller grossen französischen Fassadenschöpfungen sind, in schlagender Weise zu bezeugen. Dass unser latomus, mag ihn auch immer die Chronik fortissimus architectoricae artis nennen, kein grosses baukünstlerisches Genie und also wohl auch kaum ein originaler Kopf gewesen ist, beweist uns der unvollendete Abschluss des Mittelgiebels, bei dessen hoher Hinaufführung über die Seitengiebel er sich von seinem Pariser Vorbilde anscheinend mehr leiten liess, als sich mit der Rücksicht auf die gegebenen Grössenverhältnisse vertrug. Schäfer (a. a. O. p. 222) sucht dies zwar als »mit der Nichtvollendung der Strebepfeiler« zusammenhängend zu erklären, aber ich glaube, dass man damit unserm Meister zu viel Ehre anthut. In Hinsicht seiner künstlerischen Begabung teile ich vollständig die Ansicht von Friedrich Schneider (siehe Centralblatt der Bauverwaltung 1897, pag. 497 f., Die Stiftskirche in Wimpfen i. Th.). Jedenfalls erfahren wir auf diese Weise, dass zur Zeit, als unser Meister Paris verliess, d. h. also im Jahre 1259, denn dieses steht urkundlich als Anfangsdatum des Wimpfener Umbaues fest, die 1257 begonnene Querschifffassade von Notre-Dame mindestens ungefähr bis zur ersten kleinen Galerie vollendet gewesen sein muss.

[180] Vorzüglich publiziert von Gailhabaud, Die Baukunst des fünften bis sechzehnten Jahrhunderts. Deutsche Ausgabe. Leipzig bei Weigel 1866, Bd. VI, Arme des Querschiffes der Domkirchen zu Paris und Meaux. Darnach bei Dehio u. Bezold, a. a. O. Lieferung VI. Tfl 417, 1. Würdigung des Hauptgiebels bei Viollet-le-Duc, dict. de l'arch. t. VII, p. 143 ff.: »cette composition ne fut pas surpassée.«

[181] Ausführlichste Publikation, nach Photographie, bei von Mansberg, Das hohe Lied von der Maget; abgebildet ferner bei Andreae, Monumente des Mittelalters und der Renaissance aus den sächsischen Erzgebirge, Tfl 2 ff. und in den Kunstdenkmälern des Königreiches Sachsen, Heft III, Beilage IV und V, p. 22/23. Klass. Skulpturenschatz 75 und 87.

[182] Die Gestalten der Ekklesia und Synagoge am Strassburger

Südportal sind zwar ebenfalls auf kleinen Säulen angeordnet (vgl. auch das romanische Portal der im Uebergangsstil erbauten Kirche Peter-Paul in Neuweiler), aber diese Säulen stehen weder in einer Nische noch überhaupt an der abgeschrägten Portalwand (!), und ausserdem ist der Unterschied zwischen diesem Portaltypus, der — vgl. den Stich Brunn's (Nr. 6) bei Schadaeus — direkt auf Frankreich zurückgeht, und der Freiburger Anlage so tiefgreifend, dass an eine Beziehung in diesem Falle unter keinen Umständen zu denken ist.

[183] Das Dreisäulenmotiv taucht in Frankreich, soweit wir gesehen haben, häufiger erst in der zweiten Hälfte des XIII. Jahrhunderts auf, z. B. an der Aussengalerie des Chores der Reimser Kathedrale. Ein frühes Beispiel bietet der Sockelbau des Mittelportales der Westfassade von Notre-Dame in Paris.

Der Zeit bald nach 1250 angehörig, oder vielleicht auch schon etwas später anzusetzen ist der Rest eines Kreuzes aus Fouchères bei Troyes, welches Viollet-le-Duc in seinem Dictionnaire (t. IV, p. 446) abbildet. Es bestand ursprünglich in einer Säule, welche in ein Kapitäl auslief und auf diesem ein Cruzifix trug. An die Säule lehnt sich eine Statue der Madonna mit dem Christkind und zwar steht sie auf dem gemeinsamen Kapitäl von drei miteinander verbundenen Säulchen, deren Form sehr verwandt derjenigen ist, welche die Freiburger Säulen zeigen.

Die Zusammengruppierung von einzelnen kleinen Säulen wird in der späteren Gotik sehr beliebt. Ein glänzendes Beispiel dafür bieten die im letzten Drittel des XIII. Jahrhunderts begonnenen, aber erst in der Mitte des XIV. vollendeten Chorschranken von Notre-Dame in Paris, auf die wir noch zu sprechen kommen werden.

[184] Die Zusammengehörigkeit der Portalsäule mit der durch das starke Gesims davon getrennten Archivolte ist übrigens auch bereits in Freiberg sehr stark durch die Wahl einer gleichen Dekoration für beide Teile betont worden. Konnten, ja mussten da nicht bei Einführung der Spitzbogen, so möchte man versucht sein zu fragen, mussten da nicht von einem genialen Meister, der das Wesen des Spitzbogens richtig erkannte, diese beiden in Freiberg noch getrennten Teile zu einem Ganzen verbunden und damit die durch den aufstrebenden Zug des Bogens geradezu geforderte Einheit und Harmonie der Teile hergestellt werden? Konnte sich nicht auf diese Weise aus der romanischen Goldenen Pforte völlig logisch und stilgerecht das gotische Münsterportal von Freiburg entwickeln?

[185] Wie ihr Name besagt, muss die Freiberger Pforte reich vergoldet gewesen sein; von Bemalung haben wir vielfache Farbenspuren gefunden. Auch darin können wir also in dem Freiburger Werke ein würdiges Seitenstück zu jener erkennen, wenn wir voraussetzen, dass die heutige (leider allzureichliche) Vergoldung der letzteren annähernd der ursprünglichen entspricht.

Dass das Freiberger Portal sich nach seiner Vollendung weithin eines mächtigen Rufes erfreut haben wird, dürfen wir bestimmt annehmen. Zu der Verbreitung desselben konnte nur beitragen, dass die Marienkirche von Freiberg damals «eine aus Wachs gebildete Marienfigur in Lebensgrösse» besass, «deren Schönheit von den Chronisten gerühmt und zu deren Anbetung (z. B. 1261) sehr besuchte Wallfahrten veranstaltet wurden». (Kunstdenkmäler u. s. w. p. 33.) Der Freiburger Meister könnte also sehr wohl Kenntnis von der Goldenen Pforte gehabt haben, und es stünde somit nach dieser Seite hin einer Annahme, dass er sie zum Ausgangspunkte seines eigenen Schaffens genommen habe, nichts im Wege!

Interessant ist es, dass wir an zwei Bauten aus der Nähe des sächsischen Erzgebirges, welche beide der ersten Hälfte des XIII. Jahrhunderts angehören, das Motiv eines Westturmes mit einer Halle im Untergeschoss nachweisen können: an der Jakobikirche zu Freiberg und der Stadtkirche von Dippoldiswalde. Der im Uebergangsstil gegen die Mitte des XIII. Jahrhunderts erbaute Frontturm der letzteren enthält in seinem Untergeschoss eine «kleine quadrate Vorhalle, welche mit einem romanischen, mit Wulstrippen ausgestatteten, Kreuzgewölbe überspannt ist. Diese Wulste setzen sich mit eigenartig, ziemlich roh gebildeten Ansatzstücken, vermittelt durch verschiedene detaillierte Kämpferplatten, auf Dreiviertelsäulchen, deren Basen mit Eckansätzen versehen sind, und welche einfachste Scheibenkapitelle tragen. Trotz der zum Teil plumpen Ausführung gehört das Portal (siehe über dieses in Anhang I) wie der gesamte, besprochene Turmteil zu den interessantesten, zum Teil allerglänzendsten romanischen Architekturresten im Lande». (Bau- und Kunstdenkmäler des Königreiches Sachsen, II. Heft. Amtshauptmannschaft Dippoldiswalde, bearbeitet von Dr. Steche, p. 12 f.) Von der Jakobikirche in Freiberg kommt hier der «Unterbau des sich westlich vorlegenden Turmes» in Betracht, der wahrscheinlich aus dem ersten Drittel des XIII. Jahrhunderts stammt. Später umgebaut zeigt er heute «noch die ursprüngliche, sich ehemals beiderseitig öffnende, quadrate Vorhalle, welche mit einem Kreuzgewölbe gedeckt ist, dessen Rippen mit Wulst und Plättchen profiliert sind; der Schlussstein zeigt eine einfache Rosette ... Diese Vorhalle wie die überhöhten Kämpfer der Rundbogen gleichen jener der Stadtkirche zu Dippoldiswalde». (Kunstdenkmäler, III. Heft, p. 65.) In diesen beiden Anlagen ist der Keim für eine Weiterentwicklung enthalten, wie sie uns, in freilich ganz grossartiger und schwerlich zu übertreffender Ausbildung, in Freiburg entgegentritt. Der Unterschied des letzteren Werkes von jenen ist zwar nach der Seite der künstlerischen Ausgestaltung so bedeutend, dass man einen Zusammenhang zwischen ihnen nicht statuieren kann; da sich aber, wie wir gesehen haben, noch mehrere Elemente im Freiburger Cyklus finden, welche auf Sachsen und zwar mit Bestimmtheit auf Freiberg zurückweisen, so ist es, selbst wenn wir nichts Direktes daraus für die Freiburger Anlage lernen, doch immerhin nicht ohne Interesse, diese verwandtschaftliche Beziehung zu jenen Bauten festgestellt zu haben.

186 Siehe Anhang I, Zur Genesis der Goldenen Pforte des Freiberger Domes.

187 Vgl. die bereits einmal hervorgehobenen vortrefflichen Bemerkungen Vöges über «den Anteil der Künstler an dem Inhalte der Kompositionen» (a. a. O. p. 184 ff.).

188 Sie gehen in Frankreich in ihrer Wurzel wieder auf die aus Chartres gekommenen Anregungen zurück (siehe Vöge, a. a. O. p. 303) und stehen hier also gewissermassen am Ende einer Entwicklungsreihe.

189 Unter vielen Beispielen wollen wir nur das 1771 zerstörte Portal von Saint-Pierre in Nevers erwähnen, dessen Tympanon die Apostel zu zweit einander zugekehrt zeigte. (Siehe Vöge, a. a. O. p. 341 f.) — In Frankreich wird die Darstellung des thronenden Christus im XIII. Jahrhundert durch die des Jüngsten Gerichtes verdrängt (Vöge, a. a. O. p. 304 f.). Mit Freiburg vgl. das dem XV. Jahrhundert angehörige Tympanon des Westportales der Bonifaziuskirche in Langensalza. (Beschreibende Darstellung der älteren Bau- und Kunstdenkmä-

ler der Provinz Sachsen, Heft II, Kreis Langensalza. p. 30 und 33 mit Abbildung.)

[190] In Freiburg beginnt bereits die für die spätere Gotik charakteristische Häufung von Figuren und Scenen auf dem Tympanon, durch welche nicht selten die Uebersichtlichkeit des Ganzen in empfindlicher Weise beeinträchtigt wird; in unserm Falle freilich können wir noch keine nachteiligen Folgen derselben wahrnehmen.

[191] An eine Beeinflussung seitens der Wandmalerei wird man hier doch kaum denken können, wenn diese auch zuerst den später immer wiederholten Typus festgestellt und propagiert hat, indem er sich mit ihr und in der durch sie gewonnenen Ausprägung in unglaublich kurzer Zeit über das ganze damals civilisierte Europa verbreitet hat, sodass er uns im südlichen Frankreich wie in Schweden und Dänemark im wesentlichen stets in der gleichen Form entgegentritt. «Im 11. Jahrhundert war der abendländische Typus des Weltgerichtes — der von dem orientalischen wohl zu unterscheiden ist — in den wesentlichen Zügen festgestellt. Seitdem lernen wir entweder abgekürzte oder erweiterte Darstellungen desselben kennen.» (Springer, Das Jüngste Gericht, Repert. VII, 388.)

[192] Vgl. übrigens die folgenden Bemerkungen Springers über die Darstellung des Jüngsten Gerichtes (Repert. VII, 404): «Der immer stärkere Zug nach lebendiger Wahrheit lockt zu breiterer Ausmalung, bis endlich die persönliche Individualität des Künstlers ihr volles Recht ausübt ... Das Bild des Jüngsten Gerichtes weit entfernt davon, nach einem festen Schema und starren Typus dargestellt zu werden, überrascht durch die Mannigfaltigkeit der Auffassung, welche es zulässt, ja geradezu herausfordert.

[193] «Ob dieser Typus ebenso wie die Gotik aus dem Herzen Frankreichs stammt und sich von dort aus mit der gotischen Weise über die Kulturstaaten Europas verbreitet habe, lässt sich heute zwar vermuten, aber trotz der grossen Anzahl von Darstellungen aus dieser Zeit nicht beweisen.» (Frimmel, Beiträge zu einer Ikonographie des Todes, Mitteilungen der Central-Kommission N. F. Bd. X, p. CXXXVII; vgl. ebenda Bd. XI, p. LXXXV). «Auf welche Weise die seit dem frühen Mittelalter traditionelle anziehende Form des Todes als Jüngling in die abschreckende des Kadavers übergegangen ist, ob in frühgotischer Zeit ein allmählicher oder ein rascher Uebergang vom alten zum neuen Typus stattgefunden habe, das sind Fragen, die sich nur durch Studien beantworten liessen, deren besonderes Ziel die französischen Todesbilder des XII. und des beginnenden XIII. Jahrhunderts bilden würden». Siehe auch Wessely, Die Gestalten des Todes und des Teufels in der darstellenden Kunst 1876, p. 22: «Bei den Völkern des Nordens, vorzüglich in Deutschland, finden wir bereits seit dem XIII. Jahrhundert den Tod als Skelett oder wenigstens abgemagertes Gebilde, dessen Knochen nur mit einer Haut überzogen sind.»

[194] Kraus bemerkt in seiner Geschichte der christlichen Kunst II, 1, p. 327 in Bezug auf die Darstellung des Crucifixus: «Es ist auch heute noch meine Ueberzeugung, dass erst mit dem vollen Eintritte der gotischen Richtung in der zweiten Hälfte des XIII. Jahrhunderts, oder vielmehr im letzten Viertel desselben, der hängende Körper, die eingezogenen Extremitäten und die mit einem einzigen Nagel durchbohrten, übereinander gelegten Füsse allgemein geläufig wurden und in der Bildnerei den romanischen Typus mit den zwei Nägeln verdrängten. Vor 1275 kann nur von seltenen Ausnahmen von dieser Regel die Rede sein, und die bisher vorgebrachten Ausnahmen haben sich nur

zum Teil als stichhaltig erwiesen.« Demzufolge würde der Crucifixus des Freiburger Tympanon eines der ersten Beispiele des voll ausgebildeten gotischen Typus des Gekreuzigten sein. Früher haben wir vielleicht noch die sonderbare Darstellung der Kreuzigung aus Augsdorf anzusetzen, welche in Heft 19 der Kunstdenkmäler der Provinz Sachsen (Mansfelder Seekreis) auf p. 16 abgebildet ist. Ihre Datierung auf 1050 scheint mir auf Grund der darunter angebrachten Schrift allerdings wenig glaublich, denn bei diesen provinzialen Kunsterzeugnissen kann man die Entstehungszeit in der Regel nie spät genug annehmen.

So werden wir auch den Holzcrucifix aus der Kirche zu Deesdorf (Provinz Sachsen, 14. Heft, Kreis Oschersleben, p. 59) in das Ende des XIII. Jahrhunderts versetzen müssen, wenngleich seine Formensprache an einem andern Orte bestimmt auf eine frühere Zeit weisen würde. Uebereinandergelegte und von einem Nagel durchbohrte Füsse zeigt der in der steifen Haltung noch ganz romanische Holzcrucifixus in Unterriexingen, welcher ins XII. Jahrhundert gesetzt wird ; der edle Ausdruck des gut durchgebildeten Kopfes hingegen scheint auf eine etwas spätere Entstehungszeit zu weisen. (Die Kunst- und Altertumsdenkmale im Königreich Württemberg, p. 485 und 487 f.) Damit ist dann zu vergleichen das sicher dem XIII. Jahrhundert angehörige, den Uebergang vom romanischen zum gotischen Typus zeigende Triumphkreuz aus Aplerbeck. (Bau- und Kunstdenkmäler von Westfalen, Kreis Hörde, Tfl. IV, 1.) Einen Crucifixus von voll ausgebildetem gotischem Typus zeigt der Einbanddeckel eines Evangeliars, welcher von Hugo von Oignies gefertigt ist und der ersten Hälfte des XIII. Jahrhunderts angehört. (Siehe Helbig, La sculpture et les arts plastiques au pays de Liège et sur les bords de la Meuse (1890)², p. 78 ff.) Den voll ausgebildeten gotischen Typus zeigen dann ferner die Kreuzigungsgruppen aus der ehemaligen Marienkirche in Freiberg und aus der Schlosskirche zu Wechselburg (siehe S. 150 ff.).

In Frankreich sind uns, nebenbei bemerkt, plastische Darstellungen der Kreuzigung sehr selten begegnet: wir erwähnen die stark zerstörte Altartafel aus St. Germer (Musée de Cluny, No. 237), das südliche Querschiffportal über Amiens, den Wimperg über dem nördlichen Portale der Westfassade der Kathedrale in Reims, die Hauptfassade von Rouen und die nicht mehr erhaltene Gruppe, welche den Choreingang des ehemaligen Lettners von Notre-Dame in Paris schmückte (siehe Viollet-le-Duc, dict. de l'arch., t. III, p. 230 f.). Die ersten drei Darstellungen fallen in die zweite Hälfte des XIII., die anderen zum Teil schon ins XIV. Jahrhundert.

¹⁹⁵ Siehe Jessen (a. a. O. p. 29 f.) und unsere Anmk. 108. Die Verbindung des Jüngsten Gerichtes mit den Passionsscenen zeigen dann fernerhin u. a. die Kanzelskulpturen des Niccolo Pisano. Dass dies bloss ein altes, jetzt nur wieder neu aufgenommenes Motiv ist, beweist uns die Darstellung in der Georgskirche von Oberzell auf der Reichenau, welche unter dem Jüngsten Gerichte die Kreuzigung angeordnet zeigt.

¹⁹⁶ Siehe Vöge, a. a O. p. 304.

¹⁹⁷ W. Porte (Judas Ischariot in der bildenden Kunst. Inauguraldissertation 1883. p. 93 f.) führt nur zwei mit dem Freiburger Typus übereinstimmende Darstellungen an ; sie finden sich auf zwei Berliner Diptychen des XIV. Jahrhunderts, und er bemerkt demgemäss (p. 97): »Es darf vielleicht als unterscheidendes Merkmal betrachtet werden, dass die Darstellungen bis ins XIV. Jahrhundert in der Regel den toten, von da an in der Regel den sterbenden oder zum Sterben sich

vorbereitenden Judas zeigen.» Porte scheint also die Freiburger Behandlung dieses Stoffes nicht zu kennen.

[199] Auf dem Fussboden der Hochaltarstätte und des Chores von St. Remi in Reims waren einst jetzt nicht mehr vorhandene Figuren und Medaillons eingelassen; von den letzteren zeigte eins die Wissenschaften um die Sapientia gruppiert, und diese selbst sur son trône avait une petite horloge derrière elle, une sphère dans la main gauche et dans la droite une verge effilée pour punir ses jeunes disciples. (Les débris du candélabre de St. Remi à Reims, Mélanges d'archéologie. Cahier-Martin IV (1856), p. 277.) Eine ganz ähnliche Darstellung wie in Freiburg finden wir dann am Westportal von Chartres in einer Archivolte des südlichen Portales: hier hält die Grammatik eine Geissel und ein Buch in den Händen, und zu ihren Füssen sitzen zwei Knaben, von denen der eine wie in Freiburg als Streber charakterisiert ist, während der andere einer Bestrafung entgegensieht (Viollet-le-Duc, dict. de l'arch. t. II, p. 2). Die Auffassung ist also hier wie dort ganz die gleiche, was freilich noch nicht eine Abhängigkeit des Freiburger Meisters von der Chartrerer Gruppe beweist. Vielmehr werden wir dadurch genötigt, eine gemeinsame, noch weiter zurückreichende Quelle für beide anzunehmen, und diese werden wir mit Sicherheit wohl in der Litteratur oder vielleicht auch in der Malerei zu suchen haben. Ein Specimen letzterer Art bietet z. B. das Werk L'abbaye chrétienne, in welchem wir eine Darstellung der Leçon de lecture finden, auf der «die Aebtissin oder die Novizenmeisterin, mit zwei Ruten bewaffnet, zwei junge Nonnen lesen lässt». (Kraus, Geschichte der christlichen Kunst II, 1, p. 398.)

Als selbständige Schöpfungen der Freiburger Werkstatt haben wir wohl, schon um ihrer hervorragenden Charakterisierung willen, die klugen und thörichten Jungfrauen sowie die Gestalt des den ersteren beigesellten Christus — dieser freilich nur keiner glücklichen Erfindung — zu betrachten. Bereits der Umstand, dass dieser Stoff eine derartig gross-statuarische Behandlung vor Freiburg nicht erfahren zu haben scheint, ist als Beweis dafür anzusehen. In Frankreich fanden wir plastische Darstellungen der klugen und thörichten Jungfrauen aus der Zeit vor 1250 nur an der Abteikirche von St. Denis und der Kathedrale von Amiens. In beiden Fällen haben sie ihren Platz an den Thürpfosten der Hauptportale gefunden: sie sind hier in kleinen, wenig erhabenen Reliefs über einander angeordnet. Beziehungen zu Freiburg bestehen nicht. Unentschieden muss es bleiben, bis zu welchem Grade etwaige malerische Fassungen des Stoffes den Freiburger Statuen als Vorbilder gedient haben mögen.

Für manche Erscheinungen aus dem Kreise der grossen Statuen der Vorhalle wie die Ekklesia und Synagoge, Johannes den Täufer, Abraham, die drei Könige sowie die Madonna mit dem Christkind waren bereits von der vorangehenden Kunst feststehende Typen geschaffen worden, welche daher auch anstandslos und mit nur wenigen Veränderungen übernommen worden sind. Die Gestalten der Heiligen Katharina, Margaretha und Maria Magdalena, ferner Sarah's und Aarons haben wir hingegen wohl wieder als eigene, mehr oder weniger selbständig entworfene Typen zu betrachten.

[199] Z. B. die Darstellung des Jüngsten Gerichts in Verbindung mit der Kreuzigung Christi für die gleichen Darstellungen an St. Lorenz und St. Sebald in Nürnberg (Jessen a. a. O. p. 30).

[200] Vergleichen liesse sich vielleicht noch die Maria aus dem Relief der Krönung und die Seele der Madonna, welche Christus in Gestalt

eines Kindes auf der Grablegung in der linken Hand hält, mit dem Typus der Freiburger Blumenkinder. Zu erwähnen ist dann ferner, dass die eine von den ehemaligen Apostelfiguren des Strassburger Südportales dem Brunnschen Stiche zufolge in der Stellung eine grosse Verwandtschaft mit einem Freiburger Propheten zeigte, und dass die Hände der erhaltenen weiblichen Lettnerfigur sehr ähnlich denen der Freiburger Madonna sind, was übrigens insofern nicht viel besagen will, als die letztere gerade in diesem Punkte von den übrigen Freiburger Skulpturen sehr stark abweicht.

201 Eine Zeit lang habe ich daher auch gehofft, einen direkten Zusammenhang zwischen diesen beiden Meisterschöpfungen nachweisen zu können, aber eine mehrfache vergleichende Prüfung der Originale hat ergeben, dass hier eben nur eine grosse innere Verwandtschaft der ganzen Werke, keineswegs aber derselbe Stil der Skulpturen vorliegt. Bemerkenswert ist, dass das höchst eigenartige Stellungsmotiv der in Freiberg zu äusserst an der linken Portalwand mit kreuzweise übereinander gesetzten Beinen stehenden jugendlichen Männergestalt, welches sich sonst schwerlich in der gleichzeitigen Plastik nachweisen lassen dürfte, ebenso mehrfach in Freiburg wiederkehrt. Wir finden es hier bei der Eva, beim Christus in der Scene der Geisselung und bei dem ersten der auferstehenden Gerechten neben dem hl. Michael; offenbar hat also diese Stellung die Freiburger Steinmetzen interessiert. Wir haben sie sonst nur vereinzelt auf reich den Reliefs des Bamberger Georgenchores, bei französischen Skulpturen des XII. (Portal von St. Gilles in Gard, Toulouse und St. Denis) und auf englischen Grabmälern, besonders des XIII. Jahrhunderts, gefunden (vgl. Schnaase, Geschichte der bildenden Künste V², p. 600 f.).

202 L'école Rhénane . . . . se distinguait . . . . par une tendance prononcée vers la manière, l'exagération, la recherche. Moins pénétrée du beau idéal, elle inclinait vers une réalisme souvent près de la laideur. (Dict. de l'arch. t. VIII, p. 170.) Eine Ausnahme macht Viollet nur den Figuren der Kirche und Synagoge und einigen späteren Statuen des Strassburger Münsters gegenüber, die sämtlich — französisch beeinflusst sind. Dass in der Freiburger Plastik die Keime einer Manier lagen, welche dann wirklich zur Entwicklung gelangt ist, werden wir an den Skulpturen der Westfassade des Strassburger Münsters, die wir als Werke der Freiburger Bildhauerschule anzusprechen haben, noch hinreichend beobachten können. — Um den ganzen Unterschied zwischen der französischen und der Freiburger Plastik mit einem Schlage klar zu erkennen, genügt es eigentlich schon, die Madonna vom Thürpfeiler hier mit der Madonnenstatue vom nördlichen Querschiffportal der Pariser Kathedrale zu vergleichen; siehe die Abbildung im Texte.

203 Von einem unmittelbaren Durchdringen des Realismus kann man in der französischen Plastik erst seit der Mitte des XIII. Jahrhunderts und zunächst nur in vereinzelten Fällen sprechen; in Deutschland tritt derselbe sogleich weit stärker ausgeprägt und in viel weitgehenderem Masse als in Frankreich auf. Keinesfalls kann man also Gonse recht geben, wenn er (L'art gothique, p. 428) den stark realistischen Zug der spätgotischen Skulptur in Deutschland auf französische Einflüsse zurückführen will.

204 Es fehlt zwar auch im XIII. Jahrhundert nicht ganz an dramatischem Leben in der französischen Skulptur, aber es beschränkt sich im grossen Ganzen doch nur auf vereinzelte und wenig umfangreiche Werke wie z. B. Basreliefs, findet sich aber so gut wie nie in der grossen, monumentalen statuarischen Plastik dieser Zeit. Eine Ausnahme bilden zum Teil die dem Ende des XIII. Jahrhunderts angehörigen Portalskulpturen von Bourges (Jüngstes Gericht).

²⁰⁵ Das dramatische Element der rheinischen Plastik ist bereits von Viollet bemerkt worden (a. a. O. t. VIII, p. 157): l'école Rhénane manifeste des tendances dramatiques dès le XII. siecle, mais avec une certaine recherche qui fait pressentir les défauts de cette école inclinant vers le manieré. Siehe dazu unsere Bemerkung über die Strassburger Plastik Anmerk. 202. — Was übrigens die erwähnten Bamberger Skulpturen anbetrifft, so gilt ihre Abhängigkeit von der französischen Plastik nicht für absolut feststehend, und es ist fürs erste vielleicht noch richtiger, in diesem Falle an eine g e m e i n s a m e (byzantinische?) Wurzel der französischen und deutschen Kunst zu denken. Siehe Vöge, Ueber die Bamberger Domskulpturen; Repert. XII, p. 59 ff. und ebenda p. 133, Dehio, Der Dom zu Bamberg.

²⁰⁶ Auf diese Verwandtschaft der Freiburger mit der sächsischen Plastik hat bereits Bode in scharfsinniger Weise aufmerksam gemacht. Er bemerkt von den grossen Statuen der Blendarkaden: «Ihr Charakter und ihre Bedeutung erklären sich aus dem engen Zusammenhange mit der älteren Kunstblüte, die noch gleichzeitig in anderen Teilen Deutschlands ihre Meisterwerke hervorbringt. Denn sie sind, wie gesagt, zweifellos mit den späteren romanischen Bildwerken in Bamberg und in Sachsen gleichzeitig entstanden und teilen, wenn auch schon an einem Bauwerk in rein gotischem Stil angebracht, schon dadurch den grossen plastischen Sinn jener früheren Epoche, dass sie für sich und getrennt von der Architektur gesehen sein wollen. Die Figuren vereinigen in sich noch die Hauptvorzüge der unmittelbar vorausgehenden Zeit: äussere Schönheit, edle Körperfülle und feine naturalistische Wiedergabe von Gestalt und Gewandung und verbinden dieselben mit Vorzügen der neuen Richtung: grössere Einfachheit, namentlich auch in der Gewandung, zu Gunsten einer tieferen und mehr dramatischen Auffassung.» (Geschichte der deutschen Plastik, p. 79.)

²⁰⁷ Wir sehen dabei von dem ab, was in Trier, Kolmar und Wimpfen vor dieser Zeit gearbeitet worden ist: von Trier, weil hier die Plastik einesteils die romanische Gebundenheit noch nicht ganz abgestreift hat, und weil sie andernteils, wie die Skulpturen in Kolmar, allzu sichtlich unter französischem Einfluss steht; von Kolmar aus dem gleichen Grunde und wegen der Unbedeutenheit der Arbeiten; und von den Skulpturen der Stiftskirche zu Wimpfen, weil die vor 1280 hier entstandenen Werke im Vergleich mit der Bamberger Plastik allzu mässig sind, und ihre Abhängigkeit von der französischen Kunst ebenfalls unverkennbar ist.

²⁰⁸ Zu dieser Auffassung, wenigstens in Bezug auf die Wechselburger und Naumburger Skulpturen, scheint sich auch Schmarsow zu bekennen, wenn er bemerkt (Pan. 2. Jahrgang, 2. Heft (1896), p. 159): «Vielleicht erklären sich ihre höchsten Vorzüge durch die Lehre gotischer Bildnerschulen an den Kathedralen Frankreichs und das Fortbestehen des romanischen Stiles in Deutschland zugleich, zwei Faktoren die nur hier so ausgiebig sich vereinigen konnten. Weder der eine noch der andere allein reicht aus». Siehe auch Repert. XXI, Das Eindringen der französischen Gotik in die deutsche Skulptur, p. 426.

²⁰⁹ An ein direktes Eingreifen des Architekten zu denken, legt vor allem die Madonna des Thürpfeilers nahe, denn sie bildet einmal eine so ungemein eigenartige und stilistisch wie rein künstlerisch so durchaus originelle Erscheinung, dass wir sie schon von vornherein als die völlig individuelle Schöpfung eines gänzlich freien und unbeeinflussten

Künstlerwillens ansprechen möchten. Und dazu kommt dann die ganz besonders sorgfältige, feine und elegante Ausführung, welche gerade diese Statue vor allen andern Figuren der Vorhalle auszeichnet; so weicht sie z. B. in der scharfen Herausarbeitung der Lidränder an den Augen, wie in der Bildung der feinen Hände mit den schlanken Fingern, vollständig von allen übrigen Gestalten ab, wie sie überhaupt wunderbarer Weise bis zu einem gewissen Grade unter den ganzen Bildwerken der Vorhalle vereinzelt dasteht, indem zwar ihr Stil, wie wir gesehen haben, sich in zahlreichen Einzelteilen des Cyklus wiederfindet, es aber doch nicht eine einzige Figur giebt, welche eine solche Verwandtschaft mit ihr zeigte, dass wir daraus auf eine Identität des Künstlers schliessen könnten. Man achte z. B. auch einmal darauf, wie sorgfältig der am Boden aufstossende Gewandsaum in zierlichen Falten übereinander gelegt ist; eine ähnliche Anordnung kehrt bei keiner andern Figur der ganzen Vorhalle wieder. Die Sonderstellung, welche sie somit und zwar vorzüglich unter den grossen Statuen einnimmt, kommt dann auch darin zum Ausdruck, dass es ihr Baldachin allein ist, welcher in seinem Aufbau die Aussenseite eines reichen gotischen Chorabschlusses nachahmt und damit verrät, dass sein Verfertiger oder sein Zeichner in Frankreich gewesen ist (vgl. unsere Anmk. 151). Zwar ist diese Auszeichnung der Madonnenstatue bereits durch den bevorzugten Platz am Thürpfeiler ganz gerechtfertigt, aber auffallend bleibt sie bis zu einem gewissen Grade doch.

Noch eine Möglichkeit der Erklärung des Freiburger Stiles bliebe zu erwägen übrig: sollte er vielleicht aus der Wandmalerei abzuleiten sein? Beziehungen zwischen diesen beiden Gebieten künstlerischen Schaffens scheinen mehrfach bestanden zu haben. So zeigt z. B. ein Gewölbebild, Christus und Maria thronend, im südlichen Querschiff des Braunschweiger Domes (XIII. Jahrhundert) einerseits Verwandtschaft mit dem Grabmale Heinrichs des Löwen daselbst und weist andrerseits Analogieen zur französischen Plastik auf (vgl. z. B. den Christus mit den Aposteln der Ste. Chapelle in Paris). Aufnahmen mittelalterlicher Wand- und Deckenmalereien in Deutschland. Kolb, Vorländer, Borrmann. Wasmuth, Berlin 1897. Jedenfalls mag also die Frage, ob wir in Freiburg vielleicht einen Einfluss der Wandmalerei zu konstatieren haben, hiermit immerhin zur Diskussion gestellt sein.

²¹⁰ Siehe auch die Ausführungen Carl Neumanns (Jakob Burckhardt, Deutsche Rundschau, Band 94, p. 380 f.): «Man darf sich durch die italienische Polemik gegen Mittelalter und Gotik nicht irre machen lassen; der Individualismus war das Resultat und die feinste Blüte des Mittelalters, zu Tage gefördert durch die seelische Verfeinerung und Durchknetung der menschlichen Natur in der Schule des Christentums. Diese Frucht ist auch diesseits der Alpen ohne die Sonne der Antike gewachsen als ein Erzeugnis des Mittelalters. Was der italienische Volksgeist und die Antike als Würze hinzugebracht, war der unsterbliche Zusatz von Schönheit, der Zauber der Form.»

²¹¹ Franz von Assisi und die Anfänge der Kunst der Renaissance in Italien. Berlin 1885.

²¹² Gonse, L'art gothique, p. 139.

²¹³ Die Anfänge des monumentalen Stiles u. s. w., p. 20 ff.

²¹⁴ Ibid., p. 109 ff.; vgl. auch unsere Anmk. 289.

²¹⁵ Ueber den engen Zusammenhang der französischen Plastik des XII. und XIII. Jahrhunderts siehe Vöge, a. a. O. p. 295 ff. und besonders p. 300 ff.

²¹⁶ Un large sentiment de nature apparait enfin dans la pratique

de l'art ... Comme l'architecture, la sculpture devient l'expression **exacte**
des moeurs, du climat, de la race, de l'état social. (Gonse, a. a. O. p.
414. 416). Vgl. auch hierzu und zu dem folgenden vor allem Weese
(Die Bamberger Domskulpturen, p. 80 ff.), der, soweit wir sehen, zum
ersten Male den Charakter der französisch-gotischen Plastik gerade
nach dieser Seite hin ganz und richtig erkannt hat. Seine Ausführungen,
besonders über die allgemeine Stimmung dieser Zeit, möge man als
Ergänzung zu unsern Bemerkungen im Texte lesen. Was er nicht erkannt hat, ist die Ursache, welche diese weltliche Stimmung und
diesen «gotischen Geist» geschaffen hat: das Erwachen des individuellen
Gefühles.

²¹⁷ Die Anfänge der Ausbildung des Kanon machen sich schon
ziemlich früh bemerkbar; wenn wir recht sehen, liegen einige Grundzüge der späteren Typen bereits in den Skulpturen der Porte Ste. Marie
von Notre-Dame in Paris vor. Seine höchste Ausbildung erfährt er
dann in der Ile de France: cette province est l'Attique du moyen âge.
C'est à son école qu'il est bon de recourir, quand on veut se rendre
compte du développement de la statuaire, soit comme pensée, soit
comme exécution. (Viollet-le-Duc, dict. de l'arch. t. VIII, p. 159.) Ihren
charakteristischsten, allgemein bekannten Ausdruck aber erhält die
Kanonbildung der französischen Plastik durch die Reihe der unter
Ludwig dem Heiligen wieder hergestellten Grabmäler seiner Vorfahren
in der Abteikirche von St. Denis; wir werden später noch Gelegenheit
haben, auf sie zurückzukommen. Siehe auch Gonse, a. a. O. p. 416:
comme les Grecs, les Gothiques ont idéalisé la nature, en formant
d'une réunion d'individus, un type vrai, vécu en quelque sorte.

²¹⁸ Gonse, a. a. O. p. 423. Wie in der italienischen Kunst des Due-
und Trecento am Madonnenbild, so können wir hier die fortschrittliche Entwicklung der Kunst am besten an der Madonnenstatue
verfolgen.

²¹⁹ Baudot, La sculpture française. XIIIe siècle. Pl. XXXVII. Klassischer Skulpturenschatz 182.

²²⁰ Siehe Wingenroth, Die Jugendwerke des Benozzo Gozzoli.
Heidelberg 1897, p. 70 ff. und dazu von demselben, Beiträge zur An-
gelico-Forschung, Repert. XXI, p. 437.

²²¹ Bode, Geschichte der deutschen Plastik, p. 44.

²²² Steche, Bau- und Kunstdenkmäler des Königreiches Sachsen.
Heft III, p. 21: «wahrscheinlich beide (Gruppen) Werke eines ge-
heimnisvollen Künstlers.» Schon Förster meinte, «dass man wohl nicht
mit Unrecht auf einen gemeinschaftlichen Urheber für beide (Darstellungen der Kreuzigung) schliesst». (Denkmale deutscher Baukunst,
Bildnerei und Malerei. II. Abteilung. I, p. 16.)

²²³ Eine vortreffliche vergleichende Besprechung aller dieser Werke
findet sich in Schmarsows Aufsatz über die altsächsische Bildnerschule
des XIII. Jahrhunderts im 2. Jahrgang des Pan, 2. Heft, p. 157.

²²⁴ Siehe auch Bode, a. a. O. p. 49 und Schmarsow, a. a. O.
p. 153.

²²⁵ Wie weit und in welcher Weise die Naumburger Skulpturen
von der französischen Kunst beeinflusst sein mögen, bedarf noch der
Untersuchung. Ueber allgemeine Vermutungen und Aeusserungen ist
man noch nicht hinausgekommen; bestimmter hat sich nur Schmarsow ausgesprochen (a. a. O. p. 157): «Unzweifelhaft ist ..... hier die
Schulung bei französischen Meistern (z. B. in Reims) vorhergegangen,
aber — so fügt er hinzu und wir stimmen ihm darin vollkommen bei
— das Ergebnis so deutsch in Allem wie Wolframs Parcival aus den

Anfängen des Chrestien de Troyes, soweit überlegen an Kunst und Gesinnung zugleich.» — Vor allem die hohe Vollendung der Naumburger Kunst macht es in unsern Augen höchst wahrscheinlich, wenn nicht gewiss, dass sie so manches der französischen Plastik entlehnt haben muss. Denn man braucht nur die Gestalten des berühmten Grabsteines des Grafen von Gleichen aus dem Erfurter Dome, welche in manchen Punkten den Naumburger Stifterfiguren sehr verwandt sind, neben diese zu stellen, um sofort zu sehen, wie viel Minderwertigeres die lokal-deutsche Kunst leistete, wenn sie, wie in diesem Falle ganz ersichtlich, der Schulung an französischen Vorbildern entbehrte.

Am treffendsten hat disher Reber (Kunstgeschichte des Mittelalters, p. 549) über die Naumburger Skulpturen geurteilt, wenn ihm auch mit Schmarsow (Die Bildwerke des Naumburger Domes (1892), p. 54) nicht zugegeben werden kann, dass sie «an der Spitze der eigentlich gotischen Plastik Deutschlands stehen». Sie sind gewiss die «Marksteine einer völlig neuen Kunst», aber nicht in dem Sinne, dass diese Kunst, wie Reber will, die der Gotik ist, sondern dass durch sie, wie im Texte ausgeführt ist, die zweite Entwicklungsphase der ersten Epoche der neuen christlichen Kunst des Nordens angekündigt wird.

²²⁶ Diese vortreffliche Würdigung der Lettnerskulpturen entnehmen wir dem bereits mehrfach citierten Aufsatze Schmarsows. a. a. O. p. 156 f.

²²⁷ Die Bildwerke des Naumburger Domes, p. 55 ff.; Abbildung Tfl. XX.

²²⁸ Die Bamberger Domskulpturen, Anmk. 218 p. 163 f.

²²⁹ Als ein drittes Werk dieser Richtung könnte man hier noch die Gestalt des jungen Diakons vom Strassburger Münster anreihen, deren wir bereits einmal Erwähnung gethan haben (Anmk. 146): sie ist gleichfalls eine Schöpfung von ausgesprochenem Renaissancecharakter und kann an Arbeiten der Luca della Robbia-Schule erinnern. Lehrreich und interessant ist vor allem aber ein Vergleich dieses Werkes, das wir als eine der ersten gotischen Schöpfungen der deutschen Plastik anzusprechen haben, mit einem Meisterstücke des letzten grossen Gotikers in Italien: mit der zwischen 1425 und 1426 ausgeführten Figur des hl. Stephanus von Ghiberti an Or San Michele in Florenz. Es lebt in diesen beiden Werken unleugbar ein eng verwandter Geist, und so treten sie, die trennenden Schranken von Zeit und Raum überspringend, in ein inniges, nahes Verhältnis zu einander: aus den gleichen Bedingungen geistigen Schauens, aber aus verschiedenen Bedingungen künstlerischen Vermögens und Empfindens hervorgegangen, repräsentieren beide in gleich vorzüglicher Weise die schönste Seite der gewaltigen, in ihrer Bedeutung so oft unterschätzten Epoche der Frühgotik, der Blütezeit der mittelalterlichen Kultur: in dem hl. Stephanus ist nämlich «das beste, was der Idealismus des Mittelalters gewollt, in einem Werke der Renaissance erreicht». (Schmarsow, Florentiner Studien, Festschrift zu Ehren des kunsthistorischen Instituts in Florenz dargebracht vom kunsthistorischen Institut der Universität Leipzig. 1897, p. 40.)

²³⁰ Cornelius Gurlitt, Bau- und Kunstdenkmäler des Königreiches Sachsen XVII. Heft, Stadt Leipzig, p. 100 Tfl. XVIII.

²³¹ Ibid. p. 100: «Das Alter der Statue ist gerade wegen ihrer hohen Vollendung schwer zu bestimmen. Wenngleich die Malerei am Stuhl auf das XV. Jahrhundert hinweist, möchte ich ihre Entstehung in das XIII. Jahrhundert versetzen, also in die Zeit bald nach der Heiligsprechung (1233) des 1221 verstorbenen Ordensstifters. Hier-

für spricht die enge Verwandtschaft der Statue mit den Gestalten in Wechselburg und an der Goldenen Pforte zu Freiberg. An intimem Reiz, an tief seelischem Erfassen der grossen Persönlichkeit dürfte das Leipziger Werk zu den vollendetsten Arbeiten der sächsischen Schule gehören.» Interessant ist, dass auch Gurlitt, der die innere Verwandtschaft dieses Werkes mit der Kunst der ersten Meister der neuen christlichen Kunst in Italien, den Pisani, hervorhebt, damit zeigt, dass er eine Empfindung von dem Renaissancecharakter dieses Werkes gehabt hat.

[232] Pan, a. a. O. p. 159. Wir hatten zu den ausgezeichneten Worten Schmarsow's nur noch nötig, auf das individuelle Element in der Bewegung hinzuweisen.

[233] Sodann ist aber auch im Auge zu behalten, dass wir hier keineswegs eine vollständige Geschichte der deutschen Plastik des XIII. Jahrhunderts geben wollen, sondern nur die Absicht haben, den fortschrittlichen Charakter der Kunst in dieser Zeit zu kennzeichnen; man wird es uns daher wohl auch nachsehen, wenn wir ein Werk wie die Bamberger Prophetenreliefs so ganz aus der Betrachtung ausgelassen haben, ist es doch, wie sich zeigen wird, in der weiter unten gegebenen Gesamtcharakteristik der deutschen Plastik des XIII. Jahrhunderts auch ohne namentliche Aufführung seiner vollen Bedeutung entsprechend von uns beurteilt und gewürdigt worden.

[234] Es ist interessant zu beobachten, wie sich in den Werken, welche direkter von der französischen Plastik beeinflusst sind, vollkommen, je nach den Skulpturen, die ihnen als Vorbilder gedient haben, die beiden grossen Phasen wiederspiegeln, welche die Entwicklung der französischen Kunst im XIII. Jahrhundert aufweist. So finden wir z. B. abgesehen von den älteren, französisch beeinflussten Werken in Magdeburg (Chorstatuen) in der Trierer Plastik Anklänge an die ältere Richtung der französischen Plastik, welche auch in Strassburg, wie wir gesehen haben, sichtbare Spuren ihres Einflusses hinterlassen hat. Ja in einzelnen Gestalten kann man sich auch hier noch an die Porte Ste. Marie der Pariser Kathedrale erinnert fühlen, manches aber weist gleichfalls wie in Strassburg direkt auf die jüngeren Chartrerer Skulpturen hin.

Bereits den Stilcharakter der zweiten Phase der französischen Plastik lassen dann die schon oben einmal erwähnten Wimpfener Skulpturen erkennen, welche ihrerseits wieder in eine ältere und eine jüngere Richtung sich scheiden. Die erstere, im wesentlichen durch den plastischen Schmuck des Südportales repräsentiert, weist mit ihren, im Verhältnis zu Trier bereits bewegteren Stellungen, dem «gotischen» Lächeln, welches schon mehrfach auftaucht, und besonders mit ihrer freieren, im Detail vereinfachteren Gewandbehandlung auf eine Entwicklungsstufe der französischen Plastik hin, welche etwa durch die Skulpturen der St. Chapelle in Paris bezeichnet wird; und das stimmt auch vortrefflich mit der Datierung dieses Teiles der Wimpfener Arbeiten und mit dem, was wir über ihren Verfertiger wissen, überein (siehe Anmk. 179). Die jüngere Richtung der Wimpfener Plastik wird vorzüglich durch die Skulpturen im Chor vertreten; etwa gleichzeitig mit den Gestalten der Bamberger Adamspforte sind für sie in gleicher Weise wie für diese die Werke des voll entfalteten Stiles der französischen Plastik massgeblich geworden, und zwar in der Weise, dass wenn für jene die Vorbilder unter den Skulpturen von Reims, so für Wimpfen, wenn wir recht sehen, dieselben unter den einzelnen Teilen des plastischen Schmuckes der Querschifffassaden der Pariser Kathedrale zu suchen sind, also an dem Baue, der auch in architektonischer Hinsicht für Wimpfen von vorbildlicher Bedeutung geworden ist. Die schöne Madonnenstatue des Chores (Fig. 141 bei Schäfer, a. a. O.) scheint uns wenigstens in ihrer Bewegung und Gewandung nicht unbeeinflusst von der herrlichen Madonnenfigur am nördlichen Pariser Querschiffportal, und die Gestalt eines Engels aus dem Kapitelsaal in Wimpfen (Fig. 144 bei Schäfer) erinnert uns in mancher Hinsicht, ebenso wie auch die vorerwähnte Madonnenstatue, an einige Gestalten des Tympanon vom südlichen Pariser Portale. Eine genaue Untersuchung dieser Beziehungen der deutschen zur französischen Kunst wäre in dem einen wie in dem andern Falle sehr erwünscht.

235 Seine allerhöchste Vollendung aber erfährt das Dramatische dann, nachdem es in der Litteratur bereits verschiedene grösste Vertreter gefunden, durch das geniale, zusammenfassende Schaffen Richard Wagners in der Schöpfung des deutschen Musikdramas.

236 Mehr durch das Wort freilich als durch die Schrift. Ausser einem vorzüglichen, mit Marcou zusammen verfassten Kataloge der im Trocadéro vereinigten Gipsabgüsse von französischen Skulpturen des XIV. und XV. Jahrhunderts und einigen Aufsätzen hat er uns († 1896) leider nichts Schriftliches hinterlassen, und so kann man sich nur ein ungefähres Bild von dem machen, was seine Vorlesungen über die französische Plastik, die er seit 1887 an der Ecole du Louvre gehalten hat, und in denen er, wie André Michel in seinem Nachruf (Gazette des Beaux-Arts, 3e période, t. 16, p. 203 ff.) sagt, den vorwiegenden Einfluss du realisme franco-flamand dans le rajeunissement et la transformation de l'art européen au XIVe et au XVe siècles nachzuweisen bemüht war, geboten haben mögen. Wir werden Gelegenheit nehmen, den einen und andern von seinen Aufsätzen zu citieren.

237 Siehe hierüber und über die allmähliche Vorbereitung der deutschen Gotik auf die Renaissance Dohme, Geschichte der deutschen Baukunst, p. 177 und 207 f.

238 Kurz hinweisen möchte ich hier nur darauf, dass wir eine sehr ähnliche Entwicklung wie in der Plastik auch in der Litteratur beobachten können, d. h. einen vorzeitigen Verfall der Dichtung und einen Uebergang derselben in handwerkliche Kreise: an die Stelle des Minnesangs tritt der Meistergesang und «nur im Volksliede weht ein Hauch von Walthers Poesie». Daher lässt sich dieses letztere vielleicht auch bis zu einem gewissen Grade mit der Federillustration dieser Zeit vergleichen, auf die wir später zu sprechen kommen werden (S. 174 f.). Ueber den Verfall der mittelhochdeutschen Dichtung, mit deren gewaltigen Erzeugnissen nicht mit Unrecht oft genug die Hauptwerke der deutschen Bildnerei des XIII. Jahrhunderts verglichen worden sind, siehe Scherer, Geschichte der deutschen Litteratur⁶ (1891), p. 230 ff. und im Text S. 228 f.).

239 Annalen oder Tag- und Jahreshefte 1815.

240 Den Anschauungen, welche Schnaase über den Einfluss der Mystik auf die Kunst entwickelt, vermögen wir uns nicht ganz anzuschliessen. Dass die letztere, besonders die Malerei, teilweise deutlich mystische Einwirkungen erkennen lässt, steht freilich ausser Frage, ob aber die Mystik wirklich die Kunst und zwar sowohl die Malerei wie die Plastik durch ihren Hinweis «auf das Individuelle und das Geheimnis des psychischen Lebens in der physischen Existenz» näher an die Realität herangeführt hat, wie Schnaase (Geschichte der bildenden Künste VI², p. 40) meint, erscheint uns zum mindesten zweifelhaft. Finden sich doch die Anfänge dieser realistischen Kunst,

«welche mit bescheideneren, aber doch nicht ganz aufgegebenen An-
sprüchen an Idealität näher und unmittelbarer auf die reale Wirklichkeit eingeht» (ibid.), gerade in Niederdeutschland, also
in einem Flandern benachbarten Gebiete, wo die Kunst
diese Richtung, wie wir noch sehen werden, bereits viel früher und in
durchaus selbständiger Weise einschlägt, ohne dass hier dabei im geringsten an einen mystischen Einfluss gedacht werden kann! Und so
werden wir wohl auch in jenen, in Deutschland hervortretenden realistischen Bestrebungen richtiger einen Einfluss von der Kunst des
Nachbarlandes als eine Einwirkung der Mystik zu erkennen haben.
Wird doch, wie wir weiter unten sehen werden (S. 192), unter den am
burgundischen Hofe beschäftigten vlämischen Künstlern auch ein Maler
Hermann von Köln erwähnt, was man, stände der Fall zunächst nicht
vereinzelt, wohl als einen Beweis dafür, dass hier direktere Beziehungen
bestanden haben, ansehen könnte.

Aehnlich äussert sich Firmenich-Richartz (Zeitschrift für christliche Kunst VIII, Wilhelm von Herle und Hermann Wynrich von
Wesel, Sp. 249 f.); auch er wendet sich gegen die Annahme eines Einflusses der Mystik auf die neuere Kölner Malerei. (Zeitschrift f. christl.
Kunst IV, Sp. 241 ff., 253 f.) Nach ihm ist jener oben genannte Hermann von Köln «höchst wahrscheinlich» (?) identisch mit dem Kölner
Maler Hermann Wynrich von Wesel (a. a. O. Sp. 147), welche letzteren
er, wie auch Thode, für den «eigentlich genialen Urheber eines neuen
malerischen Stiles in Köln», den wahren «Meister Wilhelm» der Limburger Chronik erklärt (Sp. 154).

Was schliesslich die Frage betrifft, ob der Mystik des Nordens
eine wesentliche Bedeutung in der Ausbildung des Individualismus zukommt, so neigen wir dazu, sie mehr in dem Sinne zu entscheiden,
welchen Thode zu erkennen giebt. «Die Mystik des Franz (von Assisi)
und seiner grossen Schüler», so bemerkt dieser (Franz von Assisi und
die Anfänge der Kunst der Renaissance in Italien, p. 11), «war eine
befreiende That, die Mystik der Tauler, Suso nur eine liebenswürdige
Eigenschaft.» Die Mystik des Nordens ist unsrer Ansicht nach nur
eine Begleiterscheinung nicht aber die Ursache des auch hier endlich
erwachenden individuellen Gefühles! Die ersten Keime desselben hat
hier, ebenso wie in Italien, bereits das XIII. Jahrhundert gezeitigt und
zwar in negativ-skeptischer Weise auf kirchlich-religiösem und in
positiv-nationaler Weise auf politischem und künstlerischem Gebiete.
Wir werden noch Gelegenheit haben darauf zurückzukommen.

241 In diese Reihe von Werken zählen wir z. B. die Madonna
von Wetzlar und die Holzfigur der hl. Elisabeth aus Marburg (Elisabethkirche). Sodann wären einige figurengeschmückte Altäre, meist
Holzschnitzereien, zu nennen, die ein tüchtiges Können verraten und
den Uebergang vermitteln zu der neuen Blüte der deutschen Bildnerei
im XV. Jahrhundert, als deren ersten grossen Meister wir wohl jetzt
den neuerdings wieder entdeckten Hans Multscher aus Ulm zu betrachten haben (Kunsthist. Gesellsch. f. photogr. Publikationen IV).

242 Geschichte der bildenden Künste VI², p. 72.

243 Ein charakteristisches Aussehen verleiht dem Gesichte vor allem
die stark gebogene Hackennase, welche zwar angesetzt ist, aber doch,
da sie vorzüglich passt, alt sein dürfte. Was die Datierung des Werkes
anlangt, so ist auf die Gewand- und Haartracht (volutenförmig auf-
gerollte Locken zu beiden Seiten des Gesichtes) zu achten, welche auf
die Zeit um 1300 weist. Die Aufstellung in der dunklen Krypta, sowie
ein bereits ziemlich alter, hässlicher, dicker Oelanstrich entsprechen

wenig der nicht geringen kunsthistorischen Bedeutung des Werkes. Um
so dankbarer ist daher die photographische Aufnahme zu begrüssen,
welche Prof. Neeb in Mainz unter schwierigen Umständen von demselben gemacht hat, und die dank seinem freundlichen Entgegen-
kommen für unsere im Text gegebene Abbildung benutzt werden
konnte.

[244] Gurlitt, Bau- und Kunstdenkmäler des Königreiches Sachsen
XVII. Heft, Stadt Leipzig, p. 100 f. Tfl. 19. Wenn wir diese Gestalt
mit den Grabfiguren zusammenstellen, welche die sächsische Kunst im
XIII. Jahrhundert geschaffen hat: Heinrich der Löwe und seine Gemahlin — Braunschweig, Dedo und Frau — Wechselburg, Wiprecht
von Groitzsch († 1124) — St. Lorenz in Pegau (Bau- und Kunstdenkmäler des Königreiches Sachsen XV. Heft, Borna. p. 91 f. Beilage 10
bis 12), dem vorgenannten nahestehend und wohl gleichzeitig mit ihm,
— so erkennen wir recht deutlich, welche Fortschritte die sächsische
Plastik in der Fähigkeit, individuelle Gestalten zu bilden, gemacht hat.
Was jedoch die Figur des Diezmann noch besonders interessant macht,
ist ihre unleugbare Verwandtschaft mit den Naumburger Stifterstatuen.
Wir werden einen ähnlichen Fall weiter unten bei Besprechung des
Grabmales der Anna von Hohenberg aus dem Basler Münster kennen
lernen. Während wir aber dort die direkte Benutzung von einigen Figuren
der Freiburger Vorhalle nachweisen können, ist dies hier nicht der Fall:
der Ritter Diezmann ist zwar eine den Naumburger Gestalten wesensverwandte, aber selbständige Schöpfung eines Meisters, den wir dem
Kunstkreise der sächsischen Bildhauerschule zuzuweisen haben.

[245] Geschichte der deutschen Plastik, p. 78. — Ein tüchtiges,
durch individuelle Auffassung der Persönlichkeit ausgezeichnetes Grabmal ist das des Wigel von Wanebach († 1322), des Stifters der Liebfrauenkirche in Frankfurt a. M.; siehe Die Baudenkmäler in Frankfurt
a. M. Bd. I, Kirchenbauten. Fr. a. M. 1896. p. 148 Taf. XXI, Fig. 169.
Dass auch der Osten nicht zurückblieb, zeigt uns eine grosse Anzahl
schlesischer Grabmäler des XIV. Jahrhunderts von zum Teil tüchtiger
Charakteristik der Verstorbenen. Siehe Luchs, Schlesische Fürsten-
bilder des Mittelalters, Breslau 1872 mit leider durchgehends ungenügenden Abbildungen und Becker, Das Grabmal der Herzogin Mechtilde
von Glogau. Schlesiens Vorzeit in Bild und Schrift Bd. VI (1896),
p. 109 f.
Ein eklatantes Beispiel für den günstigen Einfluss, den die Grabplastik gelegentlich auf die figürliche Skulptur ausgeübt hat, bietet
eine Reihe von Statuen der Westfassade des Regensburger Domes aus
der Mitte des XIV. Jahrhunderts; siehe B. Riehl, Deutsche und italienische Kunstcharaktere, p. 50 f.

[246] Wir verweisen auf die ausgezeichneten diesbezüglichen Bemerkungen Bodes, a. a. O. p. 90 ff.

[247] Ueber die Entwicklung der deutschen Tafelmalerei siehe Thode.
Die Malerschule in Nürnberg im XIV. und XV. Jahrhundert, p. 1 ff.

[248] «Das Gebiet, auf welchem der Fortschritt der Entwicklung am
kräftigsten merkbar war, blieb wie früher auch noch in der ersten
Hälfte des XIV. Jahrhunderts die Buchmalerei, erst in der zweiten
Hälfte ging diese bevorzugte Stellung auf die Tafelmalerei über, die
von da an der eigentliche Träger der Entwicklung wurde.» (Janitschek,
Geschichte der deutschen Malerei, p. 108.) Auch im XIII. Jahrhundert
können wir schon in der Buchmalerei ähnliche Regungen wie in der
Plastik der gleichen Zeit wahrnehmen, nur dass sie hier lange nicht
so ausgereift auftreten wie in jener.

²⁴⁹ Zugleich aber bricht sich, ebenso wie in der Plastik, auch in der Buchmalerei das individuelle Gefühl Bahn. Denn «schon meldet sich in dieser Zeit der Eigenwille der Persönlichkeit in der Auffassung der Naturformen von Seiten des Künstlers und zwar so stark, dass zum ersten Male bestimmte Meisterschulen von einander gesondert werden können.» (Janitschek, a. a. O. p. 168.)

²⁵⁰ Auch auf dem Gebiete der Musik ist das XIV. Jahrhundert, soviel sich urteilen lässt, «von hervorragender Bedeutung und kann als der Abschluss einer ersten und der Beginn einer zweiten Epoche der christlichen Musik angesehen werden.» In gleicher Weise wie die Malerei «beweist sie ein wachsendes Verständnis der Natur und ihrer verborgenen Beziehungen». (Schnaase, VI², p. 52 und 54.) Nur andeutungsweise hingewiesen werden kann hier auf die Bedeutung der grossen, bereits im XII. Jahrhundert «in Paris und am Seinestrand anhebenden, konsequent fortschreitenden und von Frankreich aus sich nach und nach über das ganze nördliche Europa ausbreitenden musikalischen Entwicklung», welche, «ein Vorfrühling des polyphonen Stiles», so mannigfache und interessante Berührungspunkte mit dem Entstehen und Wesen der gotischen Baukunst aufweist, und deren Vollendung wie in der Kunst die Renaissance des XV. und XVI. Jahrhunderts so hier erst das XVII. und XVIII. Jahrhundert mit einem Lotti und Bach bringt; hingewiesen nur darauf, dass wie in künstlerischer auch in musikalischer Hinsicht im XIV. und besonders im XV. Jahrhundert dann die Führung auf das niederländische Volk übergeht und zwar anscheinend genau wie in der Kunst — siehe die folgenden Ausführungen im Texte (S. 180 ff.) — durch Meister aus den französischen Niederlanden vermittelt, von denen wir nur Guillaume Dufay als einen musikalischen Vorläufer derart hervorheben wollen, wie Sluter einer in Bezug auf die Brüder van Eyck ist (siehe den Text)! Ausführlicheres hierüber u. a. bei Naumann, Illustrierte Musikgeschichte, Bd. I, p. 250 f., 255 f. 281 f., 297 f.

²⁵¹ Damit hängt es auch zusammen, dass hier das in Deutschland so gepflegte Volkslied nicht aufkam; die bevorzugte Litteraturgattung in Frankreich war die Novelle, deren Hauptwert in einer genauen Angabe und ausführlichen Beschreibung der Nebendinge besteht, welche jedoch für das gänzliche Fehlen einer psychologischen Vertiefung und Begründung, die zuerst Petrarqua in die Novellendichtung bringt, nicht entschädigen kann. Ihrem Kunstcharakter nach bildet die französische Novelle des XIV. Jahrhunderts eigentlich vollständig eine litterarische Parallele zu dem Genter Altar, dem Wunderwerk der Brüder van Eyck! (Näheres über diesen weiterhin im Text.)

Wir stellten oben andeutungsweise das deutsche Volkslied und die deutsche Federillustration in Vergleich; nun, dasjenige Gebiet der Buchmalerei, auf dem wir in Frankreich in dieser Zeit, wie wir noch sehen werden, am besten eine oder vielmehr die fortschrittliche Entwicklung erkennen und verfolgen können, ist die feine, farbenprächtige und glänzende Miniaturmalerei, und nähert sich diese nicht wieder ganz sichtlich in ihrem Detailreichtum, wenigstens bis zu einem gewissen Grade, jener von der französischen Litteratur des XIV. Jahrhunderts ausgebildeten Form der Novelle?!

²⁵² Courajod, Une statue de Philippe VI au musée du Louvre et l'influence de l'art flamand sur la sculpture française à la fin du XIV⁰ siècle. Gazette des Beaux-Arts, 2ᵉ période, t. 31, p. 219.

²⁵³ Eine vortreffliche, mustergültige Besprechung der Pariser Chorschranken findet sich bei Schnaase, a. a. O. VI², p. 512—517; siehe

auch Musee de Sculpture comparée, **Palais du Trocadéro.** Catalogue raisonné par Louis Courajod et Frantz Marcou XIV⁰ et XV⁰ siècles (späterhin nur Cat. citiert), No. 649, p. 33 f.

²⁵⁴ Cat. No. 605/6, p. 5 f. — Vöge, Die Anfänge u. s. w. p. 316. Hierher gehören auch zum überwiegenden Teile die zahlreichen französischen Madonnenstatuen und -statuetten aus der ersten Hälfte des XIV. Jahrhunderts. Siehe Trocadéro Abguss 638—642 und 651/52; über deren Einwirkung auf die italienische Plastik des Trecento weiter unten im Text und Anmerk 307 u. 315.

²⁵⁵ Courajod, Gaz. d. B.-A. 2° pé., t. 31, p. 218 ff.

²⁵⁶ Cat. No. 601—03, p. 1 ff.

²⁵⁷ Cat. No. 624, p. 14 f. Quoiqu'il appartienne entièrement au XIV⁰ siècle, Robert de Launoy se rattache par son inspiration et sa facture au XIII⁰ siècle, dont il conserve les traditions.

²⁵⁸ Les Ducs de Bourgogne, tme premier, p. 95.

²⁵⁹ Cat. No. 604, p. 3 ff.

²⁶⁰ Eine zeitlich vorangehende Porträtstatue Philipps III. finden wir an dem jüngst wieder entdeckten, 1271 — 75 errichteten Grabmal seiner Gemahlin Isabella in der Kirche von Cosenza. Wenigstens urteilt Bertaux (Le tombeau d'une reine de France à Cosenza. Gaz. d. B.-A. 3° pé., t. 19, p. 370 f.) nach Autopsie über dieselbe folgendermassen: la statue de Philippe, à Cosenza, est donc un portrait, ennobli seulement par une pensée religieuse, et certainement conforme à la ressemblance du roi. Die Königin, deren Antlitz allerdings sehr realistisch aufgefasst ist, scheint ihm, wenn nicht nach einer Totenmaske, so doch direkt nach dem toten Gesicht gearbeitet zu sein! Die Abbildungen gestatten hier kein sicheres Urteil. Der Verfertiger des Grabmales ist nach Bertaux ein französischer Künstler, und mit dieser Vermutung hat er gewiss recht, denn dasselbe passt der Auffassung wie der Ausführung der einzelnen Gestalten nach vollständig in die Reihe der Königsgräber von St. Denis hinein.

²⁶¹ Cat. No. 619, p. 10 ff. — Das Portal von Notre-Dame in Huy (erste Hälfte des XIV. Jahrhunderts) ist mir leider nur aus der unzureichenden Abbildung bei Helbig bekannt; ein Vergleich seiner Skulpturen mit den Arbeiten Pépin's wäre immerhin einmal zu empfehlen. Sonst ist von Skulpturwerken in dieser Gegend sehr wenig erhalten, und die spärlichen Ueberreste gestatten natürlich kein Gesamturteil über die damalige Plastik, weder in Hinsicht ihrer künstlerischen und stilistischen Entwicklung, noch in Bezug darauf, ob sie original oder nicht vielleicht, was ich gerade auf Grund einzelner erhaltener Madonnenfiguren annehmen möchte, französisch beeinflusst gewesen ist. Siehe Helbig, La sculpture et les arts plastiques au pays de Liège et sur les bords de la Meuse. 1890², p. 72 und 109 ff.

²⁶² La sculpture française depuis le XIV⁰ siècle. Paris. Quantin 1895. p. 17; ebenda Zuschreibung verschiedener Werke; Nachweise von solchen Cat p. 12 f

²⁶³ Mit einem dritten vlämischen Bildhauer macht uns vielleicht das Grabmal der Johanna von Flandern, Gemahlin Enguerrand's IV. von Coucy († 1334), aus der Kirche St. Martin in Laon bekannt. Wenigstens bemerkt Fleury (Antiquités et monuments du département de l'Aisne, t. IV, 1882, p. 195): C'est un artiste flamand qui aurait taillé cette statue, s'il faut en croire un nom gravé sur le plat de la crosse: Pierre de Luez, Flamand, et que retrouva, en dessinant ce monument funéraire, M. J. Malézieux, architecte à Saint-Quentin. (Nach Cat. No. 644, p. 30.)

264 Biographische Nachrichten Cat. No. 654, p. 38 ff.

265 A. a. O. Gaz. d. B.-A. 2ᵉ pé. t. 31. p. 220.

266 Cat. No. 658—661, p. 46 ff. Gonse, a. a. O. p. 20 weitere Zuschreibungen.

267 Cat. No. 657, p. 46. La sculpture de la Chaise-Dieu appartient au grand courant d'art français formé à Paris, sous l'influence flamande, pendant la deuxième moitié du XIVᵉ siècle. On remarquera en effet l'analogie qui existe entre ce prophète et d'autres prophètes peints en grisaille, dans un manuscrit exécuté par André Beauneveu pour le duc Jean de Berry.

268 Cat. No. 665—667, p. 55 ff. Ces statues paraissent en effet, par leur réalisme mitigé, par le jet de leurs draperies, amples sans exagération, appartenir à l'école d'André Beauneveu, c'est-à-dire à cette école fondée à Paris par des artistes venus de la Flandre et du Hainaut et qui semble avoir pondéré ses tendances natives au contact de l'élément parisien, en même temps qu'elle entrait en rapports avec l'école gothique italienne.

269 Cat. No. 664, p. 53. (Il) paraît avoir été, avec André Beauneveu de Valenciennes, un des représentants le plus en crédit, à la cour de France, de cette colonie d'artistes flamands établie à Paris dès le commencement du XIVᵉ siècle. Seine Beziehungen zu Pépin erhellen aus dem Umstande, dass er der Witwe desselben drei Legate hinterlässt; und dann ist auch auf die Nähe der beiden Heimatstädte der Künstler (Lüttich und Huy) zu achten.

270 Cat. No. 689, p. 105 f.; daselbst sind auch die trefflichen Worte Viollet-le-Duc's (dict. de l'arch. t. VIII, p. 274) abgedruckt: C'est un art complet, qui n'est plus l'art du XIIIᵉ siècle, qui n'est pas la décadence de cet art, tombant dans la recherche, mais qui possède son caractère propre. C'est une véritable renaissance, mais une renaissance française sans influence italienne.

271 Näheres hierüber und über das Leben und die Werke Loisel's Cat. No. 672, p. 61 ff.

272 Die Nachrichten über das Leben dieser drei Meister sind zusammengetragen Cat. No. 679—684, p. 96 ff.

273 Dieser Ansicht hat auch schon Courajod Ausdruck gegeben, siehe Cat. No. 673—675, p. 73. Eine ähnliche Berührung dieser beiden Kunstrichtungen zeigt eine Nachricht in den Rechnungen des Herzogs von Berry aus dem Jahre 1393, aus welcher wir entnehmen, dass Claus Sluter nach Mehun-sur-Yèvre geschickt wird, um daselbst Arbeiten zu besichtigen, welche André Beauneveu hier ausführte: Cette mention est précieuse pour l'histoire de l'art; elle fixe d'une manière précise, à la date de 1393, le contact qui eut lieu par l'intermédiaire de leurs représentants les plus illustres, André Beauneveu et Claus Sluter, entre l'art franco-flamand, qui régnait en France depuis le commencement du siècle, et l'art bourguignon, qui, d'importation flamande plus récente et plus directe, allait envahir la France au siècle suivant. (Cat. p. 40.) Zur Künstlergeschichte dieser Zeit sei bemerkt, dass der hier erwähnte Drouhet de Dammartin vielleicht ein Verwandter des Bildhauers und Architekten Guy de Dammartin ist, den wir in Poitiers thätig sahen.

274 Um 1300 ist die Ueberlegenheit der französischen Miniaturmalerei überall anerkannt, es erübrigt sich Dante (Purg. XI, 79 f.) zu citieren; siehe auch Janitschek, Geschichte der deutschen Malerei, p. 169 f.

275 Siehe Henri Bouchot, Le portrait-miniature en France. Gaz. d. B.-A. 3ᵉ pé. t. 8, p. 115 f.

²⁷⁰ Abgebildet Gonse, L'art gothique, p. 373.

Sehr lehrreich ist ein Vergleich der Entwicklung der französischen und italienischen Porträtkunst, wobei allerdings bald vorauszuschicken ist, dass sie dort nur auf dem Gebiete der Plastik hier auf dem der Malerei verfolgt und in Parallele gestellt werden kann. — Ueber die Entwicklung des italienischen Porträts sind wir dabei jetzt in bester Weise durch einen hinterlassenen Aufsatz Jakob Burckhardts unterrichtet (Beiträge zur Kunstgeschichte von Italien, Basel 1898. Das Porträt in der Malerei, p. 145 f.); die Geschichte desselben in Frankreich haben wir aber eigentlich schon kennen gelernt. Und wenn wir nun unparteiisch die Leistungen mit einander vergleichen, welche die Kunst hierin in beiden Ländern, sei es auf dem einen oder andern Gebiete aufzuweisen hat, so werden wir doch wohl bestimmt Frankreich den Vorrang zuerkennen müssen.

Das erste Porträt der neuen christlichen Kunst ist zwar allerdings das bereits mehrfach im XIII. Jahrhundert zur Darstellung gekommene Bildnis des Franz von Assisi (Burckhardt, a. a. O. p. 147 und Thode, Franz von Assisi u. s. w., p. 76 ff.), aber es steht, was die naturgetreue Wiedergabe der Persönlichkeit anlangt, durchaus nicht über den Königsgräbern in St. Denis aus der Zeit Ludwigs des Heiligen! So bemerkt auch Thode (a. a. O. p. 78) in Bezug auf Italien: «Ein eigentliches Porträt, ... in dem uns wirklich lebendig der ganze Mensch entgegenträte, war das XIII. Jahrhundert noch nicht fähig zu schaffen. — Die Bildnisse, die uns aus demselben erhalten sind, bewahren uns die Züge des Heiligen nur in ganz allgemeiner, mehr oder weniger schematisierender Art, fühlen wir auch aus ihr das redliche Bestreben, mehr zu sein, heraus.» Nun, das leistete der Norden auch schon, ja sogar in vollkommenerer Form; das wird uns jeder angesichts von Grabmälern wie denen Dedo's und seiner Gemahlin in Wechselburg, des Landgrafen von Hessen in Marburg, der Königin Isabella in Cosenza, der Statue des hl. Dominikus aus Leipzig (s. o. S. 161 f.) u. s. w. zugeben müssen. Jedenfalls steht die Kunstentwicklung des Nordens auf diesem Gebiete hinter Italien in keiner Weise zurück. Zu Ende des Jahrhunderts aber lenkt sie dann bereits entschieden mit absichtlichem und glücklichem Bestreben einer individuellen Erfassung der Persönlichkeit ganz in das naturalistische Fahrwasser ein. Zwar kommt jetzt auch in der italienischen Malerei durch Giotto «in diese Angelegenheit ein neues Wollen und Vollbringen», es sei an sein Danteporträt im Bargello, an seinen Bonifaz VIII. in S. Giovanni in Laterano-Rom erinnert; aber vergleichen wir seine Schöpfungen und diejenigen der ganzen italienischen Kunst des Trecento mit den gleichzeitigen Werken der französisch-vlämischen Grabplastik von Jean d'Arras und Pépin bis Loisel und Sluter, so kann doch keine Frage sein, dass der Norden, wie er überhaupt in der Entwicklung der Kunst voranging, so auch im individuellen Gestalten dem Süden überlegen war.

«Was aber Italien jetzt voraus besass, war eine grosse, religiöse, historische und allegorische, dabei völlig öffentliche Malerei an Wänden und Gewölben in dauerhaftem Fresko, monumental in Auffassung und Ausführung, und in diese Welt der Darstellung wurden jetzt Bildnisse von Zeitgenossen, oft schon in beträchtlicher Zahl aufgenommen.» (Burckhardt, a. a. O., p. 151 f.) Damit aber war hier eine weit häufigere und reichlichere Anbringung und eine umfassendere Ausbildung des Porträts als im Norden ermöglicht, wie denn auf diese Weise auch ganz im Gegensatz zum Norden, der ausser

26

der Grabplastik fast nur bei den Stifterfiguren in den Miniaturhand-
schriften oder auf Glasgemälden Platz für Porträts hatte, «das gemalte
Porträt bei grossem und feierlichem Anlass in die Welt tritt». So wird
man z. B. im Fresko des Triumphes der Kirche in der Spanischen
Kapelle zu Florenz «alle Stufen des personifizierenden Vermögens der
Schulen von Florenz und Siena um die Mitte des XIV. Jahrhunderts
vereinigt finden», und es ist klar, dass mit diesem Massenaufgebot der
Norden bei den Bedingungen, denen sein künstlerisches Schaffen in
dieser Zeit unterworfen war, nicht Schritt zu halten vermochte. Wo
er sich aber in der Kunst begabter Meister äussern konnte, da über-
strahlt er entschieden die giottesken Nachtreter des Südens!
    Leider sind uns die einzig erwähnten Einzelporträts der itali-
enischen Trecentokunst von Petrarqua und Laura ebensowenig erhalten
wie diejenigen, welche Gentile gemalt hat, aber die Fresken dieser Zeit
gestatten Rückschlüsse, welche die Richtigkeit unserer im Texte ausgesprochenen Behauptung darthun dürften. Und so können wir Burckhardt nicht beistimmen, wenn er bemerkt (a. a. O. p. 169): «Gegenüber dem ganzen übrigen Abendland mit seinen Porträten in Kirchen-
fenstern, Altarbildern und hinfälligen Wandmalereien hatte bisher (d. h.
bis 1400) Italien sein solides Fresko und den **soviel stärkeren
Willen und die soviel grössere Vielseitigkeit des
Individuellen** vorausgehabt. Denn es geht auf keinen
Fall an, die ganze Grabplastik des Nordens so rundweg von der
vergleichenden Betrachtung auszuschliessen. Man kann ja wohl die
italienische Malerei mit der nordischen vergleichen, aber man darf
dabei nicht vergessen, dass man damit die starke Seite der Kunst
des Südens der schwachen des Nordens gegenüberstellt! Auf diese
Weise kann man nie zu einem gerechten Urteile gelangen, denn die
Kunst ist eben im XIII. und XIV. Jahrhundert im Norden wesentlich plastisch im Süden malerisch. Will man also zu einer Entscheidung darüber kommen, was der eine wie der andere in dieser
Zeit auf dem Gebiete des Porträts geleistet hat, so kann man mit der
Malerei von hier nur die Plastik von dort in Vergleich stellen. Damit
aber kehrt sich das Verhältnis sofort um, und wir erkennen unzweifelhaft, dass die führende Macht vielmehr der Norden war.
    Das beweist uns schlagend auch schon die weitere Entwicklung der
Porträtkunst im XV. Jahrhundert, hinsichtlich deren Burckhardt selbst
bemerkt (a. a. O. p. 169 f.): «Schon trennte sich eine **eigene flandrische Porträtmalerei** ab, und diese besonders wirkte dann
sogar auf die italienische bestimmend ein. Und nun giebt es aus dem
XV. Jahrhundert Brustbilder, bei welchen die Urheberschaft zwischen
flandrischer und italienischer Schule bis heute streitig ist.» Erstjetzt im
Quattrocento setzt in Italien ein Studium der Persönlichkeit ein, wie
wir es im Norden bereits im XIV. Jahrhundert bei einem Beauneveu,
Loisel, Sluter, um nur diese zu nennen, finden. Und so zeigt uns gerade
die Entwicklung des Porträts vielmehr nur genau dieselbe Erscheinung,
die wir auch späterhin wieder bestätigt finden werden, dass nämlich die
Kunst in Italien überhaupt in der Entwicklung zeitlich um ein Beträcht-
liches hinter der des Nordens zurückbleibt und sich in mehr als
einem Punkte von dieser abhängig erweist. Man hat bisher stets nur
die Einflüsse der italienischen auf die nordische Kunst festzustellen
getrachtet; es wird Zeit, dass endlich auch einmal die Geschichte der
Einwirkung des Nordens auf den Süden geschrieben wird.
    277 Siehe A. de Champeaux, L'ancienne école de peinture de la
Bourgogne. Gaz. d. B.-A. 3ᵉ pé. t. 19, p. 36 f. und 129 f. Den hier

gegebenen Attributionen vermögen wir allerdings nicht immer zuzustimmen. Jedenfalls lässt sich auch auf diesem Gebiete aus den uns genannten Künstlernamen erkennen, wie sich die Kunstgeschichte allmählich in Künstlergeschichte auflöst. Und weiterhin können wir hier bereits z. B. an der Malouel zugeschriebenen Pieta im Louvre in gleicher Weise wie später am Genter Altar erkennen, dass die niederländische Malerei, wenigstens teilweise, aus der Miniaturmalerei herauswächst.

278 Diese Vermischung von giottesker und flandrischer Kunst finden wir auch noch auf anderen Werken dieser Zeit. Siehe Champeaux a. a. O. p. 130.

279 Siehe Delisle, Les livres d'heures du duc de Berry. Gaz. d. B.-A. 2ᵉ pé. t. 29, p. 401 f. Die Zweifel, welche Müntz an ihrer Entstehung vor 1416 und damit vor dem Genter Altare äussert, erscheinen uns ebensowenig berechtigt wie seine Wertschätzung derselben zu hoch. Siehe Gaz. d. B.-A. 3ᵉ pé. t. 19, p. 289 f.

280 Auch Müntz (a. a. O. p. 301) kommt nicht über das hinaus, was schon viele, zuerst wohl Waagen (siehe u. a. Handbuch der deutschen und niederländischen Malerschulen (1862) I, p. 69 ff.) vor ihm gesagt haben.

281 Cat. No 677, p. 84.

282 Ueber die Thätigkeit dieses Meisters und sein Zusammenarbeiten mit dem Bildhauer Jacques de Baerze (Holzstatuette des hl. Georg von der «Chapelle portative» der Herzöge von Burgund, jetzt im Museum zu Dijon) siehe Cat. No 676, p. 74 ff.

283 Nicht zustimmen können wir Müntz, wenn er (a. a. O. p. 295) die Abhängigkeit der van Eyck von der Plastik in folgender Weise zu begründen sucht: Pour nous en convaincre, regardons seulement les figures en grisaille qui ornent les volets extérieurs du retable en question: ce sont des reproductions textuelles de statues. Das heisst vielmehr die Kunst der Brüder van Eyck durchaus verkennen und missverstehen, denn diese genaue Wiedergabe und direkte Uebertragung von Steinfiguren auf die Bildfläche ist ja gerade das Ziel dieser Meister, deren ganzes Bestreben doch nur darauf gerichtet ist, eine möglichst genaue Wiedergabe aller Gegenstände zu erzielen! Gerade hier setzt vielmehr, wie Kämmerer mit Recht hervorhebt, «das Neue, Epochemachende der Eyckischen Kunst ein: das Streben nach malerischer Illusion!» (Künstlermonographien XXXV, Hubert und Jan van Eyck, p 22.)

Diese beiden Nachbildungen von Steinfiguren sind aber auch noch in einer anderen Hinsicht höchst bemerkenswert und zwar durch den bisher gänzlich übersehenen Umstand, dass sie — unbemalt sind! Denn dadurch wirken sie für ihre Entstehungszeit wie ein direkter Anachronismus. Die Erklärung dieser Erscheinung, auf die unseres Wissens bisher noch niemand aufmerksam gemacht hat, dürfte nicht leicht fallen. Thatsache ist es zunächst jedenfalls, dass zur Zeit der Brüder van Eyck die Plastik und besonders gerade die Skulpturteile von Altarwerken noch durchweg bemalt waren. Wie kommen also gerade diese dazu, in ihrem Werke von dem gewöhnlichen Gebrauche abzuweichen, wo doch Jan van Eyck selbst, wie wir gesehen haben, gelegentlich Skulpturen bemalte?! Geschah es nur zu dem Zwecke, einen möglichst fühlbaren Gegensatz zwischen den beiden als Statuen gedachten Johannesfiguren und den übrigen Gestalten des Altares zu schaffen, oder ist der Grund vielleicht in einer tieferen, uns unbekannten Absicht der beiden Meister zu

suchen, — wir müssen jedenfalls die Antwort auf die hier gestellte
Frage schuldig bleiben. —

Die Autopsie der bedeutsamen Grabmälerplastik von Tournay
(Sammlung Dumortier), welche sich der vlämisch-slutterschen Richtung
einreiht, ist mir leider versagt geblieben, daher auch die Kenntnis,
welche Stellung sie zu der Kunst der Brüder van Eyck einnehmen
mag. Etwas Bestimmteres dürfte ihr freilich kaum zu entnehmen sein.
Wichtig für die Entscheidung dieser ganzen Frage ist sie nur insofern, als sie uns beweist, dass die Kunst in der Heimat der Brüder
van Eyck keineswegs hinter der zurückstand, welche vlämische Meister
des XIV. Jahrhunderts ausserhalb ihres Landes in der Fremde aus-
übten. Denn auf diese Weise haben wir es nicht mehr nötig die
plastischen Vorbilder und Vorläufer der van Eyck in der Fremde zu
suchen, sondern können sie im eigenen Lande nachweisen! Wenn wir
uns bei unsrer Betrachtung gleichwohl auf Frankreich beschränkt
haben, so geschah dies aus allgemein-entwicklungsgeschichtlichen Rücksichten und bedarf wohl nicht erst einer ausführlichen Begründung.

284 Dieselbe Stimmung beherrschte auch das Italien des Quattrocento. aber sie kam hier in der Kunst nicht in gleicher Weise wie im
Norden zum Ausdruck. Einmal, weil die Sprache dieser, von anderen
Prämissen als im Norden ausgehend, — wir werden noch darauf zu
sprechen kommen — zu einer ähnlich vollkommenen Wiedergabe derselben wie dort nicht geeignet war; zweitens, weil die italienische
Malerei schon seit den Zeiten Giottos ganz anderen Zielen nach-
ging als die nordische Kunst; und drittens, weil sich hier bald
in sehr bemerkenswerter Weise der Einfluss der Antike geltend
machte, welche einerseits in formaler Weise, andrerseits in aesthetischer Hinsicht vorbildlich wirkte und die Künstler bald wieder
die anfangs ganz wie im Norden eingeschlagenen rein naturalistischen
Bahnen mit einer idealeren Richtung vertauschen liess. «Die höchste
Freude der Kunst war es (hier), wenn sie der Natur wieder eine
sprechende Bewegung, einen lebensvollen Moment mehr und zwar auf
eine schöne Weise abgewann; sie suchte gerade dasjenige, dem die Nordländer aus dem Wege gingen» (Cicerone [7], p. 616). Wir kommen also auch hier wieder zu dem schon mehrfach betonten Gegensatze von germanischem und romanischem Wesen!
Jedenfalls ist aber z. B. ein Meister wie Gentile da Fabriano mit seiner
Vorliebe für das Detail eine den Brüdern van Eyck wesensverwandte,
durch die gleiche Grundstimmung der Zeit bedingte Erscheinung.

285 Auch nach dieser Seite hin scheint sich der Schleier, welchen
Zeit und Legende um den Genter Altar gewoben haben, zu lichten und
das anscheinend jeder Aufklärung spottende technische Rätsel desselben
gleichfalls in sehr einfacher Weise zu lösen. Wenigstens machen es
die neuerlichen Untersuchungen Kämmerers sehr wahrscheinlich, dass
«das eigentliche Geheimnis der sogenannten Erfindung in technischer
Feinfühligkeit beruht» (a. a. O. p. 43).

286 Oberitalische Plastik im frühen und hohen Mittelalter. Zu
Nikolaus siehe p. 84 ff. und p. 96; zu Antelami p. 101 f. und p. 150 ff.

287 «Für die oberitalische Plastik ist das bestimmende Element
das Germanentum» a. a. O. p. 1; siehe besonders auch p. 50 f. und
p. 153.

288 Der von seiner Hand stammende untere Teil des Portalbaues
am Dome von Ferrara ist 1135 datiert; Zimmermann, a. a. O. p. 77.

289 Die Gewände des Portales sind in Ferrara mit kleinen Figuren
besetzt und diese gewissermassen in Anticipation des erst in der zwei-

ten Hälfte des XIII. Jahrhunderts aufkommenden Nischensystems der nordischen Gotik angeordnet: «Aus den Pilastern (der Portalwandungen) ist nämlich ein längliches, im Grundriss dreieckiges Stück herausgeschnitten gedacht und in diese Nische, wenn man es so nennen darf, die Figur hineingestellt. Diese füllt den Raum so vollständig aus, dass die Kante des Pilasters über den Nasenrücken und an der Vorderseite des Körpers herablaufend deutlich zu erkennen ist; kein Glied des Körpers ragt über die beiden Seitenflächen des Pilasters hinaus. Trotz dieses Zwanges sind die Figuren in Stellung und Bewegung ganz natürlich, wenn auch stark zusammengehalten. Ferner sind in die Flächen der Pilaster kleine quadratische oder längliche und oben rundbogige kassettenartige Felder vertieft, welche plastische Darstellungen enthalten und zwar ausser einigen Blattrosetten menschliche und tierische Einzelgestalten, die ganz vortrefflich in den Raum komponiert sind.» (A. a. O. p. 78 f.) Eine ähnliche Anordnung von Figuren zeigt das Nordportal von S. Maria Maggiore in Bergamo, dessen Seitenwände 1351 von Giovanni da Campione vollendet wurden. (Siehe A. G. Meyer, Lombardische Denkmäler des XIV. Jahrhunderts, p. 57 ff. und von demselben, Studien zur Geschichte der oberitalienischen Plastik im Trecento, Repert. XVII, p. 26 f.)

Interessant ist, falls sie sich bei einer Nachprüfung als richtig erweisen sollte, die Beobachtung Reymond's, dass zwischen der Arler und der früh-toskanischen Plastik des XII. Jahrhunderts gleichfalls eine gewisse und nicht auf gegenseitige Beeinflussung zurückzuführende Verwandtschaft besteht. Er bemerkt (a. a. O. p. 49 f.): La sculpture de St. Trophime d'Arles n'est pas autre chose que l'art de Gruamons et de Rodolfino à un degré supérieur de valeur artistique . . . . . On pourrait dire que cet art particulier que nous cherchons à caractériser ici a eu comme territoire d'action les côtes méditerranéennes de la Toscane et de la Provence où les traditions romaines se sont maintenues plus longtemps qu'ailleurs, pour deux raisons, soit parceque cette partie de la Méditerranée était plus indépendante de l'influence byzantine que ne l'était la côte de l'Adriatique, soit parcequ'il y subsistait plus qu'ailleurs d'importants vestiges de l'art romain.'

[190] Interessanter Weise bestehen aber auch enge Beziehungen zu Arles, indem «bei der Benutzung des gleichen Vorbildes der Antike bei beiden etwas Aehnliches herausgekommen ist. Die Kopfform der Skulpturen von St. Trophime und der Skulpturen Benedetto's ist die gleiche, und auch die antikisierende Gewandung hat bei beiden Aehnlichkeit mit einander»; jedoch sind die Arler Werke besser und geschickter gearbeitet. Siehe Zimmermann, a. a. O. p. 154 f. Ueber weitere Beziehungen der provençalischen zur oberitalienischen Plastik siehe Vöge, Repert. XXII, 103.

Auch in der gleichzeitigen toskanischen Plastik scheint es, wenigstens nach Reymond, nicht an Beziehungen zu Frankreich zu fehlen; er bemerkt (a. a. O. p. 50): Dans l'œuvre de Bonamico, à la manière dont les animaux sont groupés autour du Christ, on reconnaîtra le style de l'école française.

[191] «Das Bürgertum hatte sich in dem Jahrhundert, in welchem sich seine Freiheit bis zum höchsten Gipfel emporgehoben hatte, aus halb bäurischen Anfängen, wie wir sie noch bei Wilhelm von Modena kennen gelernt haben, bis zu hoher Bildung aufgeschwungen, und als Vertreter dieser Bildung und Freiheit steht in der Skulptur Benedetto Antelami da. Die oberitalienischen Städte waren die ersten, welche zu einer solchen Stellung gelangten und darum haben sie auch die

erste grosse Künstlerpersönlichkeit hervorgebracht» (Zimmermann a. a.
O. p. 157; siehe auch p. 98 f. und 162 f.).

292 Siehe Dehio über Enlart, Origines françaises de l'architecture
gothique en Italie. Repert XVII, p. 383.

293 Franz von Assisi u. s. w., p. 288 f. Durch die einschiffigen,
flachgedeckten Kirchen Toskanas wird hier in ähnlicher Weise wie in
Deutschland durch die Bevorzugung und Ausbildung der Hallenkirche
die Renaissance vorbereitet: «der ‚organische Stil‘ wird trotz des Weiter-
lebens der gotischen Formen wieder zum ‚Raumstil‘!» (Dohme, Geschichte der deutschen Baukunst, p. 207.)

294 Siehe darüber die vortrefflichen ausführlichen Untersuchungen
Schmarsows, S. Martin von Lucca, Breslau 1890, p. 194 ff.

295 Auf diese Seite der Kunst Niccolo's hat bereits Schmarsow in
feinsinniger Weise hingewiesen (a. a. O. p. 132 ff.).

296 La sculpture Florentine. Les prédécesseurs de l'école florentine et la sculpture florentine au XIVe siècle. Florenz 1897, Alinari.

297 Dies ist die Ansicht von Thode; siehe Studien zur Geschichte
der italienischen Kunst im XIII. Jahrhundert. Repert. XIII, p. 1 ff. Der
verehrte Lehrer möge verzeihen, wenn ich ihm hier nicht ganz zu
folgen vermag.

298 Ich folge hier meist den Ausführungen Max Gg. Zimmermanns,
Giotto und die Kunst Italiens im Mittelalter. 1899 Bd. I, p. 166 ff.

299 Wenn wir Reymond Glauben schenken dürfen, finden sich
sogar schon vor Niccolo Pisano Spuren eines französischen Einflusses
in der toskanischen Plastik. Er bemerkt (a. a. O p. 53 f.): «Avant
Nicolas de Pise l'influence française se manifeste déjà en Toscane par
quelques œuvres telles que les sculptures de la cathédrale de Lucques
relatives à la vie de St. Martin et de St. Régulus qui datent de la
première moitié du siècle. Une influence semblable se fait voir dans les
mois de Lucques et d'Arezzo, dans les élégantes figures en demi-relief
de la frise de la Porte nord du Baptistère de Pise et dans deux statues
de St. Martin partageant son manteau avec un pauvre, l'une sur la
façade de St. Martin à Pise, l'autre de date plus récente, sur la façade
de la cathédrale de Lucques. In Bezug auf das letzt genannte Werk
scheint uns Reymond mit der Annahme eines französischen Einflusses
bestimmt zu irren; wie weit dasselbe auch bei den übrigen von
ihm aufgezählten Skulpturen der Fall sein mag, wollen wir fürs erste
noch dahingestellt sein lassen. Siehe Schmarsow, S. Martin von
Lucca, p. 1 ff.

300 Vgl. weiter unten Anmk. 313.

301 Jedenfalls lag es in der Zeit; denn auch «in Predigt wie Dichtung macht sich . . . . ein dramatisches Element geltend, und dieses
ist es, was eigentlich bestimmend für den ersten Eindruck wirkt.
Darin liegt das Neue, das den Leser, der sich mit Dichtung und Predigt im frühen Mittelalter beschäftigt hat und nun zu den Reden des
Berthold von Regensburg und den Liedern des Jacopone gelangt, so
überraschend berührt. Dieses dramatische Element aber ist es ebenso,
das der Kunst Giottos ein von der vorangehenden so verschiedenes
Gepräge verleiht». (Thode, Franz von Assisi u. s. w., p. 416 f.) Im
Norden finden wir es, abgesehen vielleicht gerade von den Anfängen
des geistlichen Schauspieles, in ausgeprägter und vollendeter Form in
der Kunst früher als in der Litteratur; man erinnere sich der Reliefs
des Bamberger Georgenchores und der frühen Plastik Burgunds und
der Languedoc. Ueberhaupt eignet es mehr dem Norden und ist,
wenigstens unserer Meinung nach, hier besonders für den germanischen

Charakter bezeichnend. In der italienischen Kunst verschwindet der dramatische Zug bald wieder und taucht im XIV. Jahrhundert nur vereinzelt, wie z. B. in den Skulpturen der Domfassade von Orvieto auf; gerade in diesem Falle aber glaubt Reymond eine französische Beeinflussung voraussetzen zu müssen.

Wir können übrigens an diesem Punkte wieder einmal recht gut erkennen lernen, wieso es gekommen ist, dass man die nordische Kunst bisher so ganz gegen die des Südens zurückgesetzt hat. Nur in Italien nämlich vermögen wir dieses dramatische Element bei seinem Auftauchen sofort mit bestimmten und sicheren Künstlernamen und Persönlichkeiten in Verbindung zu bringen. Die Folge davon aber ist, dass es uns hier gleich viel vertrauter wird, indem es uns in Cimabue und dann besonders in Giovanni Pisano und Giotto persönlich weit näher tritt als in den unbenannten Schöpfungen des Nordens: tritt es dort bescheiden, gleichsam als nur eine allgemeine Aeusserungsweise der Kunst zurück, so drängt es sich hier vielmehr mit dem Anspruche des Individuellen dem Blicke auf! Und nicht viel anders verhält es sich überhaupt mit den wunderbaren Meisterwerken des Nordens aus dem XIII. Jahrhundert: wären uns hier mehr Namen überliefert, wir würden sie gewiss weit höher und in ganz anderer Weise noch schätzen, als es jetzt geschieht. Wie hat man nicht z. B. bereits — und, wie sich zeigen wird (S. 231 ff), gerade in diesem Falle sehr mit Unrecht — einen Erwin von Steinbach gefeiert!

301 Wie weit hier eventuell Zimmermann in seinem Werke über Giotto gekommen ist, entzieht sich unsrer Kenntnis, da der zweite Band desselben bei der Drucklegung dieser Bogen noch nicht erschienen war.

302 Für das folgende ist wieder Zimmermann (a. a. O. I, p. 227 ff.) zu vergleichen.

304 Wenn Darcel die französische Miniaturmalerei vom Anfange des XIV. Jahrhunderts auf gleiche Höhe mit Giotto stellt, so können wir ihm nicht folgen. Siehe Darcel, Les enlumineurs du moyen-âge. Les Miracles de la Vierge, manuscrit de Soissons. Gaz. d. B.-A. 1e pé. t. III (1859), p. 291.

In ähnlicher Weise äussert sich auch Reymond (Gaz. d. B.-A. 3e pé. t. 9, p. 308 Anmk. 2), indem er vermutet, dass sich in der französischen Malerei, in den Miniaturen, Glasgemälden oder Fresken, seit Anfang des XIV. Jahrhunderts vielleicht eine ähnliche Richtung nachweisen lassen dürfte, wie sie Giotto in Italien einschlägt; auch dies scheint uns äusserst unwahrscheinlich. Im Norden nimmt die Entwicklung der Malerei, wie wir sahen, ganz andere Wege: die Bemalung der Statuen bereitet hier im Zusammenhang mit der Miniaturmalerei die Kunst der van Eyck vor! In ihren ersten bedeutenden Anfängen aber steht die nordische Tafelmalerei nicht nur in Frankreich, man denke an die Bilder des Louvre, sondern auch in Deutschland unter dem Einflusse der giottesken Richtung: den originalen Schulen von Köln und Nürnberg geht zeitlich die durch Tommaso da Mutina in Prag begründete voran.

305 So z. B. mehrfach für die Statuen der Domfassade in Florenz. Für Piero di Giovanni Tedesco fertigten Zeichnungen Lorenzo di Bicci, Agnolo Gaddi, Spinello Spinelli; 1380 werden für die Reliefs der Tugenden an der Loggia dei Lanzi bei Agnolo Gaddi Zeichnungen bestellt.

306 1357 von Piero aus Florenz begonnen, wird er seit 1371 von Leonardo di Ser Giovanni vollendet. Ce nouveau style, so bemerkt

dazu Reymond, n'est autre que l'adoptation au bas-relief des méthodes
et des procédés de la peinture, c'est le désir de traiter le bas-relief
comme un tableau en disposant les personnages sur divers plans, en
creusant l'horizon, en détachant les figures non plus sur des fonds
unis, mais au milieu de paysages représentant des arbres, des rochers,
des édifices. Dieser Stil kommt direkt von der giottesken Malerei her:
l'on peut retrouver la plupart de ces motifs dans les fresques contem-
poraines de Giotto et de Taddeo Gaddi.

[307] Man vergleiche einmal seine Statuette der hl. Reparata (Museo
di S. Maria di Fiore) mit den französischen Madonnenfiguren aus dem
ersten Viertel des XIV. Jahrhunderts z. B. mit der grossen Madonnenstatue von Notre-Dame in Paris (siehe unsere Abb. S. 206) oder mit
dem Abguss No. 622 des Trocadéro (Le musée de sculpture comparée
du palais du Trocadéro. Paris, Guérinet. Planche 24). Direkte stilistische Beziehungen sind zwar nicht vorhanden, aber man wird nicht
leugnen können, dass das Stilgefühl, welches sich in allen diesen Gestalten offenbart, ganz das gleiche ist. Hübsch und ziemlich zutreffend
ist Reymonds Vergleich der Kunst Andrea Pisano's mit der Giotto's :
C'est que si Andrea annonce déjà l'élégance du XVᵉ siècle, Giotto
porte en lui toute la gravité du XIIIᵉ. Giotto est en art le frère du
Dante, comme Andrea est le frère de Petrarque.
Die Ansicht Reymonds, dass nicht Giotto, wie man bisher allgemein angenommen hat, sondern ausschliesslich Andrea der Schöpfer
der herrlichen Reliefs am Campanile sei, möchte vorläufig noch dahingestellt bleiben. Jedenfalls geht hier Andrea, wie auch später Ghiberti,
weit über die französische Kunst hinaus. Es liegt das aber weniger,
wie Reymond annimmt, an dem besseren Material (Marmor, Bronze),
welches den italienischen Künstlern zur Verfügung stand, als daran,
dass im XIV. Jahrhundert die eigentliche Kirchenskulptur im Norden
nicht nur, wie wir gesehen haben, einen mehr handwerksmässigen
Charakter annimmt, sondern dass die französische Plastik überhaupt
jetzt ganz anderen Zielen als im XIII. Jahrhundert nachgeht! Zwar wird
auch hier jetzt noch in Einzelfällen die elegante Kunstrichtung des
XIII. Jahrhunderts, welche sich Andrea zu eigen gemacht hat, beibehalten, aber das Ausschlaggebende ist doch der flandrische Einfluss
mit seinen naturalistischen Tendenzen.

[308] «Für Ghiberti's Stellung zwischen der Kunst des Trecento und
des Quattrocento, welche ihn mehr als den Abschluss der ersteren
wie als Vorläufer oder gar als Bahnbrecher der letzteren erscheinen
lässt, ist es charakteristisch, dass er fast gar keinen Einfluss auf die
Entwicklung der Kunst in Florenz gehabt, dass er trotz zahlreicher
Mitarbeiter keine Schule gemacht hat. Selbst sein Sohn Vittorio, bis
zu des Vaters Tode dessen Mitarbeiter, geht in den selbständigen Arbeiten seine eigenen Wege.» Handbücher der Königl. Museen zu
Berlin. Bode, Die italienische Plastik ², p. 50.

[309] Reymond: Au XVᵉ siècle, grâce à Luca della Robbia et à son
école, la décoration des tympans prit une importation extraordinaire.
C'est l'idée française qui s'acclimate alors en Toscane, mais elle est
obligée de se rapetisser pour s'adopter aux dimensions exiguës des
édifices florentins.
Im nördlichen Italien finden wir bereits früh zahlreiche Beispiele
von Tympanen; auch Toskana kennt sie schon unter Niccolo Pisano,
siehe dessen Kreuzabnahme am Dom von Lucca.

[310] Der Süden zeigt, durch die Anjou vermittelt, in Architektur
wie Plastik französische Einflüsse. Wir nennen die Portale der Kirchen

von Bitetto bei Bari und der Basilika von Altamura (1330), welche
nach Bertaux Basreliefs in französischem Stile zeigen (Gaz. d. B.-A.
3e pé. t. 19, p. 275 Anm. 3). Siehe auch die beiden Marmorstatuetten
des Berliner Museums No. 29 und 30 aus der Sammlung italienischer
Bildwerke und dazu Bode, Die italienische Plastik, p. 29.

311 «Nordisch-deutschen Ursprungs ist diese Richtung sowohl bei
Pietro di Giovanni in Toskana, wie bei den Campionesen in der Lombardei.» (A. G. Meyer, Lombardische Denkmäler des XIV. Jahrhunderts, p. 134; siehe auch p. 127 f.). So ist also der germanische Geist
wie im Norden — man erinnere sich der flandrisch-germanischen
Renaissance des XIV. Jahrhunderts — auch im Süden nicht ohne Einfluss auf die Entwicklung der Kunst und speciell der Renaissance des
XV. Jahrhunderts geblieben. Hatte sich schon das stark mit romanischem vermischte germanische Blut im XII. Jahrhundert nicht ganz
im oberitalienischen Volke verleugnen können, so kommt es jetzt
natürlich durch Piero di Giovanni «il Tedesco» als frisches unver-
fälschtes Reis umso unmittelbarer zur Geltung. Die von Semper (bei
Recension des Meyerschen Buches, Repert. XVII, p. 156) geäusserte
Vermutung, dass dieser vielleicht ein Niederländer sei, hat manches
für sich, bedarf aber zunächst noch des Nachweises. — Als verfehlt
müssen wir es betrachten, wenn Reymond auch hier noch einen Einfluss der französischen Kunst konstatieren will. Sind doch gerade die
grösseren Arbeiten Piero's, Niccolo's d'Arezzo und Antonio di Banco's
wie z. B. ihre Statuen im Dominnarn, die nach Reymond le témoignage
d'une nouvelle action de l'art français sur l'art florentin sind, die unbedeutenderen Werke dieser Meister und erscheinen, wie Bode mit Recht
hervorhebt (a. a. O. p. 49), «noch altertümlich und befangen. während
ihre kleinen Figuren durch die geschmackvolle Anordnung, zarte Empfindung und zierliche Durchführung schon fast modern im Sinne
des Quattrocento sind».

312 Siehe auch Paul Weber, Geistliches Schauspiel und kirchliche
Kunst u. s. w., p. 143 ff. Er weist nach, dass «das Genter Altarwerk,
wenn auch nicht in seinem Mittelbilde, so doch unzweifelhaft in der
Auswahl seiner Nebenpersonen und Nebenscenen auf das geistliche
Schauspiel zurückgeht.» Es zeigt uns dies, wie auch das Bild des
Lebensbrunnens in Madrid (neuerdings von Kämmerer versuchsweise
dem Petrus Cristus gegeben, Künstlermonographien XXXV, p. 50),
«wie ängstlich auch solche Künstler sich an Vorgänge auf der Bühne
anschlossen, die sonst mit allen Kräften bestrebt waren, den Zwang
mittelalterlicher Kunstübung abzustreifen (Weber, a. a. O. p. 143)».

313 Diese Ansicht, welche bereits Thode allen Ernstes hinsichtlich
der italienischen Kunst vertreten hat (Franz von Assisi, p. 72 f, 361 f.),
wird nun hoffentlich auch für den Norden allgemeine Geltung er-
langen. Zu ihr bekennt sich auch Reymond, aber ohne dass er.
wie wir es unternommen haben, einen Versuch machte, auch nur
irgendwie dieselbe zu beweisen und die Entwicklungszusammenhänge
klar zu legen. So missverkennt er auch vollständig die ungemein
wichtige Rolle, welche die vlämische Kunst in dieser ganzen Zeit spielt,
ja erwähnt ihrer nicht einmal, sondern urteilt nur ganz nebenher und
oberflächlich die burgundische Plastik als für die Entwicklung der
nordischen Kunst durchaus unwichtig und nebensächlich ab.
Der grössere und weitaus bedeutendere Vorgänger Reymonds ist
Courajod gewesen; auch aus dem Grunde schon, weil er seine Ansicht zu beweisen versucht hat. Man sehe seine beiden Aufsätze in
der Gaz. d. B.-A. 2e pé. t. 37, p. 21 f. und 3e pé. t. 2, p. 460 f, 615 f.

und t. 3, p. 74 f. (Les véritables origines de la Renaissance und La part de la France du nord dans l'œuvre de la Renaissance), auf welche wir hiermit nachdrücklich verweisen. Siehe auch Anhang II!

Zwei grosse Phasen christlicher Kunst sind es also, die wir kennen: die erste umfasst die ersten zwölf Jahrhunderte der christlichen Zeitrechnung, die zweite reicht von 1200 bis 1550 ca. Dann kommen wohl Zeiten voll grossartiger künstlerischer Persönlichkeiten, aber wir können nicht mehr in gleichem Sinne wie für die beiden anderen Epochen von einer christlichen Kunst sprechen. Denn wie die mittelalter!:che Kultur auf ihrem Höhepunkte einen jähen Fall erleidet, so stürzt auch die Renaissancekultur in dem Augenblicke in sich zusammen, wo sie sich am herrlichsten zu entfalten scheint. 1300 empfing Bonifaz VIII. zur Feier des Jubeljahres aus allen Teilen der Welt Gesandtschaften in Rom: wenige Jahre später ward er mit Gefangenschaft bedroht, und das Exil der römischen Kirche in Avignon bedeutete den Untergang der mittelalterlichen Welt; 1520 stirbt Raffael, nachdem er der Welt das Herrlichste und Höchste geschenkt, dessen der italienische Volksgeist fähig gewesen war: acht Jahre später kündigten Flammen und Rauch das furchtbare Sacco di Roma und mit ihm den Zusammenbruch der Renaissancezeit und das Ende der neuen christlichen Kunst an! Denn was sich aus den Trümmern dieser glänzenden Kultur erhob, war der prunkende und berauschende Jesuitenstil — eine rein äusserliche, allerdings aber auch das gleichfalls rein äusserlich gewordene Wesen der römischen Kirche vollendet zum Ausdruck bringende Kunst. Wie die Kirchenskulptur des XIV. Jahrhunderts im Norden, so zeigt jetzt das italienische Barock das Ausleben einer rein äusserlichen, wesentlich formellen Kunst, die jeden tieferen Gehaltes so gut wie bar zur Manier, zum Eklekticismus oder zum Virtuosentum führt und schliesslich im Zeitalter des Rococo ganz zur Mode herabzusinken droht. Zwar fehlt es auch in dieser Zeit nicht an hervorragenden Meistern und Werken, aber sie können uns nicht über das Fehlen einer wirklich tiefen und ernsten, kurz eine wahren christlichen Kunst, wie sie die Zeit von 1200 bis 1500 doch gekannt hatte, hinwegtäuschen. Eine durchaus neue, originale und im Ausdruck wie in den Stoffen selbständige Kunst ersteht nur in den Niederlanden: ihr gehört auch der einzige, wahrhaft grosse christliche Meister dieser Spätzeit an. Die wahre Religiosität aber mit ihrem tiefen Gefühlsgehalte und ihrer tiefen Verinnerlichung der Empfindung hat sich zur — Musik geflüchtet und in ihr das geeignetste, tiefste und umfassendste Ausdrucksmittel ihres ganzen Wesens gefunden; und so feiert die wahre christliche Kunst ihre Wiederauferstehung mehr noch als in Rembrandt — in Palästrina und in Bach.

314 Wir entnehmen diese Worte einem hochinteressanten Aufsatze Viollet-le-Duc's, der im Jahrgang 1860 der Gaz. d. B.-A. (1° pé. t. 5, p. 24 ff.) unter dem Titel: Deuxième apparition de Villard de Honnecourt à propos de la renaissance des arts erschienen ist und eigentlich in prophetischer Weise bereits zum Teil das ausspricht, was erst die jüngsten Forschungen an den Tag gebracht haben! Ein Satz z. B. wie der folgende (p. 27): croyez-moi, ce que vous appelez la renaissance faisait son chemin dans les idées, dans les arts, dès la fin du XII° siècle, könnte ebensogut aus einem Aufsatze Courajod's oder der Einleitung Reymond's zu seinem Buche über die florentinische Plastik stammen. Wie richtig bemerkt er dann nicht (p. 28): sachez donc bien clairement ce que vous entendez par la renaissance avant de chercher où elle commence. Freilich finden sich auch Sätze in seinem Essay, die wir nicht unterschreiben können; aber es bleibt doch immer höchst bedeutsam, dass der grosse Kenner der mittelalterlichen Kunst Frankreichs ahnungsvoll, oder sollen wir sagen instinktiv, die wahre und tiefste Bedeutung derselben bereits zu einer Zeit empfunden hat, in der man, wie ja auch heute noch fast allgemein, Gotik und Renaissance als zwei grundverschiedene Welten zu betrachten pflegte. Daher hat er auch offenbar seine Anschauung in ein sonderbares und etwas phantastisches Gewand gekleidet, indem er sie durch den Mund des alten Villard de Honnecourt verkündet, den er zu diesem Zwecke in der Mitternachtsstunde aus dem Geisterreiche in seine Studierstube citiert. Dass seine geistreiche Plauderei einen tiefen und wahren Kern gehabt hat, wird damals bei der Lektüre derselben wohl kaum jemand geahnt haben; jetzt aber ist es an der Zeit, die Aufmerksamkeit wieder auf sie hinzulenken.

Siehe auch die bereits oben (Anmerk. 270) citierten Bemerkungen Viollet's über die Skulpturen von Ferté-Milon, welch letztere überhaupt, wie uns wenigstens nach allem scheint, den Hauptuntergrund und den Ausgangspunkt für jene seine Auffassung der Renaissance abgegeben haben dürften.

[315] Bode, Die italienische Plastik, p. 23; vgl. auch Cicerone[7], p. 22: »Alles in Allem genommen ist Giovanni der einflussreichste Künstler seiner Zeit gewesen. Ohne ihn hätte es keinen Giotto gegeben oder einen andern und befangeneren. Giotto verdankt ihm gewiss mehr als seinem Lehrer Cimabue«. —

Die Priorität der nordischen Kunst lässt sich auch sehr gut an einigen bestimmten typischen Scenen nachweisen, deren Fixierung zuerst hier und nicht in Italien stattgefunden hat. Darauf macht auch bereits Reymond aufmerksam, doch bleibt er uns, wie fast immer, die Beweise für seine Behauptungen schuldig. So führt er als für die italienische Kunst vorbildlich gewordene Darstellungen aus dem Norden die Anbetung der Könige, die Geburt Christi und den Typus des leidenden Heilandes an, welche Liste mir sehr der Nachprüfung und Rektificierung zu bedürfen scheint. Dagegen hat er einige Scenen übersehen, welche sich um die Jungfrau gruppieren und welche ihrerseits ganz bestimmt zuerst im Norden ihre typische, von der italienischen Kunst dann einfach übernommene Fassung erhalten haben. Wir folgen dabei, was Italien anlangt, den mustergültigen ikonographischen Untersuchungen Thodes über die Darstellung der Maria durch die italienische Kunst (Franz von Assisi u. s. w., p. 461 f.).

Zunächst kommt schon diese selbst als Einzelfigur in Betracht, wie man aus folgender Bemerkung Thodes schliessen kann: »Eine neue Reihe von Marienbildern, denen in mancher Beziehung Madonnenstatuen des Niccolo, namentlich aber des Giovanni Pisano vorangehen, die eine grössere Natürlichkeit, eine innigere menschliche Beziehung zwischen Mutter und Kind in dem gegenseitigen sich Anschauen zeigen, beginnt mit Giotto«. (A. a. O. p. 464.) Giovanni und auch Niccolo Pisano sind nämlich gerade in ihren Madonnenfiguren, wie wir gesehen haben, sichtlich von der französischen Kunst beeinflusst!

Auch in der Schaffung des neuen Typus der Himmelfahrt Mariae, der die Jungfrau in einer Glorie von Engeln umgeben gen Himmel fahrend zeigt, dürfte die französische Plastik allem Anscheine nach voran gegangen sein. Denn in Italien begegnet er uns am frühesten im Kreise der sienesischen Kunst z. B. bei Lippo Memmi (A. Pinakothek-

München Nr. 986 und Akademie-Siena Nr. 59) und dann auf Orcagna's Tabernakel in Or San Michele-Florenz; in Frankreich dagegen
taucht er, wie uns die herrliche Darstellung dieser Scene an Notre
Dame in Paris zeigt (s. o. S. 179), bereits um 1300 auf. Siehe auch
Kraus, Geschichte der christlichen Kunst II, 1, p. 429 f. und Jakob
Burckhardt, Beiträge zur Kunstgeschichte von Italien, Das Altarbild,
p. 28 und p. 92 f.

Ebenso unzweifelhaft ist es, dass die Krönung Marias zuerst im
Norden dargestellt worden ist. Denn hier finden wir bereits im XIII.
Jahrhundert wie z. B. an der Westfassade von Notre-Dame in Paris,
dann in Strassburg (Südportal) und Freiburg (über dem Eingangsportal
zur Vorhalle) eine ganze Reihe von Darstellungen derselben; in Italien
aber begegnet sie uns zum ersten Male im Jahre 1296 (nicht wie bisher
angenommen 1295, siehe Zimmermann, Giotto u. s. w. p. 137) in dem
Mosaik Torriti's in S. Maria Maggiore zu Rom, und selbst die »Inco-
ronata vom Jahre 1244, die sich (laut einer Nachricht aus dem Jahre
1578) im Refektorium von S. Francesco zu Bologna befunden haben
soll« (Thode, a. a. O. p. 475 Anmk. 1), würde zeitlich hinter der Pariser Schöpfung zurückstehen, wenn sie wirklich, was zweifelhaft bleiben
muss, eine richtige Krönung der Maria dargestellt hat. Die Vermutung
Burckhardts (a. a. O. p. 85), dass die Scene der Krönung Marias vielleicht mit dem gotischen Stile nach Italien gelangt sei, hat somit viel
für sich. Wenn dann weiterhin Thode bemerkt (p. 476 Anmk 4): »Jene
Madonnenbilder, auf denen über Marias Haupt zwei eine Krone
haltende Engel schweben, scheinen erst im XV. Jahrhundert sich zu
verbreiten«, so können wir eine Darstellung dieser Art bereits in jenem
Giebelfelde über dem Eingangsportal zur Freiburger Vorhalle nachweisen; siehe die Abb. S. 319.

Wichtiger noch und auch von allgemeinerem Interesse ist es
dann, dass es zweifelhaft erscheinen kann, ob die nordische Kunst
nicht vielleicht auch zuerst den Typus der Misericordia- oder Schutz-
manteldarstellungen geschaffen hat. Wir begegnen ihm nämlich hier
bereits in der ersten Hälfte des XIV. Jahrhunderts und zwar gerade
wieder in Freiburg: zwei Exemplare am Münsterturm, eins in der
städtischen Altertümersammlung. (Siehe Schau-ins-Land XVIII, p. 25 ff,
Kempf, Maria mit dem Schutzmantel, und Blatt XIX.) Für Italien aber
bemerkt Thode: »Das älteste mir bekannte (Bild) ist das von einem
Schüler Lippo Memmi's gemalte, im Dome zu Orvieto befindliche und
das ähnliche Gemälde auf dem Hauptaltar von S. Maria della Mi-
sericordia zu Arezzo. Aus derselben Zeit aber stammen auch eine
Reihe von Reliefs mit derselben Darstellung«. (Siehe auch Kraus, a. a.
O. p. 432 f) Jedenfalls scheint also die Scene ziemlich zur gleichen
Zeit hier wie dort aufgetaucht zu sein.

²¹⁶ Siehe darüber Thode, Franz von Assisi u. s. w. p. 4 ff. — Die
Verinnerlichung des Menschen ist es auch, die, im Sinne der selbst-
gewissen Innerlichkeit zuerst von Augustinus als Ausgangspunkt der
Philosophie behandelt, dieser den Anstoss zur Entwicklung des Pro-
blems der Individualität giebt! Denn sie führt, nachdem sich einmal
der aristotelische Realismus im XIII. Jahrhundert siegreich gegen den
platonischen durchgesetzt hat, in Verfolgung des ersteren mit Notwendigkeit zur Frage nach der Willensfreiheit, und indem hierbei Duns
Scotus im Gegensatze zu Thomas von Aquino die menschliche Freiheit
bejaht und neben der quidditas der Dinge auch ihre haecceitas als tren-
nendes und unterscheidendes Merkmal derselben erkennt; bereitet er dem
Individualismus den Weg, der dann bei Occam voll zum Durchbruch

kommt. Der grosse Streit zwischen den Realisten und Nominalisten ist damit endgültig zu Gunsten der letzteren entschieden und durch die Trennung von Glaube und Wissen — wie auf künstlerischem Gebiete bereits im XII. und mehr noch im XIII. — jetzt im XIV. Jahrhundert auch auf geistigem Gebiete der Naturforschung der Zugang eröffnet: wie dort auf die vorbereitende Zeit des XIII. und XIV. Jahrhunderts die Renaissance des Quattrocento, so folgt hier auf Occam die moderne Naturwissenschaft und Weltauffassung.

[817] Gelegentlich der Recension des Thode'schen Werkes, Repert. X, p. 76 f.: «Ausserhalb Italiens sind die Lebensbedingungen für den Franziskanerorden nicht im gleichen Masse vorhanden gewesen, und er hat daher auch ausserhalb Italiens keinen so durchgreifenden Kultureinfluss geübt . . . . Franziskus selbst kann nicht ausschliesslich als streng nationaler Typus erfasst werden. Er ist und bleibt eine ausserordentliche Erscheinung . . . . Aber seine Anhänger, die Bettelmönche, passten sich den in Italien herrschenden Zuständen an, nationalisierten seine Stiftung. Sie drückten den Gedanken des Volkes vielfach den Ordensstempel auf, holten aber gleichzeitig ihre Kraft aus dem Volkstum und wurden den städtischen Interessen dienstbar. Sie waren nicht allein der gebende, sondern auch der empfangende Teil. Erst nachdem die politisch-sozialen Verhältnisse in Italien nach dem Sturze der Hohenstaufen eine tiefgreifende Aenderung erfahren hatten, gewannen die Bettelmönche einen festen Boden.»

[818] Lehrreich ist unter diesem Gesichtspunkte ein Vergleich der Regensburger mit der Veroneser Plastik des XIV. Jahrhunderts. Es zeigt sich dabei, dass «das Gesamtbild der Regensburger Plastik . . . . . entschieden weit reicher als das der Veroneser . . . . . und die Technik in Regensburg entwickelter, die Naturbeobachtung schärfer und dadurch die Kunst entschieden individueller und lebendiger ist. Die einzelne Statue steht in Regensburg auf höherer Stufe als in Verona: entschieden sind die Reiter im Dom (ein hl. Dionys und ein hl. Martin) denen auf den Scaligergräbern überlegen; nach dem Porträt eines Verstorbenen, das mit gleichem Naturalismus und gleicher Feinheit wie das des Erminold (in Prüfening) durchgebildet wäre, sucht man unter den Veroneser Grabdenkmalen ebenso vergeblich, wie unter den dortigen Statuen nach einem Seitenstück zu der prächtigen Verkündigung an den Vierungspfeilern des Domes oder auch zu dem Petrus (aus der Ulrichskirche).» (Berth. Riehl, Deutsche und italienische Kunstcharaktere. 1893. p. 55.) So lernen wir aus diesem einen Vergleich schon diejenigen Fähigkeiten bildnerischen Schaffens genau kennen, in denen der Norden im XIV. Jahrhundert entschieden dem Süden überlegen war, und in welchen die gerade auch die oberitalienische Plastik gezeigt hat (Anmk. 310), um die Wende des Jahrhunderts auf diesen einen massgeblichen Einfluss ausgeübt hat.

[819] So können wir Burckhardt nicht in allen Punkten zustimmen, und vor allem fällt es uns schwer, mit ihm in dem Italiener «den Erstgeborenen unter den Söhnen des jetzigen Europas» zu erblicken. (Die Kultur der Renaissance in Italien (1896)[3], p. 143 f. und 197; vgl. dazu Carl Neumann, Jakob Burckhardt. Deutsche Rundschau LXXXXIV, p. 380 ff.) Burckhardt erkennt den Hauptgrund für «die frühzeitige Ausbildung des Italieners zum modernen Menschen» in der damaligen Beschaffenheit der einzelnen italienischen Staaten und ihrer Verfassungsformen. Es hat bisher noch niemand unternommen, daraufhin auch einmal die Geschichte der Staaten und Städte des Nordens zu prüfen; vielleicht würde eine diesbezügliche Untersuchung zu ganz über-

raschenden Resultaten führen. Was ist denn z. B. der nationale
Widerstand, welchen Frankreich zu Beginn des XIV. Jahrhunderts
der päpstlichen Politik entgegensetzt, anderes als der konsolidierte
Wille einer grossen Anzahl von in nationalen Fragen sich als freie
Individuen fühlenden Angehörigen eines Volkes? Und so bedeutet
denn auch, vollkommen dem entsprechend, das Exil von Avignon un-
rettbar den Zusammenbruch der mittelalterlichen Welt und ihrer Anschauungen; ebenso wie zwei Jahrhunderte später (1536/37) »die Verbindung Franz I. mit den Osmanen den Moment bezeichnet, wo die
militärische Kraft eines grossen Reiches sich von dem Systeme der
lateinischen Christenheit, das bisher vorgewaltet, lossagte und nun
erst selbständig auftritt«. Denn »die alte Christenheit des Mittelalters
beruhte wahrhaftig nicht allein auf dem Dogma, sondern sie bildete
eine grosse militärisch-politische, auf den Grund der Kirche befestigte
Einheit .... Vielleicht von allen Ideen, welche zur Entwicklung des
neueren Europas beigetragen haben, die wirksamste ist die Idee einer
vollkommen selbständigen, von keiner Rücksicht gefesselten, nur auf
sich selbst angewiesenen Staatsgewalt«. (Ranke, Deutsche Geschichte im
Zeitalter der Reformation IV⁷ (1894), p. 27. und 28.) Die Möglichkeit
dieser Idee aber beruht auf der Voraussetzung eines n a t i o n a l e n
S t a a t s w e s e n s , und die Keime zur Ausbildung eines solchen zeigt
uns im Norden zuerst eben Frankreich, und zwar nicht nur in politischer sondern auch in allgemein künstlerischer Hinsicht! Denn wie
in geistiger Beziehung und auf dem Gebiete der bildenden Kunst, so
hatte Frankreich auch, was die Musik anlangt, bereits im XII. und
XIII. Jahrhundert »in Paris einen festen Mittelpunkt, in welchem der
solide Grund gelegt wurde zu einer breiten, langdauernden Entwicklung.
Während die Pracht der provençalischen Liederkunst nach herrlichster
und fast zu üppiger Blüte mit der Sprache selbst verschwand, gewann
im Norden das eigentliche moderne Französisch seine Gestalt, dem
die verwandten Künste verbündet zur Seite traten, alle zu ihrem Teile
an dem grossen Werke mithelfend, eine neue Nation zu bilden. Hier
liegt daher das eigentliche französische Element, und auch alle musikalischen Fortschritte, die innerhalb der Grenzen dieser Nation möglich
waren, gehen von jetzt an vom nördlichen Frankreich aus«. (Chrysander
in Webers Allgemeiner Weltgeschichte Band VII² (1884), p. 418 f.) —
Es war wahrlich kein Zufall, sondern es war nur eine geschichtliche
Bedingtheit, dass in den Jahrhunderten, in welchen sich das mittelalterliche Europa allmählich zu transformieren und in das neuere
Europa zu verwandeln begann, im Norden Frankreich die Führung
zufiel! Wie viel länger hat es nicht gedauert, bis sich das deutsche
Volk zu einer Nation, und im Zusammenhang damit ein Nationalitäts-
gefühl in Deutschland zu entwickeln begann. Vor der deutschen Reformation gewahren wir davon eigentlich so gut wie nichts, und so
hat Dahlmann vollkommen recht, wenn er sagt: vom deutschen Volke
war nie die Rede, bis es unter Luther seine Stimme erhob. Und so
erscheint dieser, wenigstens in unsern Augen, in mehr als einer Beziehung als der Franciskus des deutschen Volkes! (Vgl. auch Thode,
Franz von Assisi u. s. w., p. 525 f.)

    ³²⁰ Siehe Anhang II.
    ³²¹ Weese, Die Bamberger Domskulpturen, p. 131 ff.; wir schliessen
uns seinen Ausführungen über den Rückgang der Bildhauerei als Kunst
im XIV. Jahrhundert vollständig an.
    ³²² Die citierten Stellen aus Scherer, Geschichte der deutschen
Litteratur (1891)⁶, passim.

[322] Noch Dohme (Geschichte der deutschen Baukunst 1887, p. 224) bemerkt: »Die Möglichkeit, dass Erwin an beiden Bauten geschaffen habe, kann nicht geleugnet werden; aber, — so fügt er hinzu — was an Argumenten dafür bisher dargebracht wird, ist mindestens nicht zwingend.«

[324] Adler, Deutsche Bauzeitung 1870, p. 307 und 1881, p. 542 f. — Chronique de Thann, Annales oder Jahrs-Geschichten der Baarfüseren oder Minderen Brüdern S. Franc. ord. insgemein Conventualen gen., zu Thann von P. F. Malachias Tschamser, 1724. Ausgabe von Merklen, Kolmar 1864, I, p. 173.

[325] Kunst und Altertum in Elsass-Lothringen 1877. I, p. 364.

[326] In dem Sammelwerke: Strassburg und seine Bauten (1894), p. 182 ff.

[327] Abgebildet bei Kraus, a. a. O. p. 408 und bei Dehio, a. a. O. p. 180, Fig. 94. In beiden Fällen ist zu berichtigen, dass der Riss selbst die südliche und nicht die nördliche Hälfte zeigt (siehe die Erklärung dafür bei Kraus, a. a. O. p. 497), dass die Spitzbogen der Portale, wie die Abbildung nicht erkennen lässt, dreiteilig gebildet sind (ein birnförmiger mit je einem Seitenwulst), und dass an den beiden Portalen wie an der dreiteiligen, auf das Hauptportal folgenden Arkatur, ganz wie in Paris, Sockel für Statuen vorgesehen sind.

[328] Richtige Abbildung nur bei Kraus, a. a. O. p. 499; bei Dehio (a. a. O. p. 181, Fig. 95) und darnach grösser bei Dehio und v. Bezold (Die kirchliche Baukunst des Abendlandes Buch III, Taf. 481) ist der Plan in einigen, allerdings unwesentlichen Einzelheiten vervollständigt, dem gegenwärtigen Zustande angenähert und die zur Gesamtansicht fehlende Hälfte ergänzt worden. Dafür lässt sich aber andrerseits auch, wie zugegeben werden muss, der Entwurf erst in dieser Abbildung seinem vollen künstlerischen Gehalte und seiner überwältigenden Schönheit nach ganz geniessen und würdigen; dass die Berichtigungen (?), welche der Abzeichner an dem Entwurf vorgenommen hat, kaum in allen Fällen als solche anzusehen sein werden, kommt dem gegenüber nicht in Betracht.

[329] Dehio, a. a. O. p. 184 f.

[330] Es liegt nahe zu glauben, dass die auch diesmal wieder abweichende Gestalt der Fiale des Planes durch das Vorbild derjenigen Fialen bestimmt worden ist, welche den Giebelaufsatz der Pariser Fassade auf beiden Seiten flankieren und die Form einer auf Säulen gestellten Pyramide zeigen.

[331] Die Blendarkadenreihe, welche in Paris die kleine Galerie von den Fensterarkaden trennt, fällt auf dem Plane fort.

[332] Beachtenswert ist auch, dass das Turmfenster des Entwurfes in seiner Gliederung wie seiner Masswerkdekoration fast genau mit den in Paris zu beiden Seiten der Fassade angeordneten Fenstern übereinstimmt.

[333] Es versteht sich von selbst, dass diese, wie auch die anderen Angaben, stets als Maximum gefasst, d. h. von den in gleicher Höhe befindlichen Architekturteilen immer die in Abzug zu bringen sind, deren Ausführung aus technischen Gründen erst später erfolgen konnte, in diesem Falle also die grossen Wimperge der Portale, die Fialen u. s. w.

[334] Auf die Verwandtschaft der Strassburger mit der Pariser Fassade hat auch bereits Adler (Deutsche Bauzeitung 1870. p. 416 f.), aber nur ganz im allgemeinen, hingewiesen; die Uebereinstimmung in der Portalanlage, welche hierfür doch überhaupt erst

eigentlich beweisend ist, hat er z. B. nicht mit einem Worte
erwähnt, — also anscheinend vollständig übersehen. —
Die Schrift von Mitscher, Zur Baugeschichte des Strassburger Münsters
(1876), blieb mir unzugänglich.

[335] Wir dürfen wohl annehmen, dass es auch schon auf dem
Entwurf, wie nachher in der Ausführung, als frei vor der Mauer aufstrebend gedacht ist.

[336] A. a. O. p. 185.

[337] Direktere Beziehungen weist Plan B nur zu Riss
A auf; die von Adler (a. a. O. p. 417 f.) behauptete Abhängigkeit des
Strassburger Meisters von St. Urbain in Troyes wird sich schwerlich
mit Sicherheit beweisen lassen; auch würde sie im Falle der Richtigkeit wenig an dem selbständigen Charakter und unsrer Wertschätzung
des Strassburger Frontentwurfes ändern können.

[338] Dafür haben wir noch einen ganz besonderen, direkt zu unserer
Annahme zwingenden Grund. Die den Spitzbogen füllenden Dreipässe
zeigen nämlich, ganz wie die Turmfensterdekoration des Entwurfes A,
Kreuzblumenendigungen, weisen also mit Entschiedenheit auf den
ersten Meister hin. Nun ist aber eine oft bis auf die kleinsten Details
sich erstreckende Abhängigkeit von dem ersten Meister gerade, wie wir
noch sehen werden, ein Hauptcharakteristikum für die Kunst des
dritten Meisters, und so werden wir auch diesmal in dem Zurückgreifen auf den ersten nur einen Beweis dafür erblicken können, dass
hier bereits ein Werk des dritten Architekten der Fassade vorliegen muss.

[339] Die drei grossen Wimperge der Portale sind schon aus technischen Gründen, wenn vielleicht auch nicht ganz, so doch bestimmt
zum allergrössten Teile, als ein Werk des dritten Meisters anzusehen.
Gleichsam einen Beweis dafür liefert der Umstand, dass in ihrem
Masswerk dieselbe Kreuzblumenverzierung der Passspitzen auftritt,
welche, wie wir schon einmal gesehen haben, in charakteristischer
Weise von dem ersten auf den dritten Meister übergeht. Man wird
darnach schwerlich an der Richtigkeit unserer Zuweisungen an die
einzelnen Meister zweifeln können, denn hier, wie auch weiterhin,
stützt immer eine Beobachtnng die andere.

[340] Abgebildet bei Kraus, a. a. O. p. 501, Fig. 154.

[341] Damit ist auch die Unhaltbarkeit der von Kraus (a. a. O.
p. 364) ausgesprochenen Behauptung, dass die Entwürfe 14 und 17
Teile eines und desselben Planes seien, erwiesen.

[342] Prof. Lehfeldt in der Sitzung der Kunstgeschichtlichen Gesellschaft vom 24. März 1899 in Berlin.

[343] Die oft citierte Nachricht zum Jahre 1280 (in fundamento
pilarii maioris ecclesie Argentinensis ossa hominis inventa que longi-
tudinem cruris viri mediocris excedebant, Kraus, a. a. O. p. 365) ist
in der Lokalangabe zu ungewiss gehalten, als dass man daraus wirklich
schliessen könnte, dass man zu dieser Zeit noch mit den Fundierungs-
arbeiten für die eigentliche Fassade beschäftigt gewesen sein müsse.
Kann es sich nicht um einen der Pfeiler auf der Nord- oder Südseite
der Fassade gehandelt haben? Adler (a. a. O. p. 368) bezieht die Notiz
— aus welchem Grunde? — auf den Südturm.

[344] Dehio, a. a O. p. 185. «Unreif ist nur — wie Dehio mit Recht
hervorhebt — die Schlussentwicklung der Türme.» Dieser Umstand
findet jedoch schon dadurch seine volle Erklärung, dass der Bau zu
der Zeit, als der Entwurf angefertigt wurde, noch ganz in den
Anfängen steckte, die Frage nach der Gestaltung der oberen

Turmgeschosse sowie des Turmpaares also eine cura posterior war.
Dem entspricht auch vollständig, dass der Riss je höher hinauf, desto
skizzenhafter ausgeführt ist.

345 Wenn es aber somit auch ein unerfreuliches und wenig günstiges Bild ist, welches uns die Thätigkeit des dritten Meisters von
seiner Begabung entwirft, so erfordert es doch die geschichtliche Ge-
rechtigkeit, dass wir den Grund hiervon nicht ausschliesslich in ihm
und in künstlerischer Unfähigkeit suchen, sondern dass wir sie uns,
wenigstens teilweise, auch auf andere, rein äusserliche Weise zu erklären versuchen. Und hier liesse sich in der That darauf hinweisen,
dass der dritte Meister anscheinend nur beschränkte Mittel zur Verfügung gehabt haben dürfte. Denn abgesehen davon, dass, wie Gran-
didier berichtet, 1290 die Kassen leer gewesen sind (Kraus, a. a. O.
p. 366), haben gewiss auch die durch den Brand von 1298 nötig gewordenen Restaurationsarbeiten, wenn sie auch nicht so umfangreich
gewesen sein werden, wie Adler annimmt, grosse Kosten verursacht.
Eine Modifizierung der kühnen Pläne des zweiten Meisters ist also
vielleicht schon aus diesem, rein äusserlichen Grunde erforderlich gewesen. Ob es freilich nötig war, dass sie gerade in der Form erfolgen
musste, welche der dritte Meister für gut befunden hat, ist eine andere
Frage, deren Beantwortung allerdings einem Misstrauensvotum der
Fähigkeit dieses Meisters gegenüber gleichkommt.

346 Kraus, a. a. O. p. 364; daselbst Taf. II photographische Abbildung der Urkunde.

347 Der Fassadenriss des Germanischen Museums in Nürnberg,
von dem das Frauenhaus eine Kopie besitzt, und der nach allgemeiner
Ansicht den definitiven Originalentwurf Erwins wiedergiebt, weist, wie
bereits Dehio hervorgehoben hat, auf das XIV. Jahrhundert hin und
stammt jedenfalls nicht mehr vom zweiten Meister. Aber auch von
Erwin dürfte er kaum herrühren, denn die Fensterbalustraden, welche
er in Uebereinstimmung mit der Ausführung zeigt, sind wahrscheinlich,
»worauf nicht bloss stilistische, sondern auch technische Momente hinweisen, ein Zusatz aus späterer Zeit.« (Dehio. a. a. O. p. 188.) Die
Frage nach dem Urheber dieses Planes ist übrigens jetzt, wo wir den
»wahren« Erwin von Steinbach in dem zweiten Meister erkannt haben,
ziemlich gegenstandslos geworden. Dehio dürfte das Richtige getroffen
haben, wenn er in ihm »eine spätere, Erwins (d. h. unseres zweiten
Meisters) Original mit der Ausführung kombinierende Studie sieht«
(a. a. O. p. 185 Anmk.).

348 Abgebildet bei Chapuy, Vues pittoresques de la Cathédrale
de Strasbourg 1827. Pl. XIII; näheres bei Kraus, a. a. O. p. 485.

349 Denn damit scheidet Erwin aus der Reihe der grossen und
bedeutungsvollen Baumeister der Münsterfassade aus, und sein Ruhm
geht vornehmlich auf den zweiten Meister, den genialen Schöpfer des
Planes B über. Dieser erschien auch bereits Kraus (a. a. O. p. 500)
vorerwinisch; doch fügte er hinzu »oder er ist Erwins erster Riss,
von dem er dann abging«. Dehio (a. a. O. p. 185) glaubte, ihn »mit
beträchtlicher Wahrscheinlichkeit« Erwin geben zu können; wie es
den Anschein hat, aber vorzüglich nur aus dem Grunde, weil sonst
»für Erwin wenig mehr übrig bleiben würde«, und die Annahme noch
eines zweiten Meisters vor Erwin ihm mit Recht von vornherein nicht
sehr empfehlenswert schien.

350 Siehe auch Kraus, a. a. O. p. 500 und Dehio, a. a. O. p. 188;
letzterer glaubt, auf Grund des Nürnberger Risses Erwin von dieser
verfehlten Anordnung freisprechen zu müssen. Erwins Söhne haben

mindestens bis zur Apostelgalerie weitergebaut, wie sich deutlich aus deren genauer stilistischer Uebereinstimmung mit den im Text erwähnten Blendarkaturen ergiebt, welche in halber Höhe des zweiten Stockwerkes den Bau seitlich begrenzen. Auch die Wiederholung des gleichen, bereits unterhalb derselben im ersten Stockwerk zur Anwendung gekommenen Dekorationsmotives der Mauerverblendung noch einmal über denselben im zweiten Stockwerke spricht sichtlich für einen Zusammenhang der Architekten dieser Bauteile.

Jene seitlichen Blendarkaturen aber sind wieder, ebenso wie die Wimperge der Baldachine der Reiterstatuen, ganz im Stile der Arkaden der Turmhalle gehalten, welche, wie wir gesehen haben, ein Werk des ersten Meisters sind, zu dem also auch in diesem Falle wieder der dritte Meister Beziehungen aufweist. Wir erhalten somit eine Reihe stilistisch zusammenhängender Architekten, welche den ersten und dritten Meister, sowie dessen Descendenzen umfasst, und zwischen denen, eine fremde Erscheinung und ein anderer Geist, die geniale Gestalt des zweiten Meisters steht.

351 Die Strassburger Sibylle dürfte die erste plastische Darstellung dieser Art in Deutschland sein. Ihre Zusammenstellung mit den Propheten hier geht im Grunde wohl auf das Prophetenspiel zurück. (Siehe Weber, Geistliches Schauspiel und kirchliche Kunst u. s. w., p. 41 ff.)

352 Geschichte der bildenden Künste IV², p. 295. Wenn Schnaase bemerkt, dass die Skulpturen des Nordportales «die vorbereitende Gnade, die Tugend, verbunden mit den lieblichen Scenen der Kindheit Christi, überhaupt also die ahnungsvolle Frühzeit» darstellen sollen, so können wir dieser Ansicht nicht beipflichten. Die Gestalten der Tugenden weisen vielmehr, wie auch die Parabel der klugen und thörichten Jungfrauen am Südportal, auf die Notwendigkeit einer Bekämpfung der Sünde und der Laster hin; vgl. auch Kraus, a. a. O. p. 465.

Den Keim des hier in Strassburg voll entwickelten Programmes hat Vöge (gelegentlich der Recension des Goldschmidtschen Buches über den Albanipsalter in Hildesheim und seine Beziehungen zu der symbolischen Kirchenskulptur des XII. Jahrhunderts) in einigen romanischen Skulpturen des südwestlichen Frankreich nachgewiesen (Repert. **XIX**, p. 209 f.).

353 Ausgabe von Wilhelm Grimm, Berlin 1840, Vers 689—691.

354 Zu dieser Ansicht bekennt sich auch Bode, Geschichte der deutschen Plastik, p. 80. Dagegen hat sich bereits Vöge einmal (bei Besprechung der Meyerschen Arbeit über die Strassburger Skulpturen) dahin geäussert, dass «der Statuenschmuck des Münsters ein Bild von ausgesprochenem Lokalcharakter biete», und hinzugefügt: «man erkennt das recht deutlich, wenn man z. B. von der französischen Plastik herkommt» (Repert. XVII, p. 281).

355 Die Skulpturen des Strassburger Münsters. Studien zur deutschen Kunstgeschichte 2. Heft. Strassburg 1894, p. 19 ff.

356 Zu den etwas früher anzusetzenden Skulpturen an der Südfront der Stiftskirche von Wimpfen im Thal, welche unverkennbar unter französischer Einwirkung entstanden sind, bestehen keine Beziehungen. Schnaase irrt, wenn er hier «den Charakter derselben Schule und eine nahe Verwandtschaft» zu erkennen glaubt (Geschichte der bildenden Künste V², p. 504). Die Wimpfener Arbeiten gehören vielmehr, wie bereits Bode nachdrücklich hervorgehoben hat (Geschichte der deutschen Plastik, p. 76), auf das engste mit den gleichfalls französisch beeinflussten Trierer Skulpturen zusammen. Vgl. auch unsere Anmk. 234.

[357] Dict. de l'arch. tom. VIII, p. 172.

[358] Die Anfänge des monumentalen Stiles u. s. w., p. 8 ff., 47, 101 ff.

[359] Frau Welt, eine Allegorie des Mittelalters. Schau-in's-Land, XVII, p. 58 ff.

[360] Beachtenswert ist immerhin, dass im Jahre 1283 (!) unter den in Strassburg anwesenden und beschäftigten Künstlern ein lapicida namens Herman von Baden erwähnt wird; siehe Ad. Seyboth, Repert. XV, p. 41.

[361] Meyer, a. a. O. p. 20 f.

[362] Unsere Portalschemata stimmen den Zahlen nach mit denen bei Meyer (a. a. O. p. 21 und 34) überein.

[363] Das gleiche Motiv findet sich auch bei einer weiblichen Statue des Domes zu Tournay (Schnaase IV², p. 267, Anmk. 3) und ähnlich bei einigen Prophetenfiguren aus dem XIV. Jahrhundert im Museum von Troyes.

[364] Während 7 und 8 eine kleine Schrägfalte am Unterlide des Auges zeigen, fehlt diese bei 9: da sie aber auch bei den anderen Gruppen vorkommt, kann man daraus keinen Schluss für die stilistische Bestimmung von Figur 9 ziehen. Diese nimmt ihrem Gesichtsausdruck nach mehr eine Mittelstellung zwischen der ersten und zweiten Gruppe ein, gehört dagegen ihrer Haartracht nach ganz zu 7 und 8.

[365] Sehen wir uns einmal um, zu welchen der bisher betrachteten Statuen die Sibylle und der König am meisten Beziehungen zeigen, so werden wir auf das südliche Portal gewiesen. Die Sibylle hat nämlich einige Aehnlichkeit mit der Gestalt des Fürsten der Welt, der König aber gewisse, nicht scharf definierbare Beziehungen zum Christus. Zwar können wir hier keine so direkten Vergleichungspunkte aufstellen, wie wir es bisher gethan haben; es ist vielmehr ein mehr innerliches Band, welches diese Gestalten mit einander verbindet: es ist derselbe Stilgeist, wenn auch nicht ganz genau derselbe Stil, welcher diese vier Statuen geschaffen hat. Und so möchte man den König und die Sibylle als die Werke eines jungen Gesellen ansprechen, der seine erste Ausbildung nach und in den Stilprinzipien der Freiburger Schule erhielt, dann aber in einigen späteren Arbeiten, dem Propheten 14 und dem »Erwin«, den Einflüssen einer andern Richtung nachgab und mit dem letzteren sein Meisterstück schuf, zugleich auch der Manier verfiel und damit seine ganze Individualität verlor. Möglich, dass wir so die verschiedenen Unterschiede aber auch Zusammenhänge dieser Statuen aufzufassen haben; jedoch eben nur möglich! Denn kein greifbares Beispiel einer allmählichen Entwicklung einer Künstlerpersönlichkeit aus jenen fernen Zeiten ist uns überliefert, und so muss notwendig jeder derartige Rekonstruktionsversuch ein vages Gebilde der Phantasie bleiben. Interessant hierbei ist, dass die Entwicklung unsres Meisters, im Falle der Richtigkeit, genau der entsprechen würde, welche der Freiburger Stil in Strassburg durchmacht: das Endziel beider ist die Manier!

[366] Die wenigen sonst noch erhaltenen Reste von Originalskulpturen im Frauenhaus ergeben keine weiteren Aufschlüsse über den eventuellen Stilcharakter der verloren gegangenen Werke. Nur soviel lassen sie erkennen, dass, wie auch schon die Betrachtung des Tympanon soeben lehrte, verschieden geschulte Steinmetzen an ihnen gearbeitet haben müssen, denen, je nach der Hütte, aus welcher sie

hervorgegangen sein mögen, in stilistischer Hinsicht eine gewisse Hüttenindividualität zuerkannt werden muss.

[367] Woltmann, Geschichte der Deutschen Kunst im Elsass, p. 161. — Ueber die beiden Friese am Nord- und Südturme siehe Kraus (a. a. O. p. 470 f.) und Meyer (a. a. O. p. 40 ff.). Der naturalistische Zug, der in ihnen zum Durchbruch kommt, und auf den auch Meyer aufmerksam macht, lag, wie wir früher bereits einmal hervorgehoben haben, in der Zeit. Besonders kräftig ist er in Deutschland, man erinnere sich der Naumburger Reliefs, zum Ausdruck gekommen. In Frankreich ist er dagegen durch den Einfluss der Kanonbildung der dortigen Plastik zu einem feinen, erst im XIV. Jahrhundert derber werdenden Realismus abgeklärt worden. Weiterhin bemerkenswert sind die Strassburger Friese dann durch ihre ungezwungene, freie Erzählungsart, welche gewissermassen ein Vorspiel zu der genremässigen Auffassungsweise bietet, welche im XIV. Jahrhundert bisweilen selbst heilige Stoffe ergreift.

Hinsichtlich der übrigen Skulpturen der Westfassade siehe Kraus (a. a. O. p. 469 und 472 f.) und Meyer (a. a. O. p. 45 f. und 50 f.). man wird besonders auf die von Meyer mitgeteilte Notiz von Stieglitz, den Kopf des Dagobert betreffend, und auf die porträtmässige und charakteristische Gestaltung der Gesichtszüge bei den Statuen des Kaisers und vorzüglich des Mönches achten; denn diese bieten darin wieder einen Beitrag zu unseren früheren allgemeinen Bemerkungen über das erweiterte Studium der Einzelpersönlichkeit im XIV. Jahrhundert.

[368] Scherer, Geschichte der deutschen Litteratur,[6] p. 230.

[369] Dass man frühestens unter dem zweiten Meister an die Ausführung derselben gegangen sein wird, ergiebt sich, von technischen Gründen abgesehen, schon aus dem Umstande, dass Entwurf B im Wimperg des Hauptportales eine Rose, nicht aber den jetzigen Thronaufbau zeigt, das Programm für den Skulpturenschmuck der Fassade zur Zeit der Anfertigung desselben also, wie sich daraus mit grösster Wahrscheinlichkeit schliessen lässt, noch nicht festgestellt gewesen sein wird.

[370] Was sich für die Identität des Freiburger mit dem zweiten Strassburger Meister noch anführen liesse, beschränkt sich darauf, dass die hohen, die einzelnen Wimperge trennenden Fialen des Entwurfes B eine weitgehende offenbare Verwandtschaft mit den grossen figurenbesetzten Fialenarchitekturen am zweiten Geschosse des Freiburger Turmes aufweisen (!), und dass ihr keine chronologischen Schwierigkeiten im Wege stehen. Das von uns auf die zweite Hälfte der achtziger Jahre fixierte Todesdatum des zweiten Strassburger Meisters würde vielmehr ganz vortrefflich zu dem Umstande passen, dass der Freiburger Turm vom dritten Felde des Helmaufsatzes ab offenbar durch einen anderen Architekten zu Ende geführt worden ist, denn ungefähr gerade in jener Zeit wird das letzte Werk die angegebene Höhe erreicht haben. Wir hätten also gegebenen Falles eine nicht zu seltene gleichzeitige Thätigkeit unseres Meisters an zwei Orten, in Freiburg und Strassburg, zugleich anzunehmen.

Eine zweite Vermutung, die sich uns bei unserer Rekonstruktion der allmählichen Entstehung der Strassburger Fassade aufgedrängt hat, ist die, ob wir nicht vielleicht zwischen dem ersten und dritten Meister eine verwandtschaftliche Beziehung anzunehmen haben. Denn das offenkundige, wiederholte Zurückgreifen des letzteren auf den

ersteren und die mitunter bis auf die kleinsten Einzelheiten sich erstreckende Abhängigkeit des dritten vom ersten Meister ist doch zu
auffallend! Wir gewännen damit aber auch zugleich eine sehr annehm-
bare und einleuchtende Erklärung für den Umstand, dass man die
ganze Fassade als das Werk **nur eines und gerade des dritten
Architekten d. h. Erwins betrachtet hat.** Denn der nur
wenige Jahre am Bau thätig gewesene zweite Meister konnte leicht
aus dem Gedächtnis schwinden, zumal ja nur ein sehr kleiner Teil
seines Planes zur Ausführung gekommen ist, und mit Zusammenziehung der nicht nur in stilistischer Hinsicht sondern auch verwandt-
schaftlich verbundenen beiden andern zu einem dritten Meister konnte
dann die Fassade so auf ganz einfache Weise für das Werk nur eines
Architekten ausgegeben werden, den man weiterhin natürlich folgerichtig auf den Namen des letzten der drei Meister, also Erwin, taufen
musste. In diesem Falle würde die Familie des letzteren wenigstens
einen grossen Meister zu den Ihren zählen dürfen, nämlich den ersten
der am Aufbau der Fassade beteiligten Architekten. Wer aber wollte
die eine wie die andere dieser rätselvollen Fragen auch nur mit einiger
Sicherheit entscheiden?!

371 Näheres über die Inschrift bei Kraus (a. a. O. p. 363), der ihre
Anbringung wohl mit Recht ins XVI. Jahrhundert verlegt. Es wäre
interessant, einmal der Frage nachzugehen, seit wann eigentlich der
Ruhm Erwins als Erbauers der Münsterfassade datiert. Der Ruhm
dieser letzteren als solcher war schon im XVI. Jahrhundert entschieden:
sie zählte damals zu den Weltwundern (Kraus a. a. O. p. 451 f.). Die
Verherrlichung Erwins dagegen scheint etwas jüngeren Datums zu
sein; ausschlaggebend ist hier in erster Linie wohl Goethe gewesen,
und man hat vielleicht nicht unrecht zu rufen: hinc illae laudes!

372 Schäfer, Die älteste Bauperiode des Münsters zu Freiburg i.
B., p. 17 ff.

373 Kempf, a. a. O. p. 248 f.

374 Das Münster zu Basel. Aufnahmen von J. Kelterborn 1880-1892.
Tafeln zur Baugeschichte des Basler Münsters, herausgegeben vom
Basler Münsterbauverein. Taf. VIII und XII. Das Münster zu Basel.
Specielle Beilage zu Abschnitt III der Baugeschichte des Basler Münsters,
Blatt 5.

375 Stehlin, (Baugeschichte u. s. w., p. 130 Anmk. 4) vermutet in
ihnen eine Andeutung von Wasser (?) und bemerkt dann weiterhin:
»Nach der Grösse der Füsse (11-12 cm.) müssen die Figuren eine
Länge von etwa 80 cm gehabt haben, und da der Spitzbogen 2,68 m.
hoch ist, so werden wir annehmen dürfen, dass das Relief in drei
horizontale Felder von je ungefähr 90 cm. Höhe eingeteilt war.« Da
sich in mittelalterlichen Urkunden für diesen Teil des Baues d. h. für
die innere Vorhalle, welche sich ehemals hier zwischen den Türmen
befand, und zu welcher das soeben besprochene Portal einst den Eingang bildete · (näheres darüber weiter unten), die Bezeichnung: das
Paradys (so aus dem XIV. Jahrhundert) und Paradies (so aus späterer
Zeit) findet, vermutet Stehlin weiterhin, dass dieser Name nicht nur
den Raum als solchen sondern »auch das Tympanon im besonderen« bezeichnet, und dieses also wohl eine Darstellung des Paradieses enthalten habe. Wir können ihm hierin nicht beistimmen, denn der
Name Paradies kommt für derartige Portal- und Vorhallenanlagen
seit altchristlicher Zeit bereits so oft vor, dass wir keineswegs berechtigt sind, ihn in unserm Falle ohne zwingende Gründe in irgend einer
weiteren Bedeutung zu fassen.

[376] Baugeschichte u. s. w., p. 130 u. 347.

[377] Baugeschichte u. s. w., p. 129.

[378] Gegen diese Annahme erklärt sich auch Stehlin, Baugeschichte u. s. w., p. 134.

[379] Baugeschichte u. s. w., p. 411. Von der ursprünglichen Bemalung der Figur, die zwischendurch mehrmals erneuert und schliesslich durch einen uniformen Anstrich ersetzt worden ist, hat sich nichts erhalten; siehe Baugeschichte, p. 308, 311, 331.

[380] Siehe R. Wackernagel, Die Restauration von 1597. Beiträge zur Geschichte des Basler Münsters I, p. 29 ff. und Baugeschichte, p. 307 f., 332, 346, 411. — Der von Putten getragene Baldachin über dem Heiligen ist eine spätere Zuthat (Baugeschichte, p. 346).

[381] Näheres über die Anfertigung und Aufstellung derselben Baugeschichte, p. 415.

[382] Näheres Baugeschichte, p. 187 u. 191 f. Die Gestalten der drei Könige aus dem Morgenlande am Georgsturm und die Statuen Kaiser Heinrichs II. und Kunigundens, sowie die Hohlfigur der sitzenden Maria vom Mittelgiebel sind möglicherweise Arbeiten eines 1421—23 in den Rechnungen der Münsterfabrik erwähnten Bildhauers (Baugeschichte, p. 181).

[383] An der Priorität der Strassburger vor den Basler Gestalten, welche La Roche (Beiträge zur Geschichte des Basler Münsters II. Zur Baugeschichte der Fassade, p. 15) in Abrede gestellt hat, ist ebensowenig zu zweifeln, als an der Abhängigkeit der letzteren von jenen. — Es verdient hervorgehoben zu werden, dass schon Förster bei den Basler Statuen «in Stil und Behandlung Aehnlichkeit mit denen in der Vorhalle des Freiburger Münsters» erkannte. Arg getäuscht hat er sich freilich, wenn er die beiden Gestalten des Verführers und der Verführten für eine Darstellung der Verkündigung (sic) hielt! Seine Deutung derselben entbehrt auf diese Weise nicht eines, freilich unfreiwilligen, humoristischen Zuges und mag daher, zumal sie für die Geschichte der Statuen nicht ohne Interesse ist, hier Platz finden; er bemerkt: «Maria erscheint mit den Händen auf Brust und Magen, mit erhobenen Ellbogen und zurückgeworfenem Kopf in einer fast lächerlichen Entzückung, der Engel aber deutet mit lachend abgewandtem Kopf auf sie wie auf eine Närrin.» Denkmale deutscher Baukunst, Bildnerei und Malerei I, 1, p. 30.

[384] Die Frage, ob hier die Basler Plastik nicht vielleicht an elsässer Arbeiten angeknüpft hat, wäre einer Untersuchung wert. Zu Kolmar z. B. bestehen seitens Basel's mehrfache Beziehungen, rein künstlerischer wie auch anderweitiger Art. Was die ersteren anbetrifft, so kommt hier die Konstruktion der Kolmarer Querschifffassade und der Basler Westfront in Betracht, welche in mancher Hinsicht einander verwandt erscheinen. Genaueres lässt sich allerdings nicht feststellen, da wir über die Gestalt, welche der grosse Abschlussgiebel der Basler Fassade vor dem Erdbeben von 1356 zeigte, nicht sicher unterrichtet sind und auch nicht wissen, ob die Fassade schon damals zwei Galerieen übereinander gezeigt hat, wie wir sie gegenwärtig hier sehen und auch in Kolmar finden. (Vgl. Baugeschichte, p. 123, 134, 191 f.)

An sonstigen Beziehungen zwischen Basel und Kolmar ist auch kein Mangel, da letzteres war dem Basler Bischof unterstellt, und dieser nahm mehrfach, z. B. 1284 u. 1287 Gelegenheit, den aus Geldmangel ins Stocken geratenen Bau des Martinsmünsters durch Aufforderung zu Beiträgen zu fördern; siehe Kraus, Kunst und Altertum im

Ober-Elsass, p. 231 und Bader, Regesta des ehemaligen Hochstiftes Basel. Mones Zeitschrift IV (1853). p. 362.

[385] Näheres über dieselben in den Baudenkmälern in Frankfurt a. M. I. Bd. Kirchenbauten, p. 49 f.

[386] Von der Statue des hl. Martin hat sich zwar ein Kopf aus früherer Zeit erhalten (jetzt im städtischen historischen Museum, Bordbrett linker Hand vom Eingang), aber auch dieser kann uns keinen sicheren Aufschluss über das ursprüngliche Aussehen des Heiligen geben, denn er ist selbst erst eine Ergänzung des XVII. Jahrhunderts.

[387] Ich folge hier ganz den verdienstvollen und scharfsinnigen Untersuchungen Stehlins, Baugeschichte, p. 109 ff.

[388] Die Nachweise dafür bei Stehlin, a. a. O. p. 123 u 128 f.

[389] Baugeschichte, p. 127. Mit ihnen müssen dann natürlich auch die grossen Baldachine, welche sie bekrönen und unzweifelhaft, wie ihre Verwandtschaft mit Freiburg ergiebt, gleichzeitig mit ihnen entstanden sind, von ihrem ursprünglichen Aufstellungsorte an den gegenwärtigen Platz übertragen worden sein.

[390] Unnummeriert; sie sind links vom Eingang mit mehreren andern vom Münster herstammenden Köpfen (s. Anm. 386) auf einem Bordbrett angebracht.

[391] Aehnlich äussert sich Stehlin (Baugeschichte, p. 134), der zugleich nachweist, dass die Anordnung der Reiterstatuen auf ihren jetzigen Postamenten z e i t i g s t e n s n a c h d e m J a h r e 1343 e r f o l g e n k o n n t e; über die Postamente selbst siehe Baugeschichte, p. 12 f. u. 109 f.

[392] Baugeschichte, p. 137 ff.

[393] Für das folgende ist wieder Baugeschichte, p. 109 ff. zu vergleichen.

[394] Baugeschichte, p. 6.

[395] Siehe Baugeschichte, p. 123, 134. 191 f.

[396] Bader, Regesta des ehemaligen Hochstittes Basel, Mones Ztschr. IV, p. 463 u. 464.

[397] Goedeke, Grundriss I². p. 215 ff.

[398] Dass diese Datierung der Statuen unzweifelhaft richtig ist, wird die nächstfolgende Untersuchung über das Grabmal der Königin Anna von Hohenberg aus dem Münster ergeben. Prof. Lempfried (Kaiser Heinrich II. am Münster zu Thann, p. 36) hatte die Statuen nach 1335, Schäfer (Schau-in's-Land XVII, p. 58 ff.) sogar erst nach dem Erdbeben von 1356 angesetzt; La Roche hatte sie wie wir, aber ohne stichhaltige Gründe, noch ins XIII. Jahrhundert verwiesen.

[399] Es sind die Wappen von Habsburg, Oesterreich, dem Reiche, Steiermark und Hohenberg; mit Ausnahme des ersteren abgebildet bei Wielemans, Grabmal der Kaiserin Anna im Dom zu Basel. Mitteilungen der K. K. Central-Commission XIV (1869), p. XVIII.

[400] Das Grabmal der Königin Anna im Münster zu Basel. Festbuch zur Eröffnung des historischen Museums. Basel 1894 p. 151 ff. mit Abbildung und Litteraturangabe; wir werden öfters Gelegenheit nehmen, auf diesen vortrefflichen, inhaltsreichen Aufsatz zu verweisen.

[401] Abgebildet bei Wielemans, a. a. O. p. XVIII. Diese Zwitterstellung der Grabfiguren ist übrigens nichts Auffallendes; sie kehrt auf den meisten Grabmälern der gotischen Zeit wieder. Siehe auch Wölfflin, a. a. O. p. 152 f.

[402] Es sei gleich hier bemerkt, dass diese Anbringung von Kielbogen ebensowenig wie die Auswahl der Wappen am Sarkophage (siehe darüber Wölfflin, a. a. O. p. 155 f.) gegen eine frühe Datierung

des Grabmales, wie wir sie unten geben, sprechen kann; schon W. ist diesen Einwänden begegnet (a. a. O. p. 155 ff.).

403 Von der ursprünglichen Bemalung haben sich Reste nur auf den beiden ehemals ornamentierten Kissen, an den Säumen und teilweise in den Furchen des Mantels der Königin erhalten. Die von Hefner-Alteneck (Trachten, Kunstwerke und Gerätschaften vom frühen Mittelalter bis Ende des achtzehnten Jahrhunderts II, Taf. 125) gegebene farbige Abbildung des Grabmales dürfte darnach kaum ganz getreu das ehemalige Aussehen desselben wiedergeben; auch sonst ist die Zeichnung wenig genau und zutreffend. Das gleiche gilt von der Gesamtansicht des Denkmals bei Wielemans, a. a. O. p. XVII und in Wurstisens Chronik von 1580.

404 A. a. O. p. 156. Der Aufsatz Wölfflins, auf den mich zuerst Prof. C. Neumann in Heidelberg freundlichst aufmerksam machte, fiel mir erst in die Hände, als ich bereits von Freiburg herkommend zu den gleichen, aber, wie sich zeigen wird, bestimmteren Resultaten gelangt war, und so bin ich W. zu Dank verpflichtet, dass er mir noch etwas zu thun übrig gelassen hat, und ich hoffen kann, die von ihm dem Kunsthistoriker gestellte Datierungsaufgabe des Grabmales, wenigstens annähernd richtig, zu lösen.

405 «Es bliebe noch die Frage, ob Figuren und architektonische Fassung an unserem Monument überhaupt gleichzeitig entstanden seien, oder ob nicht die beiden Gestalten in einen etwas später gefertigten Rahmen hineingesetzt worden sind. Die Frage erledigt sich dadurch, dass, soweit man sehen kann, alles aus einem Stücke gemacht ist.» Wölfflin, a. a. O. p. 157.

406 Neuausgabe vom Jahre 1883. Abb. 104.

407 Wölfflin, a. a. O. p. 154: «Es ist das eine dem gotischen Stile sympatische Formung, wobei durch Verstärkung des Schattens am Unterlide der Blick leicht jenen weich — verschwommenen Charakter gewinnt, der dem empfindsamen Zeitalter so sehr zusagte.»

408 Damit rücken zugleich die von Freiburg beeinflussten Werke unmittelbar zusammen, und es erscheint deshalb nicht unangebracht zu fragen, ob es vielleicht nicht der Verfertiger der Portalstatuen gewesen ist, der die architektonischen Teile des Grabmals gearbeitet hat.

409 Wer trotz unserer Betrachtungen immer noch geneigt sein möchte, die Portalstatuen oder das Grabmal der Königin Anna, wenn nicht gar beide in das XIV. Jahrhundert zu setzen, den verweisen wir auf die beiden Grabmäler des Conrad Schaler von Benken († 1316) und des Rudolf von Tierstein († 1318) aus dem Münster, die uns in vortrefflicher Weise die Stilrichtung erkennen lehren, welche die Basler Plastik zu Anfang des XIV. Jahrhunderts pflegte. Beide zeigen weder zu dem Grabstein der Königin noch zu den Portalstatuen irgend welche stilistischen Beziehungen; höchstens in der Augenbildung — und das ist sehr charakteristisch — könnte man einige Verwandtschaft entdecken. Eher jedoch liessen sie sich vielleicht noch mit der Statue des hl. Georg vergleichen, wobei allerdings ein guter Teil der Beziehungen auf Kosten der gleichen Tracht zu setzen wäre. Im übrigen sind es recht tüchtige Arbeiten und stammen wohl beide von ein und demselben Meister her. Das bessere und feinere Werk ist unzweifelhaft die Grabplatte des Rudolf von Tierstein, welche eine edle und vornehme Auffassung der Persönlichkeit zeigt. Ungenügende Abbildungen beider Denkmäler bei Stückelberg. Die mittelalterlichen Grabdenkmäler des Basler Münsters. Basel 1896 p. 10 und von dem des Tierstein allein, stilistisch recht wenig getreu, bei Hefner-Alteneck. Trachten u. s. w. III, Taf. 159.

[410] Siehe Anhang III.

[411] Deutsche Kunststudien 1882. p. 47.

[412] Abgebildet in den Bau- und Kunstdenkmälern des Königreiches Sachsen, Heft XIV, Rochlitz, Beilage VIII.

[413] Abbildung der Zeichnung ibid. p. 19.

[414] Siehe Bau- und Kunstdenkmäler des Königreiches Sachsen, Heft II, Dippoldiswalde, Beilage II.

[415] Bau- und Kunstdenkmäler u. s. w., Heft XIV, Rochlitz, p. 78 f.

[416] In der Anordnung der Archivoltenfiguren erweist sich der Freiburger Meister, wie wir jetzt beurteilen können, sogar selbständiger als der Erbauer der Goldenen Pforte; denn während jener, wie wir sahen, auch hier der Plastik so viel als möglich Spielraum zu freier Entfaltung lässt, folgt letzterer in diesem Punkte mehr dem Muster der französischen Vorbilder.

[417] Kunstgeschichtliche Denkmäler der Schweiz, gesammelt und gezeichnet von Ed. von Rodt. III. Serie (1885), Blatt 24.

[418] Kugler, Geschichte der Baukunst II, p. 491.

[419] Siehe Baugeschichte des Basler Münsters, p. 92. Ueber einen ähnlichen derartigen Einfluss der Antike auf Schöpfungen der mittelalterlich-französischen Plastik siehe Vöge, Die Anfänge des monumentalen Stiles im Mittelalter, p. 108 Anmk. 1.

[420] Siehe Vöge, a. a. O. p. 337 ff.

[421] Puttrich, Merseburg, sein Dom und andere altertümliche Bauwerke. Denkmale der Baukunst des Mittalters in Sachsen II, 1, Taf. 7.

[422] Kunstdenkmäler der Provinz Sachsen VIII, Kreis Merseburg, p. 58 Fig. 61.

[423] Kunstdenkmäler der Provinz Sachsen III, Kreis Weissenfels, p. 16 f. Fig. 17.

[424] Puttrich, Der Dom zu Naumburg; a. a. O. II, 1, Taf. 27.

[425] Puttrich, Schul-Pforta, seine Kirche und seine sonstigen Altertümer; a. a. O. II, 1, Taf. 10.

[426] Bau- und Kunstdenkmäler des Königreiches Sachsen, XV. Heft. Borna, p. 32, Beilage V.

[427] Ibid. p. 74 und Fig. 75.

[428] Puttrich, Der Dom zu Naumburg; a. a. O. II, 1, Taf. 14.

[429] Mithoff, Archiv für Niedersachsens Kunstgeschichte III, Taf. 21.

[430] Siehe darüber Dohme, Geschichte der deutschen Baukunst, p. 154 f.

[431] Die beste aesthetische Würdigung der Goldenen Pforte findet sich bei Schmarsow, Die altsächsische Bildnerschule im XIII. Jahrhundert. Pan II. 2. Heft, p. 151 f.

[432] Die Kirche und der Kreuzgang des ehemaligen Cistercienserklosters in Pforta. Berlin 1898. Taf. 1, p. 13 f.

[433] Vgl. Weese, Die Bamberger Domskulpturen p. 151 f. Anmk. 101, und der Dom zu Bamberg, photographisch aufgenommen von Aufleger München 1898. Taf. 6, 16 und 17.

[434] So urteilt auch Courajod, dessen bereits früher (Anm. 313) citierten Aufsätze für das folgende wieder in mehrfacher Hinsicht zu vergleichen sind.

[435] Siehe M. Gg. Zimmermann, Oberitalische Plastik im frühen und hohen Mittelalter, p. 38 f.

[436] «In Umbrien geht im XII. Jahrhundert eine Bildhauergruppe besonders in der Ornamentik auf antike Vorbilder zurück und bringt es auf diesem Gebiet zu hervorragenden Leistungen (z. B. in Spoleto).» Cicerone 7, p. 13.

⁴³⁷ «Das XIII. Jahrhundert war für ganz Italien ein Zeitalter des Antikisierens.» In Toskana folgte dieser Richtung besonders die Architektur, in Rom vertreten sie die Cosmaten, in Unteritalien Friedrich II. (seine Augustalen und die Büsten dieser Zeit); in Pisa bedeutet Niccolo Pisano nur die Fortsetzung und höchste Erhebung der antikisierenden Richtung, welche mit dem Bau des Domes begonnen hatte. «So ist also die Antike im XIII. Jahrhundert die Losung an den Hauptkunststätten des ganzen Landes und Oberitalien .... wurde ebenfalls (aber weniger stark) davon ergriffen.» Zimmermann, a. a. O. p. 164 f.

⁴³⁸ Ein antiker Einfluss in der sächsischen Skulptur dieser Zeit ist unverkennbar und äussert sich in gleicher Weise in der Grabplastik (vgl. z. B. die Figur des Wiprecht von Groitzsch aus Pegau) wie in der Kirchenskulptur. Man prüfe nur einmal unter diesem Gesichtspunkte die Gestalten der Goldenen Pforte, und man wird an diesem einen Beispiel bereits sehen, wie vielseitig die Antike gelegentlich auf die sächsische Plastik des XIII. Jahrhunderts eingewirkt hat. Eine genaue Untersuchung dieser Zusammenhänge wäre sehr erwünscht, steht aber noch aus.

⁴³⁹ Neuerdings hat Müntz (Gaz. d. B.-A. 3e pe. t. XIX, p. 472 f. Les influences classiques et le renouvellement de l'art dans les Flandres au XVe siècle) bereits auf dem Genter Altare ein erstes Eindringen der Antike in die Renaissance des Nordens konstatieren wollen. Die Indizien, welche er hierfür beibringt, erscheinen uns jedoch einerseits nicht ganz einwandfrei und andrerseits nicht überzeugend genug. So ist die Kapitellkomposition auf dem Dresdener Triptychon (Abb. bei Müntz) vielleicht ganz einfach aus der Benutzung eines alten Sarkophages zu erklären und würde in diesem Falle durchaus nichts für ein Eindringen der Antike besagen können, denn wir finden in der ganzen mittelalterlichen Plastik ähnliche Beispiele einer Benutzung antiker Sculpturwerke. Wenn dann Müntz von den imitierten Steinreliefs auf dem Genter Altare bemerkt (a. a. O. p. 475): Dans ces deux compositions Abel, les cheveux bouclés, l'epaule gauche nue, la chlamyde nouée sur l'epaule droite, avec une aisance, une élégance absolument antiques, semble avoir été vu à travers quelque modèle italien, peut-être de Ghiberti, so liegt darin nichts Merkwürdiges für uns: denn es spricht höchstens für nahe Beziehungen der Eyck zu der französisch-vl:mischen Plastik, welche ihrerseits, wie wir gesehen haben, nicht ohne innere Beziehung mit der Kunst eines Ghiberti ist. Ganz skeptisch aber müssen wir uns der Vermutung von Müntz, in einer Gestalt von der rechten Seite der Anbetung des Lammes Plato oder Epikur zu erkennen, gegenüber verhalten. Hier will es uns nämlich historisch nicht recht möglich scheinen, an Plato zu denken; setzt sich dieser doch erst ganz allmählich seit dem ersten Drittel und in der zweiten Hälfte des XV. Jahrhunderts Aristoteles gegenüber durch, und lernte man ihn, besonders im Norden, genauer doch erst im späteren XV. Jahrhundert kennen. Weit eher könnte man noch an Aristoteles, den grossen Lehrer der christlichen Philosophie des Mittelalters, denken. Am richtigsten aber, soll nun einmal dieser, allerdings etwas auffallenden Erscheinung ein Name gegeben werden, dürfte es sein, in ihr den poeta laureatus des römischen Kaisertums und das Vorbild Dantes: Virgil zu erkennen, der auf Grund seiner vierten Ekloge dem ganzen Mittelalter als ein Prophet und Vorherverkündiger des Messias galt, als solcher bereits im Sermo des Pseudo-Augustin und weiterhin dann immer im Prophetenspiele auftritt (s. Weber, Geistliches Schauspiel und kirchliche Kunst u. s. w., p. 41 f.). Denn da sich die Gestalt auf derjenigen Seite des

Altares befindet, wo »die heidnischen und alttestamentlichen Propheten des Sermo« knieen (Weber, a. a. O. p. 144), so ist ihre Identifizierung — sie ist mit einem Lorbeerkranze geschmückt! — mit Virgil eigentlich schon von selbst gegeben.

⁴⁴⁰ Les véritables origines de la Renaissance. Gaz. de B.-A., 2ᵉ pé., t. 37, p. 36. —

Interessant ist eine gewisse Aehnlichkeit in der Entwicklung der französischen und griechischen Plastik. Denn auf das hohe ideale Streben, welches hier die Schöpfungen des V. Jahrhunderts v. Chr., dort diejenigen des XIII. n. Chr. kennzeichnet, folgt in beiden Fällen in dem nächsten Jahrhundert eine Zeit des Eindringens und der teilweisen Herrschaft des Naturalismus in der Kunst; und wie so Sluter und Werwe Parallelerscheinungen zu den Künstlern aus der Richtung des Lysipp sind, und ein Porträtbildner wie Loisel einem Silanion entspricht, findet dann auch die Richtung eines Praxiteles d. J. in der Kunst eines Jean de Liège ihr Seitenstück. Es verlohnte sich vielleicht einmal, diesen Entwicklungsparallelen ein wenig nachzugehen.

⁴⁴² Näheres siehe Wörner, Kunstdenkmäler im Grossherzogtum Hessen. Provinz Rheinhessen, Kreis Worms, p. 157 f. und p. 176 ff.

⁴⁴³ Lohnend wäre es vielleicht, einmal zu untersuchen, ob die Freiburger Vorhalle auch in architektonischer Hinsicht, besonders die Portalanlage käme hier in Betracht, bedeutendere Einflüsse ausgeübt hat. Soweit wir gesehen haben, scheint dies allerdings kaum oder nur in sehr geringem Masse der Fall gewesen zu sein. Denn nur vereinzelt treffen wir auf ähnliche Portalanlagen wie in Freiburg und an Orten (Mühlhausen i. Thüringen-Marienkirche, Notre-Dame de l'épine bei Chalons s. M.), deren geographische Lage eigentlich direkt gegen einen Zusammenhang mit Freiburg spricht. Eine Ausnahme hiervon machen die Lorenz- und die Frauenkirche, Nürnberg. (Siehe Seite 106.) Denn die Gestalt der Frau Welt vom Aeusseren des Langhauses an St. Sebald und die mit Freiburg in den Grundzügen übereinstimmende Darstellung des Jüngsten Gerichtes an dieser wie der Lorenzkirche sprechen doch dafür, dass hier ganz direkte Beziehungen bestanden, die genannten Bauten also ihr Vorbild wohl in der Portalanlage der Freiburger Vorhalle gefunden haben können. Eine specielle Untersuchung dieser Frage würde vielleicht zu einem ganz bestimmten Resultate führen.

⁴⁴⁴ Wörner, a. a. O. p. 184 ff.; siehe auch Weber, a. a. O. p. 141.

⁴⁴⁵ So auch Woltmann, Geschichte der deutschen Kunst im Elsass, p. 174. Dazu bemerkt Kraus, Kunst und Altertum im Ober-Elsass, p. 248: »Es muss indessen daran erinnert werden, dass fast alle kirchlichen Gebäude Kolmars dieser Charakter äusserster Nüchternheit auszeichnet.« Uebrigens zeigt uns das Basler Münster in seinen gotischen Teilen eine ähnliche Dürftigkeit der plastischen Ausschmückung.

⁴⁴⁶ Siehe Kraus, a. a. O. p. 235.

⁴⁴⁷ Auf die Verwandtschaft mit Strassburg hat, soweit ich sehe, zuerst und bisher nur Lempfried aufmerksam gemacht; Kaiser Heinrich II. am Münster zu Thann, p. 36 f.

⁴⁴⁸ Ungenaue Abbildung bei Wörner, a. a. O. p. 193.

⁴⁴⁹ Unnummeriert; südl. Chorwand. Die Bemalung ist modern, das Schwert ergänzt.

Berichtigungen.

Es ist zu lesen:

Seite	5	Zeile	9	von oben:	ähnlichen	statt gleichen.
»	27	»	3	» »	vollendeten	» vollendenten.
»	29	»	4	» unten:	weniger	» wenigen.
»	47	»	16	» »	Freiburger	» Freihruger.
»	62	»	9	» »	Ludwig IX.	» Ludwig XI.
»	94	»	11	» oben:	Deutschlands	» Deutschland.
»	123	»	17	» unten:	hausbackenen	» haubackenen.
»	140	»	3	» oben:	Madonna	» Mandonna.
»	178	»	17	» unten:	Jean Le Bouteiller	» Jean de B.
»	185	»	13	» oben:	⎰	
»	188	»	19	» unten:	⎱ Dammartin	» Danmartin.
»	»	»	3	» »		
»	209	»	7	» »	Assisi	» Assis.
»	223	»	2	» »	Gebiete	» Gebiede.
»	240	»	19	» »	muss das Wort »wie« wegfallen.	
»	322	»	10	» »	Abrahams	statt Isaaks.
»	362	»	26	» »	Urkundenbuches	» Urkundenbuchs.
»	366	»	9	» »	verstorbenen	» verestorbenen.
»	375	»	13	» »	scharfsinnige	» scharffsinnige.
»	»	»	12	» »	rythmisch	» rhythmisch.
»	383	»	7	» oben:	deren	» dessen.
»	396	»	22	» »	welch'	» welche.

Register.

G.

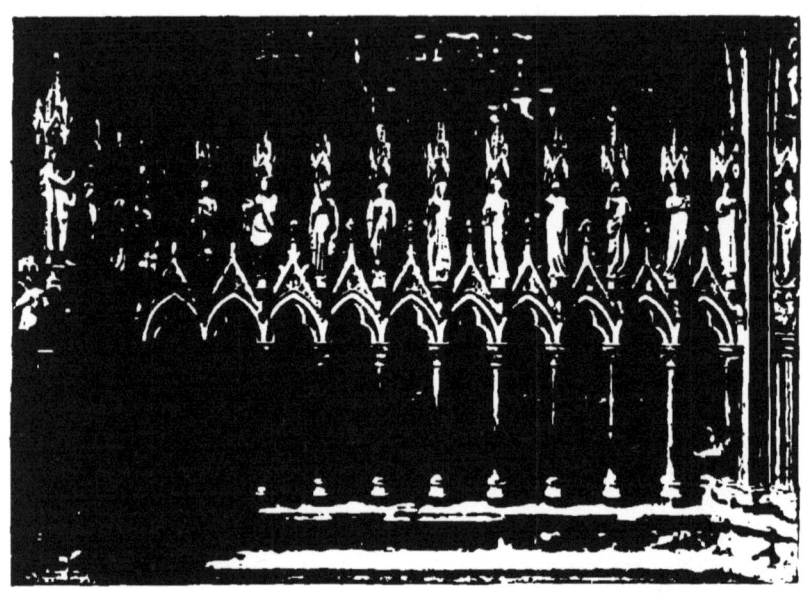

FREIBURG. — NORDWAND DER VORHALLE.

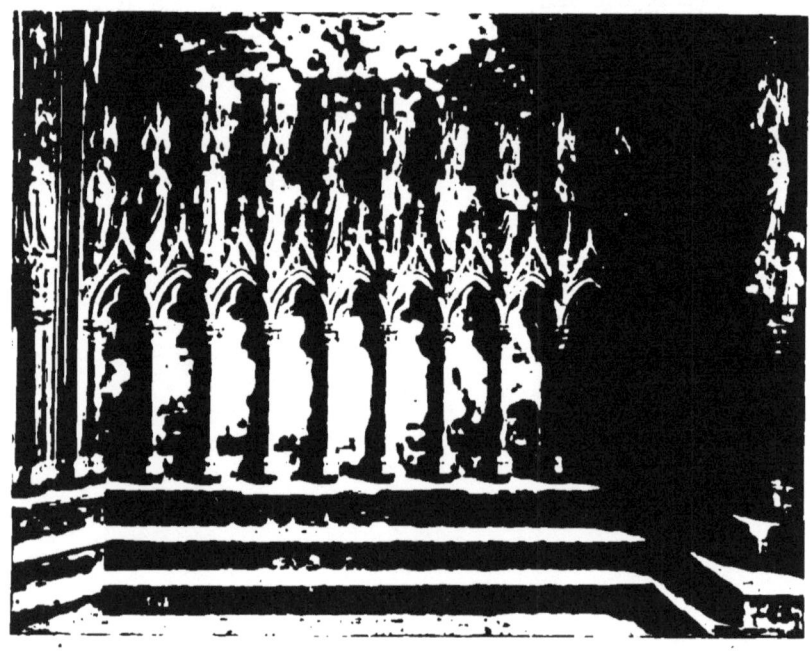

FREIBURG. — SÜDWAND DER VORHALLE.

FREIBURG. — TYMPANON IM INNERN DER VORHALLE.

Eva.

Martyrium des
Evangelisten Johannes.

Seth.

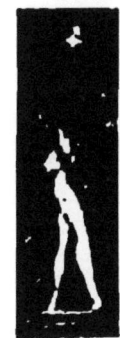

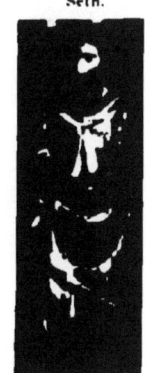

SOCKEL UNTER DER

GRUPPE DER HEIMSUCHUNG.

VIERTE ARCHIVOLTE.

FREIBURG.

VIERTE ARCHIVOLTE.

FREIBURG. — NORDWESTECKE DER VORHALLE.

FREIBURG. — TEIL DER NORDWAND.

FREIBURG. — EKKLESIA.

STRASSBURG. — TYMPANON VOM SÜDLICHEN QUERSCHIFFPORTAL.

STRASSBURG. — LETTNERFIGUR.

PARIS. — TYMPANON DER PORTE STE. MARIE VON NOTRE-DAME.

PARIS. — OBERSTES TYMPANONFELD DES HAUPTPORTALES DER WESTFASSADE VON NOTRE-DAME.

STRASSBURG. — STATUEN VOM SÜDPORTAL DER WESTFASSADE (SÜDLICHE SEITE).

STRASSBURG. — STATUEN VOM NORDPORTAL DER WESTFASSADE
(SÜDLICHE SEITE).

REIMS. — SYNAGOGE.

STRASSBURG. — STATUEN VOM HAUPTPORTAL DER WESTFASSADE (NÖRDLICHE SEITE).

BASEL. — GRABMAL DER ANNA VON HOHENBERG.

FREIBURG. — GRAMMATIK UND DIALEKTIK.

FREIBURG. — MADONNA MIT DEM SCHUTZMANTEL.

FREIBURG. — MITTELSCHIFF.

FREIBURG. — HEILIGGRAB-KAPELLE.

FREIBURG.

SÜDLICHES CHORPORTAL.   NÖRDLICHES CHORPORTAL.